Technische Mathematik für Bauberufe

Susan Günther

Chrisoula Vassiliou

Walter Bläsi

Registrieren Sie sich auf
www.ht-digital.de und
geben Sie dort den Code
zur Freischaltung ein:

VHT-MJPL-BNSB-5HMQ

3., überarbeitete Auflage

HANDWERK UND TECHNIK – HAMBURG

ISBN 978-3-582-68915-3 Best. Nr. 5615

Die Normblattangaben werden wiedergegeben mit Erlaubnis des DIN Deutsches Institut für Normung e.V. Maßgebend für das Anwenden der Norm ist deren Fassung mit dem neuesten Ausgabedatum, die bei der Beuth Verlag GmbH, Burggrafenstraße 6, 10787 Berlin, erhältlich ist.

Die Verweise auf Internetadressen und -dateien beziehen sich auf deren Zustand und Inhalt zum Zeitpunkt der Drucklegung des Werks. Der Verlag übernimmt keinerlei Gewähr und Haftung für deren Aktualität oder Inhalt noch für den Inhalt von mit ihnen verlinkten weiteren Internetseiten.

Verlag Handwerk und Technik GmbH,
Lademannbogen 135, 22339 Hamburg; Postfach 63 05 00, 22331 Hamburg – 2022
E-Mail: info@handwerk-technik.de; Internet: www.handwerk-technik.de

Umschlagabbildung: Fotolia Deutschland, Berlin, © www. fotolia.de, © Nikita Kuzmenkov
Zeichnungen: Hans-Hermann Kropf, 89428 Syrgenstein; COI GmbH, 80809 München; CMS-Cross Media Solutions GmbH, 97082 Würzburg
Satz: CMS – Cross Media Solutions GmbH, 97082 Würzburg
Druck und Bindung: Himmer GmbH Druckerei & Verlag, 86167 Augsburg

Vorwort

Mathematische Verfahren und Inhalte werden auch im Bauwesen immer wichtiger. Diese **Technische Mathematik für Bauberufe** trägt diesem Bedürfnis Rechnung und vermittelt das mathematische Handwerkszeug für die verschiedenen Gewerke und Aufgaben im Bauwesen.

Während bereits in den allgemeinbildenden Schulen vermittelte Inhalte bewusst kurz gehalten und vor allem in deren Bedeutung für das Bauwesen dargestellt sind, wird z. B. statischen und wärmetechnischen Berechnungen der erforderliche breite Raum gegeben. Dabei ist der **aktuelle Stand von Technik und Normung** selbstverständlich auch in der Neuauflage berücksichtigt. Beispielhaft kann hier auf zahlreiche Änderungen durch das **Gebäudeenergiegesetz** (GEG) verwiesen werden. Zudem wurde das Werk um **zusätzliche Aufgaben** ergänzt. Weitere **Verbesserungen** ergaben sich aus Hinweisen und Vorschlägen der Benutzer. Solche Anregungen nehmen wir unter **bau@handwerk-technik.de** weiterhin sehr gerne entgegen.

Im Frühjahr 2022 — Die Verfasser

Inhaltsverzeichnis

1 Algebra

1.1 Grundbegriffe

Einteilung der Zahlen in Zahlenbereiche

Zur Vereinfachung und Veranschaulichung von technischen Berechnungen können allgemeine Zahlen *a, b, c, … x, y, z* als Platzhalter für jeden beliebigen Zahlenwert verwendet werden. Dabei steht in einer Berechnung jede allgemeine Zahl immer für den gleichen Zahlenwert. Kommt eine allgemeine Zahl mehrfach vor, so wird dies durch einen Koeffizienten ausgedrückt, z.B. $5a$.

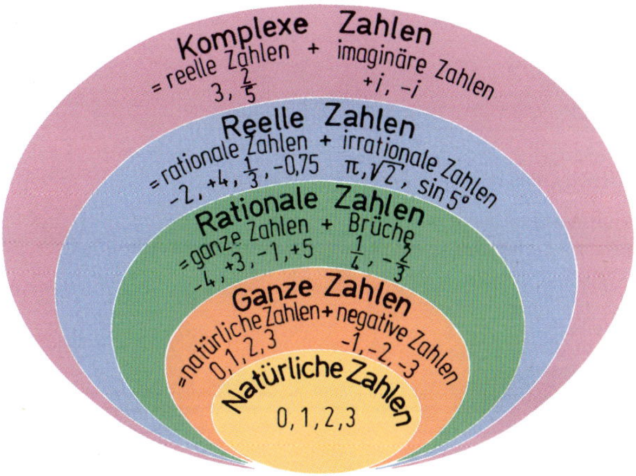

Übersicht der Zahlenbereiche

Zahlengerade

Positive und negative Zahlen lassen sich mithilfe einer Zahlengeraden grafisch darstellen.

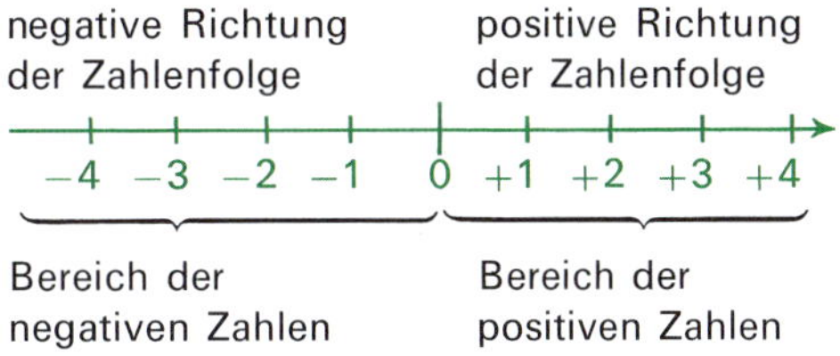

Grundrechenarten

Bei Berechnungen wird zwischen Rechenzeichen und Vorzeichen unterschieden. Dabei muss das Rechenzeichen (+, –, ·, :) immer vorhanden sein, während das Plus als Vorzeichen nicht geschrieben werden muss. Das Minus als Vorzeichen ist jedoch immer zu schreiben. Rechenzeichen und Vorzeichen werden durch eine Klammer voneinander getrennt.

$3 \cdot (+2) = 3 \cdot 2$ aber $3 \cdot (-2)$ kann nicht ohne Minus geschrieben werden

→ Vorzeichen

→ Rechenzeichen

Addition	**Subtraktion**
Summand + Summand = Summe	Minuend – Subtrahend = Differenz

$6 + 5 = 11$	$6 - 5 = 1$
$2a + a = 3a$	$2a - a = a$

Zahlen werden addiert, wenn Rechenzeichen (+/–) und Vorzeichen (+/–) gleich sind. Ansonsten werden sie subtrahiert.

Beispiel

$4a + (+3a) = 4a + 3a = 7a$	$4a + (-3a) = 4a - 3a = a$
$8a - (-5a) = 8a + 5a = 13a$	$8a - (+5a) = 8a - 5a = 3a$

Multiplikation	Division
Faktor · Faktor = Produkt	Dividend : Divisor = Quotient

$5 \cdot 3 = 15$ $a \cdot b = ab$	$15 : 3 = 5$ $3a : a = 3$
$4 \cdot 0 = 0$	$4 : 3 = \frac{4}{3}$
Ist ein Faktor null, so ist das Produkt null.	Ein Quotient ist auch als Bruch darstellbar.

Die Multiplikation oder Division von zwei Zahlen mit gleichen Vorzeichen ergibt ein positives Ergebnis. Die Multiplikation oder Division von zwei Zahlen mit unterschiedlichen Vorzeichen ergibt ein negatives Ergebnis.

Beispiel

$+2 \cdot (+3) = +6 = 6$	$+2 \cdot (-3) = -6$	$+12 : (+4) = +3 = 3$	$+12 : (-4) = -3$
$+a \cdot (+b) = +ab = ab$	$+a \cdot (-b) = -ab$	$+a : (+b) = +\frac{a}{b} = \frac{a}{b}$	$+a : (-b) = -\frac{a}{b}$
$-2 \cdot (-3) = +6 = 6$	$-2 \cdot (+3) = -6$	$-12 : (-4) = +3 = 3$	$-12 : (+4) = -3$
$-a \cdot (-b) = +ab = ab$	$-a \cdot (+b) = -ab$	$-a : (-b) = +\frac{a}{b} = \frac{a}{b}$	$-a : (+b) = -\frac{a}{b}$

Klammerregeln

$(a+b)+(c+d) = a+b+c+d$

Steht ein Plus vor der Klammer, so kann die Klammer weggelassen werden.

$(a+b)-(c+d) = a+b-c-d$
$(a+b)-(-c-d) = a+b+c+d$
$(a+b)-(c-d) = a+b-c+d$

Steht ein Minus vor der Klammer, so kann die Klammer weggelassen werden, wenn die Vorzeichen in die entgegengesetzten umgewandelt werden.

$a(b+c)+x(y-z) = ab+ac+xy-xz$

Steht ein Faktor vor der Klammer, so ist dieser mit jedem Glied in der Klammer zu multiplizieren.

$a[b-(c+d)] = a[b-c-d] = ab-ac-ad$

Bei Mehrfachklammern sind die inneren (runden) Klammern vor den äußeren (eckigen) Klammern aufzulösen.

Division von Summen bzw. Differenzen

$(12ab + 6b - 3bc) : 3b$
$= 12ab : 3b + 6b : 3b - 3bc : 3b$
$= 4a + 2 - c$

Summen bzw. Differenzen werden dividiert, indem jedes Glied in der Klammer durch den Divisor geteilt wird.

Polynomdivision

Beispiel

$24an : 6a \qquad -30a : 6a$

$$(24an + 8bn - 30a - 10b) : (6a + 2b) = 4n - 5$$
$$-(24an + 8bn) \leftarrow (6a + 2b) \cdot 4n$$
$$0 \qquad -30a - 10b$$
$$-(-30a - 10b) \leftarrow (6a + 2b) \cdot -5$$
$$0$$

Eine Polynomdivision erfolgt ähnlich wie die Division zweier Zahlen:
$24an$ wird durch $6a$ geteilt und das Ergebnis $4n$ hinter das Gleichheitszeichen geschrieben. Dann wird $4n$ mit der Klammer $(6a + 2b)$ multipliziert. Das Ergebnis $(24an + 8bn)$ wird von den ersten beiden Summanden $(24an + 8bn)$ subtrahiert. Unter dem Strich wird das Ergebnis 0 sowie der dritte und vierte Summand $(-30a - 10b)$ geschrieben. Nun wird $-30a$ durch $6a$ geteilt und wie zuvor fortgefahren.

Zerlegen in Faktoren

$16ab - 4ac = 4a(4b - c)$

Enthält eine Summe oder Differenz ein gemeinsames Vielfaches, so wird dieser gemeinsame Faktor ausgeklammert.

Aufgaben

Vereinfachen Sie die folgenden Aufgaben soweit wie möglich.

1. a) $4a + 7a + 3a + 8a$
b) $3d + d - 5d + 8d$
c) $5 - 5a + 7ac - 2ab + 3a - 2 + 2ab$
d) $5{,}5a - 4{,}2a + 6{,}4b - 1{,}2b$
e) $8c + (+3c) - (+4c)$
f) $-26d - (+8d) - (-3d)$
g) $3g - (+4h) - (-g) - (+2h) - (+g)$
h) $24f + (+3f) - (-6) - (+2b) + (-b)$

2. a) $3a \cdot 6$
b) $4a \cdot 3b$
c) $12c \cdot (-7)$
d) $(-18d) \cdot 4$
e) $(-16n) \cdot (-4m)$
f) $2k \cdot 6ab$
g) $(-3a) \cdot (-4b) \cdot (-7c)$
h) $(-4x) \cdot (+3y) \cdot (-5z)$
i) $42a : 7$
j) $24acx : 6ac$
k) $(-39ab) : (-3b)$
l) $15az : 3z + 96du : 6d$
m) $125kn : 12{,}5k - 81km : (-9k)$
n) $26qz : (-13q) - (-228bz) : 3z$
o) $-185abx : 25ax$
p) $98prs : (-14pst)$

3. a) $(3a + 4b) + (5b + 6a)$
b) $(8q - 4r) - (3q - 4r)$
c) $18r - (15 - 4r) - (-12 - 8r)$
d) $(23s - 5) + (5 - 17s) - (6t - 8s)$
e) $5(3c + 4d) + 2(4c - 3d)$
f) $24 - 3(6 - a) + 4(-3 + a)$
g) $-18b - 15a(6 - 4) + 3(4a - 6)$
h) $5{,}5a(4b - 3) - 4{,}6(-3b - ab - 3)$
i) $3[6n - (3 + 8n)] - 4(5n - 2)$
j) $6[3(a - 4 + 5z)] - [3(6 - 4a - 4z)]$

4. a) $(84a + 56b) : 14$
b) $(108n + 96np - 72n) : 12n$
c) $(234az + 78bz - 156cz) : (-6z)$
d) $(36a + 24b) : (6a + 4b)$
e) $(72n - 96np + 288p) : (6n - 8np + 24p)$
f) $(10bz - 35z - 16b + 56) : (5z - 8)$

5. Zerlegen Sie in Faktoren
a) $7 \cdot 4 - 8 \cdot 7 + 7 \cdot 15 - 11 \cdot 7$
b) $84 - 112 + 28 - 63$
c) $5c - 30c + 25c$
d) $228bde - 96abc - 132bde$
e) $72acx + 162adx - 126abx$
f) $5(a + b) - 7(a + b) + 3(a + b)$

1.2 Bruchrechnung

Mit einem Bruch wird der Anteil an einem Ganzen zum Ausdruck gebracht. Der Nenner, der unterhalb des Bruchstrichs steht, drückt die Größe des Anteils aus. Der Zähler, der oberhalb des Bruchstrichs steht, gibt an, wie viele Anteile vorhanden sind.

$$\frac{1}{4} = \frac{\text{Zähler}}{\text{Nenner}}$$

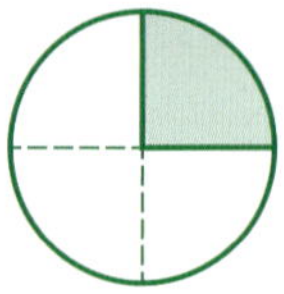

echter Bruch (Wert < 1)
Zähler < Nenner, z. B. $\frac{3}{5}$

unechter Bruch (Wert > 1)
Zähler > Nenner, z. B. $\frac{5}{3}$

Scheinbruch (Wert = 1)
Zähler = Nenner, z. B. $\frac{4}{4}$

Kürzen
Ein Bruch wird gekürzt, indem Zähler und Nenner durch dieselbe Zahl geteilt werden. Der Wert des Bruches bleibt dabei unverändert.

$$\frac{4ab}{8ac} = \frac{1b}{2c} \quad (:4a)$$

Erweitern
Ein Bruch wird erweitert, indem Zähler und Nenner mit derselben Zahl multipliziert werden. Der Wert des Bruches bleibt dabei unverändert.

$$\frac{3b}{2c} = \frac{9ab}{6ac} \quad (\cdot 3a)$$

Addition und Subtraktion

Beispiel

$$\frac{25}{4} + \frac{3}{4} - \frac{8}{4} = \frac{20}{4}$$

$$\frac{3}{4} + \frac{4}{6} + \frac{9}{8} = \frac{3 \cdot 6}{4 \cdot 6} + \frac{4 \cdot 4}{6 \cdot 4} + \frac{9 \cdot 3}{8 \cdot 3}$$

$$= \frac{18}{24} + \frac{16}{24} + \frac{27}{24}$$

$$= \frac{61}{24}$$

Gleichnamige Brüche (gleiche Nenner) werden addiert bzw. subtrahiert, indem die Zähler addiert bzw. subtrahiert werden und der Nenner beibehalten wird.

Ungleichnamige Brüche (ungleiche Nenner) müssen vor ihrer Addition bzw. Subtraktion zunächst auf den Hauptnenner gebracht werden. Dieser wird durch die Zerlegung der Nenner in Primfaktoren gefunden. Primfaktoren sind Zahlen, die nicht weiter zerlegbar sind.

$4 = 2 \cdot 2$
$6 = 2 \cdot \quad 3$
$8 = 2 \cdot 2 \cdot \quad 2$
$2 \cdot 2 \cdot 3 \cdot 2 = 24$

Multiplikation
Brüche werden miteinander multipliziert, indem Zähler mit Zähler und Nenner mit Nenner multipliziert werden.

Beispiel

$$\frac{3}{4} \cdot \frac{5}{2} = \frac{15}{8}$$

$$\frac{3}{5} \cdot 8 = \frac{3}{5} \cdot \frac{8}{1} = \frac{24}{5}$$

Division
Durch einen Bruch wird dividiert, indem mit seinem Kehrwert multipliziert wird.

Beispiel

$$\frac{3}{4} : \frac{5}{2} = \frac{3}{4} \cdot \frac{2}{5} = \frac{6}{20} = \frac{3}{10}$$

$$\frac{7}{3} : 4 = \frac{7}{3} : \frac{4}{1} = \frac{7}{3} \cdot \frac{1}{4} = \frac{7}{12}$$

Aufgaben

6. Kürzen Sie.

a) $\frac{28}{120}$

b) $\frac{24ab}{30b}$

c) $\frac{116by \cdot 18ay}{32cy \cdot 33ab}$

d) $\frac{16+128}{4}$

7. Erweitern Sie.

a) $\frac{4}{7} = \frac{?}{35}$

b) $\frac{3a}{5} = \frac{?}{25}$

c) $\frac{9}{4a} = \frac{?}{36ab}$

d) $\frac{3c+5e}{6} = \frac{?}{78}$

e) $\frac{24a}{3b-7c} = \frac{?}{12bd-28cd}$

f) $\frac{12n-16p}{28r+14u} = \frac{?}{308rs+154us}$

g) $\frac{34az-102bz-153ab}{24by-36ey} = \frac{?}{324cey-216bcy}$

8. Addieren bzw. subtrahieren Sie.

a) $\frac{2}{3} - \frac{4}{3} + \frac{9}{3}$

b) $\frac{24ab}{14c} - \frac{17ab}{14c} + \frac{23ab}{14c}$

c) $\frac{3}{4} - \frac{4}{6} + \frac{12}{8}$

d) $\frac{2}{3} + \frac{5}{12} - \frac{4}{9}$

e) $\frac{12a}{20} + \frac{17a}{30} - \frac{23a}{25}$

f) $\frac{13b}{18x} - \frac{5b}{3a} + \frac{b}{6x}$

g) $\frac{a+b}{3} - \frac{a-b}{4} + \frac{a+b}{5}$

h) $\frac{8ab+14ac}{8z} - \frac{7ac+8ab}{4z} - \frac{3ac-7ab}{7z}$

9. Multiplizieren Sie.

a) $\frac{3}{8} \cdot 7$

b) $\frac{4}{7} \cdot \frac{3}{9}$

c) $-\frac{2}{5} \cdot \frac{3}{7}$

d) $\frac{+2a}{3b} \cdot \left(-\frac{4c}{9}\right)$

e) $\left(\frac{-4a}{7}\right) \cdot \left(\frac{-2}{3a}\right) \cdot \left(\frac{-6b}{8}\right)$

f) $\frac{5-3}{3} \cdot \frac{8-6}{4}$

g) $\frac{4c-3}{5a} \cdot 8b$

h) $\frac{4b-3}{5a} \cdot \frac{6a+3}{3b}$

10. Dividieren Sie.

a) $4 : \frac{5}{6}$

b) $\frac{6}{7} : 4$

c) $\frac{3}{8} : \frac{2}{7}$

d) $\frac{5}{9} : \left(-\frac{4}{9}\right)$

e) $a : \frac{c}{d}$

f) $\frac{a}{b} : \frac{c}{b}$

g) $-\frac{nx}{m} : \frac{+1}{m}$

h) $\frac{204az}{18b} : \frac{51z}{54bc}$

i) $\frac{1}{a+b} : \frac{1}{2(a+b)}$

j) $\frac{16a-3b}{4c} : \frac{9a-3d}{12c}$

k) $\frac{2a}{4c-d} : \frac{4b}{4c+b}$

l) $\frac{2b-4bz}{5c-7cd} : \frac{9bx+3by}{12cd+6cy}$

1.3 Potenzen

Potenz — Hochzahl, Exponent

$$3 \cdot 3 \cdot 3 \cdot 3 = 3^4 = 81$$

Grundzahl, Basis — Potenzwert

Die Potenzschreibweise dient dazu, ein Produkt aus mehreren gleichen Faktoren verkürzt schreiben zu können. Die Hochzahl gibt an, wie oft die Grundzahl mit sich selbst multipliziert werden muss.

Addition und Subtraktion

Beispiel

$$2 \cdot 3^3 + 3 \cdot 4^3 + 5 \cdot 4^3 = 2 \cdot 3^3 + 8 \cdot 4^3$$
$$6 \cdot 3^2 - 3 \cdot 3^3 - 2 \cdot 3^2 = 4 \cdot 3^2 - 3 \cdot 3^3$$
$$2a^2 + 3b^2 + 5a^2 = 7a^2 + 3b^2$$
$$9a^2 - 4b^2 - 3a^2 - a^3 = 6a^2 - 4b^2 - a^3$$

Es können nur Potenzen mit gleicher Grundzahl und gleicher Hochzahl addiert bzw. subtrahiert werden.

Multiplikation und Division bei gleicher Grundzahl

Beispiel

$$4^2 \cdot 4^4 \cdot 4^3 = 4^{2+4+3} = 4^9 \qquad 6a^m \cdot 3a^n = 18a^{m+n}$$
$$\frac{3^5}{3^3} = 3^{5-3} = 3^2 \qquad \frac{6b^7}{3b^3} = 2b^{7-3} = 2b^4$$

Potenzen mit gleicher Grundzahl werden multipliziert bzw. dividiert, indem die Hochzahlen addiert bzw. subtrahiert werden und die Grundzahl beibehalten wird.

Multiplikation und Division bei gleicher Hochzahl

Beispiel

$$2^3 \cdot 5^3 \cdot 4^3 \cdot 3^3 = (2 \cdot 5 \cdot 4 \cdot 3)^3 = 120^3$$
$$4a^n \cdot 3b^n = 4 \cdot 3(a \cdot b)^n = 12(ab)^n$$
$$\frac{6^3}{3^3} = \left(\frac{6}{3}\right)^3 = 2^3 \qquad \frac{12a^n}{4b^n} = 3\left(\frac{a}{b}\right)^n$$

Potenzen mit gleicher Hochzahl werden multipliziert bzw. dividiert, indem die Grundzahlen multipliziert bzw. dividiert werden und die Hochzahl beibehalten wird.

Potenzieren von Potenzen

Beispiel

$$(a^4)^2 = a^{4 \cdot 2} = a^8 \qquad (a^m)^n = a^{m \cdot n}$$

Eine Potenz wird potenziert, indem die Hochzahlen multipliziert werden und die Grundzahl beibehalten wird.

Besondere Hochzahlen

Beispiel

$$\frac{3^4}{3^3} = 3^{4-3} = 3^1 = 3 \qquad \frac{a^3}{a^2} = a^{3-2} = a^1 = a$$

$$\frac{3^4}{3^4} = 3^{4-4} = 3^0 = 1 \qquad \frac{a^n}{a^n} = a^{n-n} = a^0 = 1$$

$$\frac{3^4}{3^5} = 3^{4-5} = 3^{-1} = \frac{1}{3^1} = \frac{1}{3} \qquad a^{-n} = \frac{1}{a^n}$$

Hochzahl 1: Wenn die Hochzahl 1 ist, dann ist der Potenzwert gleich der Grundzahl.

Hochzahl 0: Wenn die Hochzahl 0 ist, dann ist der Potenzwert 1.

Negative Hochzahlen: Wenn die Hochzahl negativ ist, dann ist der Potenzwert gleich dem Kehrwert mit positiver Hochzahl.

Aufgaben

11. Schreiben Sie als Potenz.

a) $4 \cdot 4 \cdot 4 \cdot 4$
b) $2 \cdot 2 \cdot 6 \cdot 6 \cdot 6 \cdot 8 \cdot 8 \cdot 8 \cdot 8$
c) $d \cdot d \cdot d$
d) $2a \cdot 4b \cdot 6b \cdot 3a$
e) $2x \cdot 8x \cdot 4x$
f) $6az \cdot 4az \cdot 6az \cdot 3az \cdot 8az \cdot 6az$

12. Schreiben Sie die Zahlen als Potenz (Grundzahl 10).

a) 100
b) 10 000
c) 0,1
d) 1 000 000
e) 1
f) 0,000 1
g) 10 000 000
h) 0,01
i) 1 000
j) 1 000 000 000
k) 0,000 001
l) 0,000 000 1

13. Ermitteln Sie die Potenzwerte.

a) 8^2
b) 9^3
c) 12^4
d) $0{,}05^2$
e) 2^5
f) 1^7
g) 17^2
h) $1{,}7^2$
i) 100^4
j) $\left(\frac{1}{3}\right)^3$
k) $\left(\frac{4}{5}\right)^2$
l) $\left(\frac{2}{7}\right)^3$
m) $\left(-\frac{1}{9}\right)^2$
n) $\left(-\frac{2}{3}\right)^3$
o) $\left(-\frac{2}{5}\right)^4$

14. Addieren bzw. subtrahieren Sie.

a) $3 \cdot 7^3 + 4 \cdot 7^3 - 5 \cdot 7^3$
b) $12a^5 - 16a^5 + 8a^5$
c) $4c^2 - 3c^2 + 6c^2 - 8c^2$
d) $3z^2 - 4b^2 - z^2 + 8b^2 + 2b^2$
e) $6a^2b^4 - 2a^2b^4 + 9a^2b^4$
f) $15ax^2 - a(4x^2 + 2x^2 - 6x^2)$
g) $2b^3y^2 - by(3b^2y - 6b^2y + 5b^2y)$
h) $2ad(ad^3 - 4ad^3 + 6ad^3)$

15. Multiplizieren Sie.

a) $3^4 \cdot 4^4$
b) $5^4 \cdot 5^3 \cdot 5^5$
c) $a^3 \cdot a^5 \cdot a^2$
d) $3ab^3 \cdot 2a^2b \cdot 4a^3 \cdot b^4$
e) $a^x \cdot a^{3x} \cdot a^{2x}$
f) $a^4 \cdot a^3 \cdot a^{-2}$
g) $(4b^3 - 6b) \cdot 12b^{-2}$
h) $(-2a)^5 \cdot (2b)^3 \cdot 3a^3$
i) $2a^2b^{-3} \cdot (-2a^{-3}b^3)$
j) $14n^4x^2 \cdot (-2an)^4 \cdot (-x)^{-2} \cdot (-4x)^{-2}$

16. Dividieren Sie.

a) $5^7 : 5^5$
b) $6 \cdot 4^3 : (4 \cdot 4^2)$
c) $a^7 : a^4$
d) $76n^5 : 19n^2$
e) $6cx : 12(cx)^2$
f) $2^4a^4b^5 : 4^2a^3b^5a^2$
g) $16s^0u^{-3}t^2 : 64u^2t^{-3}$
h) $-96a^5c^9z^4 : 6(az)^0c^7$
i) $-182a^{-1}x^3z^6 : (-13ax^{-2}z^5)$
j) $(3acx)^{-4} : 3a^3c^{-2}x^{-1}$
k) $\frac{81a^6}{64c} : \frac{27a^4}{16c^2}$
l) $\frac{135d^4}{112g} : \frac{15d^3x^0}{16g}$

17. Potenzieren Sie.

a) $(4^2)^3$
b) $(2^{-3})^2$
c) $(2^2)^{-2}$
d) $(-4^2)^{-3}$
e) $(7^{-2})^{-4}$
f) $(a^2b^3)^4$
g) $(2b^8v^9x^4)^0$
h) $6(a^3d^0n^{-1})^4$
i) $14(c^4n^2x)^{-2}$
j) $8(v^2x^4z^{-2})^{-1}$
k) $256(4a^{-2}c^{-1}e^4)^{-5}$
l) $(5x^3)^4 - (4x)^2 + 2(x^4)^3$

1.4 Rechnen mit Wurzeln

Wurzelhochzahl, Wurzelexponent

$3^4 = 81 \quad \leftrightarrow \quad \sqrt[4]{81} = 3$

Radikand Wurzelwert

Das Wurzelziehen ist die Umkehrung des Potenzierens. Dabei wird bei gegebenem Potenzwert (≙ Radikand) und gegebener Hochzahl (≙ Wurzelhochzahl) die Grundzahl (≙ Wurzelwert) gesucht.

Bei einer Wurzel mit der Wurzelhochzahl 2 (Quadratwurzel) wird in der Regel die 2 nicht geschrieben: $\sqrt[2]{\ } \rightarrow \sqrt{\ }$

$\sqrt[n]{a} = a^{\frac{1}{n}}$ Wurzeln können auch als Potenzen geschrieben werden, indem der Radikand zur Grundzahl und der Kehrwert der Wurzelhochzahl zur Hochzahl der Potenz wird.

Addition und Subtraktion

Beispiel

$3\sqrt{16} + 4\sqrt{16} = 7\sqrt{16}$

$2\sqrt[3]{a} + 5\sqrt[3]{a} = 7\sqrt[3]{a}$

$8\sqrt{5} - 3\sqrt{5} = 5\sqrt{5}$

$6\sqrt[3]{a} - 4\sqrt[3]{a} = 2\sqrt[3]{a}$

Es können nur Wurzeln mit gleichem Radikanden und gleicher Wurzelhochzahl addiert bzw. subtrahiert werden, indem die Vorzahlen addiert bzw. subtrahiert werden und das Ergebnis mit der gemeinsamen Wurzel multipliziert wird.

Wurzelziehen aus Summen und Differenzen

Beispiel

$\sqrt{16 + 9} = \sqrt{25} = 5$

$\sqrt{25 - 16} = \sqrt{9} = 3$

Die Wurzel ist nur aus der Summe bzw. Differenz zu ziehen, niemals aus den Einzelgrößen. Das heißt: Zuerst Addieren bzw. Subtrahieren, dann Wurzelziehen.

Multiplikation und Division mit gleicher Wurzelhochzahl

Beispiel

$\sqrt{4} \cdot \sqrt{9} = \sqrt{4 \cdot 9} = \sqrt{36}$

$\sqrt[3]{a} \cdot \sqrt[3]{b} = \sqrt[3]{ab}$

$\frac{\sqrt{36}}{\sqrt{4}} = \sqrt{\frac{36}{4}} = \sqrt{9}$

$\frac{\sqrt[3]{a}}{\sqrt[3]{b}} = \sqrt[3]{\frac{a}{b}}$

Wurzeln mit gleicher Hochzahl werden multipliziert bzw. dividiert, indem die Radikanden multipliziert bzw. dividiert werden und die Wurzelhochzahl beibehalten wird.

Wurzelziehen aus Produkten und Quotienten

Beispiel

$\sqrt{9} \cdot \sqrt{36} = 3 \cdot 6 = 18$ oder

$\sqrt{9} \cdot \sqrt{36} = \sqrt{9 \cdot 36} = \sqrt{324} = 18$

$\frac{\sqrt[3]{216}}{\sqrt[3]{8}} = \frac{6}{2} = 3$ oder $\frac{\sqrt[3]{216}}{\sqrt[3]{8}} = \sqrt[3]{\frac{216}{8}} = \sqrt[3]{27} = 3$

Beim Wurzelziehen aus einem Produkt bzw. einem Quotienten kann die Wurzel sowohl aus jedem Faktor bzw. aus Zähler und Nenner einzeln gezogen werden als auch aus dem Wert des Produktes bzw. des Quotienten.
Die Wurzelhochzahlen müssen jeweils gleich sein.

Potenzieren von Wurzeln

Beispiel

$(\sqrt{3^3})^4 = \left((3^3)^{\frac{1}{2}}\right)^4 = \left(3^{\frac{3}{2}}\right)^4 = 3^{\frac{3 \cdot 4}{2}} = 3^6$

$(\sqrt[3]{2^3})^4 = \left((2^3)^{\frac{1}{3}}\right)^4 = \left(2^{\frac{3}{3}}\right)^4 = 2^4 = 16$

Wurzeln werden potenziert, indem zunächst die Wurzel in eine Potenz umgeschrieben und anschließend nach den Potenzregeln verfahren wird (Abschnitt 1.3).

Aufgaben

18. Addieren bzw. subtrahieren Sie.

a) $3\sqrt{22} + 5\sqrt{22} - 2\sqrt{22}$

b) $4\sqrt{17} - \sqrt{17} + 8\sqrt{17}$

c) $2\sqrt[3]{25} - 4\sqrt{25} + 3\sqrt[3]{25} + 6\sqrt{25}$

d) $6\sqrt[4]{33} - 4\sqrt{33} + \sqrt[3]{33} + 4\sqrt{33} - 3\sqrt[4]{33}$

e) $3\sqrt[3]{a} - 4\sqrt{b} - 2\sqrt[3]{a} - \sqrt{b}$

f) $2\sqrt{ab} - 4\sqrt{ab} + 9\sqrt{ab}$

g) $-3\sqrt[3]{az} - 4\sqrt{az} + 6\sqrt{az}$

h) $\sqrt{\frac{aw}{z}} - \sqrt[4]{\frac{aw}{z}} - 3\sqrt{\frac{ax}{z}} + 4\sqrt[4]{\frac{aw}{z}}$

i) $3a\sqrt[3]{bz} - 3c\sqrt[3]{bz} - a\sqrt[3]{bz} - c\sqrt[3]{bz}$

19. Ziehen Sie die Wurzeln.

a) $\sqrt{9 + 16}$

b) $\sqrt{64 + 4}$

c) $\sqrt{144 + 25}$

d) $\sqrt{25 - 16}$

e) $\sqrt{400 - 256}$

f) $\sqrt{289 - 225}$

g) $\sqrt{144 + 256}$

h) $\sqrt{625 - 225}$

20. Ziehen Sie die Wurzeln.

a) $\sqrt{3} \cdot \sqrt{12}$

b) $\sqrt{2} \cdot \sqrt{8}$

c) $\sqrt{16} \cdot \sqrt{4}$

d) $\sqrt{3} \cdot \sqrt{3}$

e) $\sqrt{2} \cdot \sqrt{3} \cdot \sqrt{6}$

f) $\sqrt{8} \cdot \sqrt{2} \cdot \sqrt{4}$

g) $\sqrt{2} \cdot \sqrt{2} \cdot \sqrt{2} \cdot \sqrt{2}$

h) $\sqrt{4 \cdot 16}$

i) $\sqrt{9 \cdot 4 \cdot 16}$

j) $\sqrt{25 \cdot 16 \cdot 9}$

k) $\sqrt{64 \cdot 36}$

l) $\sqrt{a^2} \cdot \sqrt{b^2}$

m) $\sqrt{d^2 \cdot x^4}$

n) $\sqrt{4a^2\, 16z^{16}}$

Aufgaben

21. Ziehen Sie die Wurzeln.

a) $\sqrt{4d^2n^4 9x^8}$

b) $\sqrt[3]{27 \cdot 8}$

c) $\sqrt[3]{64 \cdot 216}$

d) $\sqrt[3]{8 \cdot 125}$

e) $\sqrt{9 \cdot 16} \cdot \sqrt[3]{64 \cdot 8}$

f) $\sqrt{25} \cdot \sqrt[3]{125} \cdot \sqrt{81}$

g) $4\sqrt{16} \cdot 2 \cdot \sqrt[3]{8} \cdot 6 \cdot \sqrt[3]{343}$

h) $4\left(6 \cdot \sqrt{36 \cdot 16} - 3 \cdot \sqrt[3]{64 \cdot 8} + \sqrt{4 \cdot 9}\right)$

22. Ziehen Sie die Wurzeln.

a) $\sqrt{\frac{64}{4}}$

b) $\sqrt{\frac{144}{9}}$

c) $\sqrt{\frac{625}{16}}$

d) $\sqrt{\frac{784}{49}}$

e) $\sqrt{\frac{1156}{289}}$

f) $\sqrt{\frac{256}{576}}$

g) $\sqrt[3]{\frac{64}{8}}$

h) $\sqrt[3]{\frac{216}{1728}}$

i) $\sqrt[3]{\frac{729}{27}}$

j) $\sqrt[3]{\frac{512}{1728}}$

k) $\sqrt[3]{\frac{64}{27}}$

l) $\sqrt{\frac{x^4}{z^2}}$

m) $\sqrt[3]{\frac{a^3}{z^9}}$

n) $\sqrt{\frac{a^2 d^4}{n^6 q^8}}$

o) $\sqrt{\frac{16a^4b^8d^6}{4m^2 9p^6 25z^{10}}}$

23. Ziehen Sie die Wurzeln.

a) $\left(\sqrt{3^3}\right)^2$

b) $\left(\sqrt{2^4}\right)^2$

c) $\left(\sqrt{4^2}\right)^3$

d) $\left(\sqrt{5^3}\right)^2$

e) $\left(\sqrt[3]{4^3}\right)^2$

f) $\left(\sqrt[3]{6^2}\right)^3$

g) $\left(\sqrt[3]{8^3}\right)^2$

h) $\left(\sqrt{13^2}\right)^0$

i) $\left(\sqrt[3]{61^3}\right)^1$

j) $\left(\sqrt{\left(\frac{1}{3}\right)^2}\right)^3$

k) $\left(\sqrt[8]{4^2}\right)^4$

l) $\left(\sqrt[3]{16^4}\right)^0$

m) $\left(\sqrt[3]{\left(\frac{2}{3}\right)^0}\right)^4$

n) $\left(\sqrt[4]{6^2}\right)^2$

o) $\left(\sqrt{4a^2 9b^4}\right)^3$

p) $\left(\sqrt[n]{a^n b^n}\right)^n$

q) $\left(\sqrt[x]{a^{2x} d^x z^{4x}}\right)^1$

r) $\left(\sqrt[z]{d^z g^{4z} n^{3z}}\right)^2$

2 Gleichungen

Wahre mathematische Aussagen können durch eine Gleichung dargestellt werden. Eine Gleichung hat eine linke und eine rechte Seite, die durch ein Gleichheitszeichen getrennt werden. Sie kann mit einer Balkenwaage verglichen werden, die sich im Gleichgewicht befindet.

linke Seite = rechte Seite
4 kg + 3 kg + 1 kg = 5 kg + 3 kg

$$4+3+1+2=8+2$$
$$4+3+1-2=8-2$$
$$(4+3+1)\cdot 2=8\cdot 2$$
$$(4+3+1):2=8:2$$

Eine Gleichung bleibt erhalten, wenn auf beiden Seiten:
- dieselbe Zahl addiert,
- dieselbe Zahl subtrahiert,
- mit derselben Zahl multipliziert,
- durch dieselbe Zahl dividiert wird.

Gleichungen mit einer Unbekannten

Enthält eine Gleichung eine unbekannte Größe, so wird diese durch Buchstaben wie *a*, *b*, …, *x*, *y*, *z* ersetzt. Um die Unbekannte zu bestimmen, muss die Gleichung umgeformt werden.

Beispiel

$$x-18=22$$
$$x-18+18=22+18$$
$$x=40$$

$$x+40=300$$
$$x+40-40=300-40$$
$$x=260$$

Damit die Unbekannte *x* auf der linken Seite der Gleichung allein steht, muss auf beiden Seiten der Gleichung im ersten Beispiel 18 addiert und im zweiten Beispiel 40 subtrahiert werden.

$$\frac{x}{7}=5$$
$$\frac{x}{7}\cdot 7=5\cdot 7$$
$$x=35$$

Damit die Unbekannte *x* auf der linken Seite der Gleichung allein steht, muss auf beiden Seiten mit dem Nenner multipliziert werden.

$$2x=8$$
$$\frac{2x}{2}=\frac{8}{2}$$
$$x=4$$

Damit die Unbekannte *x* auf der linken Seite der Gleichung allein steht, muss auf beiden Seiten durch den Koeffizienten der Unbekannten dividiert werden.

$$3(4x-1)=4(x-2)+11$$
$$12x-3=4x-8+11$$
$$12x-3=4x+3$$
$$12x-4x-3=4x-4x+3$$
$$8x-3=3$$
$$8x-3+3=3+3$$
$$8x=6$$
$$\frac{8x}{8}=\frac{6}{8}$$
$$x=\frac{3}{4}$$

Treten Gleichungen mit Klammern auf, so müssen zunächst die Klammern aufgelöst werden. Anschließend wird nach der Unbekannten *x* umgeformt.

Aufgaben

1. Stellen Sie die Formeln nach der genannten Größe um.

a) $A = \frac{b \cdot r}{2}$ nach r

b) $U = 2(l + b)$ nach l

c) $V = l \cdot b \cdot \frac{h}{3}$ nach h

d) $V = \frac{d^2 \cdot \pi}{4} \cdot \frac{h}{3}$ nach d

e) $F_1 \cdot l_1 = F_2 \cdot l_2$ nach l_1

f) $b = \frac{r \cdot \pi \cdot \alpha}{180°}$ nach r

g) $V \approx \left(\frac{d_1 + d_2}{2}\right)^2 \cdot \frac{\pi}{4} \cdot h$ nach h und d_1

2. Lösen Sie die Gleichungen nach der Unbekannten auf.

a) $x - 16 = 20$
b) $x + 12 = 16$
c) $z + 8{,}2 = 12{,}7$
d) $2x = 10$
e) $24 = 3x$
f) $56 = 4y$
g) $\frac{x}{3} = 5$
h) $\frac{1}{2}y = 7$
i) $\frac{8a}{7} + 7 = 15$
j) $3{,}2 + \frac{4b}{5} = 2$
k) $x + 7 = 4(3 + 7)$
l) $\frac{3x}{7} = 3(2 + 4) - 4(16 - 12)$
m) $4x + \frac{3x}{4} = \frac{2(7 - 2)}{3} + (3 - 5)$
n) $\frac{x}{3}(2 + 7) - \frac{x}{5}(3 - 9) = 4x - 3(22 - x)$
o) $\frac{3a}{4} - 4\left(\frac{a}{7} - 9\right) = 127 - 4(2a - 9)$
p) $7(6x + 5) - 2(8x - 11) = 50x + 3(4x + 1)$
q) $12(8b + 7) - 5(16b - 3)$
$- 18(4b + 3) - 31 = 0$
r) $9(8n + 2{,}2) - 3(17n + 7{,}4)$
$= 25n - 8(5n - 1{,}5)$

3. a) Vermehrt man eine Zahl um 22, so erhält man 37. Wie heißt die Zahl?

b) Vervielfacht man eine Zahl mit 3,5, so erhält man 24,5. Wie heißt die Zahl?

c) Vermindert man eine Zahl um 17, so erhält man 30. Wie heißt die Zahl?

d) Vermehrt man die Hälfte einer Zahl um 18, so erhält man 34. Wie heißt die Zahl?

e) Dividiert man eine Zahl durch 4, so erhält man 28. Wie heißt die Zahl?

f) Subtrahiert man von einer Zahl 26, so erhält man ihren 3. Teil. Welche Zahl ist gemeint?

g) Das Dreifache einer um 4 verminderten Zahl ist halb so groß wie das Fünffache der um 6 verminderten Zahl. Welche Zahl ist gemeint?

h) Vermehrt man eine Zahl um 17 und vervierfacht die Summe, so erhält man die ursprüngliche Zahl mit negativem Vorzeichen. Um welche Zahl handelt es sich?

i) Die Zahl 90 ist so in zwei Summanden zu zerlegen, dass das Dreifache des ersten Summanden gleich einem Drittel des zweiten ist.

j) Zerlegen Sie die Zahl 140 so in drei Summanden, dass der zweite Summand um 40 größer als der erste und der dritte um 28 kleiner als der zweite ist.

k) Zerlegen Sie die Zahl 84 so in vier Summanden, dass ein Drittel des ersten genauso groß wie der zweite, der dritte 4,5-mal so groß wie der zweite und der vierte 4-mal so groß wie der erste Summand ist.

4. Ein rechteckiges Grundstück hat eine Zaunlänge von 142 m. Die längere Seite ist viermal so lang wie die kürzere. Welche Fläche hat das Grundstück?*

5. In einem rechtwinkligen Dreieck ist der Winkel β $\frac{4}{5}$-mal so groß wie α. Wie groß sind die Dreieckswinkel?*

6. In einem Dreieck ist der Winkel β dreimal so groß wie α, der Winkel γ halb so groß wie α und β zusammen. Wie groß sind die Winkel?*

Aufgaben

7. In einem gleichschenkligen Dreieck ist ein Schenkel 3,5-mal so groß wie die Grundseite. Wie groß sind die Dreiecksseiten, wenn der Umfang 74 cm misst?*

8. Bei einem Damm ist die Dammsohle 1,2-mal so breit wie die Dammkrone. Die Querschnittsfläche des Dammes beträgt 21,80 m².
a) Wie breit sind Dammsohle und Dammkrone?
b) Wie viel m³ Boden werden für 100 m Dammlänge benötigt?*

9. Der Sparren S_1 ist um 1,20 m länger als der Sparren S_2. Die zwei Sparren und der Deckenbalken haben eine Länge von 36,70 m. Welche Länge haben die Sparren S_1 und S_2?*

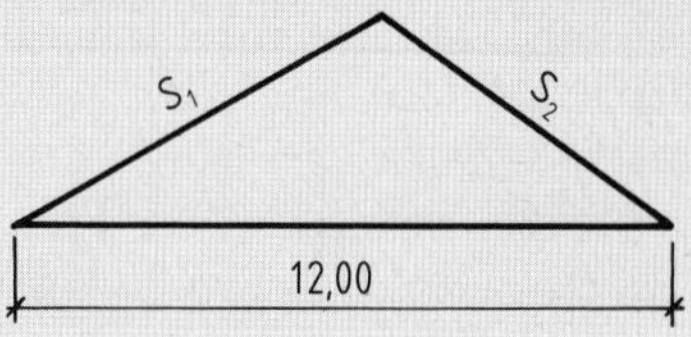

10. Beim Binder eines Kragdaches sind die Untergurtstäbe 2,8-mal größer als der Vertikalstab V_1 der Diagonalstab 1,72-mal so groß wie der Vertikalstab V_2 und die Obergurtstäbe 2,98-mal so groß wie der Vertikalstab V_1. Wie lang müssen die einzelnen Stäbe sein, wenn man für einen Binder 11 m Holz benötigt?*

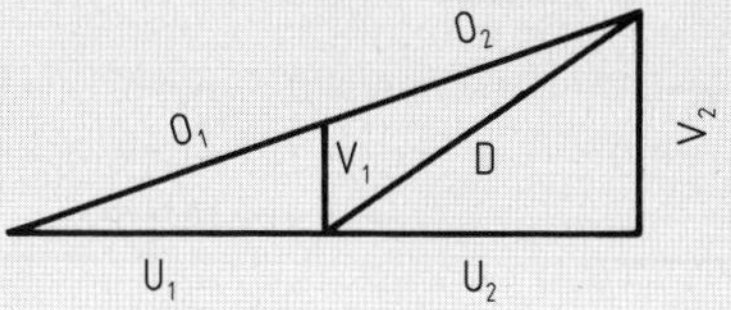

11. Das Restaurant eines Fernsehturmes liegt 4-mal so weit vom Boden entfernt wie die Wetterstation, während die Entfernung von der Turmspitze zum Restaurant nur $\frac{1}{8}$ der Entfernung Wetterstation – Restaurant beträgt. Wie weit vom Boden entfernt liegen die Wetterstation und das Restaurant, wenn der Turm eine Gesamthöhe von 264 m hat?

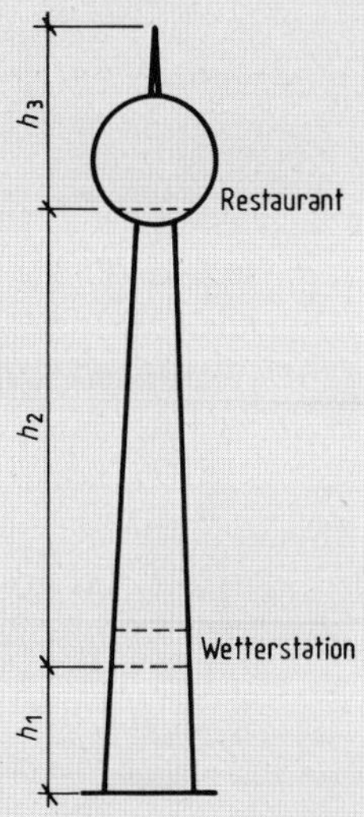

12. Ein Wassergraben, bei dem die obere Breite um 2,20 m größer ist als die Sohlbreite, soll abgesperrt werden. Wie groß ist die Sohlbreite des Grabens, wenn der Graben bei ganzer Füllung 6,5 m³ pro m Grabenlänge fassen kann?*

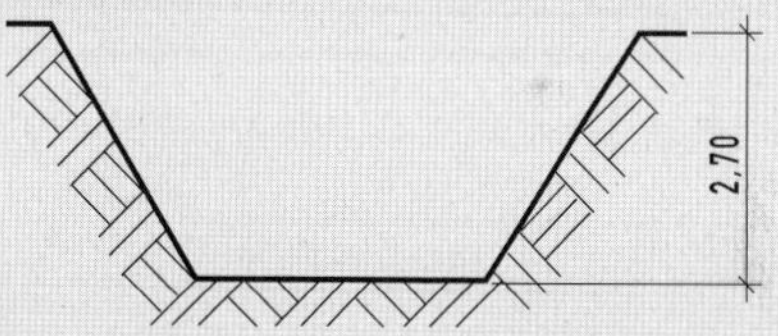

13. Aus einem Baumstamm mit einem Umfang von 1,08 m soll ein quadratischer Balken geschnitten werden, dessen Kantenlänge 20 cm geringer ist als der Durchmesser des Baumes. Welche Kantenlänge erhält der Balken?*

14. Aus einem Baumstamm mit einem Durchmesser von $d = 42$ cm am Zopfende soll ein rechteckiger Balken herausgeschnitten werden, dessen längere Seite doppelt so groß ist wie die kürzere. Welche Abmessungen hat der Balken?*

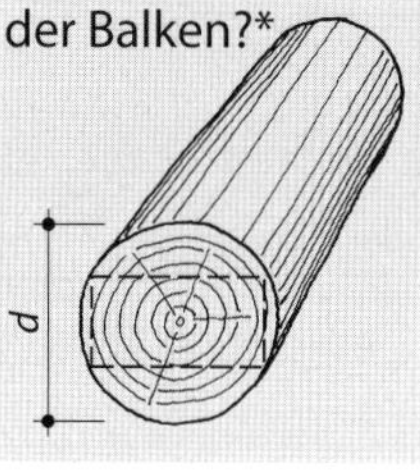

* Die benötigten Formeln finden Sie erforderlichenfalls in den Kapiteln 8, 9 und 10.

Aufgaben

15. Für zwei 4,70 m hohe Rundsäulen, deren Durchmesser sich um 40 cm unterscheiden, sind 18,33 m² Schalung benötigt worden.

a) Welchen Durchmesser haben die Säulen?

b) Wie viel m³ Festbeton werden für die zwei Säulen benötigt?*

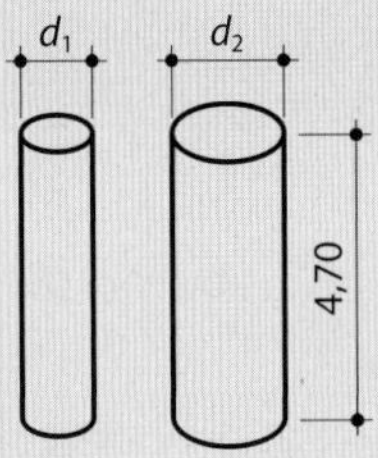

16. Ein Turmdach mit quadratischem Grundriss und der Grundseitenlänge von 4,20 m soll einen Dachraum von mindestens 41,75 m³ erhalten. Welche Dachhöhe ist dazu erforderlich?*

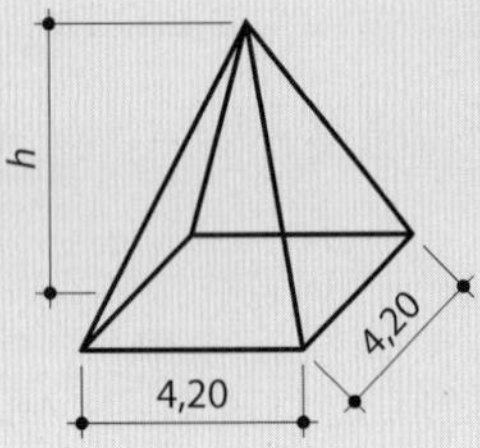

17. Ein Fahrmischer beliefert wechselweise zwei Baustellen, von denen die eine 12 km näher beim Betonwerk liegt als die andere. Nachdem er jede Baustelle 8-mal angefahren hat, hat er 208 km zurückgelegt. Wie weit sind die beiden Baustellen vom Betonwerk entfernt?

18. Bei einem Fachwerkbinder sind die Untergurtstäbe U_1 und U_3 halb so lang wie der Untergurtstab U_2, die Vertikalstäbe 0,79-mal so lang wie der Stab U_1, die Obergurtstäbe 0,64-mal so lang wie der Untergurtstab U_2 und die Diagonalstäbe 1,88-mal so lang wie der Stab U_3.

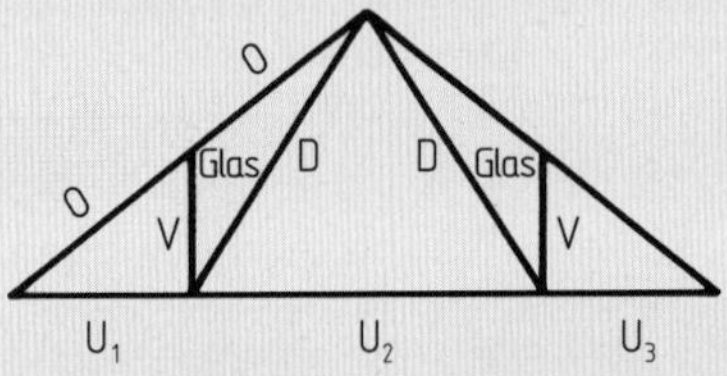

a) Wie lang sind die einzelnen Stäbe, wenn für einen Binder 28,18 m Holz benötigt wird?

b) Wie groß ist die zu verglasende Fläche?*

19. Bei einem 12,50 m hohen Brückenpfeiler mit elliptischem Grundriss ist der große Durchmesser 5,40 m größer als der kleine. Zur Schalung eines Pfeilers sind 259 m² Schalholz benötigt worden. Wie viel m³ Festbeton werden für einen Pfeiler benötigt?*

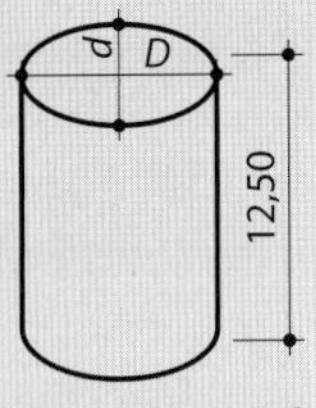

20. Für den Brückenpfeiler sind 112 m³ Festbeton benötigt worden. Wie groß ist der Schalholzbedarf für einen Pfeiler?
Höhe des Pfeilers 10,20 m.*

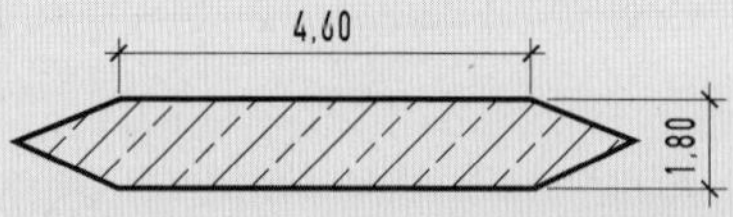

21. Der Durchmesser einer Rundsäule ist um 5 cm größer als die Seitenlänge einer quadratischen Säule. Beide Säulen haben die gleiche Höhe von 3,75 m. Festbetonbedarf je Säule 0,60 m³.
Berechnen Sie den Schalholzbedarf der quadratischen Säule sowie der Rundsäule.*

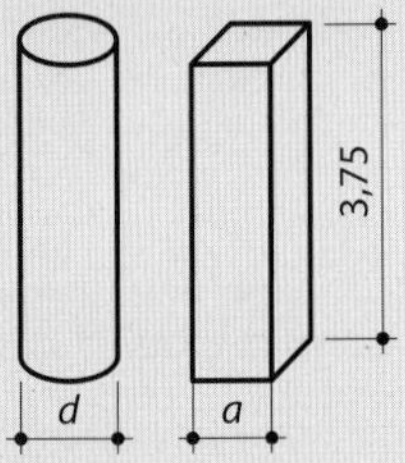

22. Ein elliptischer Brückenpfeiler soll die gleiche Querschnittsfläche haben wie ein rechteckiger Pfeiler mit den Abmessungen 14,00 × 3,75 m. Wie groß sind die beiden Durchmesser des elliptischen Pfeilers, wenn der große Durchmesser dreimal so groß ist wie der kleine?*

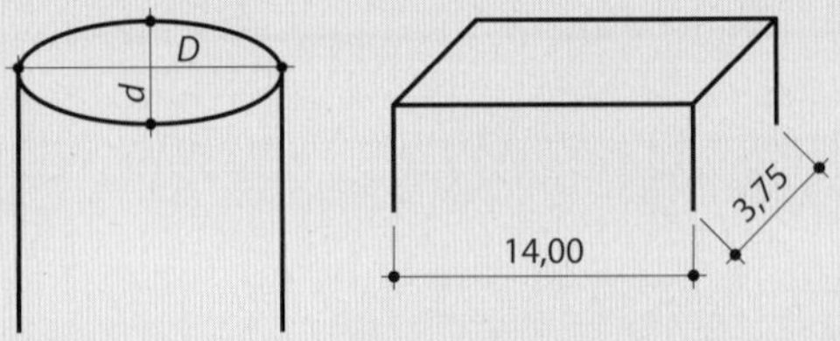

* Die benötigten Formeln finden Sie erforderlichenfalls in den Kapiteln 8, 9 und 10.

3 Dreisatzrechnung

3.1 Einfacher Dreisatz

Die Dreisatzrechnung wird angewandt, wenn aus zwei bekannten Größen eine weitere Größe ermittelt werden soll. Die Rechnung erfolgt, wie der Name es besagt, in drei Schritten.

Dreisatz mit geradem Verhältnis

Beispiel

2,5 l Farbe kosten 24,00 €. Wie viel kosten 6 l Farbe?

	2,5 l Farbe ≙ 24,00 €	
: 2,5 ↓		↓ : 2,5
	1 l Farbe ≙ 9,60 €	
· 6 ↓		↓ · 6
	6 l Farbe ≙ 57,60 €	

Schritt 1: Eine Behauptung wird aufgestellt, indem zwei Größen einander zugeordnet werden.

Schritt 2: Es wird auf eine Einheit der Größe geschlossen, von der ein zweiter Wert bekannt ist.

Schritt 3: Der gesuchte Wert wird ermittelt.

Antwort: 6 l Farbe kosten 57,60 €.

Wenn gilt	„**Je mehr** von der einen Größe, **desto mehr** von der anderen Größe" oder „**Je weniger** von der einen Größe, **desto weniger** von der anderen Größe",
dann handelt	es sich um einen **Dreisatz mit geradem Verhältnis.**

Dreisatz mit umgekehrtem Verhältnis

Beispiel

8 Maurer benötigen für ihre Arbeit 14 Stunden. Wie lange brauchen dann 4 Maurer?

	8 Maurer ≙ 14 Stunden	
: 8 ↓		↓ · 8
	1 Maurer ≙ 112 Stunden	
· 4 ↓		↓ : 4
	4 Maurer ≙ 28 Stunden	

Schritt 1: Eine Behauptung wird aufgestellt, indem zwei Größen einander zugeordnet werden.

Schritt 2: Es wird auf eine Einheit der Größe geschlossen, von der ein zweiter Wert bekannt ist.

Schritt 3: Der gesuchte Wert wird ermittelt.

Antwort: 4 Maurer benötigen 28 Stunden.

Wenn gilt	„**Je mehr** von der einen Größe, **desto weniger** von der anderen Größe" oder „**Je weniger** von der einen Größe, **desto mehr** von der anderen Größe",
dann handelt	es sich um einen **Dreisatz mit umgekehrten Verhältnis.**

Aufgaben

1. Für 5 Stahlbetonsäulen werden 5,75 m^3 verdichteter Beton benötigt. Wie viel m^3 Beton werden für 9 Säulen benötigt?

2. Der Aushub eines Grabens von 12,50 m Länge wird in 7 Fuhren weggefahren. Wie viele Fuhren ergibt der Aushub eines 33 m langen Grabens?

3. Eine Arbeit wird mit 2 Planierraupen in 18 Tagen verrichtet. Wie lange benötigen 3 Planierraupen für die Arbeit?

4. 7 Arbeiter benötigen für eine Arbeit zusammen 224 Stunden. Wie lange muss jeder arbeiten, wenn für die gleiche Arbeit nur 5 Arbeiter eingesetzt werden?

5. Für ein Dach, das mit Biberschwanzziegeln eingedeckt werden soll, werden für 2 m^2 70 Ziegel benötigt. Wie viele Ziegel werden für eine Dachfläche von 245 m^2 benötigt?

6. Das Verlegen von 750 m^2 Estrich kostet einschließlich Material 41.250,00 €. Wie viel kostet das Verlegen von 830 m^2 Estrich?

7. Ein Bau soll von 9 Arbeitern in 43 Tagen errichtet werden. Wie viele Arbeiter sind noch abzustellen, wenn das Projekt bereits in 33 Tagen fertiggestellt sein soll?

8. Beim Ausheben eines Tiefbrunnens bis in eine Tiefe von 5,25 m sind 24,74 m^3 Boden ausgehoben worden. Wie viel Boden ist bei einer weiteren Vertiefung um 1,40 m noch zu fördern?

9. 2 Arbeiter benötigen zur Errichtung einer Trockenbauwand 4 Stunden. Wie lange brauchen 3 Arbeiter für die gleiche Wand?

10. Auf 100 km verbraucht ein Transporter 11,2 l Benzin. Wie groß ist sein Benzinverbrauch auf 270 km?

11. Ein Privatschwimmbecken mit 38,25 m^2 Grundfläche wird in 6 Stunden auf eine Wassertiefe von 1,40 m gefüllt. Wie lange würde der Füllvorgang dauern, wenn nur eine Wassertiefe von 1,10 m erreicht werden soll?

12. Die Baukosten eines Einfamilienhauses betragen 375.000,00 €. Das Haus hat eine Wohnfläche von 175 m^2.
    Wie viel würde ein Einfamilienhaus mit einer Wohnfläche von 155 m^2 kosten? (Voraussetzung gleicher Wohnflächenpreis!)

13. Ein Zimmermann muss für 15,3 m^3 Nadelschnittholz (Tanne/Fichte) 4.207,50 € bezahlen.
    Wie viel € muss der Zimmermann für 19 m^3 Kiefernholz bezahlen, wenn der m^3 um 51,00 € teurer als Tannenholz ist?

14. Auf eine Baustelle werden 7 900 Mauerziegel geliefert. Sie kosten einschließlich Fracht 5.182,00 €. Für die Fracht werden 210,00 € berechnet.
    Wie viel kosten 7 000 Mauerziegel , wenn sie zu denselben Frachtkosten auf die gleiche Baustelle geliefert werden?

15. Zur Herstellung von 200 m^2 Estrich benötigt eine drei Mann starke Gruppe 13 Stunden.
    Wie lange benötigt diese Gruppe zum Einbau von 150 m^2, 250 m^2, 350 m^2 und 400 m^2?
    Stellen Sie das Verhältnis zeichnerisch dar.

3.2 Zusammengesetzter Dreisatz

Enthält eine Aufgabe mehr als zwei Größen und soll daraus eine weitere Größe ermittelt werden, so wird die Berechnung in zwei Dreisätze zerlegt. Es wird dann vom zusammengesetzten Dreisatz gesprochen. Dabei können Dreisätze mit geradem und/oder umgekehrtem Verhältnis vorkommen. Hierfür wird zunächst der Wert für eine Größe, anschließend für eine zweite Größe bestimmt.

Beispiel

4 Zimmerer verarbeiten in 40 Stunden 450 m^2 Holzplatten. Wie viel m^2 Holzplatten werden von 7 Zimmerern in 32 Stunden verarbeitet?

	4 Zimmerer ≙ 40 h ≙ 450 m^2	
:4		:4
	1 Zimmerer ≙ 40 h ≙ 112,5 m^2	
:40		:40
	1 Zimmerer ≙ 1 h ≙ 2,8125 m^2	
· 7		· 7
	7 Zimmerer ≙ 1 h ≙ 19,6875 m^2	
· 32		· 32
	7 Zimmerer ≙ 32 h ≙ 630 m^2	

Antwort: 7 Zimmerer verarbeiten in 32 Stunden 630 m^2 Holzplatten.

Aufgaben

16. Mit 3 Betonmaschinen können in 4 Tagen 15 m^3 Beton hergestellt werden. Wie viel m^3 Beton können mit 2 Betonmaschinen in 5 Tagen hergestellt werden?

17. Zur Abfuhr des Aushubs einer Baugrube mit einem Volumen von 12 750 m^3 benötigen 3 Lastwagen 10 Tage. Wie viele Tage werden bei einer Baugrube mit einem Inhalt von 15 300 m^3 beim Einsatz von 4 Lastwagen benötigt?

18. 6 Fliesenleger benötigen 12 Tage zum Fliesen einer Fläche von 558 m^2. Wie viele Fliesenleger werden zusätzlich benötigt, wenn eine Arbeit von 620 m^2 Fläche in 10 Tagen fertig sein soll?

19. 6 Maurer benötigen zur Erstellung eines Hauses bei einer täglichen Arbeitszeit von 8 Stunden 95 Tage. Wie viele Überstunden muss jeder von ihnen pro Tag leisten, wenn ein gleiches Bauvorhaben bereits in 76 Tagen fertig sein soll?

20. Ein Bauablaufplan, der mittels eines Netzplanes erstellt wurde, sieht für die Ausführung einer Arbeit 34 Arbeitstage vor. Die ausführende Firma arbeitete mit einer 7-Mann-Kolonne bereits 19 Tage je 8 Stunden pro Tag. Durch Krankheit fallen für den Rest der Projektausführung 2 Arbeitskräfte aus. Wie viele Überstunden müssen von den restlichen Arbeitern täglich geleistet werden, wenn die Frist nur um 1 Tag verlängert werden kann?

4 Prozentrechnung

4.1 Grundwert, Prozentwert, Prozentsatz

Die Prozentrechnung kann von der Dreisatzrechnung abgeleitet werden. Der Begriff Prozent ist aus dem Italienischen abgeleitet und bedeutet vom Hundert, Hundertstel. Dabei verhält sich ein Wert (Grundwert) zu 100 % wie der vermehrte/verminderte Wert (Prozentwert) zu einem bestimmten Prozentsatz.

$$\frac{G}{100\,\%} = \frac{W}{p}$$

G: Grundwert → entspricht 100 %
W: Prozentwert → Wert des auf den Grundwert bezogenen Prozentsatzes
p: Prozentsatz → prozentualer Anteil, Angabe in Prozent [%]

Bei Berechnungen können der Grundwert, der Prozentwert, aber auch der Prozentsatz die gesuchte Größe sein. Dafür muss die obige Gleichung umgestellt werden (siehe Kapitel Gleichungen).

$$G = \frac{W \cdot 100\,\%}{p} \qquad W = \frac{G \cdot p}{100\,\%} \qquad p = \frac{W \cdot 100\,\%}{G}$$

Beispiel

gesucht: G	gesucht: W	gesucht: p
Von einem Grundstück sind 55 % bebaut. Das entspricht 220 m². Wie groß ist das Grundstück?	Für eine Fachwerkwand werden 0,6 m³ Holz benötigt. Hinzu kommen 3 % für Verschnitt. Wie viel m³ Holz werden mehr gebraucht?	Nach einer Mieterhöhung muss für eine Wohnung nun monatlich 31 € mehr gezahlt werden. Zuvor betrug die Miete 1.240 €. Um wie viel Prozent ist die Miete erhöht worden?
geg.: $W = 220\ \text{m}^2$ $p = 55\,\%$	geg.: $G = 0{,}6\ \text{m}^3$ $p = 3\,\%$	geg.: $G = 1.240\ €$ $W = 31\ €$
$G = \frac{220\ \text{m}^2 \cdot 100\,\%}{55\,\%}$ $G = 400\ \text{m}^2$	$W = \frac{0{,}6\ \text{m}^3 \cdot 3\,\%}{100\,\%}$ $W = 0{,}018\ \text{m}^3$	$p = \frac{31\ € \cdot 100\,\%}{1.240\ €}$ $p = 2{,}5\,\%$
Das Grundstück ist insgesamt 400 m² groß.	Es werden 0,018 m³ mehr Holz gebraucht.	Die Miete wurde um 2,5 % erhöht.

4.2 Vermehrter und verminderter Grundwert

Der gegebene Prozentsatz kann über oder unter 100 % liegen. In diesem Fall wird vom vermehrten oder verminderten Grundwert gesprochen.

Beispiel

vermehrter Grundwert
Für die Miete einer Wohnung müssen nach einer Erhöhung um 4 % monatlich 696,80 € aufgewendet werden. Wie hoch war die Miete zuvor?

geg.: $W = 696{,}80\ €$
$p = 100\,\% + 4\,\% = 104\,\%$

$$G = \frac{696{,}80\ € \cdot 100\,\%}{104\,\%} = 670{,}00\ €$$

Die Miete betrug zuvor 670,00 €.

verminderter Grundwert
Eine Maschine wird im Ausverkauf um 30 % billiger für 784,00 € verkauft werden. Wie war der ursprüngliche Preis?

geg.: $W = 784{,}00\ €$
$p = 100\,\% - 30\,\% = 70\,\%$

$$G = \frac{784{,}00\ € \cdot 100\,\%}{70\,\%} = 1.120{,}00\ €$$

Die Maschine kostete ursprünglich 1.120,00 €

Aufgaben

1. Eine Rechnung für Baumaterialien beträgt 1.785,00 €. Bei Zahlung innerhalb 8 Tagen können 2 % Skonto abgezogen werden. Welcher Betrag ist zu überweisen?

2. Eine Betonmaschine kostet nach Abzug von 28 % Großhändlerrabatt noch 1.430,00 €. Wie hoch ist der Listenpreis?

3. Nach einer Lohnerhöhung von 3,5 % verdient ein Arbeiter 14,40 € pro Stunde. Wie viel verdiente er vorher?

4. Ein Grundstück mit 2948,75 m² kann bis zu 38 % überbaut werden. Welche Grundfläche darf das Gebäude maximal erhalten?

5. Ein Auto, dessen Anschaffungspreis 42.350,00 € betrug, wird nach einem Jahr zu einem Preis von 33.500,00 € verkauft. Wie viel Prozent beträgt die Wertminderung?

6. Die Angebote von zwei Baufirmen betragen 127.500,00 € und 132.800,00 €. Wie viel Prozent liegt die zweite Firma mit ihrem Angebot über dem der ersten?

7. Ein Arbeiter mit einem Bruttolohn von monatlich 3.120,00 € hat folgende Abzüge: Lohnsteuer 416,91 €, Kirchensteuer 33,35 €, Krankenversicherung 244,92 €, Rentenversicherung 290,16 €, Arbeitslosenversicherung 37,44 €, Pflegeversicherung 47,58 €.
a) Wie viel Prozent beträgt der Lohnsteuerabzug?
b) Wie viel Prozent werden für Sozialversicherungen abgezogen?
c) Wie viel Prozent betragen die Gesamtabzüge?

8. Ein Sack Zement kostet 7,70 €. Bei Abnahme von 400 Sack gibt es 12 % Mengenrabatt. Wie hoch ist der Rechnungsbetrag?

9. Unter Abzug von 2,5 % Skonto sind bei einer Rechnung 1.245,00 € überwiesen worden. Wie hoch war der Rechnungsbetrag?

5 Zinsrechnung

Wenn sich jemand Geld ausleiht, muss er in der Regel zusätzlich Zinsen zahlen. Genauso erhält jemand in der Regel Zinsen, wenn er Geld bei einer Bank anlegt.

Um die Zinsen zu berechnen, wird die Prozentrechnung mit einem Zeitbezug t versehen.
Dabei gilt:

Prozentrechnung		**Zinsrechnung**
Grundwert G	$\rightarrow$	Kapital K
Prozentwert W	$\rightarrow$	Zinsen Z
Prozentsatz p	$\rightarrow$	Zinssatz p

Bei der Zinsrechnung wird das Jahr mit 360 Tagen und jeder Monat mit 30 Tagen gerechnet.

Zinsrechnung	Jahre	Monate	Tage
Zinsen Z	$Z=\frac{K \cdot p \cdot t}{100\,\%}$	$Z=\frac{K \cdot p \cdot t}{100\,\% \cdot 12}$	$Z=\frac{K \cdot p \cdot t}{100\,\% \cdot 360}$
Kapital K	$K=\frac{Z \cdot 100\,\%}{p \cdot t}$	$K=\frac{Z \cdot 100\,\% \cdot 12}{p \cdot t}$	$K=\frac{Z \cdot 100\,\% \cdot 360}{p \cdot t}$
Zinssatz p	$p=\frac{Z \cdot 100\,\%}{K \cdot t}$	$p=\frac{Z \cdot 100\,\% \cdot 12}{K \cdot t}$	$p=\frac{Z \cdot 100\,\% \cdot 360}{K \cdot t}$
Zeit t	$t=\frac{Z \cdot 100\,\%}{K \cdot p}$	$t=\frac{Z \cdot 100\,\% \cdot 12}{K \cdot p}$	$t=\frac{Z \cdot 100\,\% \cdot 360}{K \cdot p}$

Beispiel

Wie viel Zinsen müssen für ein Kapital von 7.200,00 €, das vom 22.08. bis 14.10. eines Jahres angelegt wurde, bei einem Zinssatz von 3,25 % gezahlt werden?

geg.: $K = 7.200{,}00$ €, $p = 3{,}25\,\%$
ges.: Z, t

Lsg.: Berechnung der Zeit t:

August	9 Tage
September	30 Tage
Oktober	13 Tage
	52 Tage

Berechnung der Zinsen Z:

$$Z=\frac{7.200{,}00\text{ €} \cdot 3{,}25\,\% \cdot 52}{100\,\% \cdot 360}=33{,}80\text{ €}$$

Aufgaben

1. Ein Bauherr nimmt einen Kredit von 85.000 € zu 3,5 % auf. Wie viel Zinsen sind jährlich zu zahlen?

2. Für ein Kapital von 36.000 € waren in einem Jahr 1.250 € Zinsen zu zahlen. Wie hoch war der Zinssatz?

3. Ein Kapital, das zu 1,75 % angelegt war, wuchs in einem Jahr auf 67.769,50 € an. Wie viel Kapital wurde angelegt?

4. Am 01.02. wurde ein Kapital von 127.500 € bis zum 31.10. zu einem Zinssatz von 1,25 % angelegt. Wie groß ist der Zinsertrag?

5. Vom 07.02. bis zum 16.01. des folgenden Jahres trug ein Kapital, das zu 1,5 % angelegt war, 468,00 € Zinsen. Wie viel € betrug die Kapitalanlage?

6. Ein Kapital von 67.500 € trug in 4 Monaten 320,25 € Zinsen. Zu welchem Prozentsatz war das Geld angelegt?

7. Für einen Kredit in Höhe von 75.000 € betrug die Zinslast 3.850 €. Der Zinssatz belief sich auf 4,25 %. Wie lange war die Laufzeit?

8. Zur Geldanlage baute ein Bauherr ein Haus für 550.000 € und vermietete es zu einer Monatsmiete von 1.650 €. Wie hoch ist seine jährliche Kapitalverzinsung?

9. Ein Bauherr nahm am 12.01. eines Jahres einen Kredit in Höhe von 43.500 € auf. Wie groß ist die Zinsbelastung bis zum Jahresende, wenn sich der Zinssatz am 01.05. von 3,25 % auf 4 % erhöht?

10. Ein Gesellschaftsunternehmen besteht aus den Gesellschaftern A, B und C. A hat eine Geschäftseinlage von 180.000 €, B von 140.000 € und C von 60.000 €. Der erzielte Reingewinn eines Jahres in Höhe von 25.000 € wird auf die Gesellschafter so verteilt, dass jeder zunächst 4 % seiner Kapitaleinlage erhält, während der Rest des Gewinnes nach Köpfen verteilt wird. Wie hoch ist die Verzinsung der Kapitaleinlage jedes Gesellschafters?

11. Ein Bauherr kaufte am 17.04. eines Jahres einen Bauplatz für 67.500 €. Durch eine berufliche Versetzung ist es ihm nicht möglich zu bauen, sodass er den Bauplatz am 01.12. des folgenden Jahres zu einem Preis von 69.200 € wieder verkauft. An Notariatsgebühren sind ihm 450,00 € entstanden. Die Grunderwerbsteuer beträgt 5 %. Wie hoch ist die Kapitalverzinsung?

12. Ein Zimmermeister bezahlt für einen Bankkredit von 40.000 € jährlich 3,25 % Zinsen. Um welchen Betrag ändert sich die jährliche Zinsbelastung, wenn der Zimmermeister 22.500 € seines Kredites getilgt hat, jedoch die Bank ihren Zinssatz um 0,75 % anhebt?

6 Verhältnisrechnung

6.1 Das Verhältnis

Beispiel

Auf einer Baustelle sind ein Turmdrehkran A mit einer Höhe von 30 m und ein Turmdrehkran B mit 20 m Höhe im Einsatz.

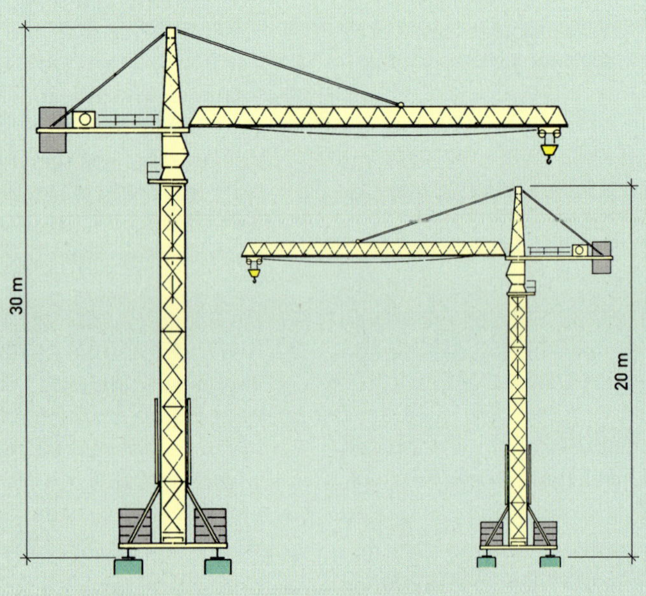

1. Um wie viele Meter ist Kran A höher als Kran B?

   30 m – 20 m = 10 m

   Kran A ist 10 m höher als Kran B.

2. Wievielmal ist Kran A höher als Kran B?

   Glied *a*: Kran A – 30 m

   Glied *b*: Kran B – 20 m

   30 m : 20 m = 1,5

   Kran A ist 1,5-mal höher als Kran B, d. h. der Proportionalitätsfaktor *p* ist 1,5.

3. Wievielmal ist Kran A höher als Kran B, wenn beide Kräne doppelt so hoch sind?

   Kran A: 30 m · 2 = 60 m
   Kran B: 20 m · 2 = 40 m

   60 m : 40 m = 1,5

   Kran A ist 1,5-mal höher als Kran B, d. h. der Proportionalitätsfaktor *p* ist 1,5.

Das Verhältnis der Glieder *a* zu *b* ist gleich dem Proportionalitätsfaktor *p*.

allgemein: $a : b = p$

Der Proportionalitätsfaktor ändert sich nicht, wenn *a* und *b* mit derselben Zahl multipliziert oder durch dieselbe Zahl dividiert werden (d. h. der Bruch erweitert bzw. gekürzt wird).

6.2 Rechnen mit Proportionen (Verhältnissen)

Beispiel

Wie hoch ist ein Baum, der einen 25 m langen Schatten wirft, wenn gleichzeitig der Schatten eines 1,80 m großen Bauarbeiters 1,50 m lang ist?

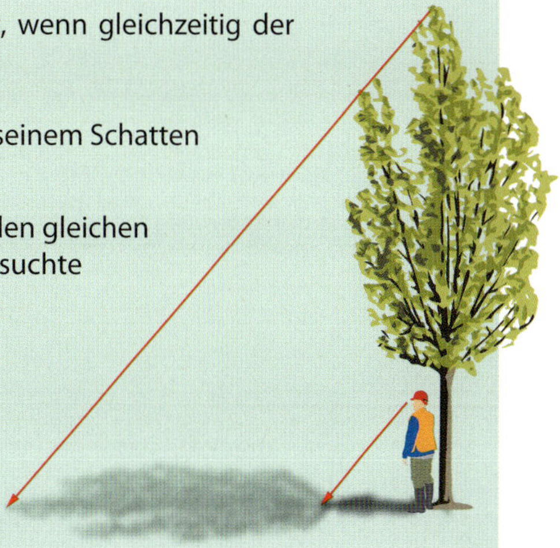

$p = \frac{1{,}80\ \text{m}}{1{,}50\ \text{m}} = 1{,}2$ Proportionalitätsfaktor Bauarbeiter zu seinem Schatten

$\frac{x}{25\ \text{m}} = 1{,}2$ Der Baum und sein Schatten besitzen den gleichen Proportionalitätsfaktor, dabei ist die gesuchte Größe x die Höhe des Baumes.

$x = 1{,}2 \cdot 25\ \text{m} = 30\ \text{m}$

Alternative Berechnung

$\frac{x}{25\ \text{m}} = \frac{1{,}80\ \text{m}}{1{,}50\ \text{m}}$ $x = \frac{1{,}80\ \text{m} \cdot 25\ \text{m}}{1{,}50\ \text{m}} = 30\ \text{m}$

In einer Proportion ist jedes Glied durch die drei anderen Glieder eindeutig bestimmt.

6.3 Maßstäbe

Um etwas zeichnerisch darzustellen, werden Maßstäbe verwendet. Diese bringen ebenfalls Verhältnisse zum Ausdruck. Große Objekte müssen verkleinert und sehr kleine Objekte vergrößert werden, indem durch die Verhältniszahl V geteilt bzw. mit ihr multipliziert wird.

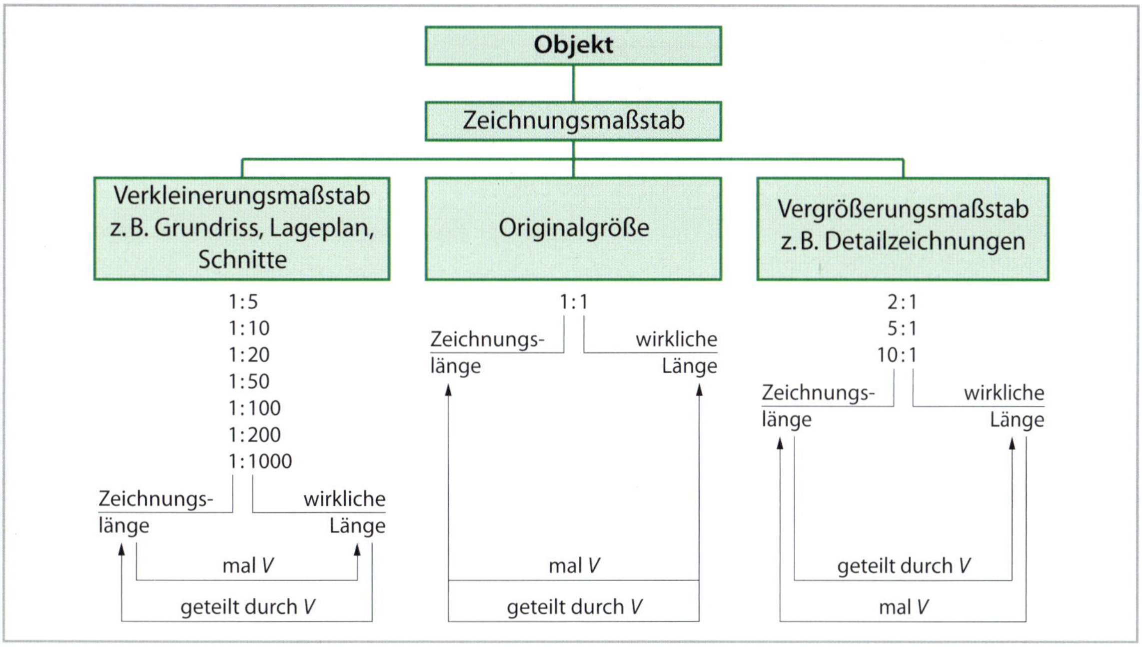

Beispiel

Von einem rechteckigen Grundstück, das 90 m lang und 80 m breit ist, soll ein Lageplan im Maßstab 1:500 gezeichnet werden. Wie lang werden die Seiten in der Zeichnung?

$$\frac{l}{9000\text{ cm}} = \frac{1}{500} \qquad l = \frac{1 \cdot 9000\text{ cm}}{500} = 18\text{ cm}$$

$$\frac{b}{8000\text{ cm}} = \frac{1}{500} \qquad b = \frac{1 \cdot 8000\text{ cm}}{500} = 16\text{ cm}$$

Antwort: In der Zeichnung ist das Grundstück 18 cm lang und 16 cm breit.

Aufgaben

1. Die Entfernungen Erde – Mond und Erde – Sonne verhalten sich wie 19:7450. Der Mond ist etwa 384 000 km von der Erde entfernt. Welche Entfernung hat die Sonne von der Erde?

2. Eine Straße hat eine Steigung von 1:70. Welchen Höhenunterschied hat ein Radfahrer überwunden, wenn er eine Wegstrecke von 4,2 km zurückgelegt hat?

3. Ein Straßenabschnitt von 60 km soll im Verhältnis 3:7 geteilt werden. Wie lang sind die Teilstrecken?

4. Ein Rundstahl von 4,50 m Länge dehnt sich bei einer Zugbelastung um 9 mm.
a) In welchem Verhältnis steht die Dehnung zur ursprünglichen Länge?
b) Wie viel % beträgt die Dehnung?

5. Ein Flachdach mit einer Spannweite von 10,00 m erfährt durch Sonneneinstrahlung eine Dehnung von 1,50 cm.
a) In welchem Verhältnis steht die Dehnung zur ursprünglichen Länge?
b) Wie viel % beträgt die Dehnung?

6. Eine Leiter mit 36 Sprossen reicht an die Unterkante einer Traufe, die 9 m vom Boden entfernt ist. Welche Höhe erreicht eine Leiter mit 25 Sprossen bei gleichem Sprossenabstand und gleicher Neigung?

7. In einen Grundriss soll ein Zimmer von 5,50 m Länge und 3,75 m Breite eingezeichnet werden.
a) Wie groß ist die Länge in der Zeichnung, wenn die Breite 18,75 cm beträgt?
b) Welchen Maßstab hat die Zeichnung?

8. In einem Werkplan 1:50 ist eine Wand 9,75 cm lang und 4,8 mm dick gezeichnet. Welche Abmessungen hat die Wand?

9. Ein kleines Werkstück, das im Maßstab 1:50 im Plan 4,4 cm lang und 3,5 cm breit gezeichnet ist, soll in anderen Maßstäben gezeichnet werden. Wie groß ist das Werkstück zu zeichnen
a) im Maßstab 1:20,
b) im Maßstab 1:100?

10. Die Längen zweier flächengleicher Dreiecke betragen 5 cm bzw. 9 cm. In welchem Verhältnis stehen die zugehörigen Breiten?

11. Die waagerechten Seiten zweier flächengleicher Rechtecke verhalten sich wie 3:10. Wie groß ist die senkrechte Seite des ersten, wenn die des zweiten 4,5 cm lang ist?

12. Der Flächeninhalt eines Parallelogramms (siehe Abschnitt 9.3) verhält sich zu dem eines Rechtecks mit gleicher Länge wie 3:5. Wie groß ist die Breite des Parallelogramms, wenn die des Rechtecks 1,50 m lang ist?

13. Zwei benachbarte Winkel eines Parallelogramms verhalten sich wie 11:4. Wie groß sind sie?

Aufgaben

14. Die spitzen Winkel eines rechtwinkligen Dreiecks verhalten sich wie 7:8. Wie groß sind sie?

15. In einem Dreieck misst ein Winkel 110°. Wie groß sind die beiden anderen Winkel, wenn sie sich wie 3:11 verhalten?

16. Die anliegenden Seiten eines Parallelogramms verhalten sich wie 5:9. Wie lang sind sie, wenn der Umfang des Parallelogramms 77 m beträgt?

17. Wie lang sind die Abschnitte einer 25,6 km langen Strecke, die im Verhältnis 1:7 geteilt ist?

18. Eine Strecke ist im Verhältnis 4:5 geteilt. Wie lang sind die Abschnitte, wenn sie sich um 2,8 km unterscheiden?

19. Die Seiten eines Dreieckes mit dem Umfang von 11,6 m verhalten sich wie 7:9:13. Wie lang sind sie?

20. Die maximalen Geschwindigkeiten zweier Lkw verhalten sich wie 9:4. Welche Strecke hat der schnellere zurückgelegt, wenn der andere 53 km gefahren ist?

21. Das Fassungsvermögen zweier Öltanks verhält sich wie 6:9. Wie viel l fasst der zweite Tank, wenn der erste einen Inhalt von 1250 l hat?

22. Die Radien zweier Kreise, deren Mittelpunkte 3,50 m voneinander entfernt liegen, verhalten sich wie 4:10. Wie lang sind die Radien, wenn die Kreise sich
a) von außen,
b) von innen berühren?

23. In einem Trapez (siehe Abschnitt 9.3) mit der Breite $b = 4$ m und dem Flächeninhalt $A = 30$ m² ist das Verhältnis der beiden Längen 3:2. Wie groß sind diese?

24. Zu einer Mauer von 4 m Länge, 2,50 m Höhe und 24 cm Dicke sind 130 Mauerziegel 7,5 NF erforderlich. Wie viele Ziegel werden bei gleicher Wanddicke gebraucht, wenn die Mauer 6 m lang und 3 m hoch werden soll?

25. Zu einem Mauerwerk von 246 m² sind 10 824 Steine verwendet worden. Wie viele Steine sind für eine Mauer von 200 m² erforderlich?

26. Wie viel kg Zement, Gesteinskörnung und Wasser sind für 1 m³ Beton erforderlich, wenn das Mischungsverhältnis nach Masseteilen 1:9,58:0,4 betragen soll und für 1 m³ Beton 2304 kg Baustoffe und Wasser benötigt werden?

27. Berechnen Sie die Höhe eines Hauses, dessen Schatten eine Länge von 55 m hat, wenn bei gleichem Sonnenstand der Schatten eines 1,80 m großen Mannes eine Länge von 4,50 m hat.

28. Wie viel Volumen-% beträgt die Verunreinigung?

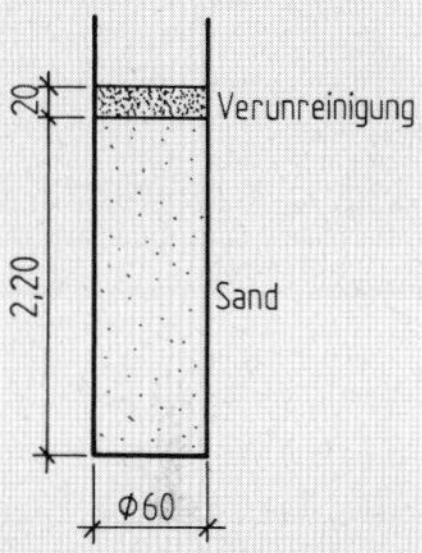

29. Eine Uferböschung hat die in der Abbildung angegebenen Maße. Wie hoch ist die Dammaufschüttung?

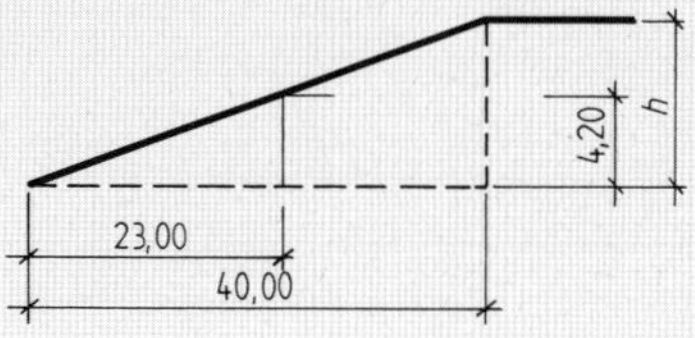

30. Aus einer Bodenplatte mit 1,13 m² wird ein Sektor herausgeschnitten. Welche Fläche hat die beschnittene Bodenplatte (siehe Abschnitt 9.5)?

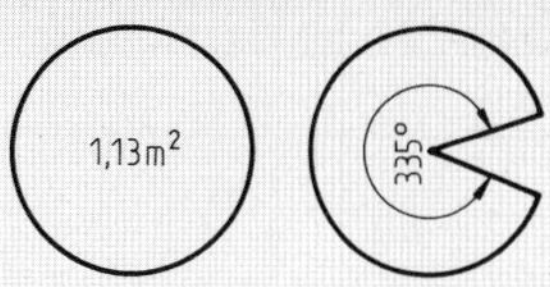

Aufgaben

31. Ein Kunde lässt sich aus einer Stabsperrholzplatte einen Boden mit den angegebenen Abmessungen herausschneiden. Wie viel muss er bezahlen, wenn er den nicht benötigten Kreissektor auch bezahlen muss? Preis pro m² 12,50 €.

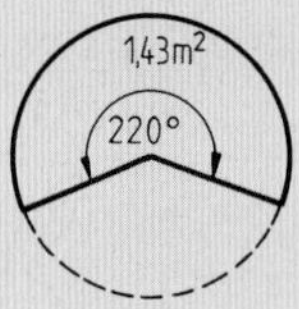

32. Wie groß ist die Sparrenlänge *s*?

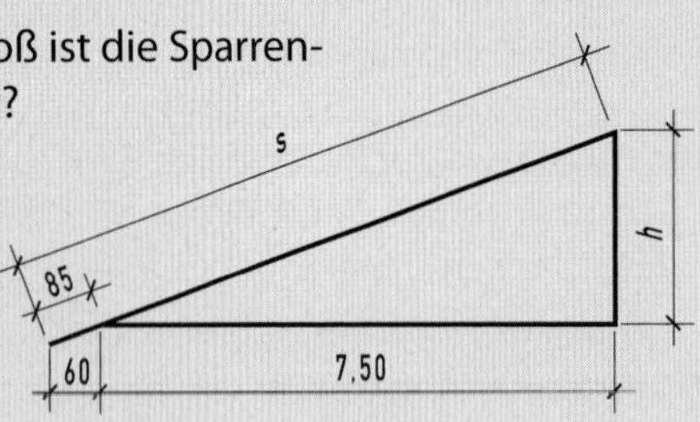

33. a) Auf welcher Höhe über NHN liegt die Dammkrone D?

b) Wie groß ist die Böschungslänge *l*?

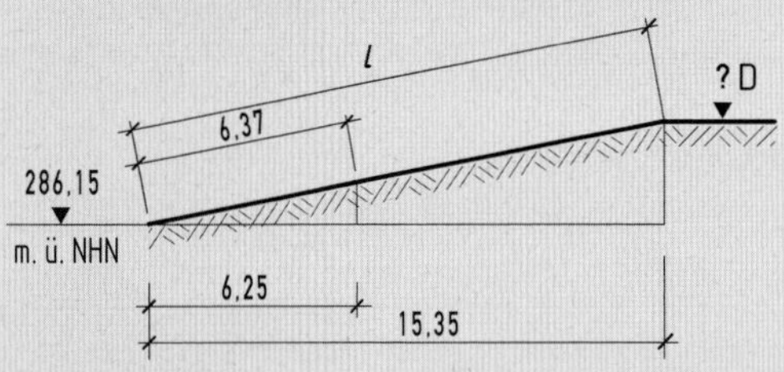

34. Aus einem Stamm mit kreisförmigem Querschnitt und einem Durchmesser von $d = 60$ cm soll ein möglichst großer Balken mit rechteckigem Querschnitt und dem Seitenverhältnis 3 : 4 geschnitten werden. Berechnen Sie die Abmessungen des Balkens.

35. Bei einem Pultdach soll nachträglich zur besseren Abstützung der Sparren eine Mittelpfette in der Höhe von 50 cm eingezogen werden. In welchem Abstand von der Traufe muss die Pfette angebracht werden?

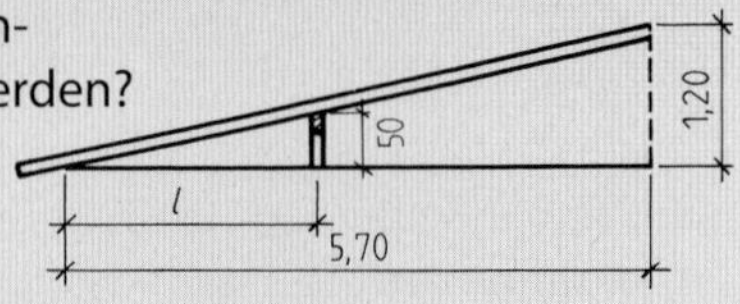

36. Welche lichte Höhe *h* hat der Dachraum?

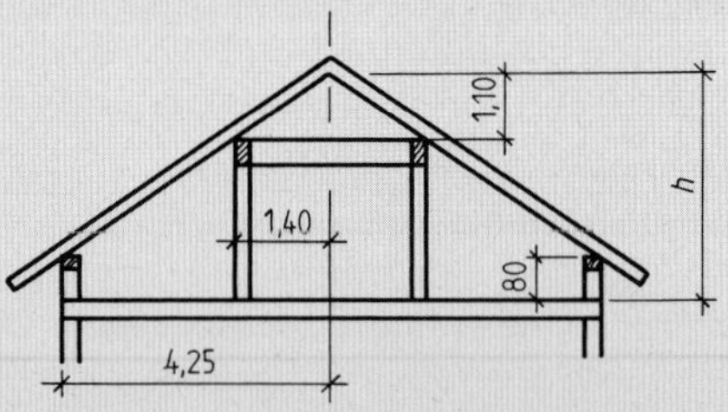

37. Welche Höhenkote hat die Oberkante der Firstlinie (Aufklauung der Sparren bleibt unberücksichtigt)?

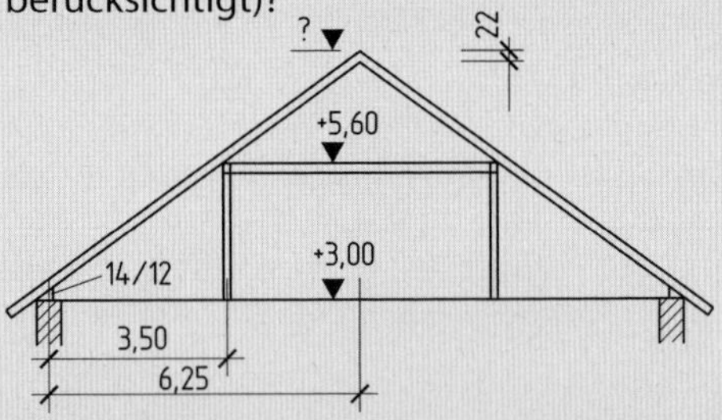

38. a) Wie groß ist die Sparrenlänge s_1?

b) Welche Höhenkote hat die Oberkante des Querriegels sowie die Firstlinie (Aufklauung der Sparren bleibt unberücksichtigt)?

c) Berechnen Sie die Sparrenlänge s_2.

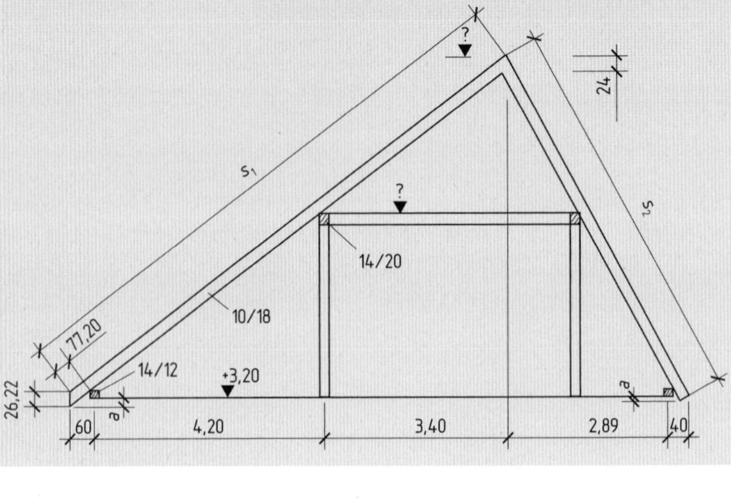

Aufgaben

39. Ermitteln Sie für das Dach des Kirchturms die Länge der Gratsparren.

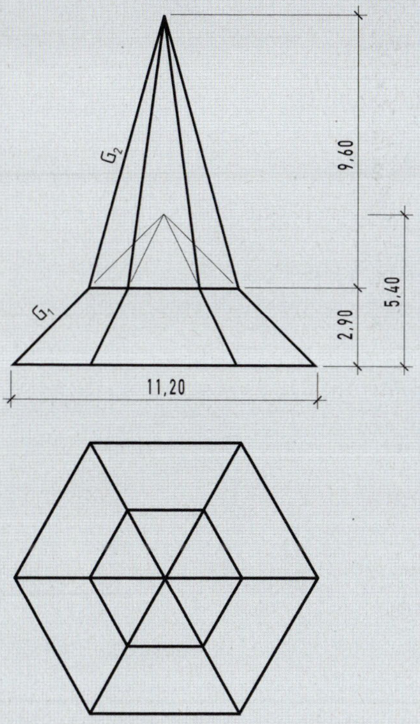

40. Ermitteln Sie für das Dach des Kirchturms die Länge der Gratsparren.

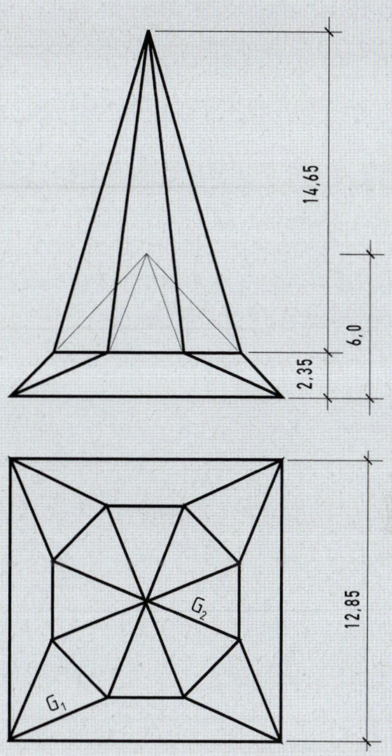

41. Berechnen Sie die Länge der Vertikalstäbe V_1, V_2 des freitragenden Binders.

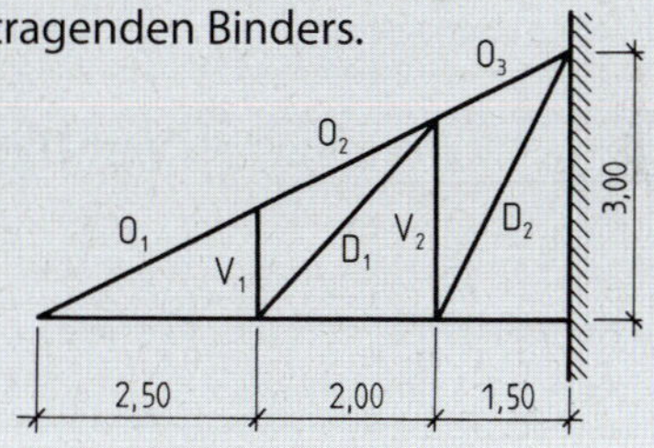

7 Steigung – Neigung – Gefälle

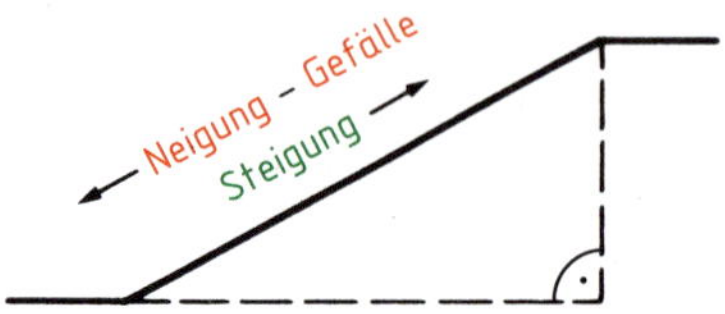

Bei Straßen und Treppen wird der Begriff Steigung verwendet, bei Dächern und Böschungen der Begriff Neigung und bei Entwässerungsleitungen und Straßen der Begriff Gefälle.

Bei Berechnungen gibt es keinen Unterschied zwischen den drei Begriffen.

Beispiel

Berechnung als Verhältnis 1 : *n* oder $\frac{1}{n}$

Wie groß ist das Steigungsverhältnis bei 2 cm Höhenunterschied auf 100 cm Länge?

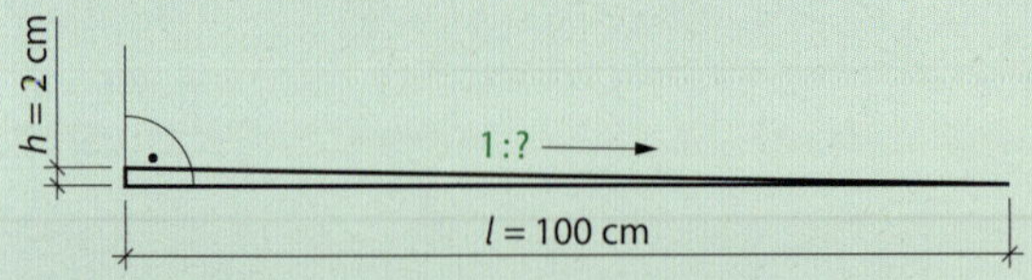

$n = \frac{100\ \text{cm}}{2\ \text{cm}} = 50$

Das Steigungsverhältnis ist 1 : 50 oder $\frac{1}{50}$.

Berechnung in Prozent [%]

Wie groß ist das Gefälle in Prozent bei 2 cm Höhenunterschied auf 100 cm Länge?

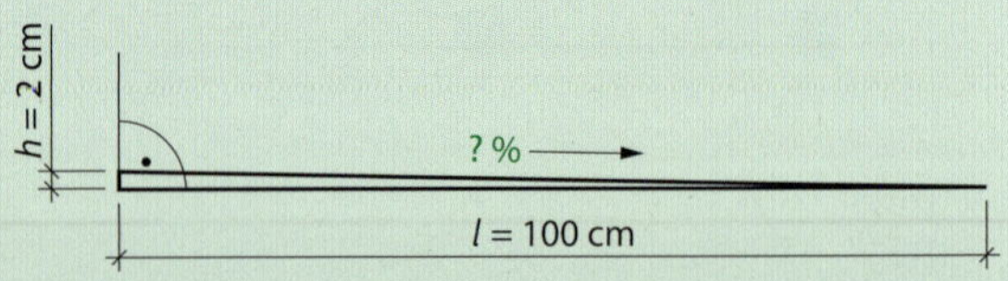

$p = \frac{2\ \text{cm} \cdot 100\,\%}{100\ \text{cm}} = 2\,\%$

Das Gefälle beträgt 2 %.

Um Steigung, Neigung, Gefälle zu berechnen, müssen die Höhendifferenz *h* als senkrechtes Maß und die Grundlänge *l* als waagerechtes Maß festgelegt werden. Diese Maße stehen immer im rechten Winkel zueinander.

	Berechnung als Verhältnis 1 : *n* oder $\frac{1}{n}$ 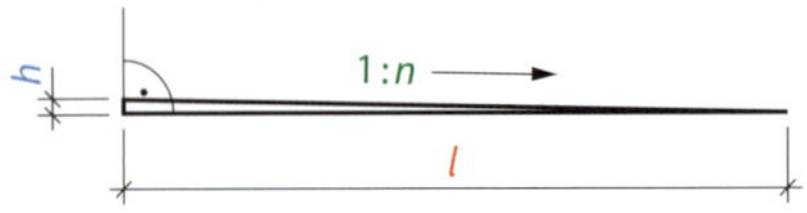	**Berechnung in Prozent [%]** 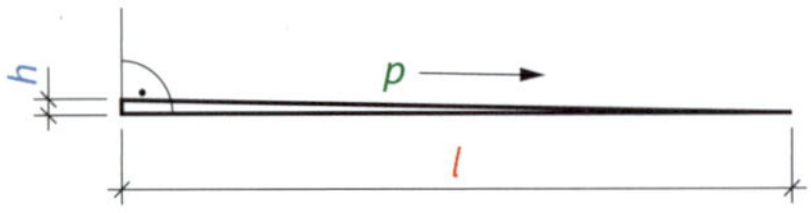
Steigungsverhältnis bzw. Steigung in Prozent	$\frac{1}{\text{Verhältniszahl}} = \frac{1}{\text{Länge : Höhe}}$ $\frac{1}{n} = \frac{1}{l : h}$ oder $\frac{1}{n} = \frac{h}{l}$	Steigung in Prozent $= \frac{\text{Höhe}}{\text{Länge}} \cdot 100\,\%$ $p = \frac{h \cdot 100\,\%}{l}$
Höhe	$h = \frac{l}{n}$	$h = \frac{p \cdot l}{100\,\%}$
Länge	$l = h \cdot n$	$l = \frac{h \cdot 100\,\%}{p}$

Aufgaben

1. Berechnen Sie für die Zufahrt zu einer Tiefgarage
a) das Steigungsverhältnis,
b) die Steigung in %.

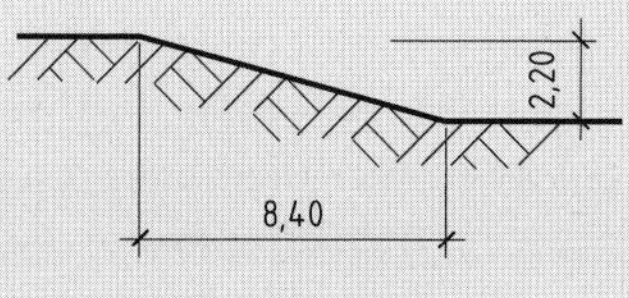

2. Eine Straße hat auf eine waagerecht gemessene Strecke von 1200 m ein gleichbleibendes Gefälle von 8,5 %.
Ermitteln Sie
a) den Höhenunterschied,
b) das Steigungsverhältnis.

3. Der Boden einer Waschküche soll mit Klinkerplatten belegt werden.
a) Wie viel cm liegt der Bodeneinlauf tiefer als die Platten an den Wänden?
b) Wie groß sind die Gefälle der Flächen A_2, A_3 und A_4 in %?

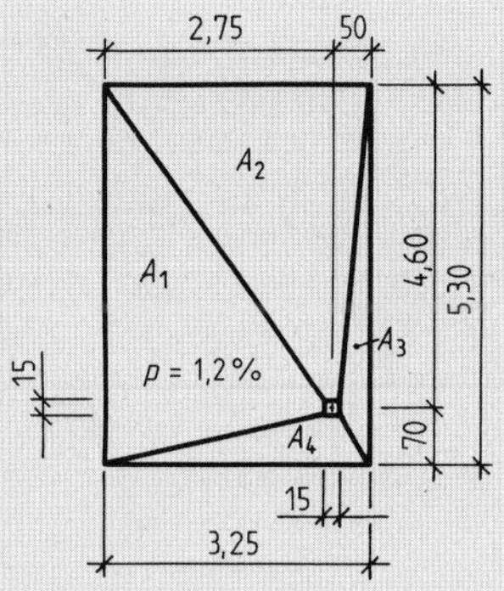

4. a) Wie viel m vor der Brücke beginnt die Auffahrt zu der Autobahnbrücke?
b) Wie groß ist das Steigungsverhältnis?

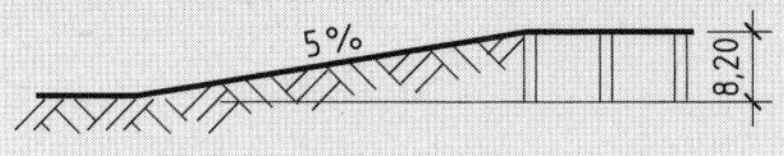

5. Berechnen Sie für das Garagendach die Höhendifferenz *h*.

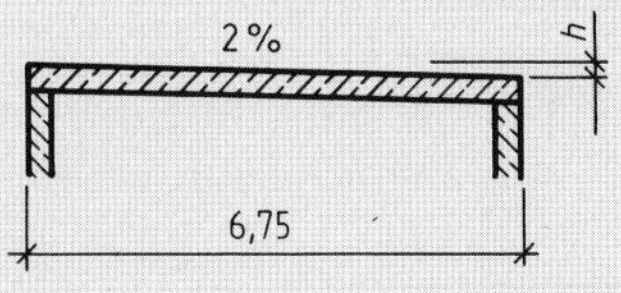

6. Berechnen Sie die Breite *b* des Arbeitsraumes.

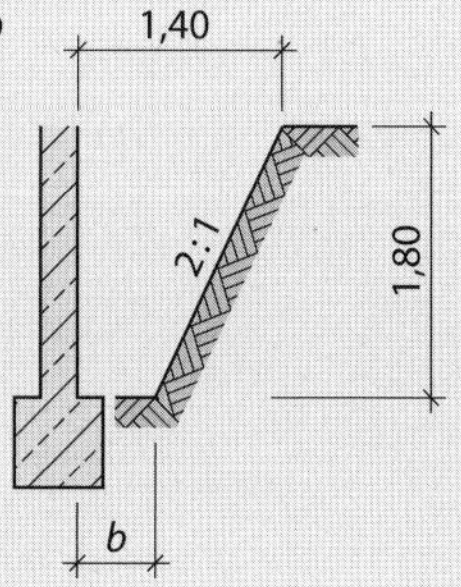

7. Ermitteln Sie das Gefälle der Entwässerungsleitung in Prozent.

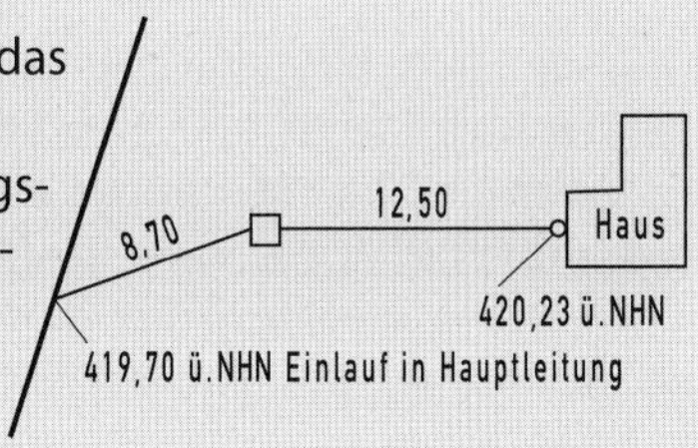

8. a) Wie viel m vor dem Haus beginnt die Auffahrrampe?
b) Wie viel % beträgt die Steigung?

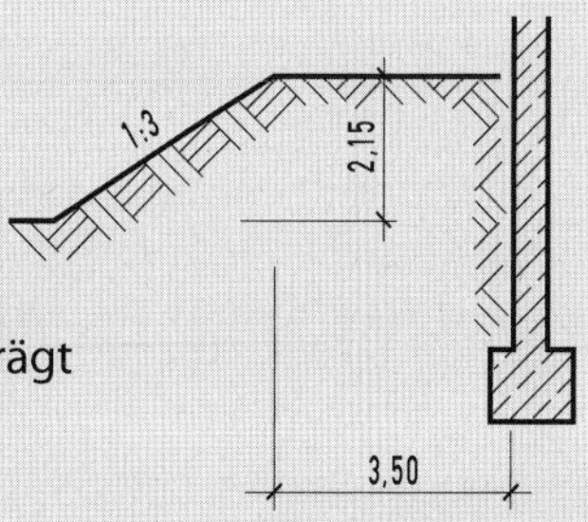

9. Die Regenwasserleitungen sollen mit einem Gefälle von 1,5 % verlegt werden.
Wie groß ist der Höhenunterschied der beiden Leitungen bis zum Schacht?

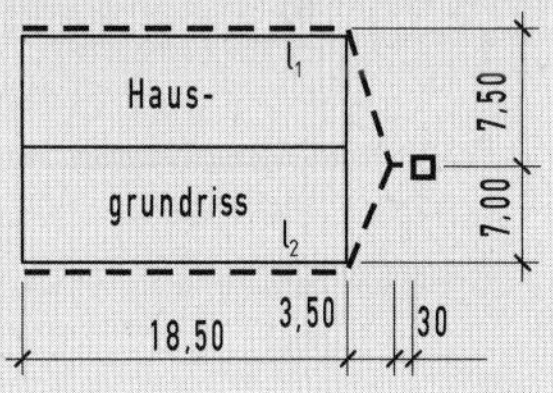

10. Berechnen Sie
a) das Steigungsverhältnis der Treppe,
b) die Steigung der Treppe in %.

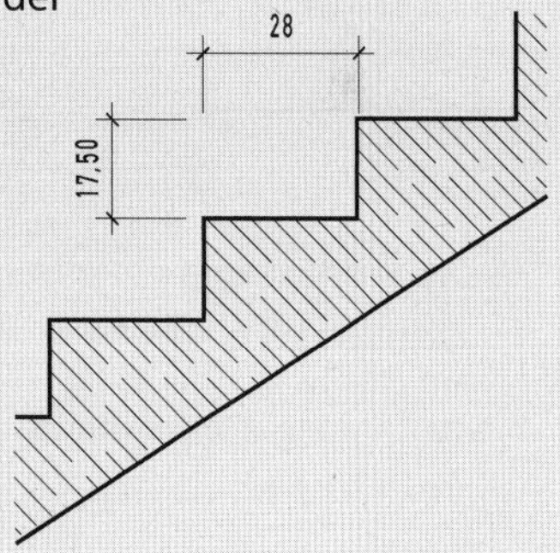

11. Wie groß ist die Neigung des Pultdaches
a) als Neigungsverhältnis,
b) in %?

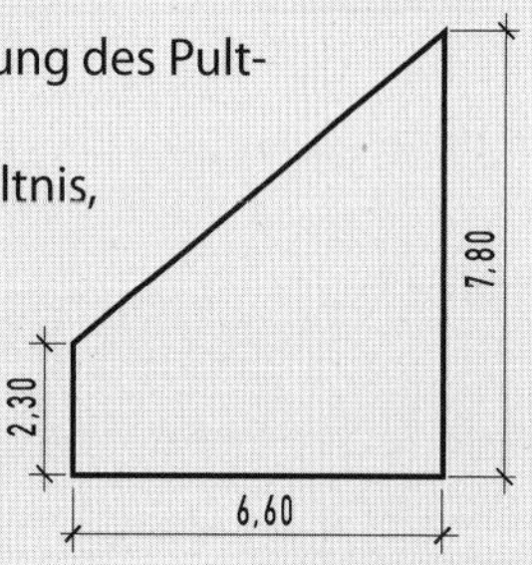

Aufgaben

12. Auf einem ebenen Gelände soll ein Haus von 15,00 m Länge und 12,50 m Breite errichtet werden. Das Böschungsverhältnis der Baugrube beträgt 1,6:1, der Arbeitsraum 0,50 m. Fertigen Sie eine Skizze an und berechnen Sie die Abmessungen der 1,90 m tiefen Baugrube.

13. Die beiden Fahrbahnen einer vierspurigen Straße sind je 7,50 m breit, die Standspur auf jeder Seite 2,00 m, der Mittelstreifen 1,80 m. Die Straße verläuft auf einem Damm von 2,20 m Höhe. Die Böschung hat ein beiderseitiges Neigungsverhältnis von 2:1,5.
a) Fertigen Sie eine Skizze an.
b) Wie breit ist die Sohle des Dammes?

14. In ein Satteldach mit der Neigung 1:1,5 soll eine Dachgaube mit flach geneigtem Dach (Schleppgaube) eingebaut werden. Berechnen Sie
a) die Maße *a* und *h*,
b) die Neigung des Gaubendaches als Verhältnis und in Prozent.

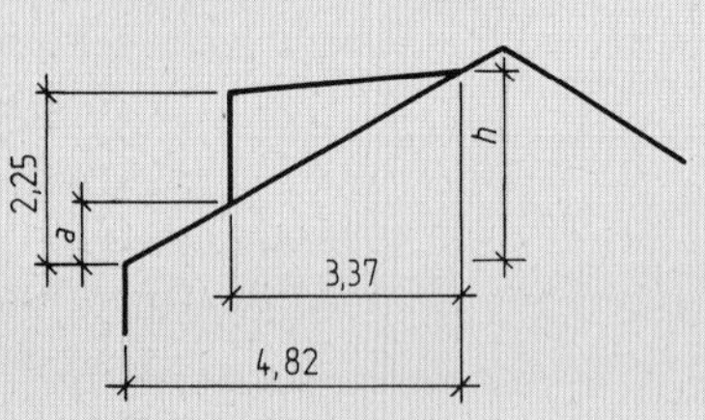

15. Die Schmutzwasserleitung einer Hausentwässerung wird scheitelgleich (obere Innenkante der Rohre auf gleicher Höhe) in die Hauptleitung geführt. Wie viel m über NHN liegt die Leitungssohle am Haus?

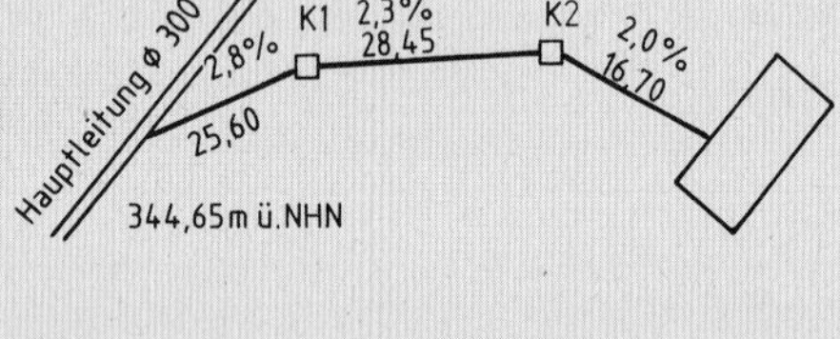

16. Die Einmündung der Entwässerungsleitung in die Hauptleitung erfolgt scheitelgleich, während die anderen Leitungsanschlüsse sohlengleich (untere Innenkante der Rohre auf gleicher Höhe) erfolgen.
a) Mit wie viel % Gefälle sind die einzelnen Leitungsstränge zu verlegen, wenn das Gefälle der drei Leitungsstränge zur Hauptleitung hin jeweils um ein halbes Prozent zunehmen soll?
b) Auf welchem Niveau über NHN liegen beide Kontrollschächte?

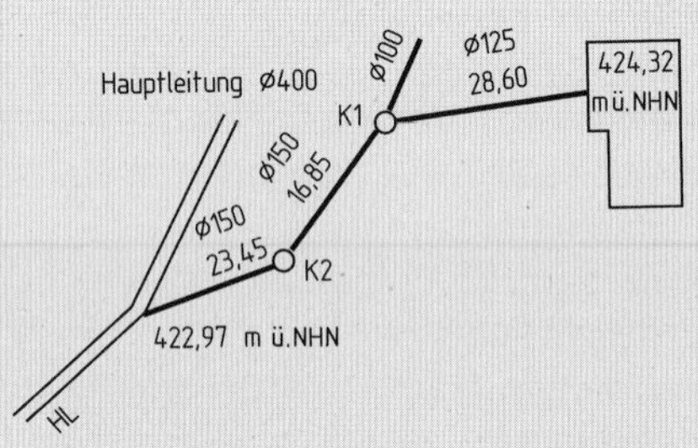

17. Die beiden Streckenabschnitte vom Kontrollschacht K1 bis zur Einmündestelle E der Hausanschlussleitung und von E bis zum Kontrollschacht K2 verhalten sich wie 3,5:2.
Die Absturzhöhe beim Absturzschacht AS (senkrechtes Leitungsrohr, um größere Höhenunterschiede zu überwinden) beträgt 1,80 m.
Die Grundleitungen der Hausentwässerung werden sohlengleich angeschlossen, der Anschluss an die Hauptleitung erfolgt scheitelgleich.
a) Auf welcher Höhe über NHN liegt der Ablauf am Haus?
b) Wie groß wäre das Gefälle in % und als Verhältnis, wenn kein Absturzschacht vorgesehen wäre und alle Leitungsabschnitte gleiches Gefälle hätten?
Beurteilen Sie dieses Gefälle.

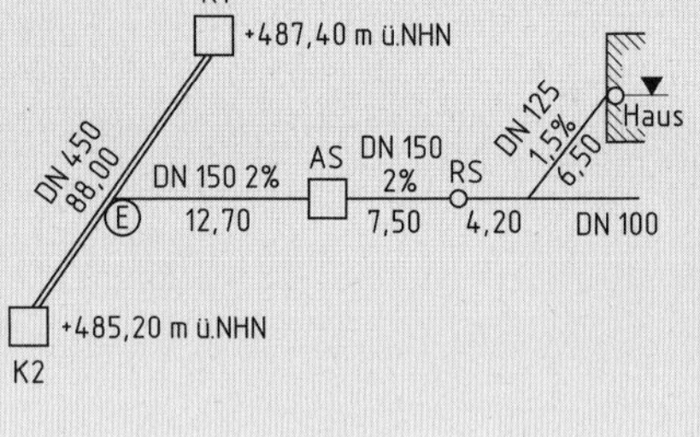

Aufgaben

18. Die Grundleitung mit dem Durchmesser 150 mm wird scheitelgleich an die Hauptleitung angeschlossen.
Auf welcher Höhe liegt die Einlaufsohle am Haus?

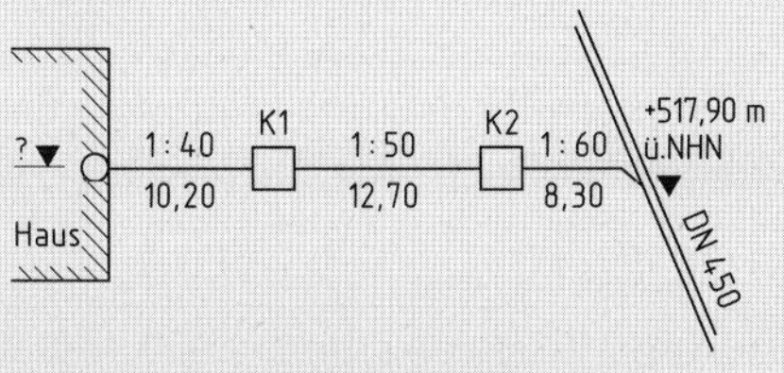

19. Um das Abwasser abführen zu können, ist eine Hebeanlage einzubauen.
Mit welcher Hubhöhe ist die Anlage zu planen, wenn die Grundleitung mit einem Gefälle von 2,2 % verlegt werden soll?

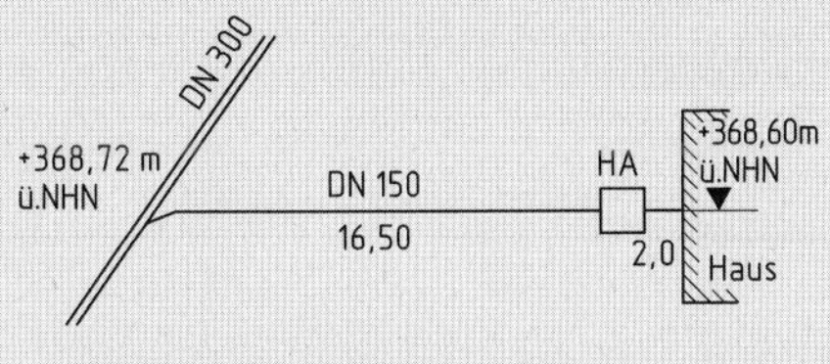

20. Eine Straße hat, in der Achse gemessen, auf dem Streckenabschnitt ① mit 850 m Länge ein Gefälle von i. M. 7,5 %, auf dem 100 m langen Abschnitt ② verläuft sie horizontal, auf dem 3. Abschnitt hat sie eine Steigung im Verhältnis 1 : 15 und auf dem 4. Abschnitt mit 450 m Länge ein leichtes Gefälle von 8,50 m.
Wie groß ist der Höhenunterschied zwischen A und B?

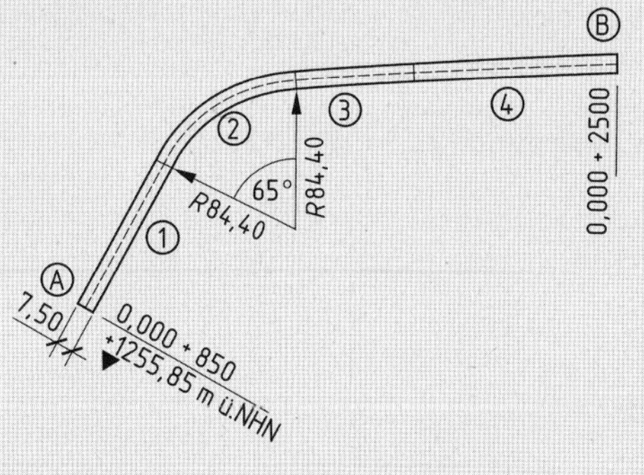

21. Die Grundleitung hat am Haus eine Sohlenhöhe von + 376,06 m ü. NHN. In diesem Straßenabschnitt hat die Hauptleitung eine Sohlenhöhe von + 375,86 m ü. NHN, sodass kein Gefälle möglich wäre, wenn man berücksichtigt, dass die Grundleitung der Hausentwässerungsleitung scheitelgleich an die Hauptleitung angeschlossen werden soll.
Um die Leitung mit einem Gefälle verlegen zu können, ist eine Hebeanlage (HA) vorzusehen.
Die Leitung am Kontrollschacht KS ist sohlengleich anzuschließen.

a) Welche Sohlenhöhe hat der Kontrollschacht KS?
b) In welchem Gefälle (1 : *x*) liegen die Grundleitungen?
c) Für welche Höhendifferenz ist die Hebeanlage auszulegen?

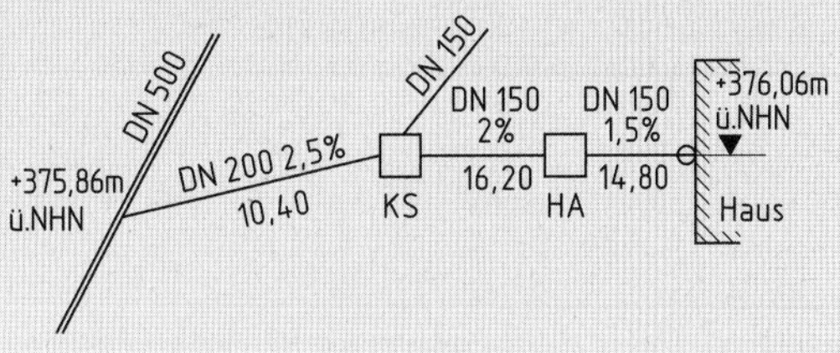

Aufgaben

22. Um einen Radweg anzulegen, soll ein Einschnitt an einem Berghang vorgenommen werden. Ein in der Nähe liegender Festpunkt liegt auf 325,76 m ü. NHN. Berechnen Sie
a) die Höhe der Grabensohle über NHN,
b) die Höhe über NHN am Beginn und Ende des Einschnitts,
c) die gesamte Böschungsbreite *b*.

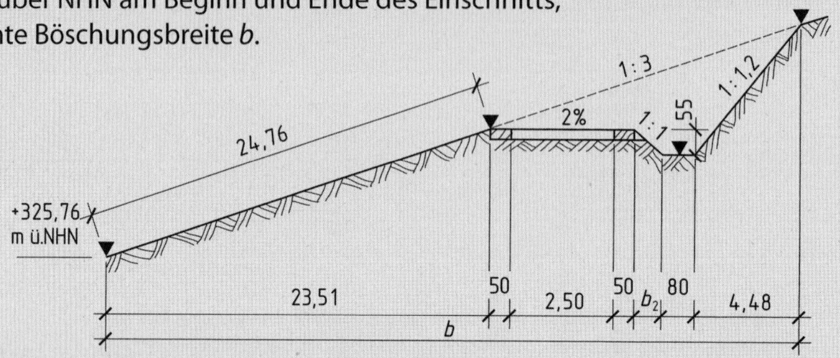

23. An einem Berghang soll eine 8,00 m breite Straße angelegt werden.
Dazu ist ein Einschnitt ins Gelände erforderlich.
Ermitteln Sie
a) die Höhen über NHN der beiden Böschungseinschnitte ① und ②,
b) die Höhe der Dammkrone über NHN,
c) die Neigungsverhältnisse.

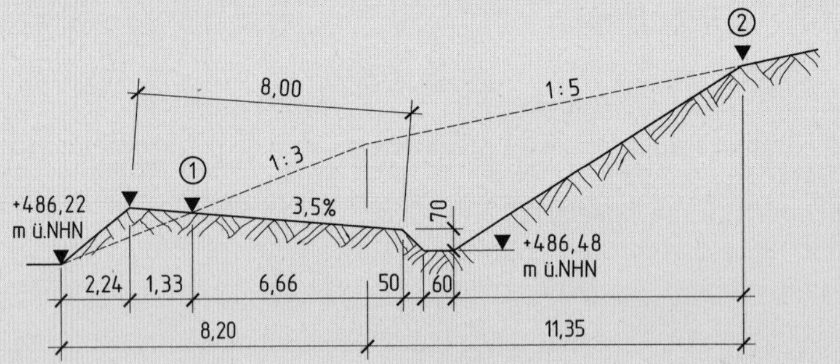

24. Die Anschlüsse am Kontrollschacht K2 erfolgen sohlengleich, der Anschluss an die Hauptleitung erfolgt scheitelgleich.
Der Kontrollschacht K2 ist gleichzeitig als Absturzschacht auszuführen, um die große Höhendifferenz aufzufangen.
Wie groß ist die Absturzhöhe im Kontrollschacht K2?

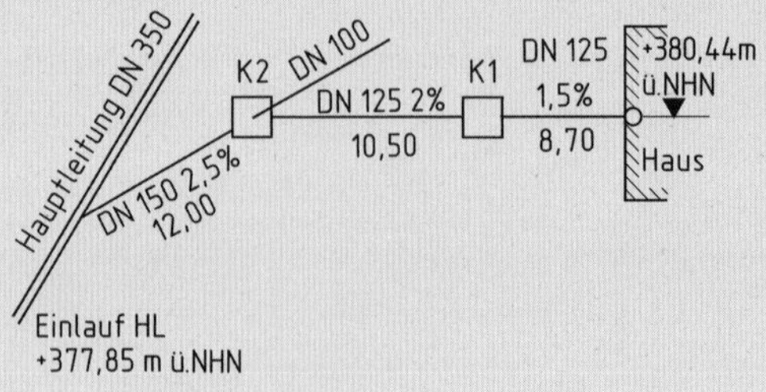

8 Berechnungen am Dreieck

8.1 Längen

8.1.1 Längeneinheiten

$\cdot 10 \quad \cdot 10 \quad \cdot 10$

1 m = 10 dm = 100 cm = 1000 mm
1 dm = 10 cm = 100 mm
1 cm = 10 mm
1 km = 1000 m

Aufgaben

1. Ermitteln Sie in dm; cm; mm.
a) 2,85 m
b) 1,68 m
c) 0,65 m

2. Rechnen Sie in m; cm; mm um.
a) 23,625 dm
b) 5,2572 dm
c) 0,4201 dm

3. Bestimmen Sie in m; dm; mm.
a) 265,88 cm
b) 38,57 cm
c) 0,753 cm

4. Ermitteln Sie in m; dm; cm.
a) 36 524,73 mm
b) 169,33 mm
c) 62,49 mm

5. Addieren Sie in m; dm; cm; mm.
a) 3 dm + 45 cm + 23 m
b) 60 mm + 4 dm + 1,60 m
c) 18 cm + 7 mm + 0,68 m

6. Subtrahieren Sie in m; dm; cm; mm.
a) 18,57 m – 3,2 dm – 4,7 cm – 3 mm
b) 36,86 dm – 0,26 m – 38,6 cm – 40 mm
c) 196,5 mm – 0,045 m – 1,48 dm – 3,5 mm

8.1.2 Schräge Längen – Lehrsatz des Pythagoras

Der Lehrsatz wurde vor etwa 2500 Jahren von dem griechischen Gelehrten Pythagoras formuliert. Die dem Lehrsatz zugrunde liegende Erkenntnis machten sich aber schon viel früher die Bauleute zunutze, indem sie rechte Winkel mittels Dreiecken mit einem Seitenverhältnis von 3 : 4 : 5 absteckten.

In rechtwinkligen Dreiecken werden die dem rechten Winkel anliegenden Seiten (die zwei kürzeren Seiten) **Katheten** und die dem rechten Winkel gegenüberliegende Seite (längste Seite) **Hypotenuse** genannt.

Beispiel

In einem rechtwinkligen Dreieck ist die Kathete $a = 4$ cm und die Kathete $b = 3$ cm lang. Ermitteln Sie die Hypotenuse zeichnerisch.

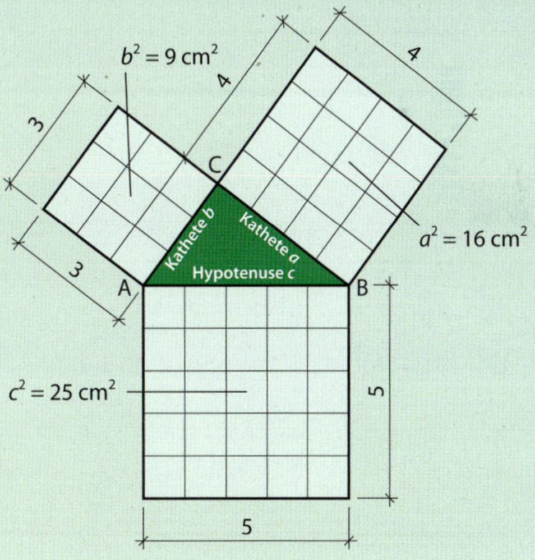

Werden über dem Dreieck ABC mit den Katheten a und b sowie der Hypotenuse c Quadrate errichtet und wird der Flächeninhalt der drei Quadrate ermittelt, so ist der Flächeninhalt des großen Quadrates genauso groß wie die Summe der Flächeninhalte der beiden kleineren Quadrate.

In jedem rechtwinkligen Dreieck ist die Summe der Quadrate über den beiden Katheten gleich dem Quadrat über der Hypotenuse.

$$a^2 + b^2 = c^2$$

Durch Umstellen der Formel und Wurzelziehen kann mithilfe des Lehrsatzes jeweils eine Seite eines rechtwinkligen Dreiecks berechnet werden, wenn die beiden anderen bekannt sind.

$$c = \sqrt{a^2 + b^2} \qquad b = \sqrt{c^2 - a^2} \qquad a = \sqrt{c^2 - b^2}$$

Aufgaben

7. Wie groß ist der Höhenunterschied *h*?

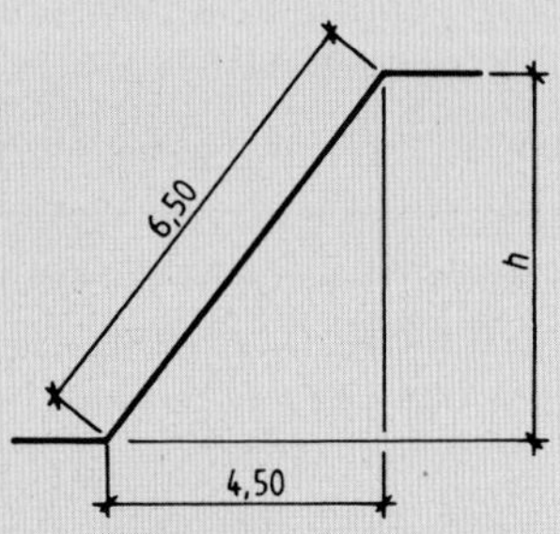

8. Ermitteln Sie die Sparrenlänge *s*.

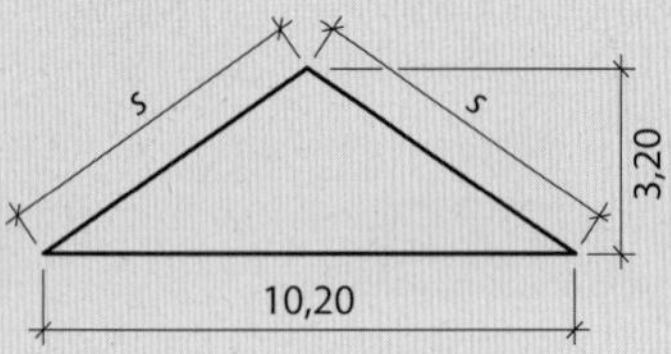

9. Wie groß sind die Sparrenlängen s_1 und s_2?

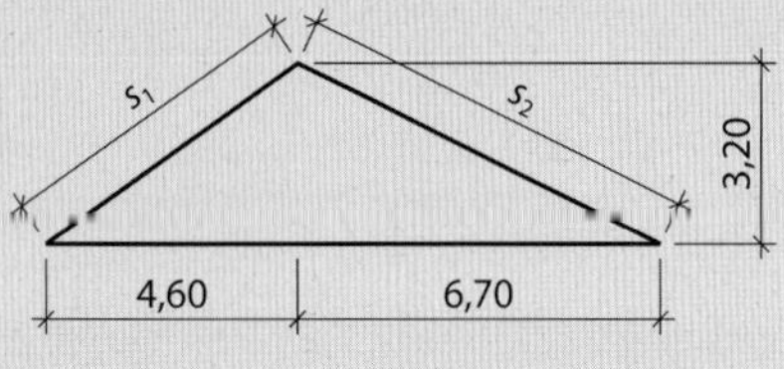

10. Wie weit vor dem Haus muss die Auffahrt beginnen?

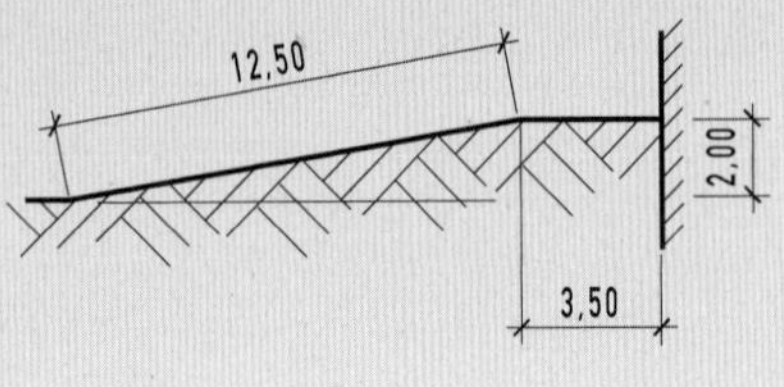

11. Wie groß ist die Sparrenlänge *s*?

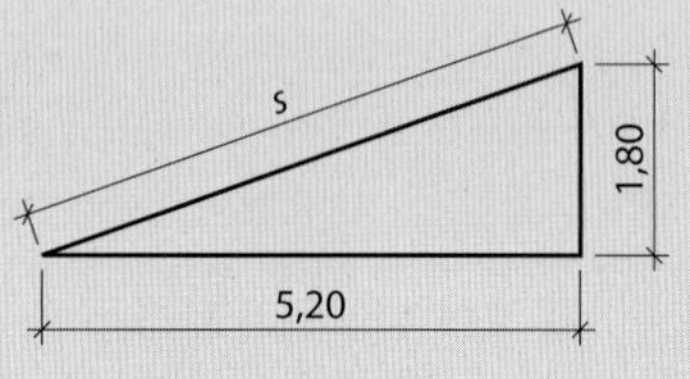

12. Welche Höhe *h* hat der Dachstuhl des gleich geneigten Daches?

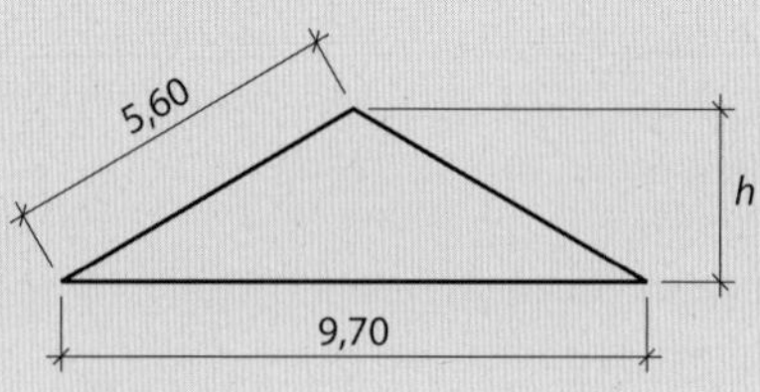

13. Wie groß ist die Schnittlänge des Bewehrungsstabes?

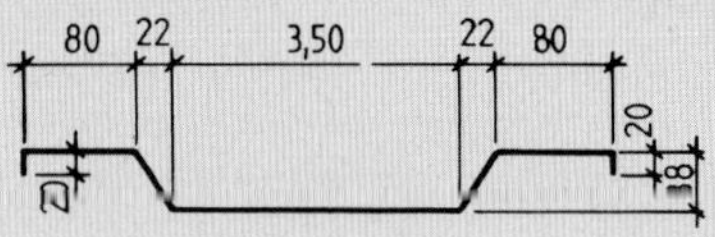

14. Berechnen Sie die Tiefe des dargestellten Wassergrabens.

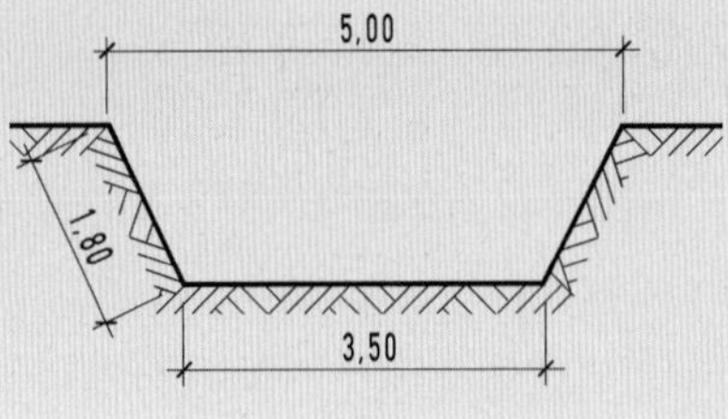

Aufgaben

15. Wie groß ist die obere Grabenbreite *b*?

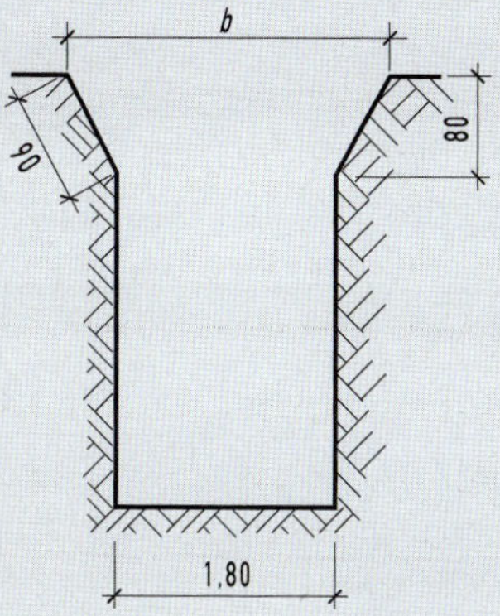

16. Die Fabrikhalle ist 46,90 m lang. Ermitteln Sie
a) die Sparrenlänge des Sheddaches,
b) die Anzahl der insgesamt benötigten Sparren, bei einem Sparrenabstand von 70 cm (Achsmaß).

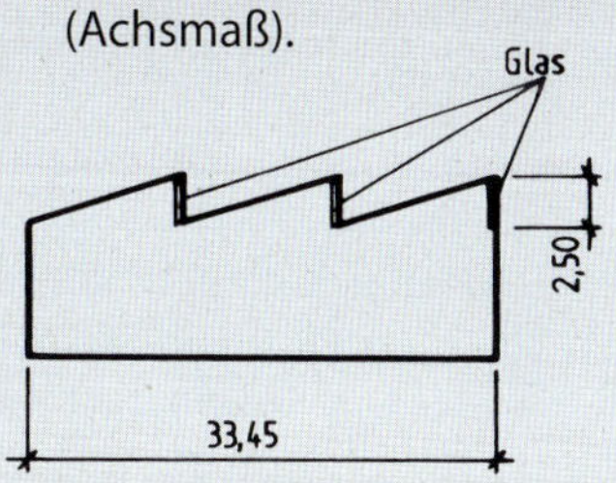

17. a) Wie breit ist die Sohle *s* des Dammes?
b) Wie groß sind die Böschungslängen?

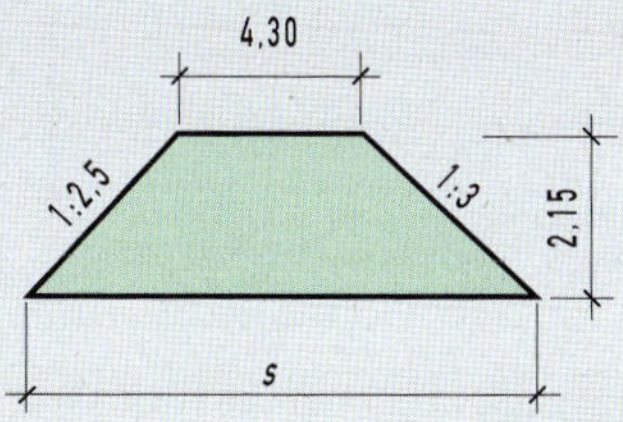

18. Wie lang ist die Einzäunung?

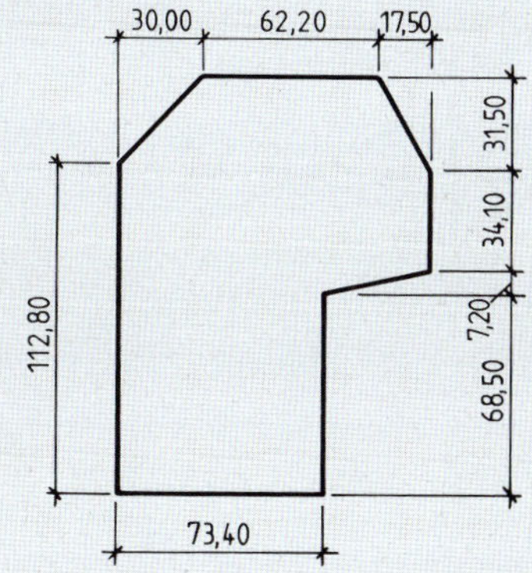

19. Ermitteln Sie den Umfang des Gebäudes.

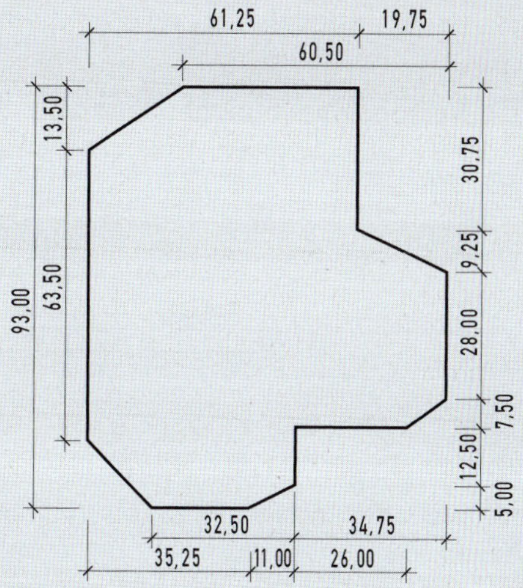

20. Welche Dicke *d* hat die Stützmauer oben?

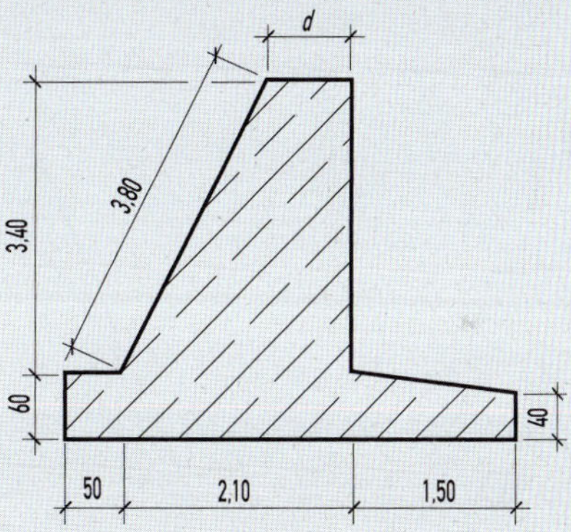

21. Wie tief ist die Baugrube?

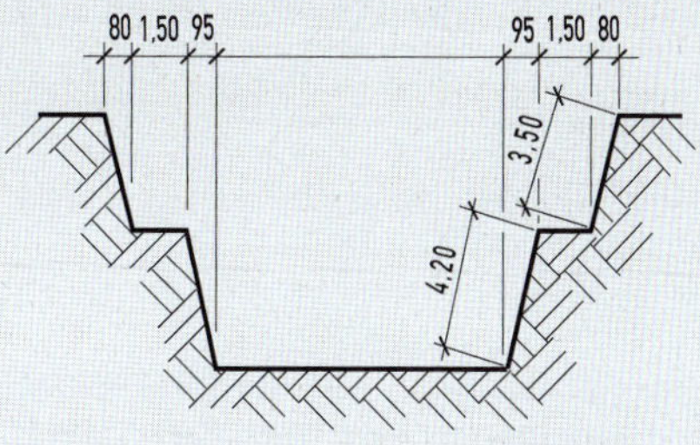

Aufgaben

22. Berechnen Sie die für die Auffahrrampe einer Baugrube
a) das Böschungsgrundmaß l,
b) die Neigung der Rampe in %,
c) das Neigungsverhältnis der Böschung.

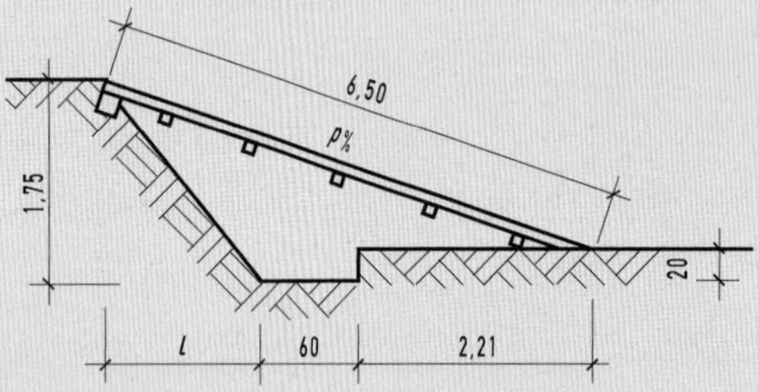

23. Es ist ein Graben mit schrägem Einschnitt auszuheben.
a) Auf welcher Höhe liegen die Grabensohle sowie der untere Grabeneinschnitt?
b) Berechnen Sie die Böschungslängen l_1 und l_2 sowie die Grabenbreite b.

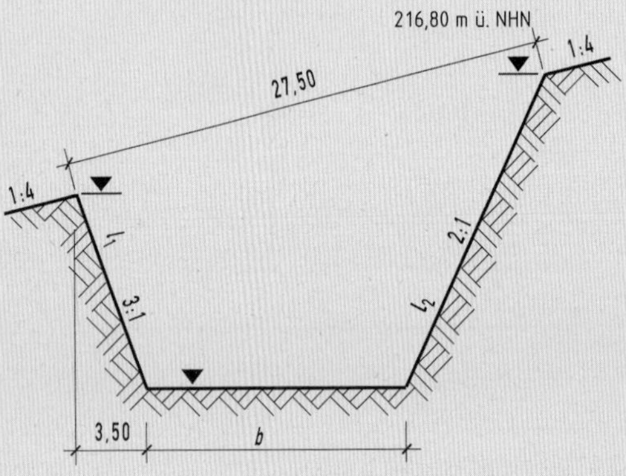

24. Bei einem Haus am Hang ist der Verlauf der Traufe dem Geländeverlauf angepasst.
Ermitteln Sie
a) die Ortganglängen l_1 und l_2,
b) die Länge t der Traufe.

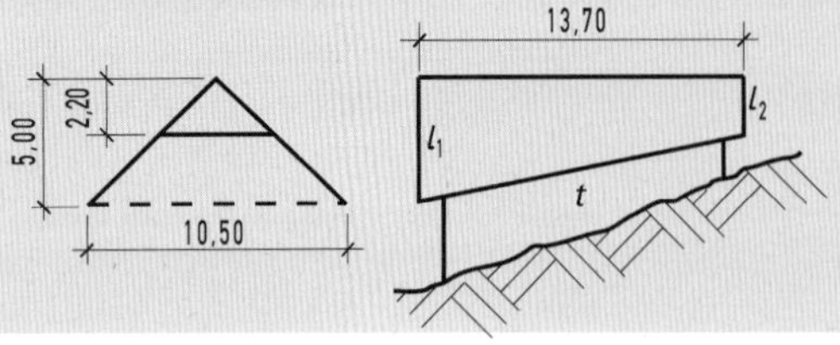

25. Bei einem Walmdach mit Anbau sind die Dachneigungen überall gleich.
Berechnen Sie
a) die Längen der Normalsparren S_1 und S_2,
b) die Gratsparrenlänge g,
c) die Kehlsparrenlänge k,
d) die Länge des Verfallgrates v.

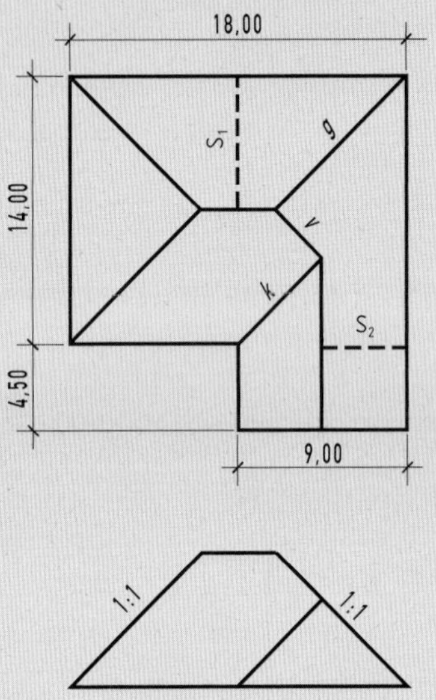

26. Ermitteln Sie für das Kragdach einer Laderampe die Länge
a) der Obergurtstäbe O,
b) des Diagonalstabes D,
c) des Vertikalstabes V.

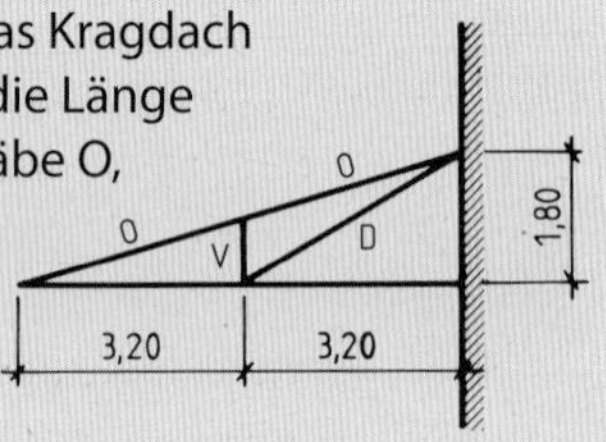

27. Ermitteln Sie für den Dübelbinder einer Lagerhalle die
a) Länge der Obergurtstäbe O,
b) Länge der Diagonalstäbe D,
c) Länge der Vertikalstäbe V_1 und V_2.

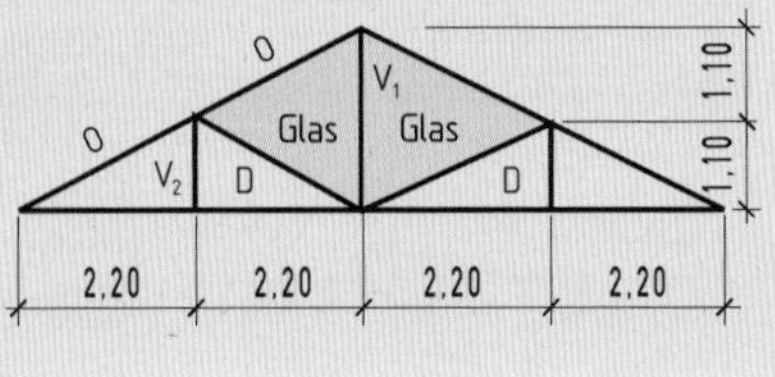

Aufgaben

28. Berechnen Sie für den Nagelbinder
a) die Länge der Untergurtstäbe $U_1 \dots U_5$,
b) die Länge der Diagonalstäbe $D_1 \dots D_4$.

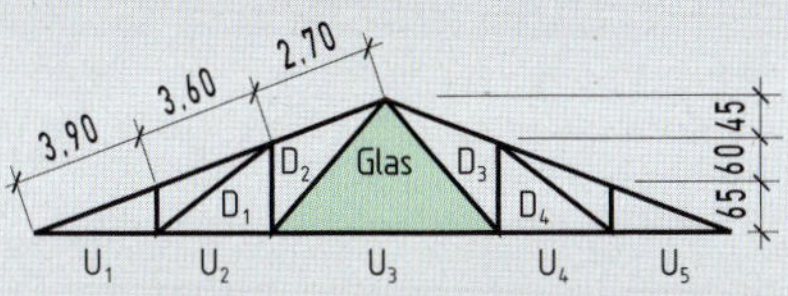

29. Das Dach eines Pavillons mit kreisförmigem Grundriss hat die Form eines regelmäßigen Siebeneckes.
a) Wie groß ist die Sparrenlänge?
b) Wie viel Meter Traufrinne sind anzubringen?

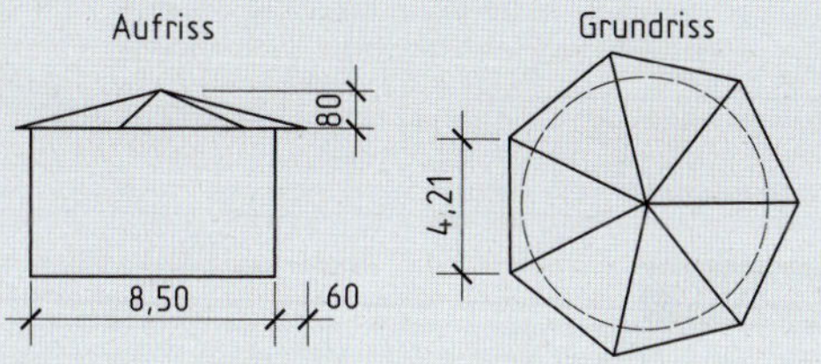

30. Berechnen Sie für den Binder einer Tennishalle die
a) Länge der Vertikalstäbe V_1 und V_2,
b) Länge der Obergurtstäbe O_1 und O_2,
c) Länge der Diagonalstäbe $D_1 \dots D_6$.

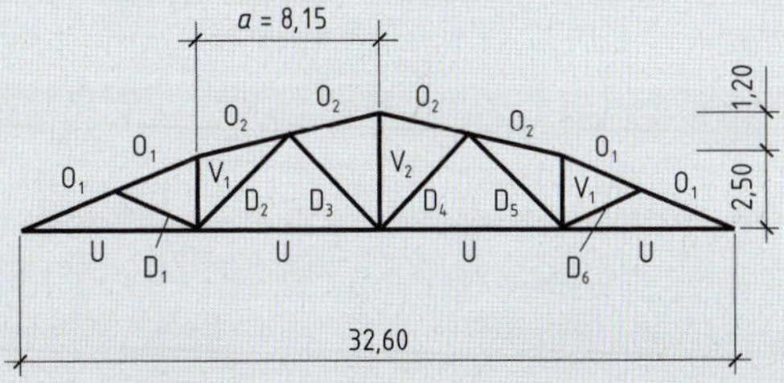

31. Für den Fachwerkbinder einer Festhalle sind zu berechnen
a) die Länge der Obergurtstäbe O,
b) die Länge der Untergurtstäbe U_1, U_2,
c) die Länge der Vertikalstäbe V_1, V_2, V_3,
d) die Länge der Diagonalstäbe $D_1 \dots D_4$.

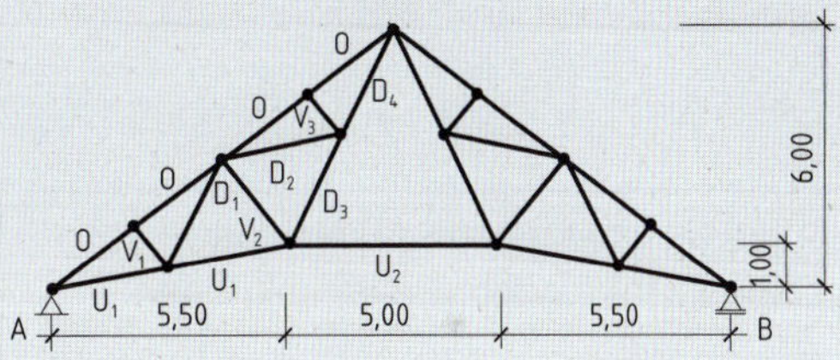

32. Berechnen Sie für den Fachwerkbinder über einer Laderampe
a) die Länge der Obergurtstäbe O_1, O_2, O_3,
b) die Länge der Vertikalstäbe $V_1 \dots V_6$,
c) die Länge der Untergurtstäbe $U_1 \dots U_4$.

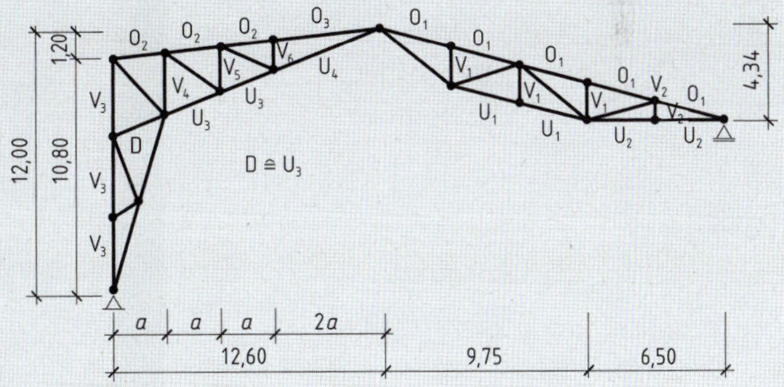

8.2 Winkelfunktionen

8.2.1 Sinus-, Cosinus-, Tangens- und Cotangensfunktionen

Wenn zwei rechtwinklige Dreiecke ABC und A'B'C' in allen Winkeln übereinstimmen, so sind sie ähnlich, das heißt unabhängig von der Größe der Dreiecke sind deren Seitenverhältnisse immer dieselben.

$\frac{a}{c}=\frac{a'}{c'}$ oder $\frac{a}{a'}=\frac{c}{c'}$ und $\frac{b}{c}=\frac{b'}{c'}$ und $\frac{a}{b}=\frac{a'}{b'}$

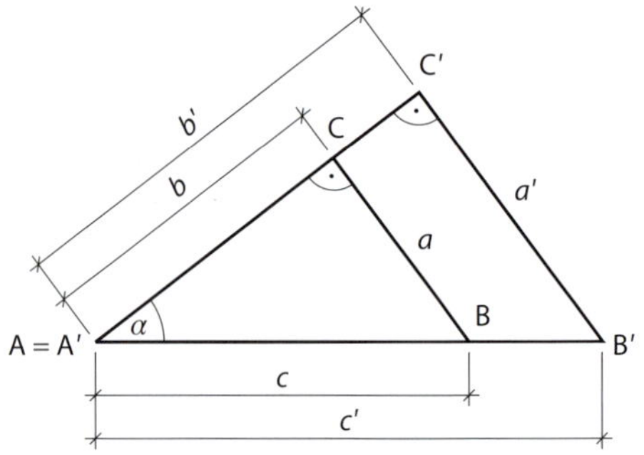

Diese Seitenverhältnisse ändern sich nur, wenn sich die Winkel ändern. Diese Abhängigkeit von einer variablen Größe wird als Funktion bezeichnet. Da hier die variable Größe der Winkel ist, wird die Funktion als Winkelfunktion bezeichnet.

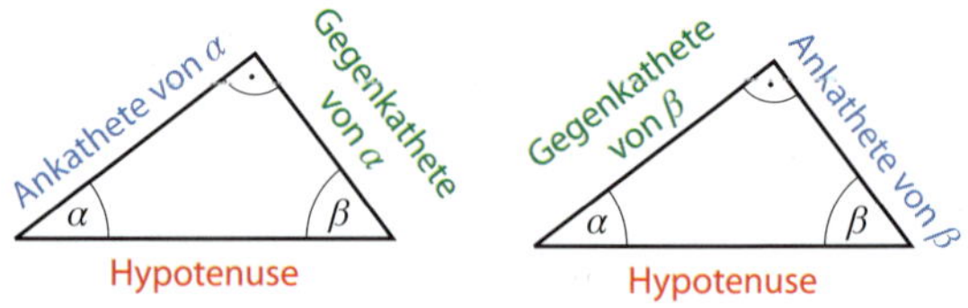

Für die verschiedenen Seitenverhältnisse gelten die folgenden Winkelfunktionen:

Sinus

$$\sin\alpha = \frac{\text{Gegenkathete}}{\text{Hypotenuse}}$$

Cosinus

$$\cos\alpha = \frac{\text{Ankathete}}{\text{Hypotenuse}}$$

Tangens

$$\tan\alpha = \frac{\text{Gegenkathete}}{\text{Ankathete}}$$

Cotangens

$$\cot\alpha = \frac{\text{Ankathete}}{\text{Gegenkathete}}$$

Beispiel

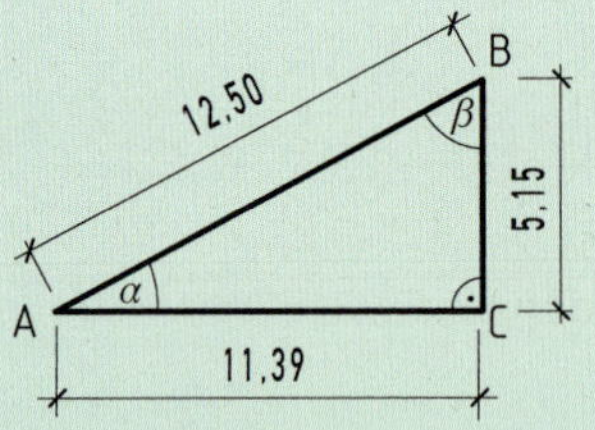

$$\sin\alpha = \frac{5{,}15}{12{,}50} = 0{,}4120 \rightarrow \alpha = 24{,}33°$$

$$\sin\beta = \frac{11{,}39}{12{,}50} = 0{,}9112 \rightarrow \beta = 65{,}67°$$

$$\cos\alpha = \frac{11{,}39}{12{,}50} = 0{,}9112 \rightarrow \alpha = 24{,}33°$$

$$\cos\beta = \frac{5{,}15}{12{,}50} = 0{,}4120 \rightarrow \beta = 65{,}67°$$

$$\tan\alpha = \frac{5{,}15}{11{,}39} = 0{,}4522 \rightarrow \alpha = 24{,}33°$$

$$\tan\beta = \frac{11{,}39}{5{,}15} = 2{,}2117 \rightarrow \beta = 65{,}67°$$

$$\cot\alpha = \frac{11{,}39}{5{,}15} = 2{,}2117 \rightarrow \alpha = 24{,}33°$$

$$\cot\beta = \frac{5{,}15}{11{,}39} = 0{,}4522 \rightarrow \beta = 65{,}67°$$

Winkel werden in Grad (°) angegeben.

In einem Dreieck ergeben die drei Innenwinkel zusammen 180°. Daraus folgt für rechtwinklige Dreiecke $\beta = 180° - (\alpha + 90°) = 90° - \alpha$.

Dabei gilt: $\sin\alpha = \cos(90° - \alpha) = -\cos(\alpha + 90°) = \cos\beta$

$\cos\alpha = \sin(90° - \alpha) = \sin(\alpha + 90°) = \sin\beta$

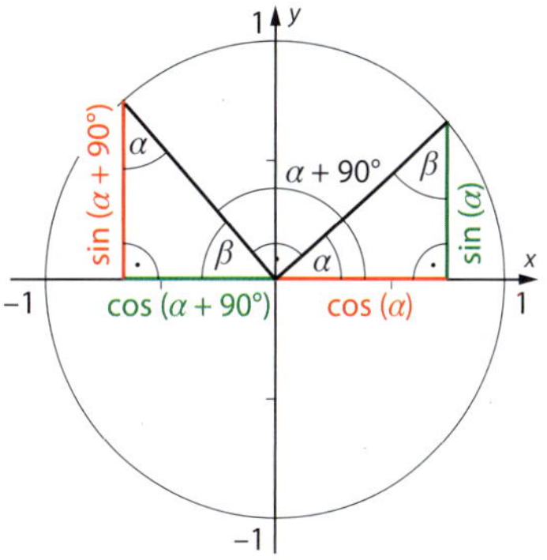

Für genauere Angaben bzw. sehr kleine Winkel können auch die Einheiten Minute und Sekunde verwendet werden:

1 Grad (°) = 60 Minuten (′) = 3600 Sekunden (″)
1 Minute (′) = 60 Sekunden (″)

Beispiel

$\alpha = 80°12'36'' = 80° + \left(\frac{12}{60}\right)^° + \left(\frac{36}{3600}\right)^° = 80° + 0{,}2° + 0{,}01° = 80{,}21°$

$\alpha = 30{,}11° = 30° + 0{,}1 \cdot 60' + 0{,}01 \cdot 3600'' = 30°6'36''$

8.2.2 Grafische Darstellung der Sinus- und Cosinusfunktionen

Zur Ermittlung der Sinus- und Cosinuswerte für alle Winkel wird der Einheitskreis genutzt. Er ist ein Kreis mit dem Radius 1.

Für den gewünschten Winkel wird ein rechtwinkliges Dreieck eingezeichnet, wobei der Punkt P auf dem Einheitskreis liegt. Somit hat die Hypotenuse immer die Länge 1, die *y*-Koordinate des Punktes P liefert den Sinuswert und die *x*-Koordinate den Cosinuswert.

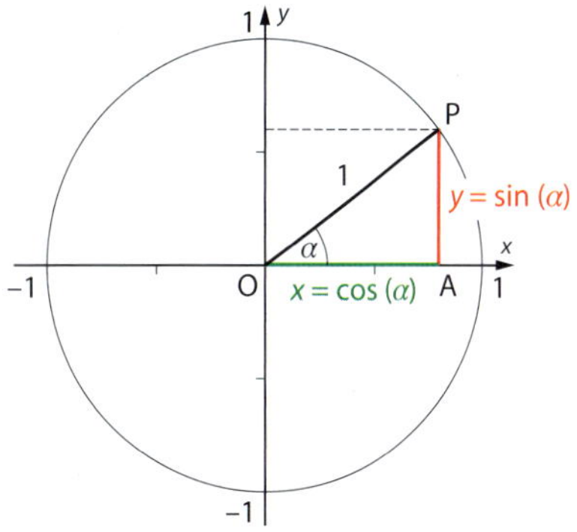

Beispiel

Beispiel: $\alpha = 35°$	Beispiel: $\beta = 145°$	Beispiel: $\alpha = 215°$	Beispiel: $\beta = 325°$
$\sin 35° = 0{,}57$ $\cos 35° = 0{,}82$	$\sin 145° = 0{,}57$ $\cos 145° = -0{,}82$	$\sin 215° = -0{,}57$ $\cos 215° = -0{,}82$	$\sin 325° = -0{,}57$ $\cos 325° = 0{,}82$

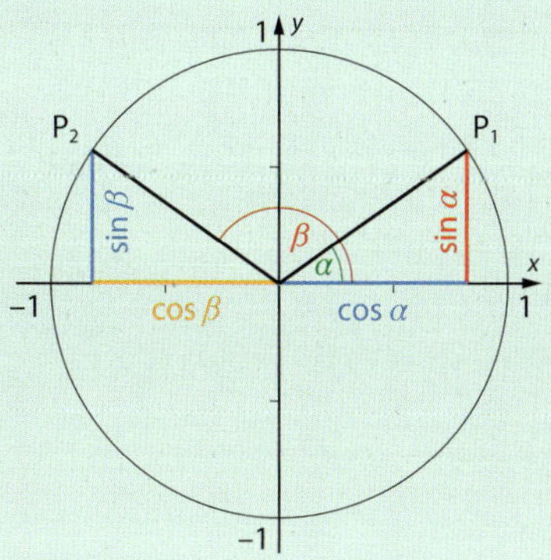

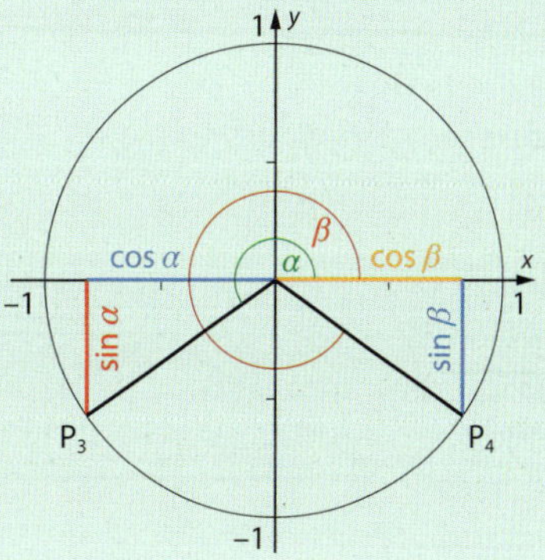

Werden alle Sinus- und Cosinuswerte in ein Koordinatensystem eingezeichnet, entstehen die Graphen der Sinus- und Cosinusfunktion. Auf der *x*-Achse werden die Winkel abgetragen und auf der *y*-Achse die entsprechenden Sinus- bzw. Cosinuswerte.

Schaubild der Sinusfunktion und Cosinusfunktion

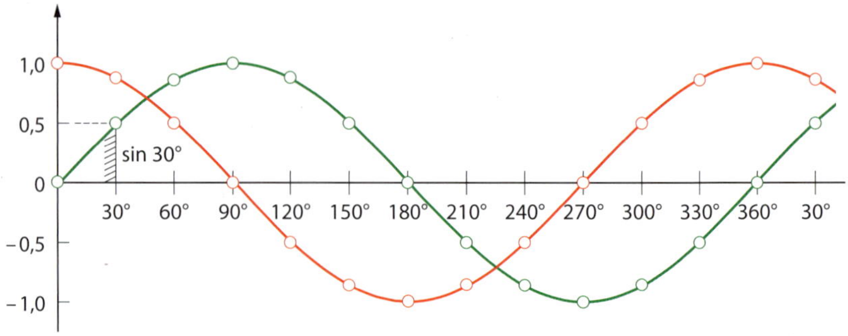

Aufgaben

33. Bestimmen Sie die Funktionswerte.
a) sin 44°25′
b) tan 9,5°
c) cos 20°54′
d) cot 28,4°
e) sin 61,8°
f) cos 72°
g) tan 60°

34. Berechnen Sie die Winkel.
a) $\cos \alpha = 0{,}9511$
b) $\sin \beta = 0{,}9511$
c) $\tan \alpha = 9{,}514$
d) $\cos \gamma = 0{,}0698$
e) $\cot \gamma = 1{,}5647$
f) $\tan \beta = 0{,}9856$

35. Bei einem rechtwinkligen Dreieck mit der Hypotenuse $c = 10$ cm und der Kathete $a = 6$ cm sind die Winkel und die dritte Seite zu berechnen.

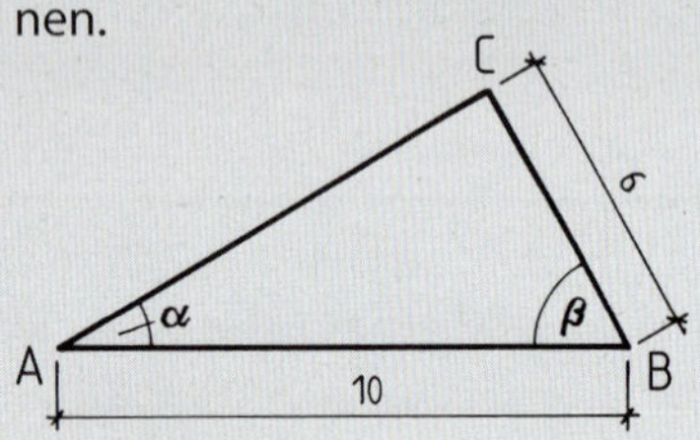

36. Berechnen Sie
a) die Dachhöhe,
b) die Breite des Hauses.

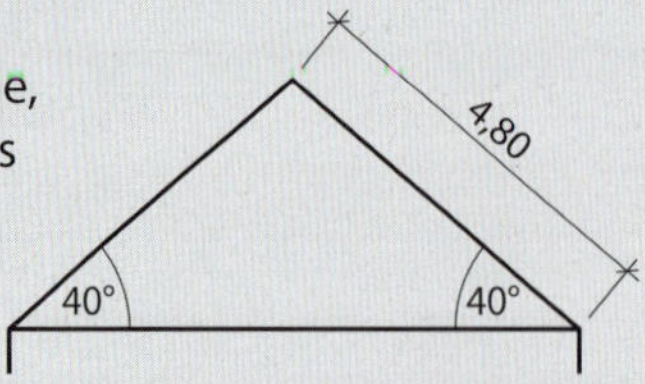

37. Berechnen Sie
a) die Sparrenlänge,
b) die Dachneigung.

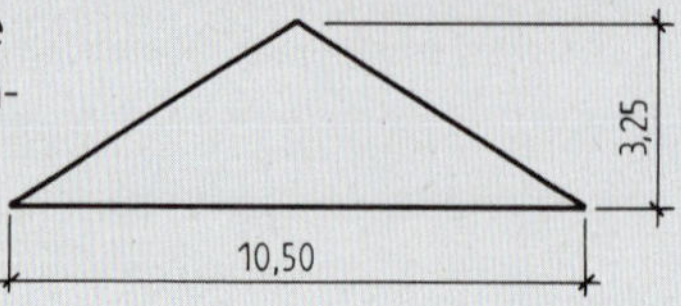

38. a) Wie viel Grad betragen die Dachneigungen?
b) Wie groß sind die Sparrenlängen beider Dachflächen, wenn der Dachvorsprung 0,50 m beträgt?

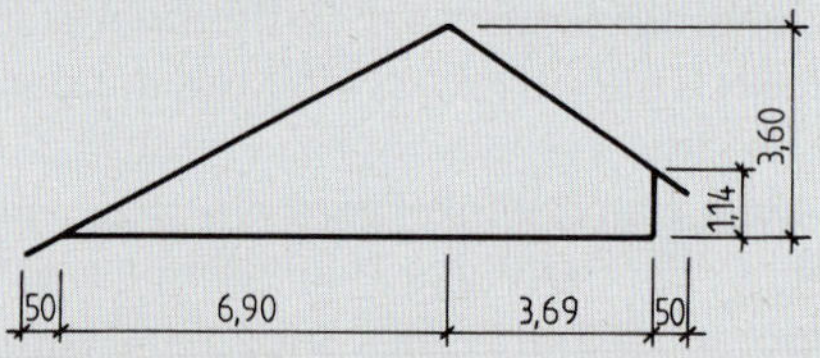

39. Berechnen Sie für das Turmdach mit quadratischem Grundriss
a) die Länge der Traufe,
b) die Dachhöhe,
c) die Länge des Gratsparrens,
d) den Neigungswinkel der Gratsparren.

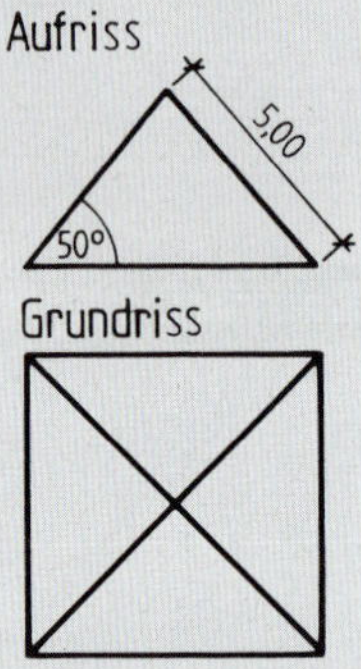

40. Ein Pultdach hat eine Höhe von 3,00 m und ist 35,15° geneigt. Wie groß ist die Sparrenlänge *s* unter Berücksichtigung eines Dachvorsprungs von 0,50 m?

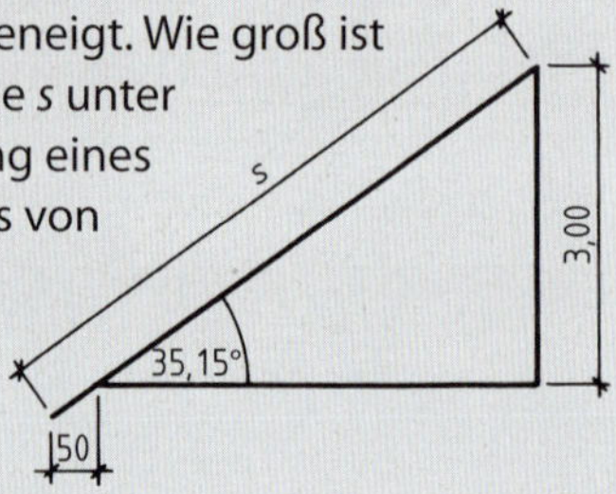

Aufgaben

41. Das Flachdach eines Pavillons hat die Form eines regelmäßigen Fünfeckes. Wie viel m Regenrinne werden benötigt?

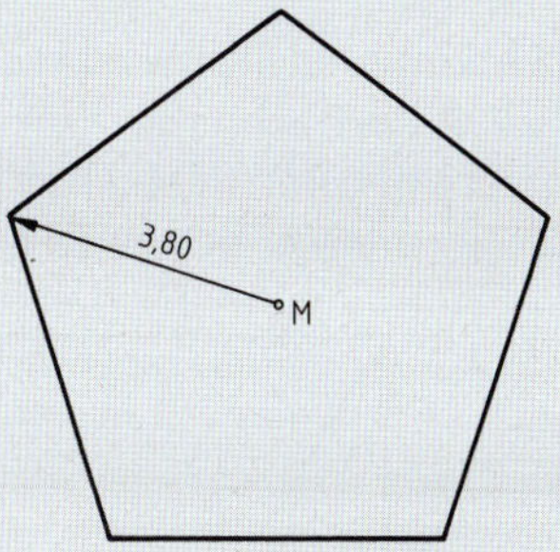

42. Für den Graben sind die Böschungslängen zu ermitteln.

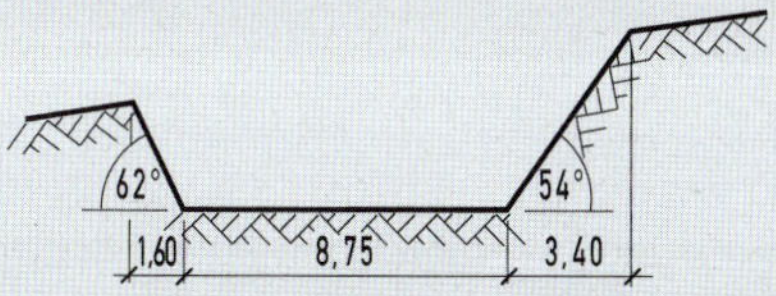

43. Ein Schornstein von 28 m Höhe wird durch Drahtseile verspannt, die an der oberen Befestigungsstelle mit dem Schornstein einen Winkel von $\alpha = 39{,}5°$ bilden.

a) Wie weit sind die Abspannstellen am Boden vom Schornstein entfernt?

b) Wie lang sind die Seile?

44. Das Dach eines Messepavillons hat die Form eines regelmäßigen Zehneckes.

a) Wie groß ist die Sparrenlänge?

b) Wie viel Meter Regenrinne werden benötigt?

c) Wie groß ist der Winkel α zwischen den Sparren?

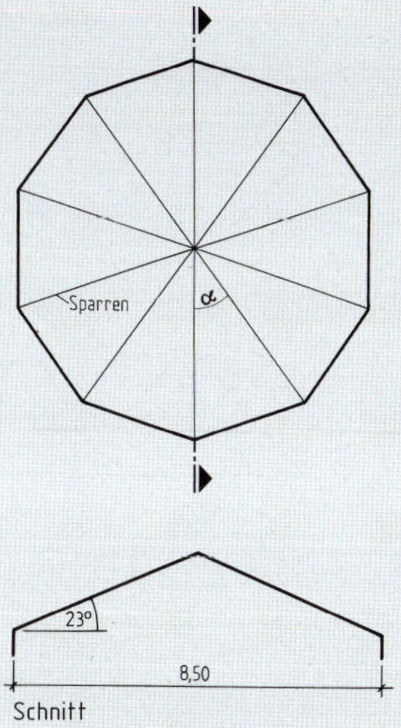

45. Bei einem rhombusförmigen Grundstück sind die Diagonalen 90,00 m und 60,00 m lang. Ermitteln Sie

a) die Winkel α und β, die das Grundstück mit den Straßen einschließt,

b) die erforderliche Zaunlänge.

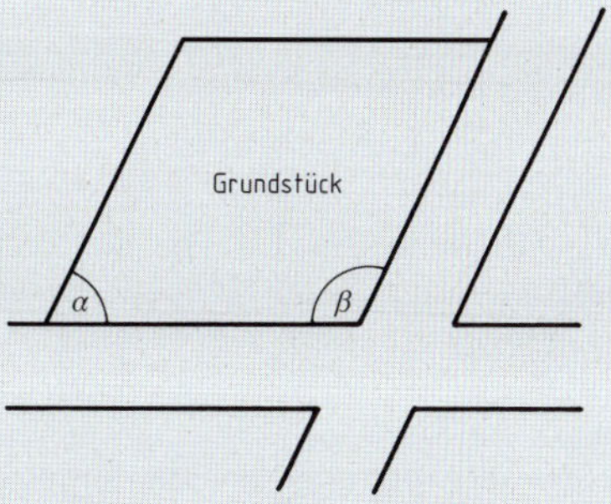

46. a) Wie breit wird die Sohle s des Autobahndammes?

b) Wie groß ist die Böschungslänge l?

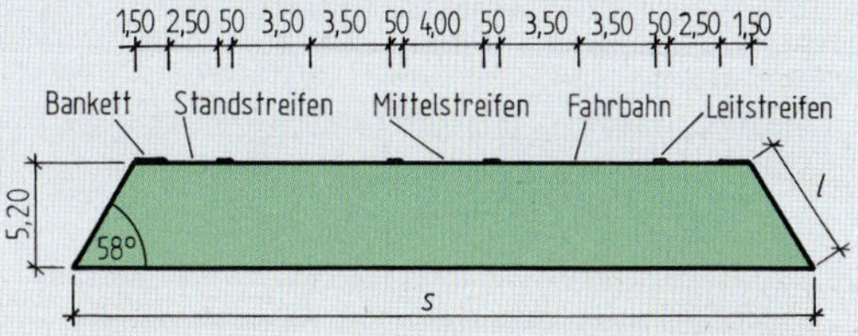

47. Berechnen Sie für das Winkeldach mit allseitiger Dachneigung von 40°

a) die Sparrenlänge der Normalsparren,

b) die Gratsparrenlänge und Kehlsparrenlänge des Hauptdaches,

c) die Gratsparrenlänge des Krüppelwalmdaches,

d) die Anzahl der First- und Gratziegel, wenn pro Meter 3 Ziegel benötigt werden,

e) die Anzahl der Ortgangziegel bei einem Bedarf von 3 Ziegeln pro Meter.

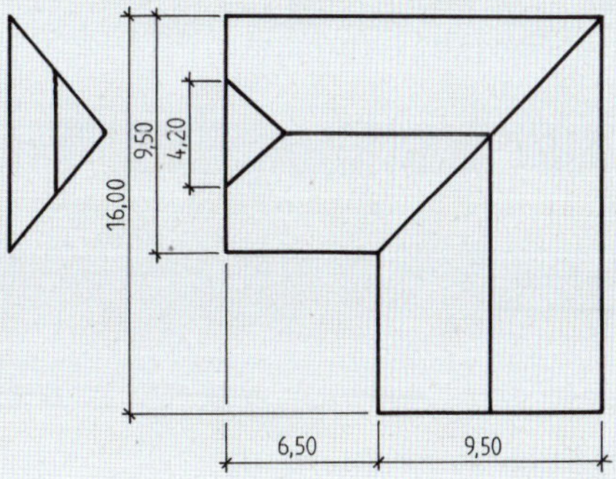

Aufgaben

48. Ermitteln Sie die Schnittlänge.

49. Wie viel Grad Neigung hat das Sheddach?

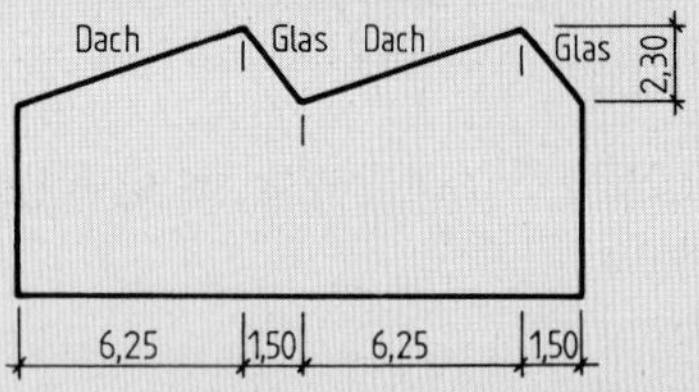

50. Bei einer Straßenkreuzung sind die angegebenen Strecken eingemessen. Ermitteln Sie die Winkel $\alpha, \beta, \gamma, \delta$.

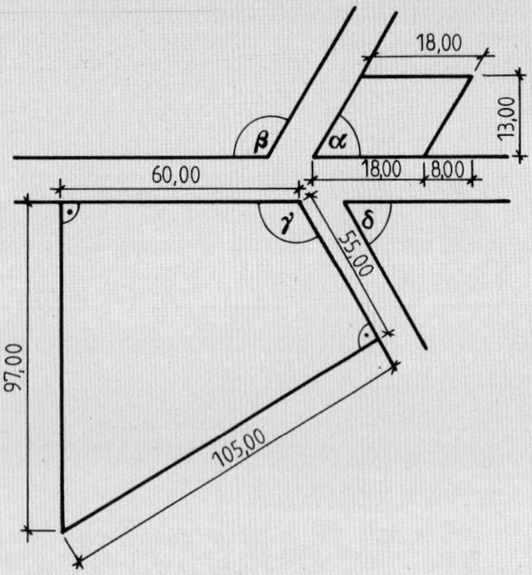

51. Ein Vermessungstechniker, der 64 m von einem Turm entfernt steht, erblickt die Turmspitze unter einem Höhenwinkel von $\alpha = 28°$. Seine Augenhöhe beträgt 1,77 m. Wie hoch ist der Turm?

52. Ermitteln Sie bei einer Dachneigung von 30°
a) die Dachhöhe,
b) den Bedarf an First- und Gratziegeln, wenn pro Meter 3 Ziegel erforderlich sind.

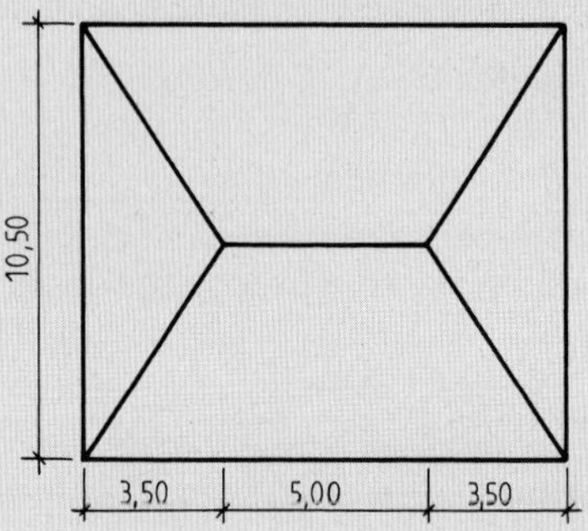

53. Berechnen Sie am gleichgeneigten Krüppelwalmdach mit Flugsparren
a) die Dachhöhe h,
b) die Normalsparrenlänge l_n,
c) den Mittelschifter l_m im Krüppelwalm,
d) die Flugsparrenlänge l_f.

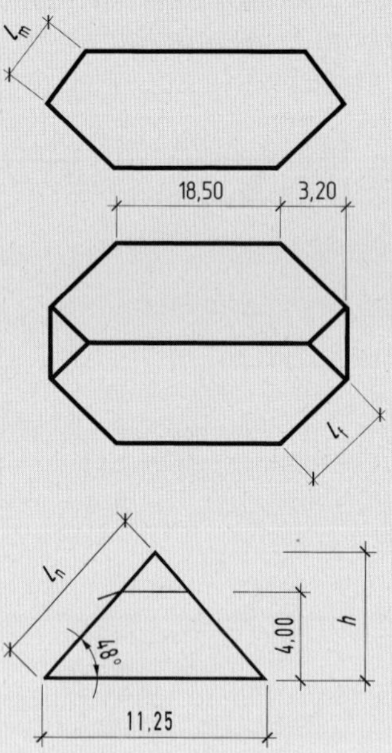

8.2.3 Sinus- und Cosinussatz

Der Sinussatz

Beispiel

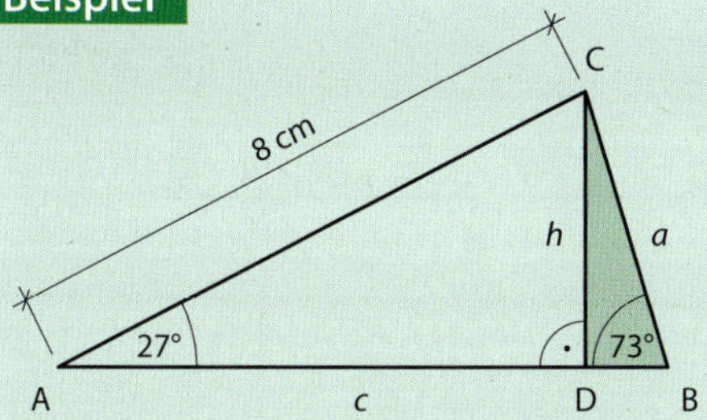

Berechnen Sie die Länge der Seite *a*.

Im linken Dreieck ADC gilt:

$h = 8\text{ cm} \cdot \sin 27°$

Im rechten Dreieck BCD gilt:

$h = a \cdot \sin 73°$

Gleichsetzen:

$8\text{ cm} \cdot \sin 27° = a \cdot \sin 73°$

$$\frac{a}{8\text{ cm}} = \frac{\sin 27°}{\sin 73°}$$

$$a = 8\text{ cm} \cdot \frac{\sin 27°}{\sin 73°} = 3{,}8\text{ cm}$$

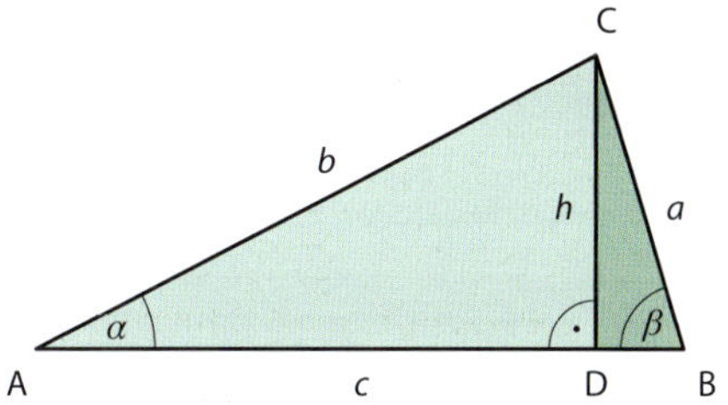

Wird das linke Dreieck ADC betrachtet, so gilt für die Höhe *h*:

$$\sin\alpha = \frac{h}{b} \rightarrow h = b \cdot \sin\alpha \quad ①$$

Wird das rechte Dreieck BCD betrachtet, so gilt für die Höhe *h*:

$$\sin\beta = \frac{h}{a} \rightarrow h = a \cdot \sin\beta \quad ②$$

Für das nicht rechtwinklige Dreieck ABC gilt nach Gleichsetzen von ① und ②:

$$b \cdot \sin\alpha = a \cdot \sin\beta \rightarrow \frac{a}{b} = \frac{\sin\alpha}{\sin\beta}$$

Der Sinussatz besagt, dass sich in jedem beliebigen Dreieck die Dreiecksseiten wie die Sinuswerte der gegenüberliegenden Winkel verhalten.

$$\frac{a}{b} = \frac{\sin\alpha}{\sin\beta} \qquad \frac{a}{c} = \frac{\sin\alpha}{\sin\gamma} \qquad \frac{b}{c} = \frac{\sin\beta}{\sin\gamma}$$

Der Cosinussatz

Beispiel

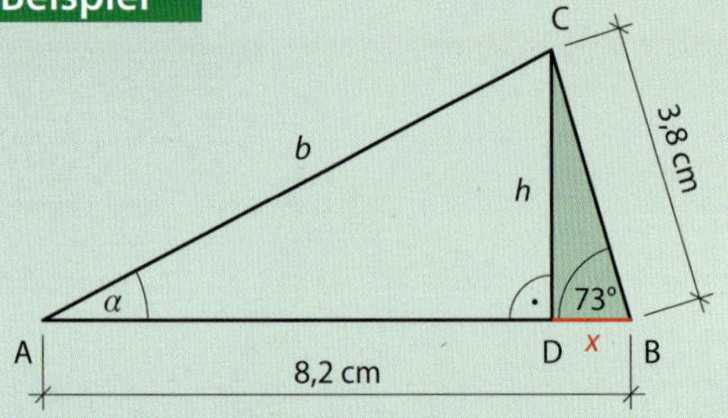

Berechnen Sie die Länge der Seite b.

Im linken Dreieck ADC gilt:

$b^2 = (8{,}2\text{ cm} - x)^2 + h^2$

Im rechten Dreieck BCD gilt:

$h^2 = (3{,}8\text{ cm})^2 - x^2$

$\cos 73° = \dfrac{x}{3{,}8\text{ cm}} \quad \rightarrow \quad x = 3{,}8\text{ cm} \cdot \cos 73°$

Einsetzen:

$b^2 = (8{,}2\text{ cm})^2 - 2 \cdot 8{,}2\text{ cm} \cdot x + x^2 + (3{,}8\text{ cm})^2 - x^2$

$b^2 = (8{,}2\text{ cm})^2 + (3{,}8\text{ cm})^2 - 2 \cdot 8{,}2\text{ cm} \cdot x$

$b^2 = (8{,}2\text{ cm})^2 + (3{,}8\text{ cm})^2 - 2 \cdot 3{,}8\text{ cm} \cdot 8{,}2\text{ cm} \cdot \cos 73°$

$b^2 = 63{,}5\text{ cm}^2$

$b = \sqrt{63{,}5\text{ cm}^2} \approx 8\text{ cm}$

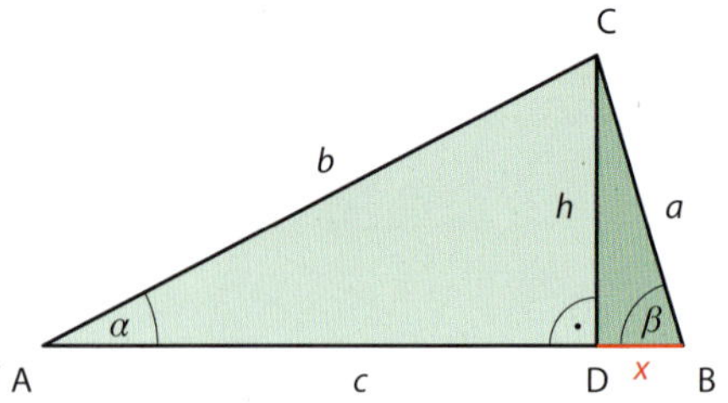

Wird das linke Dreieck ADC betrachtet, so gilt für die Seite b:

$b^2 = (c - x)^2 + h^2$ ①

Wird das rechte Dreieck BCD betrachtet, so gilt für die Höhe h und die Seite x:

$h^2 = a^2 - x^2$ ②

$\cos\beta = \dfrac{x}{a} \quad \rightarrow \quad x = a \cdot \cos\beta$ ③

Für das nicht rechtwinklige Dreieck ABC gilt nach Einsetzen von ② und ③ in ①:

$b^2 = c^2 - 2cx + x^2 + a^2 - x^2$

$b^2 = c^2 + a^2 - 2cx$

$b^2 = c^2 + a^2 - 2ac \cdot \cos\beta$

Der Cosinussatz besagt, dass in jedem beliebigen Dreieck, bei dem zwei Seiten und der eingeschlossene Winkel bekannt sind, die dritte Seite bestimmt werden kann.

$\mathbf{b^2 = c^2 + a^2 - 2ac \cdot \cos\beta}$ $\quad$ $\mathbf{a^2 = b^2 + c^2 - 2bc \cdot \cos\alpha}$ $\quad$ $\mathbf{c^2 = a^2 + b^2 - 2ab \cdot \cos\gamma}$

Aufgaben

54. Berechnen Sie die fehlende Seite.

a) $c = 18{,}50$ m, $\beta = 38°$, $b = 13{,}80$ m
b) $a = 7{,}20$ m, $\alpha = 70°$, $c = 3{,}80$ m
c) $a = 12{,}10$ m, $b = 15{,}60$ m, $\beta = 72°20'$

55. Berechnen Sie die fehlende Seite.

a) $a = 18$ cm, $b = 2{,}8$ cm, $\gamma = 65°$
b) $b = 23{,}5$ cm, $c = 7{,}3$ cm, $\alpha = 86°$
c) $a = 29$ m, $c = 42$ m, $\beta = 127°$

56. Berechnen Sie die fehlenden Seiten und Winkel der Dreiecke.

a) $a = 5{,}0$ m, $\beta = 60°$, $\gamma = 45°$
b) $c = 13{,}0$ m, $\alpha = 67°54'$, $\beta = 52°36'$
c) $a = 5{,}5$ cm, $b = 9{,}8$ cm, $\gamma = 42°$
d) $a = 3{,}8$ m, $c = 1{,}7$ m, $\beta = 103°$
e) $b = 12{,}50$ m, $\alpha = 67°15'$, $\gamma = 33°35'$
f) $b = 10$ cm, $c = 7{,}3$ cm, $\alpha = 65°$

Aufgaben

57. Ermitteln Sie die Zaunlänge des Grundstücks.

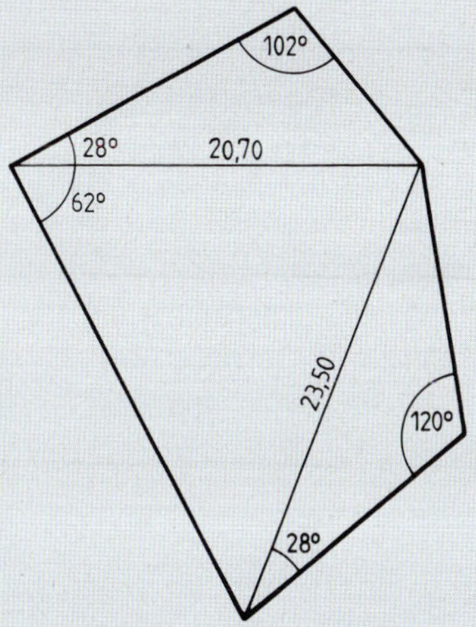

58. Ermitteln Sie
a) die Länge der Sparren,
b) die Höhe h des Daches,
c) die Fensterhöhe.

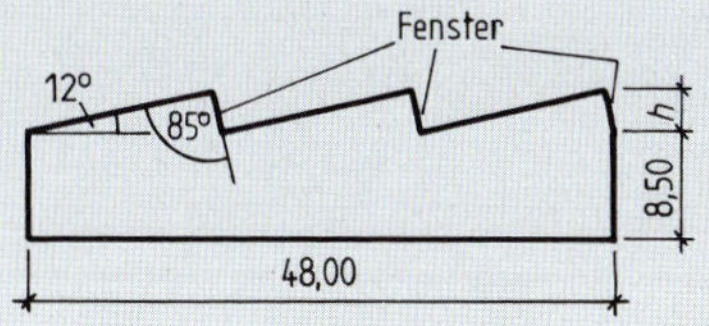

59. Für eine neue Autobahnstrecke wird ein Tunnel benötigt. Von einem Punkt A ist die Entfernung $b = 4{,}3$ km bis zum Tunneleingang C bekannt und die Entfernung $c = 5{,}4$ km bis zum Tunnelende B sowie der Winkel $\alpha = 42{,}1°$.
a) Berechnen Sie die Länge des Tunnels.
b) Unter welchem Winkel β muss der Tunnel von B aus in den Berg getrieben werden?

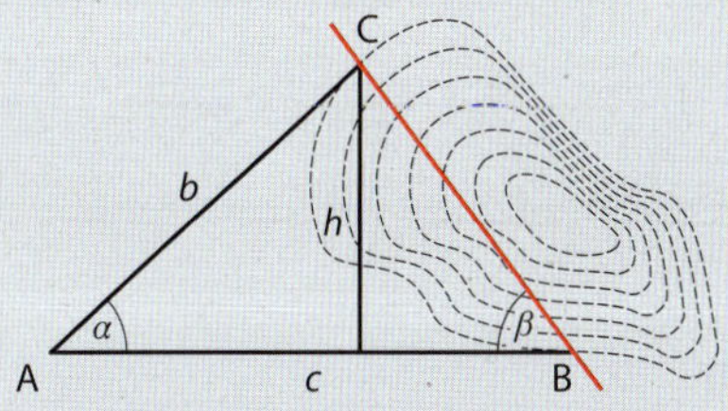

60. Für ein im Bau befindliches Kanalnetz soll die Länge der zusätzlichen Rohrleitungen $l_1 \ldots l_3$ ermittelt werden.

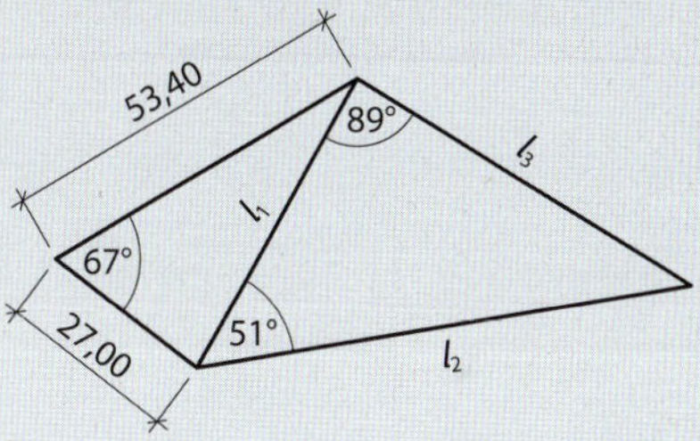

9 Flächen- und Umfangsberechnung

9.1 Flächeneinheiten

$\cdot 100 \quad \cdot 100 \quad \cdot 100 \quad \cdot 100 \quad \cdot 100 \quad \cdot 100$

$1\ km^2 = 100\ ha = 10\,000\ a = 1\,000\,000\ m^2$

$1\ ha = 100\ a = 10\,000\ m^2$

$1\ a = 100\ m^2 = 10\,000\ dm^2 = 1\,000\,000\ cm^2$

$1\ m^2 = 100\ dm^2 = 10\,000\ cm^2 = 1\,000\,000\ mm^2$

$1\ dm^2 = 100\ cm^2 = 10\,000\ mm^2$

$1\ cm^2 = 100\ mm^2$

Aufgaben

1. Rechnen Sie in dm^2 um.
- a) $1{,}445\ m^2$
- b) $0{,}63\ cm^2$
- c) $1\,357\ mm^2$
- d) $0{,}042\ m^2$
- e) $342\ cm^2$
- f) $16\,450\ mm^2$
- g) $13{,}62\ m^2$
- h) $78{,}18\ cm^2$

2. Rechnen Sie in cm^2 um.
- a) $0{,}4452\ m^2$
- b) $24\,336\ mm^2$
- c) $16{,}64\ dm^2$
- d) $28{,}04\ m^2$
- e) $0{,}97\ dm^2$
- f) $8\,972\ mm^2$
- g) $0{,}028\ m^2$
- h) $8{,}53\ dm^2$

3. Rechnen Sie in m^2 um.
- a) $35{,}27\ dm^2$
- b) $1\,467\ cm^2$
- c) $23\,400\ mm^2$
- d) $0{,}68\ dm^2$
- e) $132\,461\ cm^2$
- f) $342\,111\ mm^2$
- g) $126{,}53\ dm^2$
- h) $80\,334\ cm^2$

4. Rechnen Sie in mm^2 um.
- a) $1{,}496\ m^2$
- b) $0{,}045\ dm^2$
- c) $730{,}95\ cm^2$
- d) $0{,}00483\ m^2$
- e) $10{,}45\ cm^2$
- f) $0{,}387\ dm^2$
- g) $0{,}0276\ m^2$
- h) $89{,}74\ cm^2$

5. Berechnen Sie in m^2, dm^2, cm^2, mm^2.
- a) $1{,}73\ m^2 + 0{,}548\ dm^2 + 120\ cm^2$
- b) $0{,}56\ m^2 + 28{,}4\ dm^2 + 60\ cm^2$
- c) $16{,}35\ dm^2 + 12{,}84\ m^2 + 265\ mm^2$
- d) $156\ cm^2 + 0{,}63\ m^2 + 1\,440\ mm^2$
- e) $21{,}04\ dm^2 + 3{,}77\ m^2 + 17\ mm^2$
- f) $261\ cm^2 + 1{,}48\ m^2 + 897\ mm^2$

6. Berechnen Sie in m^2, dm^2, cm^2, mm^2.
- a) $16{,}40\ m^2 - 0{,}52\ dm^2 - 68{,}0\ cm^2$
- b) $174{,}9\ dm^2 - 0{,}043\ m^2 - 66\,000\ mm^2$
- c) $62{,}92\ m^2 - 192{,}36\ cm^2 - 764\ mm^2$
- d) $0{,}95\ m^2 - 0{,}58\ cm^2 - 4\,200\ mm^2$
- e) $9{,}09\ m^2 - 1{,}81\ dm^2 - 371\ cm$
- f) $89{,}56\ dm^2 - 0{,}185\ m^2 - 43\,650\ mm^2$

7. Wie groß ist die Gesamtfläche der 3 Grundstücke in m^2, a und ha?

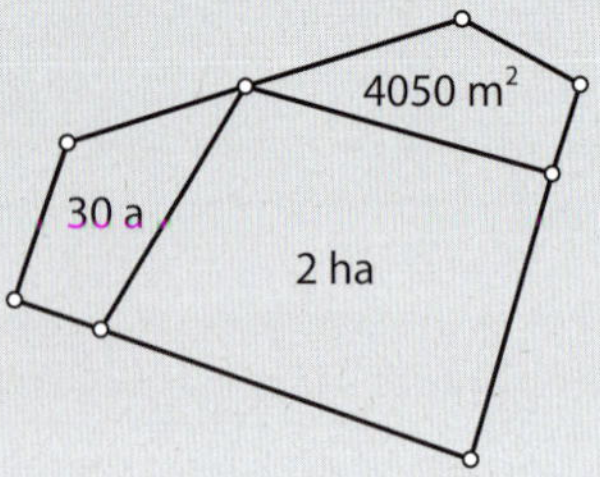

9.2 Dreiecke

Einteilung bezüglich der Seiten

gleichseitig

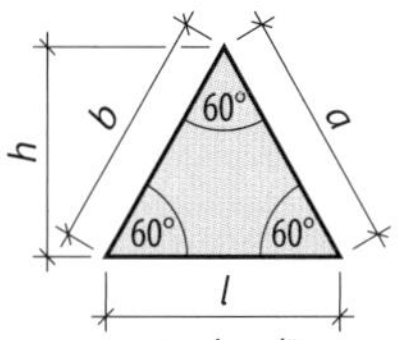

$a = b = l$*

gleichschenklig

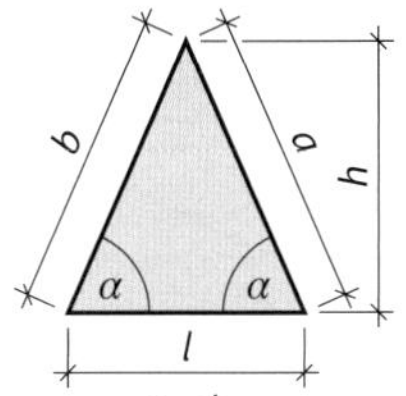

$a = b$

ungleichseitig

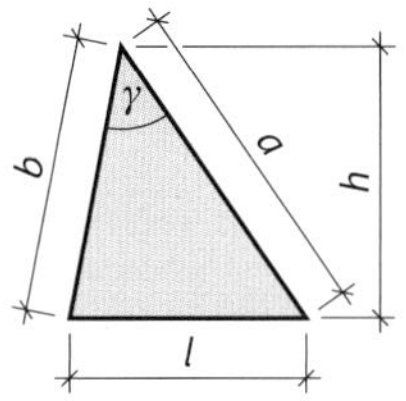

Einteilung bezüglich der Winkel

rechtwinklig

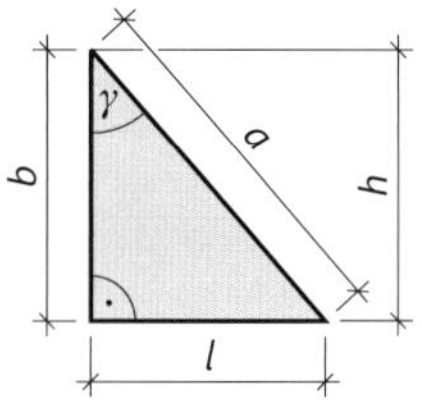

spitzwinklig

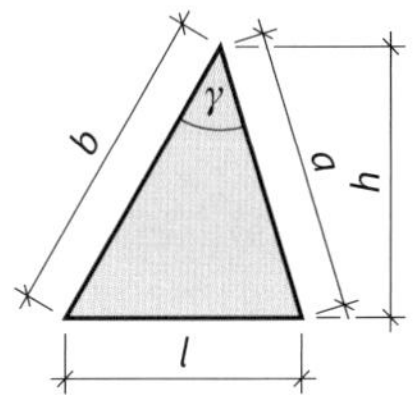

stumpfwinklig

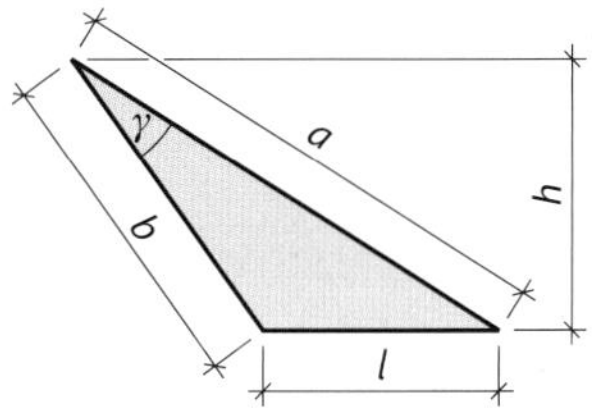

Fläche A: $A = \frac{l \cdot h}{2} = \frac{1}{2} a b \cdot \sin \gamma$

Umfang u: $u = a + b + l$

$A = \sqrt{s(s-a)(s-b)(s-l)}$ mit $s = \frac{a+b+l}{2}$

(Satz des Heron)

* wird oft auch mit c bezeichnet.

Aufgaben

8. Ermitteln Sie die Fläche der Dreiecke.

a)

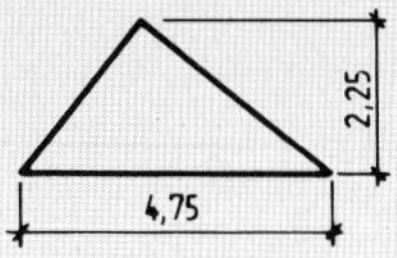

b)

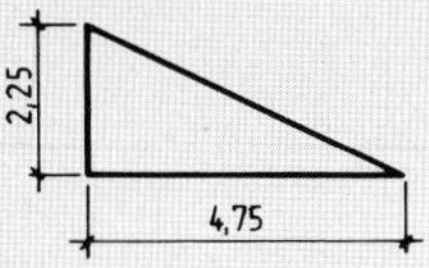

c)

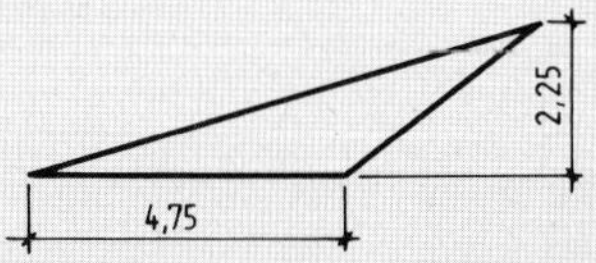

d)

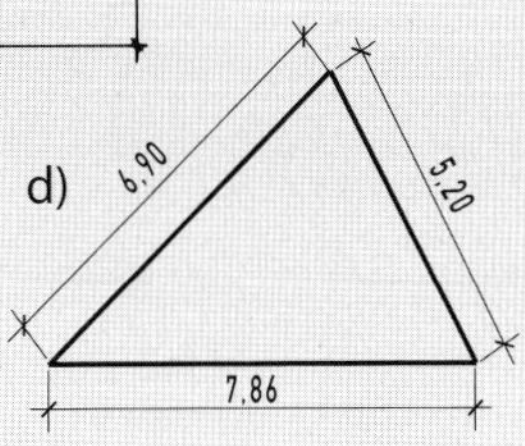

9. Der Giebel eines Hauses ist auszumauern. Pro m² Mauerwerk werden 44 Mauerziegel und 43 l Mörtel benötigt. Wie viele Mauerziegel und l Mörtel sind zur Ausmauerung bereitzustellen?

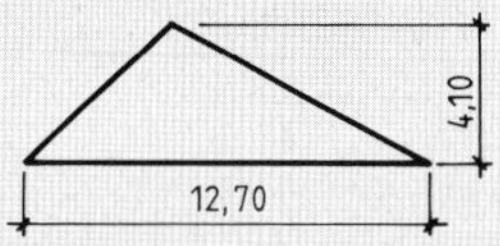

Aufgaben

10. Das Sheddach einer Fabrikhalle soll an seinen 6 Giebelflächen ausgemauert und danach mit Faserzementplatten verschalt werden. Je m^2 Mauerwerk werden 33 Mauerziegel und 40 l Mörtel benötigt.
Berechnen Sie den Bedarf an
a) Mauerziegeln, wenn für Bruch und Verschnitt 5 % mehr benötigt werden,
b) Mörtel,
c) Faserzementplatten, wenn für Verschnitt 7 % zu berücksichtigen sind.

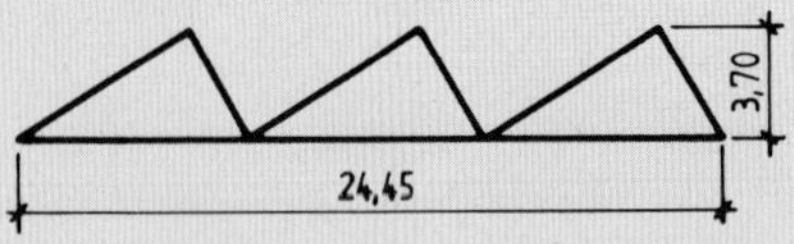

11. Ein Turmdach soll zunächst mit Holz verschalt und dann mit Schiefer eingedeckt werden.
a) Ermitteln Sie den Bedarf an Holzschalung.
b) Wie viel m^2 Schiefer werden benötigt, wenn für Überdeckung, Bruch und Verschnitt 18,5 % zu berücksichtigen sind?

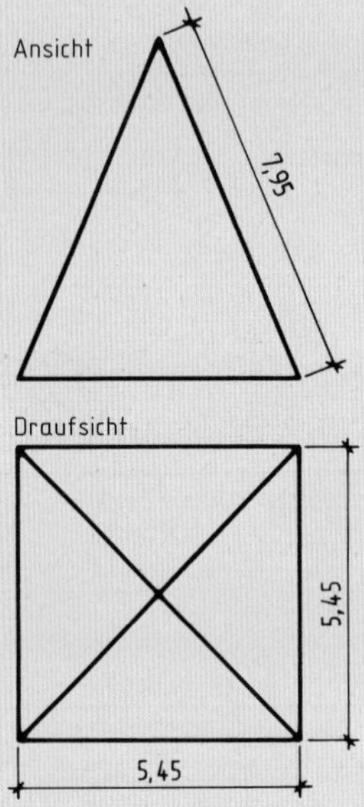

12. Die Grundstücksfläche beträgt 125 a.
Wie groß ist der Winkel α?

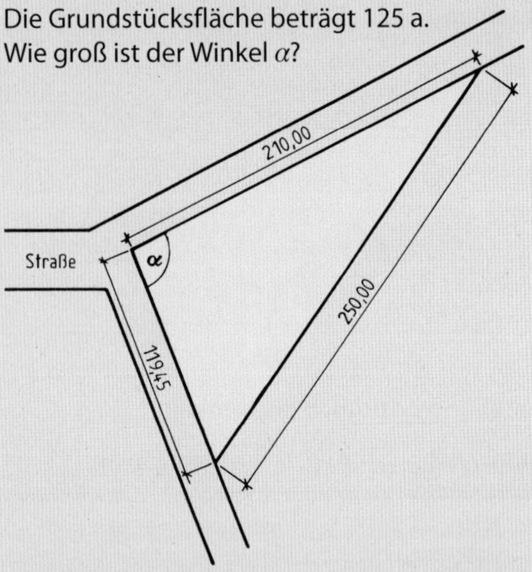

13. Wie viele Ziegel werden für zwei Walmflächen benötigt, wenn pro m^2 15 Ziegel erforderlich sind und mit einem Verlust von 12 % zu rechnen ist?

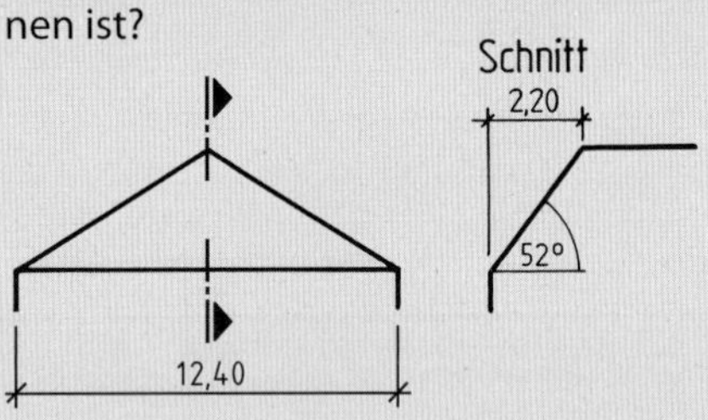

14. Die Verkehrsinsel soll neu angelegt werden.
a) Wie viel m^2 Platten sind erforderlich, wenn für Bruch und Verschnitt 7,5 % in Rechnung zu stellen sind?
b) Wie groß ist die Rasenfläche?
c) Wie viel m Bordsteine und Einfassungssteine sind erforderlich?

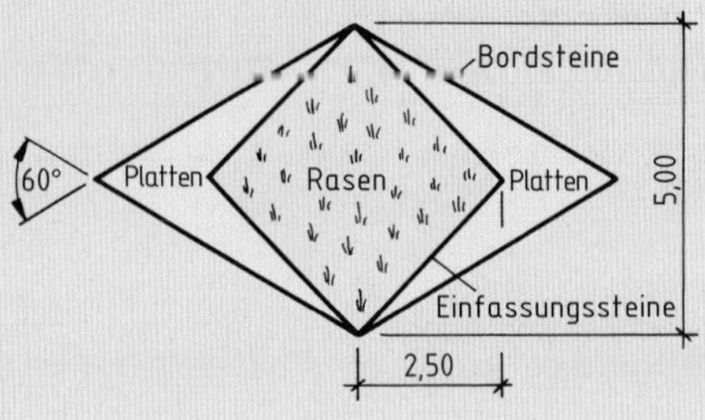

9.3 Vierecke

Vierecke werden in regelmäßige und unregelmäßige Vierecke unterteilt. Die Summe der Innenwinkel beträgt immer 360°.

Regelmäßige Vierecke

Jeweils gegenüberliegende Seiten laufen parallel und sind gleich groß.

rechtwinklig

Quadrat

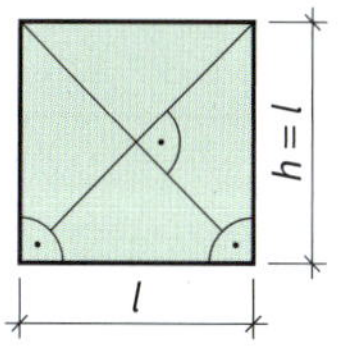

$A = l^2$

$u = 4 \cdot l$

Die Diagonalen sind gleich lang, halbieren sich und schneiden sich rechtwinklig.

Rechteck

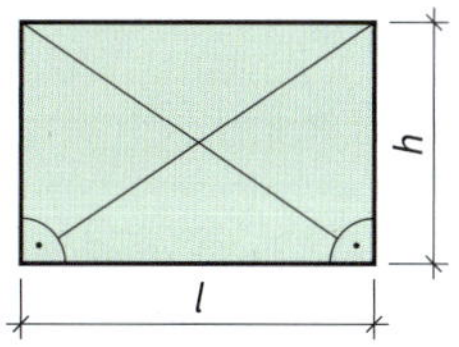

$A = l \cdot h$

$u = 2(l + h)$

Die Diagonalen sind gleich lang, halbieren sich und schneiden sich nicht rechtwinklig.

nicht rechtwinklig

Rhombus (Raute)

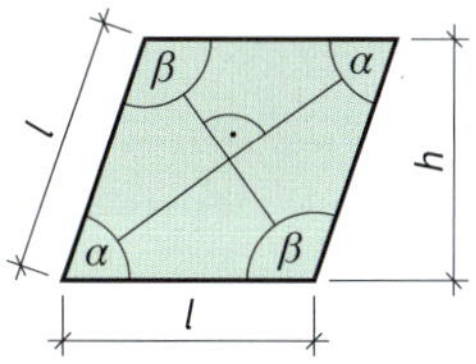

$A = l \cdot h$

$u = 4 \cdot l$

Die Diagonalen sind nicht gleich lang, halbieren sich und schneiden sich rechtwinklig.

Parallelogramm

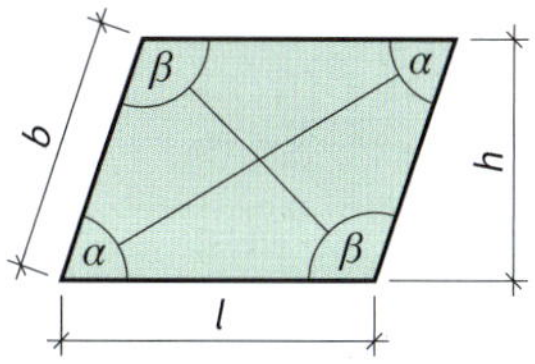

$A = l \cdot h = l \cdot b \cdot \sin \alpha$

$u = 2(l + b)$

Die Diagonalen sind nicht gleich lang, halbieren sich und schneiden sich nicht rechtwinklig.

Unregelmäßige Vierecke

Trapez

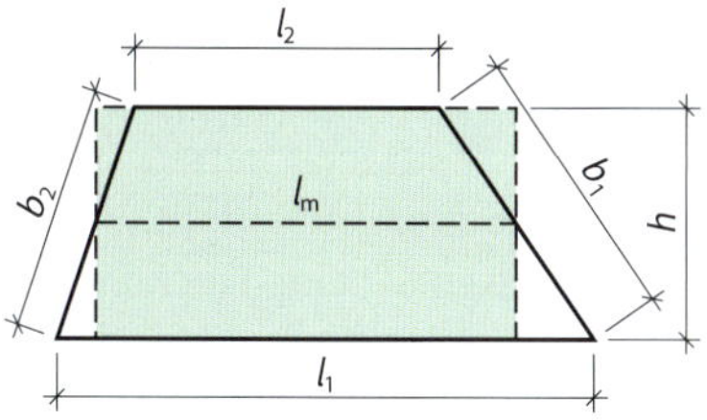

$A = l_m \cdot h = \frac{l_1 + l_2}{2} \cdot h$

$u = l_1 + b_1 + l_2 + b_2$

beliebiges Viereck

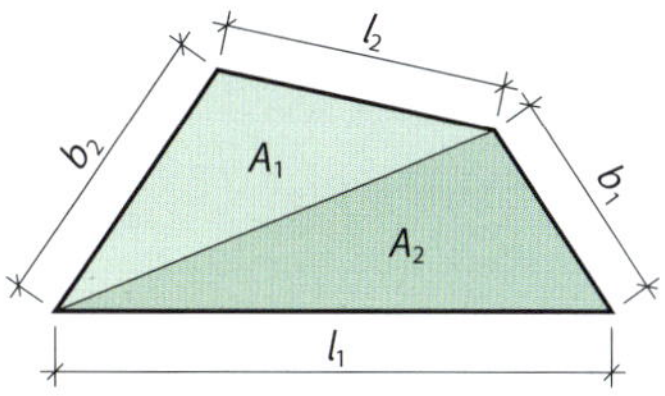

$A = A_1 + A_2$

$u = l_1 + b_1 + l_2 + b_2$

Aufgaben

15. Ein Quadrat hat eine Seitenlänge von 2,80 m. Berechnen Sie
a) die Fläche, b) den Umfang.

16. Ein Quadrat hat eine Fläche von $A = 2{,}56\ m^2$. Berechnen Sie die Seitenlänge.

17. Eine quadratische Stahlbetonstütze hat eine Seitenlänge von 22 cm und eine Höhe von 3,80 m. Berechnen Sie
a) die Querschnittsfläche,
b) den Schalungsbedarf (Schalungsstärke 20 mm).

18. Bei dem im Grundriss dargestellten Raum soll eine Holzdecke angebracht sowie ein Estrich verlegt werden.
a) Wie viel m^2 Estrich sind zu verlegen?
b) Wie viel m Randstreifen sind beim Estrich erforderlich?
c) Wie viele Profilbretter von 4,50 m Länge werden für die Holzdecke benötigt?

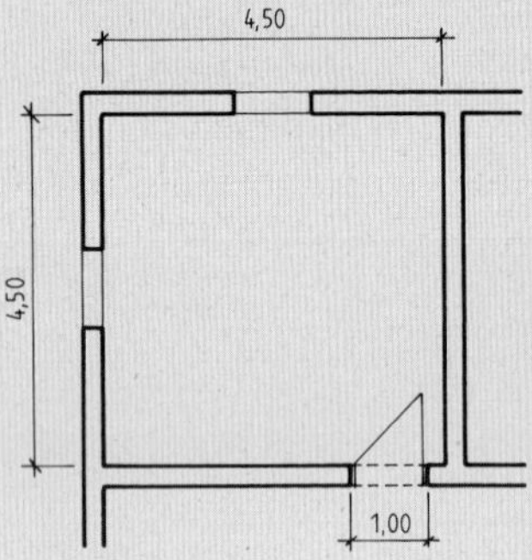

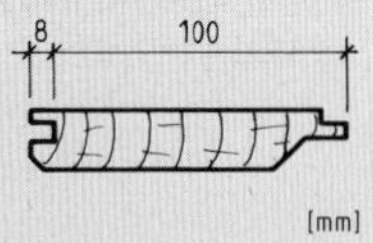

19. Quadratische Kanthölzer haben eine Querschnittsfläche von
a) $64\ cm^2$, c) $158\ cm^2$,
b) $144\ cm^2$, d) $77\ cm^2$.
Wie groß ist die Seitenlänge der Kanthölzer?

20. Eine Abdeckplatte für einen Kaminkopf hat das Maß 70 × 70 cm. Der Schornsteinquerschnitt beträgt 20 × 20 cm. Welche Querschnittsfläche hat die Umfassung des Schornsteins?

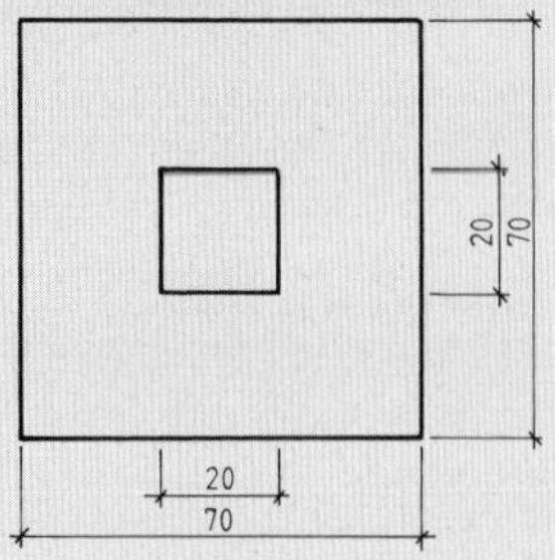

21. Eine Wand ist mit Fliesen 10 × 10 cm zu bekleiden. Die Fugenbreite beträgt 2 mm.
a) Wie viel m^2 sind zu fliesen?
b) Wie viele Fliesen werden benötigt?

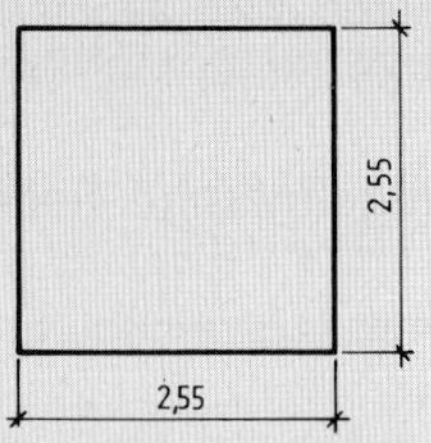

22. Ein Vierkantstahlrohr mit einer Wanddicke von 3 mm hat eine äußere Abmessung 35 × 35 mm. Welche Querschnittsfläche hat das Rohr?

23. Eine Stahlbetonsäule mit rechteckigem Grundriss und 3,70 m Höhe soll geschalt werden.
a) Welche Querschnittsfläche hat die Säule?
b) Wie viel m^2 Schalung werden für eine Säule benötigt, wenn die Schalungsdicke 25 mm beträgt und die Schalung stumpf gestoßen wird?

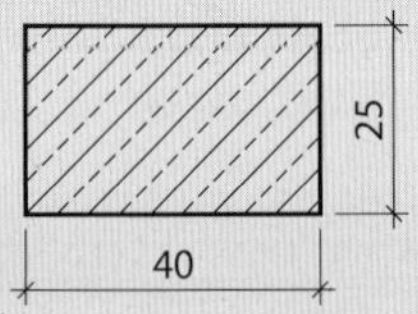

24. Wie groß ist die zu verputzende Fläche?

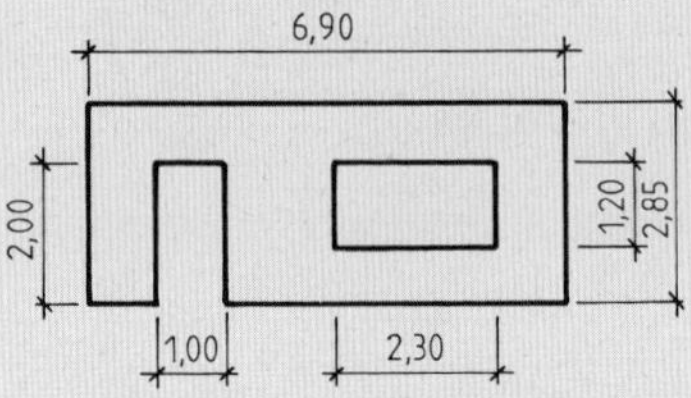

25. Die Steine einer Stahlsteindecke haben eine Abmessung von 22 × 25 cm.
a) Wie viele Steine werden für eine Decke von 10,50 m Länge und 7,40 m Breite benötigt?
b) Wie viele Steine müssen mehr bestellt werden, wenn durch den Transport und den Einbau 5 % zu Bruch gehen?

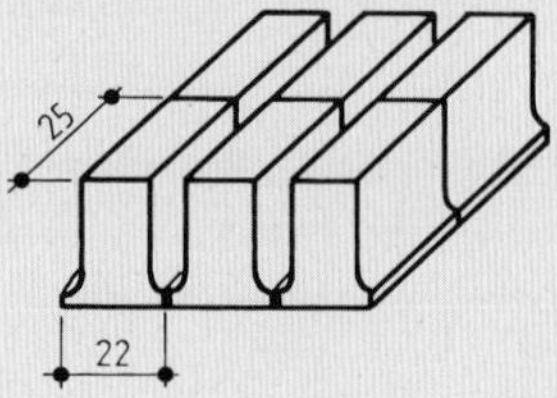

Aufgaben

26. Zur Schalung von 4 Stützen wird 30 mm dickes Schalmaterial verwendet. Die Schalung wird stumpf gestoßen.
Wie viel m² Schalmaterial wird unter Berücksichtigung der Schalungsdicke benötigt?

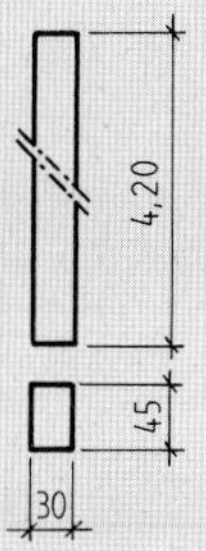

27. a) Wie groß ist die Fläche des Grundstückes?
b) Wie lang ist die Einzäunung?

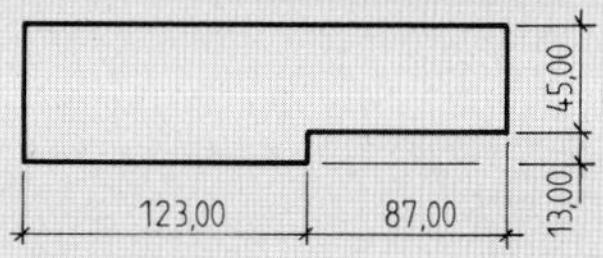

28. Ein Bauherr erhält durch Tausch eines Grundstückes mit den Abmessungen 53,25 × 27,85 m ein neues Grundstück, das in seiner ganzen Breite von 24,20 m an die Straße angrenzt.
Wie lang muss das Grundstück werden, wenn die Fläche beider Grundstücke gleich sein soll?

29. a) Wie groß ist die Fläche der einzelnen Räume?
b) Wie viel m Sockelleisten werden für jeden Raum benötigt (ohne Laibungen)?

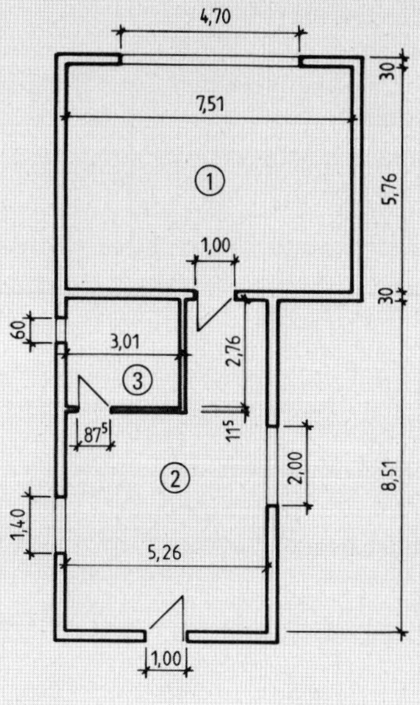

30. a) Wie viel m² des Grundstückes sind bebaut und wie viel unbebaut?
b) Drücken Sie die bebaute Fläche als Prozentsatz aus.

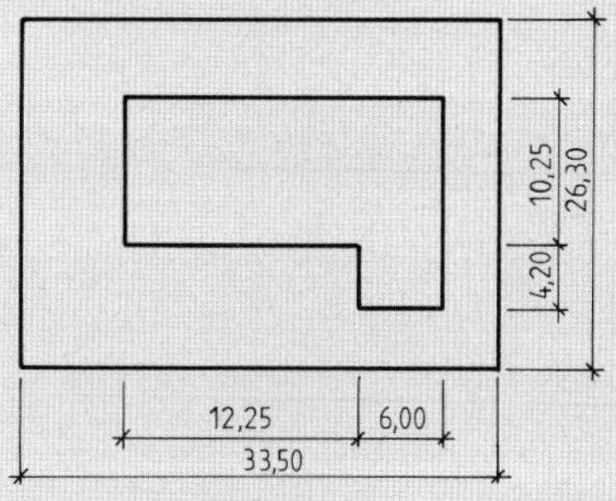

31. Das 1,40 m tiefe, im Grundriss abgebildete Privatschwimmbecken soll gefliest werden.
a) Wie viel m² sind zu fliesen?
b) Wie viele Fliesen im Format 20 × 10 cm einschließlich Fugen werden benötigt, wenn für Bruch und Verschnitt 5 % zu berücksichtigen sind?

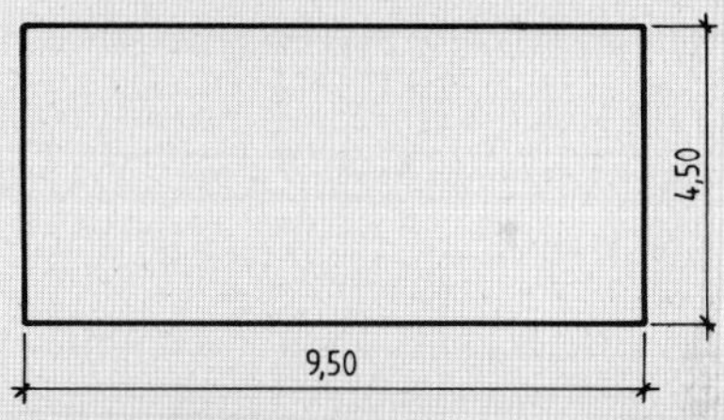

32. Ein Walmdach mit allseitig gleicher Dachneigung soll mit Biberschwanzziegeln gedeckt werden. Pro m² Dachfläche werden 35 Ziegel benötigt.
Wie viele Biberschwanzziegel sind zu bestellen, wenn für Bruch und Verschnitt 7,5 % zu berücksichtigen sind?

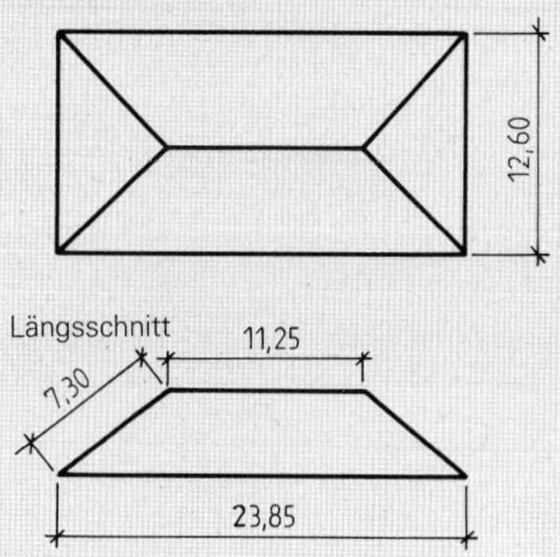

Aufgaben

33. Berechnen Sie die Fläche des Walmes sowie des Krüppelwalmes.

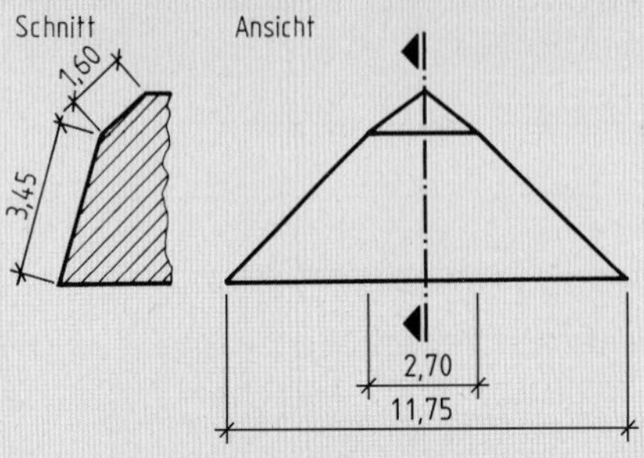

34. Wie viele Ziegel werden zur Deckung des Daches benötigt, wenn für Bruch und Verschnitt 3,5 % in Rechnung zu stellen sind?
Sparrenlänge $s_1 = 4{,}63$ m
Sparrenlänge $s_2 = 6{,}07$ m
Ziegelbedarf pro m² 15 Stück

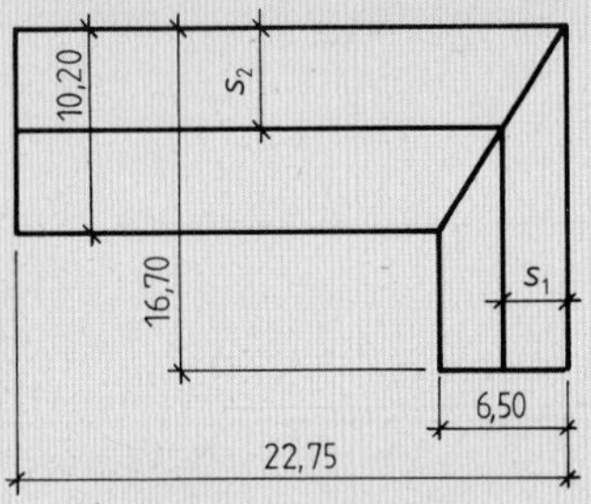

35. Wie groß ist die Querschnittsfläche des Hochwasserdammes mit zwei Bermen?

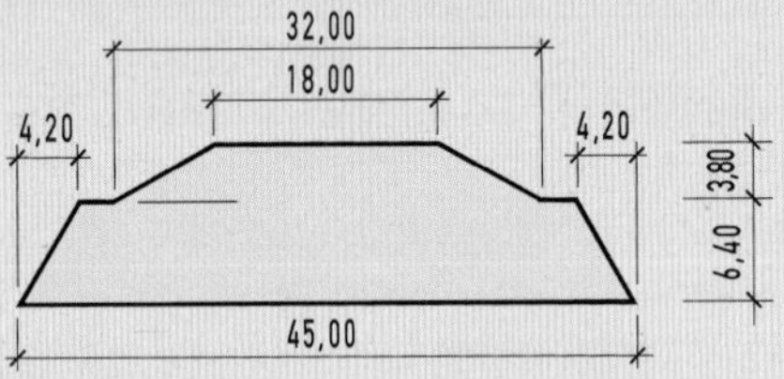

36. Wie groß ist die Querschnittsfläche des Lärmschutzwalles?

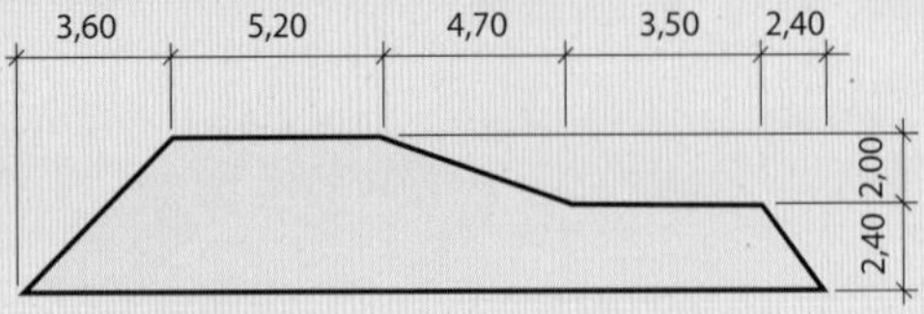

37. Wie groß ist die Schalfläche des quadratischen Säulenkopfes der Pilzdecke (Dicke des Schalmaterials unberücksichtigt)?

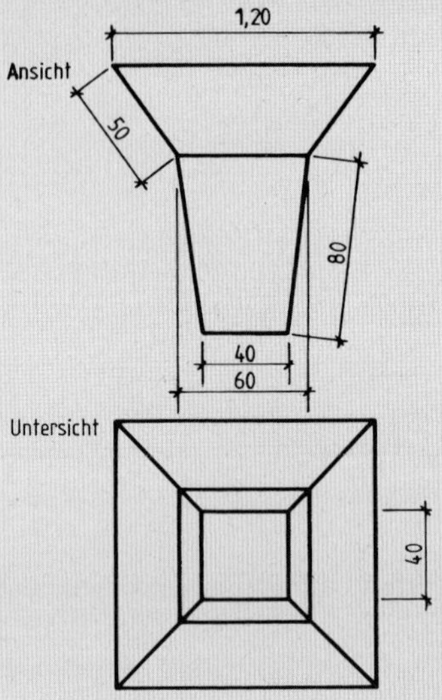

38. Der durchschnittliche Wasserstand eines Vorfluters beträgt 1,20 m. Bei diesem Stand beträgt die Wasser führende Querschnittsfläche 4,20 m². Wie breit muss der Graben in der Höhe des Wasserspiegels sein?

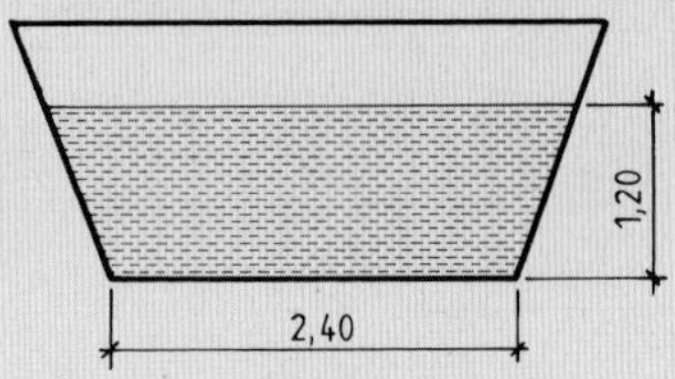

39. Wie groß ist die Querschnittsfläche des Arbeitsraumes?

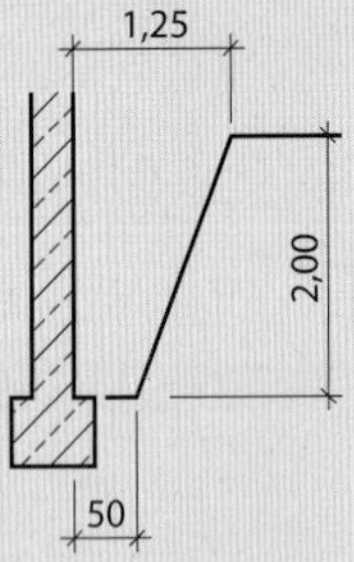

40. An der Giebelseite eines Hauses wird die Spitze mit Holz verschalt, während der Rest verputzt wird.
a) Wie viel m² sind zu verschalen?
b) Wie groß ist die zu verputzende Fläche?

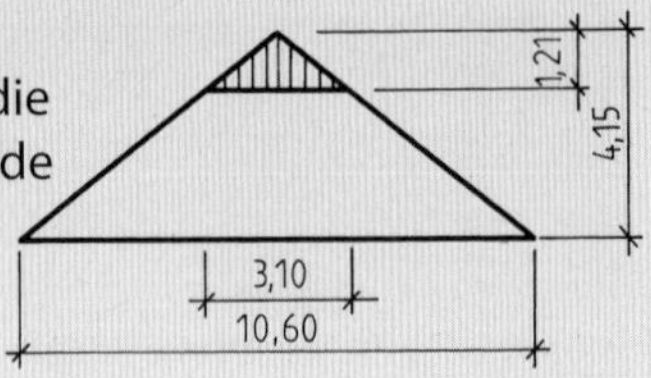

Aufgaben

41. Das Dach eines Winkelhauses hat allseitig gleiche Dachneigung. Der Normalsparren hat eine Länge von 4,45 m (ohne Dachvorsprung). Berechnen Sie

a) die Größe der Walmflächen,

b) die Größe der übrigen Dachfläche,

c) die Firstlänge.

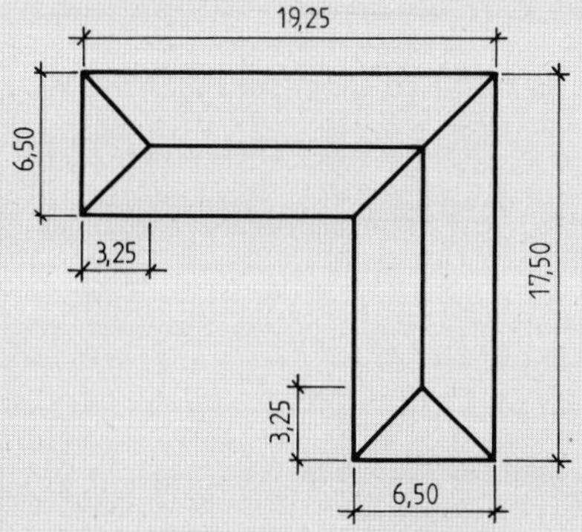

42. Ermitteln Sie von den Grundstücken mit den Flurstück-Nummern 1537 und 1540

a) die Länge der Einzäunung,

b) den Grundstückspreis bei einem Preis je m^2 von 285,00 €.

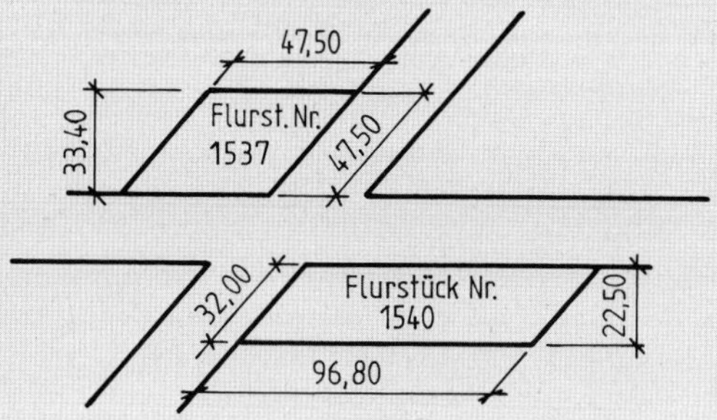

43. Die Dachflächen ④ sind neu einzudecken. Allseitige Dachneigung 45°. Wie viel m^2 sind einzudecken?

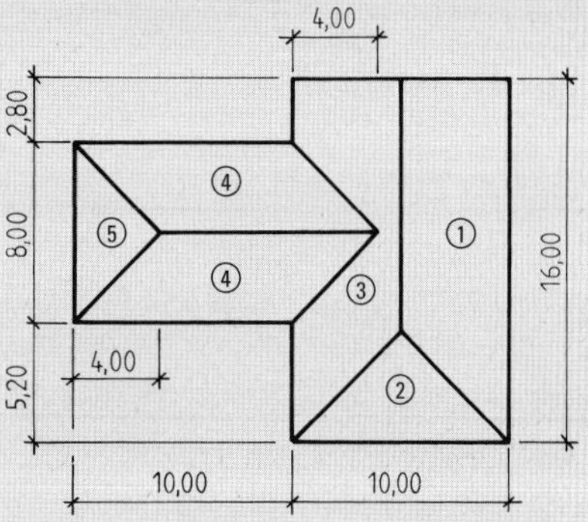

44. Die Zufahrt zu einem Grundstück soll gepflastert werden. Wie viel m^2 sind zu pflastern?

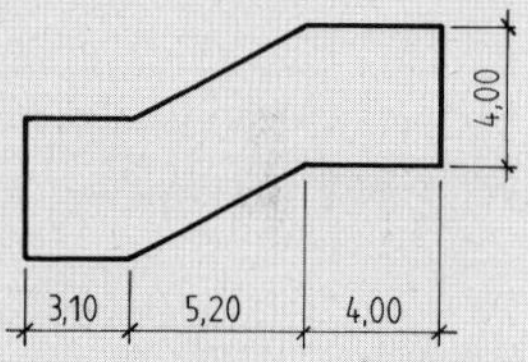

45. Aus architektonischen Gründen soll die Eingangsseite einer Festhalle teilweise mit Holz verkleidet werden, während die Restfläche verputzt werden soll.

a) Wie viel Liter Mörtel müssen angeliefert werden, wenn pro m^2 zu verputzender Fläche 22 l benötigt werden?

b) Wie viel m^2 Holzschalung sind anzubringen?

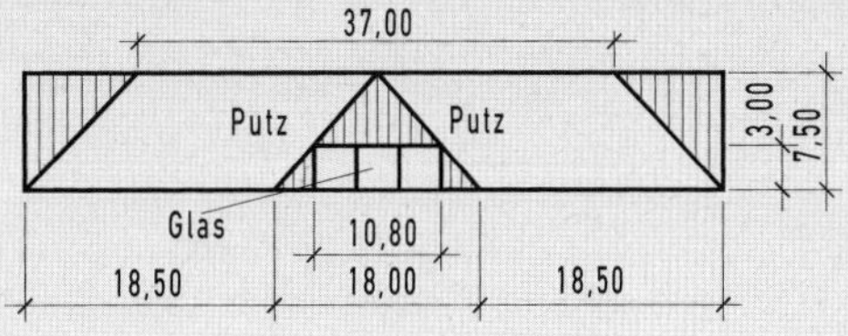

9.4 Regelmäßige Vielecke (*n*-Ecke)

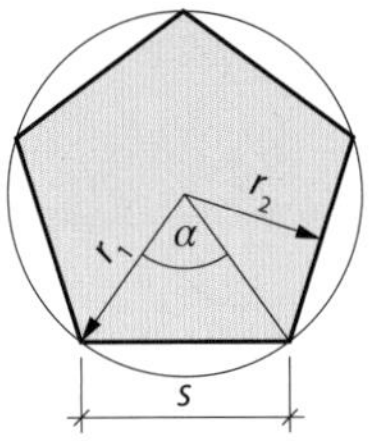

Anzahl der Ecken n
Umkreisradius r_1
Inkreisradius r_2

$$\alpha = \frac{360°}{n}$$

$$A = \frac{n}{2} \cdot r_1^2 \cdot \sin\alpha$$

$$A = \frac{n}{2} \cdot s \cdot r_2$$

$$u = n \cdot s$$

Aufgaben

46. Der Umkreis eines regelmäßigen Sechseckes hat einen Durchmesser von 9,60 m.
Wie groß ist sein Flächeninhalt?

47. Das Flachdach eines Pavillons hat die Form eines regelmäßigen Neunecks. Die Trauflänge beträgt 28,80 m.
Wie viel m² Bitumenbahn werden zur Eindeckung benötigt, wenn sie dreilagig verlegt wird?

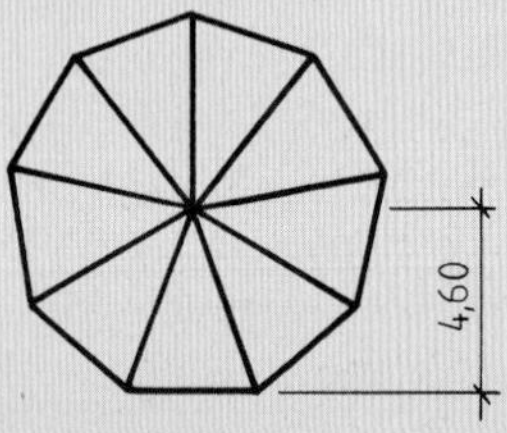

48. Für eine 4,25 m hohe Stütze mit sechseckigem Grundriss sind 15,30 m² Schalung benötigt worden (Schalungsstärke unberücksichtigt).
Wie groß ist die Querschnittsfläche der Säule?

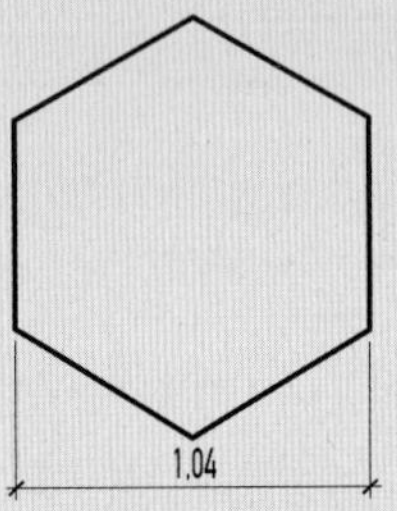

49. Ein Turmdach mit sechseckigem Grundriss ist mit Schiefer einzudecken. Wie viel m² Schiefer sind zu bestellen, wenn für Überdeckung, Bruch und Verschnitt 19 % zu berücksichtigen sind?

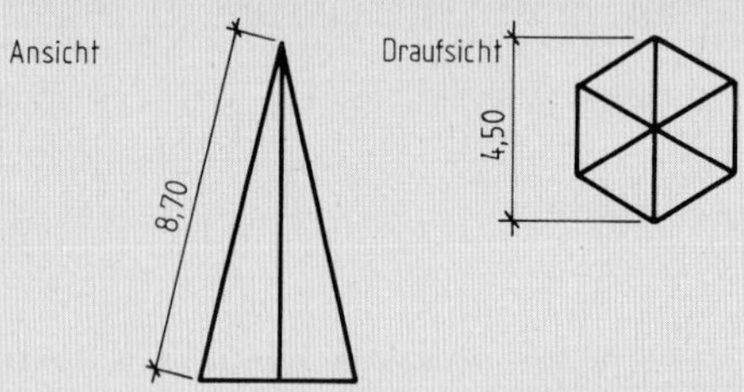

9.5 Kreise und Ellipsen

Kreis

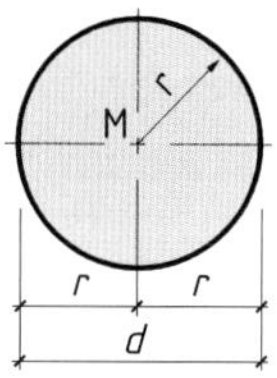

Fläche

$$A = r^2 \cdot \pi$$

$$A = \frac{d^2 \cdot \pi}{4}$$

Umfang

$$u = d \cdot \pi$$

Kreisring

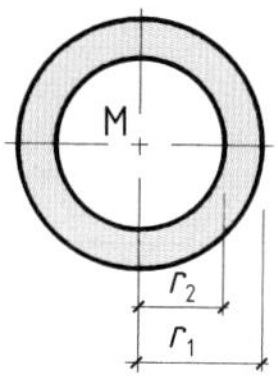

Fläche

$$A = \pi (r_1^2 - r_2^2)$$

$$A = \frac{\pi (d_1^2 - d_2^2)}{4}$$

Umfang

$$u_1 = d_1 \cdot \pi$$

$$u_2 = d_2 \cdot \pi$$

Kreissektor (Kreisausschnitt)

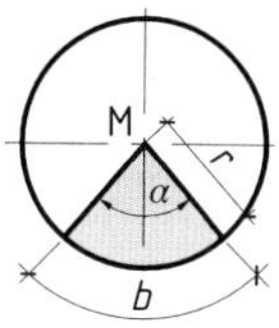

Fläche

$$A = \frac{r^2 \cdot \pi \cdot \alpha}{360°}$$

$$A = \frac{b \cdot r}{2}$$

Bogenlänge b

$$b = \frac{d \cdot \pi \cdot \alpha}{360°}$$

Kreissegment (Kreisabschnitt)

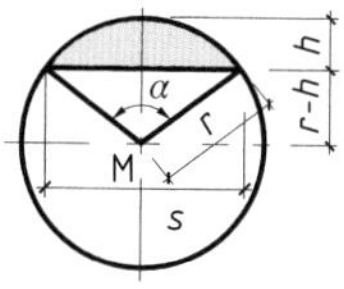

s = Sehnenlänge (Spannweite)
h = Stichhöhe

Fläche

$$A = \frac{r^2 \cdot \pi \cdot \alpha}{360°} - \frac{s(r-h)}{2}$$

$$A \approx \tfrac{2}{3} \cdot s \cdot h$$

$$r = \frac{\left(\frac{s}{2}\right)^2 + h^2}{2h}$$

$$r = \frac{h}{2} + \frac{s^2}{8h}$$

Ellipse

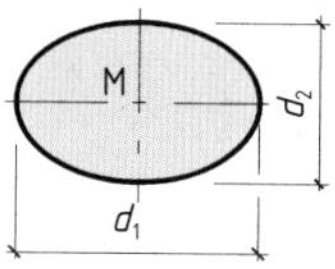

Fläche

$$A = \frac{d_1 \cdot d_2 \cdot \pi}{4}$$

Umfang

$$u \approx \frac{d_1 + d_2}{2} \cdot \pi$$

Aufgaben

50. Um das Wievielfache wird der Querschnitt eines Rohres größer, wenn
a) der Durchmesser von 1,20 m auf 2,40 m verdoppelt wird,
b) der Durchmesser verdreifacht wird?

51. Welchen Durchmesser d muss das Rohr nach den zwei Zuflüssen haben?

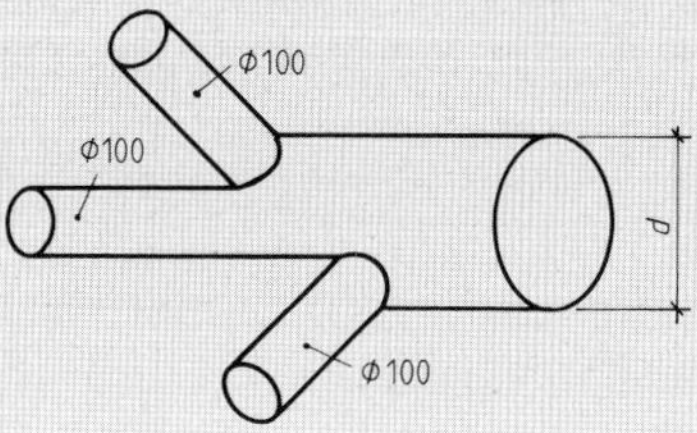

Aufgaben

52. Um eine 3,50 m hohe Rundsäule aus Stahlbeton zu schalen, sind 4,50 m² Schalung erforderlich.
Wie groß ist die Querschnittsfläche der Säule?

53. Ermitteln Sie die Fläche eines Kreisringes mit den Radien
a) $r_1 = 1{,}80$ m, $r_2 = 1{,}20$ m
b) $r_1 = 3{,}40$ m, $r_2 = 2{,}20$ m

54. Um einen Aussichtsturm mit einem Durchmesser von 5,50 m soll ein Plattenbelag von 2 m Breite verlegt werden.
a) Wie viel m² Platten sind hierzu erforderlich?
b) Wie viel m Bordsteine werden benötigt?

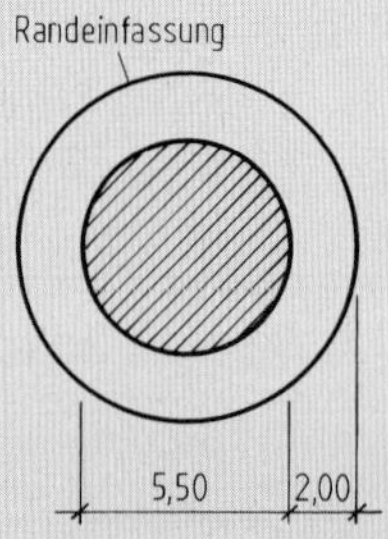

55. Ein runder Schornstein hat am oberen Ende einen Außendurchmesser von 2,00 m bei 36,5 cm Wanddicke. Welchen lichten Querschnitt hat der Schornstein?

56. In einer Wand befinden sich zwei kreisförmige Fenster. Die Laibung der Fenster ist 15 cm breit. Wand und Laibungen sollen verputzt werden.
Wie viel Liter Mörtel sind zu bestellen, wenn pro m² 22 l benötigt werden?

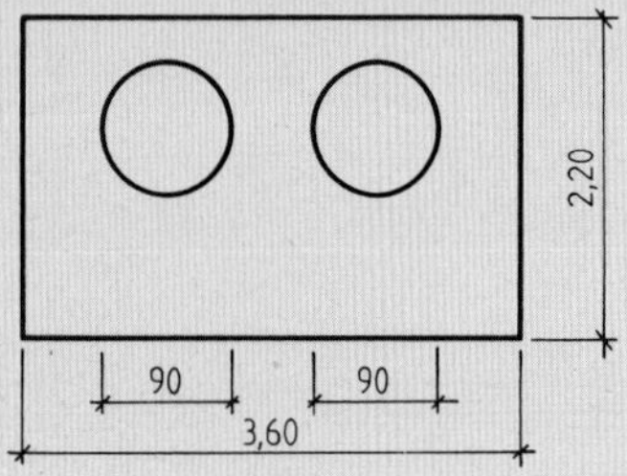

57. Runde Stahlsprieße haben einen äußeren Durchmesser von 6,5 cm. Ihre Wanddicke beträgt 4 mm. Welche Querschnittsfläche haben die Sprieße?

58. Ein Kranseil hat 6 Litzen zu je 37 Drähten mit einem Durchmesser von 1,4 mm. Welche Querschnittsfläche hat das Seil?

59. Eine Wand soll an eine Stahlbetonsäule angeschlossen werden.
Wie viel m² Schalung werden für die Säule benötigt, wenn die Wand zum Zeitpunkt des Einschalens noch nicht vorhanden ist?

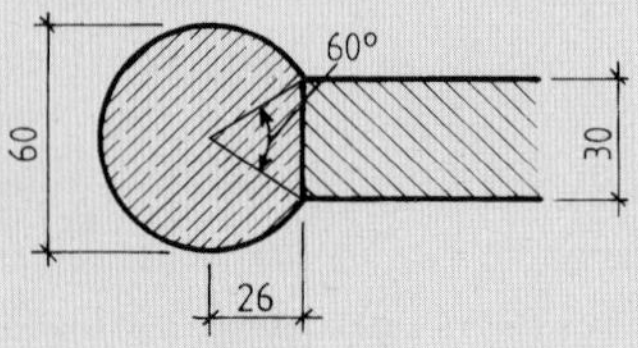

60. Durch eine Wand führt ein Durchgang mit halbkreisförmigem Bogen. Wand und Laibung des Durchganges sollen verputzt werden. Laibungstiefe 15 cm.
Wie viel m² sind zu verputzen?

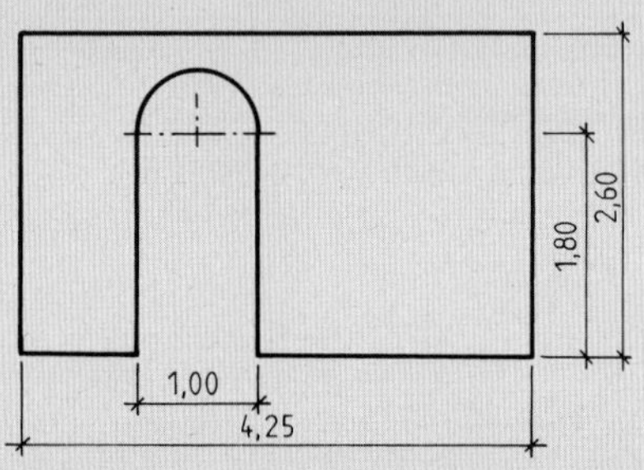

61. Eine Zwischenwand in einem Wellnessbereich soll beidseitig sowie in der Laibungsfläche des Durchgangs gefliest werden.
Laibungstiefe 20,5 cm, Radius des Stichbogens $r = 55$ cm, zugehöriger Zentriwinkel $\alpha = 93°20'$. Wie viel m² sind zu fliesen?

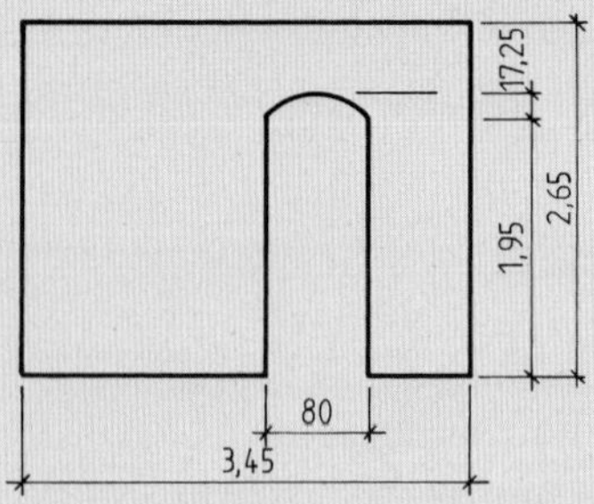

Aufgaben

62. Bei einer Verkehrsinsel ist der Rand zur Straße hin mit Bordsteinen und der innere Rand mit Einfassungssteinen aus Beton einzufassen. Um den Rasen herum ist ein 60 cm breiter Streifen mit Verbundpflaster zu belegen.

a) Wie viel m Bordsteine sind erforderlich?

b) Wie viel m Einfassungssteine werden benötigt?

c) Wie viel m^2 Verbundpflaster sind zu verlegen?

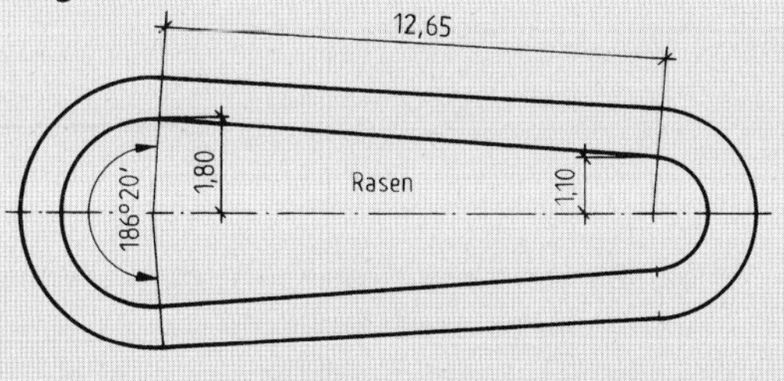

63. Wie groß ist die Querschnittsfläche des Kanalrohres?

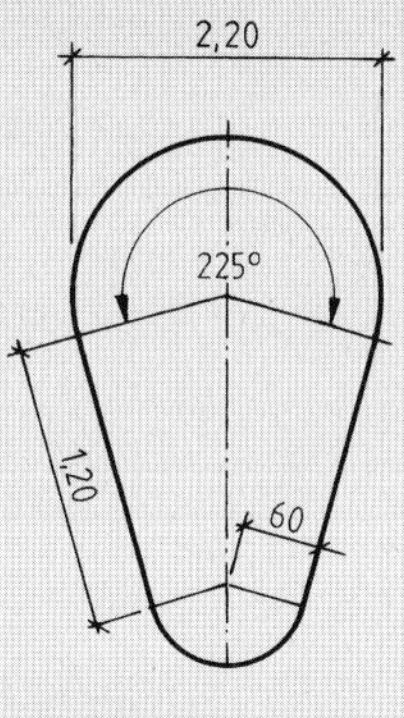

64. Wie groß ist die Querschnittsfläche des Brückenpfeilers?

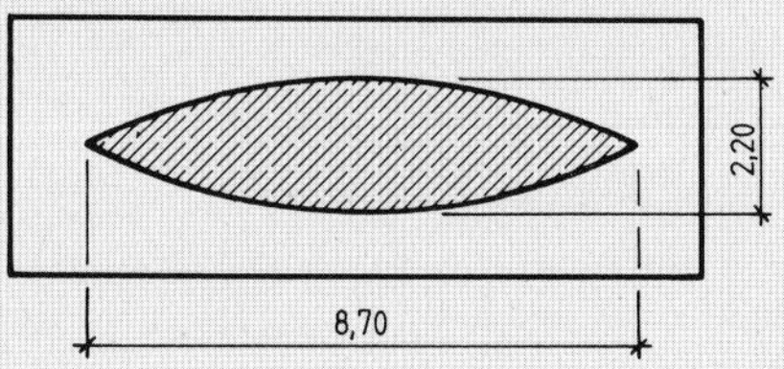

65. Die Verkehrsinsel an einer Straßeneinmündung soll mit Verbundsteinen gepflastert und mit Bordsteinen eingefasst werden.

a) Wie viel m^2 Verbundpflaster sind erforderlich?

b) Wie viel m Bordsteine werden benötigt?

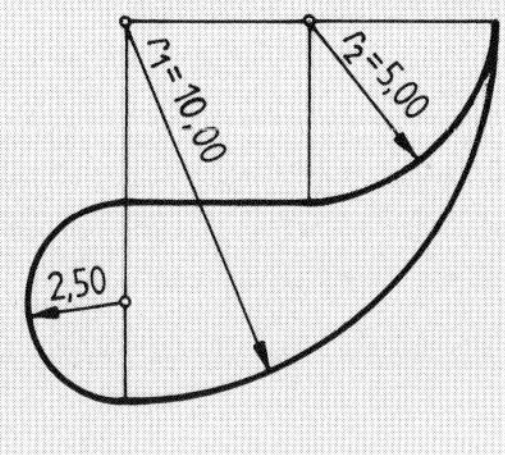

66. Aus architektonischen Gründen sollen in einer Halle dreieckige, an ihren Ecken abgerundete Stahlbetonstützen errichtet werden.

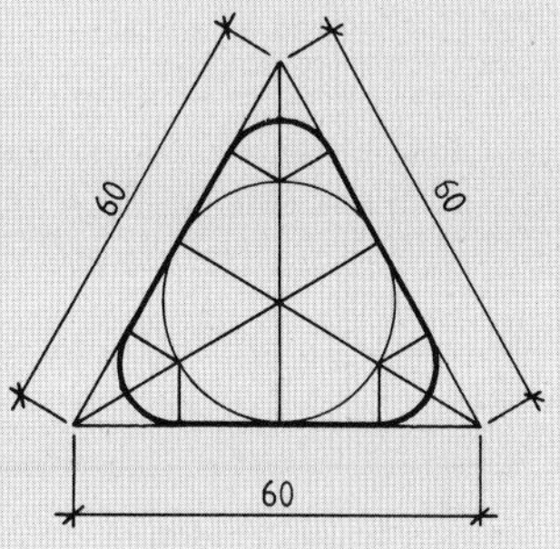

a) Wie groß ist die Querschnittsfläche der Säule?

b) Ermitteln Sie den Bedarf an Schalmaterial für eine 4,00 m hohe Säule.

67. Behauptung: Die schraffierte Fläche ist gleich der des Dreiecks ABC. Beweisen Sie dies.

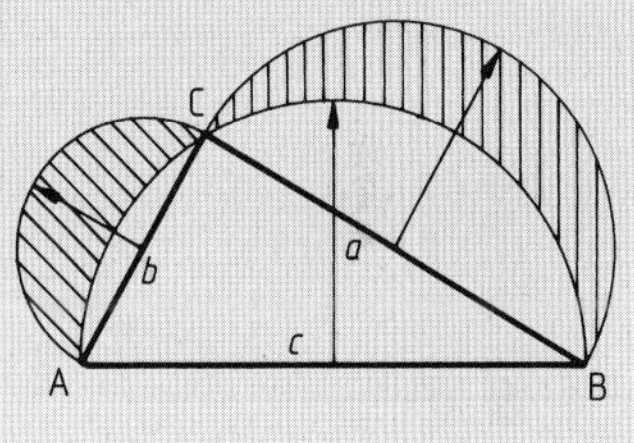

68. Ein Beet in elliptischer Form ist mit Rasen bepflanzt. Es wird von einem 40 cm breiten Streifen mit Blumen eingefasst.

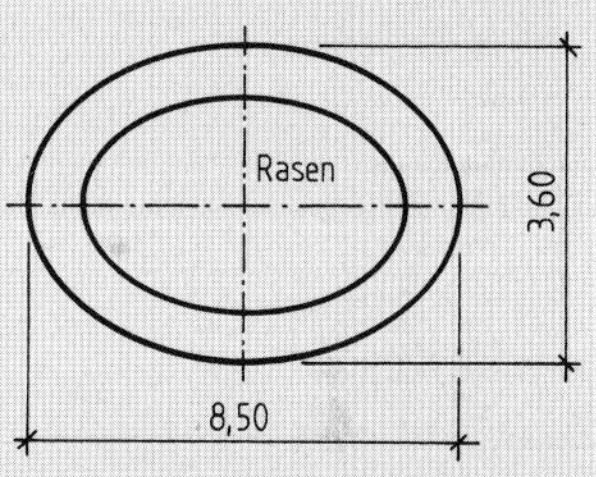

a) Wie groß ist die Rasenfläche?

b) Wie groß ist die mit Blumen bepflanzte Fläche?

c) Wie lang ist die Randeinfassung des Blumenbeetes?

69. Wie groß ist die Fläche zwischen den beiden Ellipsen?

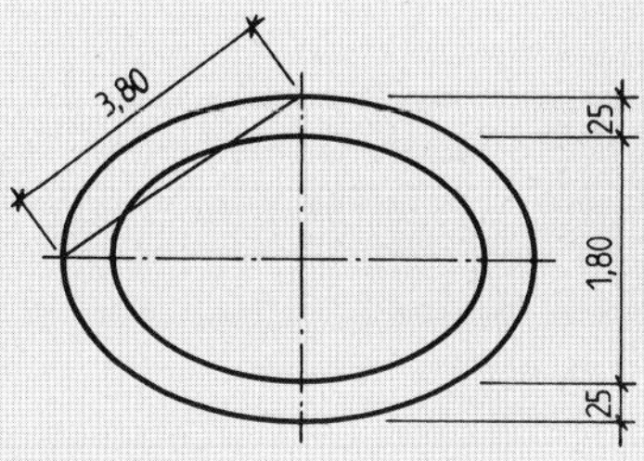

Aufgaben

70. Die Wand sowie die Tor- und Fensterlaibungen sollen verputzt werden: Laibungstiefe des Tores 18 cm, Laibungstiefe des Fensters 12,5 cm. Das Tor wird mit Brettern verschalt.

a) Wie groß ist die zu verputzende Fläche?

b) Wie viel m^2 Bretter sind für das Tor erforderlich?

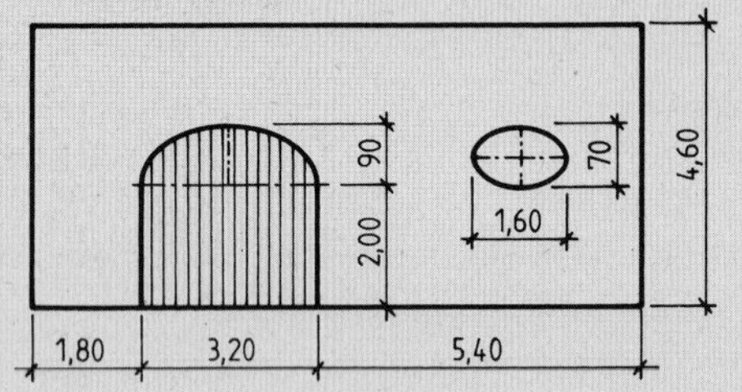

71. Der Boden und die Wände eines runden Schwimmbeckens sollen gefliest werden. Wie viel m^2 Fliesen sind erforderlich?

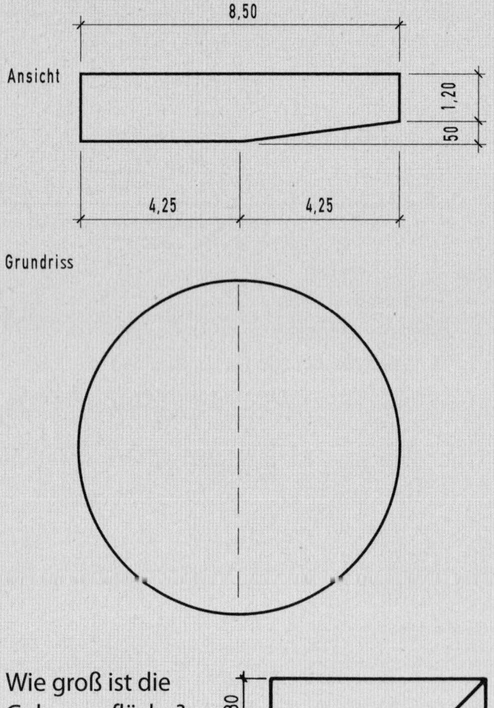

72. Wie groß ist die Gehrungsfläche?

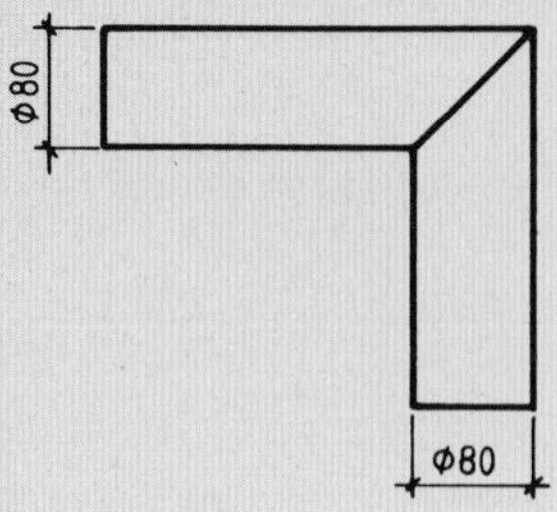

73. In dem Raum ist ein Estrich auf Dämmschicht zu verlegen. Berechnen Sie

a) den zu verlegenden Estrich in m^2,

b) die Länge der Randstreifen für den Estrich in m.

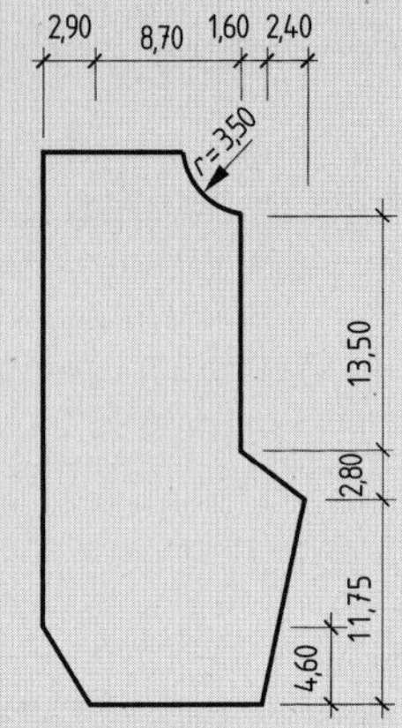

74. Der Boden eines Festsaales ist mit Marmorplatten zu belegen. Ermitteln Sie

a) die zu belegende Fläche,

b) die Länge der Sockelplatten.

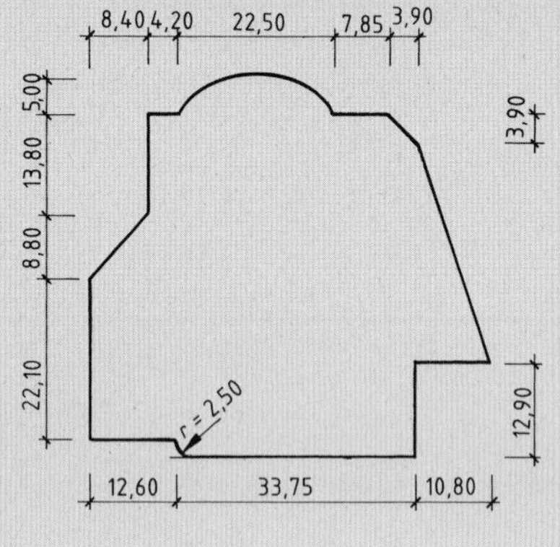

75. Berechnen Sie

a) die Grundstücksfläche,

b) die Länge der Einfriedung.

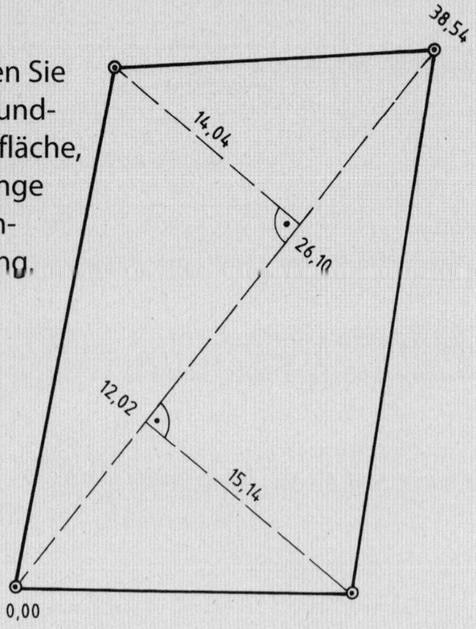

Aufgaben

76. Auf dem Grundstück soll ein Gebäude mit den Außenmaßen 50,75 × 26,50 m errichtet werden.
Ermitteln Sie
a) wie viel % der Grundstücksfläche überbaut sind,
b) die Zaunlänge, die für die Einfriedung des Grundstücks erforderlich ist.

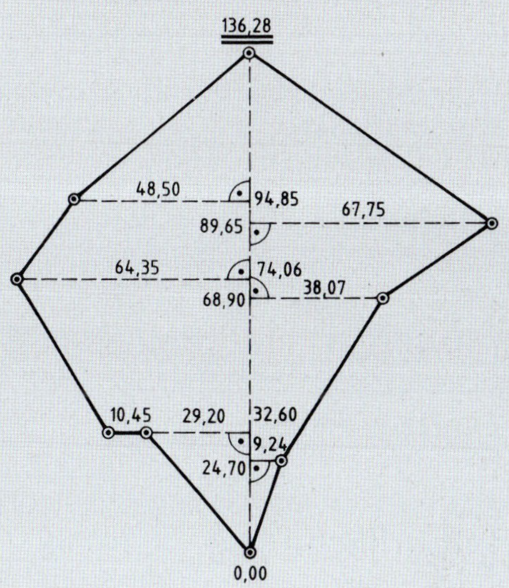

77. Ein Grundstück, das wie eingetragen vermessen wurde, soll bebaut und eingezäunt werden.
a) Wie groß ist die Grundstücksfläche?
b) Welche Grundfläche darf ein Gebäude maximal haben, wenn 25 % des Grundstücks überbaut werden dürfen?
c) Wie viel m Zaun sind erforderlich?

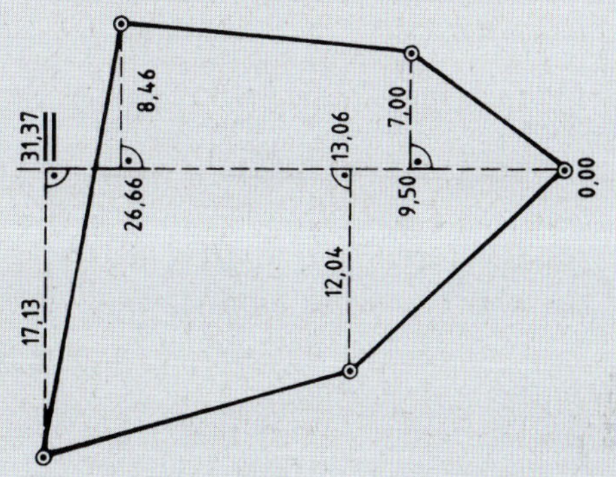

10 Körperberechnung

10.1 Volumeneinheiten

$\cdot 1000 \quad \cdot 1000 \quad \cdot 1000$

$1\ m^3 = 1000\ dm^3 = 1000000\ cm^3$

$1\ dm^3 = 1000\ cm^3 = 1000000\ mm^3$

$1\ cm^3 = 1000\ mm^3$

$1\ m^3 \mathrel{\hat{=}} 1000\ l$

$1\ dm^3 \mathrel{\hat{=}} 1\ l$

Aufgaben

1. Rechnen Sie in dm^3 um.
a) 2,946 m^3
b) 384,0 cm^3
c) 4465 mm^3
d) 0,0425 m^3

2. Rechnen Sie in cm^3 um.
a) 0,00462 m^3
b) 18,72 dm^3
c) 143,7 mm^3
d) 1,46 m^3

3. Rechnen Sie in mm^3 um.
a) 0,00042 m^3
b) 1,527 dm^3
c) 94,52 cm^3
d) 4,25 m^3

4. Rechnen Sie in m^3 um.
a) 265,24 dm^3
b) 1 857,33 dm^3
c) 1 487 354 mm^3
d) 0,84 dm^3
e) 230 l
f) 63 l

10.2 Berechnung von Volumen (V) und Oberfläche (A_O)

Würfel

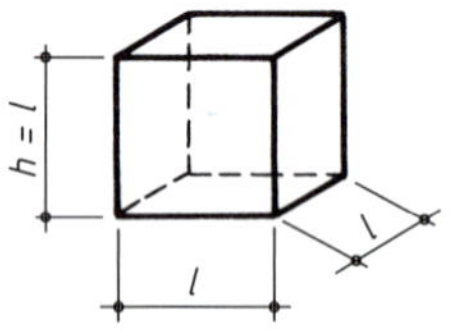

$$V = A \cdot h$$
$$V = l \cdot l \cdot l$$
$$V = l^3$$

$$A_O = 6 \cdot l^2$$

Prisma

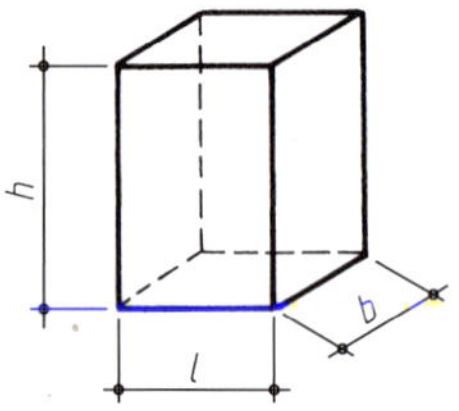

$$V = A \cdot h$$
$$V = l \cdot b \cdot h$$

$$A_O = 2 \cdot l \cdot b + \underbrace{2\,(l + b)\,h}_{\text{Mantelfläche}}$$

Pyramide

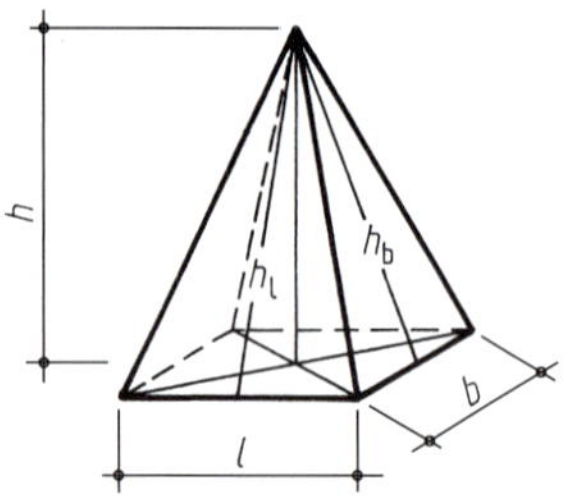

$$V = \frac{A \cdot h}{3}$$
$$V = \frac{l \cdot b \cdot h}{3}$$

$$A_O = l \cdot b + \underbrace{l \cdot h_l + b \cdot h_b}_{\text{Mantelfläche}}$$

Pyramidenstumpf

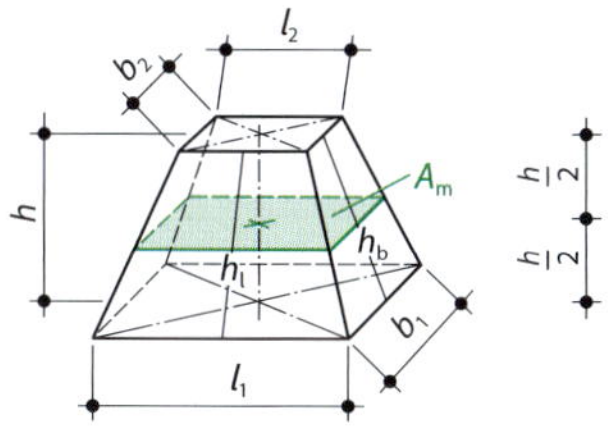

$$V = \frac{h}{3}(A_1 + A_2 + \sqrt{A_1 \cdot A_2})$$

$$V \approx \frac{h}{6}(A_1 + A_2 + 4\,A_m)$$

$$V \approx \frac{A_1 + A_2}{2} \cdot h$$

A_m: Mittelfläche

$$A_O = \underbrace{l_1 \cdot b_1}_{\text{Grundfläche}} + \underbrace{l_2 \cdot b_2}_{\text{Deckfläche}} + \underbrace{h_l \cdot (l_1 + l_2) + h_b \cdot (b_1 + b_2)}_{\text{Mantelfläche}}$$

Keil

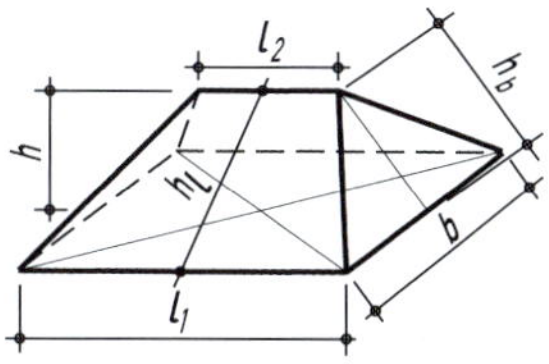

$$V = \frac{b \cdot h}{6}(2\,l_1 + l_2)$$

$$A_O = \underbrace{l_1 \cdot b}_{\text{Grundfläche}} + \underbrace{h_l (l_1 + l_2) + h_b \cdot b}_{\text{Mantelfläche}}$$

Mantelfläche bei gleichem Dachneigungswinkel α

$$A_M = \frac{2\,l_1 \cdot b}{\cos\alpha}$$

Keilstumpf

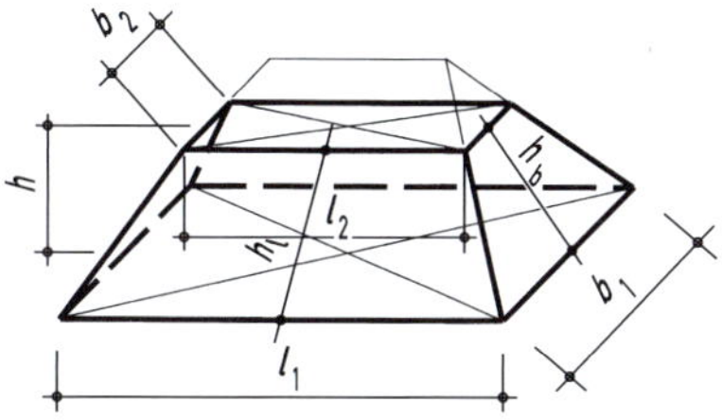

$$V = \frac{h}{6}(2\,l_1 \cdot b_1 + l_1 \cdot b_2 + b_1 \cdot l_2 + 2\,l_2 \cdot b_2)$$

$$V \approx \frac{h}{6}(A_1 + A_2 + 4\,A_m)$$

$$V \approx \frac{l_1 + l_2}{2} \cdot \frac{b_1 + b_2}{2} \cdot h$$

$$A_O = \underbrace{l_1 \cdot b_1}_{\text{Grundfläche}} + \underbrace{l_2 \cdot b_2}_{\text{Deckfläche}} + \underbrace{h_l (l_1 + l_2) + h_b (b_1 + b_2)}_{\text{Mantelfläche}}$$

Rampe

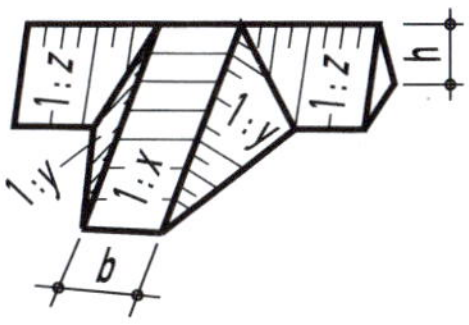

$$V = \frac{h^2}{6}(x - z) \cdot \left(3 \cdot b + 2 \cdot y \cdot h \cdot \frac{x - z}{x}\right)$$

bei $z = 0$

$$V = \frac{h^2 \cdot x}{6}(3 \cdot b + 2 \cdot y \cdot h)$$

Zylinder

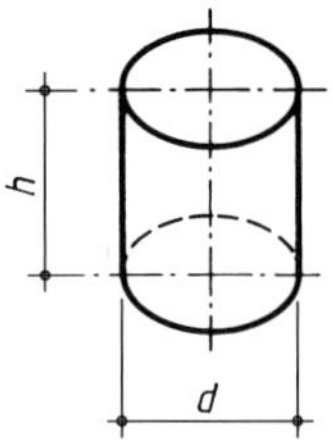

$$V = A \cdot h$$

$$V = \frac{d^2 \cdot \pi \cdot h}{4}$$

$$A_O = \underbrace{\frac{2 \cdot d^2 \cdot \pi}{4}}_{\text{Grund- und Deckfläche}} + \underbrace{d \cdot \pi \cdot h}_{\text{Mantelfläche}}$$

Kegel

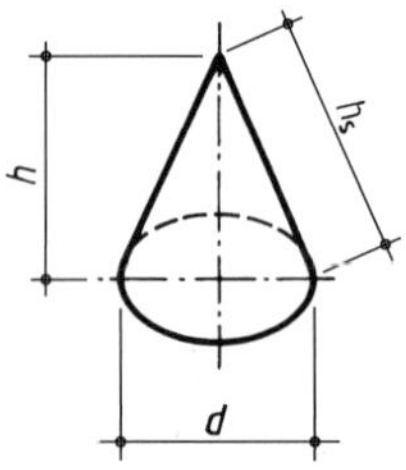

$$V = \frac{A \cdot h}{3}$$

$$V = \frac{d_2 \cdot \pi \cdot h}{12}$$

$$A_O = \underbrace{\frac{d^2 \cdot \pi}{4}}_{\text{Grundfläche}} + \underbrace{\frac{d \cdot \pi \cdot h_s}{2}}_{\text{Mantelfläche}}$$

Kegelstumpf

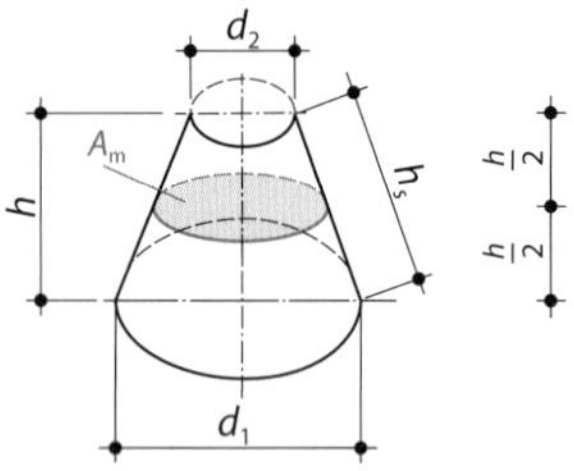

$$V = \frac{\pi \cdot h}{12}(d_1^2 + d_2^2 + d_1 \cdot d_2)$$

$$V = \frac{h}{3}(A_1 + A_2 + \sqrt{A_1 \cdot A_2})$$

$$V \approx \frac{A_1 + A_2}{2} \cdot h$$

$$V \approx \left(\frac{d_1 + d_2}{2}\right)^2 \cdot \frac{\pi}{4} \cdot h$$

$$V \approx \frac{h}{6}(A_1 + A_2 + 4 \cdot A_m)$$

A_m: Mittelfläche

$$A_O = \underbrace{A_1}_{\text{Grundfläche}} + \underbrace{A_2}_{\text{Deckfläche}} + \underbrace{\frac{(d_1 + d_2)}{2} \cdot \pi \cdot h_s}_{\text{Mantelfläche}}$$

Kugel

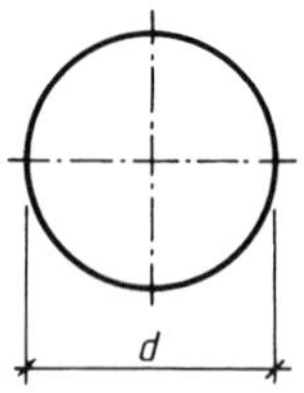

$$V = \frac{d^3 \cdot \pi}{6}$$

$$V = \frac{4}{3} \cdot r^3 \cdot \pi$$

$$A_O = d^2 \cdot \pi$$

Aufgaben

5. Zur Herstellung eines würfelförmigen Betonkörpers wurden 1,33 m³ Beton benötigt. Welche Abmessungen hat der Würfel?

6. Die Oberfläche eines Würfels beträgt 18 m². Wie groß ist seine Kantenlänge?

7. Ein Probewürfel aus Beton für einen Druckversuch hat die Abmessungen 15 × 15 × 15 cm. Wie viel Festbeton ist zur Herstellung von 3 Probewürfeln erforderlich?

8. Es sind 30 Würfel aus Beton C 25/30 herzustellen.
a) Wie viel m³ Festbeton werden benötigt?
b) Wie viel m² Schalung sind für 5 Schalkästen erforderlich? Schalungsdicke 25 mm.

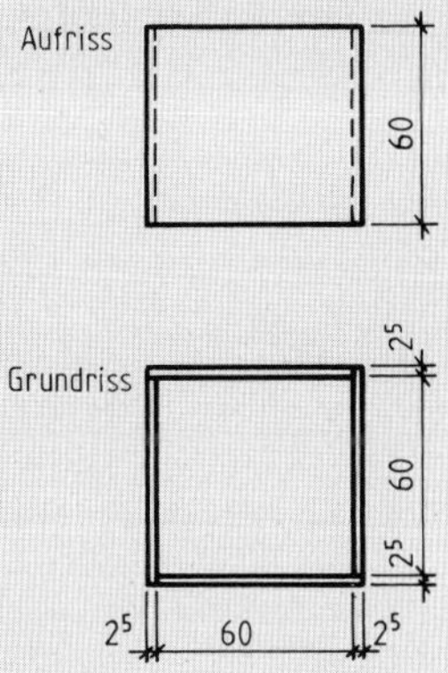

9. Ein quadratisches Prisma hat eine Höhe von 2,50 m und ein Volumen von 0,96 m³. Wie groß ist seine Oberfläche?

10. Die Schalfläche einer 3,90 m hohen quadratischen Säule beträgt 6,90 m². Wie groß ist der Bedarf an Festbeton?

11. Bei einer 4,50 m hohen Rechtecksäule ist die längere Seite doppelt so lang wie die kürzere. Welche Abmessungen hat die Säule, wenn 0,95 m³ Festbeton benötigt wurden?

12. Wie viel m³ Beton sind für 8 Stürze erforderlich?

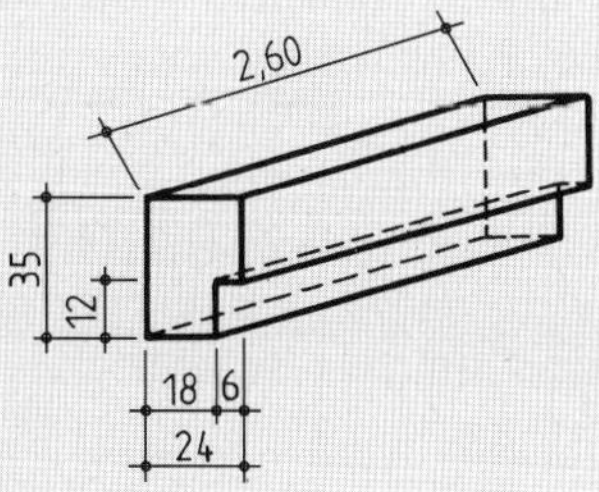

13. Ein Plattenbalken ist zu schalen und zu betonieren.
a) Wie viel m² Schalung werden benötigt, wenn für Verschnitt und Laschen 12 % zu berücksichtigen sind?
b) Wie viel m³ Festbeton werden zur Herstellung benötigt?

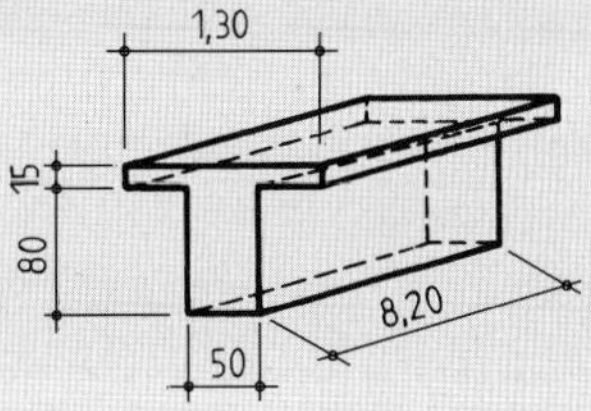

14. Ein 1,20 m breiter und 2,20 m tiefer Graben ist auszuheben und zu verbauen. Wie viel m³ Boden sind je 100 m Grabenlänge abzufahren, wenn sich der Boden beim Ausheben um 17 % auflockert?

15. Eine Baugrube von 22,40 m Länge und 15,80 m Breite ist 1,80 m tief auszuheben und zu verbauen.
a) Wie viel m³ Boden sind auszuheben?
b) Wie viel m³ Boden sind abzufahren, wenn sich der Boden beim Ausheben um 12 % auflockert?

16. Eine senkrechte quadratische Pyramide hat bei einer Höhe von 4,85 m ein Volumen von 54,75 m³. Berechnen Sie die Kantenlänge.

17. Die Mantelfläche einer quadratischen Pyramide beträgt 14,55 m². Ermitteln Sie das Volumen.

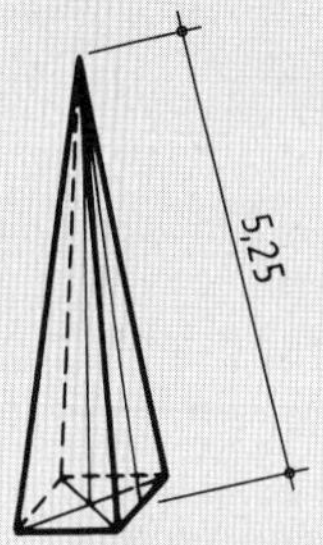

18. Berechnen Sie für das Turmdach
a) das Volumen des Dachraumes,
b) die einzudeckende Dachfläche.

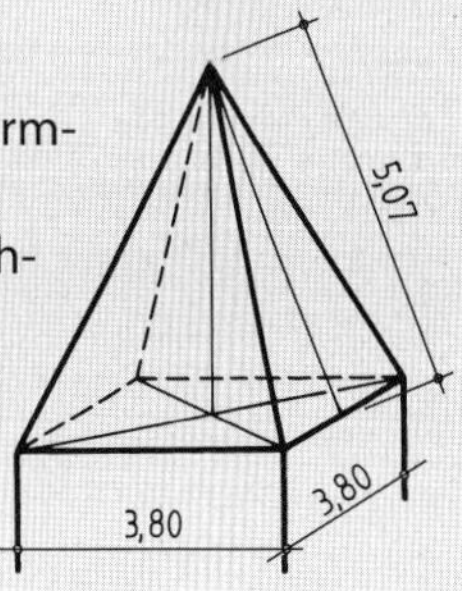

Aufgaben

19. Berechnen Sie für die Turmspitze
a) das Volumen,
b) die Trauflänge,
c) die einzudeckende Dachfläche.

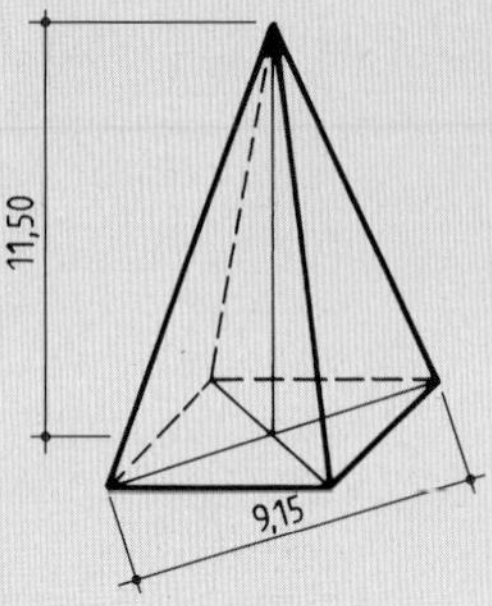

20. Es sind 50 Pfähle aus Beton herzustellen und zu streichen. Ermitteln Sie
a) den Betonbedarf,
b) den Bedarf an Streichmittel, wenn pro m² 0,25 l benötigt werden.

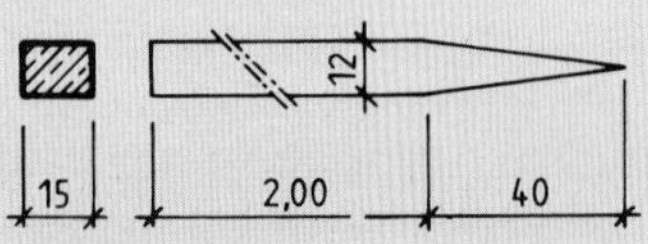

21. Ermitteln Sie für die Turmspitze
a) die Größe des Dachraumes,
b) die Anzahl der Ziegel, wenn für 1 m² 37 Biberschwanzziegel benötigt werden; Verlustzuschlag 15 %,
c) die Gratsparrenlänge.

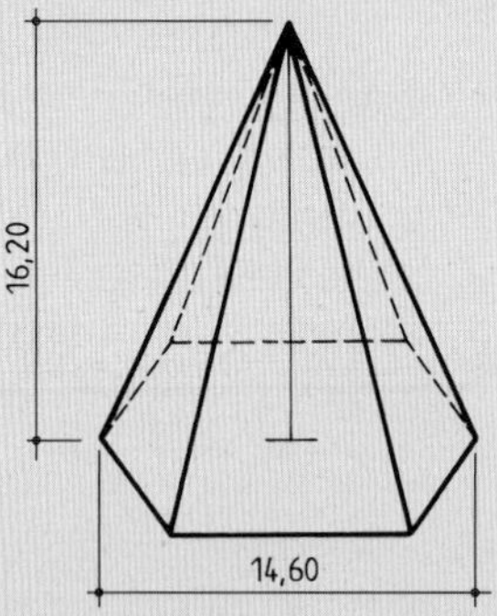

22. Es sind 150 quadratische Abdeckplatten für Pfeiler herzustellen.
Wie viel m³ Beton werden dafür benötigt?

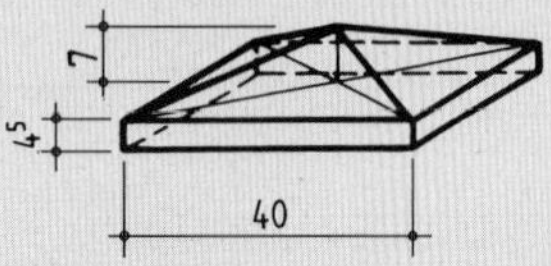

23. Ermitteln Sie
a) das Volumen,
b) die Oberfläche.

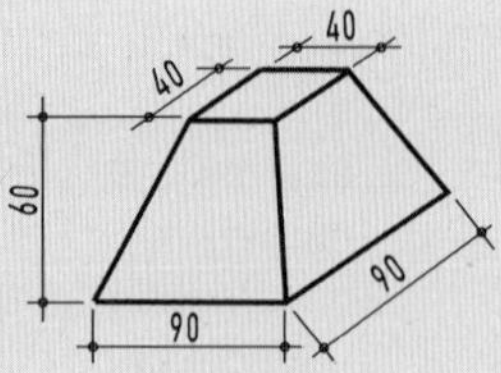

24. Ermitteln Sie
a) das Volumen,
b) die Oberfläche.

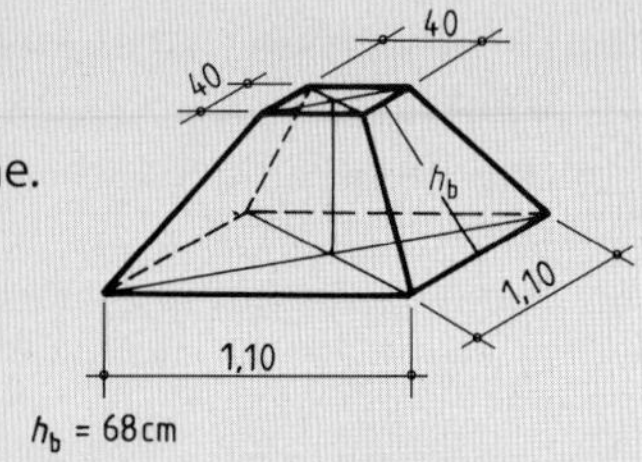

25. Welche Höhe muss der Pyramidenstumpf haben, wenn sein Volumen 3,14 m³ betragen soll?

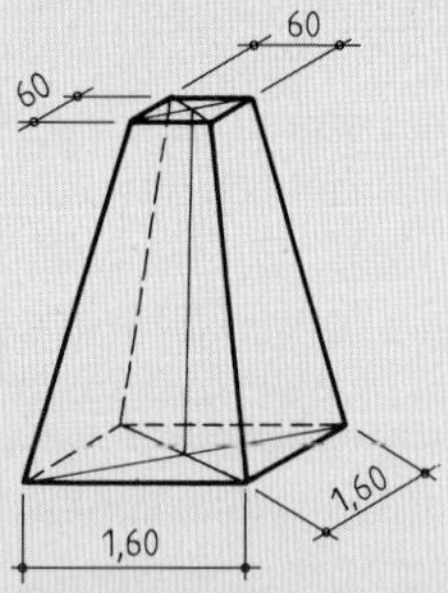

26. Die Oberfläche des Pyramidenstumpfes beträgt 3,20 m². Wie groß ist sein Volumen?

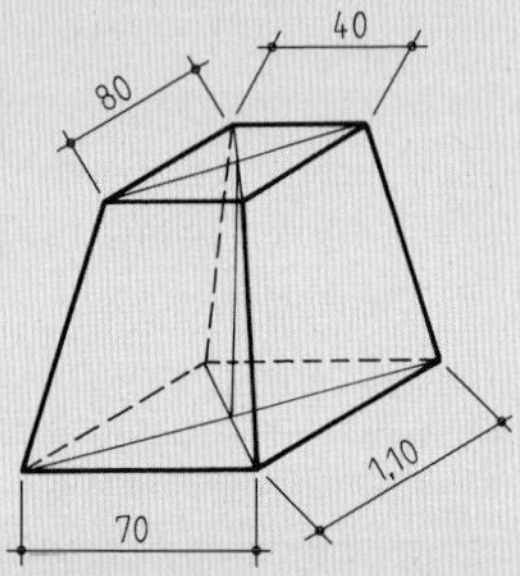

27. Ermitteln Sie
a) den Betonbedarf,
b) den Schalungsbedarf (Schalungsdicke 25 mm).

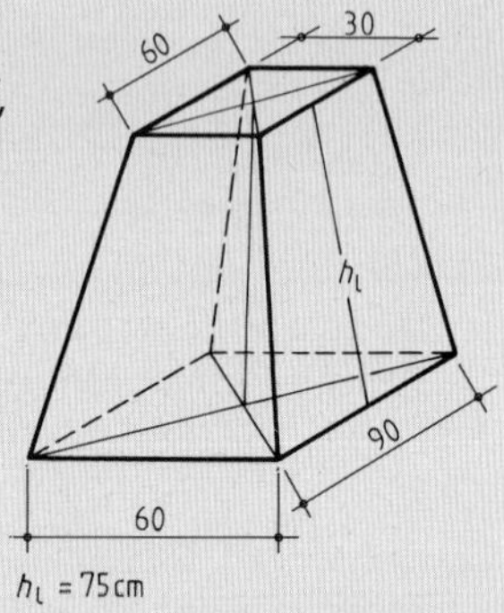

28. Wie viel Liter Mörtel enthält der 42 cm tiefe Mörtelkasten, wenn er zu drei Vierteln voll ist?

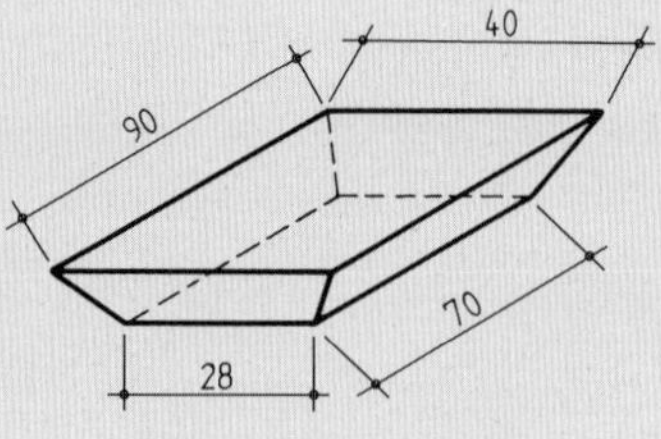

Aufgaben

29. Eine Kirchturmspitze soll mit Brettern verschalt und mit Schiefer gedeckt werden. Ermitteln Sie
a) das Volumen der Turmspitze,
b) die Länge der Gratsparren,
c) den Bedarf an Bretterschalung,
d) den Bedarf an Schiefer, wenn für Verschnitt und Überdeckung 18,5 % zu veranschlagen sind.

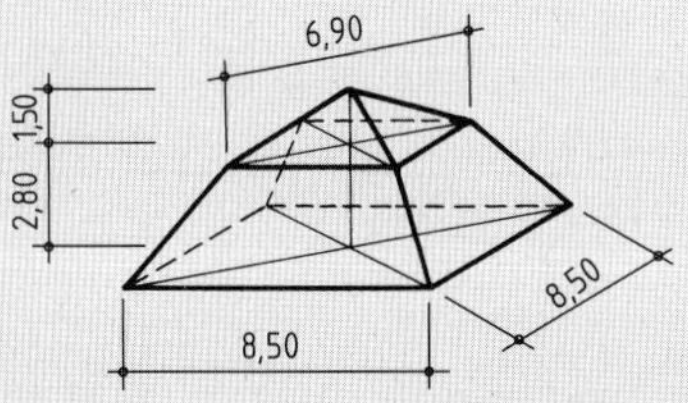

30. Es sind 1 000 Grenzpflöcke aus Stahlbeton herzustellen.
Wie viel Beton ist zur Herstellung erforderlich?

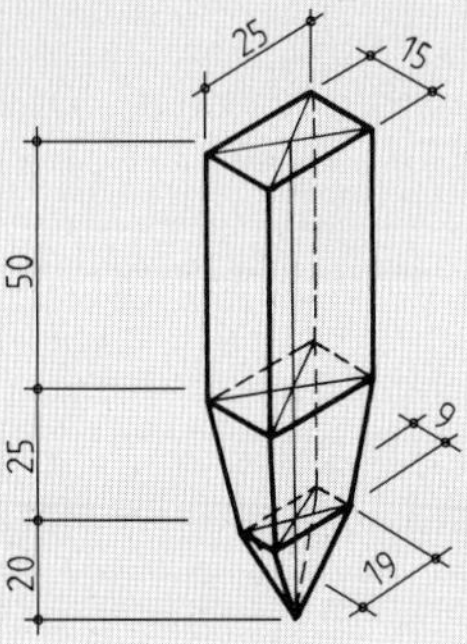

31. Berechnen Sie für das Walmdach mit gleicher Dachneigung
a) das Volumen des Daches,
b) den Ziegelbedarf (Mönch/Nonne) bei 2×13 Ziegeln/m²,
c) den Bedarf an First- und Gratziegeln, wenn pro m 3 Ziegel benötigt werden.

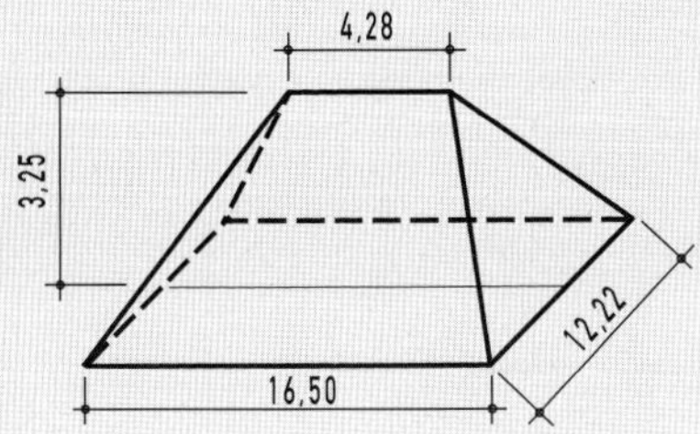

32. Beim gleichgeneigten Walmdach sind zu berechnen
a) das Volumen des Daches,
b) der Bedarf an First- und Gratziegeln, wenn pro m 3 Ziegel benötigt werden,
c) die Anzahl an Biberschwanzziegeln (Kronendeckung) bei einem Bedarf von 37 Ziegeln/m².

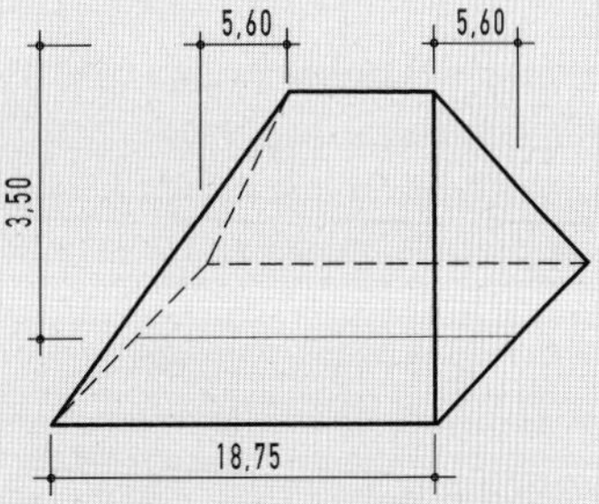

33. Grund- und Deckfläche eines 0,70 m hohen Zylinders haben zusammen eine Fläche von 0,60 m².
Wie groß ist
a) die Mantelfläche,
b) das Volumen?

34. Die Stahlbetonsäule soll hergestellt werden.
a) Wie viel m² Schalung werden benötigt?
b) Wie viel m³ Beton sind erforderlich?

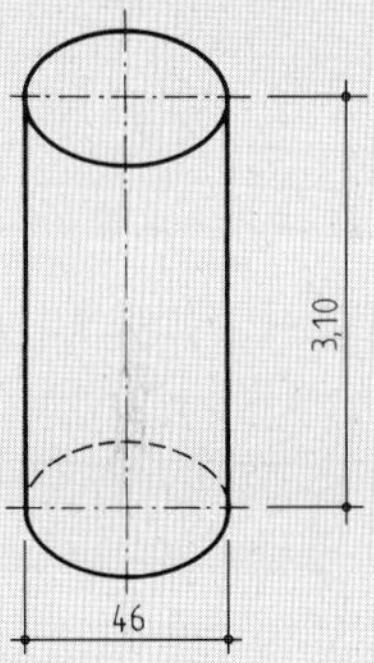

35. Zum Schalen von 3 Rundsäulen sind einschließlich 6 % Verschnitt 13,90 m² Schalung verarbeitet worden; Säulenhöhe 3,85 m.
Wie viel m³ Beton werden benötigt?

36. Zum Betonieren von zwei Rundsäulen sind 0,625 m³ Beton verarbeitet worden.
a) Welche Höhe *h* haben die Säulen?
b) Wie groß ist die zu schalende Fläche einer Säule?

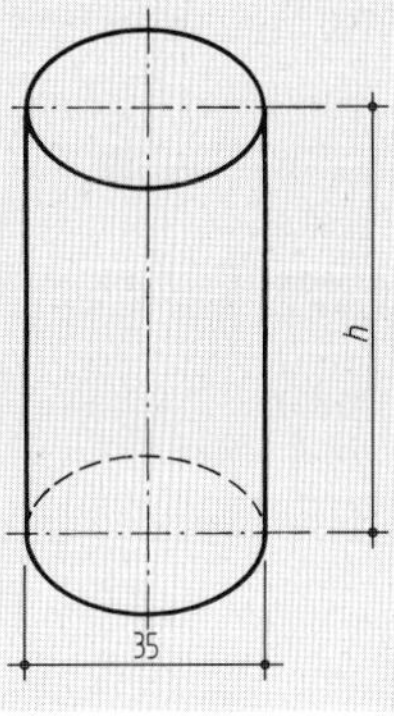

Aufgaben

37. Ermitteln Sie für das Betonrohr
a) den Betonbedarf,
b) die Wasser führende Querschnittsfläche,
c) die Masse ($m = \varrho \cdot V$) des Rohres bei einer Dichte von $\varrho = 2{,}4$ kg/dm^3.

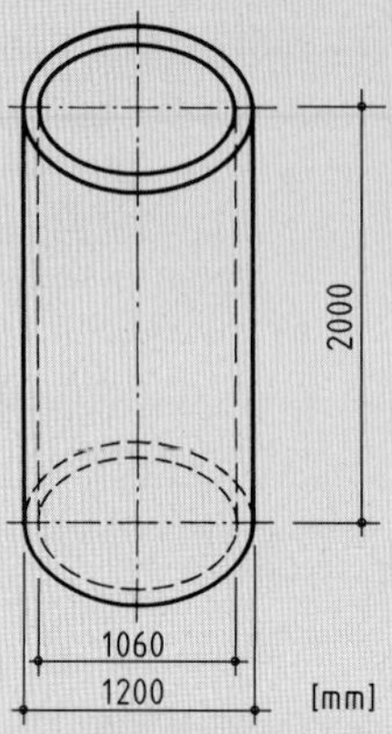

38. In einem Wasserleitungsrohr hat sich im Laufe der Jahre Kalk angesetzt, sodass sein Innendurchmesser 20 mm kleiner geworden ist.
a) Um wie viel % hat sich die Querschnittsfläche verkleinert?
b) Wie schwer ist 1 m Rohr (ohne Kalkablagerung) bei einer Rohdichte von $\varrho = 7{,}9$ kg/dm^3?

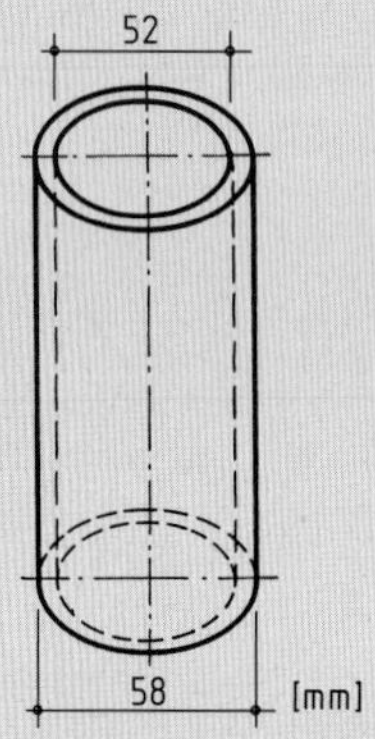

39. Welche Wanddicke hat der Behälter, wenn sein Inhalt 0,20 m^3 betragen soll?

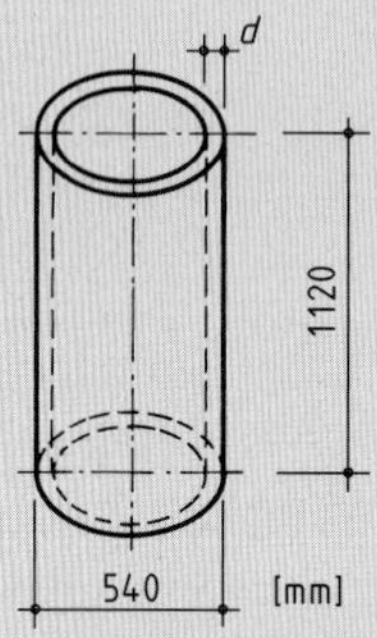

40. Der Kegel hat ein Volumen von 0,80 m^3. Wie groß ist sein Durchmesser?

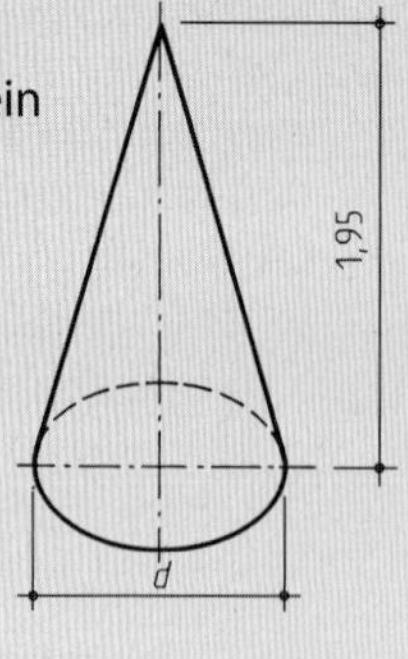

41. Der Kegel hat eine Mantelfläche von 8,44 m^2. Wie groß ist sein Durchmesser?

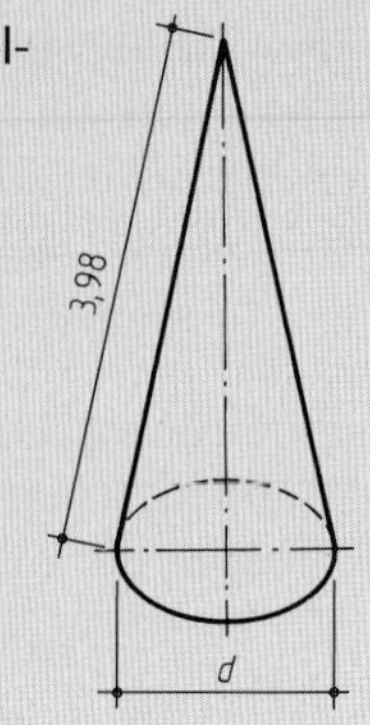

42. Die Oberfläche des Kegels beträgt 17,53 m^2. Wie groß ist
a) sein Volumen,
b) seine Mantellinie h_s und
c) seine Mantelfläche?

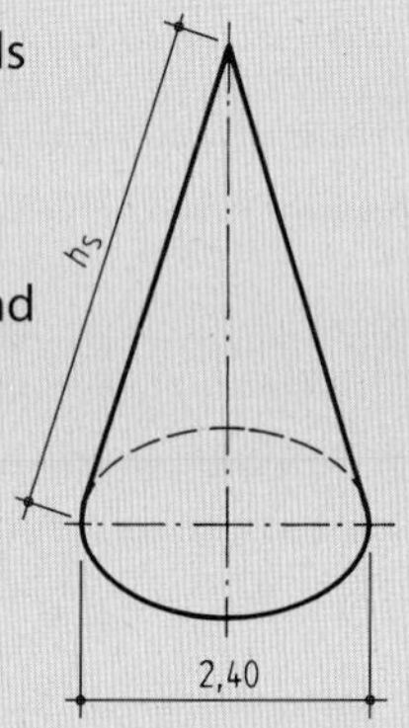

43. Ermitteln Sie
a) das Volumen,
b) die Grundfläche,
c) die Oberfläche.

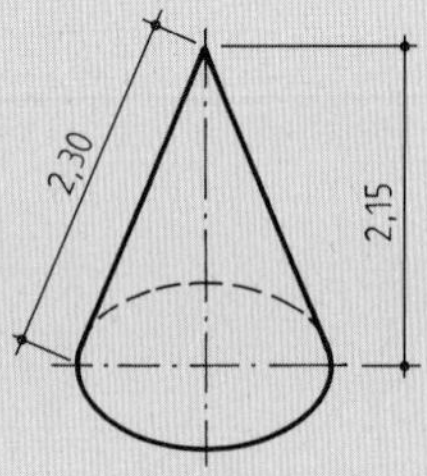

44. In einem Kieswerk wurden 20 m^3 Sand über ein Förderband auf einen Haufen geschüttet, sodass sich am Boden ein Durchmesser von 4,15 m ergab. Wie hoch war der Sandhaufen?

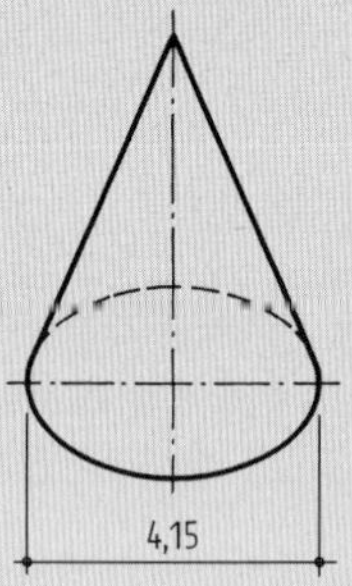

Aufgaben

45. Im Rahmen einer Renovierung soll ein Turm neu verputzt und das Dach verschalt und mit Kupferblech eingedeckt werden.

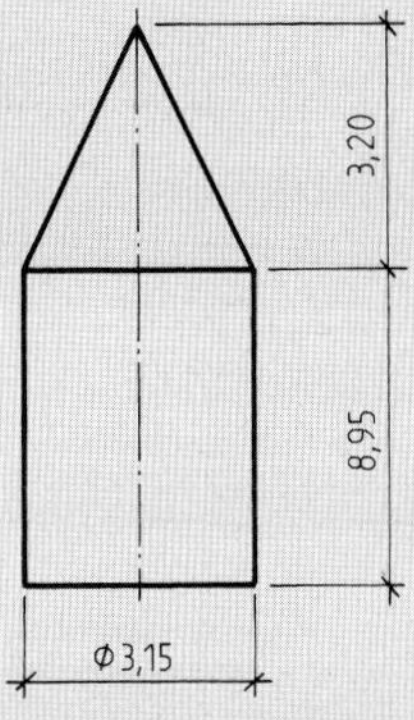

a) Wie viel Liter Mörtel sind zu bestellen, wenn pro m^2 24 l Mörtel benötigt werden?

b) Wie viel m^2 Holzschalung werden unter Berücksichtigung von 3% Verschnitt benötigt?

c) Wie viel kg Kupferblech müssen bestellt werden, wenn für Stehfalze und Verschnitt 7,5% zu berücksichtigen sind? Dicke des Kupferbleches 1,2 mm, Rohdichte $\varrho = 8{,}93\ kg/dm^3$.

46. Es sind 200 Betonpflöcke herzustellen. Wie viel Beton wird benötigt?

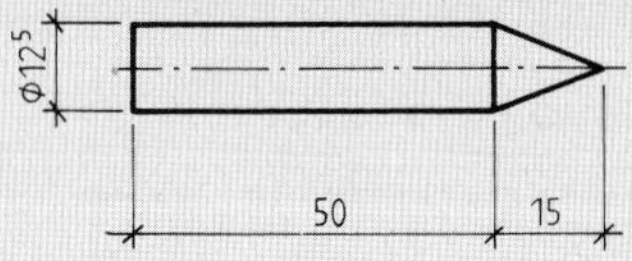

47. Die Apsis einer Kapelle soll außen verputzt und das Dach neu gedeckt werden.

a) Welches Volumen hat die Apsis?

b) Wie viel m^2 Kupferblech werden benötigt, wenn für Falze und Verschnitt 8% zu berücksichtigen sind?

c) Wie groß ist die zu verputzende Fläche?

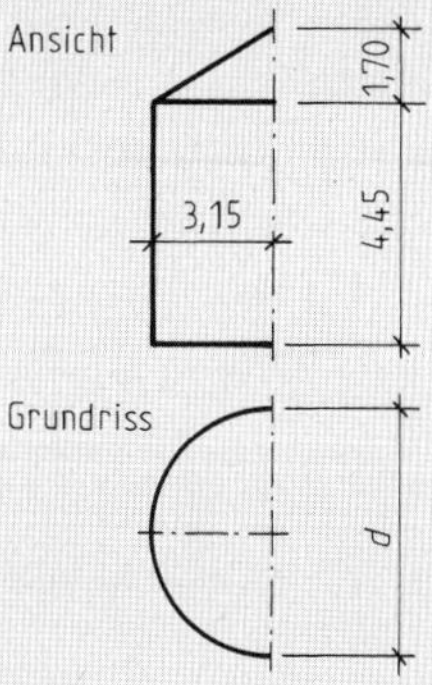

48. Ermitteln Sie das Volumen sowie die Oberfläche eines Kegelstumpfes mit den Maßen

a) $d_1 = 0{,}80$ m
$d_2 = 0{,}50$ m
$h = 0{,}58$ m
$h_s = 0{,}60$ m

b) $d_1 = 2{,}60$ m
$d_2 = 1{,}35$ m
$h = 3{,}00$ m
$h_s = 3{,}25$ m

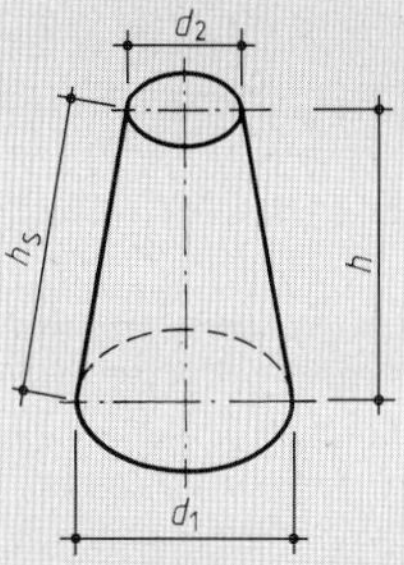

49. Ermitteln Sie

a) das Volumen,

b) die Mantelfläche,

c) die Oberfläche.

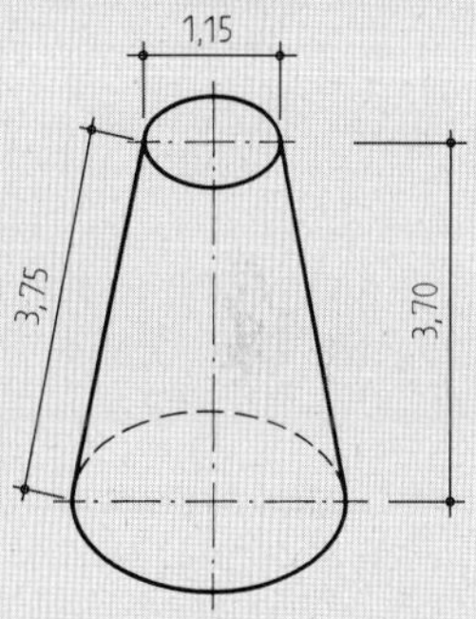

50. Wie groß ist

a) das Volumen,

b) die Oberfläche?

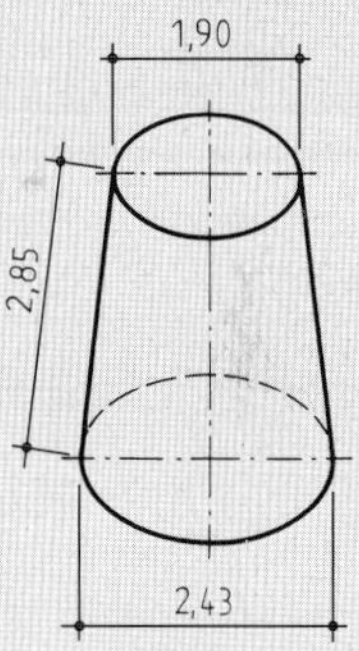

51. Berechnen Sie

a) das Volumen,

b) die Oberfläche.

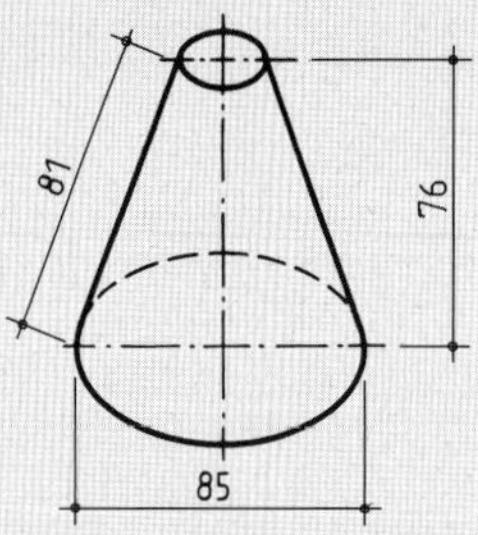

Aufgaben

52. Das Volumen des Kegelstumpfes beträgt 2,94 m^3. Wie hoch ist er?

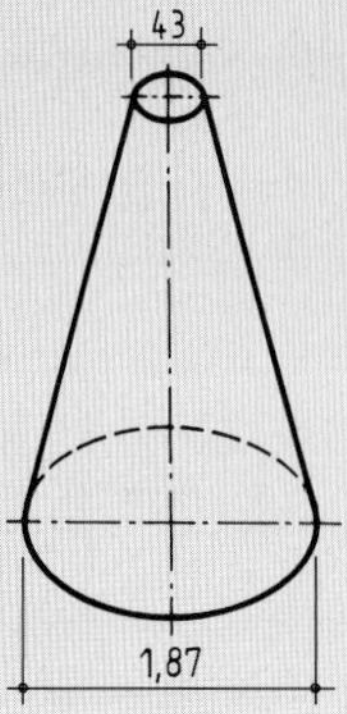

53. Die Oberfläche des Kegelstumpfes beträgt 16,17 m^2. Wie groß ist sein Volumen?

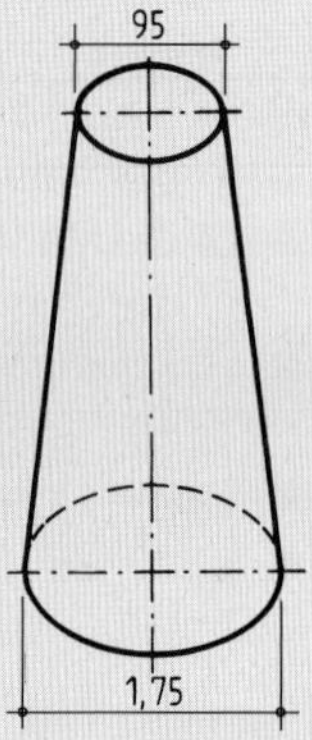

54. Wie schwer ist der mit Wasser gefüllte Eimer, wenn er leer 0,6 kg wiegt?

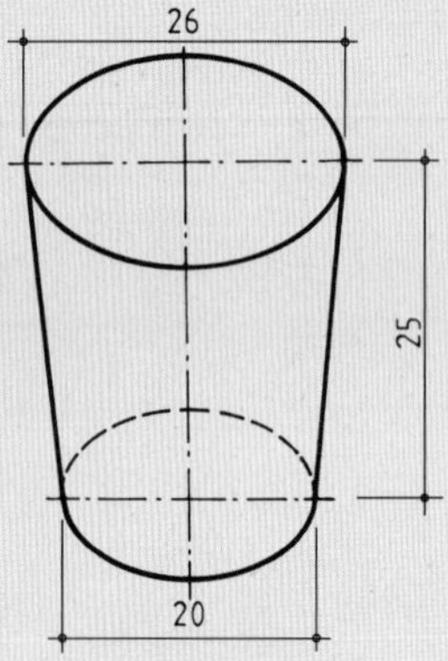

55. a) Wie groß ist das Volumen des Zementsilos?
b) Wie viel t wiegt der Siloinhalt bei einer Schüttdichte von 1,6 kg/dm^3?

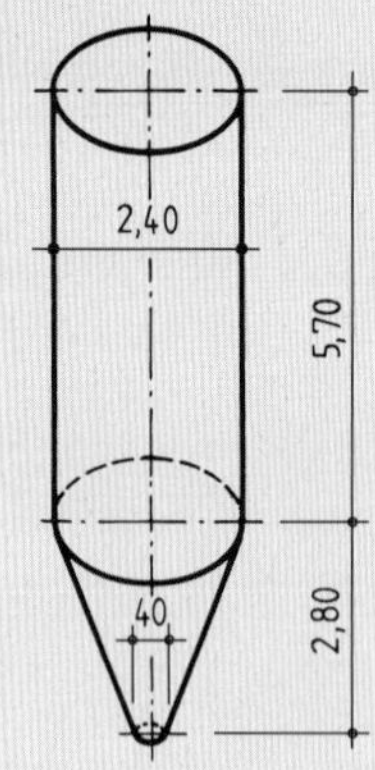

56. Eine Rundsäule unter einer Pilzdecke soll hergestellt werden.
a) Wie groß ist die Schalfläche?
b) Wie viel m^3 Beton sind erforderlich?

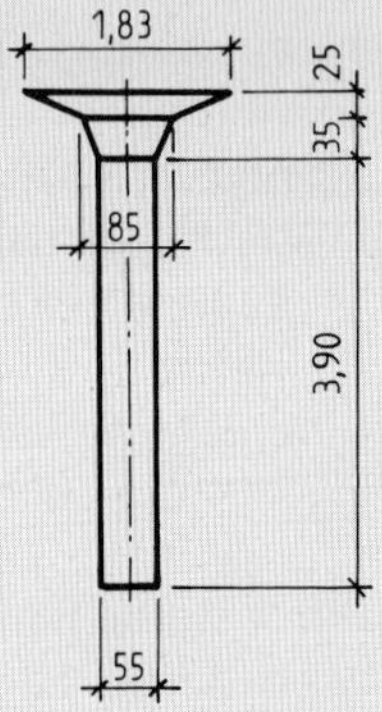

57. Das Futtersilo soll 50 m^3 Silage aufnehmen können. Welche Gesamthöhe *h* muss das Silo erhalten?

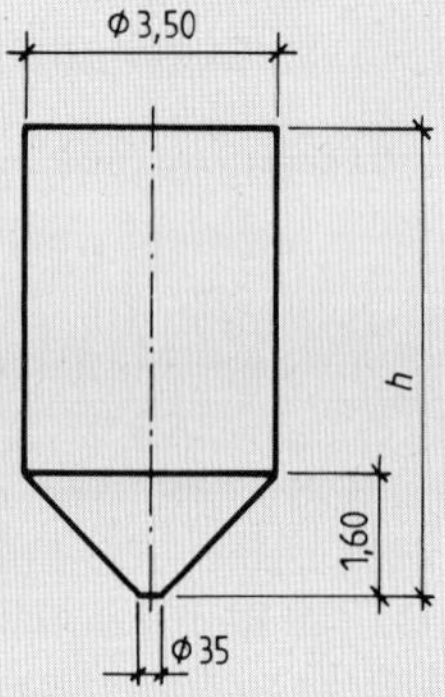

58. Ein Fabrikschornstein mit einer Wanddicke von 36,5 cm soll gemauert werden.
a) Wie viel m^3 Mauerwerk sind herzustellen?
b) Wie viel m^2 Innenfläche und Außenfläche sind zu verfugen?

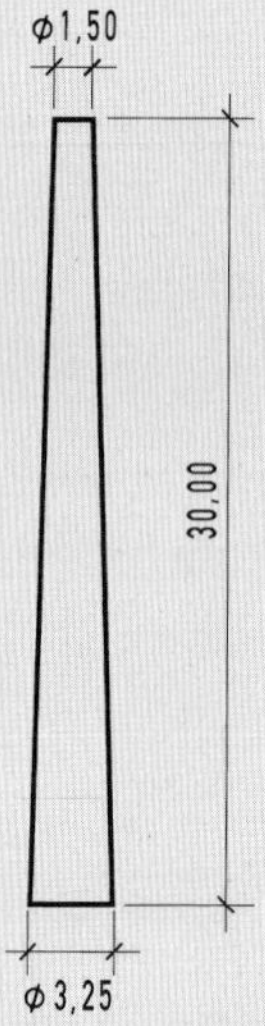

59. Ermitteln Sie das Volumen und die Oberfläche einer Kugel.
a) $d = 60$ cm
b) $d =$ 1,50 m
c) $d = 12{,}70$ m

60. Eine Kugel hat eine Oberfläche von 22,90 m^2. Wie groß ist ihr Volumen?

Aufgaben

61. Der Musikpavillon aus Spannbeton soll außen mit Bitumenbahnen gedeckt und innen verputzt werden. Der Boden des Pavillons ist mit Holz zu belegen.

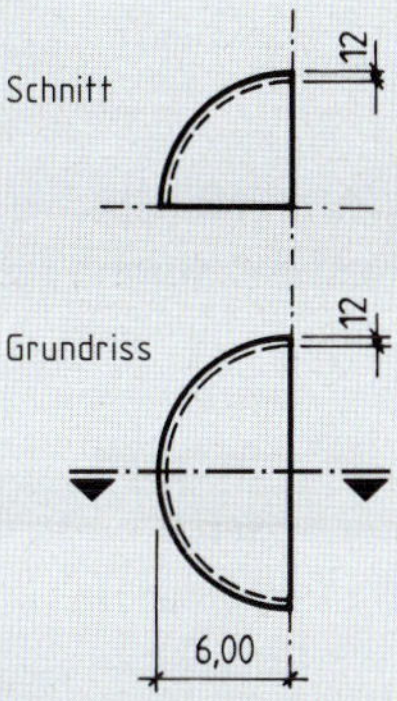

a) Welches Volumen hat der Pavillon?

b) Wie viel m^2 Bitumenbahnen sind erforderlich? Mehrverbrauch für Überdeckung und Verschnitt 8 %.

c) Wie viel m^2 Holzboden sind zu verlegen?

d) Wie viel m^2 Innenputz sind anzubringen?

62. Ein zylinderförmiges Zierbecken mit einem Durchmesser von 2,60 m und einer Höhe von 70 cm soll durch ein halbkugelförmiges mit gleichem Inhalt ersetzt werden. Welchen Durchmesser hat das neue Becken?

63. Der Turm mit Kuppeldach soll außen und innen verputzt und das Dach mit Kupferblech ($d = 0{,}8$ mm) belegt werden.

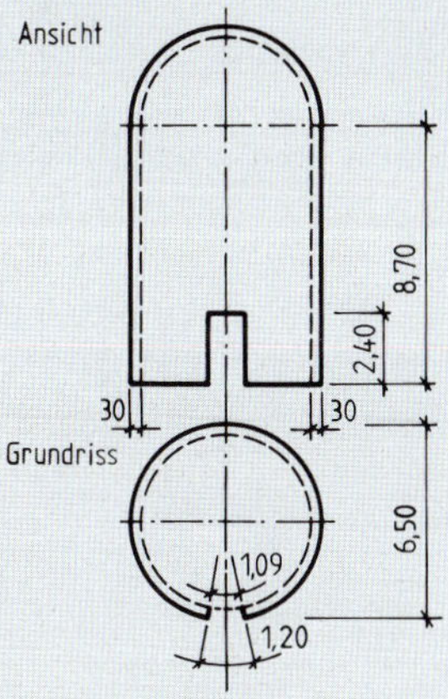

a) Wie viel m^2 Außenputz sind aufzutragen?

b) Wie viel m^2 Innenputz sind anzubringen?

c) Wie viel kg Kupfer sind zu bestellen, wenn für Falze und Verschnitt 9,5 % zu berücksichtigen sind? Rohdichte $\varrho = 8{,}93$ kg/dm^3.

64. Durch Eintauchen einer Kugel steigt der Wasserstand im Behälter um 53 cm. Wie groß ist der Durchmesser der Kugel?

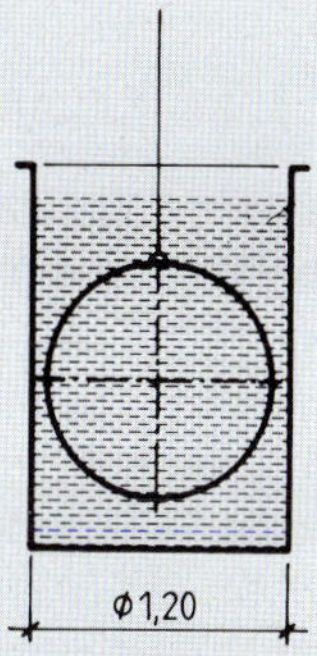

65. Die Rundstütze einer Pilzdecke soll hergestellt werden.
Berechnen Sie

a) den Schalungsbedarf in m^2,

b) den Betonbedarf in m^3.

66. Wie viel m^3 Boden sind für die Auffahrtrampe in einer Baugrube aufzuschütten?

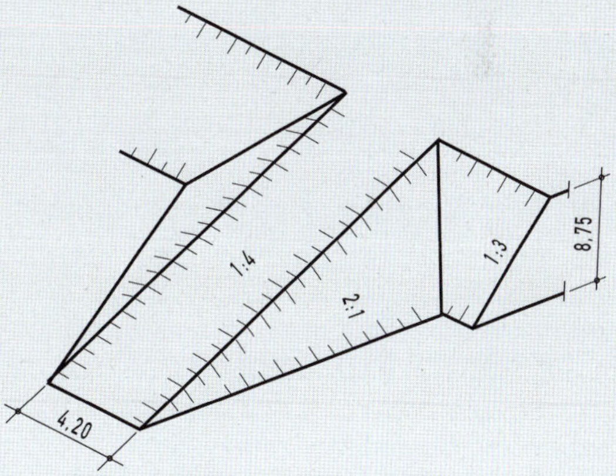

11 Lineare Funktionen

11.1 Koordinatensystem

Für die Darstellung von Funktionen sind zwei Zahlenstrahlen, die senkrecht zueinander liegen, erforderlich. Sie verlaufen jeweils durch den Nullpunkt (Ursprung).

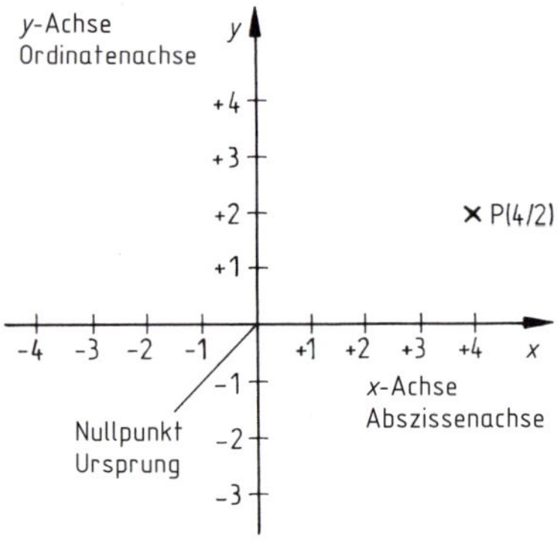

Zur eindeutigen Festlegung eines Punktes P in dieser von zwei Achsen aufgespannten Fläche sind zwei Werte erforderlich, der Abszissenwert (x-Wert) und der Ordinatenwert (y-Wert). Die Lage eines Punktes ist durch $P(x|y)$ definiert. Diese beiden Werte werden Koordinaten genannt. $P(4|2)$ bedeutet, dass der Punkt P fixiert ist, indem vom Ursprung aus 4 Einheiten in der positiven Richtung der x-Achse und von dort 2 Einheiten in positiver Richtung der y-Achse gegangen wird.

Beispiel

Die Punkte P_1 bis P_4 mit den Koordinaten

$P_1(2|4)$

$P_2(-3|2)$

$P_3(-5|-3)$

$P_4(3|-4)$

sind in einem Koordinatensystem festzulegen.

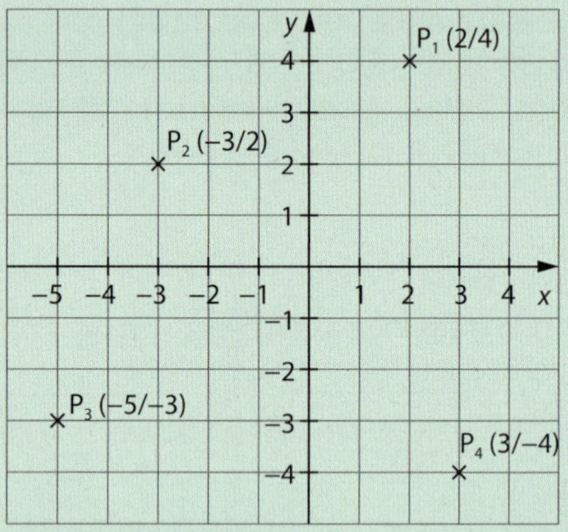

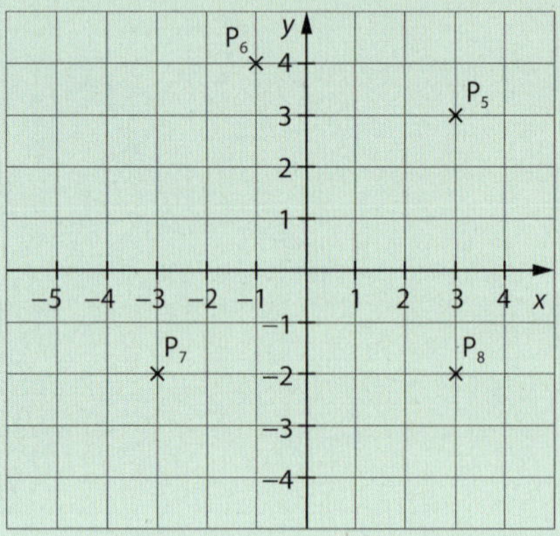

Die Koordinaten der Punkte P_5 bis P_8 sind abzulesen.

$P_5(3|3)$

$P_6(-1|4)$

$P_7(-3|-2)$

$P_8(3|-2)$

11.2 Lineare Funktionen

Lassen sich mindestens zwei Punkte zu einer Geraden verbinden, so stellt diese Gerade den Graph einer linearen Funktion dar. Die Gerade ist dadurch gekennzeichnet, dass das Verhältnis von $\frac{\Delta y}{\Delta x}$, auch Steigung oder Anstieg genannt, überall gleich ist.

Eine lineare Funktion kann durch eine Gleichung ausgedrückt werden.

$$\boldsymbol{y = \frac{\Delta y}{\Delta x} \cdot x + b}$$

$\frac{\Delta y}{\Delta x} = \frac{y_2 - y_1}{x_2 - x_1}$ kann auch durch m ersetzt werden.

$$\boldsymbol{y = mx + b}$$

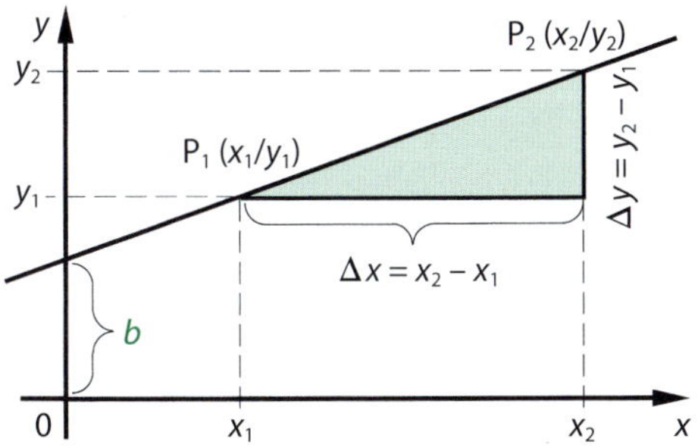

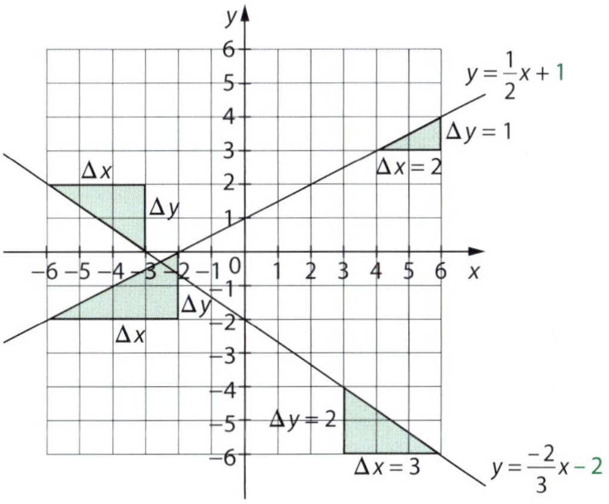

Es gilt, wenn $\boldsymbol{m > 0}$: positiver Anstieg → Graph verläuft von links unten nach rechts oben

$\boldsymbol{m < 0}$: negativer Anstieg → Graph verläuft von links oben nach rechts unten.

x ist eine unabhängige, frei wählbare Variable.
y ist eine von *x* abhängige Variable und kann entsprechend der Gleichung bestimmt werden.
b ist der *y*-Achsenabschnitt, damit der Wert auf der *y*-Achse bei $x = 0$.

11.3 Längen- und Flächenermittlung nach Koordinaten

Längenermittlung

In einem Koordinatensystem wird eine Strecke durch mindestens zwei Punkte festgelegt.

Der Abstand von zwei Punkten kann mithilfe des Lehrsatzes des Pythagoras (siehe Abschnitt 8.1.2) ermittelt werden.

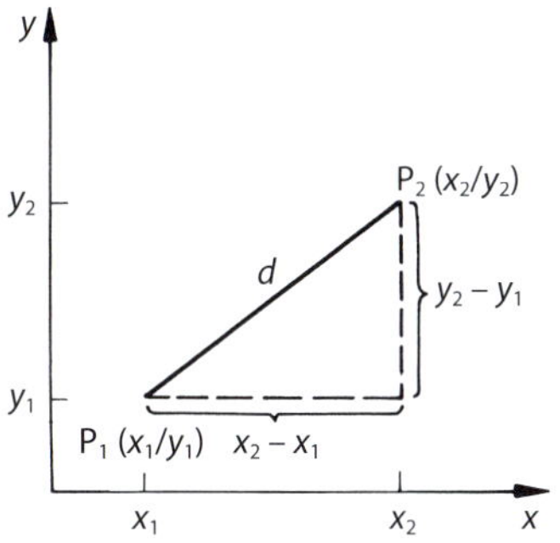

$$d^2 = (x_2 - x_1)^2 + (y_2 - y_1)^2$$

$$\boldsymbol{d = \sqrt{(x_2 - x_1)^2 + (y_2 - y_1)^2}}$$

Beispiel

Es ist der Abstand der Punkte $P_1\,(1|3)$ und $P_2\,(9|5)$ in m zu berechnen.

$$d = \sqrt{(x_2 - x_1)^2 + (y_2 - y_1)^2}$$
$$= \sqrt{(9\,\text{m} - 1\,\text{m})^2 + (5\,\text{m} - 3\,\text{m})^2}$$
$$= \sqrt{(8\,\text{m})^2 + (2\,\text{m})^2}$$
$$= \sqrt{64\,\text{m}^2 + 4\,\text{m}^2}$$
$$= \sqrt{68\,\text{m}^2}$$
$$= 8{,}25\,\text{m}$$

Flächenermittlung

In einem Koordinatensystem wird eine Fläche durch mindestens drei Punkte festgelegt.

Eine zu berechnende Fläche muss in dreieckige Teilflächen aufgeteilt werden. Die Fläche, die durch die drei Punkte $P_1(x_1|y_1)$, $P_2(x_2|y_2)$ und $P_3(x_3|y_3)$ festgelegt ist, wird berechnet:

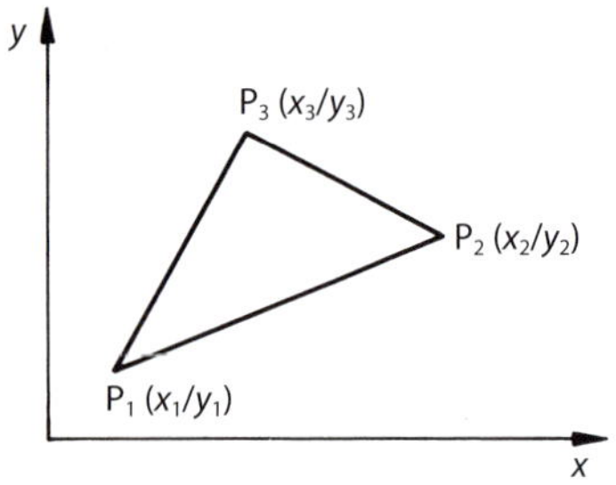

$$A = \frac{1}{2}[x_1(y_2 - y_3) + x_2(y_3 - y_1) + x_3(y_1 - y_2)]$$

Beispiel

Bestimmen Sie die Fläche eines Dreiecks in m^2, welches durch die Punkte A (1|0), B (9|3) und C (5|6) definiert ist.

$$A = \frac{1}{2}[x_1(y_2 - y_3) + x_2(y_3 - y_1) + x_3(y_1 - y_2)]$$

$$A = \frac{1}{2}[1\,m \cdot (-3)\,m + 9\,m \cdot 6\,m + 5\,m \cdot (-3)\,m]$$

$$A = \frac{1}{2} \cdot 36\,m^2 = 18\,m^2$$

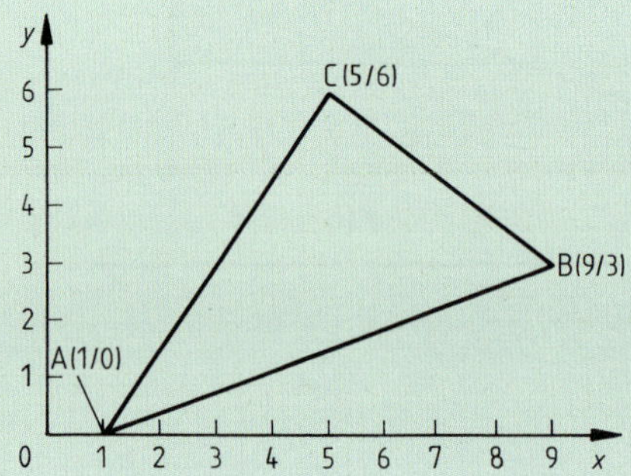

Aufgaben

1. Zeichnen Sie die Graphen folgender Gleichungen in ein Koordinatensystem:

a) $y = 2x + 4$
b) $y = 3x - 1$
c) $y = -x + 3$
d) $y = -\frac{2}{3}x - 2$
e) $y = 2{,}5x$
f) $3y = 4x - 1$

2. Eine Straße steigt auf 50,00 m waagerechter Länge von 0,00 m auf 4,00 m.
a) Welche Steigung hat die Straße?
b) Zeichnen Sie den Graphen der Gleichung.
c) Wie lautet die Gleichung?

3. Eine Straße fällt auf einer waagerechten Länge von 70,00 m von 236,500 m ü. NHN auf 233,000 m ü. NHN.
a) Wie groß ist der Anstieg?
b) Zeichnen Sie den Graphen der Gleichung.
c) Wie lautet die Gleichung, wenn der Nullpunkt der Strecke bei einer Höhe von 198,700 m ü. NHN liegt?

4. Ein Gelände hat ein Steigungsverhältnis von 1:4.
a) Zeichnen Sie den Graphen des Geländeverlaufes in ein Koordinatensystem ein; der tiefste Punkt liegt auf 256,500 m ü. NHN.
b) Wie lautet die Gleichung?
c) Auf welcher Höhe liegt das Gelände nach 50,00 m in waagerechter Richtung?

5. Die Bevölkerungszahl einer Stadt stieg linear. In den letzten 5 Jahren ist die Einwohnerzahl von 26 000 auf 26 250 gestiegen.
a) Wie groß wäre die Einwohnerzahl der Stadt in 125 Jahren, wenn die Bevölkerungsentwicklung weiterhin linear verläuft?
b) Zeichnen Sie den Graphen der Bevölkerungsentwicklung.

6. Berechnen Sie den Abstand der beiden Punkte in m.

a) $P_1(1|4)$, $P_2(2|6)$
b) $P_1(8|3)$, $P_2(10|7)$
c) $P_1(-2|7)$, $P_2(3|-5)$
d) $P_1(-4|-3)$, $P_2(-6|-9)$

Aufgaben

7. Berechnen Sie die Fläche in m², die durch die drei Punkte P_1, P_2, P_3 fixiert wird.

a) $P_1(1|2)$ $P_2(7|4)$ $P_3(4|8)$

b) $P_1(-4|-2)$ $P_2(8|-5)$ $P_3(0|0)$

c) $P_1(-8|9)$ $P_2(0|-4)$ $P_3(3|7)$

8. Drei Eckpunkte eines Parallelogramms ABCD haben die Koordinaten A (2|1); B (9|2); C (10|5).

a) Welche Koordinaten hat der Eckpunkt D?

b) Wie groß ist der Umfang des Parallelogramms in m?

c) Welche Fläche hat das Parallelogramm in m²?

9. Eine geradlinig begrenzte Fläche ist durch folgende Punkte festgelegt: $P_1(1|1)$; $P_2(5|2)$; $P_3(8|1)$; $P_4(8|4)$; $P_5(6|5)$; $P_6(4|4)$; $P_7(2|6)$.

a) Welchen Umfang hat das Vieleck in m?

b) Welche Fläche hat das Vieleck in m²?

10. Ein Grundstück, das durch folgende Punkte mit ihren jeweiligen Koordinaten geradlinig begrenzt wird, soll eingezäunt und danach verkauft werden. $P_1(60|10)$; $P_2(100|30)$; $P_3(80|70)$; $P_4(80|120)$; $P_5(30|100)$; $P_6(0|50)$

Ermitteln Sie

a) die benötigte Zaunlänge in m,

b) den Preis des Grundstücks bei einem Preis von 423,50 €/m².

11. Wie groß sind bei dem dargestellten Grundstück

a) der Umfang in m und

b) die Fläche in m²?

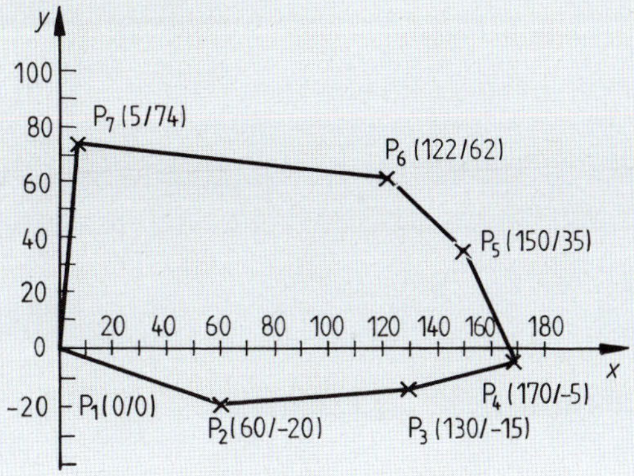

12 Treppen

Treppen dienen dazu, Höhenunterschiede innerhalb und außerhalb von Gebäuden zu überwinden. Je nach Größe und Bedeutung des Gebäudes, verfügbaren Raumes, Materials und gewählter Konstruktion werden die Gestalt und Form der Treppen ausgewählt. Dabei ist es wichtig, dass sie immer sicher und bequem zu begehen sind.

12.1 Treppenregeln

Die Anforderungen „sicher und bequem" hängen von der Neigung der Treppe ab, die durch das Steigungsverhältnis von Steigung (Steigungshöhe) *s* zu Auftritt (Auftrittbreite) *a* ausgedrückt wird.

$$\text{Steigungsverhältnis} = \frac{\text{Steigung}}{\text{Auftritt}} \qquad \mathbf{SV = \frac{s}{a}}$$

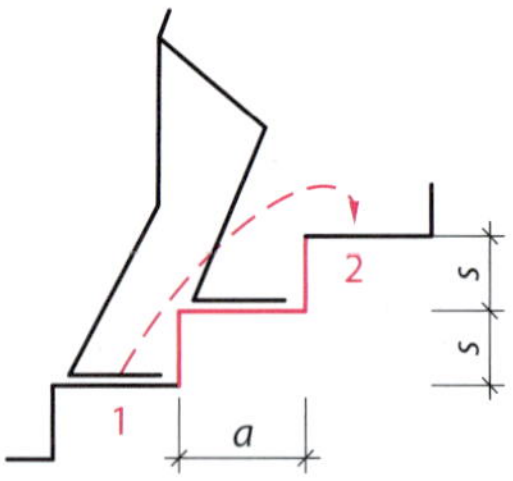

Als Grundlage zur Ermittlung dieses Verhältnisses dient die durchschnittliche Schrittlänge eines erwachsenen Menschen. Sie wird auf ebenem Boden mit 59 ... 65 cm angenommen. Bei Berechnungen wird oft eine mittlere Schrittlänge von 63 cm verwendet.

Wenn der linke Fuß aus der Position 1 in die Position 2 übergeht, überwindet er dabei eine Auftrittbreite und 2 Steigungen. Dies stellt eine Schrittlänge dar, die durch die Schrittmaßregel ausgedrückt werden kann.

Schrittmaßregel $\mathbf{a + 2s = 63\ cm}$

Zur weiteren Überprüfung werden die Sicherheits- und die Bequemlichkeitsregel angewendet. Je näher das Ergebnis an den vorgegebenen Werten liegt, umso sicherer und bequemer ist die Treppe zu begehen.

Sicherheitsheitsregel $\mathbf{a + s = 46\ cm}$

Bequemlichkeitsregel $\mathbf{a - s = 12\ cm}$

Das optimale Steigungsverhältnis von 17/29* erfüllt alle drei Regeln.

$29\ \text{cm} + 2 \cdot 17\ \text{cm} = 63\ \text{cm}$

$29\ \text{cm} + 17\ \text{cm} = 46\ \text{cm}$

$29\ \text{cm} - 17\ \text{cm} = 12\ \text{cm}$

* In der DIN 18065 (Gebäudetreppen) wird das Steigungsverhältnis in mm angegeben.

Wichtige Steigungsverhältnisse

	flache Treppen	normale Treppen	steile Treppen
Steigungsverhältnisse	14/31 15/30 16/30	17/29 17,5/28 18/27	19/26 19/27 20/25
Schrittlänge	**≥ 59 cm**	**63 cm**	**≤ 65 cm**
Anwendung	Versammlungsräume, Theater, Schulen, Krankenhäuser	Ein- und Mehrfamilienhäuser	Kellertreppen, Speichertreppen, wenig begangene Treppen

In DIN 18065 sind Grenzmaße für nutzbare Treppenlaufbreite, Steigung und Auftritt festgelegt.

Grenzmaße für	**Treppenart**	**nutzbare Laufbreite** [cm]	**Steigung *s*** [cm]	**Auftritt *a*** [cm]
Wohngebäude mit bis zu zwei Wohnungen und innerhalb von Wohnungen	baurechtlich notwendige Treppe	≥ 80	14 … 20	23 … 37
	baurechtlich nicht notwendige (zusätzliche) Treppe	≥ 50	14 … 21	21 … 37[1)]
Gebäude im Allgemeinen	baurechtlich notwendige Treppe	≥ 100	14 … 19	26 … 37
	baurechtlich nicht notwendige (zusätzliche) Treppe	≥ 50	14 … 21	21 … 37[2)]

1) Bei geschlossenen Treppen, deren Treppenauftritt *a* unter 26 cm liegt, muss die Unterschneidung *u* mindestens so groß sein, dass bei der Trittfläche eine Tiefe von insgesamt 26 cm erreicht wird.

2) Bei baurechtlich nicht notwendigen Treppen, deren Treppenauftritt *a* unter 24 cm liegt, muss die Unterschneidung *u* mindestens so groß sein, dass bei der Trittfläche eine Tiefe von insgesamt 24 cm erreicht wird.

Treppenlauflinie

Die Lauflinie ist eine gedachte Linie, die von der Vorderkante der Antrittstufe bis zur Vorderkante der Austrittstufe einer Treppe verläuft. Sie wird mit einem Kreis und einem Pfeil gekennzeichnet, wobei der Kreis den Antritt und der Pfeil den Austritt markiert. Weil die Austrittstufe bereits zur Decke des oberen Geschosses oder des Podestes gehört, zählt dessen Auftrittbreite nicht mehr zur Lauflinie. Damit ergibt sich die Treppenlauflänge als die Summe der Auftrittbreiten entlang der Lauflinie. Die Anzahl der Auftritte entspricht der Anzahl der Steigungen minus 1.

Anzahl der Auftritte = Anzahl der Steigungen – 1 = *n* – 1

Treppenlauflänge = (Anzahl der Steigungen – 1) · Auftritt

$$l = (n - 1) \cdot a$$

Zwischenpodest

Nach DIN 18065 soll spätestens nach 18 Steigungen ein Ruhepodest eingebaut werden.

Dessen geringste Länge ist ein Auftritt zuzüglich einer Schrittlänge.

$$l_P = a + 1 \text{ Schrittlänge}$$

Bei mehreren (*x*) Schritten wird die Schrittlänge mit der geplanten Schrittanzahl multipliziert.

$$l_P = a + x \cdot \text{Schrittlänge}$$

$$l_P = a + x \cdot (a + 2s)$$

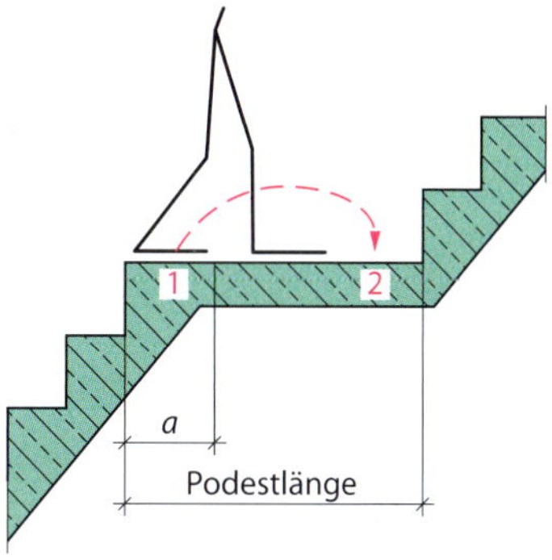

12.2 Treppenberechnung

Beispiel

In einem Einfamilienhaus mit einer Geschosshöhe h von 2,75 m soll eine einläufige gerade Treppe eingebaut werden. Berechnen Sie
a) die Anzahl der Steigungen n,
b) die Steigungshöhe s,
c) die Auftrittbreite a,
d) die Treppenlauflänge l,
e) die Treppenöffnung $l_ö$,
f) die lichte Durchgangshöhe h_D bei einer Geschossdeckendicke d = 20 cm,
g) die Treppenwangenlänge l_W.

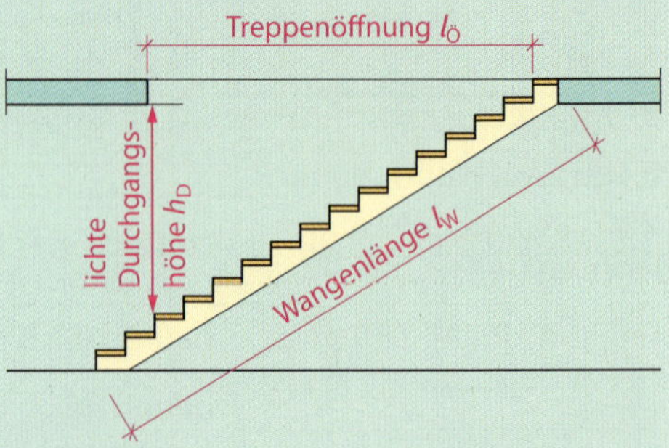

a) Anzahl der Steigungen *n*

$$n = \frac{h}{s} = \frac{275\text{ cm}}{17{,}5\text{ cm}} = 15{,}71$$

gewählt: n = 16 Steigungen

Zur Berechnung der Anzahl der Steigungen wird die Geschosshöhe h durch eine angenommene Steigungshöhe s (meist 17,5 cm) geteilt.

Die Geschosshöhe ist die Höhe von Oberkante Fertigfußboden des unteren Geschosses bis Oberkante Fertigfußboden des oberen Geschosses.

b) Steigungshöhe *s*

$$s = \frac{h}{n} = \frac{275\text{ cm}}{16} = 17{,}2\text{ cm}$$

Zur Berechnung der genauen Steigungshöhe s wird die Geschosshöhe h durch die gewählte Anzahl der Steigungen n geteilt.

c) Auftrittbreite *a*

$a + 2s = 63\text{ cm}$

nach a umgeformt: $\mathbf{a = 63\text{ cm} - 2s}$

$a = 63\text{ cm} - 2 \cdot 17{,}2\text{ cm} = 28{,}6\text{ cm}$

Zur Berechnung der Auftrittbreite a wird die Schrittmaßregel nach a umgeformt. Anschließend wird die berechnete Steigungshöhe s eingesetzt und a ermittelt.

d) Treppenlauflänge *l*

$\mathbf{l = (n - 1) \cdot a}$

$l = (16 - 1) \cdot 28{,}6\text{ cm} = 429\text{ cm}$

Zur Berechnung der Treppenlauflänge l wird zunächst die Anzahl der Auftritte ermittelt, indem die Anzahl der Steigungen n um 1 vermindert wird. Anschließend wird dieser Wert mit der Auftrittbreite a multipliziert.

e) Treppenöffnung $l_ö$

$\mathbf{l_ö = l - (x - 1) \cdot a}$

$l_ö = 429\text{ cm} - (3 - 1) \cdot 28{,}6\text{ cm}$
$= 371{,}8\text{ cm}$

Zur Berechnung der Treppenöffnung $l_ö$ wird von der Treppenlauflänge l die Gesamtauftrittbreite der nicht unter der Treppenöffnung befindlichen Steigungen abgezogen.

f) lichte Durchgangshöhe h_D

$$\frac{l_{\ddot{o}}}{h_D + d} = \frac{a}{s}$$

nach h_D umgeformt:

$$h_D = \frac{l_{\ddot{o}} \cdot s}{a} - d$$

$$h_D = \frac{371{,}8\ \text{cm} \cdot 17{,}2\ \text{cm}}{28{,}6\ \text{cm}} - 20\ \text{cm}$$

$$h_D = 203{,}6\ \text{cm}$$

$$h_D = 2{,}04\ \text{m} > 2{,}00\ \text{m}$$

Die lichte Durchgangshöhe h_D ist das lotrechte Maß, gemessen in der Schrägen über den Vorderkanten der Stufen. Nach DIN 18065 muss sie mindestens 2,00 m betragen. In öffentlichen Gebäuden und Industriegebäuden werden mindestens 2,20 m empfohlen.

Die lichte Durchgangshöhe h_D wird über den Strahlensatz ermittelt, wobei sich die Treppenöffnung $l_{\ddot{o}}$ zur Summe von lichter Durchgangsöffnung h_D und Deckendicke d wie Auftrittbreite a zu Steigung s verhält.

g) Treppenwangenlänge l_W

$$l_W = \sqrt{(n \cdot a)^2 + h^2}$$

$$l_W = \sqrt{(16 \cdot 28{,}6\ \text{cm})^2 + (275\ \text{cm})^2}$$

$$l_W = 533{,}9\ \text{cm}$$

Zur Berechnung der Treppenwangenlänge l_W wird der Satz des Pythagoras benutzt. Dabei stellt die eine Kathete die Geschosshöhe h und die andere die Anzahl der Steigungen n mal die Auftrittbreite a dar.

12.3 Verziehen von Stufen bei gewendelten Treppen

Gewendelte Treppen werden meist dort eingebaut, wo die Platzverhältnisse keine gerade Treppe zulassen. Dafür müssen einzelne Stufen verzogen werden, d. h. ihre Auftrittbreite innen und außen ist unterschiedlich groß. Auf der Lauflinie hat jede Stufe aber den gleichen Auftritt. Verzogene Stufen müssen bei Gebäuden im Allgemeinen an der schmalsten Stelle der inneren Begrenzung der Außenkante (Treppenauge, Freiwange) noch mindestens 10 cm Auftrittbreite haben. Bei Wohngebäuden mit bis zu zwei Wohnungen und innerhalb von Wohnungen verringert sich dieses Maß auf 5 cm.

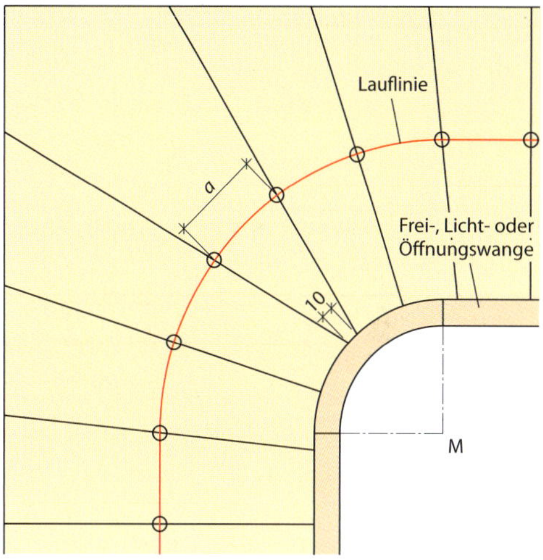

Beginnt die Wendelung erst nach der Antrittstufe, so sollte die Verziehung schwach beginnen und nach der am meisten verzogenen Stufe wieder schwächer werden. Dadurch ergibt sich eine ungerade Anzahl verzogener Stufen.

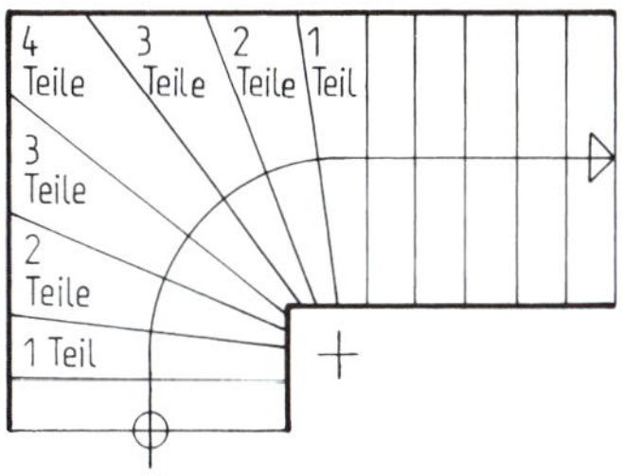

Beginnt die Wendelung bereits mit der Antrittstufe, so ist diese am stärksten zu verziehen.

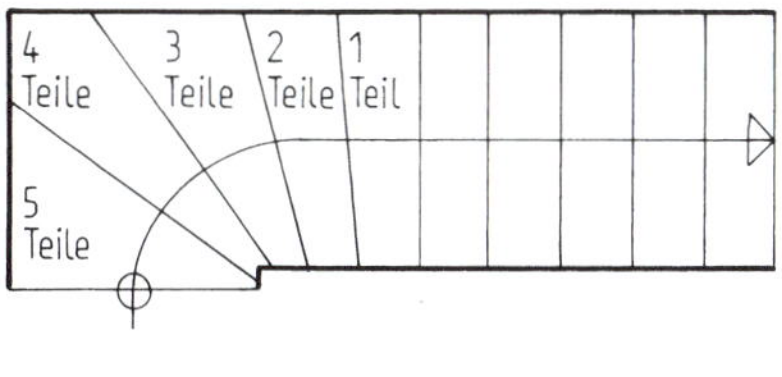

Beispiel

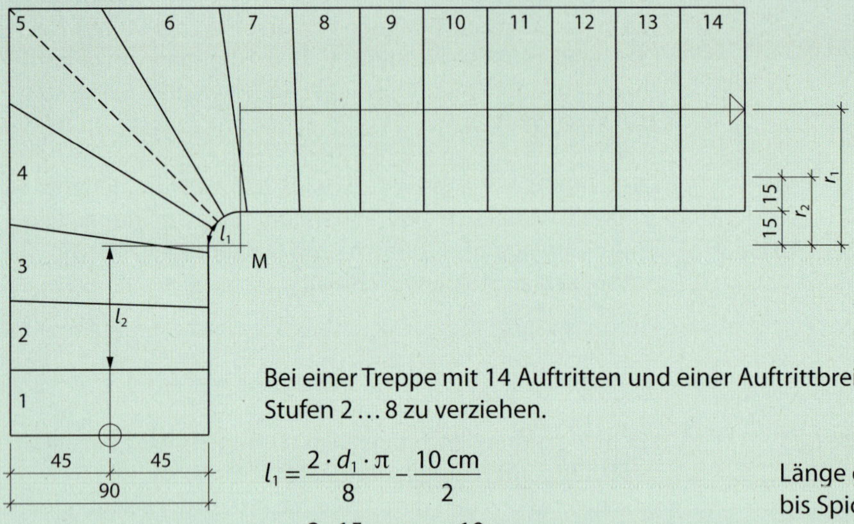

Bei einer Treppe mit 14 Auftritten und einer Auftrittbreite von 29 cm sind die Stufen 2 … 8 zu verziehen.

$$l_1 = \frac{2 \cdot d_1 \cdot \pi}{8} - \frac{10\ \text{cm}}{2}$$

Länge gebogener Abschnitt bis Spickelstufe auf Freiwange

$$l_1 = \frac{2 \cdot 15\ \text{cm} \cdot \pi}{8} - \frac{10\ \text{cm}}{2} = 6{,}78\ \text{cm}$$

$$l_2 = 3{,}5 \cdot d - \frac{2 \cdot d_2 \cdot \pi}{8}$$

Länge gerader Abschnitt auf Lauflinie

$$l_2 = 3{,}5 \cdot 29\ \text{cm} - \frac{2 \cdot 60\ \text{cm} \cdot \pi}{8} = 54{,}38\ \text{cm}$$

$$l_D = l_1 + l_2 - 3 \cdot 10\ \text{cm}$$

Längendifferenz

$$l_D = 6{,}78\ \text{cm} + 54{,}38\ \text{cm} - 3 \cdot 10\ \text{cm} = 31{,}16\ \text{cm}$$

Die Mindestauftrittbreiten von 10 cm auf der Freiwange sind um 31,16 cm zu erhöhen. Die Differenz muss in entsprechenden Teilen auf die zu verziehenden Stufen aufgeteilt werden.

		zusammen	Verminderung je Stufe	zusammen [cm]	[cm]	Auftrittbreite in 15 cm Abstand
Stufe 5	0 Teile	0 Teile	0 · 5,19 = 0	10 +	0	= 10,0 cm
Stufe 4 + 6	1 Teil	1 Teil	1 · 5,19 = 5,19	10 +	5,19	= 15,19 cm
Stufe 3 + 7	2 Teile	2 Teile	2 · 5,19 = 10,38	10 +	10,38	= 20,38 cm
Stufe 2 + 8	3 Teile	3 Teile	3 · 5,19 = 15,57	10 +	15,57	= 25,57 cm
		6 Teile ≙	31,16 cm			
		1 Teil ≙	5,19 cm			

Aufgaben

1. Berechnen Sie für ein Wohnhaus mit einer Geschosshöhe von 2,70 (2,85; 2,90; 3,00) m
   a) die Anzahl der Steigungen,
   b) die Steigungshöhe,
   c) die Auftrittbreite,
   d) die Treppenlauflänge.

2. Im Zuge eines Umbaues soll eine neue einläufige gerade Treppe eingebaut werden. Die Geschosshöhe von Oberkante Fertigfußboden bis Oberkante Fertigfußboden beträgt 2,80 m. Berechnen Sie
   a) die Anzahl der Steigungen,
   b) die Steigungshöhe,
   c) die Auftrittbreite,
   d) die Treppenlauflänge.

3. Eine Schule mit einer Geschosshöhe von 4,20 m soll eine zweiläufige gerade Treppe mit Zwischenpodest erhalten. Berechnen Sie
   a) die Anzahl der Steigungen,
   b) die Steigungshöhe,
   c) die Auftrittbreite,
   d) die Podestlänge (es soll etwa 1,50 m lang werden),
   e) die Treppenlauflänge einschließlich der Podestlänge.

4. In ein Einfamilienhaus ist eine einläufige gerade Treppe einzubauen. Berechnen Sie
   a) die Anzahl der Steigungen,
   b) die Steigungshöhe,
   c) die Auftrittbreite,
   d) das Steigungsverhältnis,
   e) das Öffnungsmaß $l_{Ö}$,
   f) die Länge der Treppenwange.

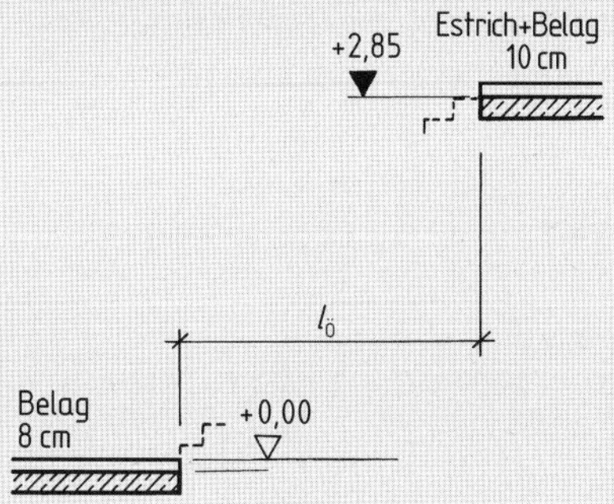

5. In einem Einfamilienhaus ist eine Zwischentreppe einzubauen. Berechnen Sie
   a) die Anzahl der Steigungen,
   b) die Steigungshöhe,
   c) die Auftrittbreite,
   d) das Steigungsverhältnis,
   e) das Öffnungsmaß $l_{Ö}$, wenn eine lichte Treppendurchgangshöhe von mindestens 2,00 m eingehalten werden soll,
   f) die Steigungshöhe der An- und Austrittstufe von der Rohdecke aus gemessen.

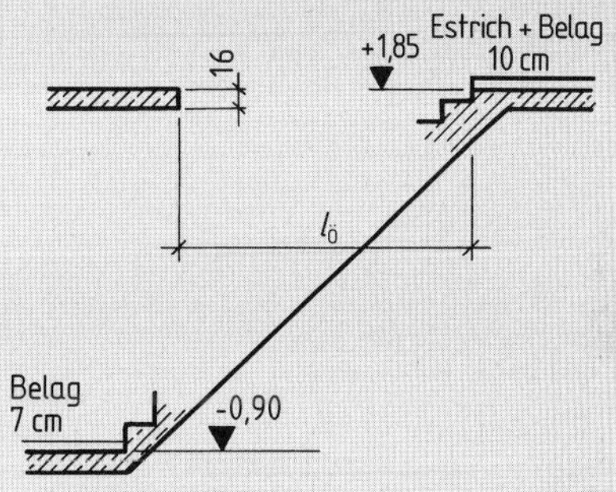

6. Ein Einfamilienhaus soll eine im Antritt viertelgewendelte Treppe erhalten. Die Geschosshöhe beträgt 2,75 m. Berechnen Sie
   a) die Anzahl der Steigungen,
   b) die Steigungshöhe,
   c) die Auftrittbreite,
   d) die Treppenlauflänge,
   e) die Auftrittbreiten der 7 verzogenen Stufen,
   f) das Maß l_G.

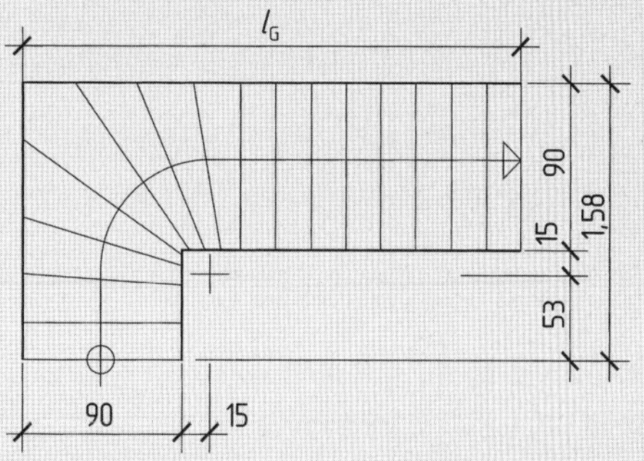

Aufgaben

7. In ein Einfamilienhaus ist eine Treppe einzubauen. Dicke des Treppenbelages 2,0 cm. Berechnen Sie
a) die Anzahl der Steigungen,
b) die Steigungshöhe,
c) die Auftrittbreite,
d) die Treppenlauflänge,
e) die Treppenaussparung $l_ö$ bei einer lichten Treppendurchgangshöhe von mindestens 2,10 m,
f) die Steigungshöhe der An- und Austrittstufe im Rohbau.

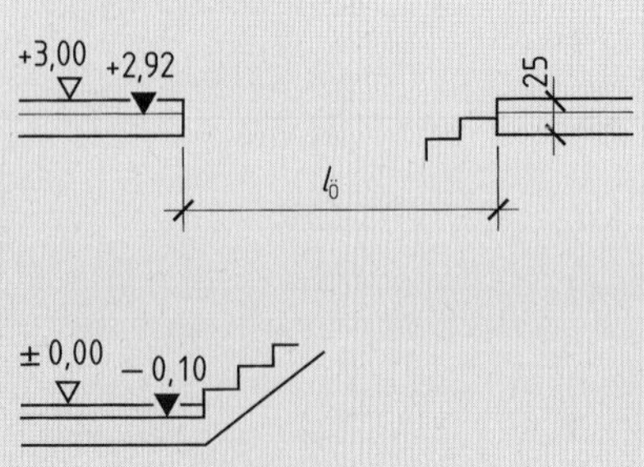

8. In einem Wochenendhaus mit einer Geschosshöhe von 2,60 m soll eine im An- und Austritt viertelgewendelte Treppe eingebaut werden. Je 5 Stufen im An- und Austritt sind zu verziehen. Berechnen Sie
a) die Anzahl der Steigungen,
b) die Steigungshöhe,
c) die Auftrittbreite,
d) die Auftrittbreite der verzogenen Stufen,
e) die Länge des Treppenlaufes.
f) Überprüfen Sie, inwieweit Schrittmaßregel, Sicherheitsregel und Bequemlichkeitsregel erfüllt sind.

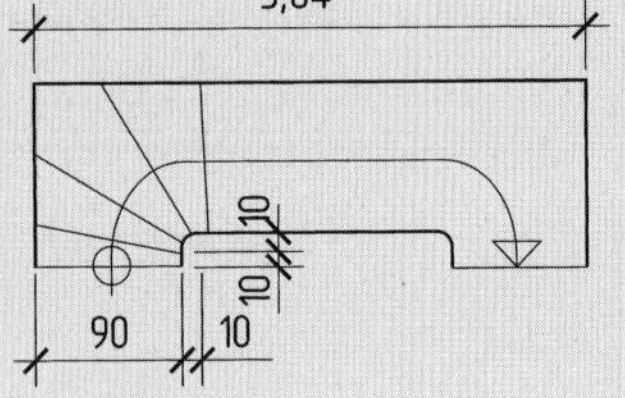

9. Eine Kelleraußentreppe soll an ihren Tritt- und Setzstufenflächen mit Platten belegt werden. Die Bodeneinlaufplatte und die Austrittstufe der Treppe sind ebenfalls mit Platten zu belegen. Plattendicke 10 mm, Mörtelbett 2,0 cm. Zwischen Trittstufe und Setzstufe ist eine Fuge von 3 mm vorzusehen.
Berechnen Sie
a) das Steigungsverhältnis,
b) das Maß l,
c) den Bedarf an Platten in m² bei 8 % Verschnitt.

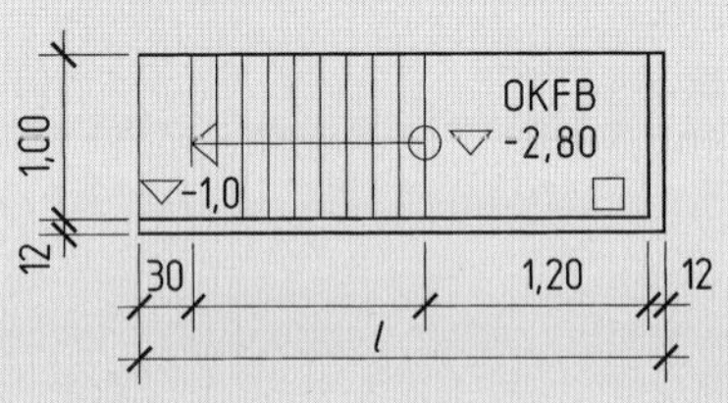

10. In einem Kaufhaus mit einer Geschosshöhe von 4,60 m ist eine zweiläufige gerade Treppe mit Zwischenpodest einzubauen. Die Laufbreite beträgt 2,20 m; die Podestplatte hat ohne Belag eine Dicke von 25 cm. Die Durchgangshöhe unter dem Zwischenpodest soll mindestens 2,20 m betragen, die Podesttiefe etwa 1,50 m. Tritt- und Setzstufenflächen sowie das Podest sollen mit Platten verkleidet werden: Plattendicke 15 mm, Mörtelbett 2,5 cm. Berechnen Sie
a) die Anzahl der Steigungen der jeweiligen Treppenläufe,
b) die Steigungshöhe,
c) die Auftrittbreite,
d) die Treppenlauflänge einschließlich Podest,
e) die Durchgangshöhe unter dem Podest,
f) den Plattenbedarf in m² bei 12 % Verschnitt.

11. Die Treppenlauflänge einer Treppe in einem Zweifamilienhaus beträgt 4,32 m. Wie groß wird das Steigungsverhältnis der Treppe, wenn die Geschosshöhe 2,85 m beträgt?

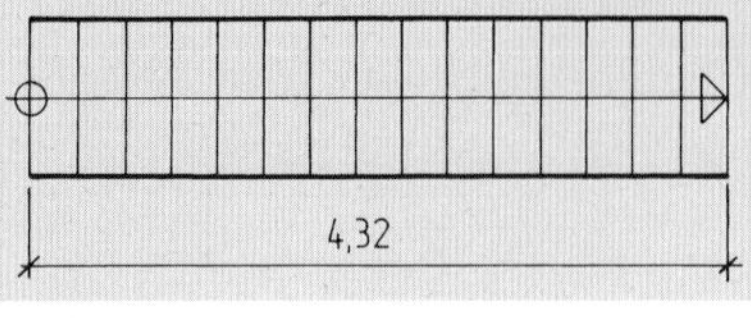

Aufgaben

12. Ein Wohnhaus erhält eine einläufige, im Austritt viertelgewendelte Treppe. Das Haus hat eine Geschosshöhe von 2,70 m. Berechnen Sie

a) die Anzahl der Steigungen,
b) die Steigungshöhe,
c) die Auftrittbreite,
d) die Treppenlauflänge,
e) die Auftrittbreiten der verzogenen Stufen (die Austrittstufe ist am stärksten zu verziehen; die Anzahl der Stufen, die zu verziehen sind, ist festzulegen).

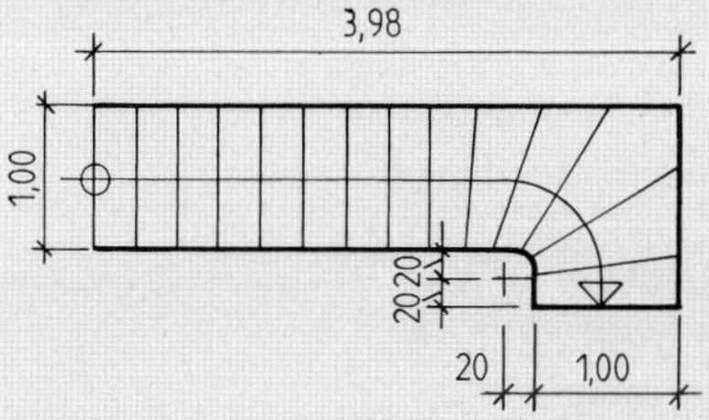

13. Ein Dreifamilienhaus mit einer Geschosshöhe von 3,00 m erhält eine zweiläufige gewinkelte Rechtstreppe mit Zwischenpodest. Die Laufplatte hat eine Dicke von 22 cm, die Decke von 30 cm; unter dem Podest soll eine lichte Höhe von mindestens 2,10 m vorhanden sein. Berechnen Sie

a) die Anzahl der Steigungen jedes Laufes,
b) die Steigungshöhe,
c) die Auftrittbreite,
d) die Länge der Lauflinie als Grundmaß,
e) die wirkliche Höhe unter dem Podest,
f) die Maße l_1 und l_2,
g) den ungefähren Bedarf an Schalung für Laufplatte und Podest.

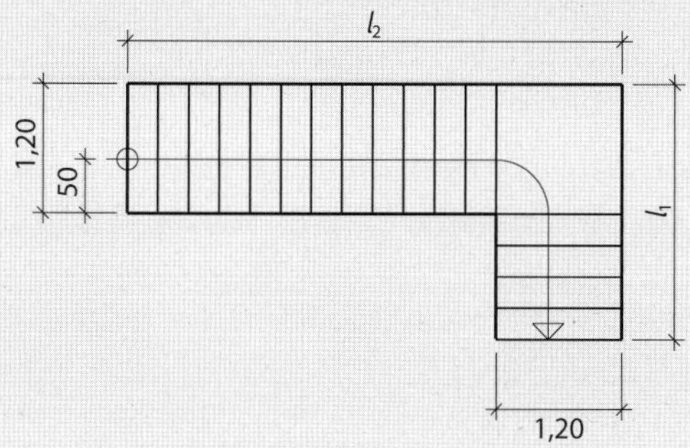

14. Ein Mietswohnhaus mit einer Geschosshöhe von 3,00 m erhält eine zweiläufige gegenläufige Linkstreppe mit Zwischenpodest. Ermitteln Sie

a) die Anzahl der Steigungen jedes Laufes,
b) die Steigungshöhe,
c) die Auftrittbreite,
d) die Länge der Lauflinie als Grundmaß,
e) das Maß l_G,
f) die lichte Höhe unter dem untersten Podest, bei einer Plattendicke von 25 cm,
g) den Schalungsbedarf für die Laufplatte und das Podest (näherungsweise).

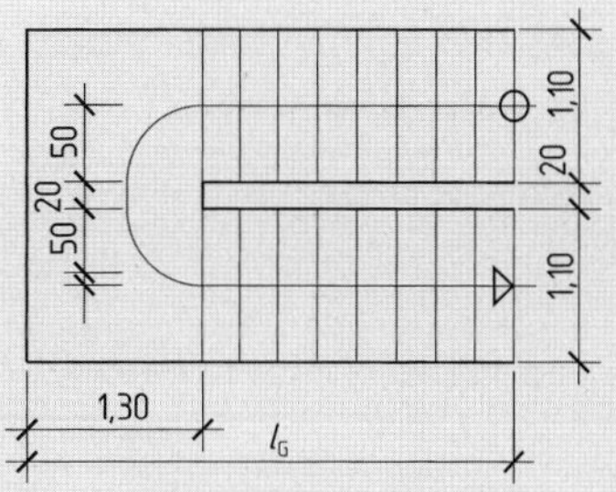

15. Ein Verwaltungsgebäude erhält eine dreiläufige gegenläufige Treppe mit Zwischenpodest. Ermitteln Sie

a) die Anzahl der Steigungen des Hauptlaufes und der Nebenläufe (Steigung zwischen 15,5 cm und 16,5 cm),
b) die Steigungshöhen,
c) die Auftrittbreiten,
d) die Höhe der Oberkante des Fertigfußbodens im Obergeschoss,
e) den Bedarf an Platten in m² einschließlich 8,5 % Verschnitt (Tritt- und Setzstufenflächen sowie das Podest sind mit Platten zu belegen; Plattendicke 15 mm, Mörtelbett 2,5 cm).

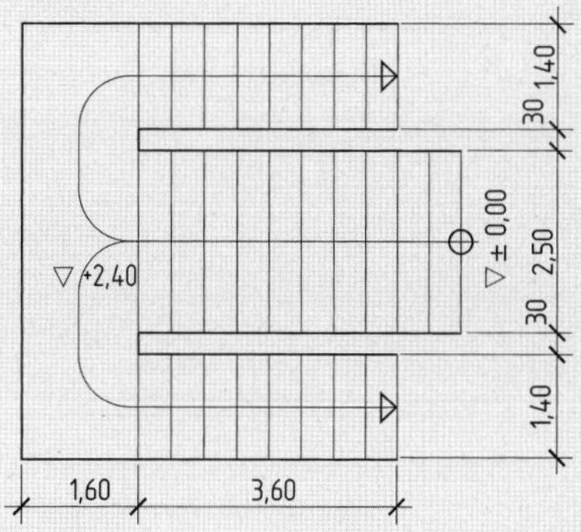

Aufgaben

16. In einem Schloss mit einer Geschosshöhe von 3,50 m ist eine einläufige gewendelte Treppe (rechtsdrehende Kreisbogentreppe) zu erneuern. Berechnen Sie
a) die Anzahl der Steigungen,
b) die Steigungshöhe,
c) die Auftrittbreite,
d) die Treppenlauflänge,
e) den Winkel α,
f) die Breitenmaße der Auftritte an der Innen- und Außenwange,
g) die zu schalende Unterseite der Laufplatte.

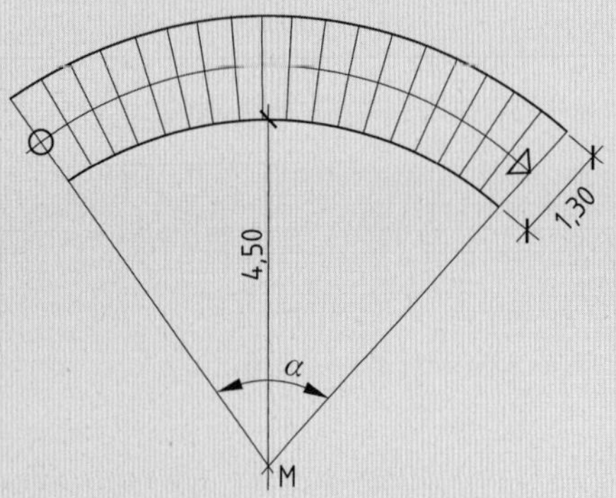

17. Ermitteln Sie für die einläufige viertelgewendelte Treppe
a) die Treppenlauflänge,
b) die Maße l_1 und l_2,
c) die Auftrittbreite der am stärksten verzogenen Stufe, wenn die Mindestauftrittbreite von 10 cm einzuhalten ist. Die Anzahl der verzogenen Stufen ist festzulegen.

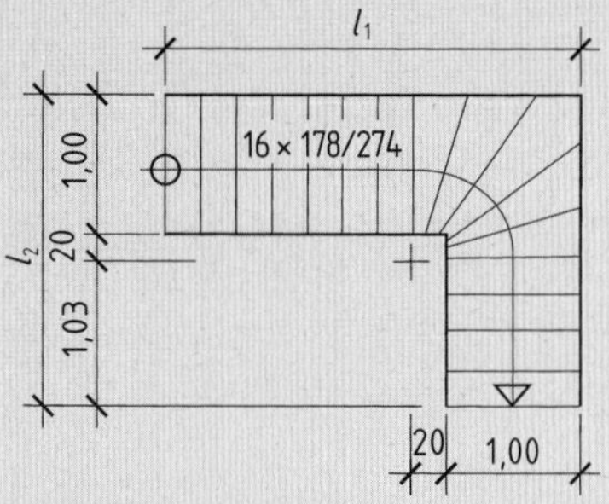

18. In einem Bauernhaus ist eine im An- und Austritt entgegengesetzt viertelgewendelte Treppe einzubauen. Es sind 17 Steigungen vorzusehen. Ermitteln Sie
a) die Treppenlauflänge,
b) die Auftrittbreite.

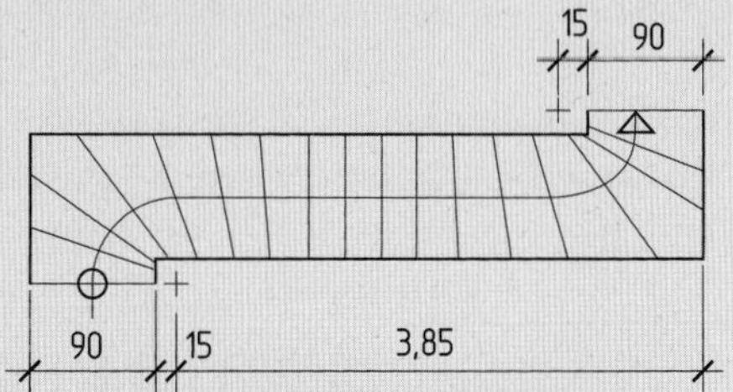

19. Die Stufen der Kellertreppe sind in Klinkersteinen DF (24 × 11,5 × 5,2 cm) auszuführen. Ermitteln Sie
a) die Anzahl der Steigungen,
b) die Steigungshöhe,
c) die Auftrittbreite,
d) den Bedarf an Klinkern DF, wenn die ganze sichtbare Stufe damit ausgeführt werden soll.

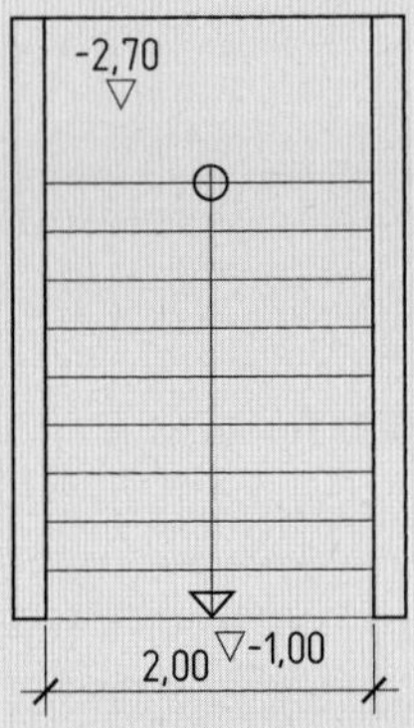

20. Ein Mietshaus erhält eine dreiläufige zweimal abgewinkelte Rechtstreppe mit Zwischenpodesten. Die Geschosshöhe beträgt 3,25 m. Ermitteln Sie
a) die Anzahl der Steigungen pro Lauf,
b) die Steigungshöhe,
c) die Auftrittbreite,
d) die Länge des Treppenlaufes,
e) die Maße l_1 und l_2.

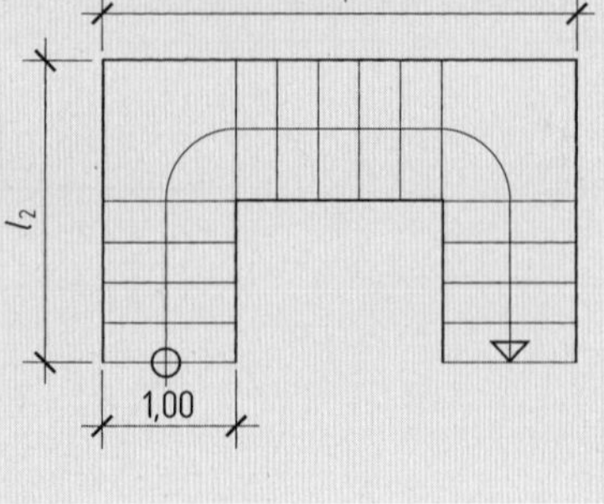

Aufgaben

21. Berechnen Sie bei einer Geschosshöhe von 3,25 m
a) die Anzahl der Steigungen,
b) die Steigungshöhe,
c) die Auftrittbreite,
d) die Treppenlauflänge,
e) die Anzahl der zu verziehenden Stufen, wenn die am stärksten zu verziehende Stufe noch mindestens 5,0 cm haben soll. Die beiden ersten Stufen sind nicht zu verziehen, die Austrittstufe ebenfalls nicht,
f) das endgültige Maß von l_1,
g) die Maße l_2 und l_3.

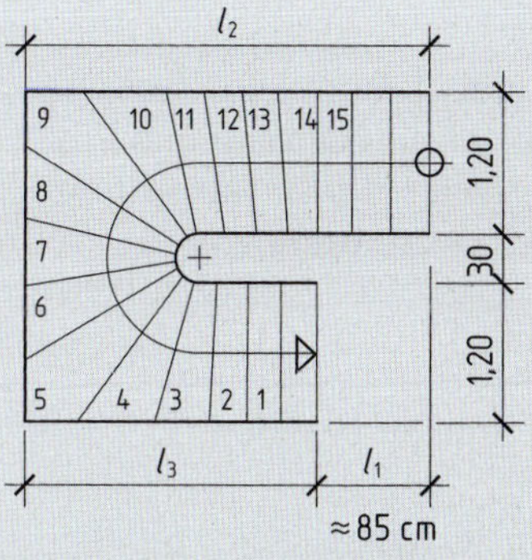

22. Für eine Geschosshöhe von 2,87 m ist eine einläufige gewinkelte viertelgewendelte Rechtstreppe mit den angegebenen Maßen einzubauen. Ermitteln Sie
a) die Anzahl der Steigungen,
b) die Steigungshöhe,
c) die Auftrittbreite,
d) die Treppenlauflänge,
e) die Maße l_1 und l_2.

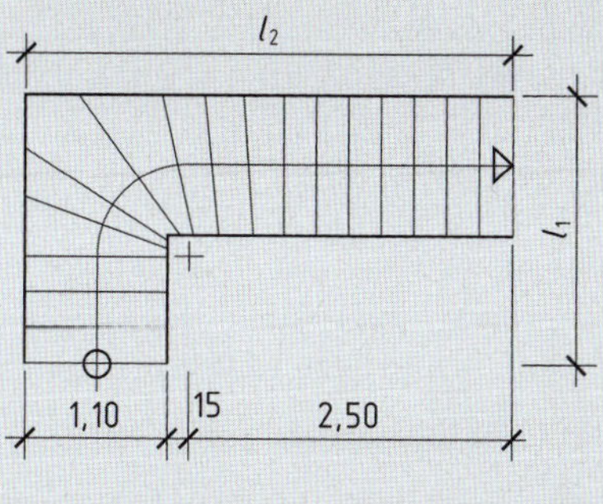

23. Berechnen Sie
a) die Anzahl der Steigungen,
b) die Steigungshöhe,
c) die Auftrittbreite,
d) die Treppenlauflänge,
e) die Treppenöffnung $l_ö$ bei einer lichten Durchgangshöhe von mindestens 2,15 m,
f) die Steigungshöhe der An- und Austrittstufe im Rohbau. Belag der Treppenstufen 2 cm, Mörtelbett 1,5 cm.

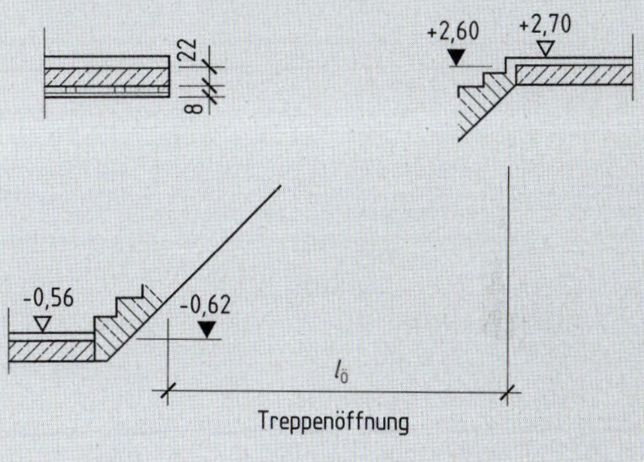

24. Um wie viel cm müsste die Treppenöffnung verkleinert oder vergrößert werden, wenn eine Treppe mit einem Steigungsverhältnis von 17,3/28,4 cm eingebaut werden soll?

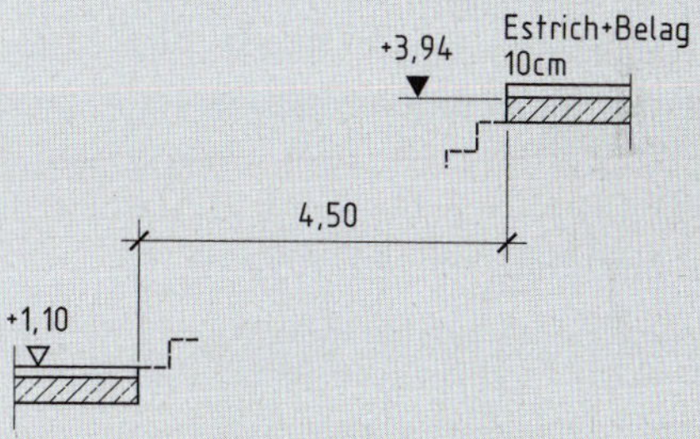

25. Die Obergeschossdecke soll beim Umbau neu eingezogen werden. In welcher Höhe ist sie einzuziehen, wenn die neue Treppe ein Steigungsverhältnis von 17,5/28 cm haben soll und die Treppenlauflänge 4,20 m beträgt?

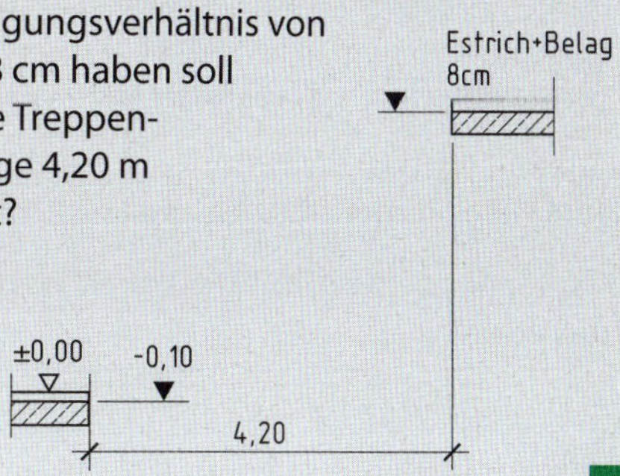

13 Mauermörtel

Als Mauermörtel wird das Gemisch aus einem oder mehreren mineralischen Bindemitteln, Gesteinskörnungen, Wasser und gegebenenfalls Zusatzstoffen und/oder Zusatzmitteln für Lager-, Stoß- und Längsfugen bezeichnet.

Mörtel werden einerseits nach ihrer Zusammensetzung eingeteilt.

Mauermörtel

Normalmauermörtel (NM)	Leichtmauermörtel (LM)	Dünnbettmörtel (DM)
	$\varrho < 1{,}3$ kg/dm³	Größtkorn 2 mm
Normalmauermörtel sind Baustellenmörtel oder Werkmörtel aus **Sand** und **Bindemittel**.	Leichtmauermörtel sind Werktrocken- oder Werkfrischmörtel aus **Sand**, **leichter Gesteinskörnung** und **Bindemittel**.	Dünnbettmörtel sind Trockenmörtel aus **Feinsand** und **Zement** sowie **Zusatzmitteln** und **Zusatzstoffen**.

Andererseits können Mörtel auch nach ihrem Herstellungskonzept untergliedert werden.

Mauermörtel nach Rezept	Mauermörtel nach Eignungsprüfung
In vorbestimmten Mischungsverhältnissen hergestellter Mörtel, dessen Eigenschaften aus den vorgegebenen Anteilen der Bestandteile abgeleitet werden (Rezeptkonzept).	Mörtel, dessen Zusammensetzung und Herstellungsverfahren vom Hersteller so ausgewählt werden, dass bestimmte Eigenschaften erreicht werden (Eignungsprüfungskonzept).

Für Mauermörtel nach Eignungsprüfung ist die Druckfestigkeit vom Hersteller anzugeben. Die Mörtel werden in Mörtelklassen unterteilt.

Klasse	M 1	M 2,5	M 5	M 10	M 15	M 20	M *d*[1)]
Druckfestigkeit in MPa [N/mm²]	1	2,5	5	10	15	20	*d*

[1)] *d* bedeutet eine vom Hersteller angegebene Druckfestigkeit, die höher als 20 MPa (N/mm²) (in Stufen von 5 MPa (N/mm²)) ist.

13.1 Mörtelgruppen

Eingeteilt werden die Normalmauermörtel in die Mörtelgruppen I (Kalkmörtel), II, II a (Kalkzementmörtel), III und III a (Zementmörtel), die Leichtmauermörtel in die Gruppen LM 21 und LM 36.

Entsprechend ihrer Druckfestigkeit werden die Mauermörtel den Klassen M 1, M 2,5, M 5, M 10 und M 20 zugeordnet.

Der Zusammenhang zwischen den Mauermörtelgruppen und Mörtelklassen ist in folgender Tabelle dargestellt:

Mörtelgruppe (bisherige Bezeichnung der Mauermörtel)	Mörtelart nach dem Bindemittel	Mörtelklasse	Druckfestigkeit MPa (N/mm^2) (Mindestdruckfestigkeit nach Eignungsprüfung)
Normalmauermörtel			
I	Kalkmörtel	M 1	1
II	Kalkzementmörtel	M 2,5	2,5
II a	Kalkzementmörtel	M 5	5
III	Zementmörtel	M 10	10
III a	Zementmörtel	M 20	20
Leichtmauermörtel			
LM 21		M 5	5
LM 36		M 5	5
Dünnbettmörtel			
DM		M 10	10

Für Mauerwerk nach Eignungsprüfung dürfen nur die Mörtelgruppen II a, III und III a bzw. die Mörtelklassen M 5, M 10 und M 20 verwendet werden. Die Festigkeitssteigerung bei Mörtelgruppe III a bzw. Mörtelklasse M 20 soll durch Auswahl geeigneter Sande erfolgen. Für Mörtel der Gruppe III a bzw. Klasse M 20 sind stets Eignungsprüfungen durchzuführen.

13.2 Mörtelmischungen

Das Mischen von Mauermörtel auf der Baustelle ist für Normalmauermörtel zulässig, also für Mauermörtel nach Rezept, der nach vorgegebenen Mischungsverhältnissen (in Raumteilen) hergestellt wird.

Angaben in Raumteilen							
Mörtelgruppe MG	**Mörtelklasse nach DIN EN 998-2**	**Luftkalk**		**Hydraulischer Kalk (HL 2)**	**Hydraulischer Kalk (HL 5), Putz und Mauerbinder (MC 5)**	**Zement**	**Sand[1] aus natürlichem Gestein**
		Kalkteig	**Kalkhydrat**				
I	M 1	1	–	–	–	–	4
		–	1	–	–	–	3
		–	–	1	–	–	3
		–	–	–	1	–	4,5
II	M 2,5	1,5	–	–	–	1	8
		–	2	–	–	1	8
		–	–	2	–	1	8
		–	–	–	1	–	3
II a	M 5	–	1	–	–	1	6
		–	–	–	2	1	8
III	M 10	–	–	–	–	1	4

1) Die Werte des Sandanteils beziehen sich auf den lagerfeuchten Zustand.

Beispiel

MG I (M 1) kann z. B. hergestellt werden aus	1 Teil Kalkhydrat + 3 Teilen Sand oder 1 Teil HL 5 bzw. MC 5 + 4,5 Teilen Sand
MG II (M 2,5) kann z. B. hergestellt werden aus	2 Teilen Kalkhydrat + 1 Teil Zement + 8 Teilen Sand oder 1 Teil HL 5 bzw. MC 5 + 3 Teilen Sand
MG IIa (M 5) kann z. B. hergestellt werden aus	1 Teil Kalkhydrat + 1 Teil Zement + 6 Teilen Sand oder 2 Teilen HL 5 bzw. MC 5 + 1 Teil Zement + 8 Teilen Sand

Mörtelausbeute

Beim Anmachen kommt zu der losen Menge aus Bindemittel und Gesteinskörnung als dritter Stoff Wasser hinzu. Das bedeutet aber keine Volumenvergrößerung, sondern eine Volumenverkleinerung. Das reduzierte Frischmörtelvolumen im Vergleich zu seinen trockenen Bestandteilen wird als Mörtelausbeute bezeichnet.

Mörtelfaktor

Umgekehrt kann bei gegebenem Mörtelvolumen bestimmt werden wie viel Bindemittel und Gesteinskörnung zur Herstellung dieses Mörtelvolumens erforderlich sind. Im Vergleich ist das Volumen der Ausgangsstoffe größer. Um wie viel dieses Ausgangsvolumen größer ist, drückt der Mörtelfaktor aus.

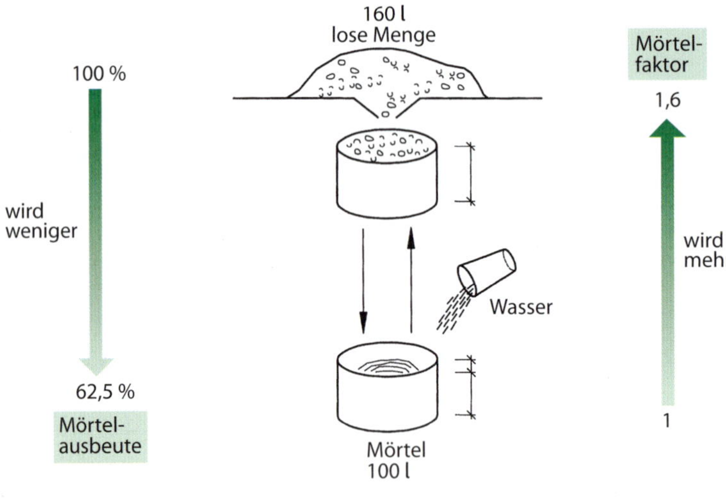

Mörtelausbeute

$$M_A = \frac{\text{Volumen des Mörtels } V_M \cdot 100\,\%}{\text{Volumen der Ausgangsstoffe } V_A}$$

Die Mörtelausbeute beträgt
- bei baufeuchtem Sand etwa 63 %,
- bei trockenem Sand etwa 71 %.

Mörtelfaktor

$$M_F = \frac{\text{Volumen der Ausgangsstoffe } V_A}{\text{Volumen des Mörtels } V_M}$$

Der Mörtelfaktor beträgt
- bei baufeuchtem Sand etwa 1,6,
- bei trockenem Sand etwa 1,4.

Beispiel

Aus 600 l Sand und 7 Sack Zement (= 7 · 20 l) wurden 500 l Zementmörtel hergestellt. Bestimmen Sie die Mörtelausbeute und den Mörtelfaktor.

$$M_A = \frac{V_M \cdot 100\,\%}{V_A} = \frac{500\,l \cdot 100\,\%}{600\,l + 140\,l} = 67{,}6\,\%$$

$$M_F = \frac{V_A}{V_M} = \frac{600\,l + 140\,l}{500\,l} = 1{,}48$$

Anhand vorgegebener Mischungsverhältnisse kann der Materialbedarf ermittelt werden.

Beispiel

Es sind 420 l Kalkzementmörtel mit Kalkhydrat im Mischungsverhältnis (MV) 2 : 1 : 9 herzustellen. Bestimmen Sie, wie viel Kalk, Zement und Sand benötigt werden.

Volumen der Ausgangsstoffe:

$V_A = 420\,l \cdot 1{,}6 = 672\,l$

Summe der Raumteile

$2\,RT_{Kalk} + 1\,RT_{Zement} + 9\,RT_{Sand} = 12\,RT$

Volumen eines Raumteils

$$1\,RT \mathrel{\widehat{=}} \frac{672\,l}{12\,RT} = 56\,l$$

Kalkbedarf (in Sack)

$V_{Kalk} = 2 \cdot 56\,l = 112\,l$

$$n_{Kalk} = \frac{112\,l}{40\,l} = 2{,}8\text{ Sack} \rightarrow 3\text{ Sack}$$

Zementbedarf (in Sack)

$V_{Zement} = 1 \cdot 56\,l = 56\,l$

$$n_{Zement} = \frac{56\,l}{21\,l} = 2{,}67\text{ Sack} \rightarrow 3\text{ Sack}$$

Sandbedarf

$V_{Sand} = 9 \cdot 56\,l = 504\,l$

$$\boldsymbol{V_A = V_M \cdot M_F}$$

$\boldsymbol{\sum RT}$ **= Summe der Raumteile der Ausgangsstoffe**

$$\boldsymbol{1\,RT \mathrel{\widehat{=}} \frac{V_A}{\sum RT}}$$

$$\boldsymbol{V_{Ausgangsstoffe} = RT \cdot V_{1\,RT}}$$

$$\boldsymbol{n_{Bindemittel} = \frac{V_{Ausgangsstoffe}}{\text{Inhalt pro Sack}}}$$

Der Inhalt pro Sack wird der folgenden Tabelle entnommen.

Bindemittel	Schüttdichte	Inhalt pro Sack	
	[kg/dm³]	[kg]	[l]
Weißkalkhydrat	0,5	20	40
Dolomitkalkhydrat	0,5	20	40
Hydraulischer Kalk HL 2	0,7	25	36
Hydraulischer Kalk HL 3,5	0,8	25	31
Hydraulischer Kalk HL 5	1,0	25	25
Putz- und Mauerbinder MC	1,0	40	40
Zement	1,2	25	21

13.3 Abschlämmbare Bestandteile

Da Gesteinskörnungen das feste und dauerhafte Gerüst des Mörtels bilden sollen, müssen sie ausreichende Eigenfestigkeit aufweisen und durch das Bindemittel fest verkittet werden. Diese feste Verbindung ist nicht möglich, wenn die Einzelkörner mit Feinanteilen (Ton, Schluff) verschmutzt sind. Bei der Untersuchung auf Feinanteile wird wie folgt vorgegangen:

1. Prüfung durch Augenschein
2. Fingerprobe: Reiben der Gesteinskörnung zwischen den Fingern
   - Gelbfärbung der Finger lässt auf Verunreinigung schließen,
   - geformte Kugeln müssen zerfallen.
3. Schlämmversuch: Der Gehalt an Feinanteilen (≤ 0,063 mm) kann durch den Absetzversuch bestimmt werden.

Versuch: 500 g Gesteinskörnung wird in einem Messzylinder von 1 000 cm^3 Inhalt bis 750 cm^3 mit Wasser aufgefüllt und durchgeschüttelt.

Beobachtung: Beim Absetzen bildet sich oben eine Schicht feinster Bestandteile, deren Einzelkörner mit dem bloßen Auge nicht mehr erkennbar sind.

Ergebnis: Beim Abschlämmen setzen sich die feinen Bestandteile in einer deutlich erkennbaren Schicht ab. Aus der Dicke dieser Schicht ist die Trockenmasse der abschlämmenden Bestandteile überschlägig errechenbar.

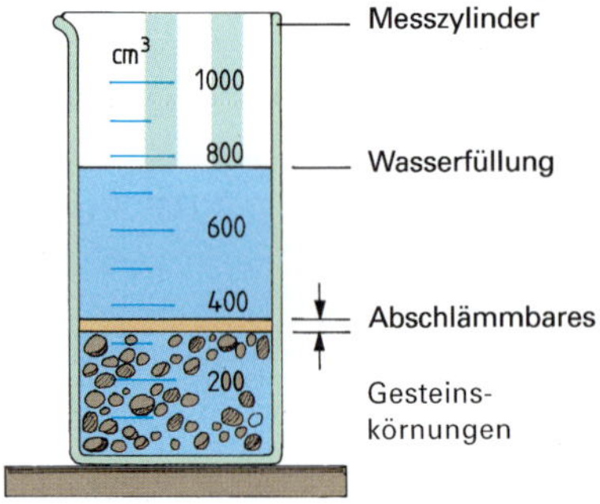

Nachweis von abschlämmbaren Bestandteilen durch den Absetzversuch

Höchstwerte abschlämmbarer Bestandteile nach DIN EN 13139

Korngruppe [mm]	**Massenanteil** [%]	
	ungebrochene Gesteinskörnung	**gebrochene Gesteinskörnung**
0/1	8	30
0/2	8	30
0/4; 2/4	8	30
0/8; 2/8	8	11

Die Masse-% werden mithilfe der Prozentrechnung bestimmt. Die Rohdichte des Schlamms wird mit 0,6 g/cm^3 angesetzt.

Beispiel

Nach dem Absetzen wird bei einem Schlämmversuch ein Schlammvolumen von 15 cm^3 festgestellt. Ermitteln Sie die Masse-% bei einer Ausgangsmasse von 500 g.

$$\text{Trockenmasse des Schlammvolumens} = 15\ \text{cm}^3 \cdot 0{,}6\ \frac{\text{g}}{\text{cm}^3} = 9\ \text{g}$$

$$\frac{500\ \text{g}}{9\ \text{g}} = \frac{100\,\%}{x} \quad \rightarrow \quad x = \frac{9\ \text{g} \cdot 100\,\%}{500\ \text{g}} = 1{,}8\ \text{Masse-\%}$$

Aufgaben

1. Aus einer Ausgangsmenge von Kalkhydrat und Sand von insgesamt 850 l soll Mörtel mit einem MV 1:3,5 hergestellt werden. Wie viel l Kalkhydrat und Sand wurden gemischt?

2. Eine Ausgangsmenge von 1210 l, bestehend aus Kalkteig, Zement und Sand, soll zu einem Mörtel mit einem MV von 1,5:1:9 verarbeitet werden. Wie viel l Kalkteig, Zement und Sand wurden gemischt?

3. Aus einer Ausgangsmenge von 460 l soll Zementmörtel in einem MV 1:4 hergestellt werden. Wie viel l Zement und Sand sind zu mischen?

4. Wie viel l hydraulischer Kalk werden für eine Mörtelmischung mit einer Ausgangsmenge von 550 l und einem MV von 1:3,5 benötigt?

5. Wie viel Sack Zement (Schüttdichte $\varrho_z = 1{,}7\ kg/dm^3$) sind mit 750 l Sand zu einem Mörtel, MV 1:3, zu verarbeiten?

6. Ein Kalkzementmörtel, MV 2:1:8, wird mit 680 l Sand hergestellt. Wie viel kg Zement und Kalkhydrat mit den Schüttdichten $\varrho_z = 1{,}2\ kg/dm^3$ und $\varrho_K = 0{,}60\ kg/dm^3$ werden benötigt?

7. Ein Mörtel der Gruppe II a (M 5) wird aus 135 l hoch hydraulischem Kalk hergestellt. Ermitteln Sie das Mischungsverhältnis aus der Tabelle und berechnen Sie die benötigte Menge an Zement mit einer Schüttdichte von $\varrho_z = 1{,}2\ kg/dm^3$ in kg und Sand in l.

8. In einem 150-l-Mischer soll Zementmörtel im MV 1:3 hergestellt werden. Wie viel kg Zement ($\varrho_z = 1{,}1\ kg/dm^3$) und l Sand werden pro Mischung benötigt?

9. Ein 450-l-Mischer wird mit 6 Sack Zement beschickt (Schüttdichte $\varrho_z = 1{,}6\ kg/dm^3$). Wie viel l Sand sind pro Mischung zuzugeben, wenn das MV 1:3,5 betragen soll?

10. 65 l Kalkhydrat und 195 l Sand ergeben 168 l Mörtel.
    a) Wie groß ist die Mörtelausbeute in %?
    b) Wie groß ist der Mörtelfaktor?

11. Aus Kalkteig und Sand sollen 520 l Kalkmörtel im MV 1:4 hergestellt werden. Wie viel l Kalkteig und Sand werden bei einer Mörtelausbeute von 68 % benötigt?

12. Es sind 350 l Zementmörtel im MV 1:3,5 herzustellen. Wie viel kg Zement ($\varrho_z = 1{,}2\ kg/dm^3$) und l Sand werden bei einem Mörtelfaktor von 1,6 benötigt?

13. Bei einem Kalkzementmörtel der Mörtelgruppe II (Mörtelklasse M 2,5) werden PM-Binder (MC 5) und Sand verarbeitet. Geben Sie das Mischungsverhältnis an und bestimmen Sie die Menge an Mörtel bei 70 l PM-Binder und einer Mörtelausbeute von 65,3 %.

14. Bei einem Kalkzementmörtel werden Kalkhydrat, Zement und Sand im MV 2:1:8 gemischt. Ein 150-l-Mischer wird mit 23 l Kalkhydrat beschickt.
    a) Wie viel l Zement und Sand werden pro Mischung benötigt?
    b) Berechnen Sie die Mörtelmenge in l bei einem Mörtelfaktor von 1,54.
    c) Wie viel % beträgt die Mörtelausbeute?

15. 650 l Kalkmörtel werden aus Kalkteig und Sand im MV 1:3,5 hergestellt. Wie viel Kalkteig und Sand werden benötigt, wenn zur Mörtelbereitung die 1,45-fache Ausgangsmenge benötigt wird?

16. 300 kg Zement mit einer Schüttdichte von $\varrho_z = 1{,}15\ kg/dm^3$ werden mit 643 l Sand zu Zementmörtel verarbeitet. Wie viel l Mörtel erhält man bei einer Ausbeute von 68 %?

17. Zum Mauern einer Kellerwand werden 2,7 m^3 Mörtel benötigt. Wie viel kg Zement ($\varrho_z = 1{,}1\ kg/dm^3$) und l Sand sind bei einem MV von 1:3,5 erforderlich?

Aufgaben

18. Aus 70 kg Kalkhydrat ($\varrho_K = 0{,}6\ kg/dm^3$) soll ein Kalkzementmörtel der Mörtelgruppe II (Mörtelklasse M 2,5) hergestellt werden.
a) Bestimmen Sie die Mörtelmenge in l, wenn das 1,45-Fache an Ausgangsmenge benötigt wird.
b) Wie groß ist die Mörtelausbeute?

19. Eine Garage soll an ein bestehendes Gebäude angebaut werden, wofür 0,97 m^3 Mörtel, MV 1 : 3, $M_F = 1{,}6$, benötigt werden.
a) Wie viel l an Ausgangsmaterial werden benötigt?
b) Wie viel kg Kalkhydrat ($\varrho_K = 0{,}7\ kg/dm^3$) werden benötigt?

20. Für eine Wand sind 1,36 m^3 Kalkzementmörtel im MV 2 : 1 : 8 mit hoch hydraulischem Kalk herzustellen, $\varrho_K = 0{,}9\ kg/dm^3$, $\varrho_z = 1{,}1\ kg/dm^3$. Die Mörtelausbeute beträgt 68 %. Ermitteln Sie den Bedarf an Gesteinskörnung in l und Bindemittel in kg.

21. Um 2,74 m^3 Kalkzementmörtel herzustellen, werden Kalkhydrat ($\varrho_K = 0{,}7\ kg/dm^3$) und Zement ($\varrho_z = 1{,}2\ kg/dm^3$) verwendet. Das MV beträgt 2 : 1 : 8. Wie viel kg Bindemittel und l Sand werden bei einem Mörtelfaktor von 1,37 benötigt?

22. Es sind 450 l Kalkmörtel mit einem MV 1 : 3 und einem Mörtelfaktor von 1,6 herzustellen. Ermitteln Sie den Bedarf an Kalkhydrat ($\varrho_K = 0{,}7\ kg/dm^3$) in kg und Sand in l.

23. Wie groß ist der Bedarf an hydraulischem Kalk in kg ($\varrho_K = 0{,}7\ kg/dm^3$), Zement in kg ($\varrho_z = 1{,}1\ kg/dm^3$) sowie Sand in l für 930 l Kalkzementmörtel der Mörtelgruppe II (Mörtelklasse M 2,5), $M_F = 1{,}6$?

24. Ermitteln Sie den Baustoffbedarf für 1530 l Zementmörtel, MV 1 : 3, $M_F = 1{,}6$.

25. Wie viel Sack Kalkhydrat zu je 40 kg ($\varrho_K = 0{,}5\ kg/dm^3$) und Sack Zement ($\varrho_z = 1{,}2\ kg/dm^3$) sowie m^3 Sand sind zu bestellen, um 12,5 m^3 Kalkzementmörtel mit einem MV von 2 : 1 : 11 und einem Mörtelfaktor von 1,6 herzustellen?

26. Absetzversuche mit 500 g lufttrockener Gesteinskörnung (ungebrochen) der Korngruppe 0/4 ergaben 12 cm^3 (6 cm^3/20 cm^3/35 cm^3) abschlämmbare Bestandteile.
a) Wie viel Massen-% beträgt die abschlämmbare Masse?
b) Welcher Sand darf nicht mehr verwendet werden?

27. Ein Korngemisch 2/8 mit 500 g brachte bei einem Absetzversuch 15 cm^3 (18 cm^3/27 cm^3) abschlämmbare Bestandteile.
a) Wie viel Massen-% beträgt die abschlämmbare Masse?
b) Welche Gesteinskörnungen (ungebrochen) dürfen noch verwendet werden ?

28. Wie viel Masse-% beträgt die Verunreinigung?

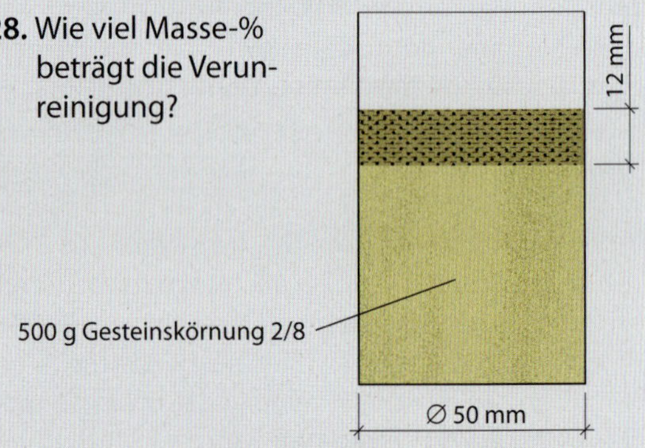

29. Darf dieser Sand (ungebrochen) noch verwendet werden?

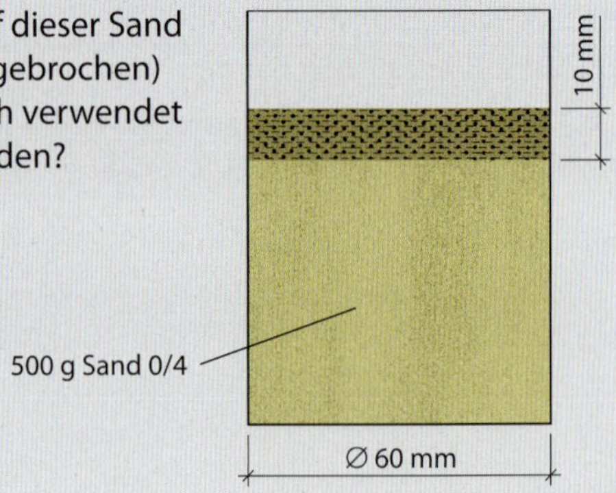

14 Mauerwerk

14.1 Maßordnung im Hochbau

Ziel der Maßordnung im Hochbau ist es, den Verschnitt an Mauersteinen so gering wie möglich zu halten. Grundlage dabei ist das Baurichtmaß von 12,5 cm oder einem Vielfachen (*n*) davon. 12,5 cm, welche sich aus einer Steinbreite von 11,5 cm und einer Fugendicke von 1 cm zusammensetzen, sind ein Achtel von 100 cm, weshalb im Bauwesen von einem Achtelmeter (1 am) gesprochen wird. In den Bauplänen sind jedoch Nennmaße eingetragen, die die tatsächlichen Abmessungen eines Bauteils angeben. Sie errechnen sich aus den Baurichtmaßen, ggf. zuzüglich oder abzüglich einer Fugendicke.

$$\textbf{Baurichtmaß} = n \cdot 12{,}5\ \text{cm}$$

$$1\ \text{am} = 12{,}5\ \text{cm}$$

Berechnung der Nennmaße

Mauerlängen

Nach der Begrenzung der Mauer werden drei Arten von Maßen unterschieden:

a) **Außenmaße** bei frei endenden Mauern (Pfeiler, Wanddicken, Gebäudeaußenmaße);

Nennmaß: Anzahl der Köpfe · 12,5 cm – 1 cm

Beispiel: $l = 5 \cdot 12{,}5\ \text{cm} - 1\ \text{cm} = \mathbf{61{,}5\ cm}$

b) **Innenmaße** bei beiderseits angebauten Mauern (Öffnungsmaße für Türen und Fenster, Rauminnenmaße);

Nennmaß: Anzahl der Köpfe · 12,5 cm + 1 cm

Beispiel: $l = 5 \cdot 12{,}5\ \text{cm} + 1\ \text{cm} = \mathbf{63{,}5\ cm}$

c) **Anbaumaße** bei einseitig angebauten Mauern (Mauervorlagen, Mauerhöhen);

Nennmaß: Anzahl der Köpfe · 12,5 cm

Beispiel: $l = 5 \cdot 12{,}5\ \text{cm} = \mathbf{62{,}5\ cm}$

Das Nennmaß entspricht hier dem Baurichtmaß.

Nennmaße

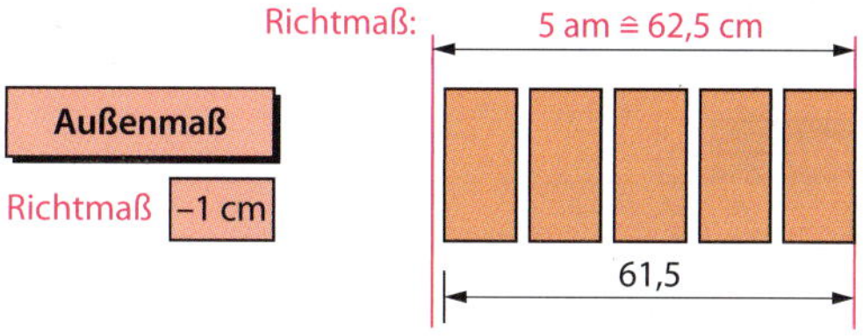

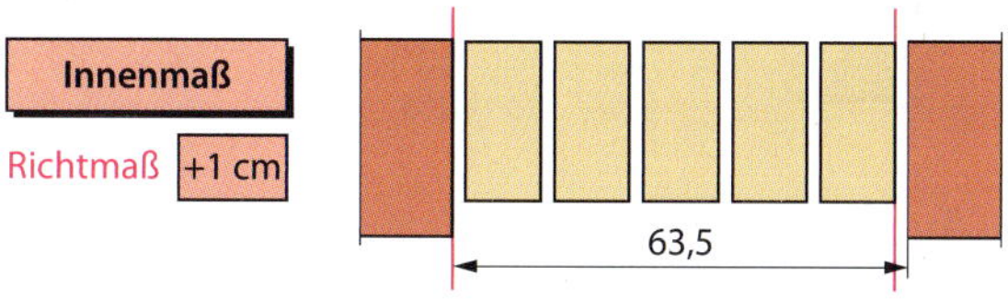

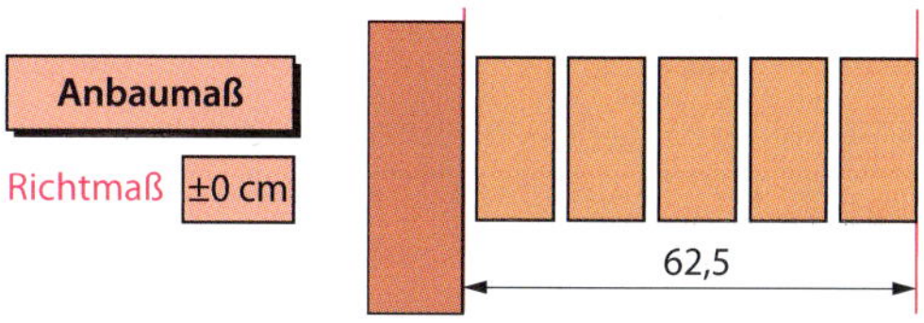

Mauerhöhen

Die Mauerhöhe errechnet sich aus Schichthöhe und Anzahl der Schichten. Die Schichthöhe setzt sich aus Steinhöhe (Steinnennmaß) und Dicke der Lagerfuge zusammen. Für Lagerfugen kann eine durchschnittliche Fugendicke von 1,2 cm angenommen werden. Die genaue Fugendicke errechnet sich nach Anzahl und Höhe der Steine. Aus Mauerhöhe und Schichthöhe wird die Schichtanzahl ermittelt.

Höhenmaße des Mauerwerks nach der Maßordnung

Formate	DF	NF	2 DF 3 DF	Großformate
Steinhöhe in cm	5,2	7,1	11,3	23,8
Lagerfuge in cm	1,05	1,23	1,2	1,2
Schichtenhöhe in cm	6,25	8,33	12,5	25
Schichtenzahl je 25 cm Mauerhöhe	4	3	2	1

Schichtenhöhen mit verschiedenen Formaten

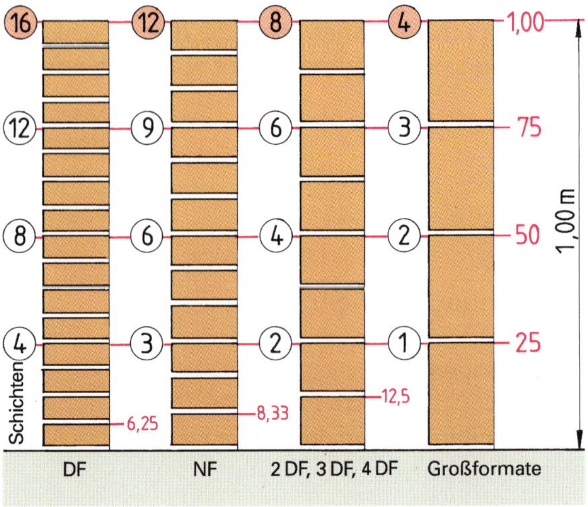

Beispiel

a) Gesucht ist die Höhe einer Mauer von 30 Schichten mit Steinen in NF.

Mauerhöhe = Schichtanzahl · Schichthöhe

h = 30 · 8,33 cm = 249,9 cm

b) Gesucht ist die Anzahl an Schichten bei einer Mauerhöhe von 3,25 m in 2 DF.

Schichtanzahl = Mauerhöhe : Schichthöhe

n = 325 cm : 12,5 cm = 26

Aufgaben

1. Rechnen Sie die Achtelmetermaße in Baurichtmaße und Nennmaße als Innenmaße um.
a) 4 am b) 17 am c) 23 am d) 8 am

2. Geben Sie folgende Nennmaße als Baurichtmaße und Achtelmetermaße (am) an.
a) 3,51 m
b) 1,495 m
c) 12,99 m
d) 2,375 m
e) 3,135 m
f) 8,88 m
g) 18,865 m
h) 6,75 m
i) 0,865 m
k) 0,495 m

3. Rechnen Sie die Achtelmetermaße 2 am (12 am; 116 am; 35 am; 97 am; 133 am) um in
a) Baurichtmaße in m,
b) Innenmaße,
c) Außenmaße.

4. Eine 24 cm dicke, frei stehende, gerade Wand aus NF-Steinen enthält in einer Schicht 86 Köpfe. Es wurden 22 Schichten gemauert.
a) Geben Sie das Baurichtmaß sowie das Nennmaß an.
b) Wie viele Steine werden benötigt?

5. Ein Mauerwerk soll aus Klinkern DF errichtet werden.

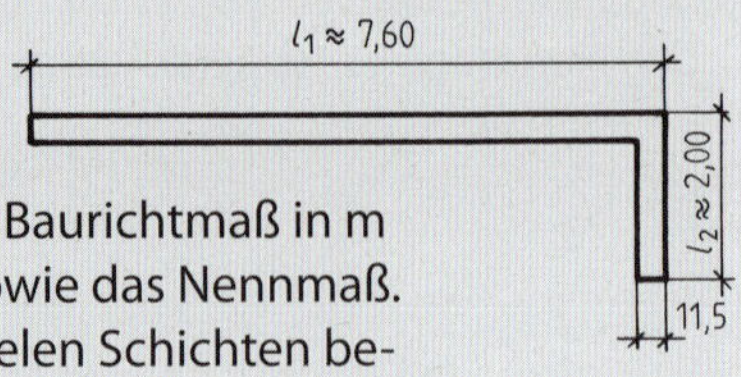

a) Ermitteln Sie für l_1 und l_2 das Baurichtmaß in m und am sowie das Nennmaß.
b) Aus wie vielen Schichten besteht die 1,625 m hohe Mauer?
c) Wie viele Klinkermauerziegel sind erforderlich?

Aufgaben

6. Eine 30 cm dicke Wand wird aus HLzW 5-0,7-5 DF (300) hergestellt. Wandlänge etwa 10,75 m, Wandhöhe etwa 3,25 m.

a) Welches Baurichtmaß in m und am hat die Wand?

b) Wie viele Schichten sind zu mauern?

7. Übertragen Sie die Baurichtmaße des Planes in Nennmaße des Werkplanes.

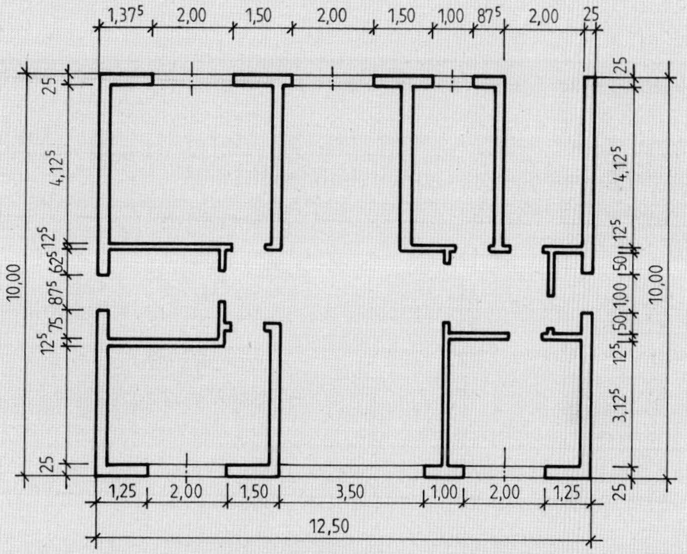

8. a) Übertragen Sie die Baurichtmaße des Planes in Nennmaße.

b) Legen Sie die Nennmaße der Brüstungshöhen fest.

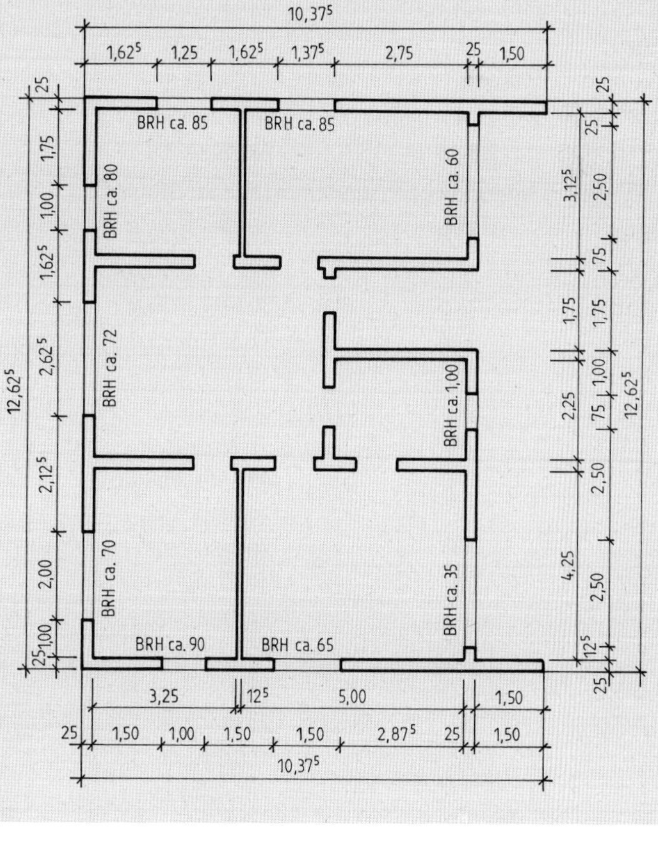

14.2 Baustoffbedarf

Der Bedarf an Mörtel und Mauersteinen wird mithilfe entsprechender Tabellen berechnet.

Mauersteinbedarf = Fläche A · Mauersteinbedarf pro m²

Mörtelbedarf = Fläche A · Mörtelbedarf pro m²

Bedarf an Mauersteinen und Mörtel

Steinformat	Wanddicke [cm]	Abmessungen Länge/Breite/Höhe [cm]	Bedarf je m² Wand	
			Anzahl Steine	Mörtel [l]
a) Steine mit glatten, vermörtelten Stoßflächen				
DF	11,5	24/11,5/5,2	66	35
NF	11,5	24/11,5/7,1	50	27
	24	11,5/24/7,1	100	70
2 DF	11,5	24/11,5/11,3	33	20
	24	11,5/24/11,3	66	55
3 DF	17,5	24/17,5/11,3	33	30
	24	17,5/24/11,3	44	50
2 + 3 DF	30		je 33	65
5 DF	24	30/24/11,3	26	40
	30	24/30/11,3	33	55
6 DF	24	36,5/24/11,3	22	40
	36,5	24/36,5/11,3	33	65
10 DF	24	30/24/23,8	13,5	25
	30	24/30/23,8	16,5	33
12 DF	24	36,5/24/23,8	11	23
	36,5	24/36,5/23,8	16,5	38
b) Steine mit Nut und Feder, unvermörtelte Stoßfuge				
6 DF	11,5	37,3/11,5/23,8	11	8
8 DF	11,5	49,8/11,5/23,8	8,3	8
7,5 DF	17,5	30,8/17,5/23,8	13,5	12
9 DF	17,5	37,3/17,5/23,8	11	12
12 DF	17,5	49,8/17,5/23,8	8,3	12
10 DF	24	30,8/24/23,8	13,5	17
12 DF	24	37,3/24/23,8	11	17
16 DF	24	49,8/24/23,8	8,3	17
10 DF	30	24,8/30/23,8	16,5	22
12 DF	30	30,8/30/23,8	13,5	22
20 DF	30	49,8/30/23,8	8,3	22
12 DF	36,5	24,8/36,5/23,8	16,5	26
24 DF	36,5	49,8/36,5/23,8	8,3	26
14 DF	42,5	24,8/42,5/23,8	16,5	30
16 DF	49	24,8/49/23,8	16,5	35
48 DF	17,5	100/17,5/49,9	2	2,2
64 DF	24	100/24/49,9	2	3,0

Beispiel

Berechnen Sie den Bedarf an Mauerziegeln (NF) und den Mörtelbedarf für eine 24 cm dicke Wand mit einer Länge von 4,115 m und einer Höhe von 2,625 m.

Fläche: $A = l \cdot b = 4{,}115\ \text{m} \cdot 2{,}625\ \text{m} = 10{,}80\ \text{m}^2$

Steine: Mauersteinbedarf $= A \cdot$ Bedarf pro $\text{m}^2 = 10{,}80\ \text{m}^2 \cdot 100\ \frac{\text{Steine}}{\text{m}^2} = 1080$ Steine

Mörtel: Mörtelbedarf $= A \cdot$ Bedarf pro $\text{m}^2 = 10{,}80\ \text{m}^2 \cdot \frac{70\ \text{l}}{\text{m}^2} = 756\ \text{l}$

Aufgaben

9. Eine Wand von 6,875 m Länge und 2,75 m Höhe ist in Kalksand-Vollsteinen NF herzustellen. Ermitteln Sie den Stein- und Mörtelbedarf für eine Wand mit einer Dicke von
a) 11,5 cm,
b) 24 cm,
c) 36,5 cm.

10. Eine Gartenmauer von 12,50 m Länge und 1,50 m Höhe ist in Hochlochklinkern DF herzustellen. Wie viele Steine und l Mörtel werden benötigt, wenn die Wand
a) 11,5 cm,
b) 24 cm dick ausgeführt werden soll?
c) Wie viele Schichten sind zu mauern?

11. Es sind 12 Mauerpfeiler mit dem Querschnitt 36,5 × 36,5 cm und einer Höhe von 2,50 m in Mauerziegel-Vollsteinen NF zu mauern.
a) Wie viele Steine werden benötigt?
b) Wie viel l Zementmörtel sind bereitzustellen?
c) Wie viele Schichten sind zu mauern?

12. Eine 56,50 m^2 große und 24 cm dicke Wand soll statt mit Steinen 30 × 24 × 11,3 cm mit Hohlblocksteinen 36,5 × 24 × 23,8 cm ausgeführt werden.
a) Wie viele Steine weniger werden gebraucht?
b) Wie groß ist die Mörtelersparnis?

13. Wie viele Hochlochziegel 2 DF und l Mörtel werden für die 11,5 cm dicke Wand benötigt?

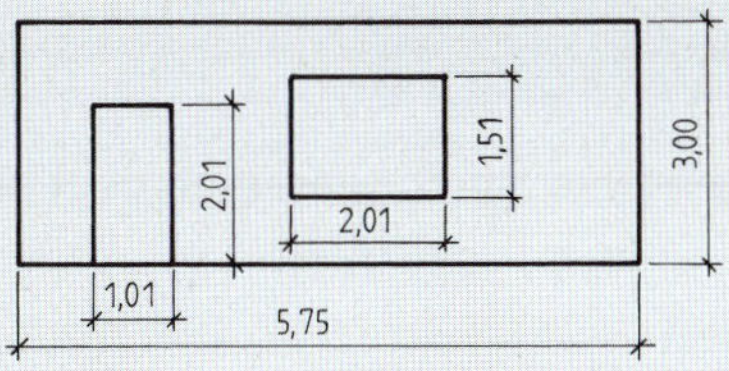

14. Ermitteln Sie den Bedarf an Mauerziegeln 5 DF und Mörtel für die 30 cm dicke Giebelwand.

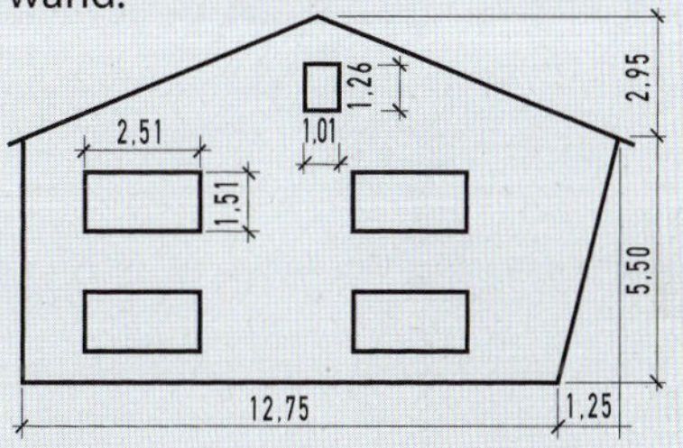

15. a) Wie viel m^2 Giebelfläche sind für 2 Giebel auszumauern?
b) Wie groß ist der Bedarf an Steinen HLz, NF und Mörtel? Mauerdicke 24 cm.

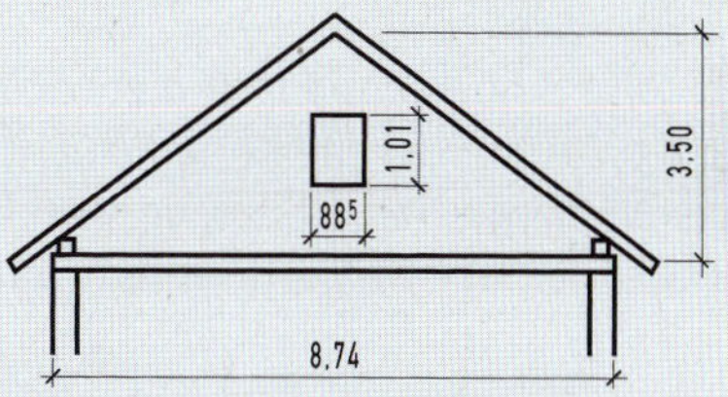

16. Der dargestellte Raum ist 2,75 m hoch.
a) Wie viel m^2 Mauerwerk ist auszuführen?
b) Wie groß ist der Bedarf an Hohlblocksteinen aus Leichtbeton 36,5 × 24 × 23,8 cm sowie der Mörtelbedarf?

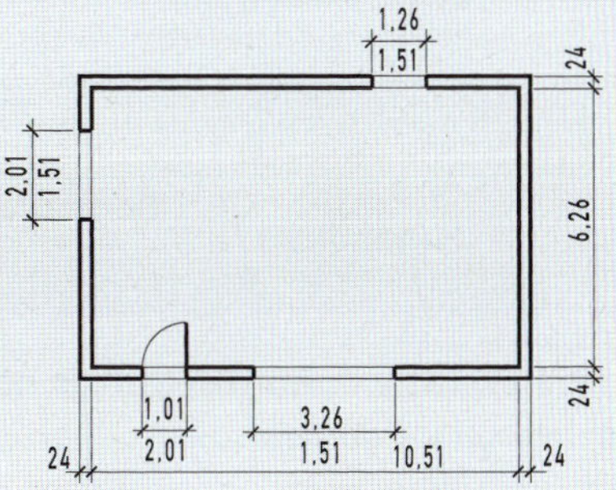

14.3 Mauerbögen

Maueröffnungen können nicht nur mit einem geraden Sturz überspannt, sondern auch als Bogenkonstruktion ausgeführt werden. Ein Bogen überträgt die Last schräg auf die Auflager, die Widerlager. In der Bogenkonstruktion selbst treten nur Druckkräfte auf, weshalb eine Bewehrung des Bogens nicht erforderlich ist. Je flacher ein Bogen ist, desto größer ist der Horizontalschub, der auf das Widerlager übertragen wird. Große Schubkräfte erfordern schwere Widerlagermauern.

Alle Bögen werden von den Widerlagern zur Mitte hin gemauert. Als letzter Stein wird der Schlussstein gesetzt; er verspannt den Bogen. Daraus ergibt sich in der Regel eine ungerade Anzahl von Steinen. Die Fugen sollen am Bogenrücken höchstens 2 cm, an der Bogenlaibung mindestens 0,5 cm dick sein.

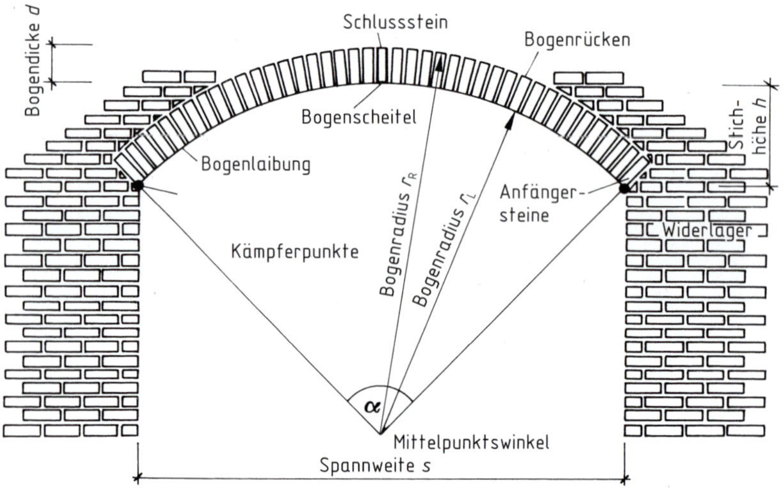

Um die Fugenmaße zu berechnen, sind zunächst das Bogenmaß *b* am Bogenrücken und an der Bogenlaibung sowie die Anzahl der Steine je Schicht zu ermitteln. Für Bögen werden vorzugsweise Steine im Format DF oder NF sowie Natursteine verwendet. Je nach Größe des Bogens, die durch Spannweite und Stichhöhe gegeben ist, ist eine bestimmte Anzahl von Steinen je Schicht (Bogenlänge) erforderlich.

Bogenlänge am Bogenrücken $$b_R = \frac{r_R \cdot \pi \cdot \alpha}{180°}$$

Bogenlänge an der Bogenlaibung $$b_L = \frac{r_L \cdot \pi \cdot \alpha}{180°}$$

$$\text{Anzahl der Steine je Schicht} = \frac{\text{Bogenlänge an der Laibung}}{\text{Schichtdicke}}$$

$$n = \frac{b_L}{\text{Steindicke} + \text{Fuge}}$$

$$\text{Fugendicke } Fd = \frac{\text{Bogenlänge} - \text{Anzahl der Steine} \cdot \text{Steindicke}}{\text{Anzahl der Steine} + 1}$$

Als Bogenlänge ist b_R bzw. b_L einzusetzen, je nachdem, ob die Fugendicke am Bogenrücken oder an der Bogenlaibung berechnet werden soll.

Bogenarten

Scheitrechter Bogen

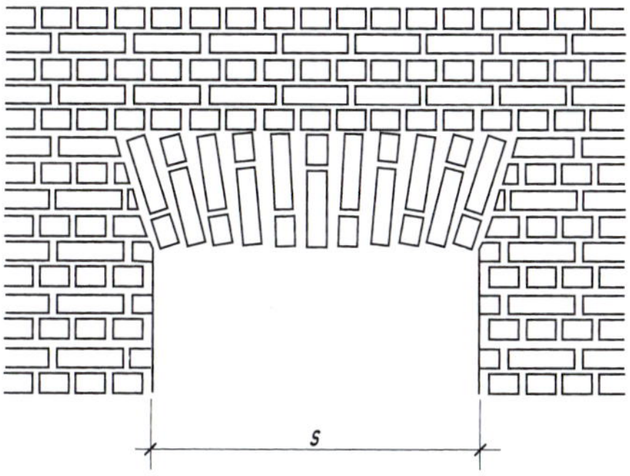

Seine Tragkraft ist wegen seiner geringen Stichhöhe von 1/100 … 1/200 der Spannweite nur gering. Es können damit Maueröffnungen bis etwa 1,50 m lichte Weite überspannt werden. Für die Bogendicke gilt die Faustregel:
für Spannweiten bis 0,80 m $\rightarrow$ $d = 1$ Stein
für Spannweiten über 0,80 m $\rightarrow$ $d = 1\frac{1}{2}$ Steine

Segmentbogen

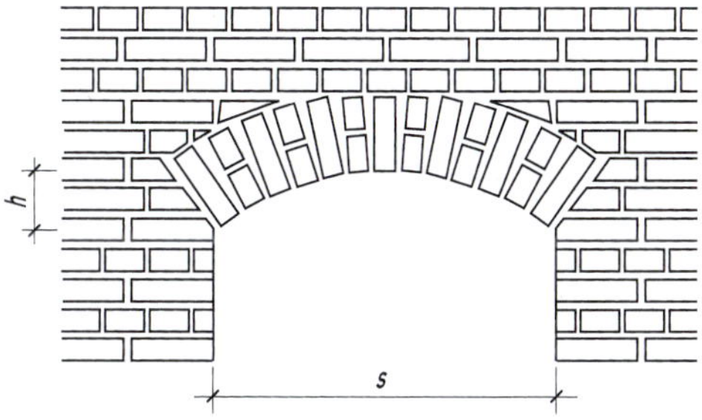

Die Tragkraft von Segmentbögen ist größer als die von scheitrechten Bögen. Die Stichhöhe h liegt zwischen 1/6 und 1/12 der Spannweite. Es lassen sich Öffnungen bis 3,00 m überspannen.

Faustregel:
lichte Weite bis 1,75 m $\rightarrow$ $d = 1$ bis $1\frac{1}{2}$ Steine
lichte Weite bis 3,00 m $\rightarrow$ $d = 2$ Steine

Radius:

$$r = \frac{s^2}{8 \cdot h} + \frac{h}{2}$$

Bogenlänge:

$$b = \frac{r \cdot \pi \cdot \alpha}{180°}$$

Rundbogen

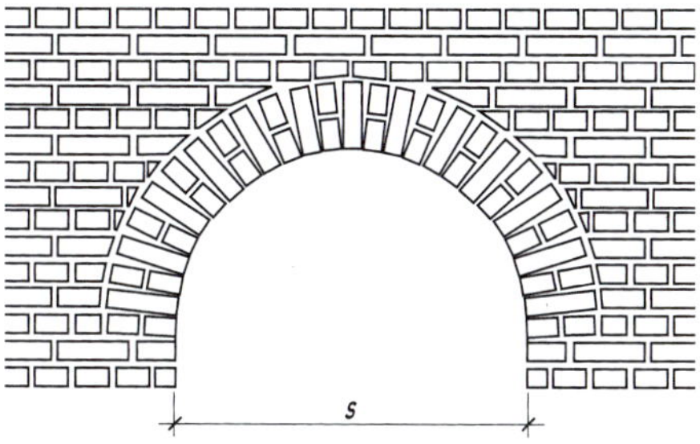

Er wird dann angewendet, wenn es um die Aufnahme großer Lasten oder um große Spannweiten geht. Für die Bogendicke gelten folgende Anhaltswerte:
bis 1,75 m Spannweite $\rightarrow$ $d = 1$ Stein
1,75 … 3,00 m Spannweite $\rightarrow$ $d = 1\frac{1}{2}$ Steine
3,00 … 6,00 m Spannweite $\rightarrow$ $d = 2$ Steine

Bogenlänge:

$$b = \frac{s \cdot \pi}{2}$$

Korbbogen

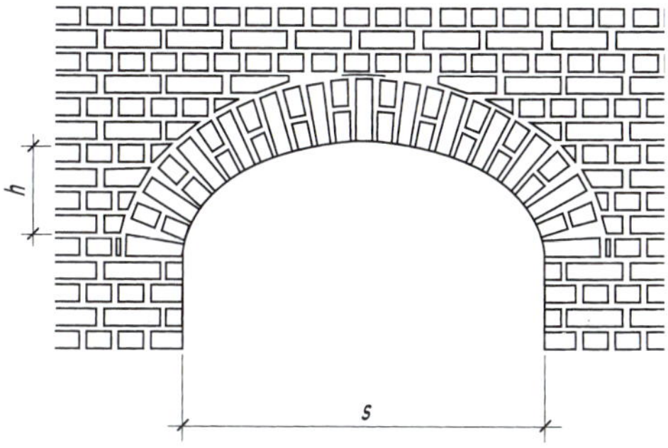

Mit ihm lassen sich große Spannweiten überbrücken, ohne dass die Stichhöhe übermäßig groß wird. Die Belastbarkeit ist allerdings nicht so groß wie beim Rundbogen. Die Form von Korbbögen hängt von der jeweiligen Konstruktion ab.

Bogenlänge:

$$b = \frac{\pi}{4} \cdot (s + 2 \cdot h)$$

Spitzbogen

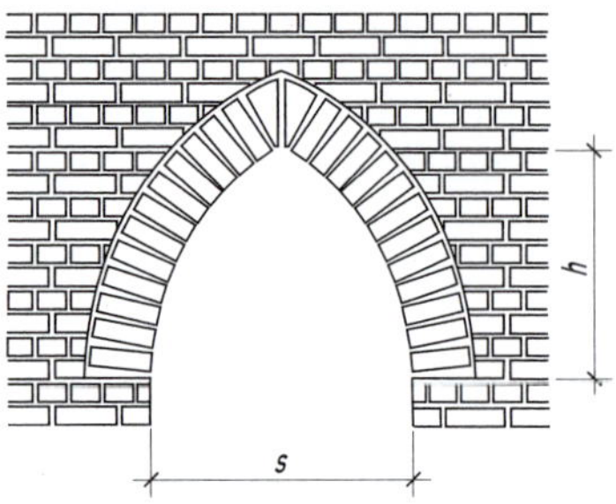

Er ist dadurch gekennzeichnet, dass im Gegensatz zu allen anderen Bogenarten die Bogenlaibung am Scheitelpunkt eine gewinkelte Kante bildet und sich daher immer eine gerade Anzahl von Steinen je Schicht ergibt.

Er kann hergestellt werden als:

Normaler Spitzbogen

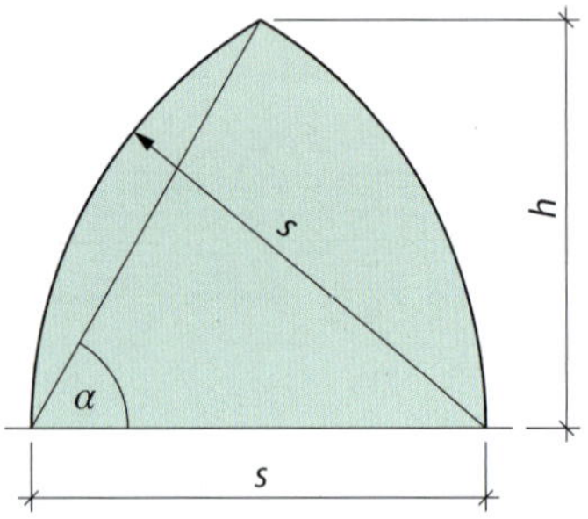

$$b = \frac{2}{3} \cdot s \cdot \pi$$

$$h = \frac{s}{2} \cdot \sqrt{3}$$

$$s = \frac{2h}{\sqrt{3}}$$

$$\cos \alpha = \frac{1}{2}$$

Überhöhter Spitzbogen

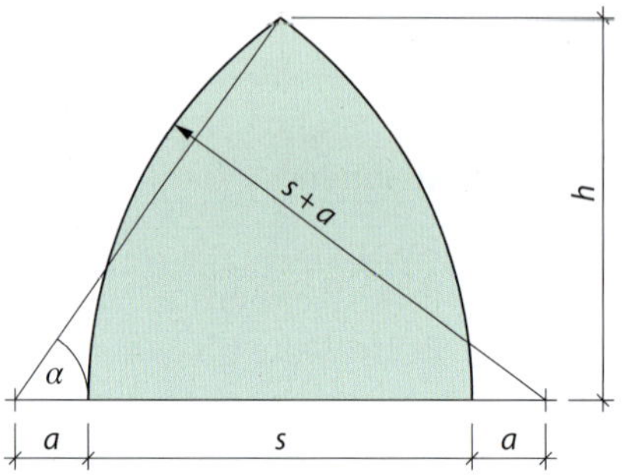

$$b = \frac{\pi \cdot \alpha}{90°} \cdot (s + a)$$

$$h = \sqrt{\frac{3 \cdot s^2}{4} + a \cdot s}$$

$$a = \frac{h^2}{s} - \frac{3s}{4}$$

$$\cos \alpha = \frac{\frac{s}{2} + a}{s + a}$$

Gedrückter Spitzbogen

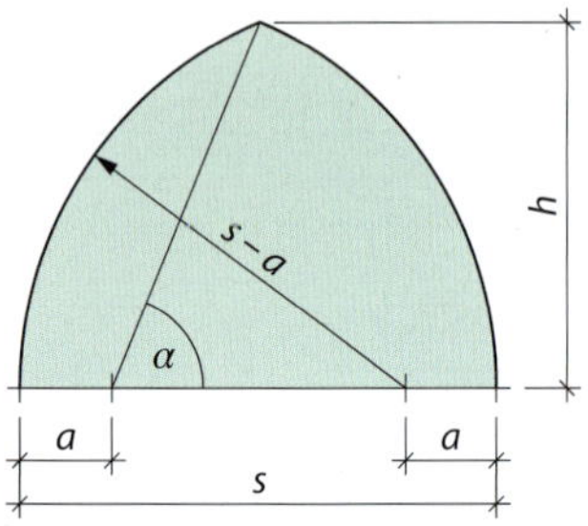

$$b = \frac{\pi \cdot \alpha}{90°} \cdot (s - a)$$

$$h = \sqrt{\frac{3 \cdot s^2}{4} - a \cdot s}$$

$$a = \frac{3s}{4} - \frac{h^2}{s}$$

$$\cos \alpha = \frac{\frac{s}{2} - a}{s - a}$$

Steigender (einhüftiger) Bogen

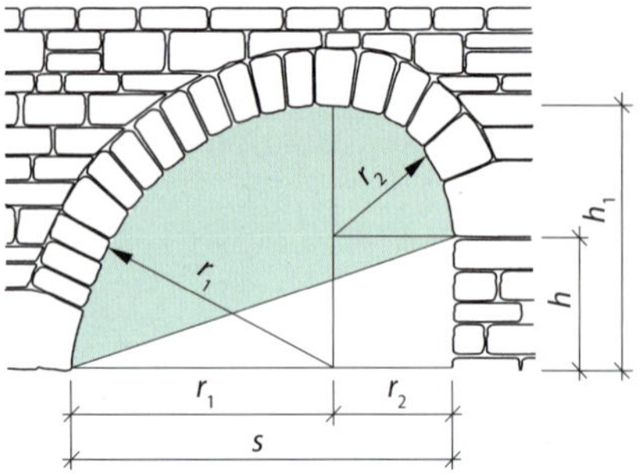

Er findet bei steigendem Gelände Anwendung und wird deshalb so genannt.

Von der Ableitung der Kräfte, der Spannweite sowie der Herstellung entspricht er dem Rundbogen.

$$b = \frac{\pi}{2} \cdot s$$

$$h_1 = \frac{s + h}{2}$$

Parabelbogen

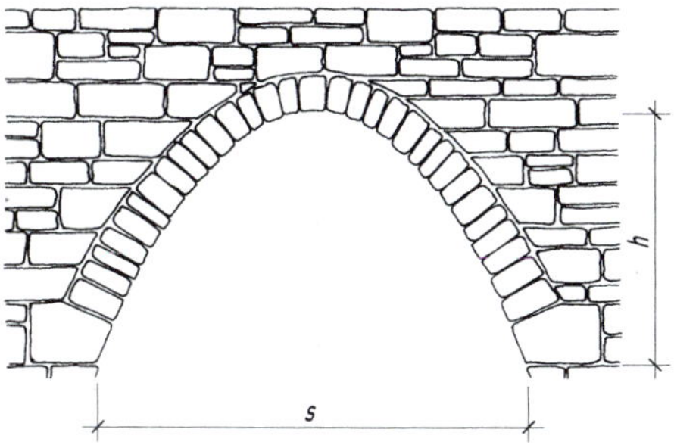

Für die Ableitung der Kräfte in das Mauerwerk hat der parabelförmige Bogen die günstigste Form. Seine Belastbarkeit ist daher sehr groß.

Beispiel

Segmentbogen: Spannweite $s = 1{,}76$ m Steinformat NF
Stichhöhe $h = 25$ cm Mittelpunktswinkel $\alpha = 63°\,30'$
Bogendicke $d = 24$ cm

gesucht: Anzahl der Steine pro Schicht,
Fugendicke am Bogenrücken und an der Bogenlaibung

Bogenradius

$$r = \frac{s^2}{8 \cdot h} + \frac{h}{2}$$

$$r = \frac{(1{,}76\text{ m})^2}{8 \cdot 0{,}25\text{ m}} + \frac{0{,}25\text{ m}}{2}$$

$$r = 1{,}67\text{ m}$$

Steine je Schicht

$$n = \frac{b_L}{d}$$

$$n = \frac{195\text{ cm}}{7{,}1\text{ cm} + 0{,}5\text{ cm}}$$

$$n = 25{,}66$$

gewählt: $n = 25$ Steine (ungerade Anzahl)

Länge des Bogenrückens

$$b_R = \frac{r_R \cdot \pi \cdot \alpha}{180°}$$

$$b_R = \frac{1{,}91\text{ m} \cdot \pi \cdot 63{,}5°}{180°}$$

$$b_R = 2{,}12\text{ m}$$

Fugendicke am Bogenrücken

$$Fd_R = \frac{212\text{ cm} - 25 \cdot 7{,}1\text{ cm}}{25 + 1}$$

$$Fd_R = 1{,}3\text{ cm} < Fd_{R,max} = 2{,}0\text{ cm}$$

Bogenlänge an der Laibung

$$b_L = \frac{1{,}76\text{ m} \cdot \pi \cdot 63{,}5°}{180°}$$

$$b_L = 1{,}95\text{ m}$$

Fugendicke an der Laibung

$$Fd_L = \frac{195\text{ cm} - 25 \cdot 7{,}1\text{ cm}}{25 + 1}$$

$$Fd_L = 0{,}67\text{ cm} > Fd_{L,min} = 0{,}5\text{ cm}$$

Aufgaben

17. Eine Maueröffnung mit einer lichten Weite von 1,01 m soll durch einen scheitrechten Bogen überspannt werden.
Berechnen Sie die Anzahl der Steine DF pro Schicht sowie die Fugendicke.

18. Über einer Fensteröffnung mit der lichten Weite 0,885 m ist ein scheitrechter Bogen in Natursteinen mit einem Stich von 9 mm zu mauern. Die Steine sind 6 cm dick.
a) Wie viele Steine sind erforderlich?
b) Wie groß ist die Fugendicke?
c) Wie dick müssten die Steine bei gleicher Anzahl sein, wenn die Fugendicke an der Laibung 5 mm betragen würde?

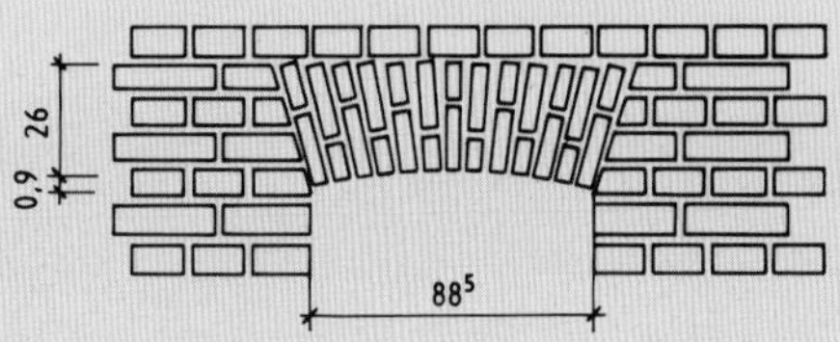

19. Über einer 1,76 m breiten Fensteröffnung ist ein Segmentbogen zu mauern. Die Stichhöhe beträgt 22 cm. Der 24 cm dicke Bogen ist im Steinformat NF herzustellen. Der Bogen hat einen zugehörigen Mittelpunktswinkel von $\alpha = 56°6'$.
Ermitteln Sie die Anzahl der Steine pro Schicht sowie die Fugendicke am Bogenrücken und an der Bogenlaibung.

20. Über einer Fensteröffnung von 1,96 m ist ein Segmentbogen zu mauern. Die Stichhöhe soll 1/8 der Spannweite betragen.
Ermitteln Sie
a) die Stichhöhe in cm,
b) den Bogenradius,
c) den Mittelpunktswinkel.

21. Der Eingang zu einer Gartenlaube ist mit einem Rundbogen zu überspannen. Die lichte Öffnung beträgt 1,26 m, die Bogendicke 24 cm.
a) Berechnen Sie die Laibungsfläche des Bogens.
b) Wie viele Steine im Format DF werden pro Bogenschicht benötigt?
c) Berechnen Sie die Fugendicke an der Bogenlaibung und am Bogenrücken.

22. Über einem Weinkeller ist ein Rundbogen in Natursteinen mit auskragenden Widerlagern zu mauern. An der Bogenlaibung sollen die Steine etwa 14 cm dick sein.
Berechnen Sie
a) den Mittelpunktswinkel,
b) die Stichhöhe h von den Kämpferpunkten an gemessen,
c) die Anzahl der Steine je Schicht,
d) die Steinmaße, wenn die Fugen mindestens 8 mm dick sein sollen.

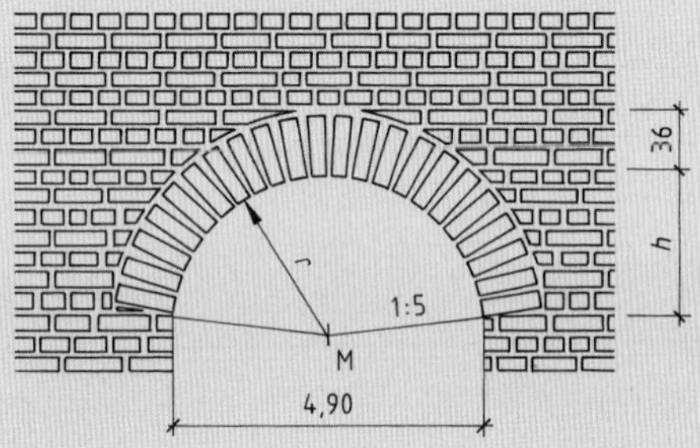

23. In einem Schloss ist ein Spitzbogen zu erneuern. Der zugehörige Mittelpunktswinkel α beträgt 66°. Der Bogen hat eine Dicke von 24 cm, es werden Steine im Format NF verwendet.
Berechnen Sie
a) die Länge der Bogenlaibung,
b) die Anzahl der Steine für eine Schicht,
c) die Fugendicke am Bogenrücken und an der Bogenlaibung,
d) die lichte Bogenhöhe.

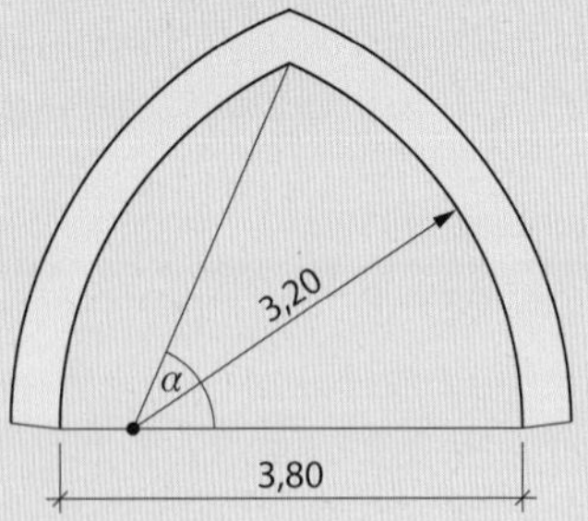

Aufgaben

24. An einer Kapelle soll ein Spitzbogenfenster erneuert werden. Steinformat NF.
Berechnen Sie
a) den Winkel α,
b) die lichte Höhe h,
c) die Anzahl der Steine für die Rollschicht,
d) die Fugendicke am Bogenrücken und an der Bogenlaibung,
e) die Laibungsfläche.

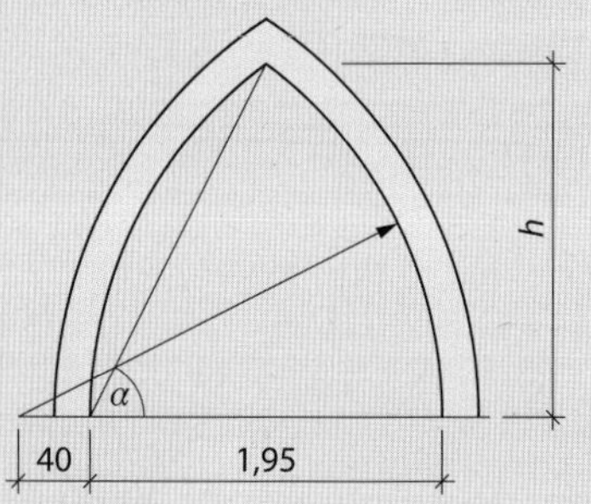

25. An einem historischen Gebäude soll ein Spitzbogenfenster restauriert werden.
Ermitteln Sie
a) die Länge der Bogenlaibung,
b) die lichte Bogenhöhe h,
c) die Anzahl der Natursteine bei einer Steinbreite an der Laibung von 11,5 cm,
d) die Fugendicke an der Laibung.

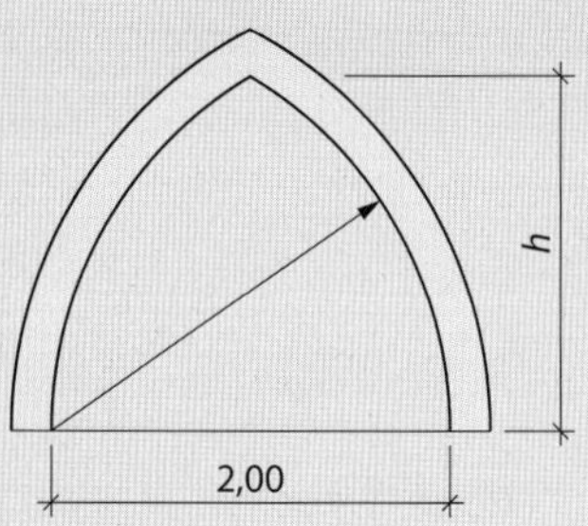

26. Die Rundbögen in unserem Projekt haben eine Spannweite von 2,01 m und eine Bogendicke von 24 cm. Sie sollen mit NF-Steinen gemauert werden. Prüfen Sie durch die folgenden Berechnungen nach, ob dies bei Einhaltung der zulässigen Fugendicken möglich ist oder ob auf DF-Steine umgestellt werden muss.
Ermitteln Sie dazu
a) die Länge der Bogenlaibung,
die Länge des Bogenrückens,
die Anzahl der Bogenschichten,
die Fugendicke an der Bogenlaibung und am Bogenrücken.
b) Begründen Sie Ihre Entscheidung.

27. Für eine Brücke ist ein Bogen aus keilförmigen Natursteinen zu mauern. Die Steine sollen an der Bogenlaibung etwa 12 … 14 cm dick sein.
Ermitteln Sie
a) die Anzahl der erforderlichen Steine je Schicht bei einer Fugendicke von 1,2 cm am Bogenrücken und an der Bogenlaibung,
b) die Abmessungen der Steine am Bogenrücken und an der Bogenlaibung.

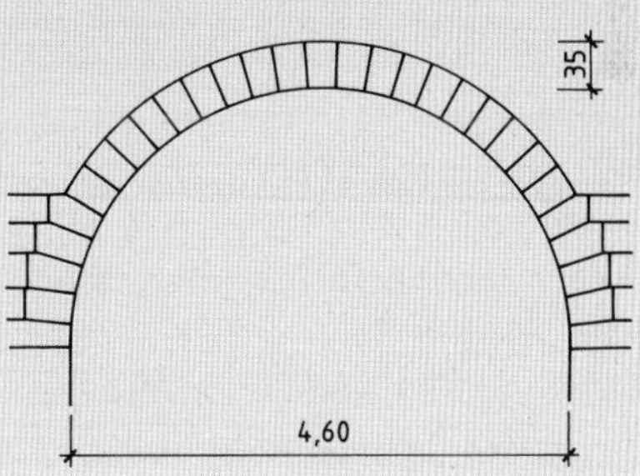

28. Die Spannweite eines Segmentbogens beträgt 2,50 m, die Stichhöhe $\frac{1}{10}$ der Spannweite, die Bogendicke 36,5 cm.
Ermitteln Sie
a) die Länge der Bogenlaibung,
b) die Länge des Bogenrückens.

Aufgaben

29. Ein Segmentbogen mit der Spannweite von 1,80 m ist mit DF-Steinen auszuführen. Die Bogenneigung an den Widerlagern soll 60° betragen.
Berechnen Sie
a) die Länge der Bogenlaibung,
b) die Schichtenzahl,
c) die Fugendicke an der Laibung.

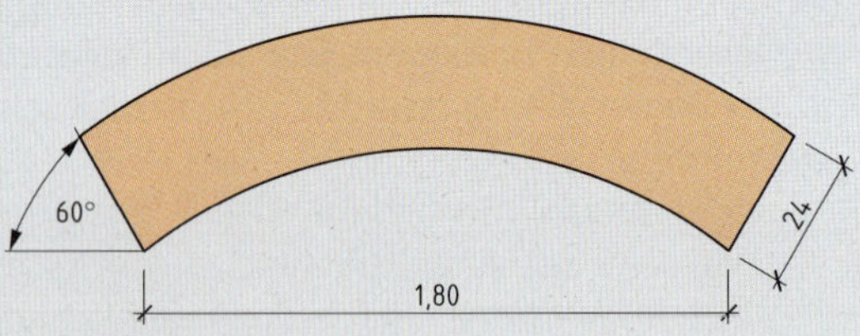

30. Über einem offenen Durchgang mit einer lichten Weite von 1,51 m soll ein Segmentbogen gemauert werden. Da das anschließende Mauerwerk 8 mm dicke Fugen hat, soll diese Fugendicke auch beim Segmentbogen im Mittel etwa eingehalten werden. Daher sollen die Mörtelfugen an der Bogenlaibung etwa 5 mm betragen. Mauerwerk und Bogen werden in Klinkern im Format DF ausgeführt.
Berechnen Sie
a) die Anzahl der Steine,
b) die Dicke der Mörtelfugen am Bogenrücken und an der Bogenlaibung.

31. Der obere Abschluss eines Durchganges mit einer Öffnungsweite von 2,01 m soll als 2-Stein(NF)-dicker Segmentbogen ausgebildet werden. Zwischen den Bogenschichten ist eine 15 mm dicke Mörtelfuge. Der Bogen hat eine Stichhöhe von 28 cm und einen zugehörigen Mittelpunktswinkel von $\alpha = 62°$.
Ermitteln Sie
a) die Anzahl der Steine der beiden Bogenschichten,
b) die Fugenbreiten.

32. An einer Brücke ist ein einhüftiger Bogen in Natursteinen zu mauern. An der Bogenlaibung haben die Steine eine Dicke von 30 cm; die Schichtdicke beträgt 40 cm. Die Brücke hat eine Breite von 4,50 m.
a) Wie viel m^3 Steine sind zu vermauern?
b) Wie viel m^2 Natursteinmauerwerk sind an Bogenlaibung und Stirnflächen zu verfugen?

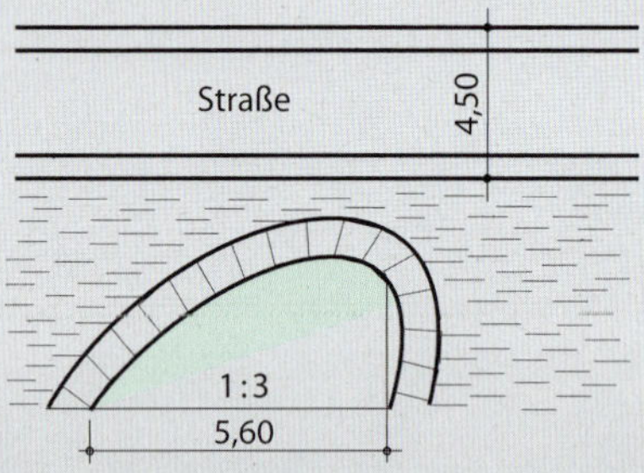

33. Das Gewölbe eines Weinkellers ist von seiner Grundkonstruktion her ein Korbbogen. Das Gewölbe ist 49 cm (2 Steine) dick. Es werden Klinkersteine NF verwendet. Die Radien betragen $r_1 = 3{,}10$ m, $r_2 = 1{,}55$ m.
a) Ermitteln Sie den Steinbedarf für zwei Schichten.
b) Wie viele Steine werden für das 6,30 m lange Gewölbe benötigt?
c) Berechnen Sie die Fugendicke der beiden Gewölbeschichten.

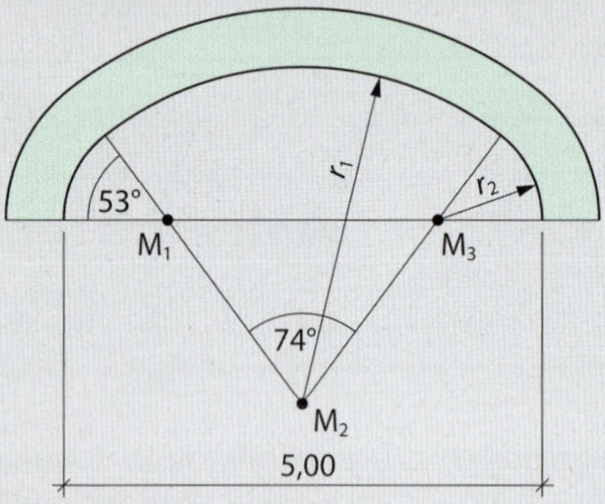

15 Beton

Bestandteile des Betons sind Gesteinskörnung, Bindemittel und Wasser.

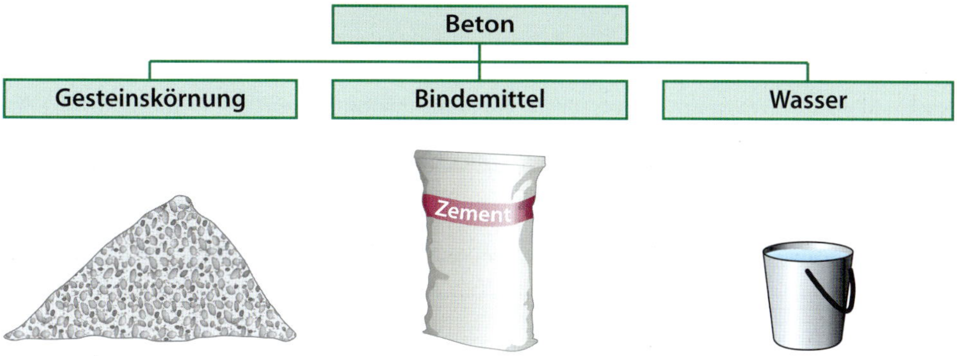

15.1 Gesteinskörnung

Die Gesteinskörnung, wie Kies und Sand, bildet das tragende Gerüst und bestimmt damit die wesentlichen Eigenschaften des Betons. Für verschiedene Zwecke werden unterschiedliche Gesteinskörnungen verwendet. Unter anderem muss deshalb die Kornzusammensetzung untersucht werden. Dies geschieht durch Siebversuche, bei denen die Gesteinskörnung entsprechend den Korngrößen in Korngruppen unterteilt wird. Der Prüfsiebsatz besteht aus Einzelsieben mit quadratischen Öffnungen und den Weiten (in mm): 0,125 – 0,25 – 0,5 – 1 – 2 – 4 – 8 – 16 – 31,5 (Nenngröße 32) – 63.

Siebversuch

Zu einer möglichst genauen Feststellung der Kornzusammensetzung sind jeweils drei Siebversuche erforderlich. Die Proben für jeden Siebversuch sind an verschiedenen Stellen zu entnehmen und zu einer Durchschnittsmischung zusammenzugeben.

Die Gesteinskörnung wird getrocknet und auf das oberste Sieb gegeben. Das dort durchgefallene Siebgut fällt auf das nächstkleinere; das hier durchgefallene wieder auf das nächstkleinere usw., bis schließlich die feinsten Bestandteile im Auffangkasten angelangt sind.

Die Rückstände auf den einzelnen Sieben und im Auffangkasten werden, beim größten Sieb beginnend, nacheinander in eine Waagschale geschüttet und jedes Mal zusammen mit der schon vorhandenen Menge gewogen.

Größtkorn	Prüfgutmenge je Siebung
bis 4 mm	500 g
bis 8 mm	2 000 g
bis 16 mm	3 500 g
bis 32 mm	5 000 g
bis 63 mm	10 000 g

Beispiel 1

Das Prüfgut 0/32 soll untersucht werden.

a) Ermitteln Sie die Summe der Rückstände.

b) Bestimmen Sie die Rückstände und den Durchgang in %.

c) Zeichnen Sie die Sieblinie.

d) Vergleichen Sie die gezeichnete Sieblinie mit den Regelsieblinien.

e) Bestimmen Sie die Körnungsziffer und die Durchgangssumme.

f) Ermitteln Sie den Wasseranspruch für die Gesteinskörnung, wenn der Frischbeton die Konsistenz F3 hat.

a)

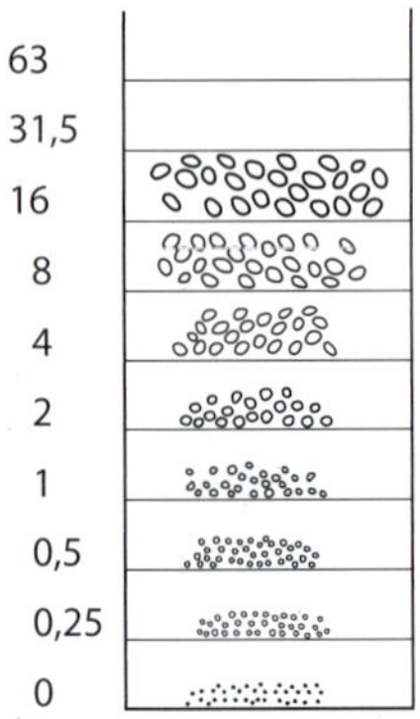

Summe der Rückstände [g]	–	bisheriger Rückstand	=	Rückstand auf dem nächsten Sieb
0	–	0	=	0
0	–	0	=	0
1520	–	0	=	1520
2680	–	1520	=	1160
3490	–	2680	=	810
3760	–	3490	=	270
4160	–	3760	=	400
4540	–	4160	=	380
4800	–	4540	=	260
5000	–	4800	=	200

b) Nach Ermittlung der Rückstände aller drei Siebversuche werden diese in eine Tabelle eingetragen und addiert. Die Summe der Rückstände der drei Versuche wird als Prozentsatz der Gesamtmenge der Rückstände ermittelt. Die Differenz zu 100 ist der Durchgang in %.

Versuch	Gesamtrückstand [g]	0,25	0,5	1	2	4	8	16	32	63	
1	5 000	4 800	4 540	4 160	3 760	3 490	2 680	1 520	0	0	
2	5 000	4 850	4 570	4 170	3 820	3 530	2 670	1 470	0	0	
3	5 000	4 730	4 440	4 070	3 730	3 450	2 650	1 500	0	0	
Summe	15 000	14 380	13 550	12 400	11 310	10 470	8 000	4 490	0	0	
Rückstände in %		95,8	90,3	82,6	75,4	69,8	53,3	29,9	0	0	Σ 497
Durchgang in %		4,2	9,7	17,4	24,6	30,2	46,7	70,1	100	100	Σ 403

c) Die Durchgangswerte in % werden in ein Sieblinienendiagramm eingetragen. Die Eintragung der Sieblinie erfolgt im logarithmischen Maßstab, wodurch die Abstände zwischen den Lochweiten gleich sind.

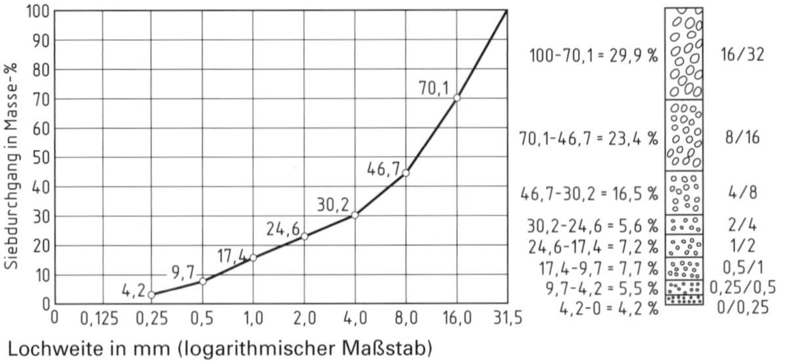

d) Je nach Größtkorn des Prüfgutes gibt es unterschiedliche Regelsieblinien.

Bedeutung der Bereiche:
① grobkörnig
② Ausfallkörnung
③ grob- bis mittelkörnig
④ mittel- bis feinkörnig
⑤ feinkörnig

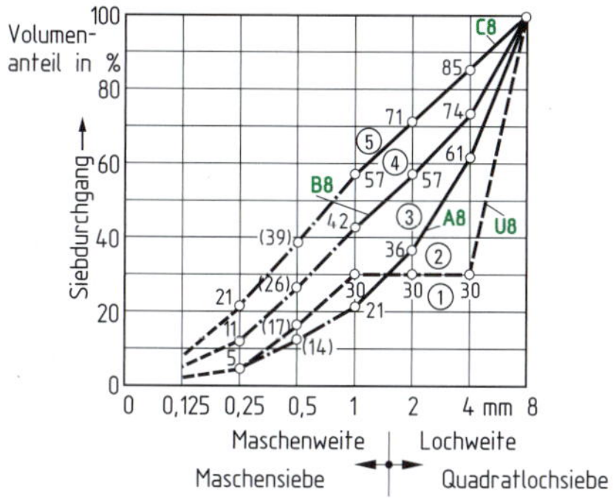

Sieblinien mit einem Größtkorn von 8 mm

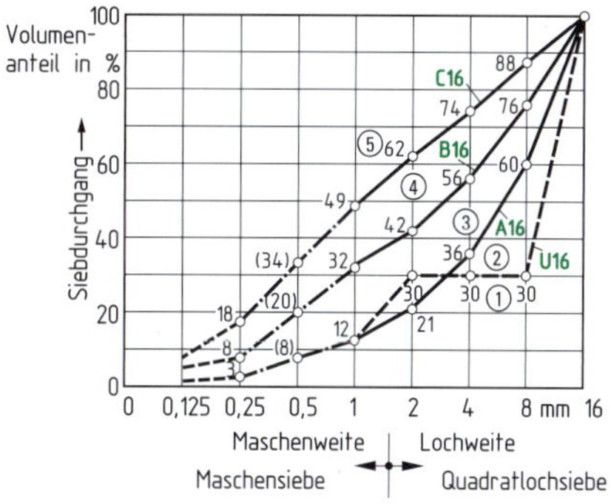

Sieblinien mit einem Größtkorn von 16 mm

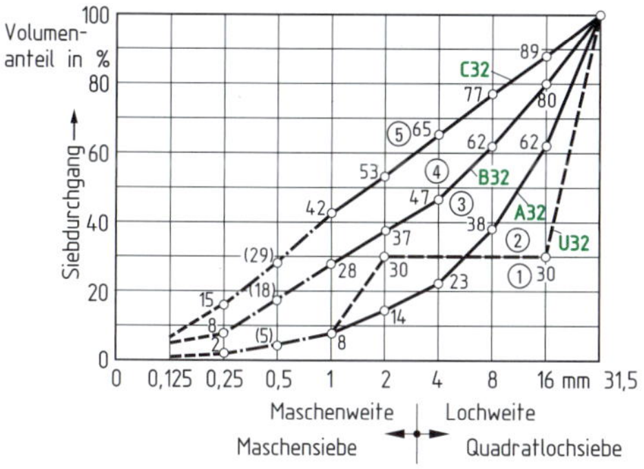

Sieblinien mit einem Größtkorn von 32 mm

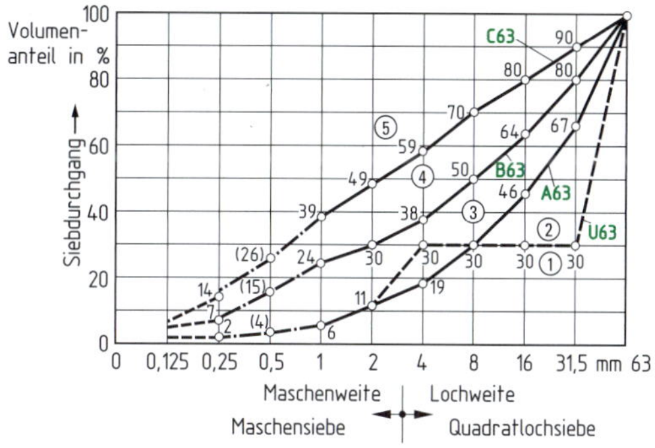

Sieblinien mit einem Größtkorn von 63 mm

In den Regelsieblinien stehen die Werte für das Sieb 0,5 mm in Klammern, weil die DIN 1045 keine allgemeingültigen Durchgangswerte enthält. Durch die Sieblinien A (gröbstes Korngemisch), B (mittleres Korngemisch) und C (feines Korngemisch) entstehen zwei Bereiche.

- Zwischen Linien A und B: grob- bis mittelkörnig
- Zwischen Linien B und C: mittel- bis feinkörnig

Kornzusammensetzungen, die außerhalb der Linien A und C liegen, sind zu fein- oder zu grobkörnig und sollten daher vermieden werden. Fehlen einem Gemisch einzelne Korngruppen, so bezeichnet man es als „Ausfallkörnung". Sieblinien mit Ausfallkörnungen sind unstetig. Sie dürfen nicht unterhalb der Regelsieblinie U liegen.

Die unter c) gezeichnete Sieblinie wird in die Regelsieblinie für das Größtkorn von 32 mm eingetragen. Es zeigt sich, dass das untersuchte Korngemisch im Bereich „grob- bis mittelkörnig" liegt.

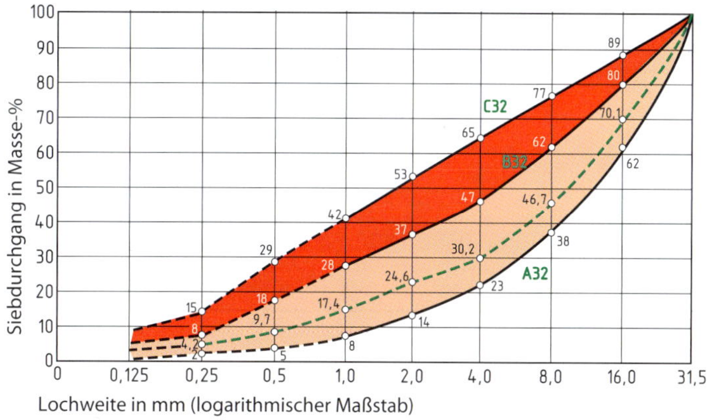

e) Der Zweck einer Sieblinie besteht nicht nur darin, festzustellen, ob ein Gesteinskörnungsgemisch grobkörnig, mittelkörnig oder feinkörnig ist, sondern es lassen sich mit ihrer Hilfe auch Kennwerte finden, die Rückschlüsse auf den Wasseranspruch des betreffenden Gesteinskörnungsgemisches zulassen. Ein Kennwert ist die sogenannte Körnungsziffer *k*. Auch die Durchgangssumme (D-Summe) kann als Kennwert herangezogen werden.

Bestimmung der Körnungsziffer *k*:

$$k = \frac{\textbf{Summe der Rückstände in \%}}{\textbf{100}}$$

Zwischen der Körnungsziffer und der Durchgangssumme besteht eine Beziehung:

$$100\,k + D = 900$$

$$D = 900 - 100\,k$$

Die Summe der Rückstände in % wird aus der Tabelle unter b) abgelesen.

$$k = \frac{497}{100} = 4{,}97$$

$$D = 900 - 100 \cdot 4{,}97 = 403$$

f)

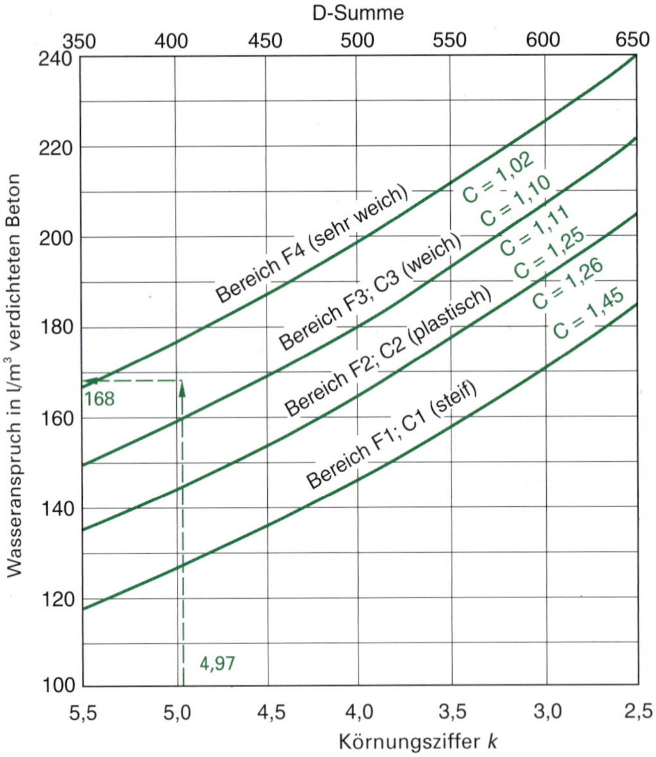

Die Konsistenz (Steifigkeit) des Betons wird üblicherweise in den Klassen F1 … F6 bzw. C0 … C4 angegeben (siehe Abschnitt 15.3)

Bei einer Körnungsziffer *k* von 4,97 und einer Konsistenz F3 ergibt sich nach Diagramm ein Wasseranspruch von 168 l/m³.

Beispiel 2

Ermitteln Sie zur Regelsieblinie 0/32
- die Summe der Rückstände in %,
- die Körnungsziffer,
- den Wasseranspruch für einen Beton F3.

Körnung 0/32	A-Linie		B-Linie		C-Linie
Rückstände in %	38	Bereich ③	20	Bereich ④	11
	62		38		23
	77		53		35
	86		63		47
	92		72		58
	95		82		71
	98		92		85
Summe der Rückstände in %	548		420		330
	$k = 5{,}48$		$k = 4{,}20$		$k = 3{,}30$

Wasseranspruch der Gesteinskörnung 0/32 (siehe Diagramm S. 112)

Sieblinie A: $k = 5{,}48$ → Wasseranspruch 160 l/m³
Sieblinie B: $k = 4{,}20$ —F3→ Wasseranspruch 185 l/m³
Sieblinie C: $k = 3{,}30$ → Wasseranspruch 210 l/m³

Wird der Wasseranspruch für weitere Gesteinskörnungen bestimmt, ergibt sich die folgende Tabelle.

Regel-sieblinie	Körnungs-ziffer k	D-Summe	Spezifische Ober-fläche[1]	Richtwerte für den mittleren Wasser-anspruch m_w in l/m³ verdichteten Frisch-betons der Konsistenz		
				steif	plastisch	weich
			[m²/kg]	F1/C1	F2/C2	F3/C3
A8	3,63	537	2,24	165	185	195
B8	2,90	610	3,94	185	205	220
C8	2,27	673	5,93	200	220	235
U8	3,88	512	2,36	155	175	190
A16	4,60	440	1,38	140	160	175
B16	3,66	534	2,97	165	180	200
C16	2,75	625	5,14	185	210	230
U16	4,87	413	1,37	135	155	170
A32	5,48	352	0,95	125	145	165
B32	4,20	480	2,73	145	170	190
C32	3,30	570	4,38	165	190	210
U32	5,65	335	1,05	120	140	155
A63	6,15	285	0,80	115	135	155
B63	4,92	408	2,35	135	155	165
C63	3,73	527	4,04	160	180	195
U63	6,57	243	0,81	115	130	145

[1] Aus den Werten ist erkennbar: Je feiner das Gemisch ist, desto größer ist die spezifische Oberfläche und desto mehr Zementleim ist zur Ummantelung der Gesteinskörnung erforderlich.

Aufgaben

1. Bei einem Siebversuch ergaben sich folgende Rückstände auf den einzelnen Sieben:

Sieb	Versuch 1	Versuch 2	Versuch 3
63	0	0	0
31,5	0	0	0
16	700	830	760
8	1620	1730	1550
4	2400	2220	2310
2	2720	2830	2790
1	3000	3300	3250
0,5	3960	4100	4220
0,25	4430	4610	4520
0	5000	5000	5000

a) Um welche Korngruppe handelt es sich?
b) Ermitteln Sie die Rückstände in %.
c) Ermitteln Sie die Durchgänge in %.
d) Ermitteln Sie die Körnungsziffer *k*.
e) Ermitteln Sie die D-Summe.
f) Ermitteln Sie den Gesamtwasserbedarf für 1 m^3 Beton mit der Konsistenz C2.
g) In welchem Bereich liegt das Korngemisch?

2. Bei einem Siebversuch ergaben sich folgende Rückstände auf den einzelnen Sieben:

Sieb	Versuch 1	Versuch 2	Versuch 3
63	0	0	0
31,5	0	0	0
16	0	0	0
8	1050	1130	1080
4	1890	1880	1930
2	2380	2350	2380
1	2730	2700	2720
0,5	3100	2980	3110
0,25	3390	3230	3340
0	3500	3500	3500

a) Um welche Korngruppe handelt es sich?
b) Ermitteln Sie die Rückstände in %.
c) Ermitteln Sie die Durchgänge in %.
d) Ermitteln Sie die Körnungsziffer *k*.
e) Ermitteln Sie die D-Summe.
f) Wie groß ist der Gesamtwasserbedarf für 1 m^3 Beton F3?
g) Tragen Sie die Sieblinie in ein Diagramm mit den Regelsieblinien ein und stellen Sie fest, in welchem Bereich das Korngemisch liegt.

3. Die drei Siebversuche ergaben auf den einzelnen Sieben zusammen folgende Rückstände:

Sieb	
63	0
31,5	0
16	2230
8	4480
4	5960

Sieb	
2	7460
1	8010
0,5	9500
0,25	11800
0	15000

a) Ermitteln Sie die Sieblinie und stellen Sie diese dar.
b) Wie groß ist die Körnungsziffer *k*?
c) Wie groß ist die D-Summe?
d) Welche Korngruppen und wie viel g davon müssten diesem Gemisch zugegeben werden, damit es mindestens die Sieblinie A erreicht?

4. Ermitteln Sie zu den Regelsieblinien der Gesteinskörnungsgemische 0/8, 0/16 und 0/63
a) die Summe der Rückstände in %,
b) die Körnungsziffern,
c) die Durchgangssummen,
d) den Wasserbedarf für einen Beton F1.

15.2 Wasserzementwert

Beton besteht neben der Gesteinskörnung aus Wasser und Zement. Wasser und Zement bilden den Zementleim. Der Gesamtwassergehalt des Betons setzt sich zusammen aus

- dem Zugabewasser,
- der Oberflächenfeuchte des Zuschlags,
- der Kern- oder Porenfeuchte der Gesteinskörnung.

Unter dem Wasserzementwert (*w*/*z*-Wert) wird das Massenverhältnis des Gesamtwassers zum Zement verstanden.

$$\textbf{Wasserzementwert} = \frac{\textbf{Masse des Gesamtwassers}}{\textbf{Masse des Zements}}$$

$$w/z = \frac{m_w}{m_z}$$

Zur chemischen Reaktion des Zements mit Wasser ist ein *w*/*z*-Wert von etwa 0,4 erforderlich. Für eine gute Verarbeitung des Betons sollte er jedoch zwischen 0,5 und 0,6 liegen.

Beispiel

1 m^3 Frischbeton enthält 310 kg Zement und 1902 kg Gesteinskörnung mit einer Eigenfeuchte von 3,5 %. Es werden 106 l Wasser zugegeben.

Wie groß ist der Wasserzementwert?

$$\textbf{Eigenfeuchte} = \frac{\textbf{Masse der Gesteinskörnung} \cdot \textbf{prozentualer Anteil der Eigenfeuchte}}{\textbf{100 \% + prozentualer Anteil der Eigenfeuchte}}$$

$$\text{Eigenfeuchte} = \frac{1902\ \text{kg} \cdot 3{,}5\ \%}{103{,}5\ \%} = 64{,}3\ \text{kg}$$

(1 kg Wasser ≙ 1 l Wasser)

Gesamtwassermenge m_w = Zugabewasser + Eigenfeuchte

Gesamtwassermenge $m_w = 106\ \text{l} + 64{,}3\ \text{l} = 170{,}3\ \text{l}$

$$w/z = \frac{m_w}{m_z} = \frac{170{,}3\ \text{kg}}{310\ \text{kg}} = 0{,}55$$

Einfluss des *w/z*-Wertes auf die Eigenschaften des Betons

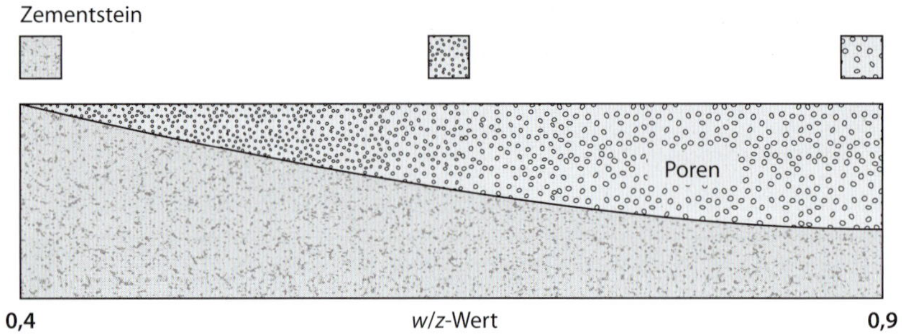

Der Kapillarporengehalt erhöht sich bei steigendem *w/z*-Wert.
Bei einem hohen *w/z*-Wert wird nicht die gesamte Wassermenge für die Erhärtung des Zements benötigt. Der Rest bildet wassergefüllte Poren.

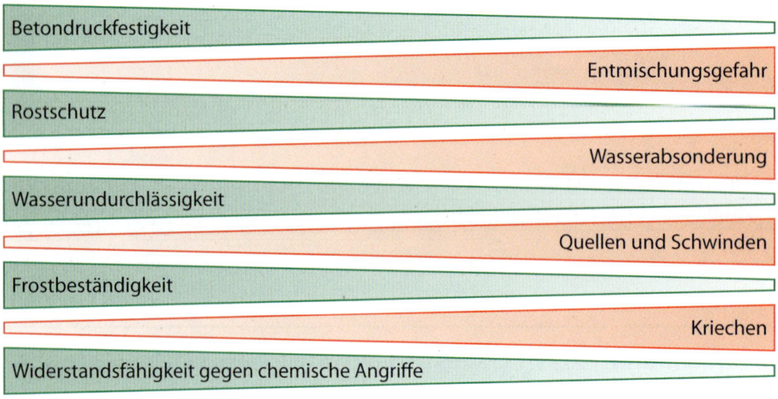

Zusammenhang zwischen Betondruckfestigkeit, Normfestigkeit des Zements und dem Wasserzementwert

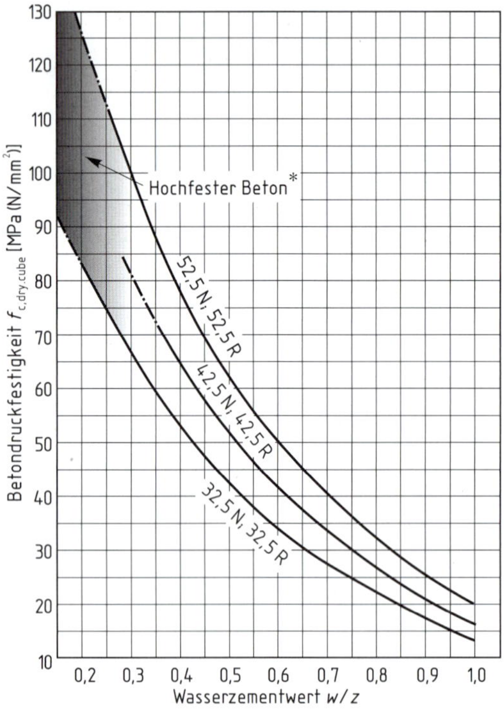

Zemente werden in drei Festigkeitsklassen eingeteilt. Die Zahlenwerte geben die Mindestdruckfestigkeit in MPa (N/mm^2) nach 28 Tagen an.

Mit N wird ein Zement mit üblicher Anfangsfestigkeit, mit R einer mit hoher Anfangsfestigkeit gekennzeichnet.

$f_{c,dry,cube}$ ist die mittlere Betondruckfestigkeit von Probewürfeln mit einer Kantenlänge von 150 mm nach 28 Tagen (davon 7 Tage unter Wasser und 21 Tage an der Luft). Sie setzt sich aus Nennfestigkeit und Vorhaltemaß zusammen. Das Vorhaltemaß dient dazu, die Eigenschaften des Betons sicher zu erreichen.

* Bei hochfestem Beton verliert der Einfluss der Zementnormdruckfestigkeit an Bedeutung.

Aufgaben

5. 1 m^3 Beton C20/25 setzt sich aus 1747 kg Gesteinskörnung 0/32 mit einer Eigenfeuchte von 3 %, 380 kg Zement CEM I* 32,5 R und 135 kg Zugabewasser zusammen. Ermitteln Sie den *w/z*-Wert und die Druckfestigkeit (nach Diagramm).

6. Je m^3 Beton C25/30 werden 1875 kg Gesteinskörnung 0/16, 310 kg Zement CEM II/B-P 42,5 und 192 kg Wasser benötigt. Die Gesteinskörnung enthält 4 % Eigenfeuchte (3 %).
a) Wie groß ist der *w/z*-Wert?
b) Wie groß wäre der *w/z*-Wert, wenn 192 l Wasser zugegeben würden?
c) Wie würde sich eine Änderung des *w/z*-Wertes auf die Druckfestigkeit auswirken?
d) Wie groß ist die prozentuale Änderung der Druckfestigkeit?

7. 1870 kg Gesteinskörnung 0/32 mit einer Eigenfeuchte von 4,5 % und 306 kg Zement CEM I 42,5 R werden zu 1 m^3 Beton verarbeitet. Wie viel Wasser ist zuzugeben, wenn der *w/z*-Wert 0,52 (0,48) betragen soll?

8. Wie viel Zement wird für 1 m^3 Beton mit 1948 kg Gesteinskörnung (Eigenfeuchte 4,2 %) und 90 kg Zugabewasser benötigt, wenn ein *w/z*-Wert von 0,50 (0,45) erreicht werden soll?

9. Für 1 m^3 Beton C16/20 der Konsistenz F2 werden 380 kg Zement CEM III 32,5, 1970 kg Gesteinskörnung und 190 l Wasser benötigt.
a) Wie groß ist der *w/z*-Wert?
b) Wie viel Wasser muss beim Mischen noch zugegeben werden, wenn die Gesteinskörnung eine Eigenfeuchte von 3 % hat?
c) Wie groß wäre der *w/z*-Wert, wenn die 190 l Wasser ohne Berücksichtigung der Eigenfeuchte zugegeben worden wären?
d) Um wie viel % würde sich die Druckfestigkeit dadurch verschlechtern?

10. Ermitteln Sie den Zementbedarf zur Herstellung eines Betons aus 2050 kg Gesteinskörnung mit einer Eigenfeuchte von 3,5 % und einem Gesamtwasserbedarf von 170 l. Der *w/z*-Wert soll 0,48 betragen.

11. Ein 250-l-Mischer wird mit 60 kg Zement CEM I 32,5 R sowie 400 kg Gesteinskörnung 0/32 mit einer Eigenfeuchte von 3,5 % beschickt. Der Mischung werden noch 20 l Wasser zugegeben.
a) Wie groß ist der *w/z*-Wert?
b) Wie groß wird die Druckfestigkeit (nach Diagramm)?

12. In einen Mischer mit 375 l Inhalt werden 95 kg Zement CEM I 32,5 R und 600 kg Gesteinskörnung mit einer Eigenfeuchte von 3 % gegeben. Der *w/z*-Wert soll 0,57 nicht übersteigen. Wie viel Wasser darf der Mischung höchstens zugegeben werden?

13. Eine Mischmaschine wird mit 120 kg Zement CEM II/A-T 32,5 und 800 kg Gesteinskörnung mit einer Oberflächenfeuchte von 4 % beschickt. Der Beton soll eine Druckfestigkeit von 38 MPa (N/mm^2) erhalten.
a) Wie groß darf der *w/z*-Wert höchstens werden?
b) Wie viel Wasser darf der Mischung höchstens zugegeben werden?

14. Auf einer Baustelle wurden 5,5 m^3 Beton mit einem *w/z*-Wert von 0,45 angeliefert. Um ihn besser verarbeiten zu können, gab man noch 36 l Wasser hinzu. Wie viel Zement muss zugegeben werden, um den *w/z*-Wert beizubehalten?

15. Die Eigenfeuchte einer Gesteinskörnung 0/16 wurde mit 2,3 % ermittelt. Für 1 m^3 Beton werden 1793 kg Gesteinskörnung und 330 kg Zement CEM II/B-S 32,5 benötigt. Durch Regen hat sich die Eigenfeuchte der Gesteinskörnung nachträglich auf 5 % erhöht. Wie viel l Wasser sind weniger zuzugeben, wenn der *w/z*-Wert von 0,52 eingehalten werden soll?

16. Eine Betonmischung mit $w/z = 0{,}53$ enthält 1795 kg Gesteinskörnung 0/32, 128 l Zugabewasser und 330 kg Zement CEM II/A-V 52,5. Wie groß ist die Eigenfeuchte der Gesteinskörnung in l und %?

* CEM für Cement (engl.); siehe auch Abschnitt 15.4

Aufgaben

17. Durch zusätzliche Wasserzugabe hat sich ein Beton, hergestellt mit einem Zement CEM II/S-SV 32,5 (270 kg), in seiner Druckfestigkeit von 28 MPa (N/mm^2) auf 17,5 MPa (N/mm^2) verschlechtert. Wie viel Wasser wurde zugegeben?

18. Aus einem Korngemisch 0/16 und einem Gemisch 0/32, jeweils der Sieblinie A entsprechend, sollen zwei Betone der Konsistenz F3 hergestellt werden, die den gleichen *w/z*-Wert von 0,48 haben sollen.
a) Welcher Beton braucht mehr Zement?
b) Wie viel kg Zement werden für diesen Beton mehr gebraucht?

19. Aus Korngemisch 0/16, Regelsieblinie C und Korngemisch 0/32 Regelsieblinie A, sollen zwei Betone mit der Konsistenz C2 und einem *w/z*-Wert von 0,55 hergestellt werden.
a) Welcher Beton braucht weniger Zement?
b) Wie viel % beträgt die Zementersparnis?

20. Wie viel % Zement kann eingespart werden, wenn ein Beton aus einem Korngemisch 0/32 der Sieblinie A statt der Sieblinie C hergestellt wird (Konsistenz C2)?

21. Wie ändert sich der *w/z*-Wert, wenn der Wasserbedarf für ein Korngemisch 0/16 nach Sieblinie C ermittelt wurde, jedoch ein Korngemisch nach Sieblinie A bei unverändertem Wasserverbrauch verwendet wurde?
Konsistenz C3, Zementmenge 340 kg.

22. Korngemische 0/32 mit den Körnungsziffern $k = 5{,}40$ und $k = 3{,}35$ sollen zu zwei Betonen C3 verarbeitet werden, die beide den gleichen *w/z*-Wert von 0,52 haben sollen.
a) Welcher Beton benötigt mehr Zement?
b) Wie groß ist der Mehrverbrauch?
c) Wie viel % beträgt der Mehrverbrauch?

23. Ein Beton, dessen Korngemisch eine Körnungsziffer $k = 4{,}50$ hat, wird bei unveränderter Zementmenge von 300 kg CEM II/A-P 32,5 mit einer Konsistenz F3 statt F1 hergestellt.
a) Welche Druckfestigkeit erhält der Beton dadurch?
b) Um wie viel % verschlechtert sich die Druckfestigkeit?

15.3 Konsistenzklassen

Die Verarbeitbarkeit des Betons auf der Baustelle hängt von seiner Konsistenz (Steife des Frischbetons) ab. Die Bezeichnung der Konsistenzklasse richtet sich nach dem jeweiligen Prüfverfahren. Die bevorzugten Prüfverfahren in Deutschland sind die Prüfung des Ausbreitmaßes und für steifere Betone die Prüfung des Verdichtungsmaßes.

Ausbreitversuch

Ein kegelstumpfförmiger, oben und unten offener Behälter wird auf einer Platte mit Beton gefüllt und dieser wird verdichtet. Danach wird der Behälter senkrecht nach oben abgezogen. Nun wird die Platte mehrmals einseitig angehoben und wieder fallengelassen. Dabei breitet sich der Beton zu einem Betonkuchen aus. Der Mittelwert aus zwei rechtwinklig zueinander gemessenen Durchmessern des Betonkuchens ergibt das Ausbreitmaß *f*.

Verdichtungsversuch

Beton wird in einen 20 × 20 × 40 cm großen Behälter lose eingefüllt, oben bündig abgestrichen und vollständig verdichtet. Anschließend wird die Höhe des verdichteten Betons (Füllhöhe) ermittelt, indem von der Behälterhöhe die Abstichhöhe abgezogen wird. Das Verdichtungsmaß *c* ergibt sich aus dem Verhältnis von Behälterhöhe (40 cm) zur Füllhöhe (*h*):

$$c = 40 : h$$

Ausbreitmaßklassen		**Konsistenzbereich**	**Verdichtungsklassen**	
Klasse	**Ausbreitmaß *f*** [mm]		**Klasse**	**Verdichtungsmaß *c*** [–]
–		sehr steif	C0	≥ 1,46
F1	≤ 340	steif	C1	1,45 … 1,26
F2	350 … 410	plastisch	C2	1,25 … 1,11
F3	420 … 480	weich	C3	1,10 … 1,04
F4	490 … 550	sehr weich	C4	< 1,04
F5	560 … 620	fließfähig	–	
F6	≥ 630	sehr fließfähig	–	

Mithilfe des Verdichtungsmaßes *c* lässt sich aus der Festbetonmenge die erforderliche Frischbetonmenge errechnen. Die Verdichtungsmaße sind Prozentwerte für den Frischbetonbedarf, bezogen auf die Festbetonmenge.

Frischbetonmenge = Festbetonmenge · Verdichtungsmaß *c*

Beispiel

Ermitteln Sie die erforderliche Frischbetonmenge der Konsistenz C2/F2 mit dem Verdichtungsmaß $c = 1{,}22$ bei einer Festbetonmenge von 5,6 m^3.

Frischbetonmenge = 5,6 m^3 · 1,22 = 6,83 m^3

Aufgaben

24. Ein Verdichtungsversuch ergab folgende Ergebnisse:
a) Abstich 4,2 (10,8; 2,7) cm,
b) Höhe des verdichteten Betons 37,5 (33,9; 29,7) cm.
Wie groß sind die Verdichtungsmaße nach a) und b) und welche Konsistenzen haben die Betone?

25. Wie viel m^3 Frischbeton sind für 15 Stürze erforderlich, wenn Beton mit einem Verdichtungsmaß von $c = 1{,}07$ verwendet wird?

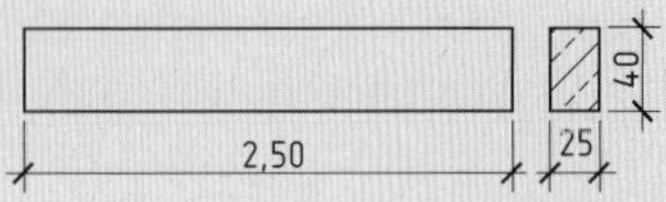

26. Ein Wohnblock erhält 12 Treppen in Blockstufen mit 16 Stufen je Treppe, Stufenbreite 2,00 m.
a) Berechnen Sie den Bedarf an Frischbeton, wenn Beton der Konsistenz C2 mit einem Verdichtungsmaß von $c = 1{,}15$ verwendet wird.
b) Welche Masse ($m = \varrho \cdot V$) hat eine Stufe bei einer Dichte des erhärteten Betons von $\varrho = 2{,}38$ kg/dm³?

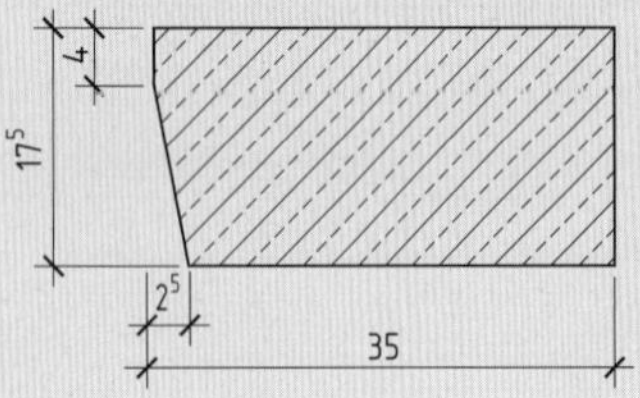

27. Wie viel Beton der Konsistenz F5 mit einem Verdichtungsmaß von $c = 1{,}01$ ist für 5 Plattenbalken der Länge 7,50 m erforderlich?

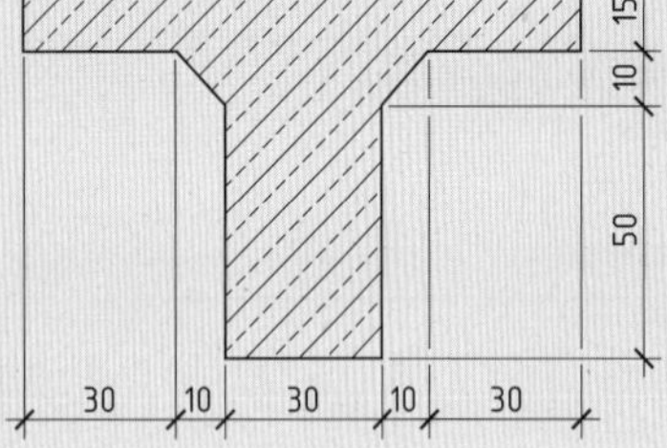

28. Wie viel m^3 Frischbeton der Konsistenz F5 mit einem Verdichtungsmaß von $c = 1{,}01$ wird für die Rippendecke mit der Länge 16,00 m und der Breite 10,18 m benötigt?

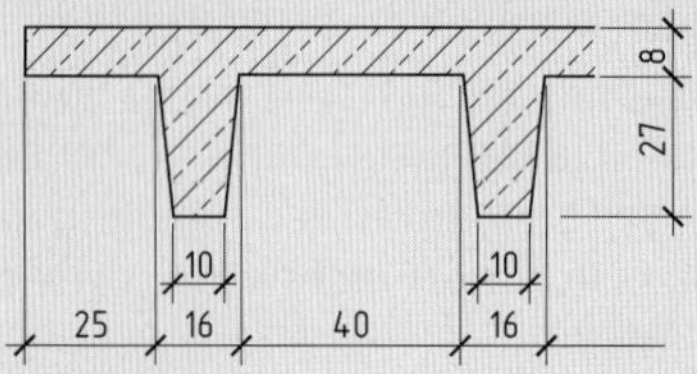

29. Für 10 Stützen wurden 2,7 m^3 Frischbeton benötigt.
a) Welche Konsistenz hatte der Beton?
b) Welche Höhe ergibt der verdichtete Beton?
c) Welchen Abstich ergäbe ein Verdichtungsversuch?

30. Wie viele Stürze mit einer Länge von 2,60 m lassen sich aus 3,5 m^3 Frischbeton herstellen, wenn der Beton ein Verdichtungsmaß von $c = 1{,}06$ hat?

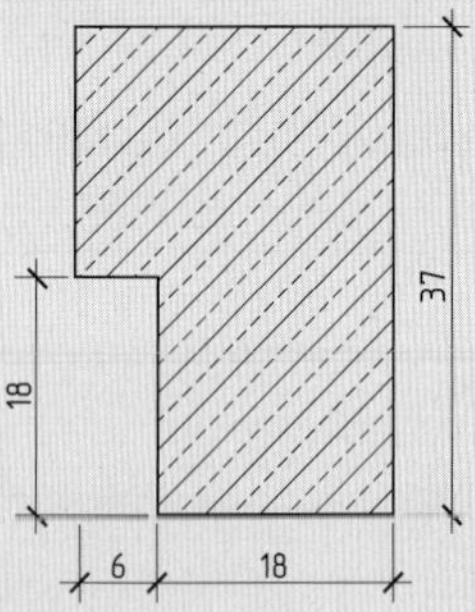

31. Ein quadratisches Fundament übt eine Gewichtskraft von 5 kN aus. Wie groß ist die Wichte γ des Betons?
($F = \gamma \cdot V$)

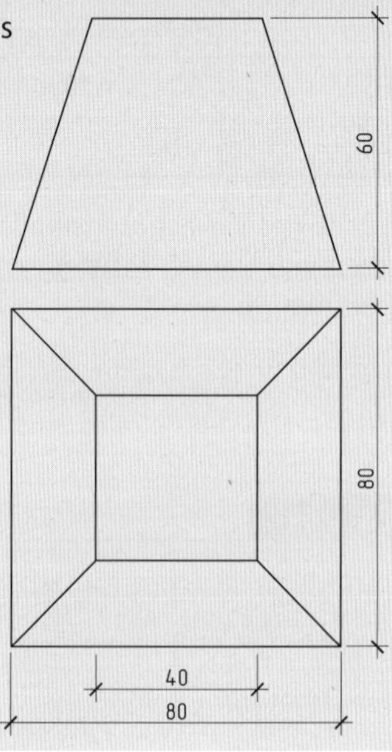

15.4 Stoffraumrechnung

Mithilfe der Stoffraumrechnung lässt sich die Zusammensetzung von Betonen errechnen.

Für die in 1 m^3 enthaltenen Raumteile ergibt sich für die anteiligen Stoffe die Stoffraumgleichung:

$$\textbf{Gesamtvolumen} = \frac{\textbf{Masse Zement}}{\textbf{Dichte Zement}} + \frac{\textbf{Masse Wasser}}{\textbf{Dichte Wasser}} + \frac{\textbf{Masse Gesteinskörnung}}{\textbf{Dichte Gesteinskörnung}} + \textbf{Luftporenraum}$$

$$1000\ \text{dm}^3 = \frac{m_Z}{\varrho_Z} + \frac{m_W}{\varrho_W} + \frac{m_G}{\varrho_G} + p$$

Luftporengehalt
- bei 0/32: 1 … 3 Vol.-%,
- bei feinkörniger Gesteinskörnung bis 6 Vol.-%.

Beispiel 1

Ermitteln Sie den Bedarf an oberflächentrockener Gesteinskörnung für 1 m^3 Beton, wenn 310 kg Portlandzement und 152 kg Wasser benötigt werden. Der Luftporengehalt wird mit 4,5 Vol.-% angenommen. Rohdichte der Gesteinskörnung 2,65 kg/dm^3.

$$1000\ \text{dm}^3 = \frac{m_Z}{\varrho_Z} + \frac{m_W}{\varrho_W} + \frac{m_G}{\varrho_G} + p$$

$$1000\ \text{dm}^3 = \frac{310\ \text{kg}}{3{,}10\ \text{kg/dm}^3} + \frac{152\ \text{kg}}{1{,}00\ \text{kg/dm}^3} + \frac{m_G}{2{,}65\ \text{kg/dm}^3} + \frac{4{,}5 \cdot 1000\ \text{dm}^3}{100}$$

$$1000\ \text{dm}^3 = 100\ \text{dm}^3 + 152\ \text{dm}^3 + \frac{m_G}{2{,}65\ \text{kg/dm}^3} + 45\ \text{dm}^3$$

$$\frac{m_G}{2{,}65\ \text{kg/dm}^3} = 703\ \text{dm}^3$$

$$m_G = 1862{,}95\ \text{kg oberflächentrocken}$$

Dichte verschiedener Zementarten

Zementart	Kurzzeichen	Dichte [kg/dm^3]
Portlandzement	CEM I	3,10
Portlandzement-SR	CEM I-SR	3,20
Portlandhüttenzement	CEM II	3,05
Portlandpuzzolanzement	CEM II	2,90
Portlandkalksteinzement	CEM II	3,05
Portlandflugaschezement	CEM II	2,98
Hochofenzement	CEM III	3,00

Beispiel 2

Ermitteln Sie die Zementmasse in kg, den Wasserbedarf in l und die Gesteinskörnungsmasse in kg für 1 m^3 Frischbeton. Der Beton hat folgende Daten:

- C35/45, Konsistenz C3
- Zement CEM I 52,5 N
- Gesteinskörnung 0/32, Sieblinie A
- Rohdichte 2,60 kg/dm^3
- Luftgehalt 4,0 Vol.-%

Effektive Druckfestigkeit:

$$f_{c,dry,cube} = \textbf{Nennfestigkeit + Vorhaltemaß}$$

Das Vorhaltemaß muss zwischen 6 MPa (N/mm^2) und 12 MPa (N/mm^2) liegen. Gewählt: 10 MPa (N/mm^2)

$f_{c,dry,cube}$ = 45 MPa (N/mm^2) + 10 MPa (N/mm^2) = 55 MPa (N/mm^2)

- *w/z*-Wert (aus Diagramm Seite 116):
  $f_{c,dry,cube}$ = 55 MPa (MN/m^2) → $w/z = 0{,}55$
- erforderliche Wassermenge (aus Tabelle Seite 113):
  0/32, Sieblinie A → $k = 5{,}48$
  aus $k = 5{,}48$ und Konsistenz C3 → Wasseranspruch 165 l
- erforderliche Zementmasse:

$$w/z = \frac{m_W}{m_Z}$$

$$m_Z = \frac{m_W}{w/z} = \frac{165\ \text{kg}}{0{,}55} = 300\ \text{kg}$$

- erforderliche Gesteinskörnungsmasse:

$$1000\ \text{dm}^3 = \frac{300\ \text{kg}}{3{,}10\ \text{kg/dm}^3} + \frac{165\ \text{kg}}{1{,}00\ \text{kg/dm}^3} + \frac{m_G}{2{,}60\ \text{kg/dm}^3} + 40\ \text{dm}^3$$

$$m_G = 1815{,}4\ \text{kg}$$

Beispiel 3

Für ein Wohnhaus sind 12 Stürze (3,50 × 0,30 × 6,45 m) herzustellen. Betonfestigkeitsklasse C16/20, CEM I 32,5 R, Korngemisch 0/16, Sieblinienbereich ③, Konsistenz F2.

a) Ermitteln Sie den Bedarf an Zement, Wasser und Gesteinskörnung.

b) Wie lautet das Mischungsverhältnis nach Masseteilen? (Gesteinskörnung feucht)

Betonrezepte für 1 m^3 unbewehrten oder bewehrten Beton der Festigkeitsklasse C16/20[1)]

Festigkeitsklasse des Zements	Größtkorn der Gesteinskörnung [mm]	Konsistenz	Zement [kg]	Zugabewasser [l]	Gesteinskörnung feucht [kg]
32,5	16	steif	319	110	1878
		plastisch	352	134	1774
		weich	396	158	1679
	32	steif	290	87	1937
		plastisch	320	110	1856
		weich	360	134	1766
42,5	16	steif	290	109	1883
		plastisch	320	132	1802
		weich	360	156	1712
	32	steif	261	85	1965
		plastisch	288	109	1885
		weich	324	133	1798

1) Die Werte der Tabelle für Standardbeton sowie für die Betonfestigkeitsklassen 8/10; 12/15 und 16/20 gelten nicht, wenn an den Beton besondere Anforderungen gestellt werden, wie z. B. hoher Frostwiderstand (XF3; XF4) und hoher Widerstand gegen chemische Angriffe (XA3). Diese Einschränkung gilt auch für Sonderbetone wie Sichtbeton.

$V = 0{,}30\ \text{m} \cdot 0{,}45\ \text{m} \cdot 3{,}50\ \text{m} \cdot 12$
$V = 5{,}67\ \text{m}^3$

a) Zement $5{,}67\ \text{m}^3 \cdot 352\ \text{kg/m}^3 = 1\,995{,}84\ \text{kg}$
Zugabewasser $5{,}67\ \text{m}^3 \cdot 134\ \text{l/m}^3 = 759{,}78\ \text{l}$
Gesteinskörnung $5{,}67\ \text{m}^3 \cdot 1\,774\ \text{kg/m}^3 = 10\,058{,}58\ \text{kg}$

b) $m_Z : m_W : m_G = 1\,995{,}84\ \text{kg} : 759{,}78\ \text{l} : 10\,058{,}58\ \text{kg}$
$m_Z : m_W : m_G = 1 : 0{,}38 : 5{,}04$

Betonrezepte für weitere Festigkeitsklassen:

Betonrezepte für 1 m³ unbewehrten Beton der Festigkeitsklasse C8/10

Festigkeitsklasse des Zements	**Größtkorn der Gesteinskörnung** [mm]	**Konsistenz**	**Zement** [kg]	**Zugabewasser** [l]	**Gesteinskörnung feucht** [kg]
32,5	16	steif	231	107	1937
		plastisch	253	130	1864
		weich	286	153	1780
	32	steif	210	83	2011
		plastisch	230	107	1937
		weich	260	130	1856
42,5	16	steif	210	106	1956
		plastisch	230	129	1883
		weich	260	152	1802
	32	steif	189	83	2029
		plastisch	207	106	1959
		weich	234	129	1880

Betonrezepte für 1 m³ unbewehrten Beton der Festigkeitsklasse C12/15

Festigkeitsklasse des Zements	**Größtkorn der Gesteinskörnung** [mm]	**Konsistenz**	**Zement** [kg]	**Zugabewasser** [l]	**Gesteinskörnung feucht** [kg]
32,5	16	steif	297	109	1878
		plastisch	330	133	1793
		weich	363	156	1709
	32	steif	270	86	1956
		plastisch	300	109	1875
		weich	330	133	1793
42,5	16	steif	270	108	1902
		plastisch	300	132	1820
		weich	330	155	1739
	32	steif	243	85	1980
		plastisch	270	108	1902
		weich	297	131	1824

Für die Betonrezepte der Betone 8/10; 12/15; 16/20 gelten folgende Annahmen:

- Oberflächenfeuchte der Gesteinskörnung: 4,5 %
- Dichte des Zements: 3,00 kg/dm³
- Kornrohdichte der Gesteinskörnung: 2,60 kg/dm³
- Luftgehalt: 2 Vol.-%

Expositionsklassen

Zur Sicherstellung der Dauerhaftigkeit von Betonbauteilen sind die Einwirkungen der Umgebungsbedingungen in Expositionsklassen für Bewehrungs- und Betonkorrosion sowie Feuchtigkeitsklassen für Betonkorrosion eingeteilt. Beton kann dabei mehr als einer der in den Tabellen genannten Umgebungsbedingungen ausgesetzt sein. Diese sind dann als Kombination von Expositionsklassen und Feuchtigkeitsklassen anzugeben. Bei mehreren zutreffenden Expositionsklassen für ein Bauteil ist jeweils die Expositionsklasse mit der höheren Anforderung maßgebend.

		X0 kein Angriff		
Bewehrungskorrosion			**Betonangriff**	
Meerwasser	XS		Frost mit und ohne Taumittel	XF
Chloride	XD		Chemischer Angriff	XA
Karbonatisierung	XC		Verschleiß	XM

Maximale *w/z*-Werte, Mindestbetonfestigkeitsklassen, Mindestzementgehalte und Verwendung der Betone in Abhängigkeit von der Expositionsklasse

Expositions-klasse	Umgebung	*w/z*-Wert w/z_{max}	Beton-festig-keits-klasse $f_{ck,\,min}$	Ze-ment-gehalt z_{min} [1)] [kg/m³]	Anwendungsbeispiele
X0	kein Korrosions- oder Angriffsrisiko	–	C8/10 C12/15	–	Füllbeton, Sauberkeitsschichten Fundamente und Innenbauteile ohne Bewehrung
XC	**Bewehrungskorrosion, ausgelöst durch Karbonatisierung**				
XC1	trocken oder ständig nass	0,75	C16/20[2)]	240 (240)	Beton in Gebäuden mit geringer Luftfeuchte; Beton, der ständig in Wasser getaucht ist
XC2	nass, selten trocken	0,75	C16/20[2)]	240 (240)	langzeitig wasserbenetzte Betonoberflächen; vielfach bei Gründungen
XC3	mäßige Feuchte	0,65	C20/25	260 (240)	Beton in Gebäuden mit mäßiger oder hoher Luftfeuchte
XC4	wechselnd nass und trocken	0,60	C25/30	280 (270)	wasserbenetzte Betonoberflächen, die nicht der Klasse XC2 zuzuordnen sind
XD	**Bewehrungskorrosion, ausgelöst durch Chloride, ausgenommen Meerwasser**				
XD1	mäßige Feuchte	0,55	C30/37[3)]	300 (270)	Betonoberflächen, die chloridhaltigem Sprühnebel ausgesetzt sind
XD2	nass, selten trocken	0,50	C35/45[3)4)5)]	320[5)] (270)	Schwimmbäder; Beton, der chloridhaltigen Industriewässern ausgesetzt ist
XD3	wechselnd nass und trocken	0,45	C35/45[3)5)]	320[5)] (270)	Teile von Brücken, die chloridhaltigem Spritzwasser ausgesetzt sind; Fahrbahndecken und Parkdecks

Expositionsklasse	Umgebung	w/z-Wert w/z_{max}	Betonfestigkeitsklasse $f_{ck, min}$	Zementgehalt z_{min}[1)] [kg/m³]	Anwendungsbeispiele
XS	**Bewehrungskorrosion, ausgelöst durch Chloride aus Meerwasser**				
XS1	salzhaltige Luft, aber kein unmittelbarer Kontakt mit Meerwasser	0,55	C30/37[3)]	300 (270)	Bauwerke in Küstennähe oder an der Küste
XS2	ständig unter Wasser	0,50	C35/45[3) 4) 5)]	320[5)] (270)	Teile von Meeresbauwerken
XS3	Tidebereiche[9)], Spritzwasser und Sprühnebelbereiche	0,45	C35/45[3) 5)]	320[5)] (270)	Teile von Meeresbauwerken
XF	**Frostangriff mit oder ohne Taumittel**				
XF1	mäßige Wassersättigung, ohne Taumittel	0,60	C25/30	280 (270)	senkrechte Betonoberflächen, die Regen und Frost ausgesetzt sind
XF2	mäßige Wassersättigung, mit Taumittel	0,55[6)]	C25/30	300 (270)[6)]	senkrechte Betonoberflächen von Straßenbauwerken, die Frost und taumittelhaltigem Sprühnebel ausgesetzt sind
		0,50[6)]	C35/45[4) 5)]	320[5)] (270)[6)]	
XF3	hohe Wassersättigung, ohne Taumittel	0,55	C25/30	300 (270)	waagerechte Betonoberflächen, die Regen und Frost ausgesetzt sind
		0,50	C35/45[4) 5)]	320[5)] (270)	
XF4	hohe Wassersättigung, mit Taumittel oder Meerwasser	0,50[6)]	C30/37	320[5)] (270)[6)]	Straßendecken und Brückenplatten, die Taumitteln ausgesetzt sind; Betonoberflächen, die direkt taumittelhaltigem Spritzwasser und Frost ausgesetzt sind; Spritzwasserbereich von Meeresbauwerken, die Frost ausgesetzt sind
XA	**Chemischer Angriff**				
XA1	chemisch schwach angreifende Umgebung	0,60	C25/30	280 (270)[5)]	Beton, der natürlichem Boden und Grundwasser ausgesetzt ist, je nach chemischen Merkmalen
XA2	chemisch mäßig angreifende Umgebung	0,50	C35/45[3) 4) 5)]	320[5)] (270)	
XA3[10)]	chemisch stark angreifende Umgebung	0,45	C35/45[3)]	320 (270)	

Expositionsklasse	Umgebung	w/z-Wert w/z_{max}	Betonfestigkeitsklasse $f_{ck,\,min}$	Zementgehalt z_{min} [1] [kg/m³]	Anwendungsbeispiele
XM	**Betonkorrosion durch Verschleißbeanspruchung**				
XM1	mäßige Verschleißbeanspruchung	0,55	C30/37[3]	300[7] (270)	tragende oder aussteifende Industrieböden mit Beanspruchung durch luftbereifte Fahrzeuge
XM2	starke Verschleißbeanspruchung	0,55	C30/37[3][8]	300[7] (270)	tragende oder aussteifende Industrieböden mit Beanspruchung durch luft- oder vollgummibereifte Gabelstapler
		0,45	C35/45[3]	320[7] (270)	
XM3	sehr starke Verschleißbeanspruchung	0,45	C35/45[3][8]	320[7] (270)	tragende oder aussteifende Industrieböden mit Beanspruchung durch elastomer- oder stahlrollenbereifte Gabelstapler; Oberflächen, die häufig mit Kettenfahrzeugen befahren werden; Wasserbauwerke in geschiebebelasteten Gewässern, z. B. Tosbecken[11]

[1]) Klammerwerte geben den Mindestzementgehalt bei Anrechnung von Zusatzstoffen in kg/m³ an. Bei 63 mm Größtkorn darf der Zementgehalt um 30 kg/m³ reduziert werden. [2]) Für Stahlfaserbeton gilt für die Expositionsklassen XC1 und XC2 die Mindestfestigkeitsklasse C20/25. [3]) Bei Verwendung von Luftporenbeton, z. B. aufgrund gleichzeitiger Anforderungen aus der Expositionsklasse XF, eine Festigkeitsklasse niedriger. [4]) Bei langsam und sehr langsam erhärtendem Beton eine Festigkeitsklasse niedriger. [5]) Bei massigen Bauteilen sind kleinere Grenzwerte möglich. [6]) Nur Anrechnung von Flugasche zulässig. [7]) Höchstzementgehalt 360 kg/m³, jedoch nicht für hochfesten Beton. [8]) Anwendung von Luftporenbeton nicht empfehlenswert. [9]) Unter Tide versteht man das Steigen und Fallen des Meerwassers im Gezeitenablauf. [10]) Schutz des Betons erforderlich. [11]) Als Tosbecken bezeichnet man im Wasserbau ein bremsendes Auffangbecken für das abfließende Wasser einer Talsperre oder einer andersgearteten Stauanlage.

Bedeutung der Kurzzeichen der Expositionsklassen

X	**E**xpositionsklasse
C	**C**arbonation (Karbonatisierung)
D	**D**eicing Salt (Enteiser)
S	**S**eawater (Meerwasser)
F	**F**reezing (Frost)
A	Chemical **A**ttack (Chemischer Angriff)
M	**M**echanical Abrasion (Verschleiß)

Zusatzbezeichnungen bei Zementen

LH	Zement mit niedriger Hydratationswärme (**l**ow **h**eat of hydratation)
SR	Zement mit hohem Sulfatwiderstand (**s**ulfate **r**esistance)
NA	Zement mit **n**iedrigem wirksamem **A**lkalibestand
FE	Zement mit **f**rühem **E**rstarren
SE	**S**chnell **e**rstarrender Zement
HO	Zement mit er**h**öhtem Anteil **o**rganischer Bestandteile

Anwendungsbereiche von Zementen nach DIN EN 197-1 und DIN 1164

Zementart	andere Bestandteile	Klinkeranteil	Kein Risiko	Bewehrungskorrosion										Betonangriff									
				durch Karbonatisierung				durch Chloride						durch Frost				durch chemisch aggressive Umgebung			durch Verschleiß		
			X0	XC1	XC2	XC3	XC4	XD1	XD2	XD3	XS1	XS2	XS3	XF1	XF2	XF3	XF4	XA1	XA2	XA3	XM1	XM2	XM3
CEM I																							
CEM II	S	A/B																					
	D	A																					
	P/Q	A/B																					
	V	A																					
	V	B																					
	W	A																					
	W	B																					
	T	A/B																					
	LL	A																					
	LL	B																					
	L	A																					
	L	B																					
	M	A																					
	M	B																					
CEM III		A																					
		B																					
		C																					
CEM IV		A																					
		B																					
CEM V		A																					
		B																					

gültiger Anwendungsbereich

Anwendung ausgeschlossen

S: Portlandhüttenzement
D: Portlandsilicatstaubzement
P/Q: Portlandpuzzolanzement

V/W: Portlandflugaschezement
T: Portlandschieferzement
L/LL: Portlandkalksteinzement

M: Portlandkompositzement

A: PZ-Klinkeranteil hoch
B: PZ-Klinkeranteil niedrig
C: PZ-Klinkeranteil sehr niedrig

Aufgaben

32. Für die Herstellung eines Betons C40/50 soll eine Gesteinskörnung 0/16 ($\varrho_G = 2{,}80$ kg/dm^3) mit einer Körnungsziffer $k = 3{,}85$ verwendet werden. Zementfestigkeitsklasse 52,5 N; Betonkonsistenz F3, Luftporengehalt 2 %
Ermitteln Sie den Baustoffbedarf nach Betonrezept.

33. Für ein Hochhaus sind Blockstufen in Sichtbeton für 24 Treppen mit je 17 Stufen herzustellen. Die Stufen sind 2,20 m breit. Ermitteln Sie den Baustoffbedarf nach Betonrezept, wenn ein Beton C16/20 der Expositionsklasse XC2 mit der Konsistenz F3 verwendet werden soll. Das Korngemisch hat eine Körnung 0/16 und liegt im Sieblinienbereich ④. Zur Herstellung wird ein CEM I 32,5 R verwendet.

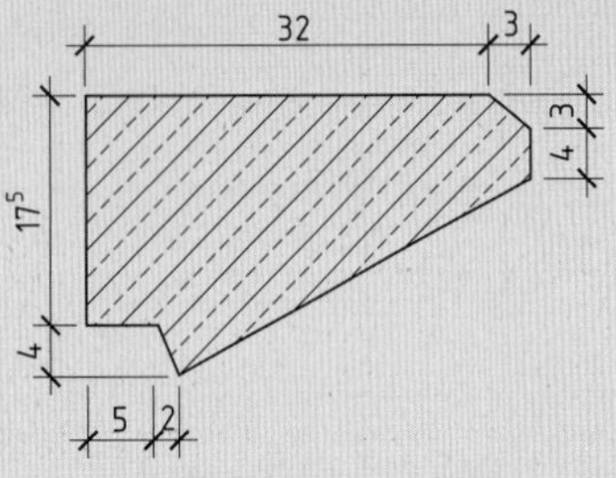

34. Eine Pilzdecke wird durch 6 Rundsäulen abgestützt.

- Beton C16/20; XC 1
- Konsistenz F4
- Zement CEM II/B-P 42,5
- Gesteinskörnung 0/16, Sieblinie A

Berechnen Sie den Bedarf an Zement, Wasser und Gesteinskörnung nach Betonrezept.

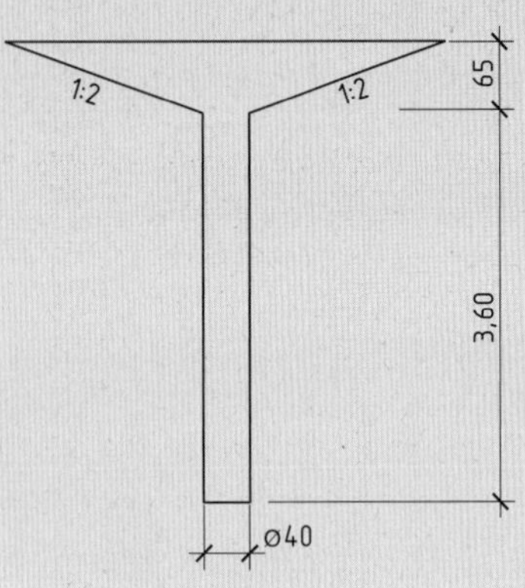

35. a) Wie groß ist der Materialbedarf nach Betonrezept für eine 22 cm dicke Betonwand, wenn sie mit einem Beton C12/15; X0 der Konsistenz F2 hergestellt wird?
Gesteinskörnung 0/32 im Sieblinienbereich ④. Zement CEM I 32,5.

b) Wie lautet das Mischungsverhältnis nach Masseteilen? (Gesteinskörnung feucht)

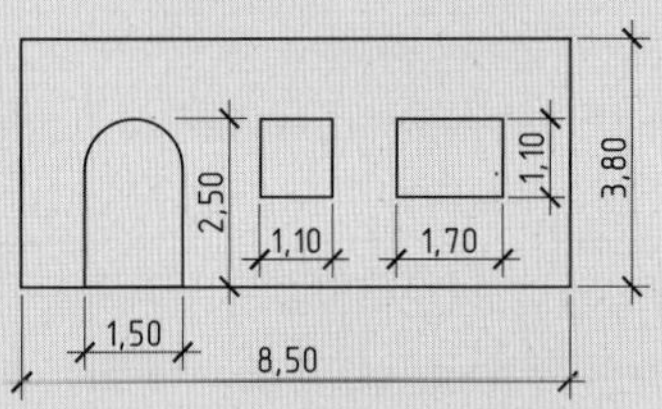

36. Es sind 250 Betonpfähle der Festigkeitsklasse C16/20 herzustellen:

- Konsistenz C3
- Zement CEM III/B 32,5
- Gesteinskörnung 0/16, Bereich ④

Ermitteln Sie den Materialbedarf nach Betonrezept.

37. Es sollen 14 quadratische Einzelfundamente hergestellt werden.

- Betonfestigkeitsklasse C8/10
- Konsistenz F1
- Körnung 0/32, Sieblinie B
- Zement CEM II/B-T 32,5

a) Wie groß ist der Materialbedarf nach Betonrezept?

b) Wie lautet das Mischungsverhältnis nach Masseteilen? (Gesteinskörnung feucht)

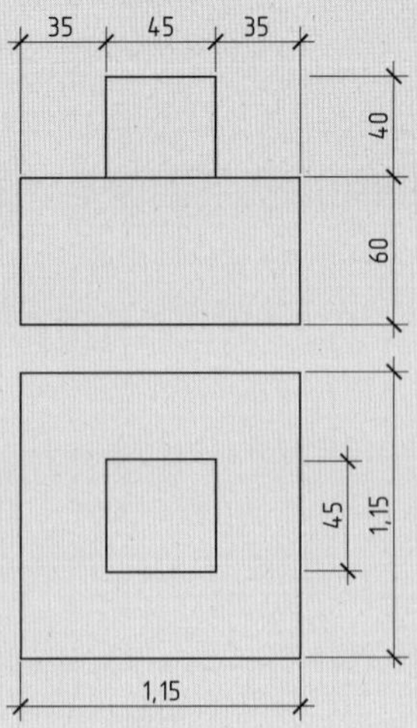

Aufgaben

38. Ein Beton, dessen Gesteinskörnung eine Körnungsziffer $k = 4{,}35$ und eine Rohdichte von 2,65 kg/dm^3 hat, soll bei Verwendung von CEM I-SR 52,5 N eine Nennfestigkeit von 45 MPa (N/mm^2) erreichen. Die Konsistenz des Betons soll F2 sein, seine Expositionsklassen XC3; XD1; XA2. Der Luftporengehalt beträgt 2 %.
a) Wie groß dürfte der *w/z*-Wert nach diesen Expositionsklassen maximal sein?
b) Ermitteln Sie den Bedarf an Zement, Wasser und oberflächentrockener Gesteinskörnung für 1 m^3.
c) Wurde bei der Stoffraumberechnung der Mindestzementgehalt für die genannten Expositionsklassen eingehalten?
d) Wie ändert sich der Materialbedarf, wenn nur ein CEM I 42,5 zur Verfügung steht?

39. Aus einem Korngemisch 0/16 mit $k = 4{,}20$ und einem Portlandpuzzolanzement 32,5 wird ein Beton der Konsistenz C3 mit einem Verdichtungsmaß $c = 1{,}10$ hergestellt.
Der *w/z*-Wert soll 0,53 betragen. Die Gesteinskörnung hat eine Eigenfeuchte von 3,5 % und eine Rohdichte von 2,8 kg/dm^3. Der Luftgehalt beträgt 1,6 Vol.-%. Das Bauteil, das daraus hergestellt wird, muss die Expositionsklassen XC4; XS3; XF3 erfüllen.
a) Welchen Expositionsklassen kann der verwendete Zement nicht genügen?
b) Wie groß muss der Mindestzementgehalt bezüglich der Expositionsklassen sein?
c) Wie groß darf der maximale *w/z*-Wert sein?
d) Welche Anforderungen werden hinsichtlich der Expositionsklassen an die Gesteinskörnung gestellt?
e) Ermitteln Sie den Bedarf an Zement, Zugabewasser und Gesteinskörnung für 1 m^3 Beton.

40. Daten einer Betonmischung:
- D-Summe 510
- Hochofenzement 52,5 N
- Expositionsklassen XC4; XF1; XM1
- Konsistenz F1
- Luftporengehalt 1,5 Vol.-%
- $\varrho_G = 2{,}95\ kg/dm^3$
- Eigenfeuchte 3 %

a) Für welche Expositionsklassen darf dieser Zement verwendet werden?
b) Welche der geforderten Expositionsklassen verlangt den größten und welche den geringsten Zementbedarf?
c) Wie hoch sind die maximalen *w/z*-Werte?
d) Welche Betonfestigkeitsklasse wäre die Mindestfestigkeitsklasse aufgrund der Expositionsklassen?
e) Wie groß ist der Baustoffbedarf für 1 m^3 Beton?
f) Wie lautet das Mischungsverhältnis in Masseteilen?

41. Ein Betonkorngemisch 0/16, $\varrho_G = 2{,}60\ kg/dm^3$ mit einer Körnungsziffer $k = 2{,}90$ und ein Zement CEM II/B-M 32,5 ($\varrho_Z = 2{,}75\ kg/dm^3$) werden zu einem Beton mit einem Verdichtungsmaß c von 1,25 verarbeitet. Der Beton soll eine Würfeldruckfestigkeit von 20 MPa (N/mm^2) erhalten. Der Luftporengehalt beträgt 1,7 Vol.-%. Dem Beton werden 12 l Fließmittel zugegeben.
a) Für welche Expositionsklassen darf dieser Beton verwendet werden?
b) Wie groß darf der *w/z*-Wert maximal sein und wie viel Zement ist mindestens erforderlich?
c) Ermitteln Sie den Bedarf an Zement, Zugabewasser und Gesteinskörnung für 1 m^3 Beton
   1. bei einer oberflächentrockenen Gesteinskörnung,
   2. bei einer Eigenfeuchte der Gesteinskörnung von 3 %.
d) Wie lautet bei c) jeweils das Mischungsverhältnis in Masseteilen?
e) Welcher *w/z*-Wert müsste erreicht werden, wenn ein CEM 42,5 verwendet werden soll?

Aufgaben

42. Ein Gesteinskorngemisch 0/8 mit einer Körnungsziffer $k = 2{,}95$ wird mit CEM I 32,5 R zu einem Beton C20/25 der Expositionsklasse XC3 verarbeitet. Der *w/z*-Wert beträgt 0,63, die Konsistenz des Betons F4, der Luftporengehalt 1,3 Vol.-%, die Dichte der Gesteinskörnung $\varrho_G = 2{,}70$ kg/dm³.
Ermitteln Sie den Bedarf an Zement, Zugabewasser und Gesteinskörnung für 1 m³ Beton
a) bei einer oberflächentrockenen Gesteinskörnung,
b) bei einer Eigenfeuchte der Gesteinskörnung von 2,5 %,
c) bei einer Eigenfeuchte der Gesteinskörnung von 3,5 %.
d) Wie lautet das Mischungsverhältnis in Masseteilen?
e) Wie ändern sich die Werte, wenn der *w/z*-Wert nur 0,42 betragen soll?

43. Es sollen Träger für eine Industriehalle mit einer Länge von 10,90 m hergestellt werden.

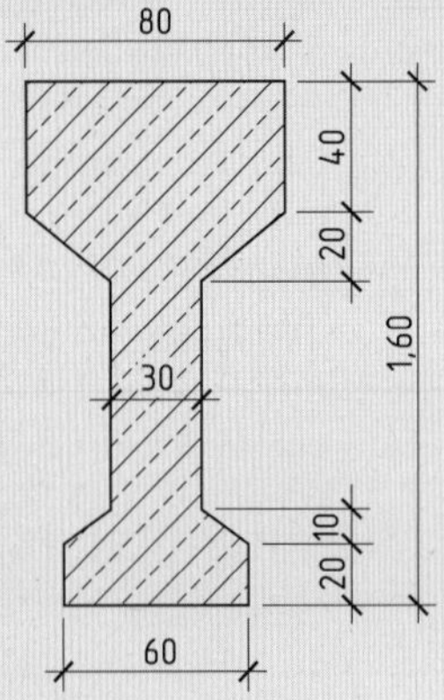

- Beton C35/45
- Konsistenz F3
- Expositionsklassen XC1; XA1
- Gesteinskörnung 0/16 mit $k = 4{,}0$
- $\varrho_G = 2{,}95$ kg/dm³
- Portlandkalksteinzement 52,5
- Luftporengehalt 1,4 %

a) Für welche Expositionsklassen ist der Zement zulässig?
b) Welche Festigkeitsklasse müsste der Beton aufgrund der Expositionsklassen mindestens erfüllen?
c) Dürfte ein Portlandflugaschezement CEM II/A-W verwendet werden?
d) Ermitteln Sie den Baustoffbedarf für 12 Träger.
e) Wie groß ist die Mindestzementmasse je m³ aufgrund der Expositionsklassen?

44. Für Treibstoffbehälter sind 8 Lager mit einem Beton C16/20 zu betonieren.

- Gesteinskörnung: Sieblinie U 16
- $\varrho_G = 2{,}80$ kg/dm³
- Portlandkalksteinzement 52,5
- Expositionsklassen XC4; XF1; XA2
- Konsistenz C1
- Luftporengehalt 2,4 Vol.-%

a) Ermitteln Sie den Baustoffbedarf.
b) Überprüfen Sie, ob die nach der Stoffraumrechnung ermittelte Zementmasse je m³ der erforderlichen Zementmasse je m³ nach den Expositionsklassen entspricht.

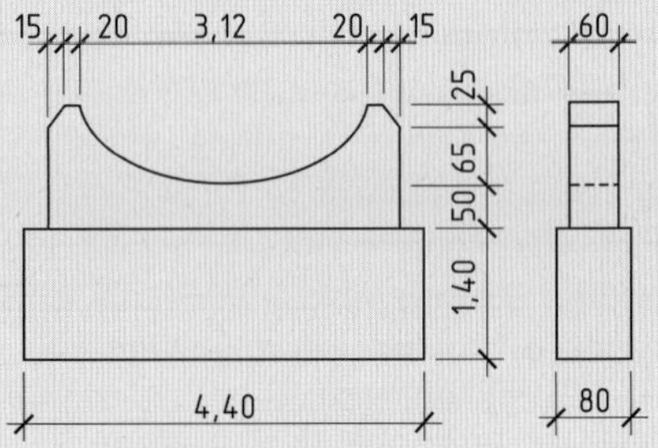

45. Es soll eine 29,50 m lange Stützmauer aus Beton C30/37 errichtet werden.

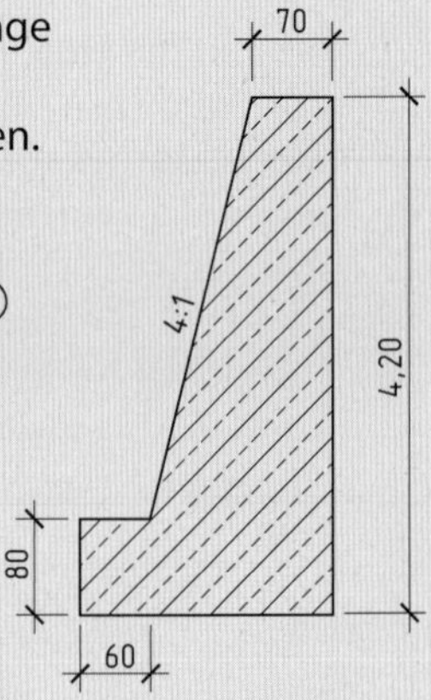

- Gesteinskörnung: Größtkorn 32 mm Sieblinienbereich ③ $k = 4{,}55$ $\varrho_G = 2{,}95$ kg/dm³
- Konsistenz F2
- Portlandhüttenzement 42,5 Expositionsklassen XC4; XF3; XD3; XA2
- Luftporengehalt 2,2 %

a) Berechnen Sie den Materialbedarf.
b) Überprüfen Sie die Betonfestigkeitsklasse, Mindestzementgehalte und *w/z*-Werte bezüglich der Expositionsklassen.

Aufgaben

46. Es soll ein Brückenpfeiler hergestellt werden

- Fundament: C 25/30
  F2, CEM III 32,5 B
  Expositionsklassen: XC1; XA2; XD2
  Gesteinskörnung $\varrho_G = 2{,}90\ \text{kg/dm}^3$
  Sieblinie A32
  Luftporengehalt 2,2 Vol.-%
- Pfeiler: C35/45
  F4; CEM III 42,5 A
  Expositionsklassen XC4; XD3; XF4; XA2
  Gesteinskörnung $\varrho_G = 2{,}90\ \text{kg/dm}^3$
  Sieblinie A16
  Luftporengehalt 1,2 Vol.-%

a) Ermitteln Sie den Baustoffbedarf.
b) Wie lautet das Mischungsverhältnis in Masseteilen?
c) Welcher *w/z*-Wert könnte gewählt werden, wenn ein CEM III 52,5 N verwendet würde?
d) Überprüfen Sie die Betonfestigkeitsklassen, den Mindestzementgehalt sowie den *w/z*-Wert bezüglich der Expositionsklassen.

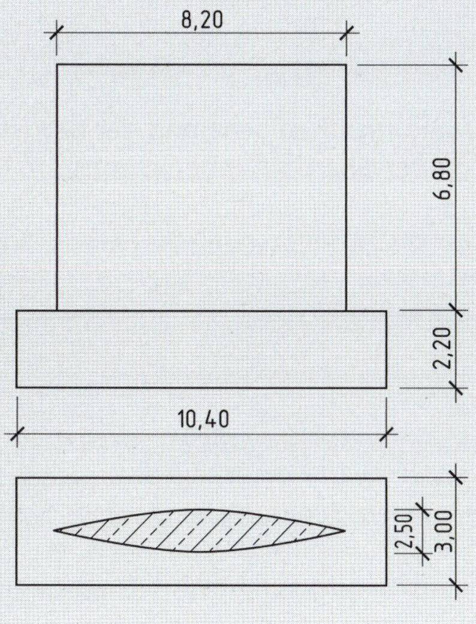

47. Eine Kellerwand im Grundwasserbereich soll folgenden Expositionsklassen genügen: XC2; XD1; XF1.

- Hochofenzement
- Konsistenz C3
- Gesteinskörnung 0/16, $k = 3{,}66$
  $\varrho_G = 2{,}60\ \text{kg/dm}^3$
- Luftporengehalt 2,3 Vol.-%

Ermitteln Sie den erforderlichen Baustoffbedarf nach den Mindestanforderungen für 47,5 m³ Beton.

48. Für einen Industriefußboden ist für eine Fläche von 520 m² eine 12 cm dicke Verbundestrichplatte herzustellen, die den Expositionsklassen XD1 und XM3 genügen soll.

- Zement CEM I
- Gesteinskörnung 0/16, D-Summe 475,
  $\varrho_G = 2{,}95\ \text{kg/dm}^3$
- Luftporengehalt 1,8 Vol.-%
- Konsistenz F3 oberer Bereich

Berechnen Sie den Baustoffbedarf auf Grundlage der Mindestanforderungen.

49. Für eine Kläranlage werden 3270 m³ Beton der Expositionsklassen XC4; XD3 sowie XF4 benötigt.
Als Zement wird ein CEM III verwendet.

- Gesteinskörnung 0/16; $k = 4{,}70$
  $\varrho_G = 2{,}80\ \text{kg/dm}^3$
- Luftporengehalt 2,2 Vol.-%
- Konsistenz des Betons C3

Ermitteln Sie den Baustoffbedarf nach den Mindestanforderungen.

16 Stahlbeton

Stahlbeton ist ein Verbundbaustoff aus Beton und Stahl. Diese beiden Baustoffe können nur deshalb gemeinsam verarbeitet werden, weil sie etwa den gleichen Längenausdehnungskoeffizienten von $\alpha = 0{,}01$ mm/mK besitzen und somit bei Temperaturänderungen keine Spannungen zwischen den Baustoffen entstehen.

Aufgaben von Beton und Bewehrung eines Stahlbetonbalkens

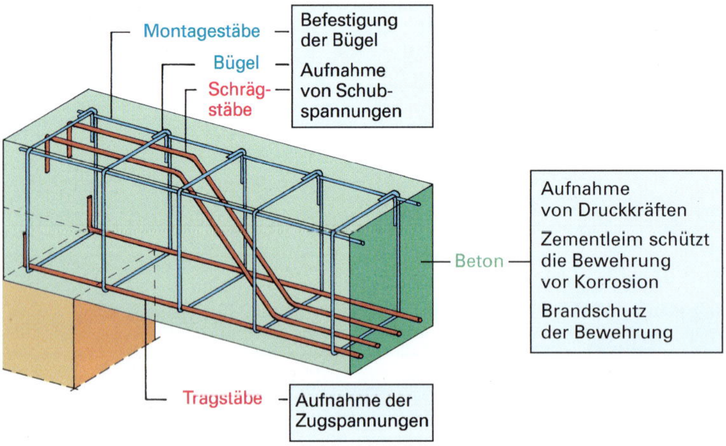

Der Stahl, der durch seine raue profilierte Oberfläche gut haftet, kann seine Aufgabe als tragendes Glied nur dann erfüllen, wenn er ausreichend von Beton überdeckt ist.

16.1 Betondeckung

Die Betondeckung ist der minimale Abstand zwischen einer Bewehrungsoberfläche und der nächstgelegenen Betonoberfläche (einschließlich vorhandener Bügel, Haken oder Oberflächenbewehrung).

Das Nennmaß der Betondeckung muss auf den Plänen eingetragen werden. Es ist definiert als die Summe aus der Mindestbetondeckung c_{min} und dem Vorhaltemaß Δc_{dev}.

$$c_{nom} = c_{min} + \Delta c_{dev}$$

Zur Sicherstellung des Verbundes darf die Mindestbetondeckung $c_{min,b}$ nicht kleiner sein als:

- der Stabdurchmesser ϕ der Betonstahlbewehrung oder der Vergleichsdurchmesser ϕ_n eines Stabbündels,
- der 1,5-fache Nenndurchmesser einer Litze oder der 2,5-fache Nenndurchmesser eines gerippten Drahts,
- der äußere Hüllrohrdurchmesser eines Spanngliedes.

Maßgebend ist der größte Wert, der sich aus den Verbund- bzw. Dauerhaftigkeitsanforderungen ergibt.

$$c_{min} = \max\{c_{min,b};\, c_{min,dur} + \Delta c_{dur,\gamma} - \Delta c_{dur,st} - \Delta c_{dur,add};\, 10\text{ mm}\} \text{ jedoch stets } c_{min} \geq c_{min,b}$$

- $c_{min,b}$: Mindestbetondeckung zur Sicherstellung des Verbundes (b: engl. bond)
- $c_{min,dur}$: Mindestbetondeckung zur Sicherstellung der Dauerhaftkeit (dur: engl. durance)
- γ: Sicherheitszuschlag
- st: Abminderung bei Verwendung nichtrostender Stähle
- add: Abminderung bei Anwendung zusätzlicher Schutzmaßnahmen

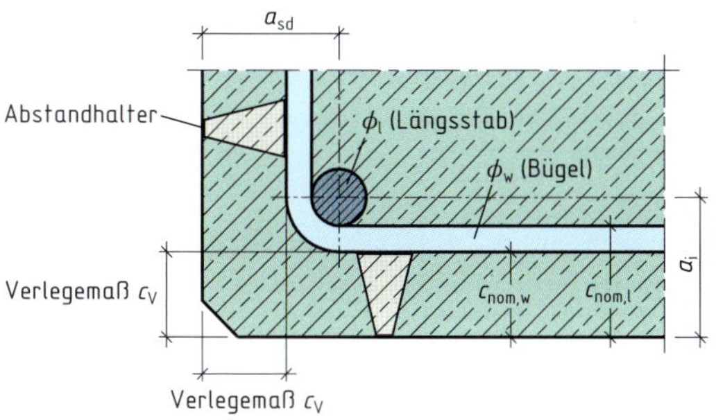

Verlegemaß c_V: $\left.\begin{array}{l} c_{nom,w} \\ c_{nom,l} - \phi_w \end{array}\right\}$ DIN EN 1992-1-1

$$\left.\begin{array}{l} a_i - \dfrac{\phi_l}{2} - \phi_w \\ a_{sd} - \dfrac{\phi_l}{2} - \phi_w \end{array}\right\}$$ DIN EN 1992-1-2 für den Brandschutz

Mindestbetondeckung $c_{min,dur}$ aus Dauerhaftigkeitsanforderung und additives Sicherheitselement $\Delta c_{dur,\gamma}$

Expositionsklasse	Dauerhaftigkeitsanforderung $c_{min,dur}$ in mm für			
	Betonstahl DIN 488		Spannstahl	
	$c_{min,dur}$ 1) 2)	$\Delta c_{dur,\gamma}$	$c_{min,dur}$ 1) 2)	$\Delta c_{dur,\gamma}$
(X0)	(10)	0	(10)	0
XC1	10		20	
XC2/XC3	20		30	
XC4	25		35	
XD1/XS1	30	+10	40	+10
XD2/XS2	35	+5	45	+5
XD3/XS3	40	0	50	0

1) Anforderungsklasse S3 (50 Jahre Nutzungsdauer für den allgemeinen Hochbau).
2) Verminderung von $c_{min,dur}$ um 5 mm zulässig, sofern

- Beton ohne Luftporenbildner mindestens zwei Klassen über indikativer Mindestfestigkeitsklasse nach DIN EN 1992-1-1 und DIN EN 1992-1-1/NA, Anhang E, liegt,
- Beton mit Mindestluftgehalt für Expositionsklassen XF mindestens eine Klasse über indikativer Mindestfestigkeitsklasse liegt.

Verminderung und Vergrößerung der Betondeckung

Nichtrostende Stähle	Für die Abminderung der Mindestbetondeckung $\Delta c_{dur,st}$ gelten die Bestimmungen der jeweiligen allgemeinen bauaufsichtlichen Zulassungen.
Rissüberbrückende Beschichtung	Die Abminderung der Mindestbetondeckung $\Delta c_{dur,add}$ darf in den Expositionsklassen XD mit 10 mm angesetzt werden. In allen anderen Fällen ist $\Delta c_{dur,add} = 0$.
Fertigteile	Bei kraftschlüssigem Verbund mit Ortbeton gilt für die Betondeckung beidseitig der Fuge $c_{min} = c_{min,b}$, sofern Beton C25/30 verwendet wird, das Außenklima maximal 28 Tage auf die Betonoberfläche einwirken kann und die Fuge aufgeraut wird.
Verschleißbeanspruchung	Wird bei Betonbauteilen der Expositionsklasse XM auf den Einsatz von Gesteinskörnungen mit zusätzlichen Anforderungen verzichtet, kann die Beanspruchung durch eine Vergrößerung der Betondeckung (Opferschicht) berücksichtigt werden. Die Mindestbetondeckung c_{min} ist dabei für XM1 um $k_1 = 5$ mm, für XM2 um $k_2 = 10$ mm und für XM3 um $k_3 = 15$ mm zu vergrößern.
Unebene Oberflächen	Für unebene Oberflächen (z. B. herausstehendes Grobkorn) ist in der Regel die Mindestbetondeckung um mindestens 5 mm zu vergrößern.
Leichtbeton	Bei Leichtbeton ist die Mindestbetondeckung um 5 mm zu vergrößern.
Beton gegen unebene Flächen	Bei bewehrten Bauteilen auf Sauberkeitsschicht ist das Vorhaltemaß um $k_1 = 20$ mm, bei bewehrten Bauteilen gegen Baugrund um $k_2 = 50$ mm zu vergrößern.

Vorhaltemaß Mindestbetondeckung Δc_{dev}

	Vorhaltemaß Δc_{dev} in mm [1]
für Dauerhaftigkeit mit min $c_{min,dur}$	15 [2]
für Verbund mit $c_{min,b}$	10

[1] Unter der Voraussetzung einer entsprechenden Qualitätskontrolle bei Planung, Entwurf, Herstellung und Bauausführung darf Δc_{dev} um 5 mm verringert werden.

[2] Für XC1 gilt $\Delta c_{dev} = 10$ mm.

Mindestbreite und Mindestachsabstände von Stahlbeton- und Spannbetonbalken

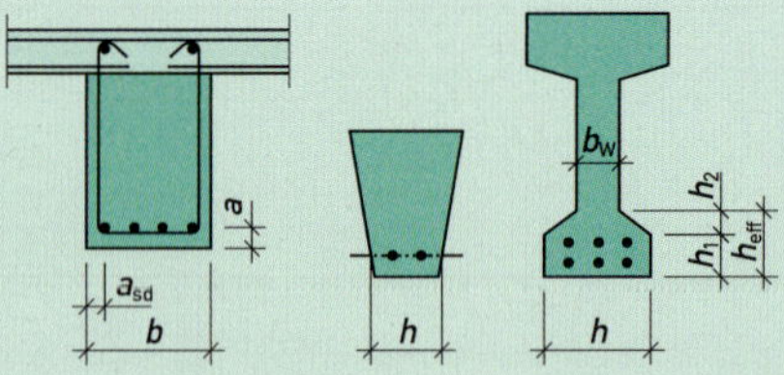	**Feuerwiderstandsklasse**			
	R 30	**R 60**	**R 90**	**R 120**
Mindestbreite *b* für **Stahlbeton- und Spannbetonbalken**	80	120	150	200
Mindeststegbreite b_w für **Balken mit I-Querschnitt**	80	100	100	120
Mindestachsabstände *a* und a_{sd} der **Bewehrung** bei einer vorgegebenen Balkenbreite *b* [mm]	$b = 80$ $a = 25$ [1]	$b = 120$ $a = 40$ [1]	$b = 150$ $a = 55$ [1]	$b = 200$ $a = 65$ [1]
	$b = 160$ $a = 15$ [1]	$b = 200$ $a = 30$ [1]	$b = 300$ $a = 40$ [1]	$b = 300$ $a = 55$ [1]
Mindestachsabstände *a* und a_{sd} der **Spannstahlbewehrung** [2] bei einer vorgegebenen Balkenbreite *b* [mm]	$b = 80$ $a = 40$ [1]	$b = 120$ $a = 55$ [1]	$b = 150$ $a = 70$ [1) 3)]	$b = 200$ $a = 80$ [1) 3)]
	$b = 160$ $a = 30$ [1]	$b = 200$ $a = 45$ [1]	$b = 300$ $a = 55$ [1]	$b = 300$ $a = 70$ [1) 3)]

[1] $a_{sd} = a + 10$ mm bei einlagiger Bewehrung; bei mehrlagiger Bewehrung darf die Erhöhung um 10 mm entfallen.

[2] Erhöhung um $\Delta a = 15$ mm für Litzen und Drähte mit $\theta_{cr} = 350$ °C nach DIN EN 1992-1-2, 5.2 (5) ist berücksichtigt.

[3] Bei einem Achsabstand der Bewehrung $a \geq 70$ mm sollte eine Oberflächenbewehrung nach DIN EN 1992-1-2, 4.5.2 eingebaut werden.

Beispiel

Ermitteln Sie für einen Stahlbetonbalken in einem Einfamilienhaus:

a) die Mindestbetondeckung c_{min}
b) das Vorhaltemaß Δc_{dev}
c) das Nennmaß c_{nom}
d) das Verlegemaß c_V
e) das Verlegemaß c_V (wenn die Feuerwiderstandsklasse R30 eingehalten werden soll und der Balken mindestens 80 cm breit ist)

Gegeben:

- Expositionsklasse: XC1, W0
- Betonfestigkeitsklasse: C16/20
- Stabdurchmesser der Längsbewehrung: 14 mm
- Stabdurchmesser der Bügel: 6 mm
- keine zusätzlichen Schutzmaßnahmen, Normalstahl

a) Korrekturwert (additives Sicherheitselement): $\Delta c_{dur,\gamma} = 0$ mm
Mindestmaß XC1 $c_{min,dur} = 10$ mm

Mindestbetondeckung aus Dauerhaftigkeitsanforderung:
$c_{min} \geq c_{min,dur} + \Delta c_{dur,\gamma} - \Delta c_{dur,st} - \Delta c_{dur,add} = 10\text{ mm} + 0\text{ mm} - 0\text{ mm} - 0\text{ mm} = 10\text{ mm}$

Mindestbetondeckung aus Verbundanforderung für Längsbewehrung: $c_{min,b} = 14$ mm

Mindestbetondeckung: $c_{min} \geq c_{min,b} = 15$ mm (gerundet auf volle 5-mm-Schritte)

Mindestbetondeckung aus Verbundanforderungen für Bügel: $c_{min,b} = 6$ mm

Mindestbetondeckung: $c_{min} \geq c_{min,b} = 10$ mm (gerundet auf volle 5-mm-Schritte)

b) Vorhaltemaß: $\Delta c_{dev} = 10$ mm

c) Nennmaß für Längsbewehrung:
$c_{nom,l} = c_{min} + \Delta c_{dev} = 15\text{ mm} + 10\text{ mm} = 25\text{ mm}$

Nennmaß für Bügel:
$c_{nom,w} = c_{min} + \Delta c_{dev} = 10\text{ mm} + 10\text{ mm} = 20\text{ mm}$

d) Verlegemaß

$$c_v \begin{cases} c_{nom,w} = 20\text{ mm} \\ c_{nom,l} - \phi_w = 25\text{ mm} - 6\text{ mm} = 19\text{ mm} \end{cases}$$

$c_v \geq 20$ mm

e)

$$c_v \begin{cases} c_{nom,w} = 20\text{ mm} \\ c_{nom,l} - \phi_w = 25\text{ mm} - 6\text{ mm} = 19\text{ mm} \\ a - \dfrac{\phi_l}{2} - \phi_w = 25\text{ mm} - \dfrac{14\text{ mm}}{2} - 6\text{ mm} = 12\text{ mm} \\ a_{sd} - \dfrac{\phi_l}{2} - \phi_w = (25\text{ mm} + 10\text{ mm}) - \dfrac{14\text{ mm}}{2} - 6\text{ mm} = 22\text{ mm} \end{cases}$$

$c_v \geq 22$ mm

Aufgaben

1. Ermitteln Sie für einen Stahlbetonbalken in einem Einfamilienhaus:
a) die Mindestbetondeckung c_{min}
b) das Vorhaltemaß Δc_{dev}
c) das Nennmaß c_{nom}
d) das Verlegemaß c_v

Gegeben:
- Expositionsklasse: XC2
- Betonfestigkeitsklasse: C16/20
- Stabdurchmesser der Längsbewehrung: 16 mm
- Stabdurchmesser der Bügel: 8 mm
- keine zusätzlichen Schutzmaßnahmen, Normalstahl

2. Ermitteln Sie für einen Stahlbetonbalken in einem Festsaal:
a) die Mindestbetondeckung c_{min}
b) das Vorhaltemaß Δc_{dev}
c) das Nennmaß c_{nom}
d) das Verlegemaß c_v

Gegeben:
- Expositionsklasse: XC2
- Betonfestigkeitsklasse: C30/35
- Stabdurchmesser der Längsbewehrung: 25 mm
- Stabdurchmesser der Bügel: 10 mm
- Balkenbreite: 100 cm
- Feuerwiderstandsklasse R30
- keine zusätzlichen Schutzmaßnahmen, Normalstahl

16.2 Stahlbedarf

Zur Ermittlung der Gesamtmasse werden die längenbezogene Masse (bei Stahlstäben) und die flächenbezogene Masse (bei Stahlmatten) benötigt.

Umfang, Querschnittsfläche und längenbezogene Masse von Betonstahl nach DIN 488

Nenndurchmesser ϕ [mm]	Nennquerschnitt A_S [mm²]	Längenbezogene Masse m [kg/m]
6	28,3	0,222
8	50,3	0,395
10	78,5	0,617
12	113,0	0,888
14	154,0	1,21
16	202,0	1,58
20	314,0	2,47
25	491,0	3,85
28	616,0	4,83
32	804,0	6,31
40	1257,0	9,86

Aufbau der Lagermatten B500A und B500B

Mattentyp[1]	Stababstände [mm]	Stabquerschnitte [cm²/mm]		Anzahl Stäbe mit ϕ [mm]		Anzahl Längsrandstäbe mit ϕ [mm]		Überstände [mm]		Masse [kg]	
		längs	quer	längs	quer	links	rechts	Anfang links	Ende rechts	je Matte	je m²
Q 188		1,88	1,88	16ϕ6,0	40ϕ6,0					41,7	3,02
Q 257		2,57	2,57	16ϕ7,0	40ϕ7,0					56,8	4,12
Q 335	150/150	3,35	3,35	16ϕ8,0	40ϕ8,0			75	25	74,3	5,37
Q 424		4,24	4,24	8ϕ9,0	40ϕ9,0					84,4	6,12
Q 524		5,24	5,24	8ϕ10,0	40ϕ10,0	4ϕ7,0	4ϕ7,0			100,9	7,31
Q 636	100/125	6,36	6,28	16ϕ9,0	48ϕ10,0			62,5	25	132,0	9,36
R 188		1,88	1,13	16ϕ6,0	24ϕ6,0					33,6	2,43
R 257		2,57	1,13	16ϕ7,0	24ϕ6,0					41,2	2,99
R 335	150/250	3,35	1,13	16ϕ8,0	24ϕ6,0			125	25	50,2	3,64
R 424		4,24	2,01	12ϕ9,0	24ϕ8,0	2ϕ8,0	2ϕ8,0			67,2	4,87
R 524		5,24	2,01	12ϕ10,0	24ϕ8,0					75,7	5,49

[1] Zur Unterscheidung der Lagermatten auf Bewehrungsplänen, bei Bestellungen und auf der Baustelle führten die Hersteller zur gewohnten Bezeichnung der Lagermatten (**Q** und **R**) den Zusatz **A** (= normalduktil) und den Zusatz **B** (= hochduktil) gemäß DIN EN 1992-1-1 ein.

Beispiel 1

Erstellen Sie eine Stahlliste für vier Stürze.

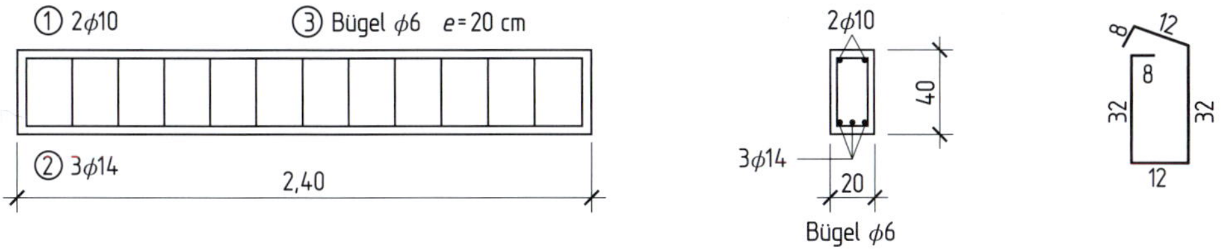

Stahlliste

Position	⌀ [mm]	Biegeform	Anzahl pro Bauteil	Anzahl der Bauteile	Gesamtzahl der Stähle	Schnittlänge [m]	Gesamtlänge [m]		
							⌀6	**⌀10**	**⌀14**
1	10	2,35	2	4	8	2,35		18,80	
2	14	2,35	3	4	12	2,35			28,20
3	6	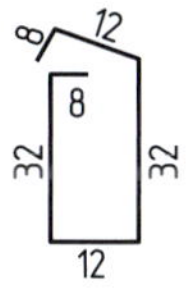	13	4	52	1,04	54,08		
			Gesamtlänge m				54,08	18,80	28,20
			Längenbezogene Masse kg/m				0,222	0,617	1,21
			Gesamtmasse kg				12,01	11,60	34,12
			Gesamtmasse ohne Verschnitt B500B				57,73 kg		

Beispiel 2

Nach der statischen Berechnung sind für einen Stahlbetonbalken mit 30 cm Breite 4 Stähle mit einem Durchmesser von 16 mm erforderlich. Die Betondeckung beträgt 2,0 cm.

a) Wie viele Stähle mit einem Durchmesser von 14 mm könnten stattdessen gewählt werden?
b) Wie groß ist der Abstand zwischen den Stählen, wenn Bügel mit einem Durchmesser von 10 mm verwendet werden?

a) vorhandener Querschnitt: $A = 4 \cdot \frac{\pi \cdot d^2}{4} = 4 \cdot \frac{\pi \cdot (16\text{ mm})^2}{4} = 804{,}25\text{ mm}^2$

Querschnitt ⌀ 14 mm: $A = 154{,}00\text{ mm}^2$

Anzahl n ⌀ 14 mm: $n = \frac{804{,}25\text{ mm}^2}{154{,}00\text{ mm}^2} = 5{,}22 \rightarrow$ gewählt: 6 Stäbe

gewählter Querschnitt: $A = 6 \cdot 154{,}00\text{ mm}^2 = 924{,}00\text{ mm}^2 >$ vorhandener Querschnitt

b) $a = \frac{b - 2 \cdot c_v - 2 \cdot \phi_w - n \cdot \phi_l}{\text{Anzahl der Stababstände}}$

$a = \frac{30\text{ cm} - 2 \cdot 2{,}0\text{ cm} - 2 \cdot 1{,}0\text{ cm} - 6 \cdot 1{,}4\text{ cm}}{5} = 3{,}12\text{ cm}$

Aufgaben

3.

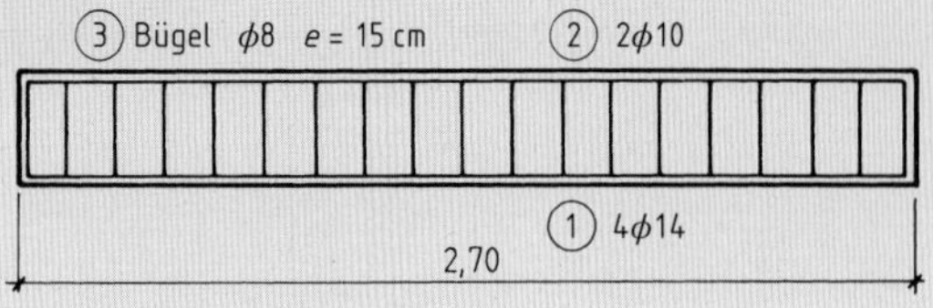

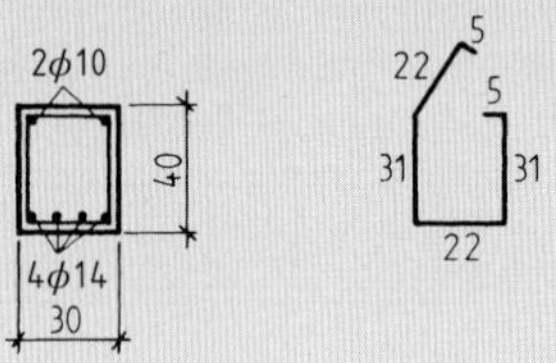

Es sollen 5 Stahlbetonbalken betoniert werden.

- Beton C16/20
- Expositionsklasse X0
- Konsistenz weich (F3)
- Zement CEM I 32,5
- Gesteinskörnung 0/16

a) Wie viel m^3 Beton werden benötigt?
b) Ermitteln Sie den Stahlbedarf in kg.

4.

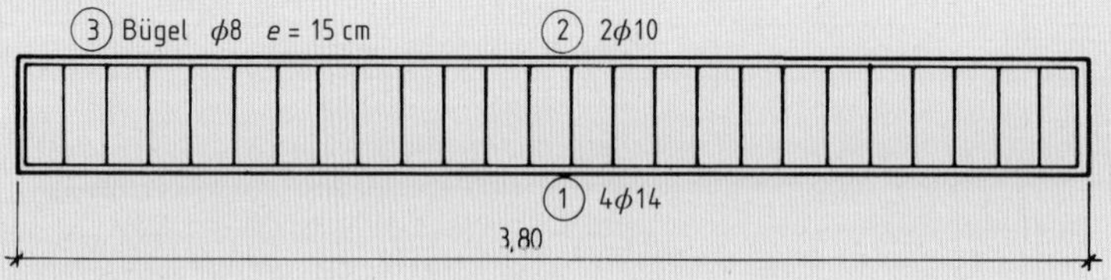

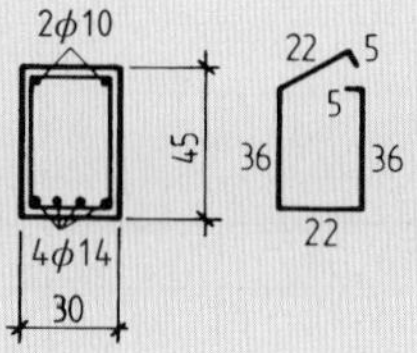

Für den Stahlbetonbalken sind zu ermitteln:

a) der Betonbedarf,
b) der Bedarf an Zement, Wasser und Gesteinskörnung;
- Beton C16/20
- Konsistenz C3
- CEM I 32,5
- Gesteinskörnung 0/16

c) der gesamte Stahlbedarf anhand einer Stahlliste.

5.

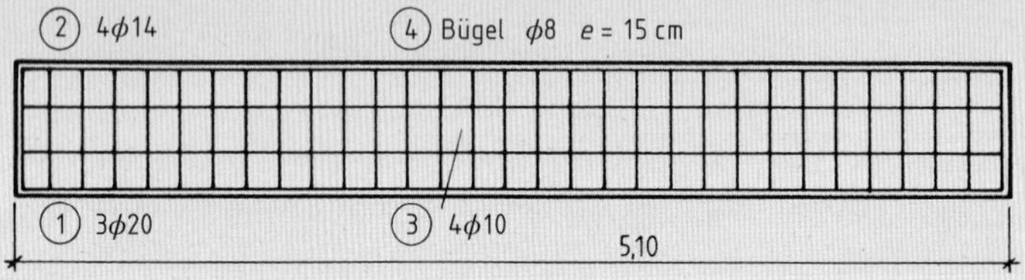

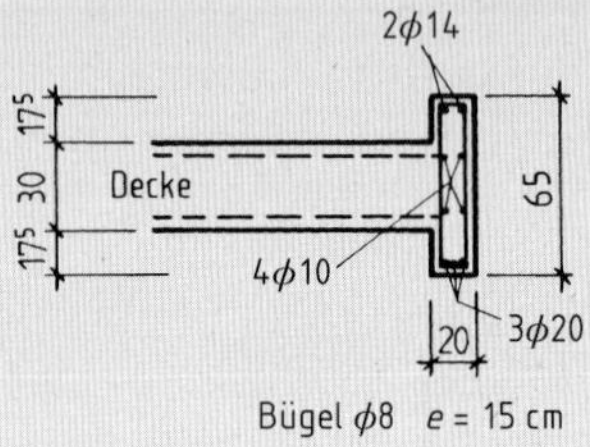

Für 3 Stahlbetonbalken sind zu ermitteln:

a) der Bedarf an Festbeton
- Beton C16/20, F3
- CEM I 42,5 R
- Gesteinskörnung 0/16

b) der Bedarf an Zement, Wasser und Gesteinskörnung,
c) der Anteil der Korngruppen:
0/1 bei 25 %,
1/16 bei 75 %,
d) der gesamte Stahlbedarf anhand einer Stahlliste.

Aufgaben

6.

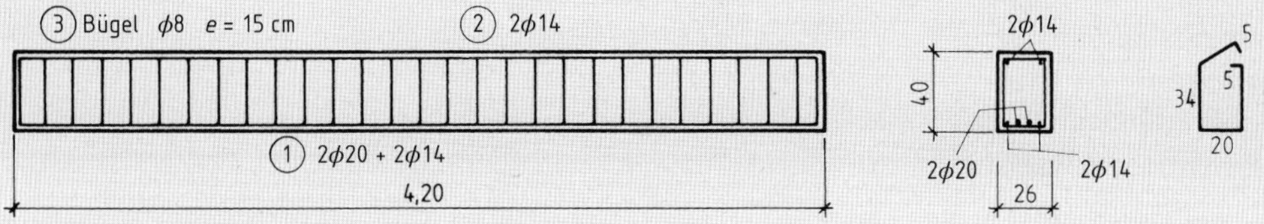

Es sind 9 Stahlbetonträger herzustellen:

- Beton C16/20; F3
- Portlandhüttenzement 42,5 R
- Gesteinskörnung 0/32

a) Berechnen Sie den Bedarf an verdichtetem Beton.

b) Ermitteln Sie den Baustoffbedarf.

c) Erstellen Sie eine Stahlliste und ermitteln Sie den gesamten Stahlbedarf.

7.

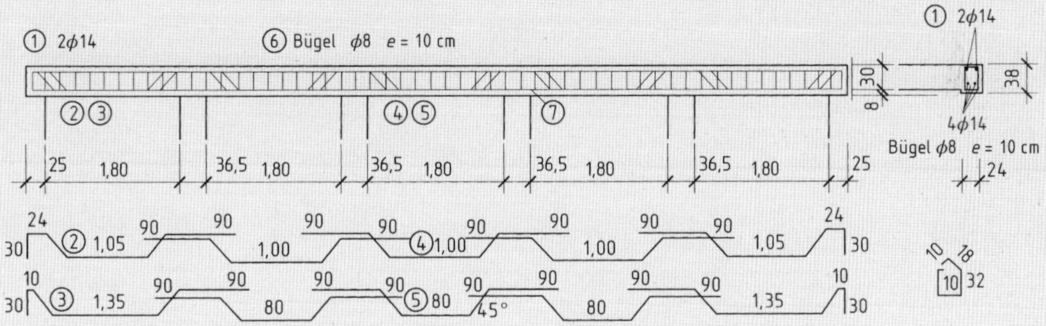

Erstellen Sie eine Stahlliste und ermitteln Sie den Stahlbedarf für den Unterzug.

8.

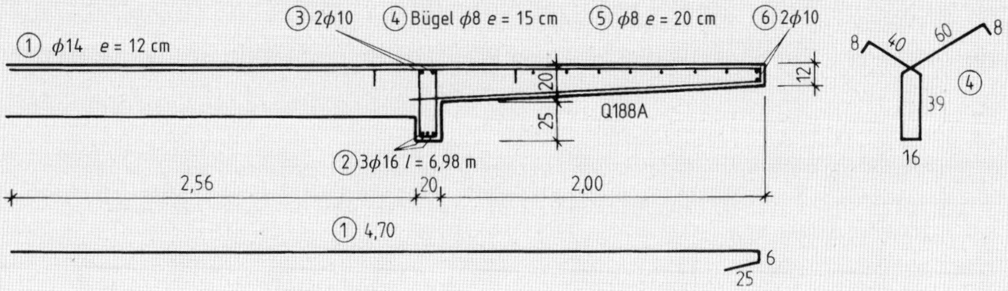

a) Fertigen Sie die Schneideskizzen für die Betonstahlmatten der Kragplatte eines 7,00 m langen Balkons.

b) Ermitteln Sie den gesamten Stahlbedarf.

Aufgaben

9. Berechnen Sie für den Torsionsbalken
a) den gesamten Stahlbedarf,
b) den Frischbetonbedarf bei einem Verdichtungsmaß von $c = 1{,}05$,
c) den Bedarf an Zement, Wasser und Gesteinskörnung.
- Beton C35/45; $w/z = 0{,}5$
- Zement CEM II/B-S 42,5, $\varrho_z = 3{,}05\ \text{kg/dm}^3$
- Gesteinskörnung: 0/16; D-Summe 490, $\varrho_G = 2{,}85\ \text{kg/dm}^3$,
- Luftporengehalt 1,5 Vol.-%
- 3-fache Korntrennung:

Körnung	0/2	29 %
	2/4	33 %
	4/16	38 %

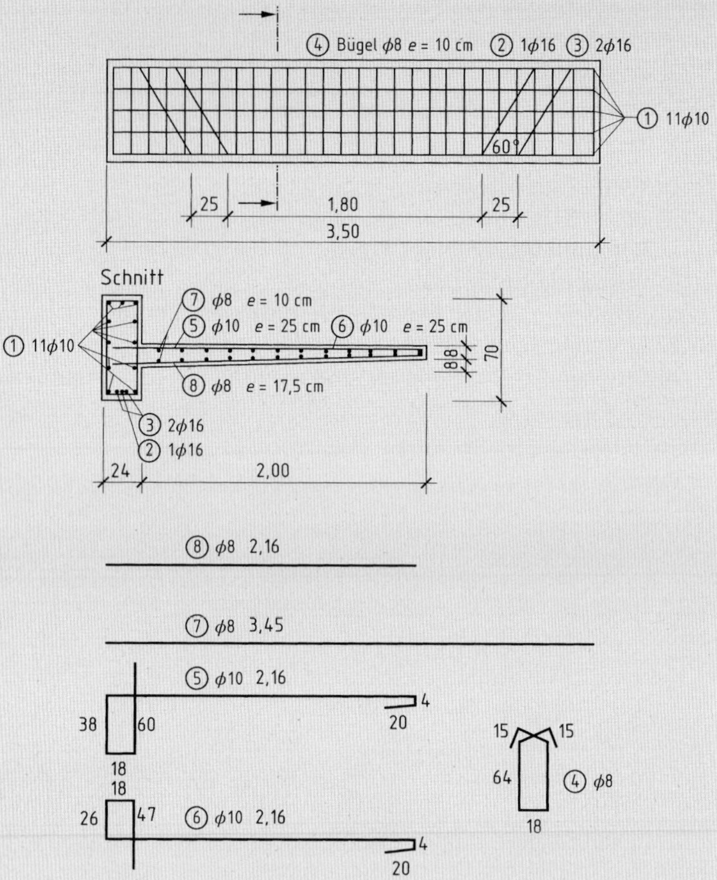

10. Erstellen Sie für den Stahlbetonbalken auf 4 Stützen eine Stahlliste und ermitteln Sie den gesamten Stahlbedarf.

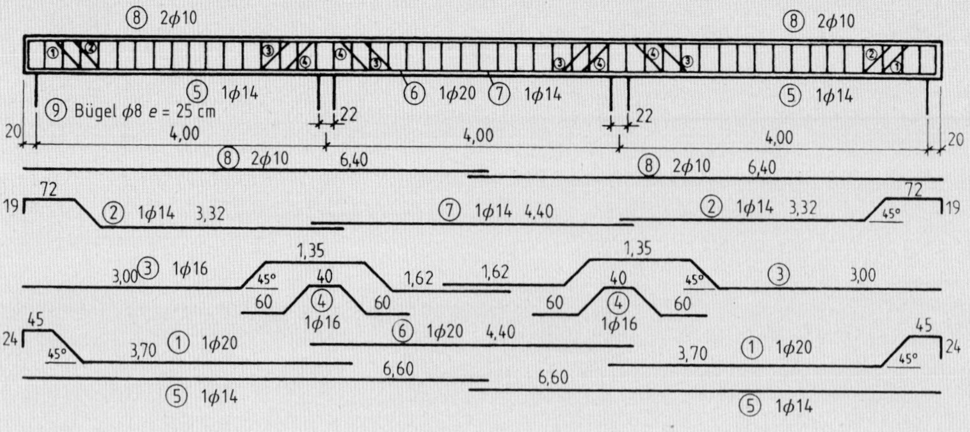

Aufgaben

11. Für einen Sturz mit $b = 22$ cm sind als Tragbewehrung 3 ϕ 20 vorgesehen.
Auf der Baustelle steht nur ϕ 16 zur Verfügung.
Wie viele Stähle ϕ 16 sind erforderlich?

12. Der Bewehrungsplan für ein Stahlbetonbauteil mit $b = 35$ cm sieht 6 Stähle ϕ 20 vor.
Zur Verfügung steht ϕ 16.
Ermitteln Sie die erforderliche Anzahl der Stähle.

13. Ein Bauteil soll mit 4 Stählen ϕ 25 bewehrt werden.
Wie viele Stähle ϕ 20 sind ersatzweise dafür erforderlich?

14. Ermitteln Sie für eine 14,00 m lange Stützmauer
a) den Stahlbedarf anhand einer Stahlliste (einschließlich Betonstahlmatten),
b) den Festbetonbedarf,
c) den Frischbetonbedarf bei einem Verdichtungsmaß von $c = 1{,}07$,
d) den Bedarf an Zement, Wasser und Gesteinskörnung.

- Expositionsklassen XC4; XD3; XF1
- Zement CEM II 42,5; $\varrho_Z = 3{,}05$ kg/dm³
- Gesteinskörnung 0/32; $k = 3{,}85$; $\varrho_G = 2{,}85$ kg/dm³
- Luftporengehalt 1,6 Vol.-%
- Anteile am Korngemisch

0/2	24,2 %
2/8	22,1 %
8/32	53,7 %

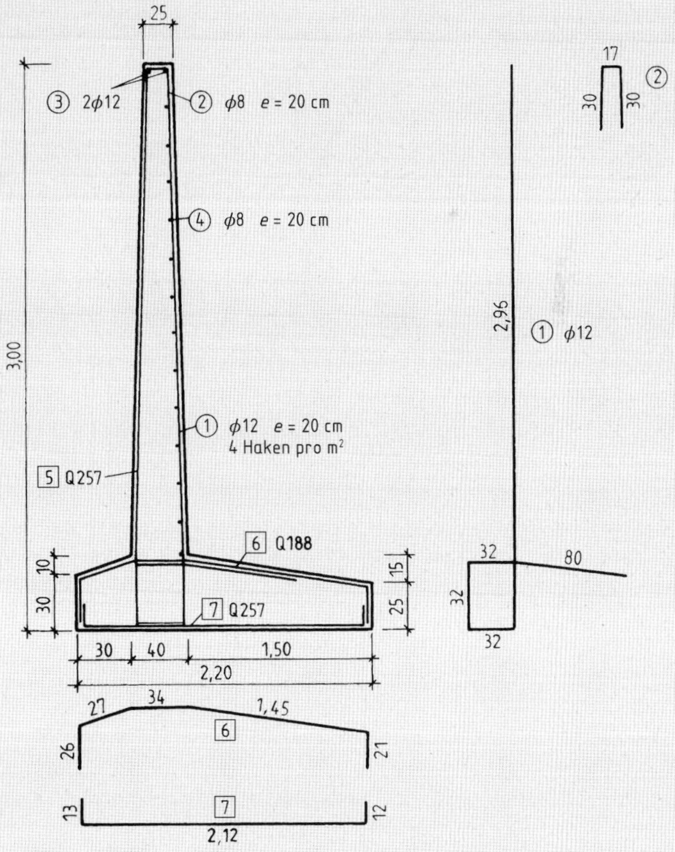

Aufgaben

15. Ermitteln Sie für die einläufige, zweiarmige Rechtstreppe mit zweimal gewinkeltem Lauf den gesamten Stahlbedarf.

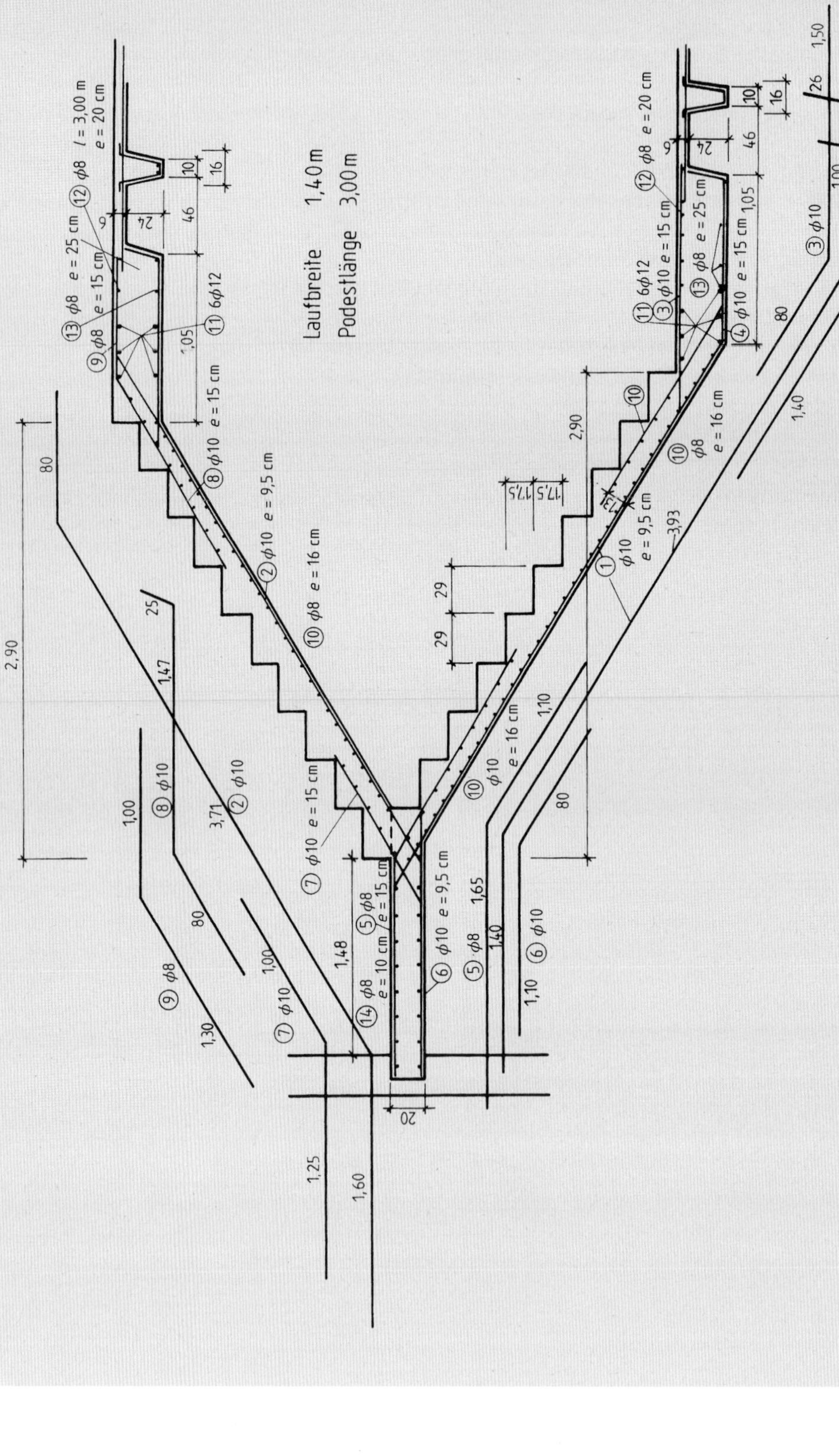

Aufgaben

16. Ermitteln Sie für die Deckenbewehrung den Gesamtbedarf an Betonstahlmatten für die untere und obere Bewehrungslage.

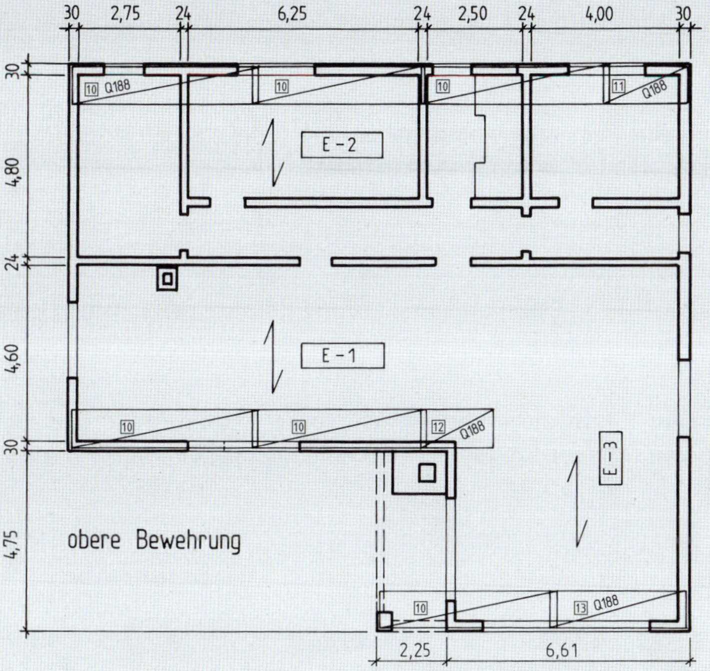

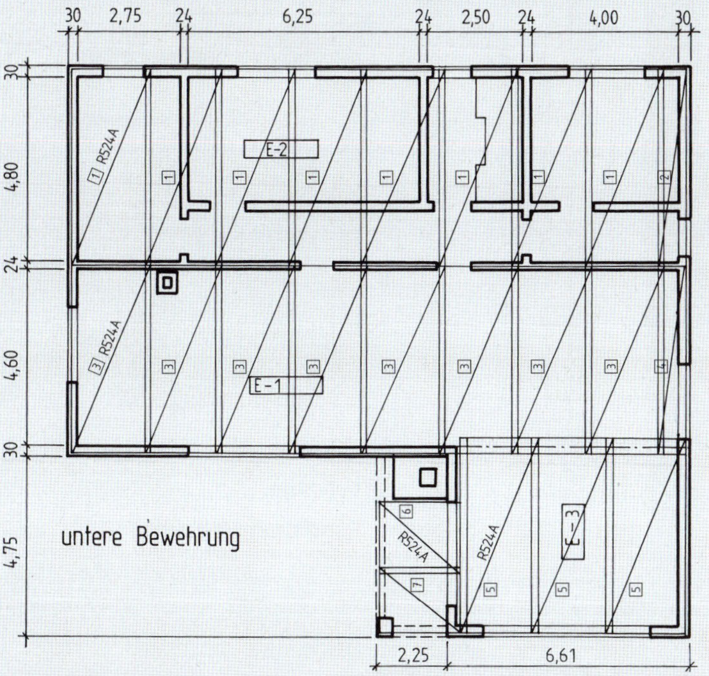

17 Holzlisten

Material- bzw. Holzlisten werden für Schalungspläne sowie für Holzwände, Dachstühle, Holzbalkendecken usw. erstellt. Der Holzbedarf für die Schalhaut wird in m^2 und/oder Stückzahl angegeben. Der Bedarf an Bohlen, Kanthölzern und Rundhölzern kann nach m^3 bzw. m ermittelt werden. Latten und Leisten werden in m angegeben.

Bei der Erstellung der Holzlisten wird eine Reihenfolge eingehalten, zuerst die waagerechten Hölzer von unten nach oben und dann die senkrechten Hölzer von links nach rechts.

Beispiel 1

Für die Stahlbetonstütze und das zugehörige Einzelfundament ist die Holzliste der Schalungsteile zu erstellen.

Verwendet werden für die Schalhaut 2,4 cm dicke und 14,4 cm sowie 12,0 cm breite und für die Laschen 2,4 cm dicke und 10 cm breite sägeraue Bretter. Der Verschnittzuschlag beträgt 15 %.

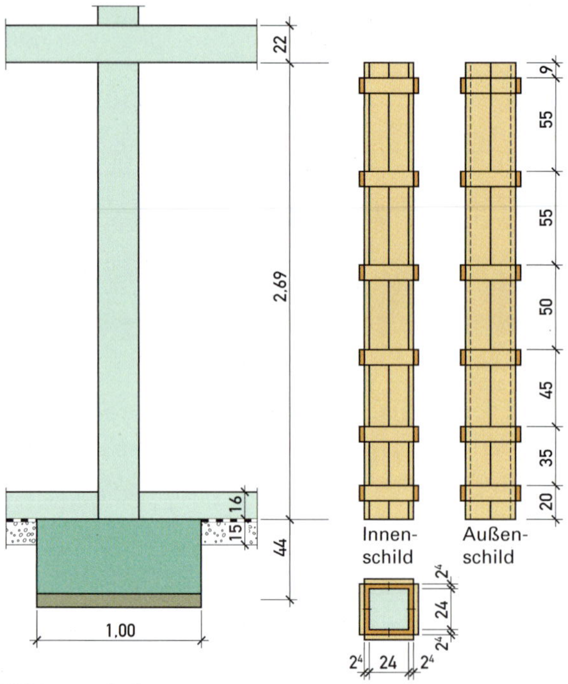

Stützenschalung

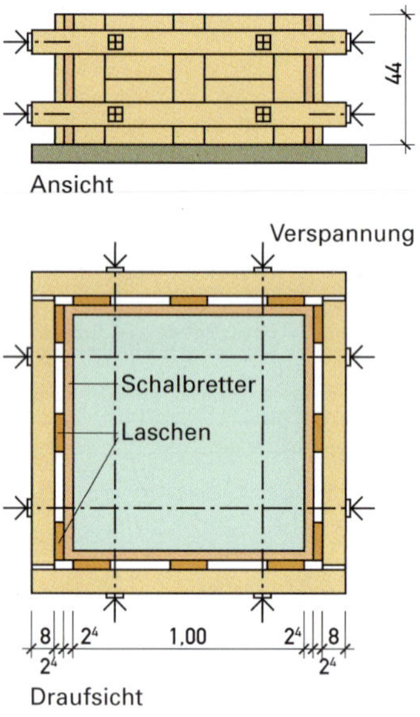

Fundamentschalung

Die Länge der Schalbretter ist gleich der Stützenhöhe (OK Fundament bis UK Decke EG = 2,96 m).

Die Länge der Laschen für die Innen- und Außenschilde berechnet sich wie folgt:

l = 24 cm + 2 · 2,4 cm = 28,8 cm

Holzliste

Pos.	Bezeichnung	Stück	Abmessungen [cm]	Länge [m]		Fertigmenge [m²]	Rohmenge [m²]
				einzeln	gesamt		
1	Bretter für 2 Innenschilde	4	2,4/12	2,69	10,76	1,29	1,48
2	Bretter für 2 Außenschilde	4	2,4/14,4	2,69	10,76	1,55	1,78
3	Laschen für 2 Innenschilde	6	2,4/10	0,288	1,73	0,173	0,199
4	Laschen für 2 Außenschilde	6	2,4/10	0,288	1,73	0,173	0,199
					Gesamt	**3,186**	**3,658**

Beispiel 2

Für das dargestellte Pfettendach soll eine Holzliste aufgestellt werden.

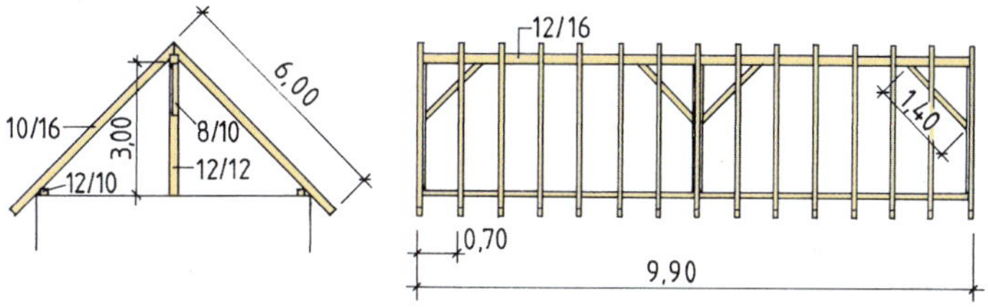

Kopfbandlänge (ohne Zapfen) 1,40 m, Zapfenlänge 4 cm

Schwellenlänge = 9,90 m + 0,20 m = 10,10 m
Da die Schwelle über 8,00 m lang ist, wird sie gestoßen. Hierfür sind 20 cm vorgesehen.

Pfettenlänge
9,90 m + 0,30 m = 10,20 m
30 cm für Längsverbindung.

Pfosten = 3,00 m + 0,04 m = 3,04 m
Kopfbänder = 1,40 m + 2 · 0,04 m = 1,48 m
Sparren = 6,00 m

Pos.	Bezeichnung	Anzahl	Abmessungen [cm]	Länge [m]		Inhalt [m³]	Bemerkung
				einzeln	gesamt		
1	Schwelle	2	10/12	10,10	20,20	0,242	
2	Pfette	1	12/16	10,20	10,20	0,196	
3	Pfosten	3	12/12	3,04	9,12	0,131	
4	Kopfbänder	4	8/10	1,48	5,92	0,047	
5	Sparren	30	8/16	6,00	180,00	2,304	
						2,920	

Aufgaben

1. Ein Stahlbetonbalken soll eingeschalt werden. Die Stirnflächen sind nicht zu schalen.

- Balkenlänge 4,25 m,
- Achsabstand der Laschen 47 cm,
- Achsabstand der Kopfhölzer 53 cm.

Erstellen Sie eine Holzliste und ermitteln Sie den Bedarf an Schalbrettern in m^2 und den gesamten Schalholzbedarf in m^3.

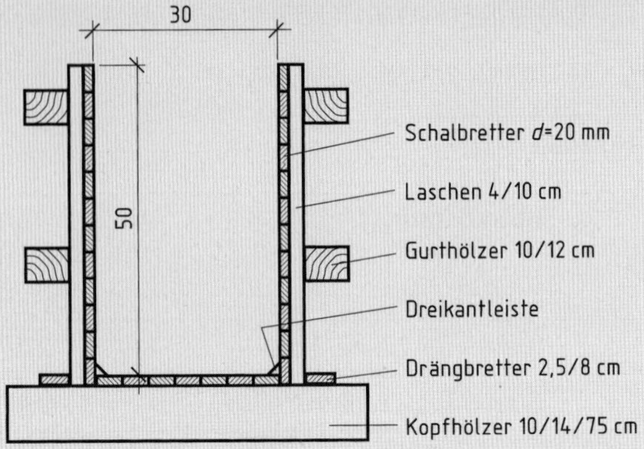

2. Die Balken der Holzbalkendecke sind mit den angegebenen Sprungmaßen verlegt. Die Zapfen der Kaminwechsel sind 5 cm lang; die Balken liegen 18 cm auf den Wänden auf. Die beiden Stichbalken werden mit Winkelverbindern an die Kaminwechsel angeschlossen.

a) Ermitteln Sie die Sprungmaße *a* und *b*.

b) Erstellen Sie eine Holzliste und ermitteln Sie den Holzbedarf.

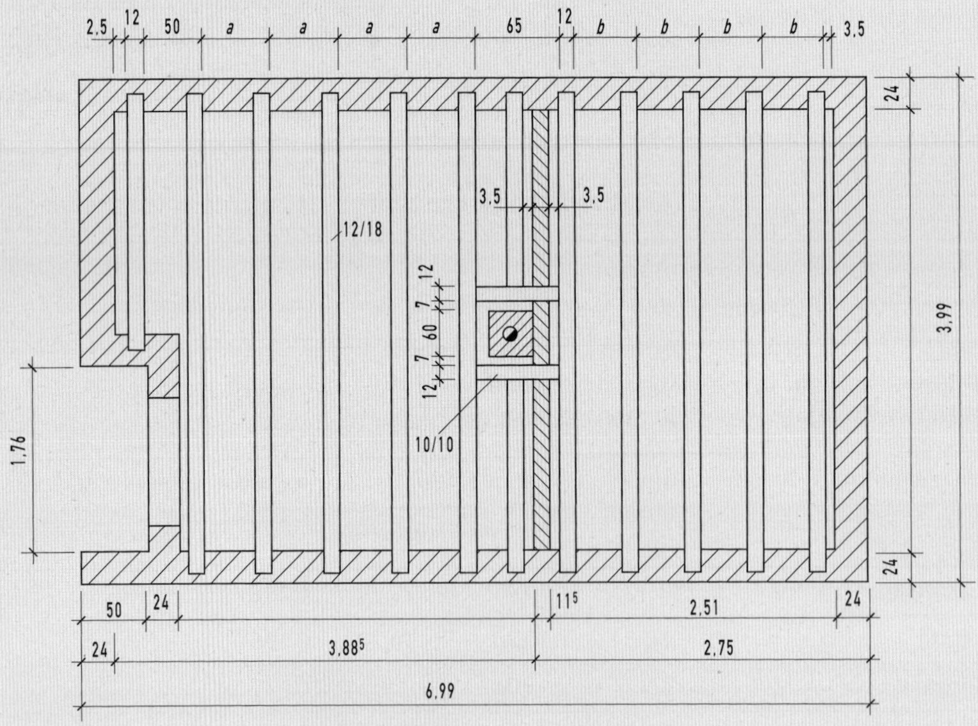

Aufgaben

3. Der Schalungsplan für eine Stahlbetonstütze ist in den Ansichten und im Schnitt dargestellt. Für die dargestellte Stützenschalung ist die Holzliste aufzustellen. Verwendet werden für die Schalhaut einschließlich ihrer Laschen sägeraue Bretter, 2,4 cm dick und 10/11,5/12 cm breit. Der Verschnitt beträgt 15 %.

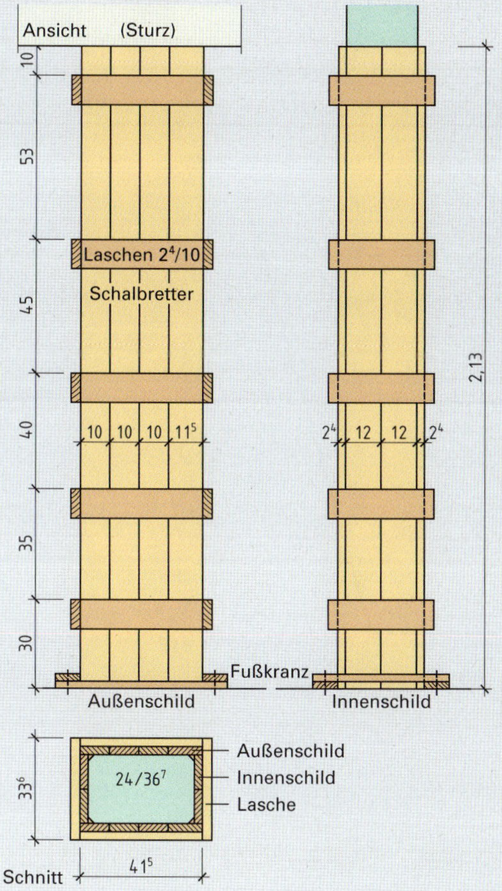

4. Für die dargestellte Fachwerkwand soll eine Holzliste aufgestellt werden.
Streben, Pfosten und Riegel werden verzapft.
Die Zapfenlänge beträgt 4 cm.
Länge der Streben ohne Zapfen 2,61 m.

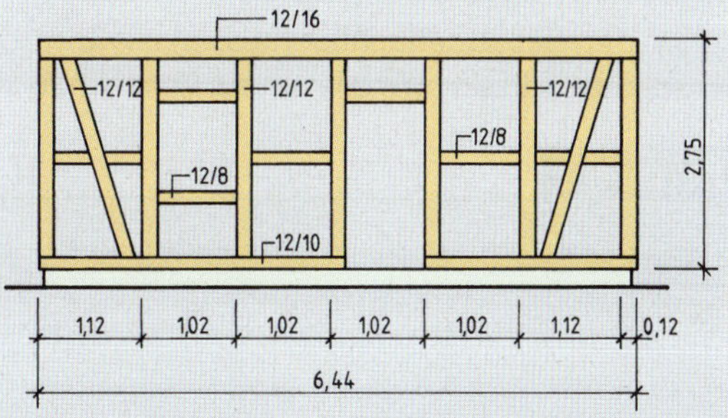

5. Ermitteln Sie die benötigte Fertigholzmenge für die Balkenlage im Dachgeschoss des Reihenhauses. Die Zapfen des Wechselbalkens sind 4 cm lang.

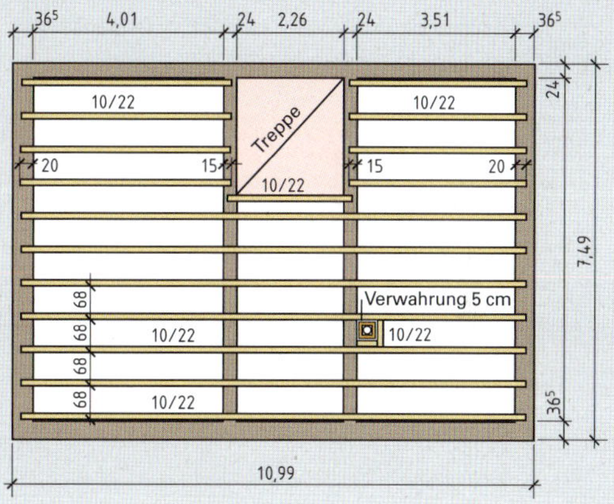

18 Bauvermessung

18.1 Lagemessung

Bevor mit der Erstellung eines Bauwerks begonnen wird, muss dieses eingemessen werden. Hierfür wird ein Schnurgerüst erstellt, an dem die Gebäudefluchten, aber auch die Oberkante des Erdgeschossbodens übertragen werden.

Neben den Gebäudefluchten müssen zur Kontrolle auch die Winkel überprüft werden. Dies geschieht über Diagonalen mithilfe des Lehrsatzes des Pythagoras oder den Winkelfunktionen.

Beispiel 1

a) Zur Überprüfung der Rechtwinkligkeit ist die Länge der Diagonalen d_1 und d_2 zu ermitteln.
b) Wie lang ist die Abschrägung a?

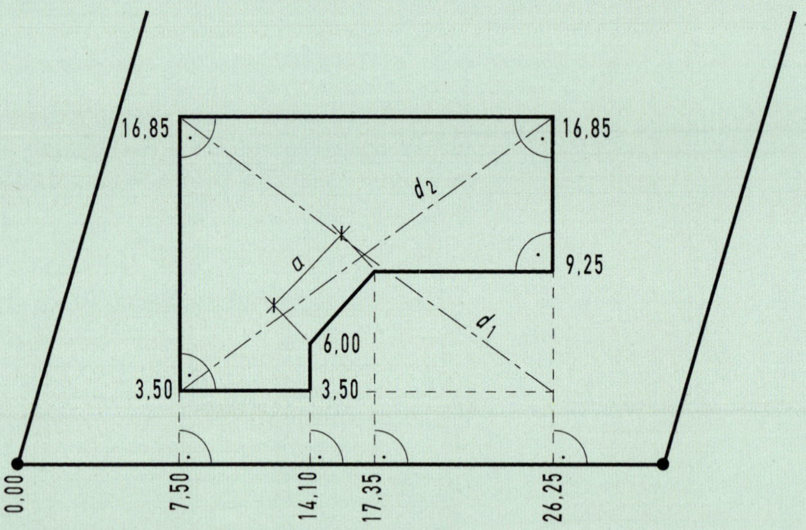

a) $d_1 = \sqrt{(16{,}85\ \text{m} - 3{,}50\ \text{m})^2 + (26{,}25\ \text{m} - 7{,}50\ \text{m})^2}$
$d_1 = 23{,}02\ \text{m}$
$d_2 = 23{,}02\ \text{m}$

Die Fläche ist also rechtwinklig.

b) $a = \sqrt{(17{,}35\ \text{m} - 14{,}10\ \text{m})^2 + (9{,}25\ \text{m} - 6{,}00\ \text{m})^2}$
$a = 4{,}60\ \text{m}$

Aufgaben

1. a) Bestimmen Sie die fehlenden Maße des Gebäudes l_1 und l_2.
b) Ermitteln Sie die fehlenden Werte x_1 und x_2.
c) Berechnen Sie die Längen der Diagonalen d_1 und d_2.

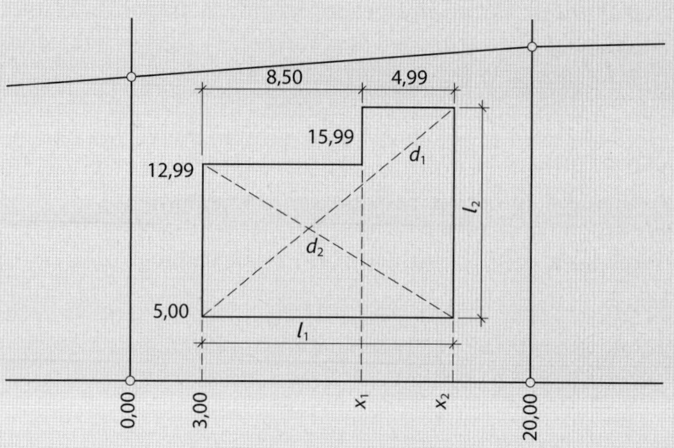

2. a) Wie lang müssen die Diagonalen d_1 und d_2 sein?
b) Ermitteln Sie die Länge l.

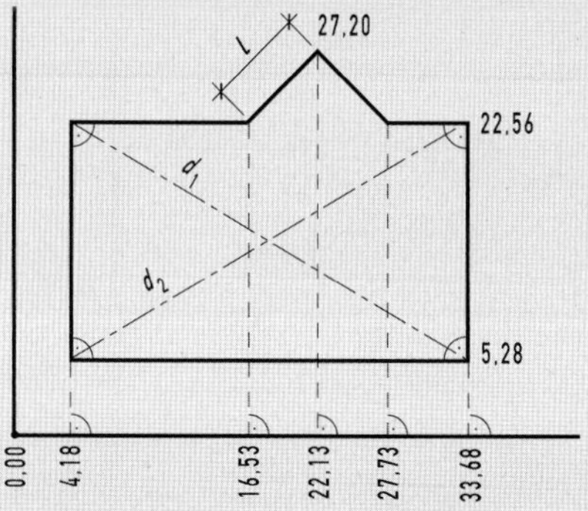

3. Ermitteln Sie
a) die Längen der Diagonalen d_1 und d_2,
b) die Längen der Gebäudeseiten $l_1 \dots l_4$,
c) die Winkel $\alpha, \beta, \gamma, \delta$, die abgesteckt werden müssen,
d) die bebaute Fläche.

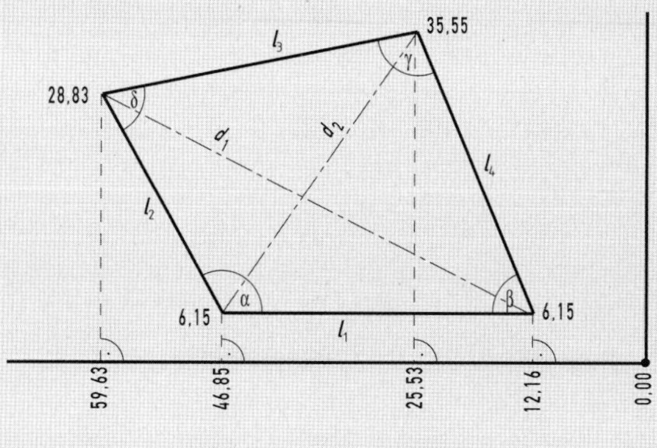

4. Ermitteln Sie
a) die Längen der Diagonalen d_1 und d_2,
b) die Längen aller Gebäudeseiten $l_1 \dots l_5$,
c) die Gebäudewinkel $\alpha, \beta, \gamma, \delta$, die abgesteckt werden müssen,
d) die bebaute Fläche.

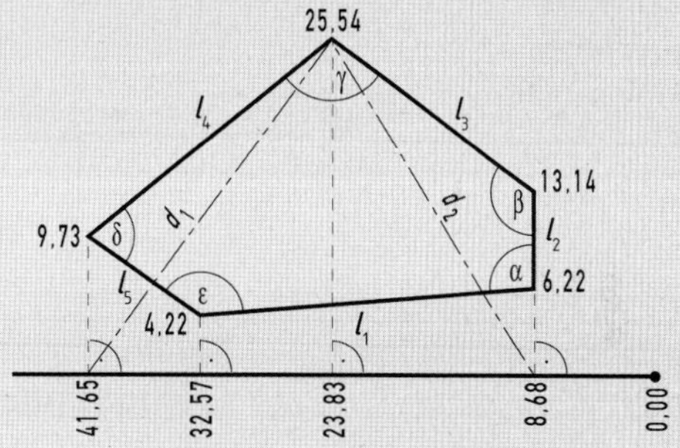

18.2 Höhenmessung

Höhenmessungen sind erforderlich, um z. B. OK EG-Decke, aber auch die Baugrubensohle oder Kanalsohlen einzumessen. Dabei wird der senkrechte Höhenunterschied von Punkten gemessen, die einen mehr oder weniger großen seitlichen Abstand haben. Dieser senkrechte Höhenunterschied bezieht sich deshalb auf eine waagerechte Bezugsgerade oder -ebene.

Die Höhenmessung beginnt auf einem festen Punkt, z. B. einem Höhenbolzen oder Pflock, dessen Höhe bekannt ist. Ist der nächste Fixpunkt zu weit entfernt bzw. handelt es sich um stark unebenes Gelände, so ist ein Nivellement mit Wechselpunkten vorzunehmen.

Der Höhenunterschied ermittelt sich aus der Differenz der Summe der Rückblicke und der Summe der Vorblicke.

Höhenunterschied = Summe der Rückblicke – Summe der Vorblicke

$$\Delta h = \Sigma R - \Sigma V$$

Beispiel 2

Streckennivellement von A nach B.
Zu ermitteln sind:
a) die Höhe des Zielpunktes H_B über NHN,
b) die Höhendifferenz Δh.

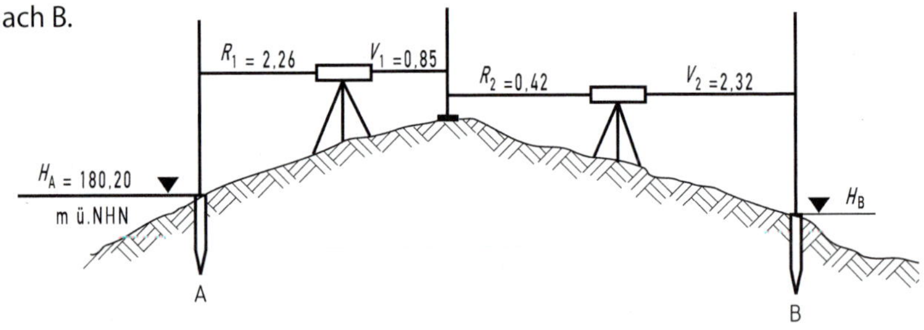

Ort: Datum:		Straße/Flurstück: Feldbuchführer:			
Zielpunkt	**Ablesungen**		**Höhendifferenz Δh** [m]	**Höhe H ü. NHN** [m]	**Bemerkungen**
	Rückblick R [m]	**Vorblick V** [m]			
A				180,20	Festpunkt A
	2,26	0,85	+ 1,41	181,61	
	0,42	2,32	– 1,90	179,71	Zielpunkt B

Beachte:
Ist der Rückblick > Vorblick, so steigt das Gelände.
Ist der Rückblick < Vorblick, so fällt das Gelände.

Σ Rückblicke – Σ Vorblicke = Δh

Σ Rückblicke		Σ Vorblicke	
2,26 m		0,85 m	
0,42 m		2,32 m	
2,68 m	–	3,17 m	= –0,49 m

$H_B = H_A - \Delta h$
$H_B = 180{,}20\text{ m} - 0{,}49\text{ m}$
$H_B = 179{,}71\text{ m}$

Aufgaben

5. An einer Baugrube soll die Unterfläche der Bodenplatte eingemessen werden.

a) Wie tief ist die Baugrube unter OK EG-Decke?

b) Wie viel muss noch ausgehoben werden, wenn die Baugrube bis Unterfläche Sauberkeitsschicht 3,10 m tief sein soll?

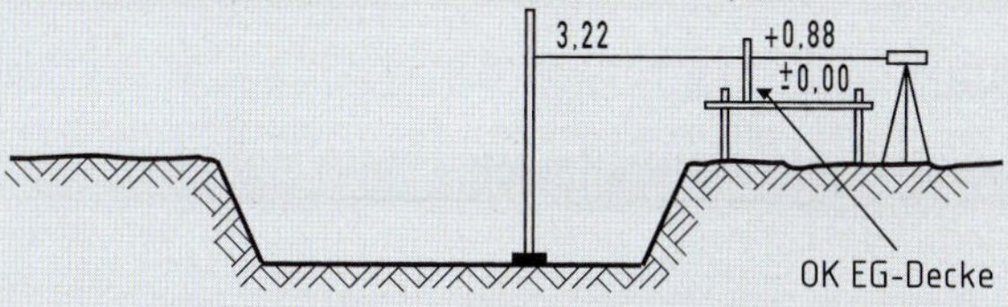

6. Ein Streckennivellement ergab die in der Abbildung eingetragenen Werte:

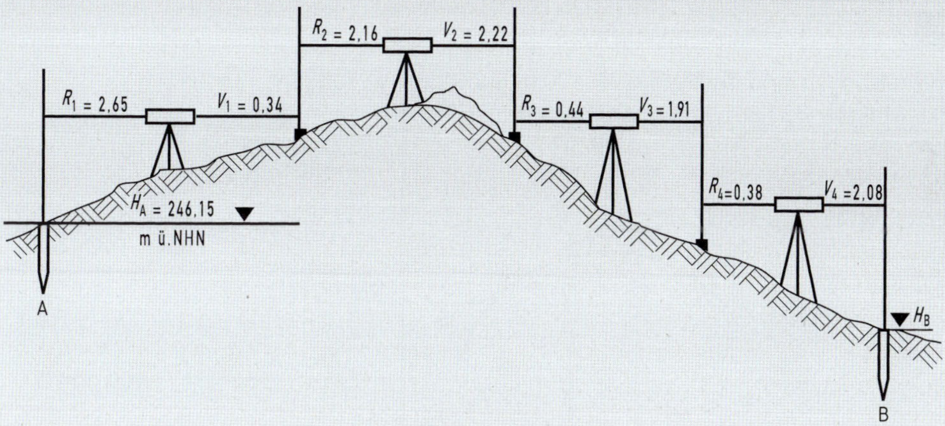

a) Legen Sie ein Feldbuch an und tragen Sie die Werte ein.

b) Ermitteln Sie die Höhe des Zielpunktes H_B ü. NHN.

c) Berechnen Sie die Höhendifferenz Δh.

d) Kontrollieren Sie die Höhe H_B mithilfe der Höhendifferenz.

7. Die Querprofilaufnahmen eines Geländes brachten die im Profil eingetragenen Messergebnisse. Wie viel m ü. NHN liegen die einzelnen Stationierungspunkte?

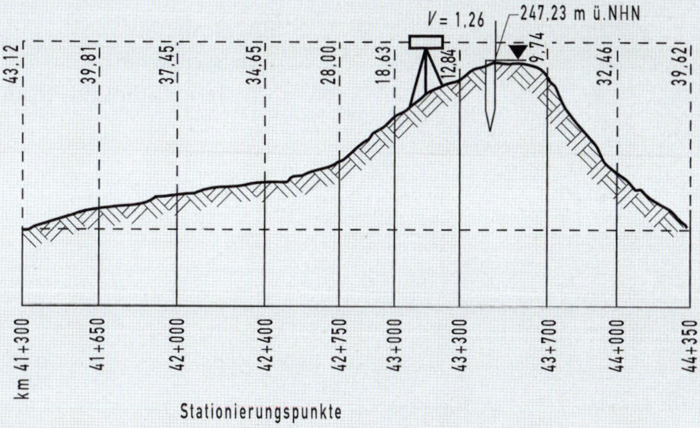

19 Straßen

Straßen können im Gelände meist nicht über längere Strecken gerade und eben geführt werden. Der Straßenverlauf (Trasse) muss durch Kurven und wechselnde Steigungen bzw. Gefälle dem Gelände angepasst werden.

19.1 Straßen im Lageplan (Trasse)

Trassierungselemente sind neben der Geraden Kreisbögen und Klothoiden.

Kreisbögen

Das wichtigste Trassierungselement ist der Kreisbogen.

Beispiel 1

Von einem Kreisbogen sind der Radius $r = 300$ m und der Mittelpunktswinkel $\alpha = 33{,}86°$ (37,62 gon) bekannt.
Ermitteln Sie
a) die Tangentenlänge t,
b) die Bogenlänge b.

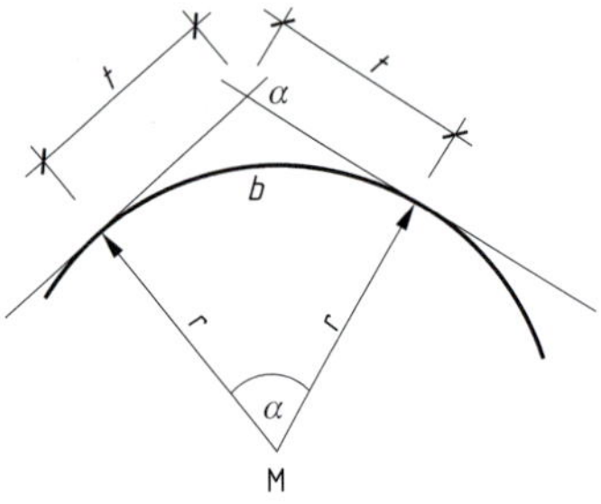

a) Tangentenlänge

$$t = r \cdot \tan \frac{\alpha}{2}$$

$$t = 300\text{ m} \cdot \tan \frac{33{,}86°}{2} = 91{,}32\text{ m}$$

b) Bogenlänge

$$b = \frac{2 \cdot r \cdot \pi \cdot \alpha}{360°} = \frac{2 \cdot r \cdot \pi \cdot \alpha_{gon}}{400\text{ gon}}$$

$$b = \frac{2 \cdot 300\text{ m} \cdot \pi \cdot 33{,}86°}{360°} = 177{,}29\text{ m}$$

Beispiel 2

Ermitteln Sie die Ordinatenabschnitte y_i, die auf der Abszisse im Abstand von jeweils 10 m bis zur Straßenachse abgetragen werden müssen.

Länge der Ordinate y_i an der Stelle x_i $\quad y_i = r - \sqrt{r^2 - x_i^2}$

BA: Bogenanfang
BM: Bogenmitte
TS: Tangentenschnittpunkt

Für $x_{10} = 10$ m:

$$y_{10} = 200\text{ m} - \sqrt{(200\text{ m})^2 - (10\text{ m})^2} = 0{,}25\text{ m}$$
$$y_{20} = 200\text{ m} - \sqrt{(200\text{ m})^2 - (20\text{ m})^2} = 1{,}003\text{ m}$$
$$y_{30} = 200\text{ m} - \sqrt{(200\text{ m})^2 - (30\text{ m})^2} = 2{,}263\text{ m}$$
$$y_{40} = 200\text{ m} - \sqrt{(200\text{ m})^2 - (40\text{ m})^2} = 4{,}041\text{ m}$$
$$y_{50} = 200\text{ m} - \sqrt{(200\text{ m})^2 - (50\text{ m})^2} = 6{,}351\text{ m}$$
$$\vdots$$
$$y_{200} = 200\text{ m} - \sqrt{(200\text{ m})^2 - (200\text{ m})^2} = 200{,}00\text{ m}$$

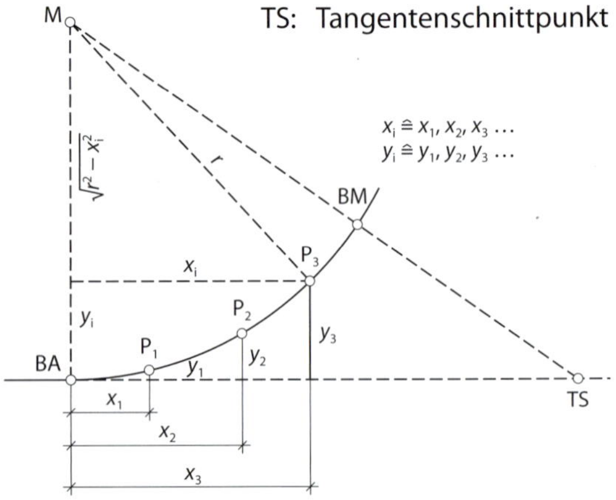

Klothoiden

Klothoiden sind Übergangskurven, die den Übergang von der Geraden zum Kreisbogenradius durch einen stetig veränderten Radius vollziehen. Dies ist notwendig, denn es besteht bei höheren Geschwindigkeiten die Gefahr, dass sich ein Fahrer beim Übergang von der Geraden zum Kreisbogen nicht schnell genug auf den Kurvenradius einstellen kann. Im Lageplan ist die Klothoide an der Kennzeichnung der Bögen erkennbar. Während Kreisbögen mit ihrem Radius *r* bezeichnet werden, steht bei der Klothoide ein *a*.

Das Bildungsgesetz für alle Klothoiden lautet:

$$r \cdot l = a^2$$

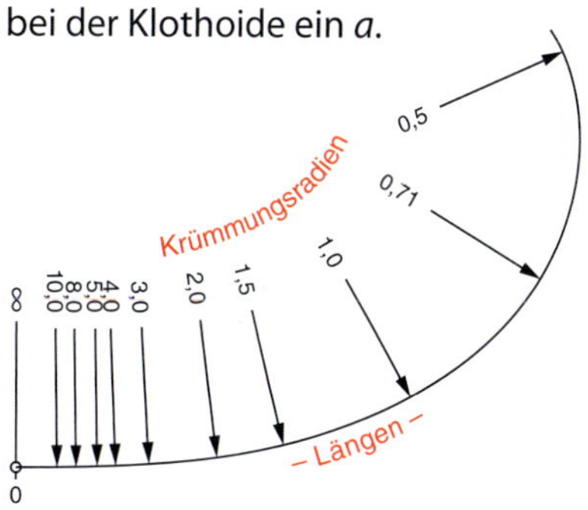

r: Krümmungsradius an dieser Stelle (m)
l: Bogenlänge (m) vom Anfangspunkt 0 der Klothoide bis zur jeweiligen Stelle
a: Klothoidenparameter (m)

Das heißt: Bei einer bestimmten Klothoide haben *r* und *l* an jeder Stelle einer anderen Wert, jedoch muss das Produkt $r \cdot l$ immer gleich sein.

Beispiel

$$r \cdot l = a^2$$

$$50\text{ m} \cdot 72\text{ m} = 3600\text{ m}^2$$
$$75\text{ m} \cdot 48\text{ m} = 3600\text{ m}^2$$
$$120\text{ m} \cdot 30\text{ m} = 3600\text{ m}^2$$

Beispiel

Berechnen Sie die Radien im Übergangsbogen der Umgehungsstraße für die folgenden Stationen:

3 + 405	3 + 435
3 + 415	3 + 445
3 + 425	3 + 451,33

Was stellen Sie fest?

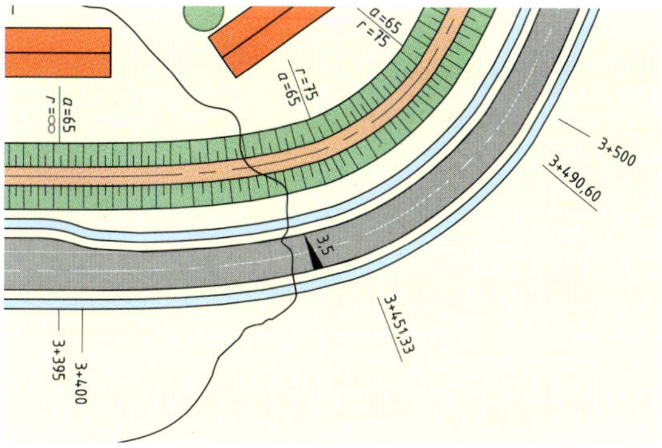

Die Gerade endet an der Station 3 + 395. Dort ist der Radius also noch ∞ (unendlich). Nach 10 m, an der Station 3 + 405, beträgt der Radius:
$r = a^2 : l = (65\text{ m})^2 : 10\text{ m} = 422{,}5\text{ m}$ usw. Die Radien werden also immer kleiner.

Station	*l* [m]	*r* [m]
3 + 395	–	∞
3 + 405	10	422,50
3 + 415	20	211,25
3 + 425	30	140,83
3 + 435	40	105,63
3 + 445	50	84,50
3 + 451,33	56,33	75,00

Aufgaben

1. Ermitteln Sie die Tangentenlänge t bei einem Radius von 120 m und einem Mittelpunktswinkel von $\alpha = 72°$ (80 gon).

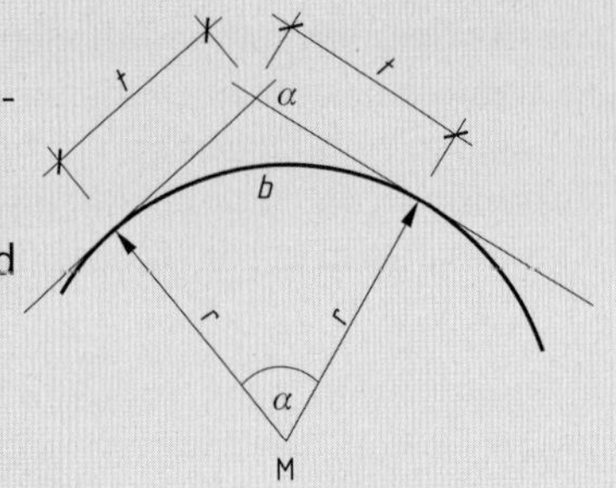

2. Wie groß sind die Ordinatenabschnitte y, die auf der Abszisse im Abstand von jeweils 10 m bis zur Straßenachse abgetragen werden müssen?

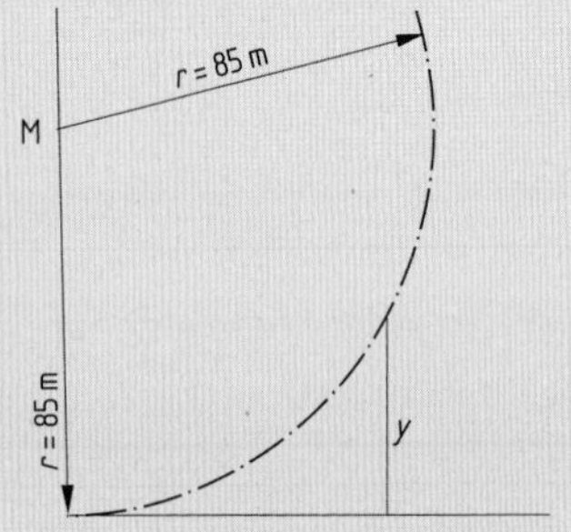

3. Eine Straße biegt mit einem Radius von 150 m ab.

a) Ermitteln Sie zum Verlauf der Straßenachse die y-Werte, die von der x-Achse aus im 10-Meter-Abstand bis 50 m abgesteckt werden müssen.

b) Ermitteln Sie die Tangentenlänge t bei einem Winkel von $\alpha = 107°$.

c) Welchen Abszissenwert und Ordinatenwert hat der Tangentenschnittpunkt TS?

d) Wie groß ist der Abstand BM-TS?

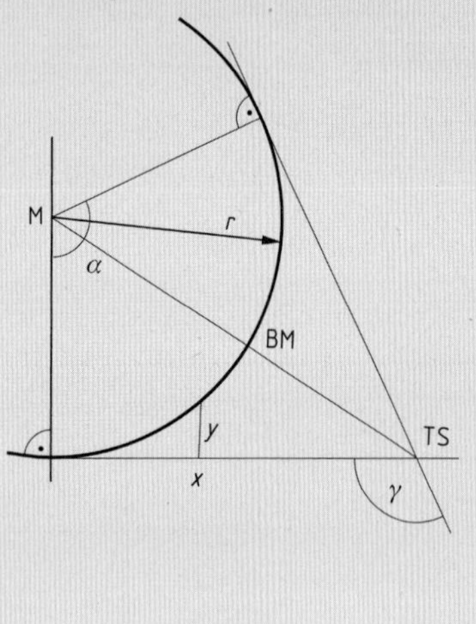

4. Die Streckenabschnitte auf der Straßenachse betragen:
$\overline{AC} = \overline{BC} = 17{,}00$ m
$\overline{BD} = 70{,}00$ m
$\overline{CE} = 40{,}00$ m
die Strecke $\overline{AB} = 30{,}814$ m

a) Unter welchem Winkel γ mündet die Seitenstraße ein?

b) Ermitteln Sie die Mittelpunktswinkel α_1 und α_2.

c) Wie viel m Bordsteine werden für die Bogenstücke um M_1 und M_2 benötigt?

d) Wie groß ist die mit einem Straßenbelag zu versehende Fläche zwischen den Begrenzungspunkten B, D und E?

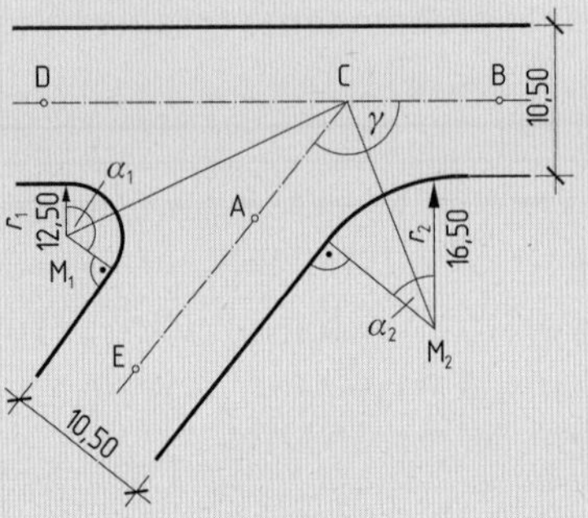

5. Geplant ist ein Straßenabschnitt mit kreisförmigem Verlauf. Der Radius soll $r = 250$ m betragen.
Berechnen Sie den Mittelpunktswinkel für alle Stationen im Abstand von 20 m, deren Achse auf dem Kreisbogen liegt.

6. Berechnen Sie nach dem Bildungsgesetz der Klothoide $a^2 = r \cdot l$ für die Konstruktion Gerade–Klothoide–Kreis die Länge l des Übergangsbogens mit $a = 150$ m (180 m), $r = 300$ m.

7. Berechnen Sie den an die Klothoide anschließenden Radius, wenn der Parameter $a = 60$ m (80 m) und die Länge l der Klothoide mit 37,895 m (32,000 m) bekannt sind.

8. Berechnen Sie für die Klothoide $a = 200$ m bis zur Kennstelle $r/a = 2{,}0$ den dort beginnenden Kreisbogen und die Länge der Klothoide.

19.2 Straßen im Höhenplan

Kuppen- und Wannenausrundung

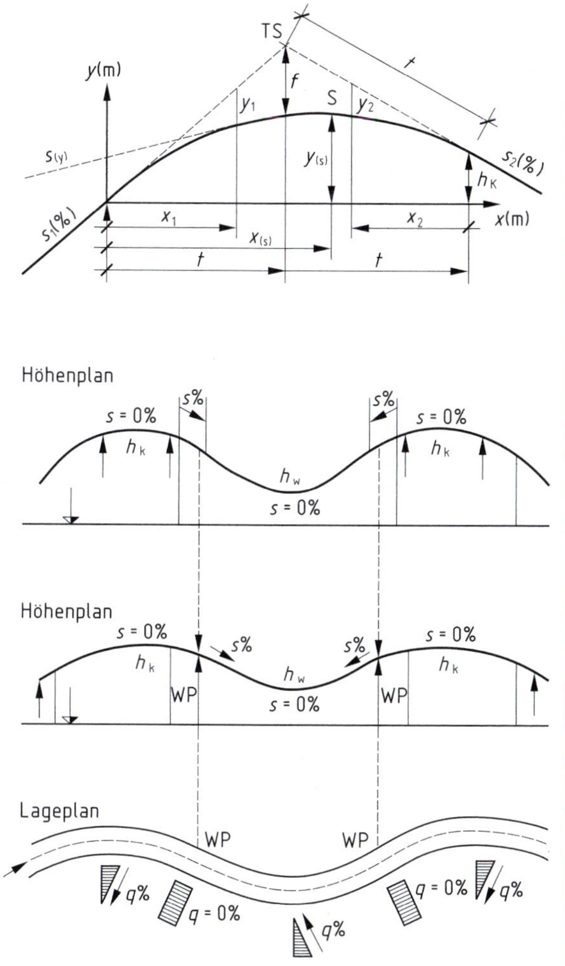

Längsneigung

$$s = \frac{\Delta h}{\Delta l} \cdot 100\,\%$$

$$\Delta h = \frac{s \cdot \Delta l}{100\,\%}$$

$$\Delta l = \frac{\Delta h \cdot 100\,\%}{s}$$

$$t = \frac{h}{2} \cdot \frac{s_2 - s_1}{100\,\%}$$

$$y_x = \frac{s_1}{100\,\%} \cdot x + \frac{x^2}{2h}$$

$$x_s = \frac{s_1 \cdot h}{100\,\%}$$

$$s_x = s_1 + \frac{x}{h} \cdot 100\,\%$$

$$f = \frac{t^2}{2 \cdot h}$$

$$f = \frac{t}{4} \cdot \frac{s_2 - s_1}{100\,\%}$$

$$f = \frac{h}{8} \cdot \left(\frac{s_2 - s_1}{100\,\%}\right)^2$$

Vorzeichenregel: Steigung: positiv $(+s_1, +s_2)$
Gefälle: negativ $(-s_1, -s_2)$

s_1, s_2 = Längsneigung der Tangenten in %
$s(x)$ = Längsneigung der Gradiente in einem beliebigen Punkt der Ausrundung in %
$y(x)$ = Ordinate in einem beliebigen Punkt in m
y_s = Ordinate des Scheitelpunktes in m

f = Bogenstich in m
h = Halbmesser der Kuppen- bzw. Wannenausrundung in m ⇒ Kuppe $(-h_k)$, Wanne $+h_k$
t = Tangentenlänge in m
TS = Tangentenschnittpunkt
S = Scheitelpunkt
M = Ausrundungsmitte

Beispiel

Eine Neubaustrecke soll von A (km 0 + 000) nach B (km 0 + 500) gebaut werden.

Von Station 0 + 000 bis Station 0 + 300 (Tangentenschnittpunkt TS) beträgt die Steigung 4,3 %, von Station 0 + 300 bis Station 0 + 500 beträgt die Steigung 2 %. Die Höhenkote des Tangentenschnittpunktes liegt bei 350 m ü. NHN.

Der Ausrundungshalbmesser h_k soll 8500 m betragen.

Ermitteln Sie
a) die Tangentenlänge *t*,
b) die Gradientenhöhen am Tangentenanfang (TA), am Tangentenschnittpunkt (TS) und am Tangentenende (TE),

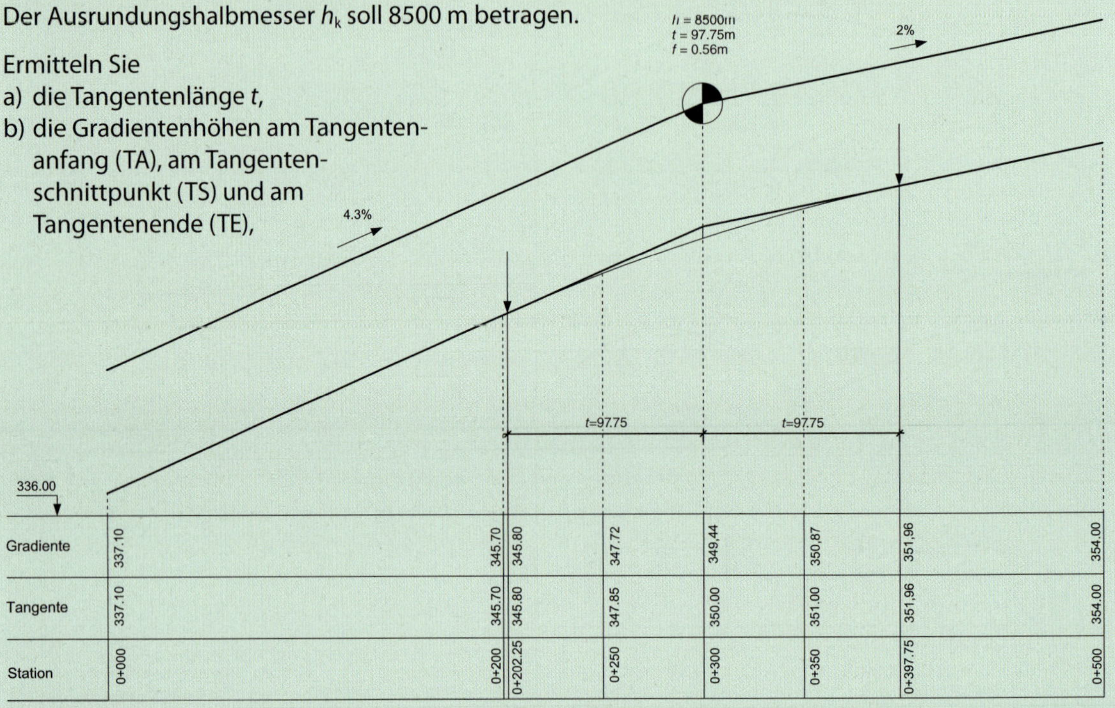

MdL/MdH 1:2000/1:200

c) die Gradientenhöhen bei den Stationen 0 + 200; 0 + 250 und 0 + 350.

a) $t = \frac{h_K}{2} \cdot \frac{s_2 - s_1}{100\,\%}$

$= \frac{8500\text{ m}}{2} \cdot \frac{4{,}3\,\% - 2{,}0\,\%}{100\,\%}$

$t = 97{,}75\text{ m}$

b) $\text{km}_{TA} = 300\text{ m} - 97{,}75\text{ m}$

$\text{km}_{TA} = 202{,}25\text{ m}$

$h_{TA} = 350\text{ m} - \frac{4{,}3\,\% \cdot 97{,}75\text{ m}}{100\,\%}$

$h_{TA} = 345{,}80$ m ü. NHN

$h_{TS} = 350\text{ m} - \frac{97{,}75^2\text{ m}^2}{2 \cdot 8500\text{ m}}$

$h_{TS} = 349{,}44$ m ü. NHN

$h_{TE} = 350\text{ m} - \frac{2\,\% \cdot 97{,}75\text{ m}}{100\,\%}$

$h_{TE} = 351{,}96$ m ü. NHN

c) $h_{0+200} = 350\text{ m} - \frac{4{,}3\,\%}{100\,\%}(300\text{ m} - 200\text{ m})$

$h_{0+200} = 345{,}70$ m ü. NHN

$h_{0+250} = 350\text{ m} - \frac{4{,}3\,\% \cdot 50\text{ m}}{100\,\%} - \frac{(250\text{ m} - 202{,}25\text{ m})^2}{2 \cdot 8500\text{ m}}$

$h_{0+250} = 347{,}72$ m ü. NHN

$h_{0+350} = 350\text{ m} - \frac{2{,}0\,\% \cdot 50\text{ m}}{100\,\%} - \frac{(397{,}75\text{ m} - 350\text{ m})^2}{2 \cdot 8500\text{ m}}$

$h_{0+350} = 350{,}87$ m ü. NHN

Aufgaben

9. Eine neue Straße ist von A-Dorf (km 0 + 000) nach Dorf B (km 0 + 900) geplant. Die Steigung von km 0 + 000 bis km 0 + 450 (TS) soll 2,5 %, das Gefälle von km 0 + 450 bis km 0 + 900 soll 4 % betragen.
Die Gradientenhöhe am Baubeginn liegt bei 400 m ü. NHN, der Ausrundungshalbmesser h_k soll 12 000 m betragen.
Berechnen Sie
a) die Tangentenlänge *t*,
b) die Gradientenhöhen beim Tangentenanfang (TA), beim Tangentenschnittpunkt (TS), beim Tangentenende (TE) sowie bei allen Stationen im Abstand von 100 Metern,
c) Station und Gradientenhöhe des Scheitelpunktes.

10. Eine Neubaustrecke führt von A (km 1 + 250) nach B (1 + 360).
Von km 1 + 250 bis km 3 + 315 (TS) beträgt das Gefälle 5 %, von km 1 + 315 bis km 1 + 360 beträgt das Gefälle 1,5 %.
Die Gradientenhöhe von km 1 + 360 liegt bei 280 m ü. NHN.
Der Ausrundungshalbmesser h_w soll 2500 m betragen.
Zu berechnen sind
a) die Tangentenlänge *t*,
b) die Gradientenhöhen des Punktes A, des Tangentenanfangs (TA), des Tangentenschnittpunktes (TS) und des Tangentenendes (TE),
c) alle Gradientenhöhen im Abstand von 20 Metern.

11. Von Dorf A nach B-Dorf wird eine Neubaustrecke geplant.
Das Längsgefälle von Baubeginn bei km 0 + 000 bis zum Tangentenschnittpunkt bei km 0 + 310 beträgt 6 %, von km 0 + 310 bis zum vorläufigen Bauende bei km 1 + 500 steigt die Straße mit 2,5 %.
Der Ausrundungshalbmesser beim Tangentenschnittpunkt ist mit $h_w = 1200$ m vorgesehen. Die Gradientenhöhe am Baubeginn beträgt 672,45 m ü. NHN. Berechnen Sie
a) die Tangentenlänge *t*,
b) die Bogenstichhöhe *f* am Tangentenschnittpunkt,
c) die Gradientenhöhe am Tangentenanfang (TA), am Tangentenschnittpunkt (TS) und am Tangentenende (TE),
d) alle Gradientenhöhen im Abstand von 20 Metern zwischen den Stationen 0 + 240 und 0 + 380,
e) die Station und die Gradientenhöhe des Wannentiefpunktes.

20 Baugruben

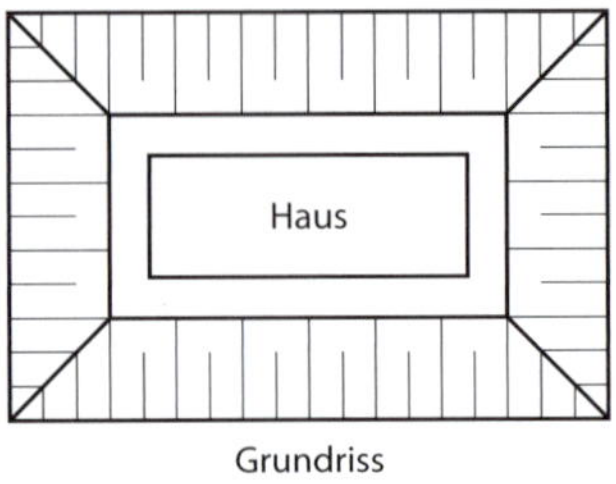

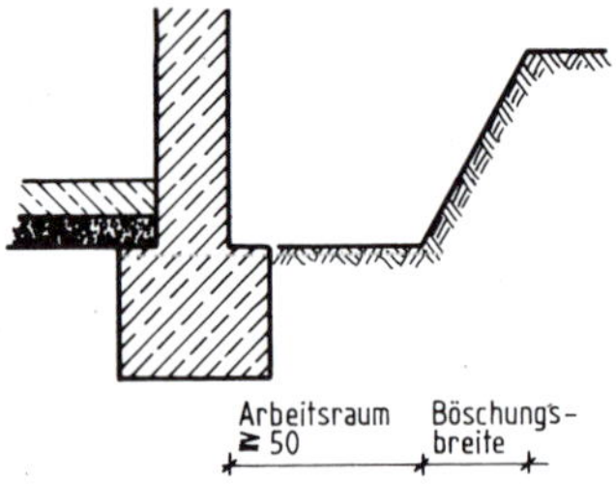

Bei einem Bauwerk liegen Keller und Untergeschosse unter dem Niveau der Erdoberfläche. Um diese Räume erstellen sowie Fundamente und Leitungsgräben ausheben zu können, müssen Baugruben ausgehoben werden. Die Neigungswinkel der Böschungen sind von der Bodenart abhängig (siehe Kap. 24). Zu beachten ist, dass vor dem Aushub der Baugrube der Oberboden (Mutterboden) abgeschoben und zur Wiederverwendung gelagert werden muss und sich deshalb die Baugrubentiefe verringert.

Beispiel

Ermitteln Sie das Volumen der Baugrube (siehe Kapitel 10).

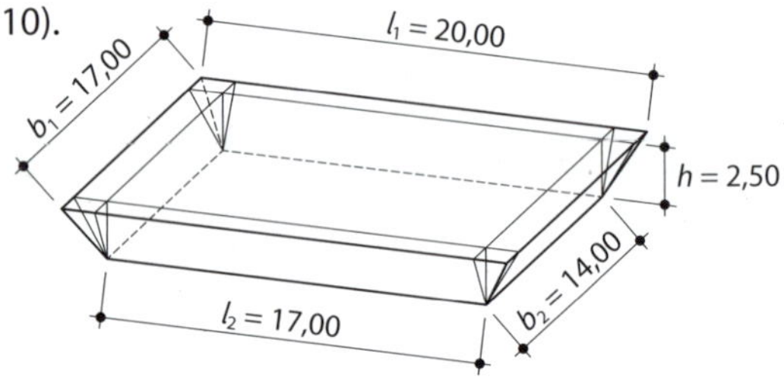

Variante 1 $V \approx \frac{h}{3}(A_1 + A_2 + \sqrt{A_1 \cdot A_2})$

$A_1 = l_1 \cdot b_1 = 20{,}00\ \text{m} \cdot 17{,}00\ \text{m} = 340{,}00\ \text{m}^2$

$A_2 = l_2 \cdot b_2 = 17{,}00\ \text{m} \cdot 14{,}00\ \text{m} = 238{,}00\ \text{m}^2$

$$V \approx \frac{2{,}50\ \text{m}}{3}(340{,}00\ \text{m}^2 + 238{,}00\ \text{m}^2 + \sqrt{340{,}00\ \text{m}^2 \cdot 238{,}00\ \text{m}^2}) \approx 718{,}72\ \text{m}^3$$

Variante 2 $V \approx \frac{h}{6}(A_1 + A_2 + 4 \cdot A_m)$

$$V \approx \frac{2{,}50\ \text{m}}{6}(20{,}00\ \text{m} \cdot 17{,}00\ \text{m} + 17{,}00\ \text{m} \cdot 14{,}00\ \text{m} + 4 \cdot 18{,}50\ \text{m} \cdot 15{,}50\ \text{m}) = 718{,}75\ \text{m}^3$$

Variante 3 $V \approx \frac{A_1 + A_2}{2} \cdot h$

$$V \approx \frac{20{,}00\ \text{m} \cdot 17{,}00\ \text{m} + 17{,}00\ \text{m} \cdot 14{,}00\ \text{m}}{2} \cdot 2{,}50\ \text{m} \approx 722{,}500\ \text{m}^3$$

Variante 4 Zerlegung der Baugrube in Teilkörper

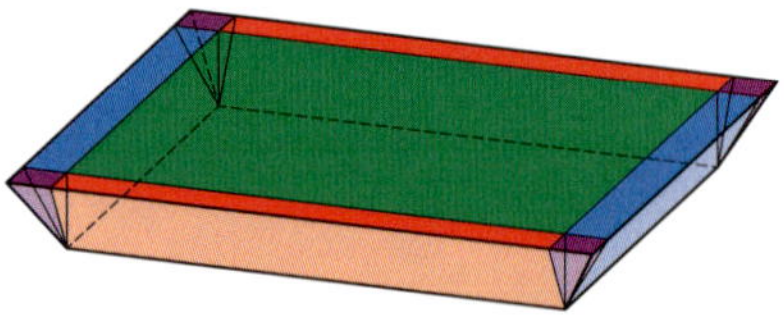

$V = V_1 + V_2 + V_3 + V_4$ $\qquad a = \frac{l_1 - l_2}{2} = \frac{b_1 - b_2}{2}$

$V = l_2 \cdot b_2 \cdot h + l_2 \cdot a \cdot h + b_2 \cdot a \cdot h + \frac{(2\,a)^2 \cdot h}{3}$

$$V = 17{,}00\,\text{m} \cdot 14{,}00\,\text{m} \cdot 2{,}50\,\text{m} + 17{,}00\,\text{m} \cdot 1{,}50\,\text{m} \cdot 2{,}50\,\text{m} + 14{,}00\,\text{m} \cdot 1{,}50\,\text{m} \cdot 2{,}50\,\text{m} + \frac{(2 \cdot 1{,}50\,\text{m})^2 \cdot 2{,}50\,\text{m}}{3}$$
$$= 718{,}75\ \text{m}^3$$

Aufgaben

1. Ermitteln Sie das Volumen der 2,60 m tiefen Baugrube.
Anmerkung: Die Baugrubentiefen sind nach Abschieben des Oberbodens zu verstehen.

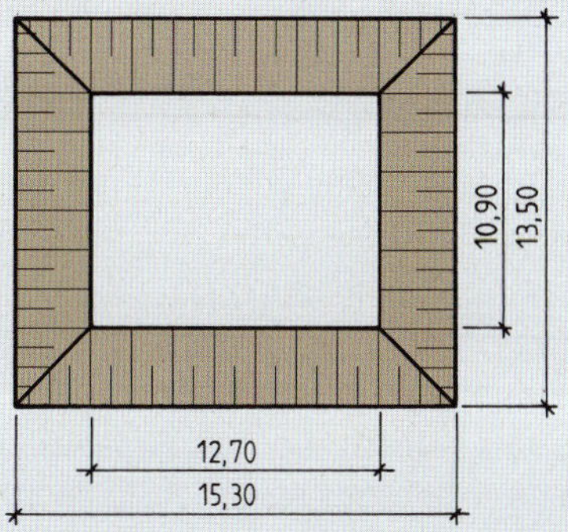

2. Wie viel m^3 Boden sind bei der 3,60 m tiefen Baugrube auszuheben?

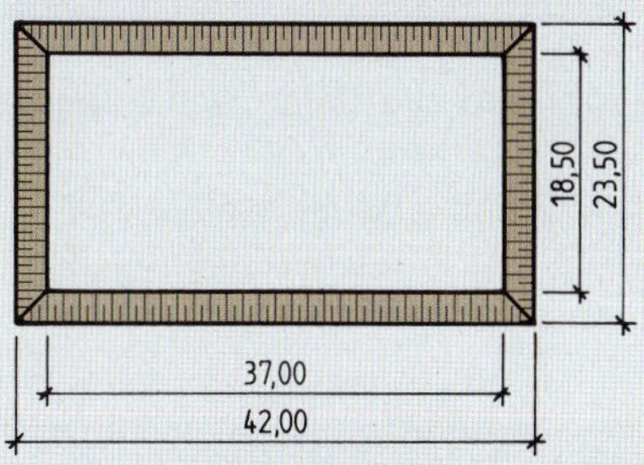

3. Wie viel m^3 Boden ist abzufahren und seitlich zu lagern, wenn die Baugrubentiefe 2,90 m beträgt und sich der Aushub um 15 % auflockert?

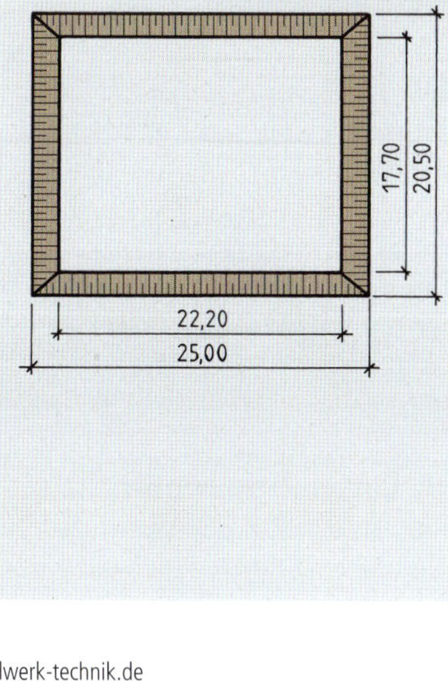

4. a) Wie breit ist der Arbeitsraum *b*?
b) Ermitteln Sie den Aushub.
c) Zur späteren Auffüllung sollen 193 m^3 verdichteter Aushub gelagert werden. Wie viel m^3 sind noch abzufahren, wenn sich der Aushub um 12 % auflockert?

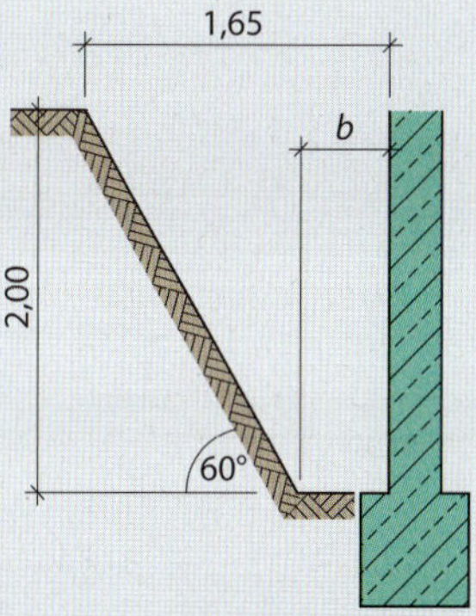

Haus 12,00 × 15,00 m

5. Für ein Haus mit den Außenmaßen 14,50 × 11,50 m soll die Baugrube ausgehoben werden. Die Breite des Arbeitsraumes beträgt 0,50 m.
a) Wie viel m^3 sind auszuheben?
b) Wievielmal muss ein Lkw, der 3,5 t laden kann, fahren, um den Aushub abzutransportieren? (ϱ = 1,80 t/m^3)

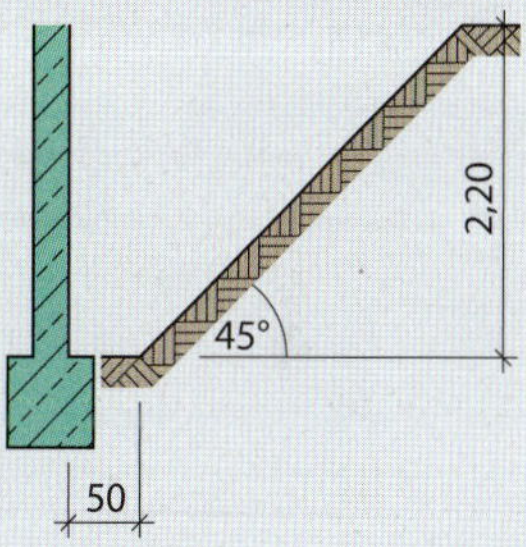

6. Ermitteln Sie
a) den Aushub,
b) die Anzahl der Fuhren, wenn der Lkw 26 t laden kann (ϱ = 1,8 t/m^3).

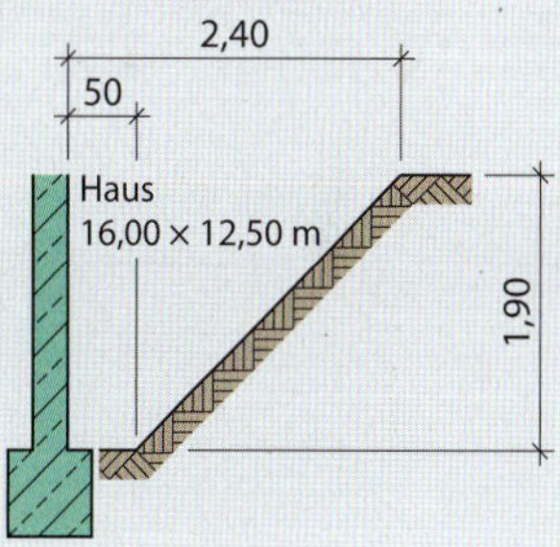

7. Ermitteln Sie
a) die Breite *b* des Arbeitsraumes,
b) den Aushub,
c) die Anzahl der Fuhren, wenn der Lkw 17 t laden kann und das Ladegut eine Rohdichte von 1,9 kg/dm^3 hat,
d) die Anzahl der gefahrenen km, bei einer Entfernung der Baustelle vom Lagerplatz des Aushubs von 3,7 km.

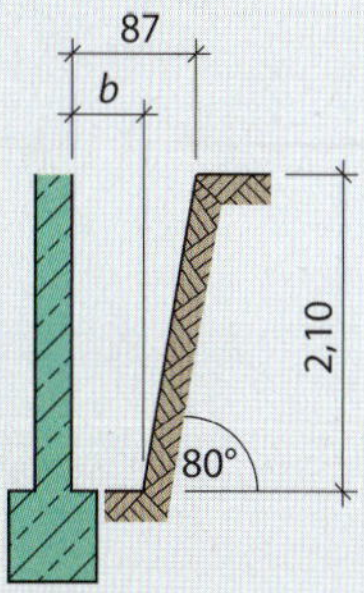

Haus 18,50 × 13,20 m

Aufgaben

8. Für ein Haus mit den Abmessungen 15,70 × 12,30 m ist die Baugrube auszuheben. Der entnommene Boden lockert sich um 15 % auf.

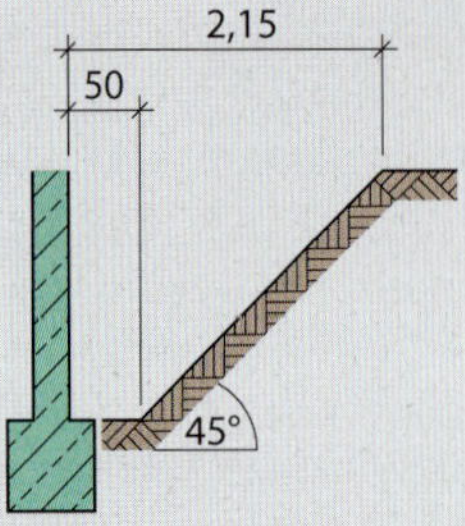

a) Ermitteln Sie den Aushub.

b) Wie viel m³ Boden sind nach Erstellung des Hauses abzufahren, wenn nach Verdichtung des verfüllten Bodens um 6 % noch weitere 10 % des aufzufüllenden Volumens zur späteren Nachverfüllung bereitgehalten werden sollen?

c) Wie viele Fuhren sind von einem Lkw auszuführen, wenn er pro Fuhre 26 t laden kann ($\varrho = 1{,}8$ t/m³)?

9. Für ein Verwaltungsgebäude ist die Baugrube mit Berme auszuheben. Ermitteln Sie

a) die Breite des Arbeitsraumes,

b) den Aushub,

c) die Anzahl der Fuhren pro Lkw mit einer Ladekapazität von 26 t, wenn der Aushub mit 5 Lkw weggefahren werden soll (Rohdichte des Aushubs $\varrho = 1{,}8$ t/m³).

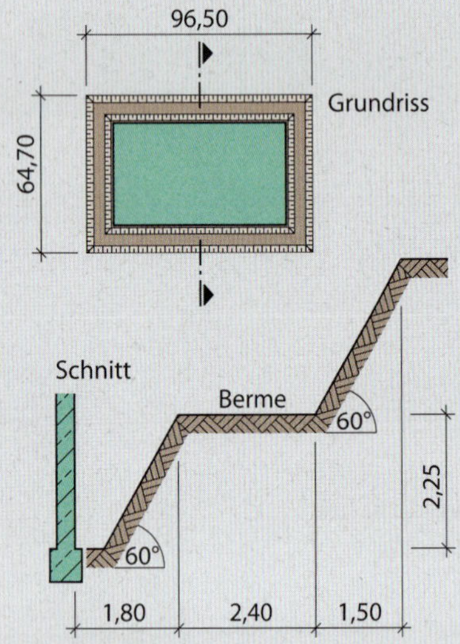

10. Für ein L-förmiges Gebäude ist die Baugrube auszuheben. Die Böschung hat einen Winkel von 60° und eine Tiefe von 4,00 m.

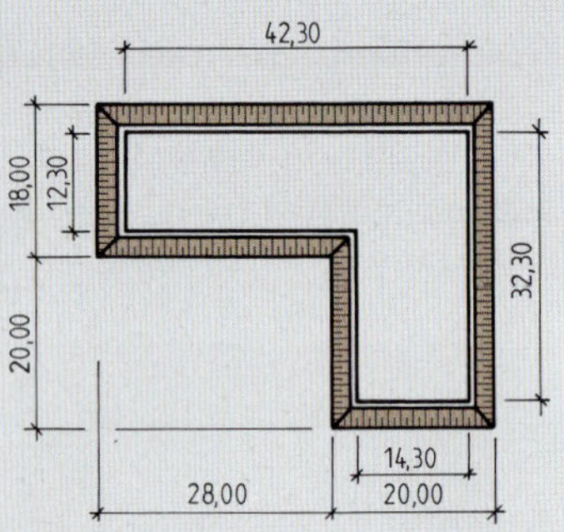

Berechnen Sie

a) die Breite des Arbeitsraumes,

b) den Aushub,

c) den abzufahrenden Boden, wenn nach Erstellung des Hauses die Auffüllmasse vollständig verdichtet wird; Auflockerung 14 %,

d) die Anzahl der Fuhren, wenn pro Fuhre 26 t geladen werden können ($\varrho = 1{,}8$ t/m³).

11. Für ein kreisrundes Becken, Durchmesser 3,50 m, ist die Baugrube auszuheben.

a) Wie groß wird die Breite des Arbeitsraumes?

b) Wie viel m³ sind auszuheben?

c) Wie viel m³ sind nach Erstellung des Beckens wieder zu verfüllen?

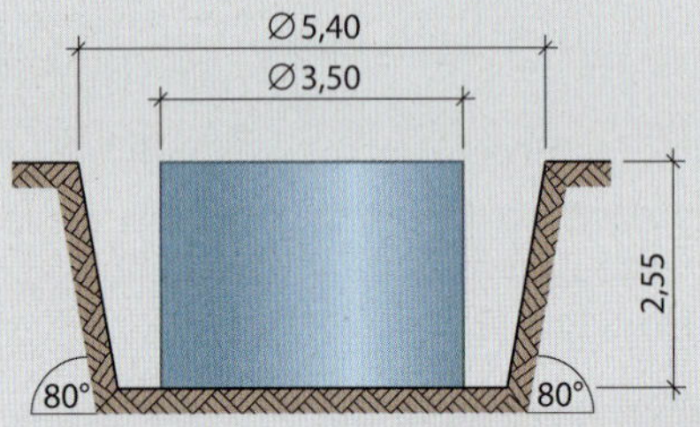

12. Für einen Aussichtsturm ist eine 3,70 m tiefe Baugrube auszuheben. Der Winkel der Böschung beträgt 60°. Der Arbeitsraum soll allseitig 0,50 m breit sein.

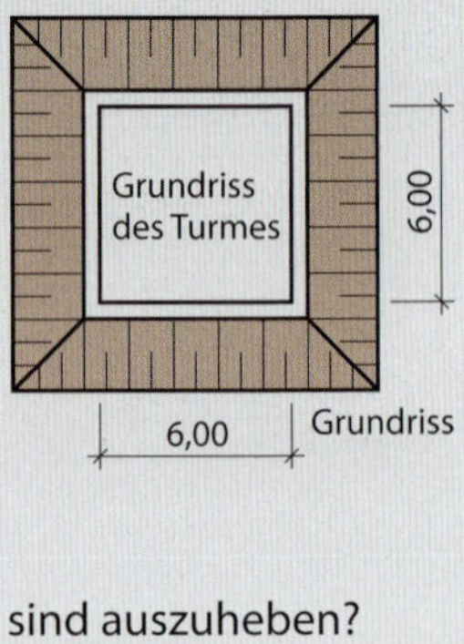

a) Wie viel m³ Boden sind auszuheben?

b) Wie viel m³ sind nach Erstellung des Turmes wieder zu verfüllen?

Aufgaben

13. Um ein Haus mit den Außenmaßen 24,00 × 14,00 m soll allseitig ein Arbeitsraum mit einer Breite von 50 cm ausgehoben werden. Die Böschung muss einen Winkel von 60° erhalten. Die Tiefe der Baugrube beträgt 2,60 m.

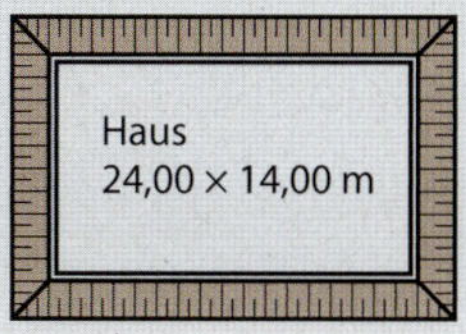

Grundriss

a) Wie viel m^3 Boden sind auszuheben?
b) Wie viel m^3 sind nach Erstellung des Hauses wieder zu verfüllen?
c) Wievielmal muss ein Lkw, der 26 t laden kann, fahren, wenn der Boden durch das Ausheben um 14 % aufgelockert wurde ($\varrho = 1{,}8\ t/m^3$)?

14. Wie viel m^3 sind pro 100 m Länge auszuschachten?

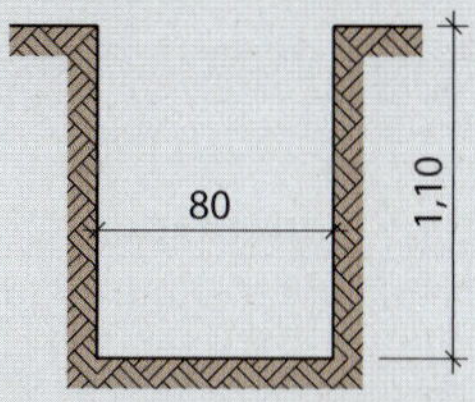

15. Wie groß ist die auszuhebende Bodenmenge bei einer Grabenlänge von 50 m.

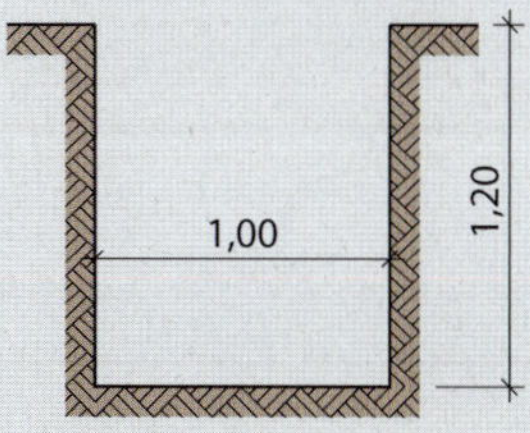

16. Wie viel m^3 sind pro m Grabenlänge auszuheben?

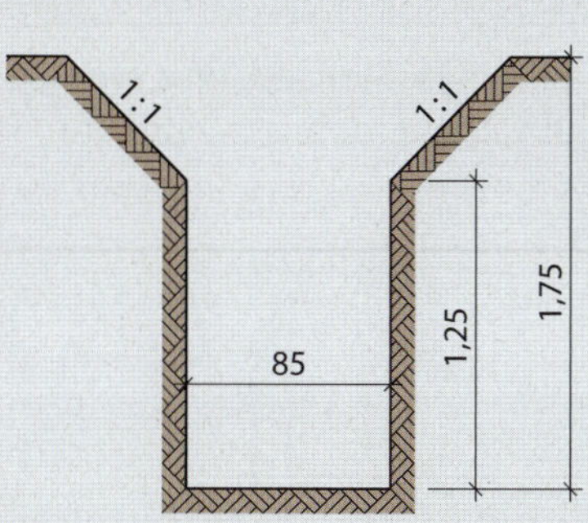

17. a) Wie viel m^3 sind für einen 150 m langen Rohrgraben auszuheben?
b) Wie viel Boden ist abzufahren, wenn nach Verlegung der Rohre die Verfüllmenge auf das vorherige Volumen verdichtet wird (Bettung bleibt unberücksichtigt)?

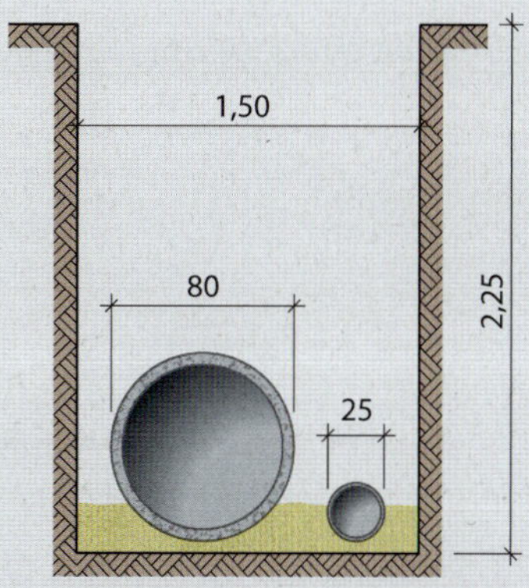

18. Es ist ein 325 m langer Rohrgraben für Entwässerungsrohre nach dem Trennsystem anzulegen.
a) Wie viel m^3 Boden sind auszuheben?
b) Wie viel m^3 sind nach Verlegung der Rohre zu verfüllen und vollständig zu verdichten (Bettung bleibt unberücksichtigt)?
c) Die Restmenge ist abzufahren. Wie viel m^3 sind dies bei 12,5 % Auflockerung (Bettung bleibt unberücksichtigt)?

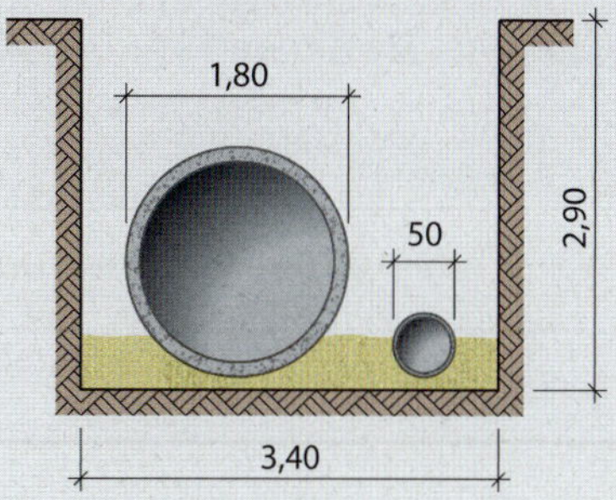

21 Statik

Aufgabe der Statik ist die Untersuchung der Kräfte und ihrer Wirkung auf ein Bauwerk.

21.1 Begriff der Kraft

In der Physik wird zwischen Masse und Gewichtskraft unterschieden.

Die **Masse** ist das Produkt aus dem Volumen eines Stoffes und dessen Dichte. Die Einheit ist das Kilogramm (kg).

Masse = Volumen · Dichte

$m = V \cdot \varrho$

· 1 000 · 1 000 · 1 000

$1\ \text{t} = 1\,000\ \text{kg} = 1\,000\,000\ \text{g}$

$1\ \text{kg} = 1\,000\ \text{g} = 1\,000\,000\ \text{mg}$

$1\ \text{g} = 1\,000\ \text{mg}$

Die SI-Einheit der Dichte ist kg/m³, in der Praxis wird aber meist mit kg/dm³ gerechnet, um die Zahlenwerte kleiner zu halten:

$$1\,\frac{\text{kg}}{\text{dm}^3} = 1\,000\,\frac{\text{kg}}{\text{m}^3} = 1\,\frac{\text{t}}{\text{m}^3}$$

Die **Gewichtskraft** ist eine Kraft, mit der ein Körper zum Erdmittelpunkt hingezogen wird. Dabei wirkt die Erdbeschleunigung. Sie beträgt beim freien Fall im luftleeren Raum 9,81 m/s². In der Praxis wird mit 10 m/s² gerechnet.

Es gilt das von Newton formulierte Gesetz:

Kraft = Masse · Beschleunigung

$F = m \cdot g$

· 1 000 · 1 000

$1\ \text{MN} = 1\,000\ \text{kN} = 1\,000\,000\ \text{N}$

$1\ \text{kN} = 1\,000\ \text{N}$

1 N = 1 Newton
1 kN = 1 Kilonewton
1 MN = 1 Meganewton

Zur Beschleunigung der Masse von 1 kg auf $g = 10\,\frac{\text{m}}{\text{s}^2}$ ist eine Kraft F erforderlich von

$$F = 1\ \text{kg} \cdot 10\,\frac{\text{m}}{\text{s}^2} = 10\,\frac{\text{kg} \cdot \text{m}}{\text{s}^2} = 10\ \text{N}$$

Kräfte sind nicht sichtbar, aber sie können an ihren Wirkungen auf einen Stoff erkannt werden. Wird beispielsweise ein Stein geworfen, so wird auf ihn eine Kraft ausgeübt. Diese Kraft ist nicht sichtbar, aber die Größe der übertragenen Kraft zeigt sich in der Weite des Wurfes.

Beispiel

Soll ein 1 kg schwerer Stein auf der Erde hochgehoben werden, so wird eine Kraft von 10 N benötigt. Wird der gleiche Stein jedoch auf dem Mond gehoben, ist nur eine Kraft von 1,7 N nötig.

Die Materie des Steins hat sich aber nicht verändert. Die Zahl der Moleküle und somit die Masse sind gleich geblieben. Da die Gewichtskraft aber ortsabhängig ist und auf dem Mond eine andere Anziehung herrscht, ändert sich dort die Kraft, die nötig ist, um den Stein zu heben.

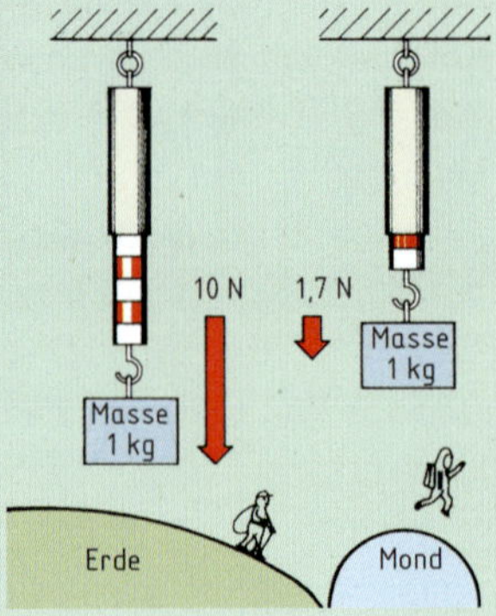

Roh- bzw. Schüttdichten einiger Baustoffe

Baustoff	Rohdichte Schüttdichte [kg/dm³]
Bodenarten (erdfeucht)	
Sand (2 ... 5 % Feuchte)	1,3
Kies, sandfrei	1,7
Schotter	1,7
Kiessand (0 ... 32 mm)	1,9
Ton	2,0
Lehm, Mergel	2,15
Natursteine	
Granit	2,8
Basalt	3,0
Kalkstein, dicht	2,8
Sandstein	2,6
Gneis	3,0
Bindemittel (locker geschüttet)	
Kalkteig	≈ 1,25
Kalkhydrat	0,5
Hydraulischer Kalk 2 und 3,5	0,8
Hydraulischer Kalk 5	1,0
Putz- und Mauerbinder	1,0
Zement	1,2
Stuckgips, Putzgips	0,9
Calciumsulfatbinder	1,0
Mörtel	
Gipsmörtel ohne Sand	1,2
Kalkmörtel	1,8
Kalkzementmörtel	2,0
Zementmörtel	2,1
Künstliche Steine	
Vollziegel	1,8
Lochziegel	1,0 ... 1,8
Vollklinker	2,0
Hochlochklinker	1,9
Kalksand-Vollsteine	1,6 ... 2,0
Kalksand-Lochsteine	1,2 ... 1,6
Kalksand-Hohlblocksteine	1,0 ... 1,6
Leichtbeton-Vollsteine	0,8 ... 1,6
Leichtbeton-Hohlblocksteine	1,0 ... 1,4
Porenbetonsteine	0,5 ... 0,8
Beton	
Frischbeton	2,35
Normalbeton	2,3
Stahlbeton	2,5
Blähton-/Blähschieferbeton	1,2 ... 2,0

Baustoff	Rohdichte Schüttdichte [kg/dm³]
Mauerwerk aus	
Vollklinker	2,0
Vollziegel	1,8
Lochziegel (ϱ = 1,2 kg/dm³)	1,4
Kalksand-Vollstein	1,8
Kalksand-Lochstein (ϱ = 1,6 kg/dm³)	1,5
Leichtbeton-Hohlblockstein (ϱ = 1,2 kg/dm³)	1,2
Porenbetonstein (ϱ = 0,6 kg/dm³)	0,8
Sandstein	2,6
Kalkstein, dicht	2,8
Hölzer, lufttrocken	
Eiche	0,75
Pappel	0,45
Kiefer	0,52
Fichte	0,48
Tanne	0,45
Lärche	0,60
Metalle	
Stahl	7,85
Aluminium	2,7
Kupfer	8,9
Blei	11,4
Kunststoffe	
PVC-U (Polyvinylchlorid)	1,38
PE-HD (Polyethylen)	0,95
PS (Polystyrol)	1,05
Dämmstoffe	
Polystyrolschaum	0,02
Polyurethan-Hartschaum	0,03
Faserdämmstoffe	0,03 ... 0,2
Plattenförmige Werkstoffe	
Faserzementplatten	1,8
Holzspanplatten	0,8
Gipsplatten	0,9
Bitumenhaltige Stoffe	
Rohbitumen	2,5
Dachpappe	1,1
Asphalttragschicht	2,3
Asphaltbinderschicht	2,4
Asphaltdeckschicht	2,5

Aufgaben

1. Berechnen Sie die Masse des 2,50 m langen Betonfertigteilelements aus C45/55.

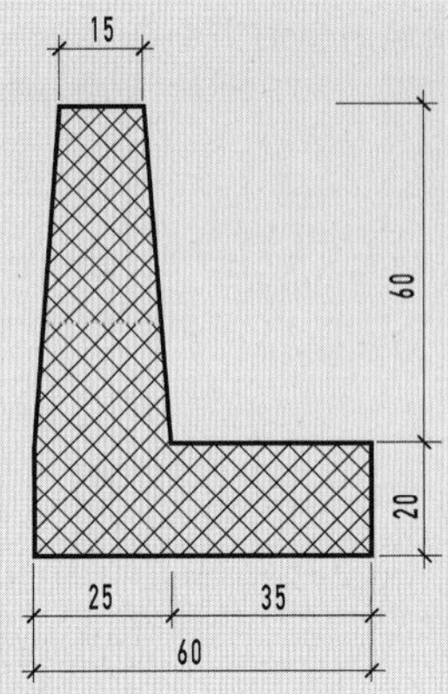

2. Wie groß ist die Masse des 5,20 m langen Holzbalkens aus Fichte?

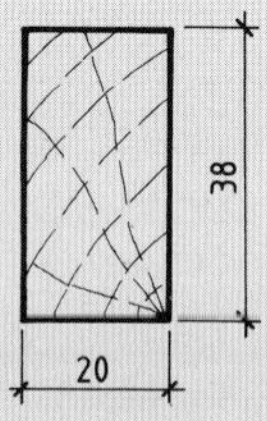

3. Ermitteln Sie die Masse der 2850 mm hohen Rundstütze aus Stahl.

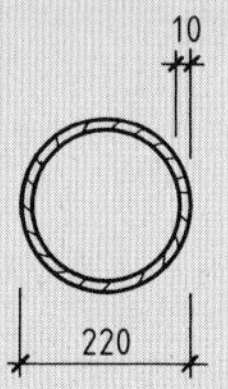

4. Eine Schallschutzverglasung mit zwei Scheiben und 12 mm Zwischenraum hat die Abmessungen 4,50 × 2,80 m. Eine Scheibe hat eine Dicke von 4 mm, die andere eine von 6 mm. Welche Masse hat die Verglasung bei einer Dichte von 2,5 kg/dm³?

5. Das 1,20 m lange Bauteil hat eine Masse von 157,5 kg. Ermitteln Sie die Rohdichte.

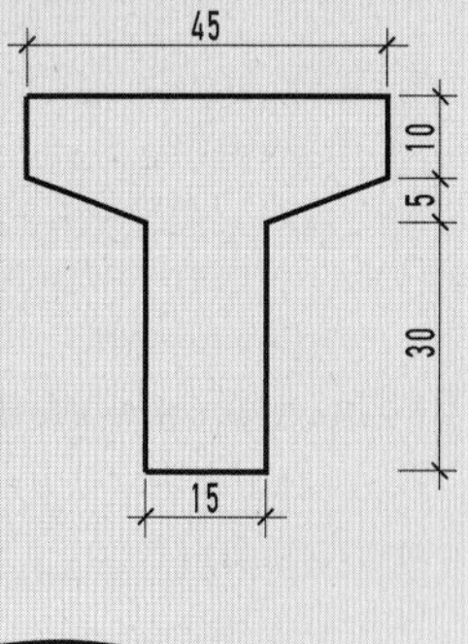

6. Ein Binder aus Brettschichtholz hat bei einer Rohdichte von 0,75 kg/dm³ eine Masse von 112,5 kg. Ermitteln Sie das Volumen in
a) m³,
b) dm³.

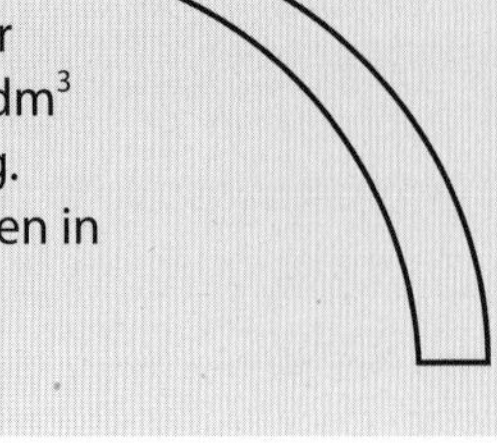

7. Welche Masse hat die Fensterbank aus Kunststein? Länge der Bank 4,20 m, Rohdichte des Materials 2,2 kg/dm³.

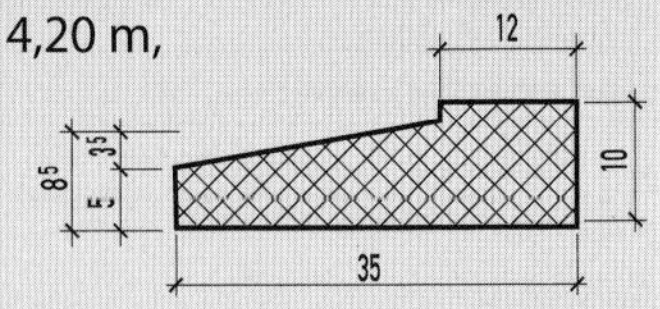

8. Welche Masse hat der 14,00 m lange Kastenträger einer Brücke aus Spannbeton bei einer Dichte von 2,7 kg/dm³?

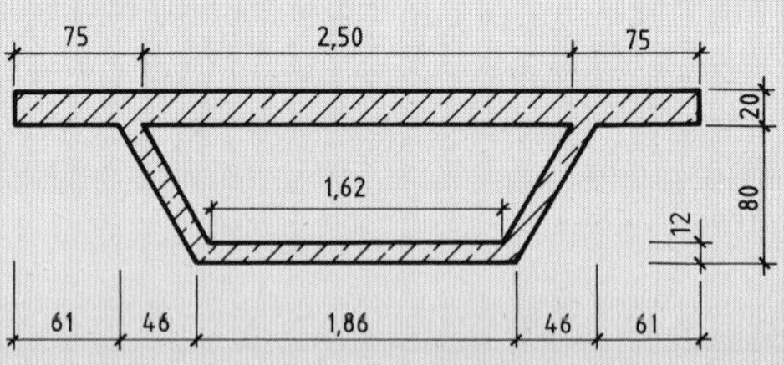

9. Welche Masse hat die 2,50 m lange Blockstufe aus Sandstein? (Die leicht abgerundete Vorderkante ist zu vernachlässigen.)

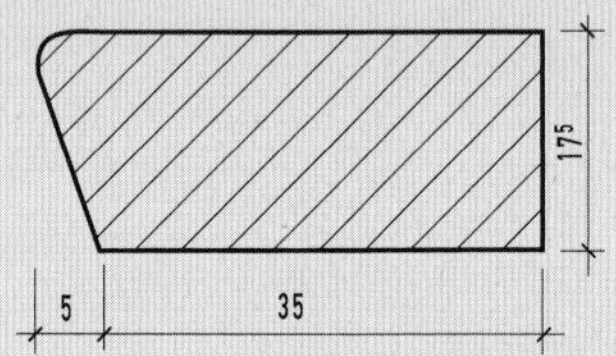

10. Berechnen Sie die Masse des Köcherfundaments.

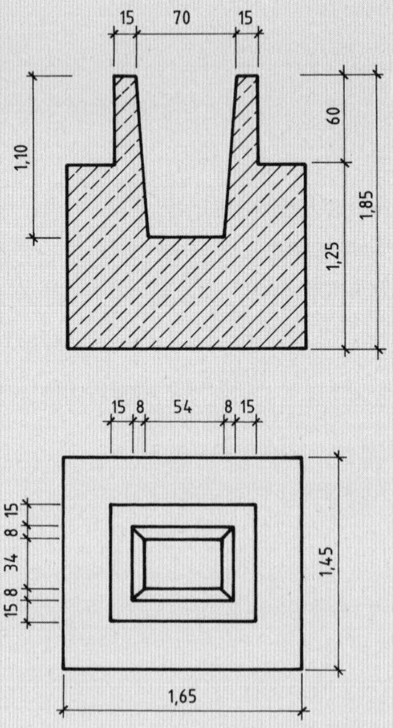

Aufgaben

11. Es soll ein kreisrundes Schwimmbecken aus Stahlbeton gebaut werden. Berechnen Sie die Masse
a) des Schwimmbeckens ohne Füllung,
b) des Schwimmbeckens mit Füllung ($\varrho_{Wasser} = 1{,}00\ kg/dm^3$),
c) des aufzufüllenden Bodens ($\varrho_{Schüttgut} = 1{,}9\ t/m^3$), wenn bis zum oberen Rand aufgefüllt wird.
d) Wie groß ist die Gesamtmasse, die in der Bodenfuge auf den Boden drückt?
Annahme: Vom Boden soll nur der Teil als auf die Bodenplatte drückend betrachtet werden, der sich über ihr befindet.

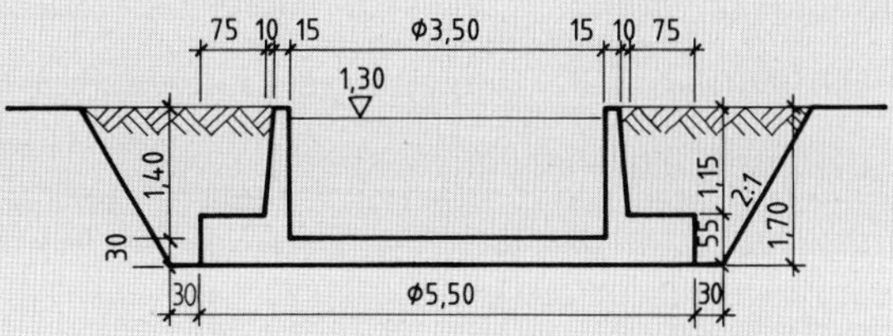

12. Der Binder aus Brettschichtholz einer Lagerhalle hat eine Dicke von 30 cm. Berechnen Sie die Masse bei einer Dichte von 0,75 kg/dm³.

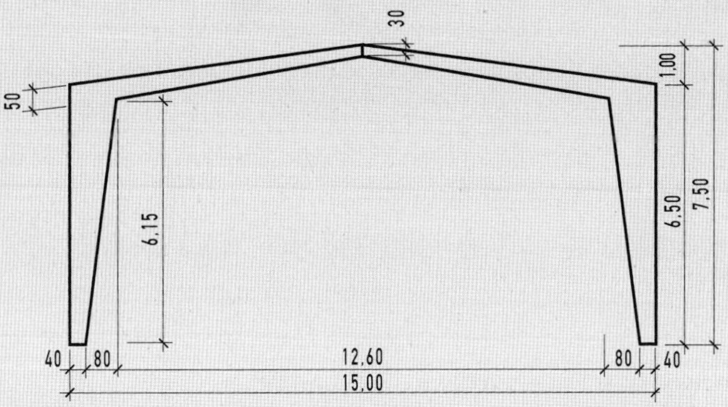

13. Wie viel t Boden sind für den 3,5 km langen Lärmschutzwall bei einer Dichte des Materials von 2,1 t/m³ anzufahren?

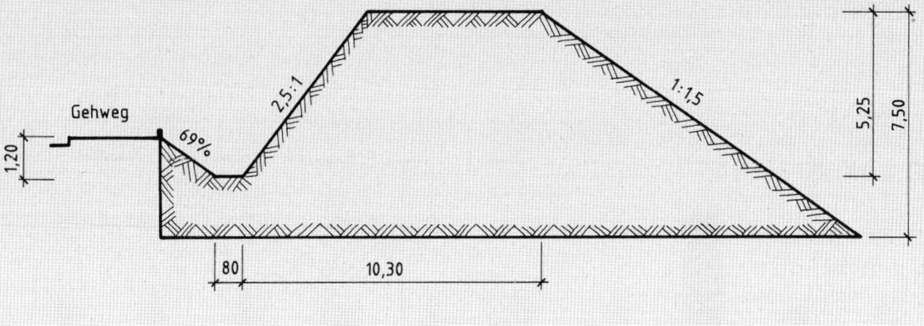

21.2 Gliederung der Statik

Die Statik untergliedert sich in drei Bereiche:

1. Die Lehre vom Gleichgewicht der Kräfte (äußere Kräfte),
2. die Festigkeitslehre (innere Kräfte),
3. die Elastizitätslehre (Lehre von den Formänderungen).

Beispiel

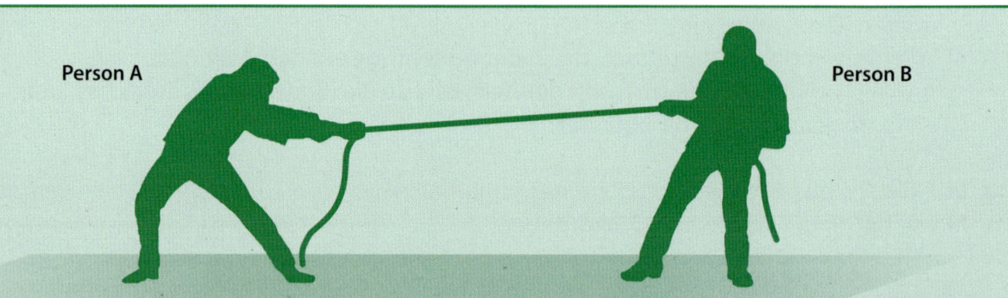

1. Bezogen auf die Lehre vom Gleichgewicht der Kräfte bedeutet es, dass beide Personen mit der gleichen Kraft ziehen müssen, wenn sie sich weder nach hinten noch nach vorne bewegen sollen.
2. Bezogen auf die Festigkeitslehre bedeutet es, dass die inneren Kräfte des Seiles mindestens so groß sein müssen wie die äußeren (Zugkräfte), damit das Seil nicht reißt.
3. Bezogen auf die Elastizitätslehre bedeutet es, dass sich die Länge des Seiles durch die Krafteinwirkung vorübergehend vergrößert.

Die Statik behandelt immer den Fall der Ruhelage. Es gelten dann die Grundsätze:

1. Die äußeren Kräfte an einem Körper müssen im Gleichgewicht sein.
2. Die inneren Kräfte müssen im Gleichgewicht sein.
3. Die äußeren Kräfte müssen mit den inneren Kräften im Gleichgewicht sein.

21.3 Arten von Kräften

Zur eindeutigen Bestimmung einer Kraft sind erforderlich

1. die Größe, z. B. $F = 3{,}5$ kN,
2. der Richtungswinkel, z. B. $\alpha = 40°$,
3. die Lage, gegeben durch den Angriffspunkt.

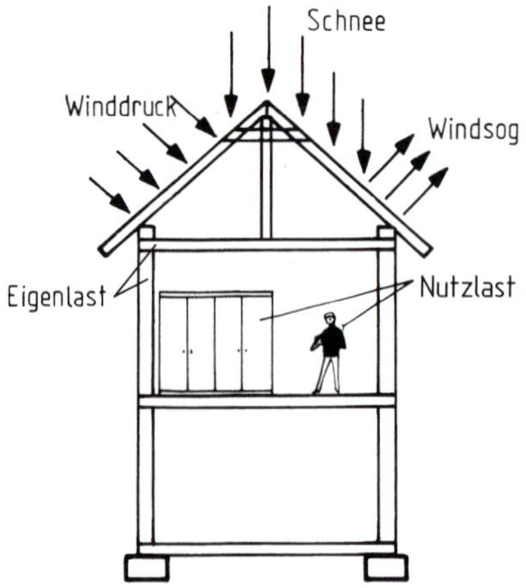

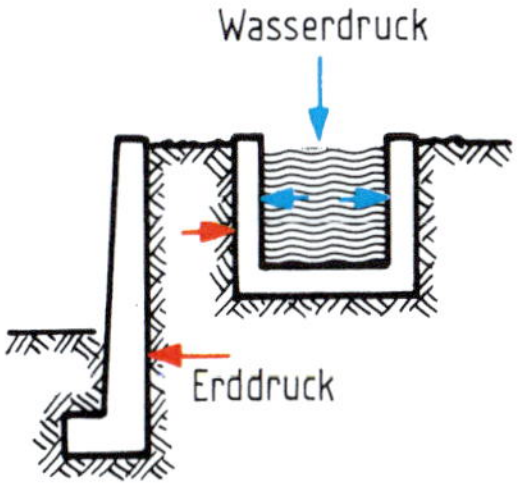

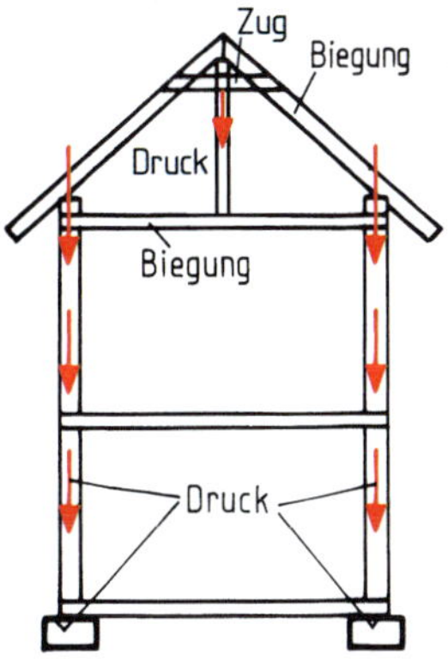

- **Kräfte**
  - **angreifende Kräfte** (Aktionskräfte)
    - **ständige Einwirkungen**: Eigenlast der Bauteile, Wasserdruck, Erddruck
    - **veränderliche Einwirkungen**: Windlast, Schneelast, Nutzlasten durch Personen, Möbel, Maschinen, Lagergüter usw.
  - **widerstehende Kräfte** (Reaktionskräfte)

Zeichnerische Darstellung von Kräften

Kräfte können durch Pfeile dargestellt werden. Die Pfeillänge gibt die Größe der Kraft und die Pfeilspitze ihre Richtung an. Um einen Kräfteplan darzustellen, muss ein entsprechender Maßstab gewählt werden.

Beispiel 1

$F_1 = 35$ kN
$F_2 = 8$ kN
$F_3 = 3$ kN

Kräftemaßstab: 10 kN ≙ 1 cm

gemessen: $F_R = 4{,}6$ cm ≙ 46 kN

gerechnet: $F_R = F_1 + F_2 + F_3 = 35\text{ kN} + 8\text{ kN} + 3\text{ kN} = 46\text{ kN}$

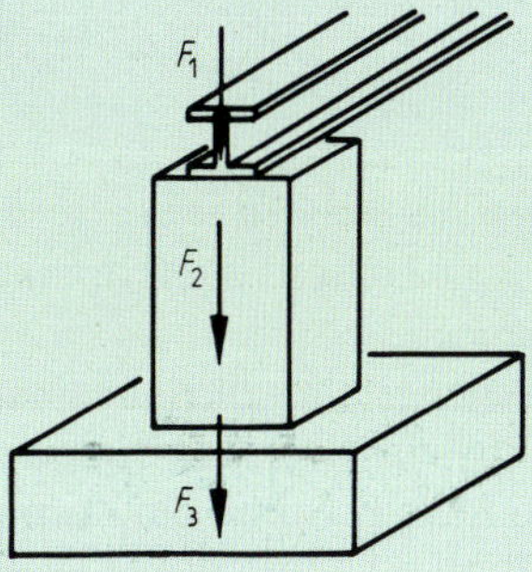

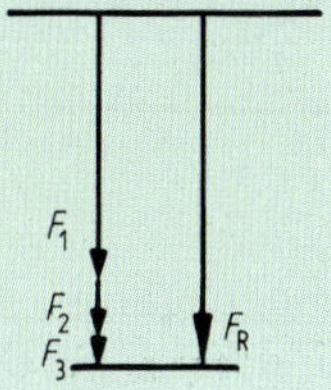

Eine einzige Kraft F_R (Resultierende) ruft die gleiche Wirkung hervor wie die Summe von Einzelkräften. F_R heißt Resultierende, weil sie das Resultat der Addition der Einzelkräfte ist.

Kräfte, die auf der gleichen Wirkungslinie liegen, können einfach addiert werden.

Beispiel 2

Ermitteln Sie die Resultierende der Kräfte $F_1 = 30$ kN ↓ $F_2 = 10$ kN ↓ $F_3 = 20$ kN ↓ $F_4 = 15$ kN ↑

Kräftemaßstab:
10 kN ≙ 1 cm

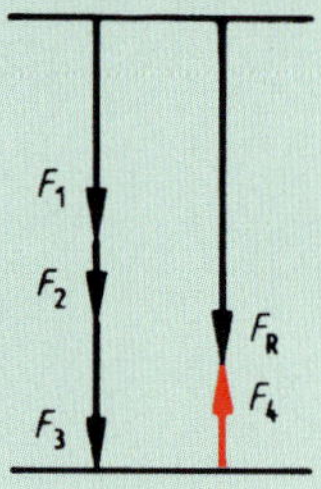

Ergebnis

gemessen: $F_R = 4{,}5$ cm ≙ 45 kN

rechnerisches Ergebnis:

$F_R = F_1 + F_2 + F_3 + F_4$

$= 30\text{ kN} + 10\text{ kN} + 20\text{ kN} + (-15\text{ kN})$

$F_R = 45$ kN

Die Resultierende F_R ruft die gleiche Wirkung hervor wie die Summe der Einzelkräfte F_1, F_2, F_3, F_4.

Beispiel 3

Kräftemaßstab:
10 kN ≙ 1 cm

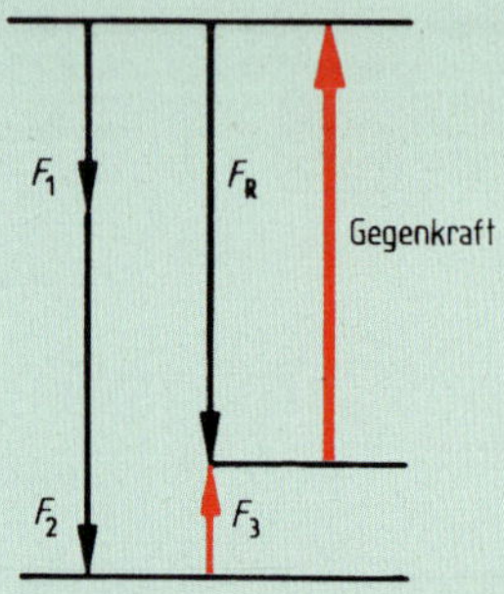

Wie groß ist die Gegenkraft, die den angreifenden Kräften (Aktionskräften) entgegengesetzt werden muss, wenn Gleichgewicht herrschen soll?
$F_1 = 25$ kN ↓ $F_2 = 50$ kN ↓ $F_3 = 15$ kN ↑

Ergebnis

gemessen: $F_R = 6$ cm ≙ 60 kN

rechnerisches Ergebnis:

$F_R = F_1 + F_2 + F_3$

$= 25\text{ kN} + 50\text{ kN} + (-15\text{ kN})$

$F_R = 60$ kN

Die Resultierende F_R beträgt 60 kN. Somit ist die Gegenkraft –60 kN.

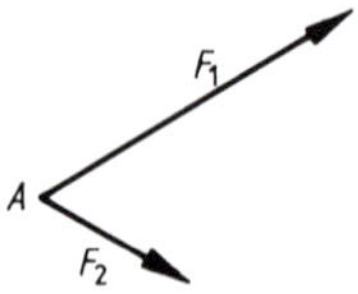

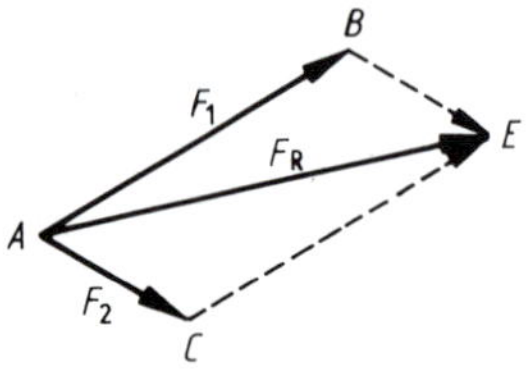

Kräfteparallelogramm

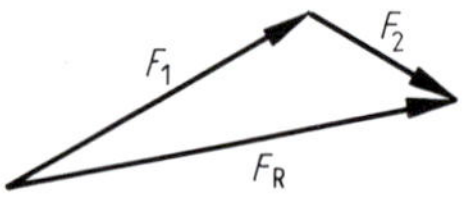

Kräftedreieck

Liegen Kräfte – wie dargestellt – nicht in einer Linie, können sie nicht einfach addiert werden. Die Resultierende entsteht durch Parallelverschiebung von F_1 und F_2. Sie ist die Diagonale des entstehenden Parallelogramms. Durch die Kraft F_1 würde ein Körper bei einer Verschiebung von A nach B und durch F_2 weiter nach E gelangen. Ebenso könnte dieser Körper durch F_2 nach C und von dort durch F_1 nach E gelangen. Gleichermaßen könnte der Körper auch durch eine einzige, unmittelbar wirkende Ersatzkraft von A nach E gebracht werden. Diese Ersatzkraft ist die Resultierende.

Um die Resultierende beim Kräftedreieck darzustellen, werden die Kräfte hintereinandergereiht und vom Beginn der ersten Kraft bis zur Spitze der letzten Kraft verbunden.
Für die Berechnung ist es häufig nötig, eine Kraft in eine horizontale Kraft F_H und eine vertikale Kraft F_V zu zerlegen und diese über die Winkelfunktionen zu berechnen.

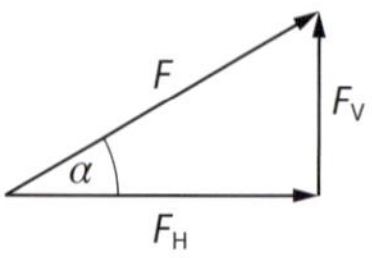

Beispiel 4

Gegeben: $F_1 = 12\ \text{kN}$ 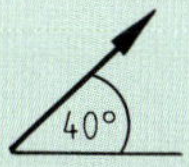

$F_2 = 18\ \text{kN}$ 
$F_3 = 10\ \text{kN}$ 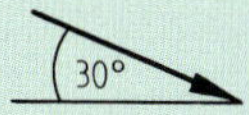

Gesucht: Größe und Richtung der Resultierenden

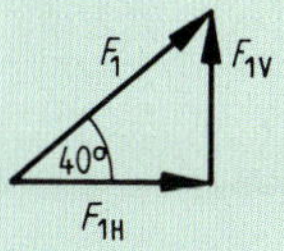

$\sin\alpha = \frac{F_{1\text{V}}}{F_1}$

$F_{1\text{V}} = F_1 \cdot \sin 40°$
$= 12 \cdot 0{,}6428$
$F_{1\text{V}} = 7{,}71\ \text{kN} \uparrow$

$\cos\alpha = \frac{F_{1\text{H}}}{F_1}$

$F_{1\text{H}} = F_1 \cdot \cos 40°$
$= 12 \cdot 0{,}7660$
$F_{1\text{H}} = 9{,}19\ \text{kN} \rightarrow$

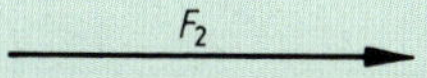

$F_{2\text{V}} = 0$

$F_{2\text{H}} = 18\ \text{kN} \rightarrow$

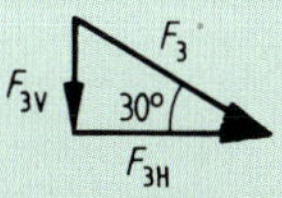

$\sin\beta = \frac{F_{3\text{V}}}{F_3}$

$F_{3\text{V}} = F_3 \cdot \sin 30°$
$= 10 \cdot 0{,}500$
$F_{3\text{V}} = 5\ \text{kN} \downarrow$

$\cos\beta = \frac{F_{3\text{H}}}{F_3}$

$F_{3\text{H}} = F_3 \cdot \cos 30°$
$= 10 \cdot 0{,}8660$
$F_{3\text{H}} = 8{,}66\ \text{kN} \rightarrow$

Alle senkrechten Kräfte liegen in einer Wirkungslinie und können deshalb addiert werden, ebenso alle waagerechten Kräfte.

Summe der Vertikalkräfte
(unter Berücksichtigung ihrer Richtung)

$F_{\text{Rv}} = F_{1\text{v}} + F_{2\text{v}} - F_{3\text{v}}$
$= 7{,}71\ \text{kN} + 0 - 5\ \text{kN}$
$F_{\text{Rv}} = 2{,}71\ \text{kN} \uparrow$

Summe der Horizontalkräfte

$F_{\text{RH}} = F_{1\text{H}} + F_{2\text{H}} + F_{3\text{H}}$
$= 9{,}19\ \text{kN} + 18\ \text{kN} + 8{,}66\ \text{kN}$
$F_{\text{RH}} = 35{,}85\ \text{kN} \rightarrow$

Zusammensetzung von F_{Rv} und F_{RH} zur Resultierenden F_{R}

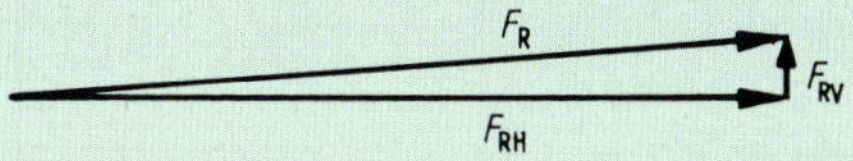

Lösung über den Lehrsatz des Pythagoras

$F_{\text{R}}^2 = F_{\text{Rv}}^2 + F_{\text{RH}}^2$
$= 2{,}71^2\ \text{kN}^2 + 35{,}85^2\ \text{kN}^2$
$= 7{,}344\ \text{kN}^2 + 1285{,}223\ \text{kN}^2$

$F_{\text{R}} = \sqrt{1292{,}567\ \text{kN}^2}$

$F_{\text{R}} = 35{,}95\ \text{kN}$

Aufgaben

14. Ermitteln Sie zeichnerisch und rechnerisch die Resultierende.

a) $F_1 = 30$ kN ↓
$F_2 = 25$ kN ↓
$F_3 = 40$ kN ↓

b) $F_1 = 0{,}1$ MN →
$F_2 = 0{,}25$ MN →
$F_3 = 0{,}07$ MN →

c) $F_1 = 27$ kN ↓
$F_2 = 15$ kN ↓
$F_3 = 12$ kN ↓
$F_4 = 18$ kN ↑

d) $F_1 = 0{,}3$ MN (60°)
$F_2 = 0{,}20$ MN (70°)
$F_3 = 0{,}45$ MN (40°)

e) $F_1 = 22$ kN (60°)
$F_2 = 12{,}5$ kN ↓
$F_3 = 18$ kN (35°)

f) $F_1 = 0{,}07$ MN (10°)
$F_2 = 0{,}01$ MN →
$F_3 = 0{,}04$ MN ←

15. Ermitteln Sie zeichnerisch und rechnerisch Größe und Richtung der resultierenden Gegenkraft.

a) $F_1 = 33$ kN (45°)
$F_2 = 19$ kN (80°)
$F_3 = 25$ kN (60°)

b) $F_1 = 15$ kN (15°)
$F_2 = 15$ kN (15°)
$F_3 = 17$ kN ↓

c) $F_1 = 0{,}6$ MN →
$F_2 = 0{,}35$ MN ←
$F_3 = 0{,}4$ MN (10°)

16. Ermitteln Sie zeichnerisch und rechnerisch die Resultierende.

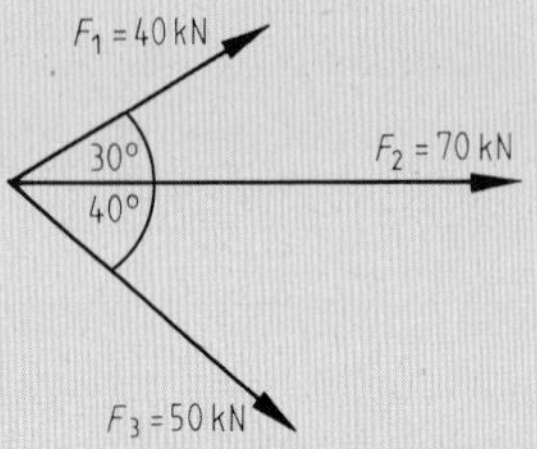

17. Ermitteln Sie zeichnerisch die Resultierende und führen Sie rechnerisch die Kontrolle durch.

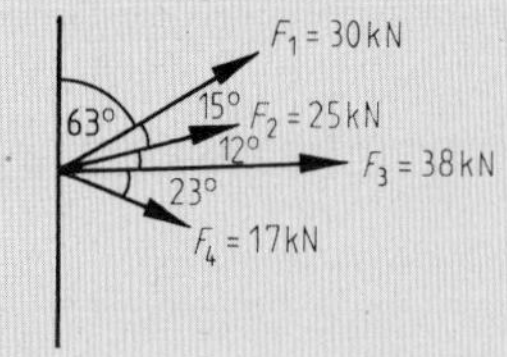

18. Ermitteln Sie zeichnerisch und rechnerisch die Druck- bzw. Zugkräfte in den Streben S_1 und S_2.

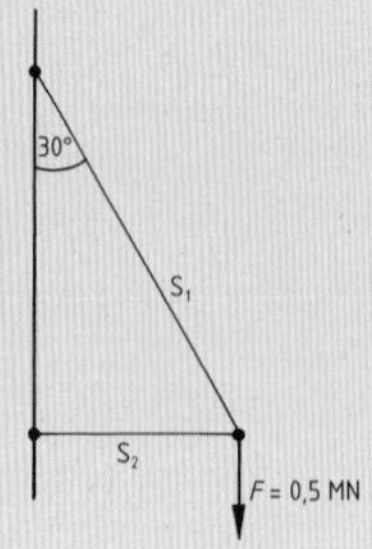

19. Die Druck- bzw. Zugkräfte in den Streben S_1 und S_2 sind zeichnerisch und rechnerisch zu ermitteln.

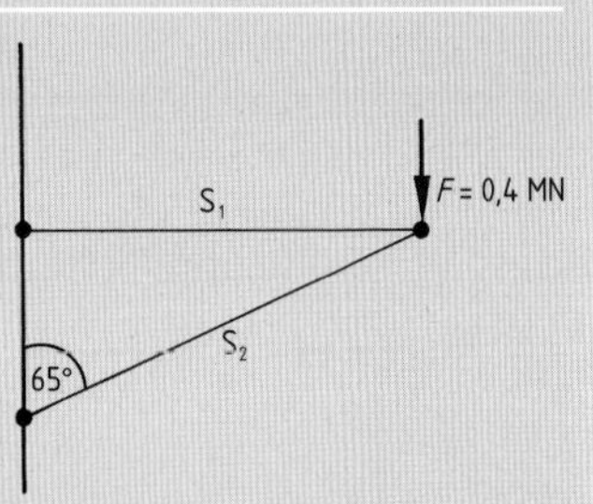

20. Am Ausleger eines Krans wirkt eine Kraft von 200 kN. Ermitteln Sie zeichnerisch und rechnerisch die Kräfte in den Streben S_1 und S_2.

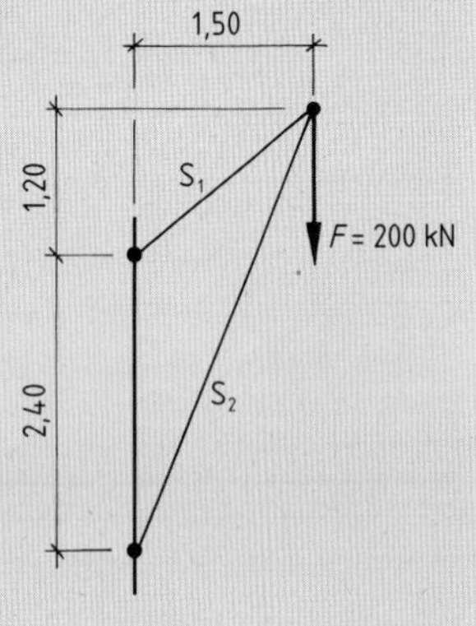

21. Unter welchem Winkel α muss die Strebe S_1 geneigt sein, wenn der auf Druck belastete Stab nur halb so stark belastet werden soll wie der auf Zug?

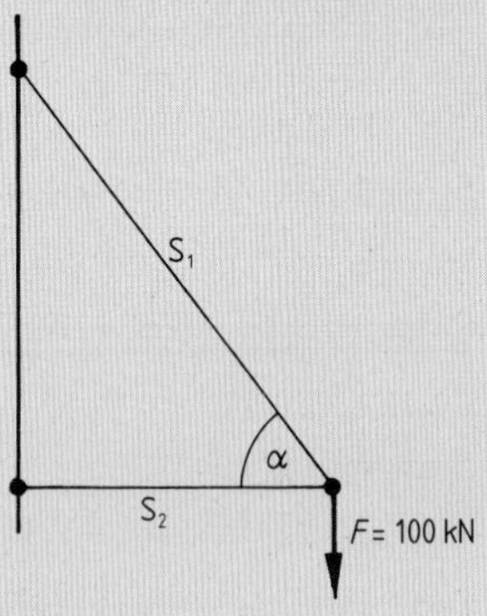

22. a) Wie groß darf F höchstens sein, wenn die Streben S_1 und S_2 je 3,5 kN aufnehmen können?

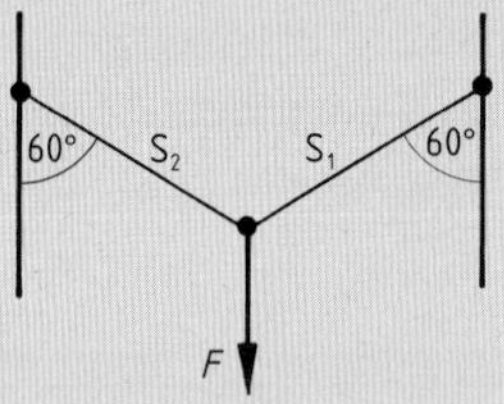

b) Wie groß wird F, wenn die Neigungswinkel 30° betragen?

23. Wie viel kN müssen die Streben S_1 und S_2 aufnehmen?

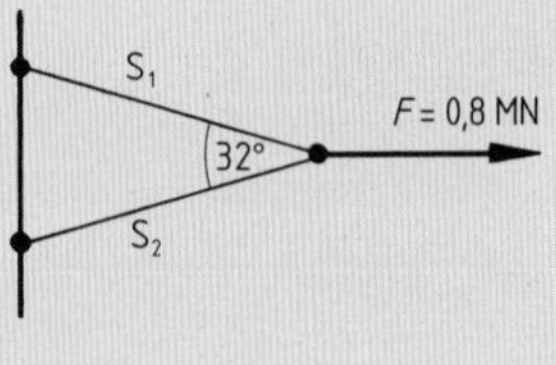

21.4 Hebelgesetze

Hebel

einseitiger Hebel

Beim einseitigen Hebel liegt der Drehpunkt **außerhalb** der Gewichtskraft (Last) und der angreifenden Kraft.
Beispiel: Schubkarren

zweiseitiger Hebel

Beim zweiseitigen Hebel liegt der Drehpunkt **zwischen** der Gewichtskraft (Last) und der angreifenden Kraft.
Beispiel: Spundwandzieher

Nach dem Hebelgesetz herrscht Gleichgewicht, wenn gilt:

Kraft · Kraftarm = Last · Lastarm

$$F_1 \cdot l_1 = F_2 \cdot l_2$$

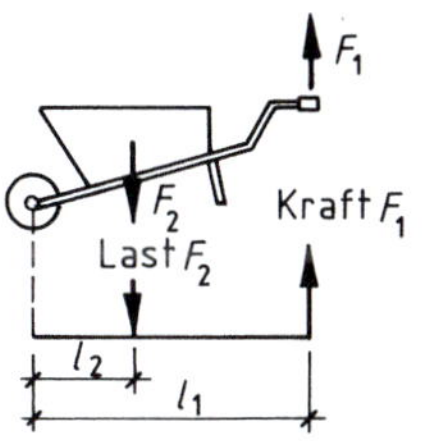

$F_1 \cdot l_1 = F_2 \cdot l_2$

Statisches System

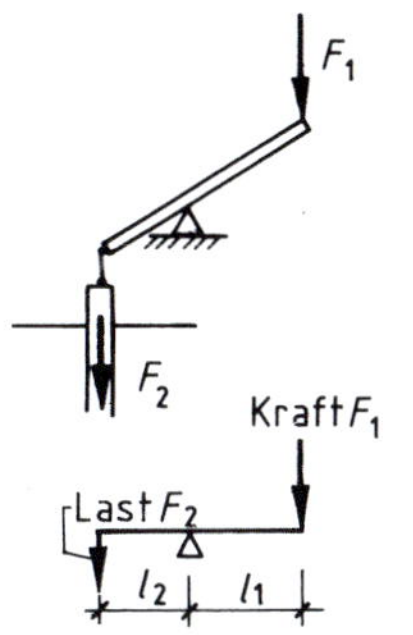

$F_1 \cdot l_1 = F_2 \cdot l_2$

Statisches System

Beispiel

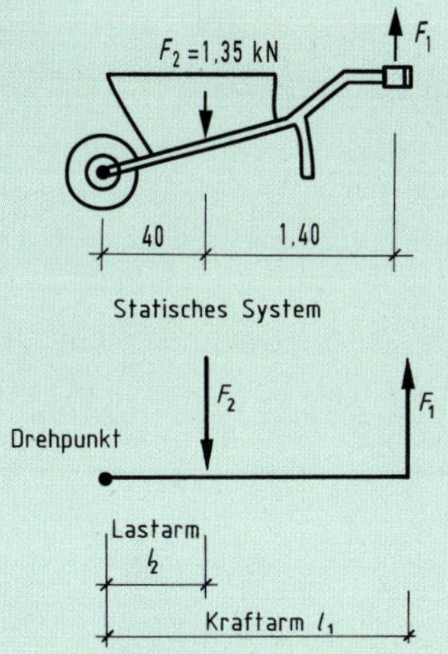

$$F_1 \cdot l_1 = F_2 \cdot l_2$$
$$F_1 \cdot 1{,}80\ \text{m} = 1{,}35\ \text{kN} \cdot 0{,}40\ \text{m}$$
$$F_1 = 0{,}30\ \text{kN}$$

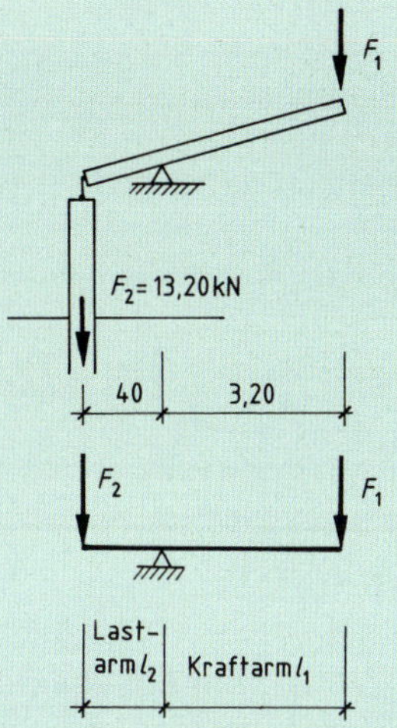

$$F_1 \cdot l_1 = F_2 \cdot l_2$$
$$F_1 \cdot 3{,}20\ \text{m} = 13{,}20\ \text{kN} \cdot 0{,}40\ \text{m}$$
$$F_1 = 1{,}65\ \text{kN}$$

Aufgaben

24. Wie groß ist die Reibungskraft des Nagels, wenn mit dem Nageleisen eine Kraft von 150 N aufgewendet werden muss?

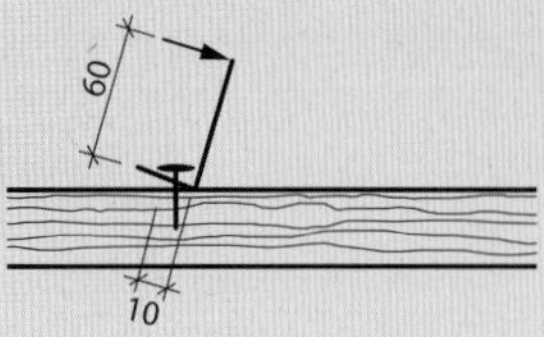

25. Welche Zugkraft wird auf die Verankerung übertragen, wenn die Person auf dem Sprungbrett eine Masse von 80 kg hat?

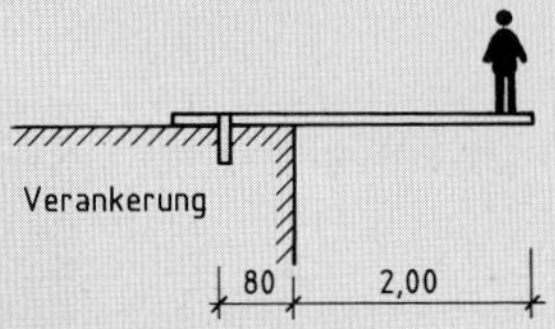

26. Um mit der Beißzange einen Draht zu trennen, ist eine Kraft von 540 N erforderlich. Wie groß ist die Scherkraft der Zange?

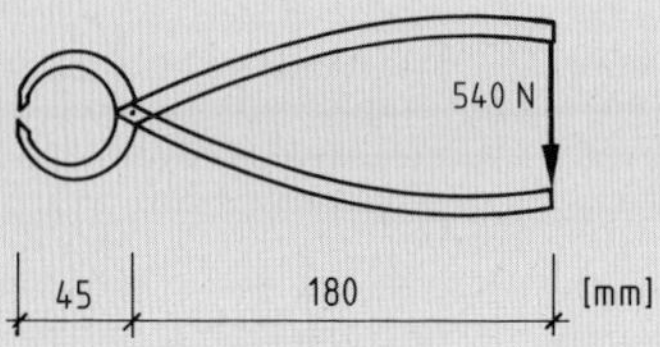

27. Um den Schubkarren anzuheben, ist eine Kraft von 450 N erforderlich. Mit welcher Last ist der Schubkarren beladen?

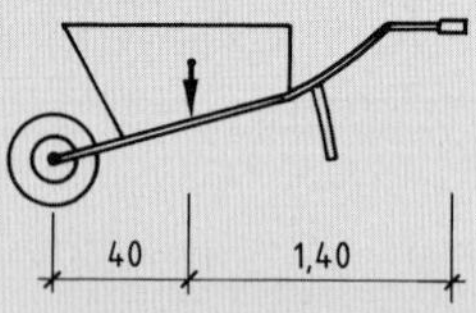

28. Mit dem Schubkarren soll ein Betonfertigteil mit einer Eigenlast von $F_2 = 1{,}6$ kN transportiert werden.

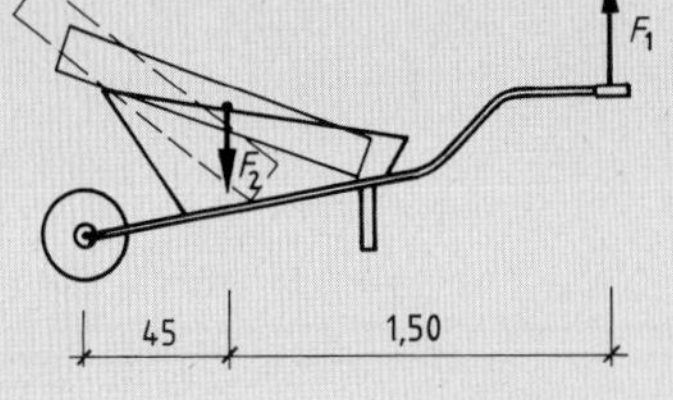

a) Welche Kraft ist zum Anheben des Schubkarrens erforderlich?

b) Um wie viel N verringert sich die aufzuwendende Kraft, wenn durch Verschieben des Betonfertigteils im Schubkarren der Schwerpunkt der Last nur noch 24 cm von der Radachse entfernt ist?

29. Die Masse und der Reibungswiderstand eines Brunnenrohres ergeben zusammen die Kraft F_2, die beim Ziehen des Rohres mit einem Hebel überwunden werden muss.

a) Wie groß ist die aufzuwendende Kraft F_1?

b) Um wie viel N ändert sich die aufzuwendende Kraft, wenn nur ein Balken mit der Länge von 4,00 m zur Verfügung steht und der Lastarm nicht verändert werden kann?

c) Bestimmen Sie a) und b) mit den in der Zeichnung in Klammern stehenden Werten.

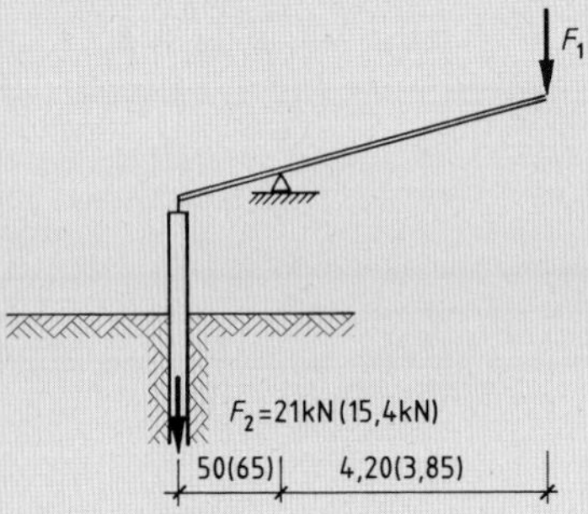

30. Personen und Baumaterialien belasten das Auslegergerüst mit je $F = 2200$ N. Welche Zugkraft muss die Verankerung aufnehmen?

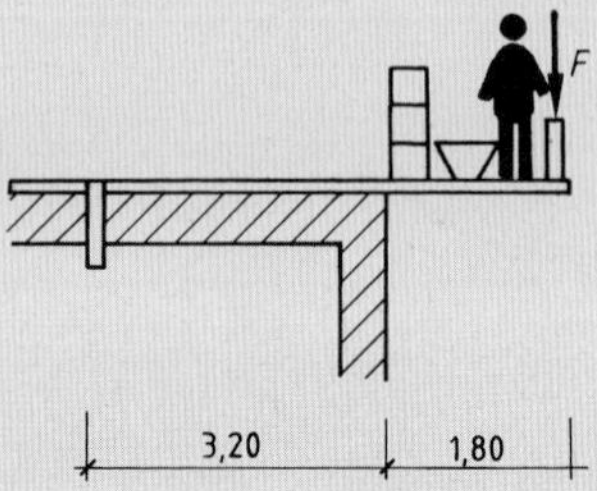

31. Welche Last in kN kann vom Kran bei vollem Ausfahren höchstens gehoben werden?

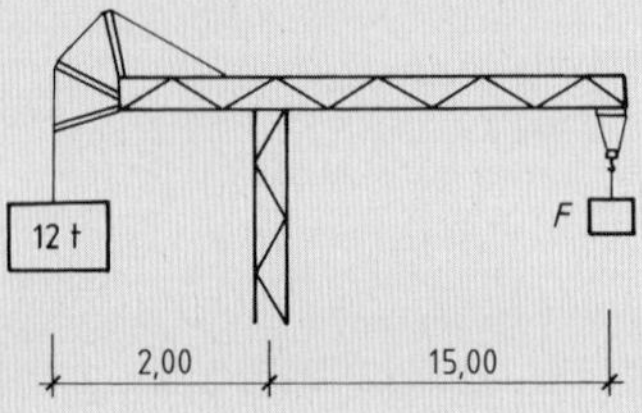

21.5 Auflagerkräfte

Werden die Bauteile eines Hauses wie Decken, Sparren, Balken, Fensterstürze berechnet, also Bauteile, die eine Öffnung überspannen, so müssen dabei immer die Auflagerkräfte dieser Bauteile ermittelt werden. Diese Kräfte werden auf Dachpfosten, Wände und Fundamente übertragen und von dort in den Baugrund abgeleitet.

Als Stützweite ist näherungsweise die um ein Drittel der beiden Auflagerlängen vergrößerte lichte Weite anzusetzen. Bei sehr großer Auflagerlänge ist die um 5 % vergrößerte lichte Weite zu verwenden. Bei unterschiedlichen Werten ist der kleinere maßgebend.

21.5.1 Träger mit Einzellasten

Beispiel 1

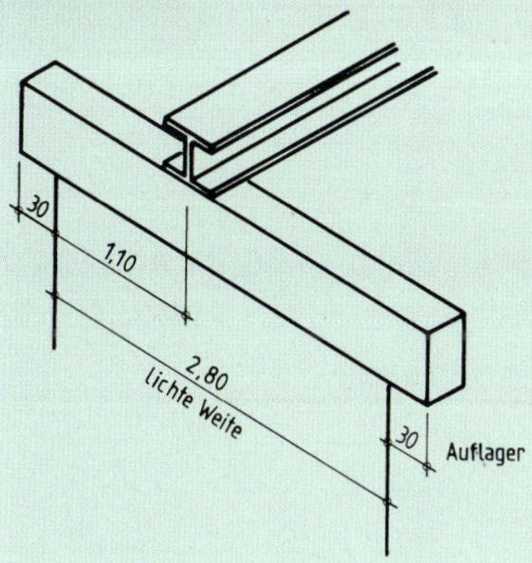

In einem Abstand von 1,10 m von der linken Laibung der Fensteröffnung liegt auf einem Betonsturz ein I-Träger und überträgt eine Last von $F = 550$ kN.
Wie groß werden die Auflagerkräfte unter dem Betonsturz, wenn die Eigenlast des Betonsturzes nicht berücksichtigt wird?

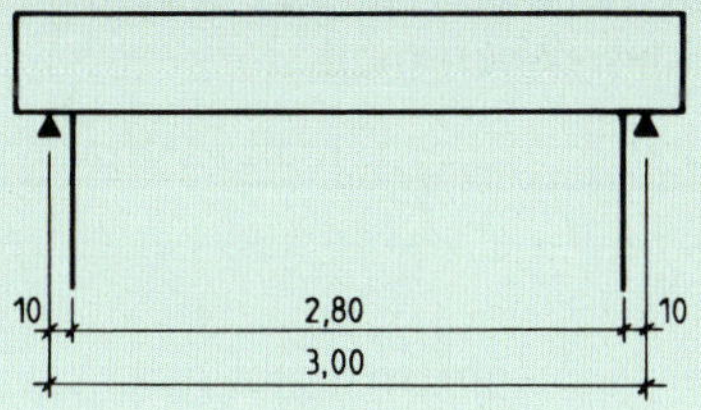

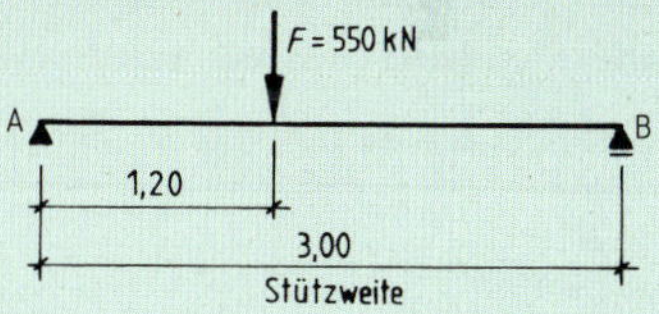

Zeichnerische Lösung
Der Träger ist hierzu in einem bestimmten Maßstab zu zeichnen. Die Kraft oder die Kräfte, die auf ihn wirken, werden außerhalb in einem Kräfteplan aufgetragen.

Kräftelageplan
1 cm ≙ 0,50 m

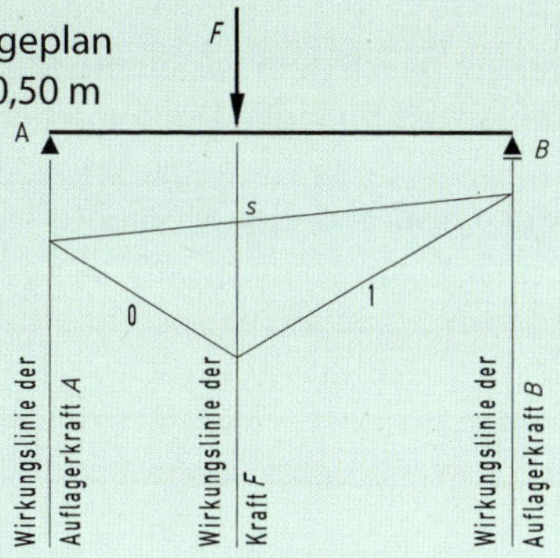

Kräfteplan
1 cm ≙ 100 kN

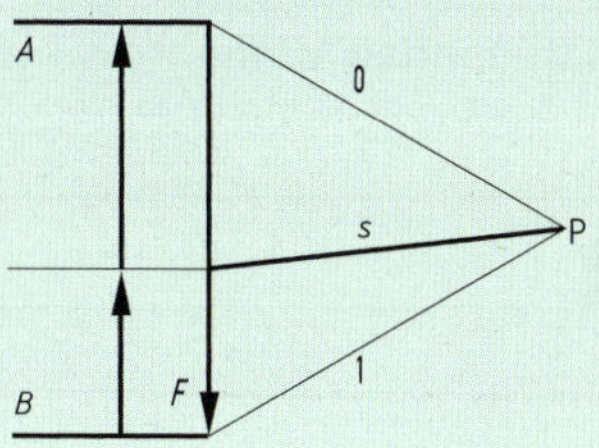

Im Kräftelageplan werden Linien in Richtung der Auflagerkräfte *A* und *B* sowie der Last *F* eingezeichnet. Diese werden Wirkungslinien dieser Kräfte genannt.

Im Kräfteplan wird ein Pol P in beliebiger Lage gewählt. Von ihm werden zum Anfangs- und Endpunkt der Kraft (oder bei mehreren Kräften zu jeder Kraft) Linien, sogenannte Polstrahlen 0 und 1 gezogen und parallel in den Kräftelageplan übertragen. Der Polstrahl 0 beginnt in beliebiger Höhe auf der Wirkungslinie des Auflagers A und geht bis zur Wirkungslinie der Kraft *F*. Im Schnittpunkt von Polstrahl 0 und der Wirkungslinie der Kraft *F* wird der Polstrahl 1 angeschlossen und zum Schnitt mit der Wirkungslinie des Auflagers B gebracht. Die Schlusslinie *s* wird durch P gehend parallel in den Kräfteplan übertragen. Sie teilt hier die Kraft *F* in zwei Teile; den oberen Teil, der der Auflagerkraft *A*, und den unteren Teil, der der Auflagerkraft *B* entspricht (rechnerische Lösung siehe nächste Seite).

Moment

Für die Berechnung der Auflagerkräfte werden die Hebelgesetze genutzt. Verursachen Kräfte an einem Hebel drehende Bewegungen, so wird von Momenten gesprochen. Ein statisches Moment ist das Produkt aus der Kraft F und dem Hebelarm l. Hebelarm und Kraftrichtung müssen senkrecht aufeinander stehen.

Moment = Kraft · Hebelarm

$$M = F \cdot l$$

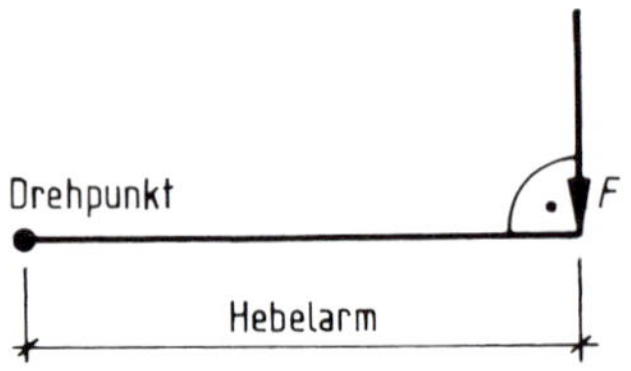

An einem Träger auf zwei Stützen bewirken sowohl die angreifenden Kräfte F als auch die diesen widerstehenden Kräfte A und B ein Moment.

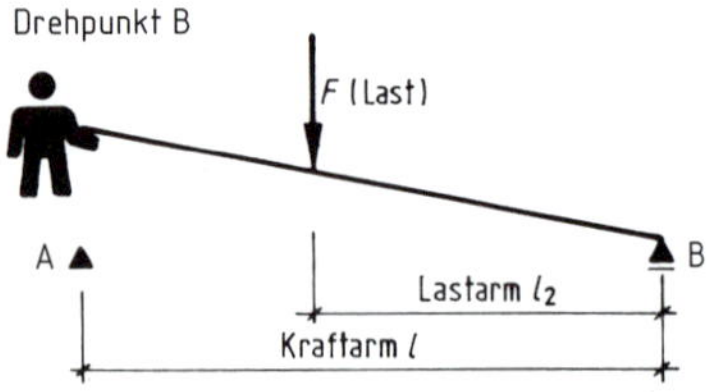

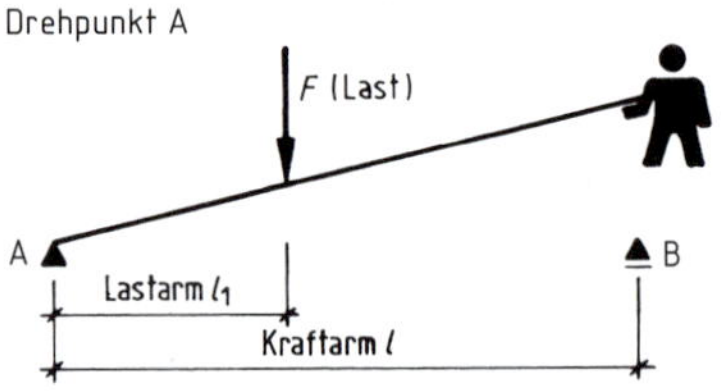

Wenn jetzt bestimmt werden soll, wie viel Kraft A und B aufwenden müssen, um den Träger in Ruhelage zu halten, so wird dies nach dem Hebelgesetz bestimmt.

Kraft · Kraftarm	=	Last · Lastarm		Kraft · Kraftarm	=	Last · Lastarm
$A \cdot l$	=	$F \cdot l_2$		$B \cdot l$	=	$F \cdot l_1$

Betrachtet man die Drehrichtung der Momente, so ergibt sich

$A \cdot l$	=	$F \cdot l_2$		$B \cdot l$	=	$F \cdot l_1$
$M\curvearrowright$	=	$M\curvearrowleft$		$M\curvearrowleft$	=	$M\curvearrowright$
rechtsdrehend		linksdrehend		linksdrehend		rechtsdrehend

Da es sich um eine Gleichung handelt, ist das rechtsdrehende Moment gleich dem linksdrehenden. Wirkt an einem Träger mehr als nur eine Kraft, also eine Summe von Kräften, so gilt für jeden Drehpunkt die Formel

Summe aller rechtsdrehenden Momente = Summe aller linksdrehenden Momente

$$\Sigma M\curvearrowright = \Sigma M\curvearrowleft$$

Beispiel 1 (Fortsetzung)

Rechnerische Lösung

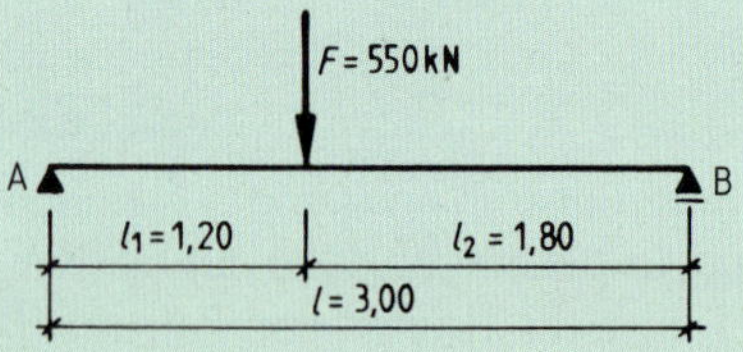

Drehpunkt B

$\Sigma M\curvearrowright = \Sigma M\curvearrowleft$

$A \cdot l = F \cdot l_2$

$A \cdot 3{,}00\ \text{m} = 550\ \text{kN} \cdot 1{,}80\ \text{m}$

$$A = \frac{550\ \text{kN} \cdot 1{,}80\ \text{m}}{3{,}00\ \text{m}}$$

$A = 330\ \text{kN}$

Drehpunkt A

$\Sigma M\curvearrowright = \Sigma M\curvearrowleft$

$F \cdot l_1 = B \cdot l$

$550\ \text{kN} \cdot 1{,}20\ \text{m} = B \cdot 3{,}00\ \text{m}$

$$B = \frac{550\ \text{kN} \cdot 1{,}20\ \text{m}}{3{,}00\ \text{m}}$$

$B = 220\ \text{kN}$

Probe: $F = A + B$ $\quad 550\ \text{kN} = 330\ \text{kN} + 220\ \text{kN}$

Beispiel 2

Ermittlung der Auflagerkräfte *A* und *B*
a) zeichnerisch,
b) rechnerisch.

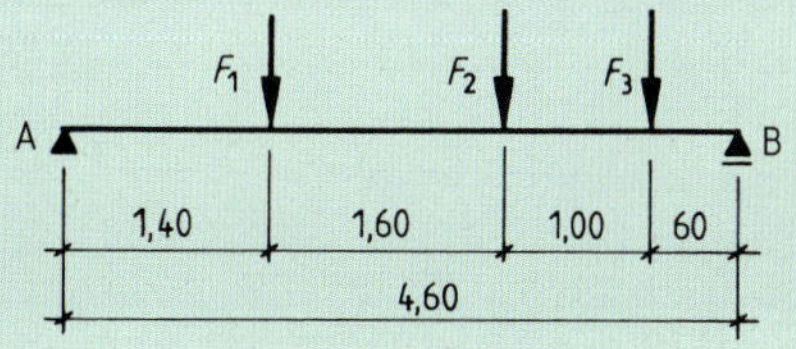

$F_1 = 300$ kN
$F_2 = 450$ kN
$F_3 = 900$ kN

a) **Zeichnerische Lösung**
Kräftelageplan 1:50

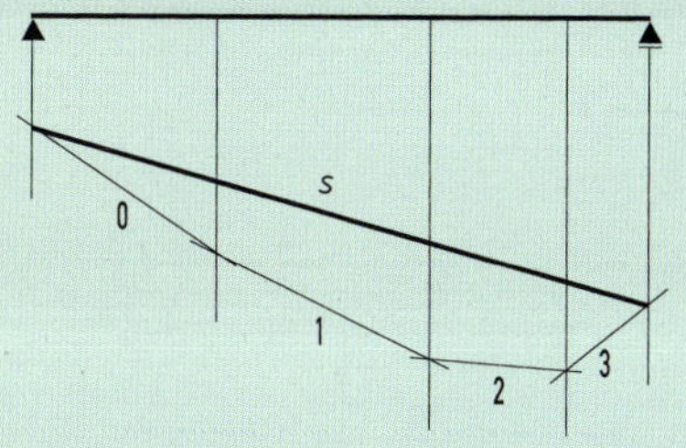

Kräfteplan
1 cm ≙ 300 kN

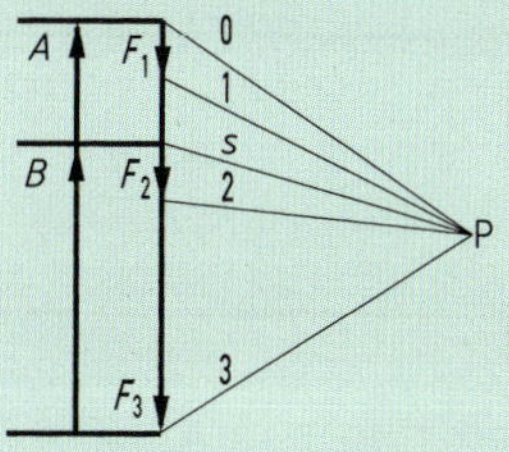

gemessen: $A = 500$ kN
$B = 1150$ kN

b) **Rechnerische Lösung**

Drehpunkt B

$\Sigma M\curvearrowright = \Sigma M\curvearrowleft$

$A \cdot 4{,}60\text{ m} = F_1 \cdot 3{,}20\text{ m} + F_2 \cdot 1{,}60\text{ m} \cdot F_3 \cdot 0{,}60\text{ m}$

$$A = \frac{2220\text{ kN} \cdot \text{m}}{4{,}60\text{ m}}$$

$A = 482{,}60$ kN

Drehpunkt A

$\Sigma M\curvearrowright = \Sigma M\curvearrowleft$

$F_1 \cdot 1{,}40\text{ m} + F_2 \cdot 3{,}00\text{ m} + F_3 \cdot 4{,}00\text{ m} = B \cdot 4{,}60\text{ m}$

$$B = \frac{5370\text{ kN} \cdot \text{m}}{4{,}60\text{ m}}$$

$B = 1167{,}40$ kN

Probe: Summe der Aktionskräfte = Summe der Reaktionskräfte

$$F_1 + F_2 + F_3 = A + B$$

$$300\text{ kN} + 450\text{ kN} + 900\text{ kN} = 482{,}60\text{ kN} + 1167{,}40\text{ kN}$$

$$1650\text{ kN} = 1650\text{ kN}$$

21.5.2 Träger mit Gleichstreckenlast

Beispiel 3

Holzbalkendecke:

Deckeneigenlast	1,50 kN/m²	Balkenlänge	3,20 m
Belastung	2,00 kN/m²	Balkenabstand	0,70 m

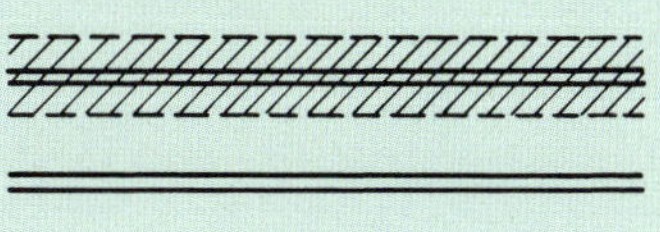

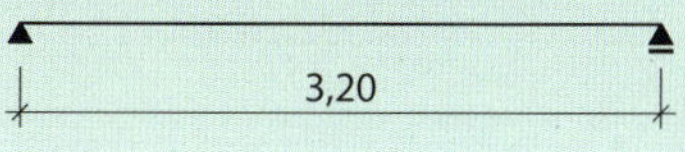

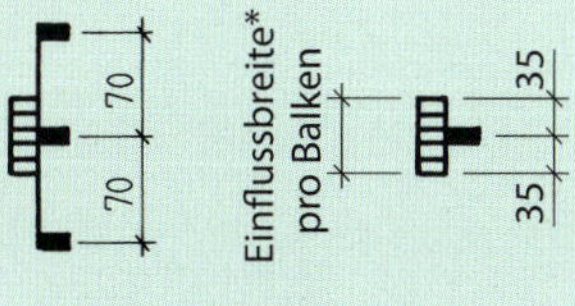

* Die Einflussbreite ist die Breite, in der die Last auf den Balken wirkt.

In vielen Fällen, z. B. bei Dächern und Decken, kann man nicht mit Einzellasten rechnen, sondern mit gleichmäßig über die ganze Fläche verteilten Lasten. Möbel und Menschen haben in einer Wohnung keinen unveränderlichen Platz, sondern können sich an jeder beliebigen Stelle eines Raumes befinden.

Beispiel 3 (Fortsetzung)

Belastung

Belastung eines Balkens pro Meter Länge

$$2{,}00\ \frac{kN}{m^2} \cdot 0{,}70\ m = 1{,}40\ \frac{kN}{m}$$

Deckeneigenlast pro Meter Länge

$$1{,}50\ \frac{kN}{m^2} \cdot 0{,}70\ m = 1{,}05\ \frac{kN}{m}$$

Die Gleichstreckenlast eines Balkens oder einer Decke setzt sich zusammen aus:

ständige Einwirkungen	g
+ veränderliche Einwirkungen	q
= Gesamtbelastung	$g + q$

Statisches System

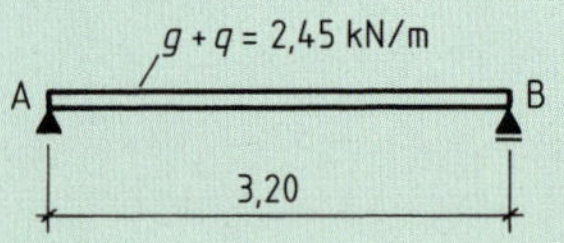

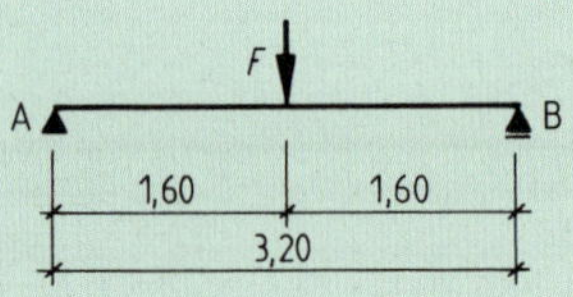

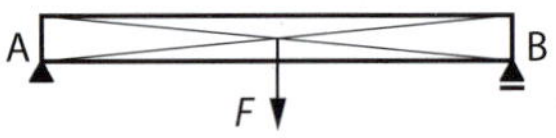

Rechnerisch wird die gleichmäßig verteilte Last zu einer Einzellast zusammengefasst und im Schwerpunkt angreifend in Rechnung gestellt.

$$F = (g + q) \cdot l$$

Ersatzlast als Einzellast

$$F = (g + q) \cdot l$$

$$= 2{,}45\ \frac{kN}{m} \cdot 3{,}20\ m$$

$$F = 7{,}84\ kN$$

Vereinfachung

Drehpunkt B

$$\Sigma M \curvearrowright = \Sigma M \curvearrowleft$$
$$A \cdot 3{,}20\ m = F \cdot 1{,}60\ m$$
$$A \cdot 3{,}20\ m = 7{,}84\ kN \cdot 1{,}60\ m$$
$$A = \frac{7{,}84\ kN \cdot 1{,}60\ m}{3{,}20\ m}$$
$$A = 3{,}92\ kN$$

Drehpunkt A

$$\Sigma M \curvearrowright = \Sigma M \curvearrowleft$$
$$F \cdot 1{,}60\ m = B \cdot 3{,}20\ m$$
$$7{,}84\ kN \cdot 1{,}60\ m = B \cdot 3{,}20\ m$$
$$B = \frac{7{,}84\ kN \cdot 1{,}60\ m}{3{,}20\ m}$$
$$B = 3{,}92\ kN$$

Geht bei einem Träger auf zwei Stützen die Gleichstreckenlast über das ganze Feld oder ist sie symmetrisch, so kann, weil jedes Auflager die gleiche Last aufzunehmen hat, auch folgendermaßen vorgegangen werden:

$$A = B = \frac{(g + q) \cdot l}{2}$$

Aufgaben

32. Ermitteln Sie zeichnerisch und rechnerisch die Größe der Auflagerkräfte in A und B.

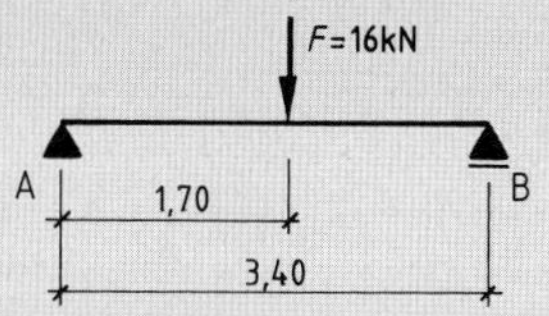

33. Ermitteln Sie die Größe der Auflagerkräfte
a) zeichnerisch,
b) rechnerisch.

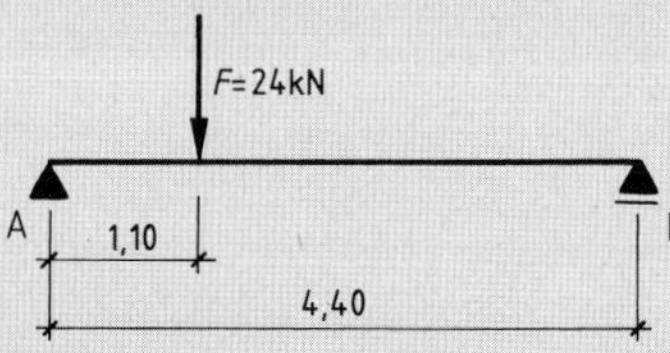

34. Berechnen Sie die Größe der Auflagerkräfte in A und B.

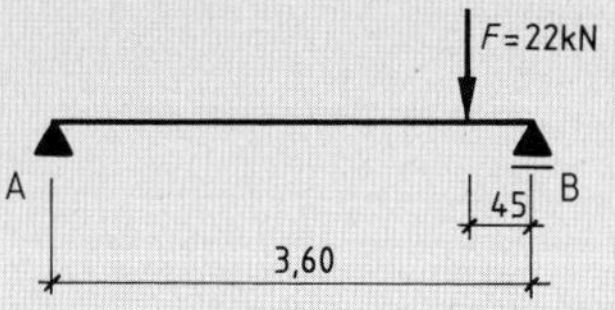

35. Berechnen Sie die Größe der Auflagerkräfte in A und B.

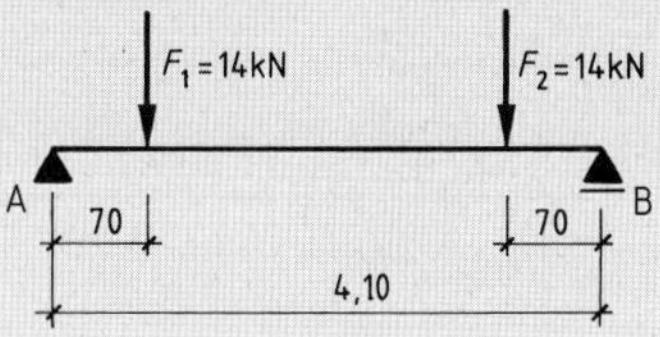

36. Ermitteln Sie die Größe der Auflagerkräfte zeichnerisch und überprüfen Sie das Ergebnis rechnerisch.

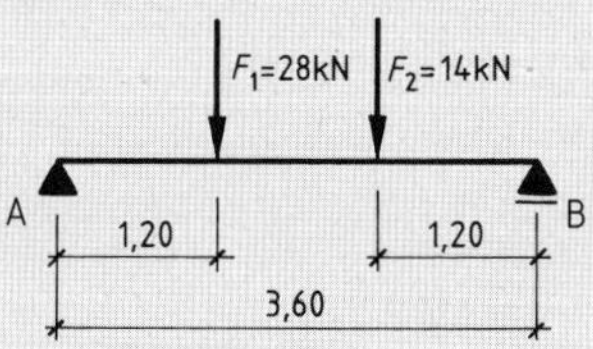

37. Ermitteln Sie zeichnerisch und rechnerisch die Größe der Auflagerkräfte.
a) $F_1 = 17$ kN; $F_2 = 23$ kN
b) $F_1 = 12$ kN; $F_2 = 18$ kN
c) $F_1 = 8$ kN; $F_2 = 16$ kN

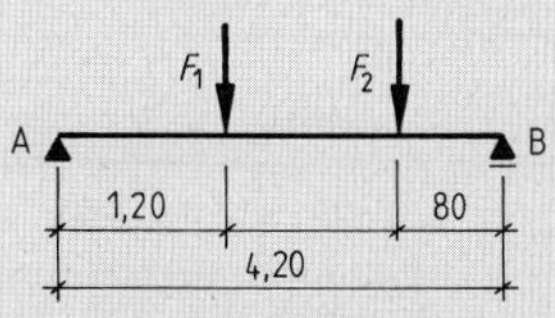

38. Ermitteln Sie zeichnerisch und rechnerisch die Größe der Auflagerkräfte.

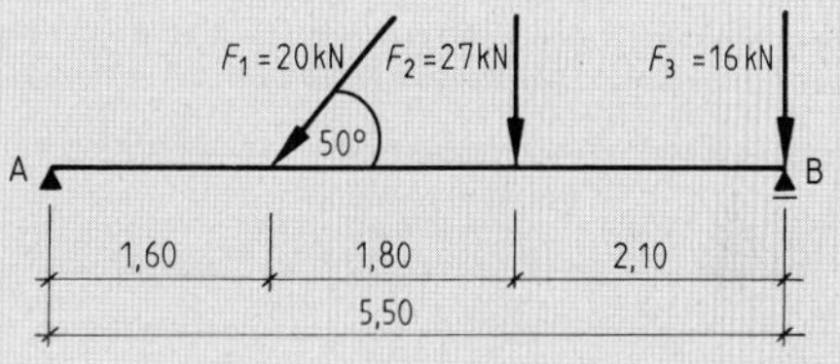

39. Wie groß sind die Auflagerkräfte in A und B?
a) $F_1 = 12$ kN; $F_2 = 16$ kN; $F_3 = 15$ kN
b) $F_1 = 8$ kN; $F_2 = 4$ kN; $F_3 = 12$ kN
c) $F_1 = 0{,}04$ MN; $F_2 = 0{,}03$ MN; $F_3 = 0{,}05$ MN

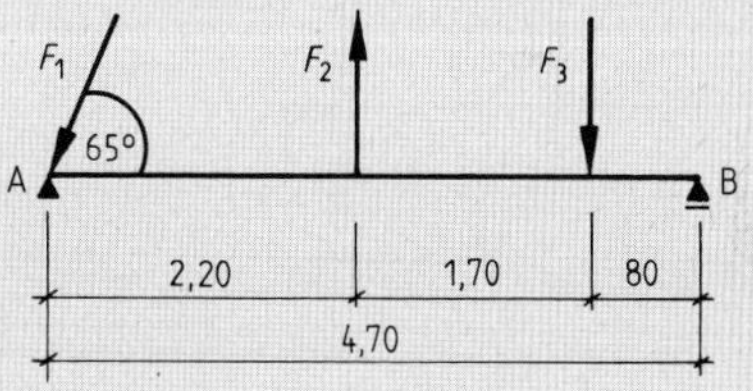

40. Ermitteln Sie die Auflagerkräfte *A* und *B*.

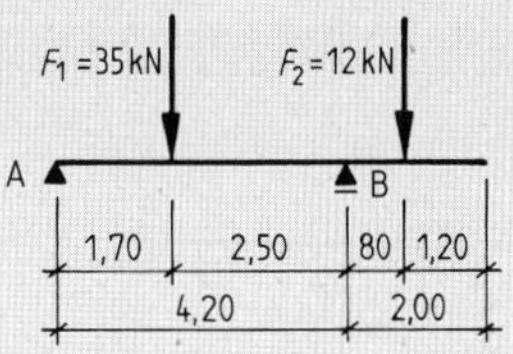

41. Ermitteln Sie die Auflagerkräfte *A* und *B*.

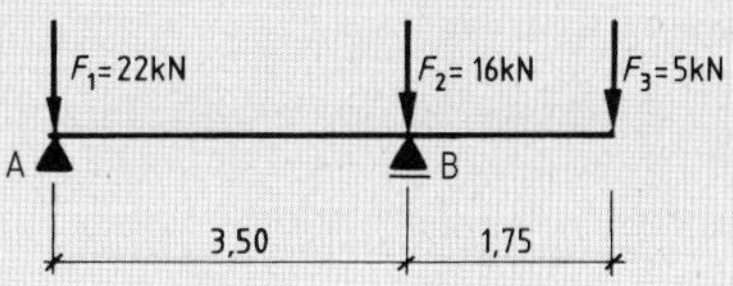

Aufgaben

42. Wie groß sind die Auflagerkräfte in A und B?

$F_1 = 8$ kN $\quad F_4 = 28$ kN

$F_2 = 22$ kN $\quad F_5 = 12$ kN

$F_3 = 35$ kN $\quad F_6 = 5$ kN

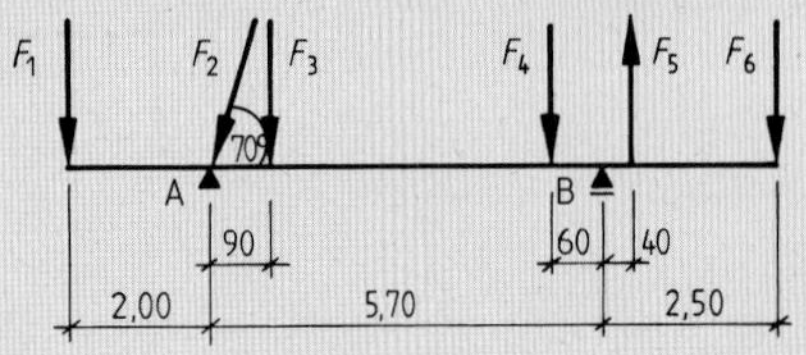

43. Wie groß darf die Kraft F_2 höchstens werden, damit der Balken in A nicht abhebt?

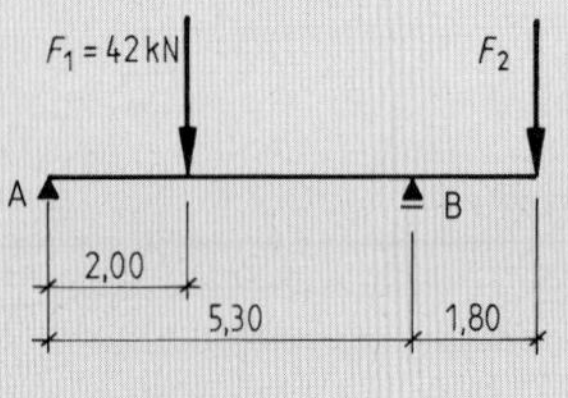

44. Wie lang darf der Kragarm höchstens werden, wenn der Träger vom Auflager B nicht abheben darf?

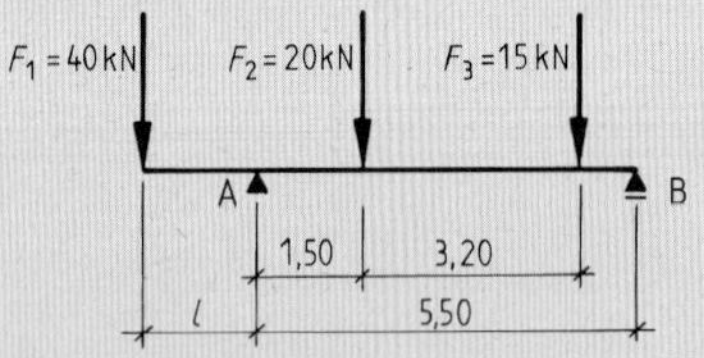

45. Ermitteln Sie die Auflagerkräfte in A und B.

a) $g + q = 2{,}25$ kN/m

b) $g + q = 2{,}45$ kN/m

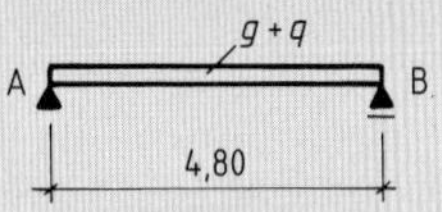

46. Berechnen Sie die Größe der Auflagerkräfte.

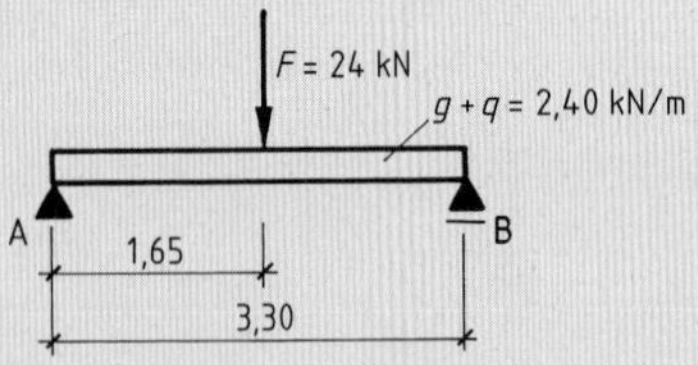

47. Wie groß sind die Auflagerkräfte in A und B?

a) $F = 16$ kN $\quad g + q = 2{,}20$ kN/m

b) $F = 22$ kN $\quad g + q = 2{,}15$ kN/m

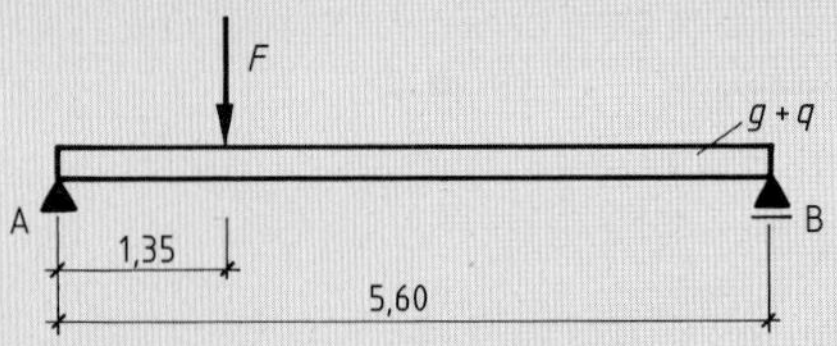

48. Berechnen Sie die Auflagerkräfte.

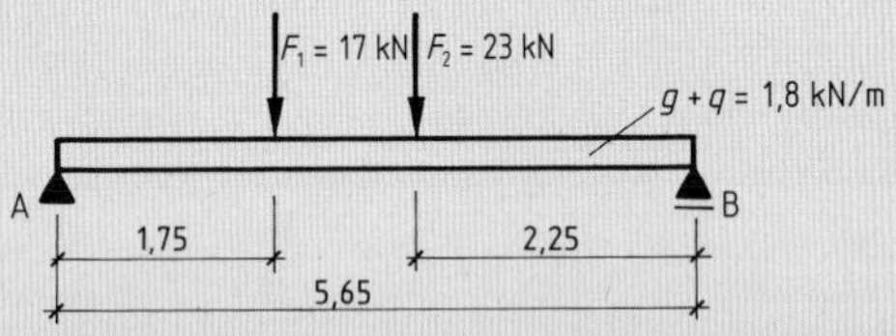

49. Berechnen Sie die Auflagerkräfte.

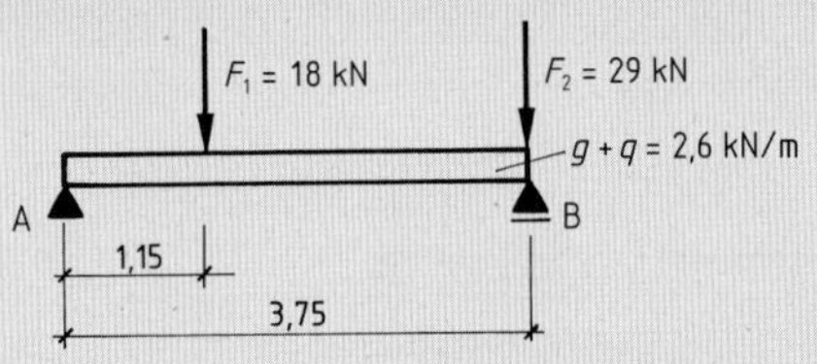

50. Wie groß sind die Auflagerkräfte?

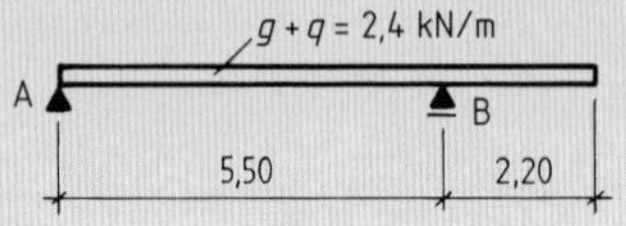

51. Ermitteln Sie die Auflagerkräfte *A* und *B*.

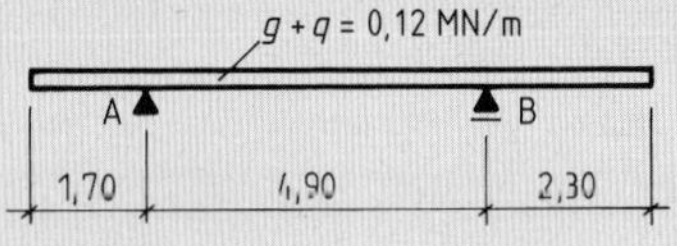

52. Wie groß darf die Gleichstreckenlast $g + q$ werden, wenn die Auflager A und B je 18,2 kN aufnehmen können?

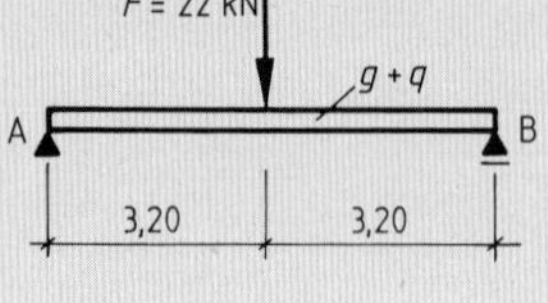

Aufgaben

53. Die Auflager A und B dürfen je bis zu 25 kN Last aufnehmen. Wie groß darf F höchstens sein?

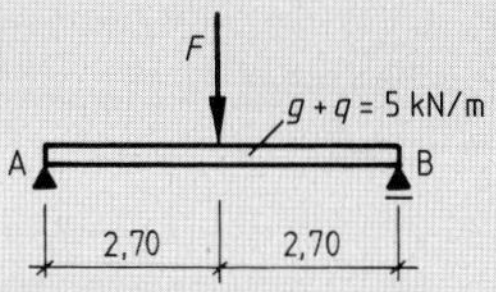

54. Ermitteln Sie die Auflagerkräfte an der Stufe einer Außentreppe.

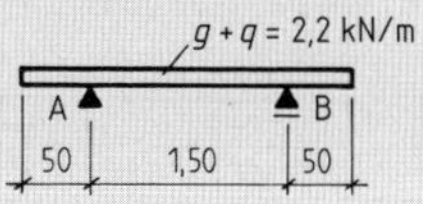

55. Wie groß sind die Auflagerkräfte in A und B?

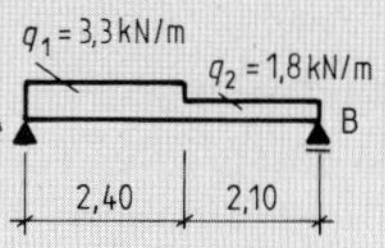

(ständige Einwirkungen bleiben unberücksichtigt)

56. a) Ermitteln Sie die Auflagerkräfte in A und B.
b) Wie lang könnte der Kragarm werden, bis der Träger sich vom Auflager A abzuheben beginnt?

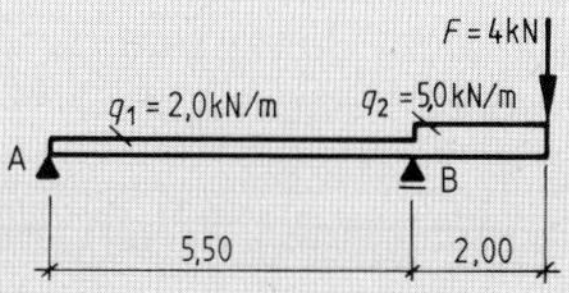

(ständige Einwirkungen bleiben unberücksichtigt)

57. Wie viel m vom Auflager A entfernt muss die Kraft F_2 angreifen, damit das Auflager A nur 1/3 der Last des Auflagers B erhält?

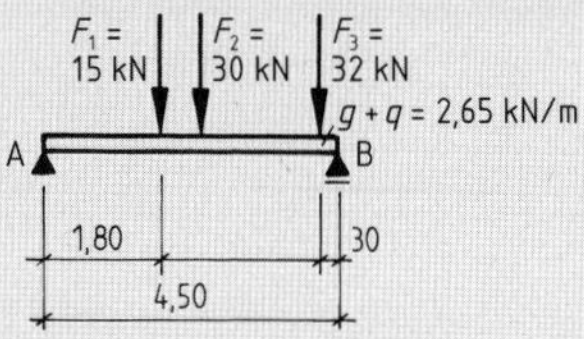

58. Wie groß sind die Auflagerkräfte in A und B?

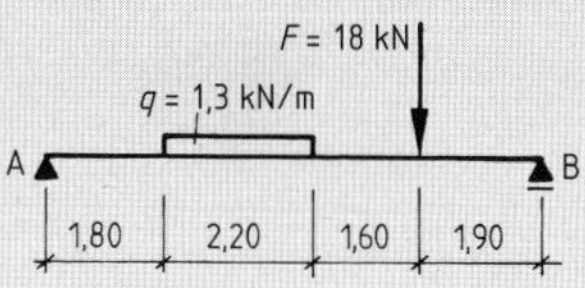

(ständige Einwirkungen bleiben unberücksichtigt)

59. a) Ermitteln Sie die Auflagerkräfte *A* und *B*.
b) Wie viel m vom Auflager A entfernt muss F angreifen, wenn beide Auflagerkräfte gleich groß werden sollen?

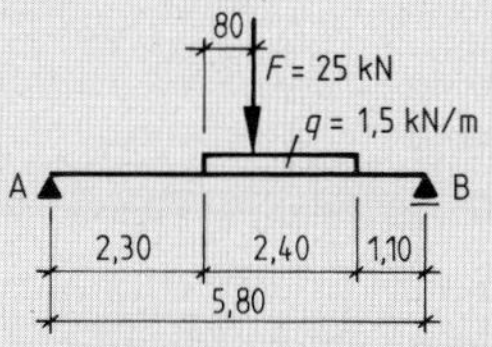

(ständige Einwirkungen bleiben unberücksichtigt)

60. Wie groß ist die Auflagerkraft an der Einspannstelle?

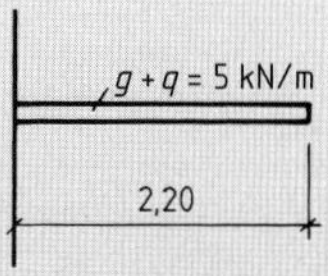

61. Holzbalkendecke

	Balkenlänge	3,70 m
	Belastung	1,80 kN/m²
	Eigenlast	1,40 kN/m²

Wie groß sind die Auflagerkräfte?

62. Holzbalkendecke

	Balkenlänge	4,00 m
	Belastung	2,20 kN/m²
	Eigenlast	1,50 kN/m²

Wie groß sind die Auflagerkräfte?

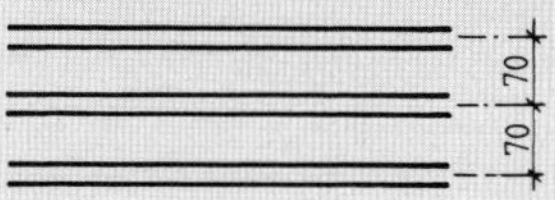

63. Ermitteln Sie die Auflagerkräfte der Stahlbetonrippendecke.

Rippenabstand	62,5 cm
Belastung	2,75 kN/m²
Eigenlast	3,25 kN/m²
Stützweite	7,00 m

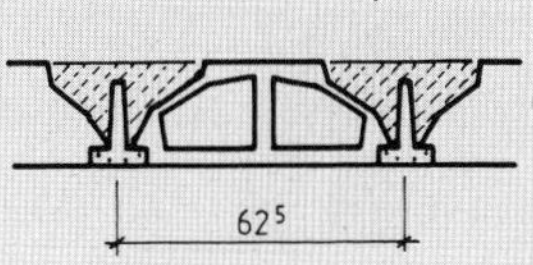

21.6 Spannung

Wird von außen auf einen Körper eine Kraft ausgeübt, so leistet er bis zu seinem Bruch einen inneren Widerstand. Dabei ist nicht nur die Größe der Kraft ausschlaggebend, sondern auch die Fläche, auf die sie wirkt.

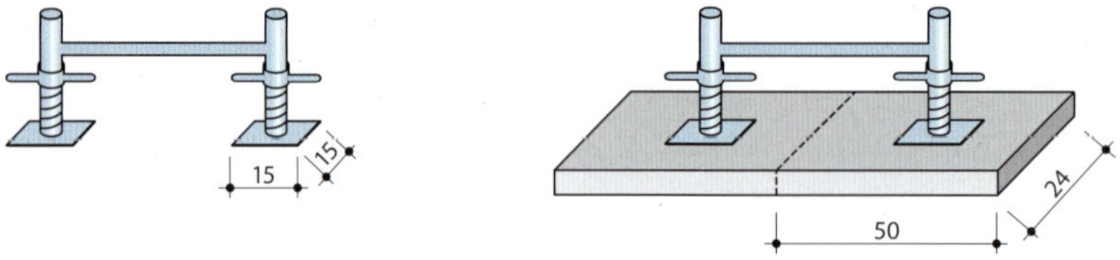

Die Spannung ist umgekehrt proportional zur Fläche, während sich die Spannung proportional zur Kraft verhält, also: je **kleiner** die Fläche, desto **größer** ist die Spannung,
je **größer** die Kraft, desto **größer** ist die Spannung.

Die Spannung ergibt sich aus der Kraft je Fläche.

$$\textbf{Spannung} = \frac{\textbf{Kraft}}{\textbf{Fläche}} \qquad \sigma = \frac{F}{A}$$

Bei der Spannung wird zwischen Druckspannung σ_c, Zugspannung σ_t und Schubspannung τ unterschieden. DIN EN ISO 80000 sieht für die Spannung die Einheit Pascal (Pa) vor. 1 Pa entspricht 1 N/m^2. Die in der Bautechnik teilweise noch üblichen Einheiten von 1 N/mm^2 bzw. 1 MN/m^2 entsprechen 1000000 Pa = 1 MPa (Megapascal).

Wenn ein Körper unter einer einwirkenden Kraft sein Höchstmaß an Widerstandsvermögen, d.h. seine Bruchspannung, erreicht hat, dann bricht er. Die Bauteile dürfen jedoch nicht bis zu ihrer Bruchspannung beansprucht werden, sonst würden unsere Bauwerke einstürzen. In DIN EN 1996 werden für die einzelnen Baustoffe charakteristische Werte der Druckfestigkeit vorgegeben, auf deren Grundlage der Bemessungswert der aufnehmbaren Normalkraft $N_{R,d}$ berechnet wird. Dieser wird mit dem Bemessungswert der einwirkenden Normalkraft (vorhandenen Last) $N_{E,d}$ verglichen (Berechnung von $N_{E,d}$ und $N_{R,d}$ siehe S. 187).

Die aufnehmbare Normalkraft muss stets größer als die einwirkende sein. Aus beiden Werten von $N_{E,d}$ und $N_{R,d}$ werden die jeweiligen Spannungen ermittelt.

$$\sigma_{zul} > \sigma_{vorh} \quad \textbf{mit} \quad \sigma_{zul} = \frac{N_{R,d}}{A} \quad \textbf{und} \quad \sigma_{vorh} = \frac{N_{E,d}}{A} \quad \textbf{und damit} \quad \frac{N_{E,d}}{N_{R,d}} \leq 1$$

Beispiel

Ein Mann mit einer Masse von 85 kg überträgt eine Last von 850 N. Wie groß ist die Spannung, wenn er
a) auf seinen Schuhen mit einer Fläche von 15000 mm^2/Schuh steht?
b) auf Skiern mit einer Fläche von 160000 mm^2/Ski steht?

a) $\sigma = \frac{F}{A}$

$= \frac{850 \text{ N}}{30000 \text{ mm}^2}$

$= 0{,}028 \text{ N/mm}^2$ (MPa)

$\sigma = 28{,}33 \text{ kN/m}^2$

große Spannung, leichtes Einsinken

b) $\sigma = \frac{F}{A}$

$= \frac{850 \text{ N}}{320000 \text{ mm}^2}$

$= 0{,}002656 \text{ N/mm}^2$ (MPa)

$\sigma = 2{,}66 \text{ kN/m}^2$

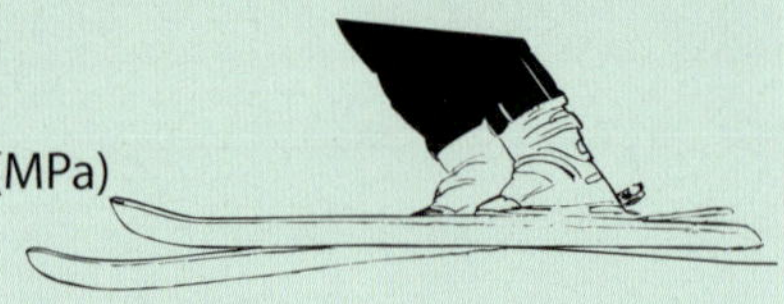

kleine Spannung, kaum Einsinken

Aufgaben

64. Ermitteln Sie
a) die Größe der Auflagerkräfte,
b) die Spannung bei einer Auflagerfläche von 24 × 16 cm.
$F_1 = 32$ kN; $F_2 = 19$ kN; $F_3 = 24$ kN

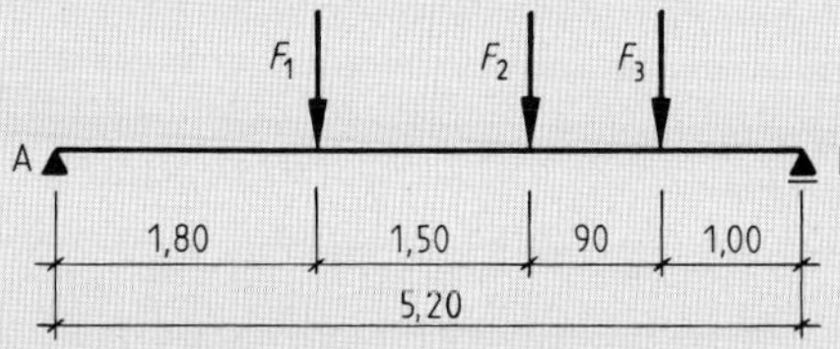

65. Der Träger und die Wand darunter haben eine Breite von 36,5 cm. Wie lang müssen die Auflager in A und B sein, wenn die zulässige Belastung des Mauerwerks $\sigma_{zul} = 1{,}2$ MPa (MN/m²) beträgt?

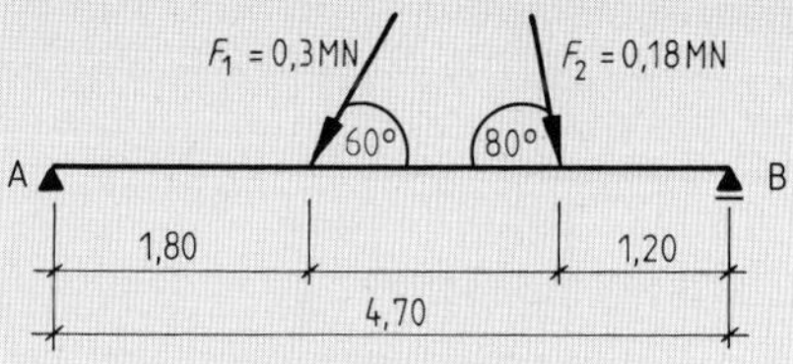

66. Die drei Stahlträger übertragen auf einen Träger HE-M (IPBv) 300 Lasten von: $F_1 = 120$ kN; $F_2 = 180$ kN; $F_3 = 140$ kN.
a) Wie groß sind die Auflagerkräfte in A und B?
b) Wie groß ist die Spannung am Auflager A, wenn der Träger 22 cm aufliegt?
c) Wie viel muss der Träger am Auflager B aufliegen, wenn die Spannung nicht größer als bei A sein soll?

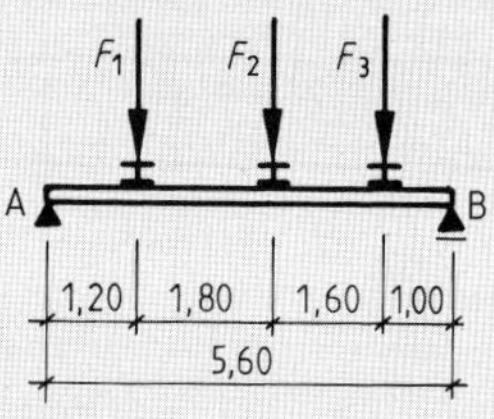

67. Der Untergurt eines Holzbinders C24 wird mit einer Zugkraft von 245 kN belastet. Welche Breite muss das Untergurtholz erhalten?

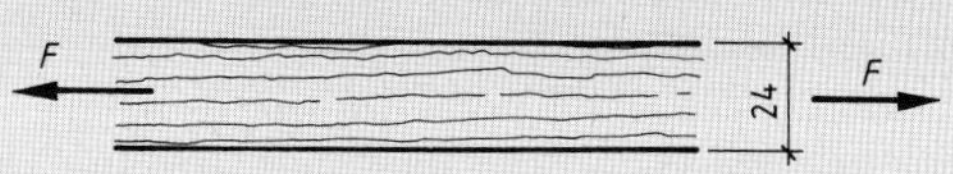

68. Welche Zugkraft F können die Balken, die durch ein gerades Hakenblatt verbunden sind, aufnehmen
a) auf Druck?
b) auf Abscheren?
c) Wie groß darf die Zugkraft höchstens werden?

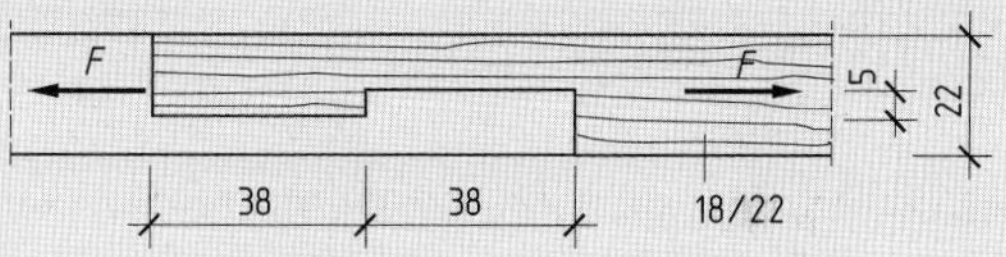

69. Prüfen Sie nach, ob die zulässige Spannung eingehalten ist.

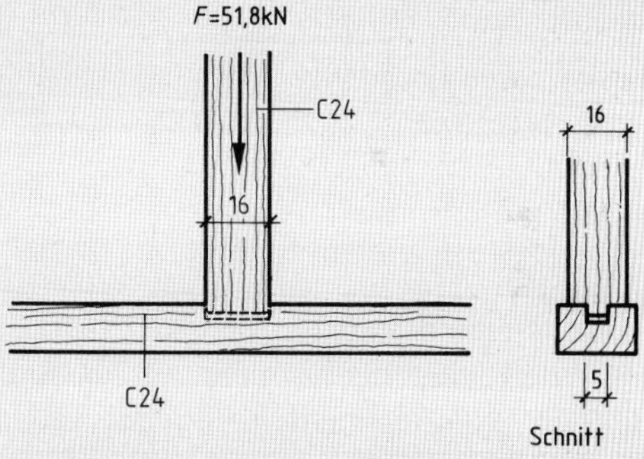

70. Wie groß ist die Last F_d, die vom Sparren auf die Knagge (C24) übertragen wird?

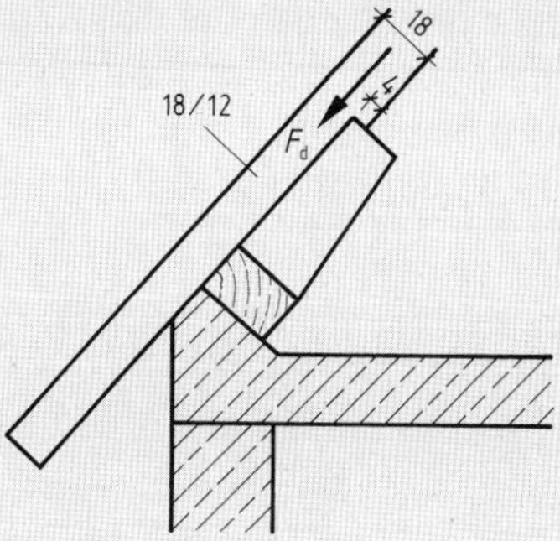

Aufgaben

71. Welche Druckkraft F_d kann durch den Pfosten auf die Schwelle übertragen werden?

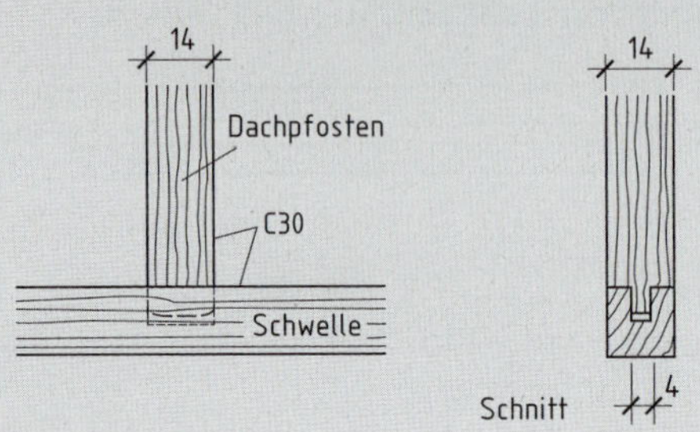

72. Der Zuganker in S235 JR eines Dachstuhls wird mit 85 kN belastet. Welchen Durchmesser muss der Zuganker haben, wenn die zulässige Zugspannung 235 N/mm² beträgt?

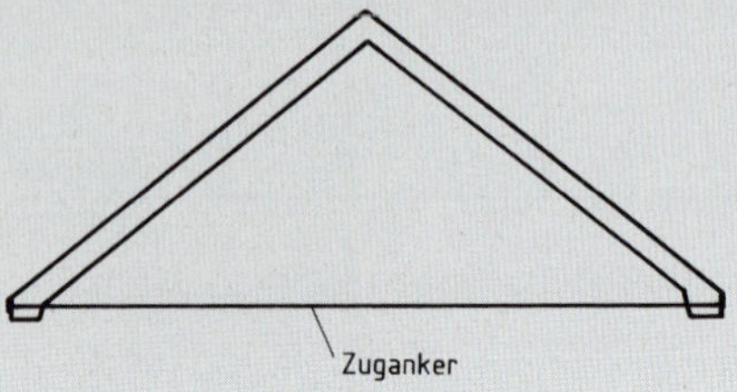

Fundamente

Für **Fundamente** gilt außerdem:

Mindestfundamenthöhe = 1,75 · Fundamentüberstand

$$h_{min} = 1{,}75 \cdot c$$

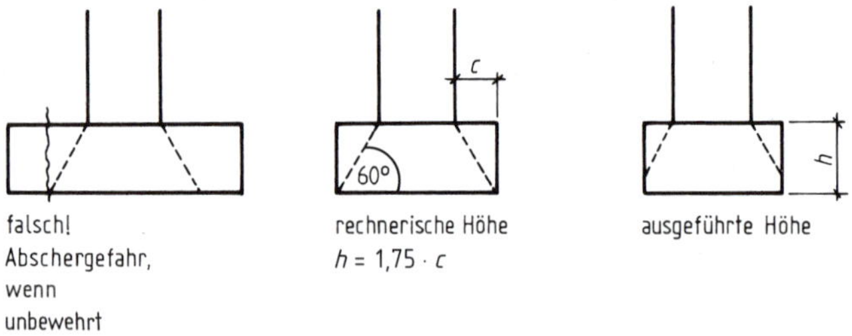

Die Lastverteilungslinie (gestrichelte Linie) darf nicht an der Bodenfläche des Fundaments, sondern muss an den Seiten heraustreten. Aus konstruktiven Gründen wird das Fundament meist höher ausgeführt als es das rechnerische Ergebnis verlangt.

Beispiel 1

Ein Pfeiler einschließlich Fundament überträgt eine Last von 0,12 MN.

a) Wie groß ist der vorhandene Sohldruck, wenn die zulässige Spannung 0,25 MPa (MN/m²) beträgt?

b) Wie groß wird die Fundamenthöhe?

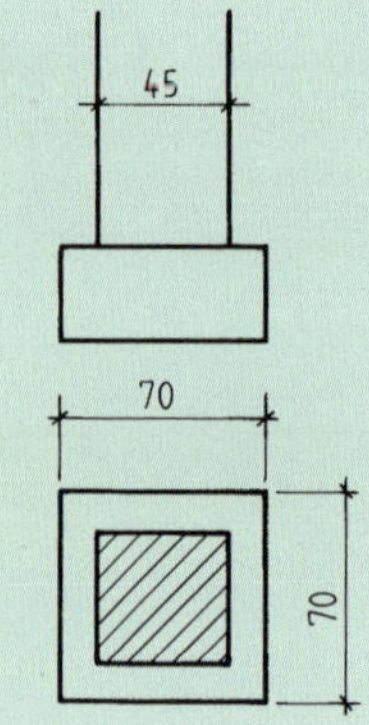

a) $\sigma = \frac{F}{A}$

$= \frac{0{,}12\ \text{MN}}{0{,}70\ \text{m} \cdot 0{,}70\ \text{m}}$

$\sigma = 0{,}245\ \frac{\text{MN}}{\text{m}^2} < \sigma_{zul}$

b) $h_{min} = 1{,}75 \cdot c$

$= 1{,}75 \cdot 12{,}5\ \text{cm}$

$h_{min} = 21{,}88\ \text{cm}$

ausgeführt:

$h = 25\ \text{cm}$

Beispiel 2

Der zulässige Sohldruck beträgt 0,25 MN/m².
Ermitteln Sie den vorhandenen Sohldruck.

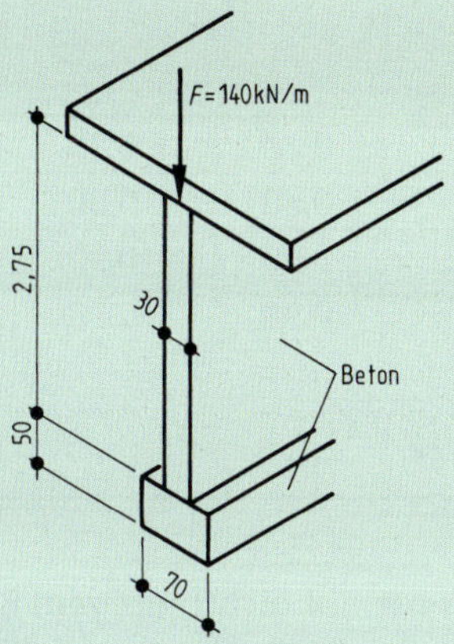

Wand:

$$F = V \cdot \gamma = 0{,}30\ \text{m} \cdot 2{,}75\ \text{m} \cdot 1{,}00\ \text{m} \cdot 24\ \frac{\text{kN}}{\text{m}^3} = 19{,}8\ \text{kN}$$

Fundament:

$$F = V \cdot \gamma = 0{,}70\ \text{m} \cdot 0{,}50\ \text{m} \cdot 1{,}00\ \text{m} \cdot 24\ \frac{\text{kN}}{\text{m}^3} = 8{,}4\ \text{kN}$$

einwirkende Kraft:

$$F = 140\,000\ \frac{\text{N}}{\text{m}} \cdot 1{,}00\ \text{m} = 140\,000\ \text{N}$$

Sohldruck:

$$\sigma_{\text{vorh}} = \frac{F}{A} = \frac{140\,000\ \text{N} + 19\,800\ \text{N} + 8400\ \text{N}}{700\ \text{mm} \cdot 1000\ \text{mm}}$$

$$= 0{,}24\ \frac{\text{N}}{\text{mm}^2}$$

$$\sigma_{\text{zul}} = 0{,}25\ \frac{\text{N}}{\text{mm}^2} > \sigma_{\text{vorh}} = 0{,}24\ \frac{\text{N}}{\text{mm}^2}$$

Für die Bestimmung des Volumens bei einer Wand bzw. Streifenfundamenten wird eine Länge von 1,00 m angesetzt.

Kraft = Volumen · Wichte

$\boldsymbol{F = V \cdot \gamma}$

Wichte für

Normalbeton (unbewehrt) $\gamma = 24\ \frac{\text{kN}}{\text{m}^3}$

Stahlbeton $\gamma = 25\ \frac{\text{kN}}{\text{m}^3}$

Die zulässige Spannung σ_{zul} oder $\sigma_{\text{R,d}}$ kann aus Tabellen entnommen werden.

Fels

Lagerungszustand	**Zulässiger Sohlwiderstand** [MPa (MN/m²)]	
	Zustand des Gesteins	
	nicht brüchig, nicht oder nur wenig angewittert	brüchig oder mit deutlichen Verwitterungsspuren
Fels in gleichmäßig festem Verband	4,00	1,50
Fels in wechselnder Schichtung oder klüftig	2,00	1,00

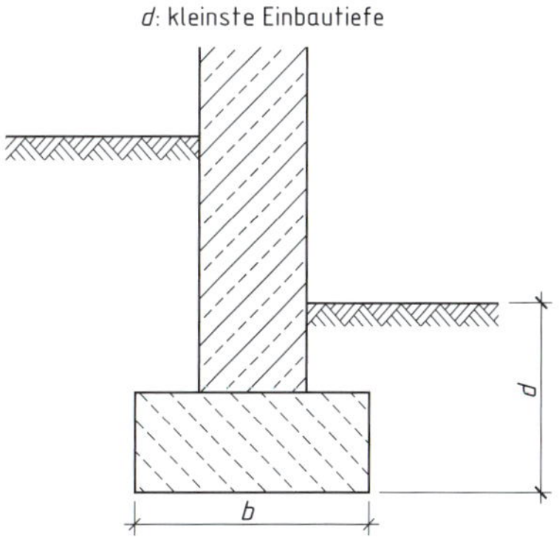

Bemessungswerte $\sigma_{R,d}$ des Sohlwiderstands für Streifenfundamente auf nichtbindigem Boden auf der Grundlage einer ausreichenden Grundbruchsicherheit (DIN 1054)

Kleinste Einbindetiefe *d* des Fundaments	Bemessungswerte $\sigma_{R,d}$ des Sohlwiderstands in MPa (MN/m^2) bei Fundamentbreiten *b* von					
[m]	0,50 m	1,00 m	1,50 m	2,00 m	2,50 m	3,00 m
0,50	0,28	0,42	0,56	0,70	0,70	0,70
1,00	0,38	0,52	0,66	0,80	0,80	0,80
1,50	0,48	0,62	0,76	0,90	0,90	0,90
2,00	0,56	0,70	0,84	0,98	0,98	0,98
bei Bauwerken mit Einbindetiefen 0,30 m ≤ *d* ≤ 0,50 m und mit Fundamentbreiten *b* ≥ 0,30 m	0,21					

Bemessungswerte $\sigma_{R,d}$ des Sohlwiderstands für Streifenfundamente auf nichtbindigem Boden auf der Grundlage einer ausreichenden Grundbruchsicherheit und Begrenzung der Setzungen (DIN 1054)

Kleinste Einbindetiefe *d* des Fundaments	Bemessungswerte $\sigma_{R,d}$ des Sohlwiderstands in MPa (MN/m^2) bei Fundamentbreiten *b* von					
[m]	0,50 m	1,00 m	1,50 m	2,00 m	2,50 m	3,00 m
0,50	0,28	0,42	0,46	0,39	0,35	0,31
1,00	0,38	0,52	0,50	0,43	0,38	0,34
1,50	0,48	0,62	0,55	0,48	0,41	0,36
2,00	0,56	0,70	0,59	0,50	0,43	0,39
bei Bauwerken mit Einbindetiefen 0,30 m ≤ *d* ≤ 0,50 m und mit Fundamentbreiten *b* bzw. *b'* ≥ 0,30 m	0,21					

Bemessungswerte $\sigma_{R,d}$ des Sohlwiderstands für Streifenfundamente auf verschiedenen bindigen Böden (DIN 1054)

Kleinste Einbindetiefe *d* des Fundaments	Zulässiger Sohlwiderstand in MPa (MN/m^2) bei Streifenfundamenten[1)] mit Breiten *b* von 0,5 … 2 m und Konsistenz [1)] Zwischenwerte dürfen errechnet werden.		
[m]	steif	halbfest	fest
	Gemischtkörniger Boden		
0,5	0,21	0,31	0,46
1	0,25	0,39	0,53
1,5	0,31	0,46	0,62
2	0,35	0,52	0,70
	Ton		
0,5	0,13	0,20	0,28
1	0,15	0,25	0,34
1,5	0,18	0,29	0,38
2	0,21	0,32	0,42

Kleinste Einbindetiefe *d* des Fundaments	Zulässiger Sohlwiderstand in MPa (MN/m^2) bei Streifenfundamenten[1)] mit Breiten *b* von 0,5 … 2 m und Konsistenz [1)] Zwischenwerte dürfen errechnet werden.		
[m]	steif	halbfest	fest
	Toniger Schluff		
0,5	0,17	0,24	0,39
1	0,20	0,29	0,45
1,5	0,22	0,35	0,50
2	0,25	0,39	0,56
	Schluff		
0,5	0,18		
1	0,25		
1,5	0,31		
2	0,35		

Aufgaben

73. Der zulässige Sohldruck beträgt 0,25 MN/m². Wie groß ist der vorhandene Sohldruck?

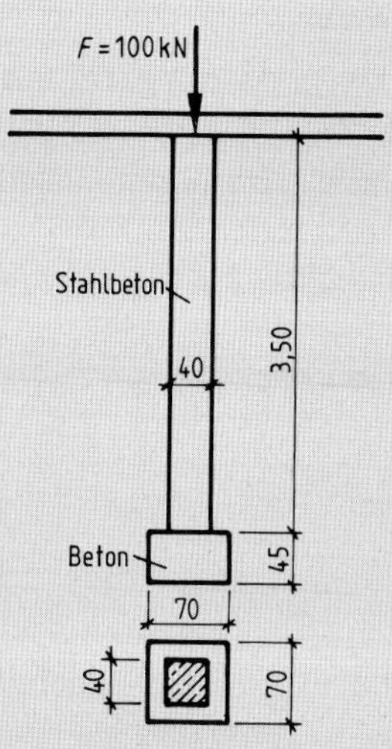

74. Geschätzte Fundamentlast 7,00 kN.

a) Welche Abmessungen muss das Fundament haben, wenn der zulässige Sohldruck 0,25 MPa (MN/m²) beträgt?

b) Überprüfen Sie die geschätzte Eigenlast des Fundaments.

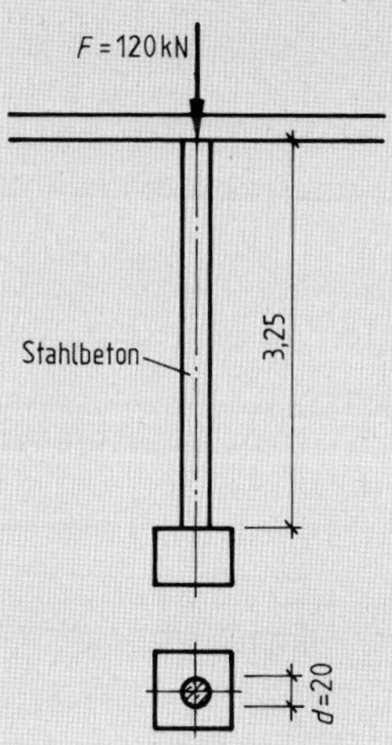

75. Ein I-Träger überträgt auf eine Stahlplatte zusätzlich zu seiner Eigenlast eine Last von 1300 kN. Welche Abmessungen muss das Fundament erhalten, wenn der zulässige Sohldruck 0,25 MPa (MN/m²) beträgt?

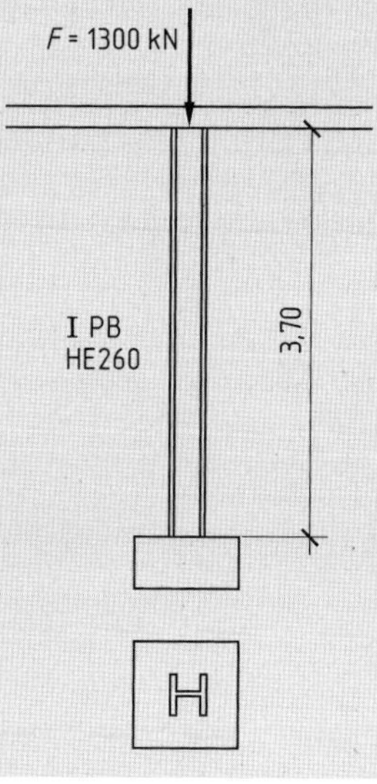

76. a) Welche Breite und Höhe erhält das Fundament?

b) Wie groß ist der Sohldruck?

c) Wie groß ist σ_{zul} bei einer Einbindetiefe von 0,50 m und nichtbindigem Baugrund bei einer Begrenzung der Setzungen?

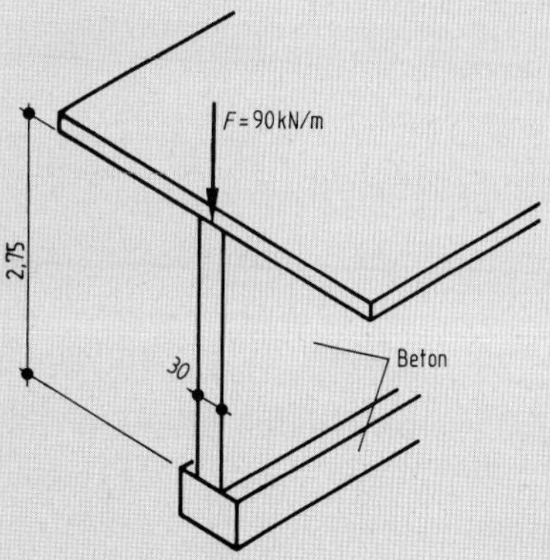

77. Ermitteln Sie den Sohldruck für die Stahlbetonstütze eines Bahnsteigs.

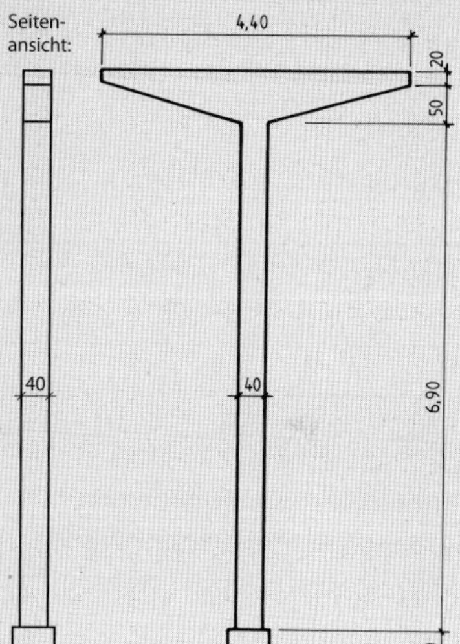

78. Aus Kellerdecke, Wänden, Dachstuhl usw. ergibt sich eine Last von 45,50 kN/m, die zusätzlich zur Kellerwand auf das Streifenfundament übertragen wird.
Berechnen Sie die Abmessungen des Fundaments, wenn es sich um bindigen Boden (toniger Schluff, steif) handelt. Die Einbindetiefe beträgt 0,50 m.

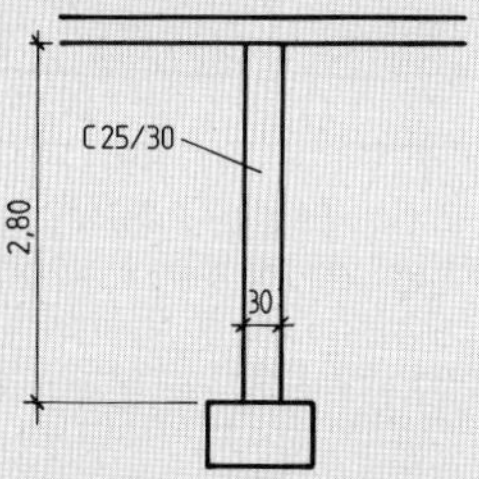

21.7 Berechnung nach DIN EN 1996-3

Das vereinfachte Verfahren darf angewendet werden, wenn

- die Gebäudehöhe nicht mehr als 20 m beträgt (als Gebäudehöhe bei geneigten Dächern gilt das Mittel zwischen First- und Traufhöhe),
- die Stützweiten maximal 6,00 m betragen (bei zweiachsig gespannten Decken ist für l_f die kürzere der beiden Spannweiten einzusetzen),
- Begrenzung der charakteristischen Nutzlast einschließlich Zuschlag für nichttragende innere Trennwände auf $q_k \leq 5{,}0$ kN/m²,
- das Überbindemaß $l_{ol} \geq \begin{cases} 0{,}4 \cdot h_u \\ 45\text{ mm} \end{cases}$
- die Deckenauflagertiefe $a \geq \begin{cases} 0{,}5\,t \\ 100\text{ mm} \end{cases}$
- die Werte der unten stehenden Tabelle eingehalten werden.

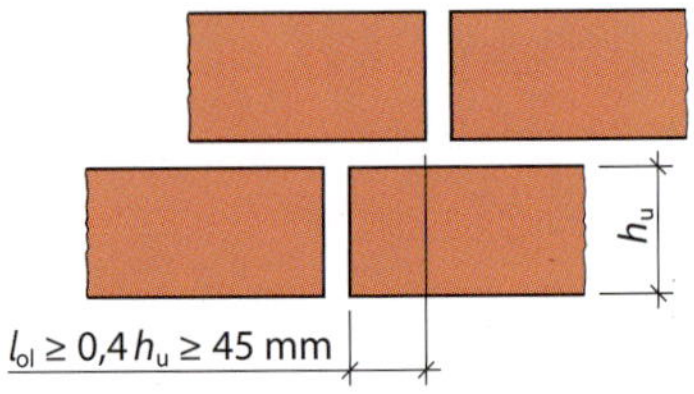

Beim vereinfachten Verfahren für Rezeptmauerwerk (RM) müssen nicht nachgewiesen werden:

- Knotenmomente von Wänden, die als Innenauflager von durchlaufenden Decken dienen.
- Windkräfte auf tragende Wände, da sie im Sicherheitsabstand bzw. durch konstruktive Maßnahmen berücksichtigt sind.
- Aussteifung,
  - wenn Geschossdecken gleichzeitig steife Scheiben oder ausreichend steife Ringbalken sind,
  - wenn in Längs- und Querrichtung des Gebäudes eine ausreichende Anzahl aussteifender Wände vorhanden ist.

Voraussetzungen für die Anwendung des vereinfachten Nachweisverfahrens

Bauteil	**Wanddicke** ***t*** **(mm)**	**max. zulässige Wandhöhe (allgemein)** ***h*** **(m)**
tragende Innenwände	≥ 115	2,75
	≥ 240	keine Angabe
tragende Außenwände und zweischalige Haustrennwände	≥ 115[1), 2)]	2,75
	≥ 150[3)]	2,75[2)]
	≥ 175	2,75
	≥ 200	2,75
	≥ 240	$12 \cdot t$
	≥ 300	$12 \cdot t$

1) Als einschalige Außenwand nur bei eingeschossigen Garagen und vergleichbaren Bauwerken, die nicht zum dauernden Aufenthalt von Menschen vorgesehen sind. Als Tragschale zweischaliger Außenwände und bei zweischaligen Haustrennwänden bis höchstens zwei Vollgeschosse zuzüglich ausgebautes Dachgeschoss; aussteifende Querwände im Abstand $b \leq 4{,}50$ m bzw. Randabstand von einer Öffnung $b' \leq 2{,}0$ m.

2) Charakteristische Nutzlast einschließlich Zuschlag für nichttragende innere Trennwände $q_k \leq 3{,}0$ kN/m².

3) Bei charakteristischen Mauerwerksdruckfestigkeiten $f_k < 1{,}8$ kN/m² gilt zusätzliche Fußnote 1).

Es ist nachzuweisen: $N_{E,d} \leq N_{R,d}$

$N_{E,d}$: Bemessungswert der vertikalen Belastung (einwirkenden Normalkraft)
$N_{E,d} = 1{,}35 \cdot N_{G,k} + 1{,}5 \cdot N_{P,k}$
$N_{R,d}$: Bemessungswert des vertikalen Tragwiderstandes
$N_{G,K}$: charakteristischer Wert der ständigen Lasteinwirkung (Eigenlast der Konstruktion)
$N_{P,K}$: charakteristischer Wert der veränderlichen Lasteinwirkung (nicht ständig vorhandene Lasten wie Nutzlast, Schnee, Wind)

$$N_{R,d} = \Phi \cdot f_d \cdot A$$

Φ: Abminderungsfaktor zur Berücksichtigung der Schlankheit und Außermittigkeit der Lasteinwirkung; $\Phi = \Phi_1$ oder Φ_2; der kleinere Wert ist maßgebend
f_d: Bemessungsdruckfestigkeit des Mauerwerks
A: Bruttoquerschnittsfläche der Wand

Φ_1: Stützweitenfaktor (Lastausmittigkeitsfaktor)

Bei Endauflagern besteht für die Wand eine besondere Beanspruchung durch die Außermittigkeit der Lasteinleitung (= Exzentrizität).

Diese Traglastminderung kann im vereinfachten Verfahren eingerechnet werden zu:

$\Phi_1 = 1{,}6 - \frac{l_f}{6} \leq 0{,}9 \cdot \frac{a}{t}$	für $f_k \geq 1{,}8$ MPa (N/mm²)
$\Phi_1 = 1{,}6 - \frac{l_f}{5} \leq 0{,}9 \cdot \frac{a}{t}$	für $f_k < 1{,}8$ MPa (N/mm²)
$\Phi_1 = 0{,}333$	Bei Decken über dem obersten Geschoss, besonders bei Dachdecken, aufgrund geringer Auflasten.

f_k: charakteristischer Wert der Druckfestigkeit des Mauerwerks (Grundspannung)
l_f: Stützweite der auflagernden Geschossdecke in m. Bei zweiachsig gespannten Decken mit $0{,}5 \leq l_1/l_2 \leq 2{,}0$ darf für l_f das 0,85-Fache der kürzeren Stützweite angesetzt werden.
a: Deckenauflagertiefe
t: Wanddicke

Φ_2: Schlankheitsfaktor (Knickgefahrfaktor)

Zur Berücksichtigung der Traglastminderung infolge Knickgefahr gilt:

$$\Phi_2 = 0{,}85 \cdot \frac{a}{t} - 0{,}0011 \cdot \left(\frac{h_{ef}}{t}\right)^2$$

Schlankheit: $\lambda = \frac{h_{ef}}{t}$

a: Deckenauflagertiefe
t: Wanddicke
h_{ef}: Knicklänge der Wand

Sind Wände durch flächig gelagerte Decken wie z. B. Massivplatten oder Rippendecken mit Auflagerbalken (Ringanker) versehen, darf bei zweiseitig gehaltenen Wänden die Geschosshöhe abgemindert werden auf:

$$\boldsymbol{h_{ef} = \varrho_z \cdot h}$$

sonst

$$\boldsymbol{h_{ef} = h_l}$$

$\varrho_z = 0{,}75$ für Wanddicken $t \leq 175$ mm
$\varrho_z = 0{,}90$ für Wanddicken $175 \text{ mm} < t \leq 250$ mm
$\varrho_z = 1{,}00$ für Wanddicken $t > 250$ mm

h_{ef}: effektive Knicklänge
h_l: lichte Geschosshöhe für zweiseitig gehaltene Wände

Eine Abminderung der Knicklänge mit $\varrho_z = 1{,}00$ ist nur zulässig, wenn erfüllt ist:

$t \geq 240$ mm mit $a \geq 175$ mm
$t < 240$ mm mit $a = t$

$$f_d = \zeta \cdot \frac{f_k}{\gamma_M}$$

f_d = Bemessungsdruckfestigkeit des Mauerwerks
$\zeta = 0{,}85$ (bei außergewöhnlichen Einwirkungen $\zeta = 1$)
f_k: charakteristische Druckfestigkeit (nach Tabelle S. 189 ff.)
γ_M: Teilsicherheitsbeiwert (nach unten stehender Tabelle)

Teilsicherheitsbeiwerte γ_M für die Baustoffeigenschaften nach DIN EN 1996-1-1

Material	γ_M	
	Bemessungssituation	
	ständig und vorübergehend	**außergewöhnlich**
Unbewehrtes Mauerwerk aus Steinen der Kategorie I und Mörtel nach Eignungsprüfung	1,5	1,3
Bewehrtes Mauerwerk aus Steinen der Kategorie I und Mörtel nach Eignungsprüfung	10,0	10,0
Unbewehrtes Mauerwerk aus Steinen der Kategorie I und Mörtel nach Rezeptmörtel	1,5	1,3
Bewehrtes Mauerwerk aus Steinen der Kategorie I und Mörtel nach Rezeptmörtel	10,0	10,0

Charakteristische Druckfestigkeit f_k von Mauerwerk mit Normalmörtel aus

Steindruckfestigkeitsklasse [MPa (N/mm²)]	HLzA, HLzB, Mauertafelziegel T1, KSL und Hbl: f_k [MPa (N/mm²)]				Mz, KS, KS-Block: f_k [MPa (N/mm²)]			
	NM II M 2,5	NM IIa M 5	NM III M 10	NM IIIa M 20	NM II M 2,5	NM IIa M 5	NM III M 10	NM IIIa M 20
2	–	–	–	–	–	–	–	–
4	2,1	2,4	2,9	–	2,8	–	–	–
6	2,7	3,1	3,7	–	3,6	4,0	–	–
8	3,1	3,9	4,4	–	4,2	4,7	–	–
10	3,5	4,5	5,0	5,6	4,8	5,4	6,0	–
12	3,9	5,0	5,6	6,3	5,4	6,0	6,7	7,5
16	4,6	5,9	6,6	7,4	6,4	7,1	8,0	8,9
20	5,3	6,7	7,5	8,4	7,2	8,1	9,1	10,1
28	5,3	6,7	9,2	10,3	8,8	9,9	11,0	12,4
36	5,3	6,7	10,6	11,9	10,2	11,4	12,7	14,3
48	5,3	6,7	12,5	14,1	10,2	11,4	15,1	16,9
60	5,3	6,7	14,3	16,0	10,2	11,4	15,1	16,9

Charakteristische Druckfestigkeit f_k von Mauerwerk mit

Steindruckfestigkeitsklasse [MPa (N/mm²)]	Dünnbettmörtel: f_k [MPa (N/mm²)]				Normalmauermörtel: f_k [MPa (N/mm²)]			
	Plansteine		Planelemente		HLzW, Mauertafelziegel T2, T3, T4, LLz			
	KSP	KS L-P	KS XL	KS XL-N KS XL-E	NM II M 2,5	NM IIa M 5	NM III M 10	NM IIIa M 20
2	–	–	–	–	–	–	–	–
4	2,9	2,9	2,9	2,9	1,7	2,0	2,3	2,6
6	4,0	3,7	4,0	4,0	2,2	2,5	2,9	3,3
8	5,0	4,4	5,0	5,0	2,5	3,2	3,5	4,0
10	6,0	5,0	6,0	6,0	2,8	3,6	4,0	4,5
12	7,0	5,6	9,4	7,0	3,1	4,0	4,5	5,0
16	8,8	6,6	11,2	8,8	3,7 (3,1)	4,7 (4,0)	5,3 (4,5)	5,9 (5,0)
20	10,5	7,6	12,9	10,5	4,2 (3,1)	5,4 (4,0)	6,0 (4,5)	6,7 (5,0)
28	13,8	7,6	16,0	13,8	Die Werte in Klammern gelten für Mauerwerk aus HLzW und T4			
36	16,8	7,6	16,0	13,8				
48	16,8	7,6	16,0	13,8				
60	16,8	7,6	16,0	13,8				

Charakteristische Druckfestigkeit f_k von Mauerwerk aus Blockziegeln mit Normalmörtel, bzw. Leichtmörtel nach amtlicher Zulassung

Produkt	Steindruckfestigkeitsklasse [MPa (N/mm²)]	f_k [MPa (N/mm²)]				
		NM II M 2,5	NM IIa M 5	NM III M 10	LM 36	LM 21
T 12	6	–	–	–	–	1,5
T 14	6	–	2,1	–	1,8	1,5
T 16	12	3,1	4,2	4,7	2,9	2,3
T 18	12	3,1	4,2	4,7	2,9	2,3
HLz-Block-T	8	3,1	3,9	4,4	3,3	2,5
	12	3,9	5,0	5,6	3,3	2,8
	20	5,3	6,7	7,6	–	–

Charakteristische Druckfestigkeit f_k von Mauerwerk in Dünnbettmörtel aus

Planziegeln nach amtlicher Zulassung

Produkt	Steindruckfestigkeitsklasse [MPa (N/mm²)]	f_k [MPa (N/mm²)]
T 7-P	≥6	1,8
T 7-MW	6	1,7
T 8-P	≥6	1,8
T 8-MW	6	2,1
T 9-P	≥6	1,8
S 9-P	8	3,1
S 9-MW	10	4,2
S 10-P	10	3,6
S 10-MW	10	3,8
S 11-P	10	4,2
Plan-T 8	6	1,4
Plan-T 9	8	1,8
Plan-T 10	6	1,8
	8	2,3
Plan-T 12	6	1,8
	8	2,1
	10	2,6
Plan-T 14	8	3,1
	12	3,9
Plan-T 16	12	4,7
Plan-T 18	12	4,7
HLz-Plan-T	8	3,7
	12	4,7
	20	6,3

Porenbetonsteinen

Steindruckfestigkeitsklasse [MPa (N/mm²)]	f_k MPa (N/mm²)]
2	1,8
4	3,0
6	4,1
8	5,1

Beispiel

Ein Pfeiler aus Vollziegel Mz20, NM III (M 10) hat einen Querschnitt von 24 × 36,5 cm und eine Knicklänge von 3,85 m. Er dient als Zwischenlager.

a) Wie groß ist der Abminderungsfaktor Φ?

b) Wie groß ist die maximal aufnehmbare Last $N_{R,d}$?

c) Wie groß ist die vorhandene Belastungseinwirkung des Pfeilers in der Pfeilersohle, wenn der Pfeiler mit $N_{R,d} = 60$ kN belastet wird?

d) Welche Last könnte der Pfeiler zu seiner Eigenlast maximal noch aufnehmen?

e) Wie groß wäre die aufnehmbare Last, wenn die Schlankheit $\lambda = 10$ betragen würde?

a) Φ_1 entfällt, da kein Endauflager

$$\Phi_2 = 0{,}85 \cdot \frac{a}{t} - 0{,}0011 \cdot \left(\frac{h_{ef}}{t}\right)^2$$

$$\Phi_2 = 0{,}85 \cdot \frac{0{,}24\ \text{m}}{0{,}24\ \text{m}} - 0{,}0011 \cdot \left(\frac{3{,}85\ \text{m}}{0{,}24\ \text{m}}\right)^2$$

$$\Phi_2 = 0{,}56$$

b) Maximaler Tragwiderstand

$f_k = 9{,}1$ MPa (MN/m^2) für Mz20, NM III (M 10)

$$f_d = 0{,}85 \cdot \frac{9{,}1\ \frac{\text{MN}}{\text{m}^2}}{1{,}5 \cdot 1{,}25} = 0{,}85 \cdot \frac{9{,}1\ \frac{\text{MN}}{\text{m}^2}}{1{,}875} = 4{,}1\ \frac{\text{MN}}{\text{m}^2}$$

$$N_{R,d} = \Phi \cdot f_d \cdot A$$

$$N_{R,d} = 0{,}56 \cdot 4{,}1\ \frac{\text{MN}}{\text{m}^2} \cdot 0{,}24\ \text{m} \cdot 0{,}365\ \text{m}$$

$$N_{R,d} = 0{,}201\ \text{MN}$$

c) Vorhandene Lasteinwirkung

$$N_{E,d} = 1{,}35 \cdot N_{G,K} + 1{,}5 \cdot N_{P,K}$$

$$N_{E,d} = 1{,}35 \cdot 0{,}24\ \text{m} \cdot 0{,}365\ \text{m} \cdot 3{,}85\ \text{m} \cdot 20\ \text{kN/m}^3 + 1{,}5 \cdot 60\ \text{kN}$$

$$N_{E,d} = 99{,}1\ \text{kN}$$

$$N_{E,d} = 0{,}099\ \text{MN}$$

d) Noch aufnehmbare Last

$$\Delta N = 0{,}201\ \text{MN} - 0{,}099\ \text{MN}$$

$$\Delta N = 0{,}102\ \text{MN}$$

e) Bei Schlankheit $\lambda = 10$

$$\Phi_2 = 0{,}85 \cdot \frac{0{,}24\ \text{m}}{0{,}24\ \text{m}} - 0{,}0011 \cdot (10)^2$$

$$\Phi_2 = 0{,}74$$

$$N_{R,d} = 0{,}74 \cdot 4{,}1\ \text{MN/m}^2 \cdot 0{,}24\ \text{m} \cdot 0{,}365\ \text{m}$$

$$N_{R,d} = 0{,}27\ \text{MN}$$

Aufgaben

79. $F_1 = 52$ kN; $F_2 = 45$ kN; $q = 3{,}2$ kN/m
Ermitteln Sie
a) die Auflagerkräfte *A* und *B*,
b) die Mauerwerksspannung unter dem Auflager A, bei einer Auflagerfläche von 24 × 30 cm,
c) den Bemessungswert der aufnehmbaren und einwirkenden Normalkraft unter dem Pfeiler des Auflagers B. Knicklänge 3,20 m, Mz28, NM III (M 10), $\varrho = 2{,}0$ kg/dm³.

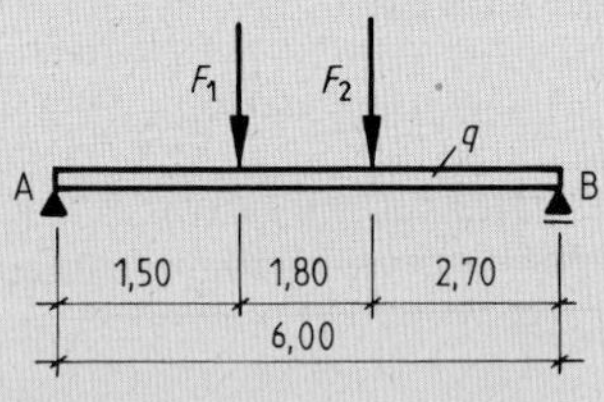

80. Wie groß ist die zulässige Spannung für einen Pfeiler in KS12–1,6, NM IIa (M 5)?
a) $h_{ef} = 3{,}75$ m
b) $h_{ef} = 4{,}00$ m
c) $h_{ef} = 3{,}20$ m

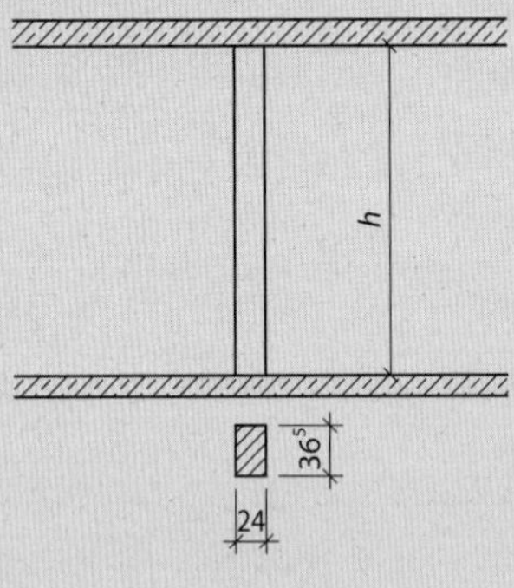

81. Welche Last könnte der Pfeiler, ausgeführt in Mz12–1,4, NM II (M 2,5), aufnehmen, bis er den Bemessungswert der aufnehmbaren Normalkraft erreicht hat?

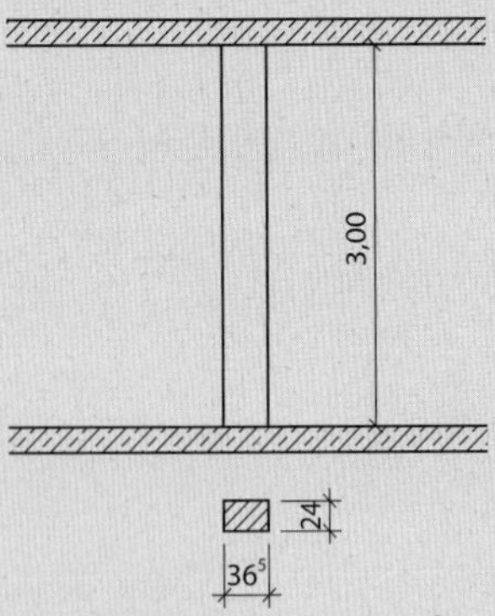

82. Welche Abmessung muss der quadratische Mauerwerkspfeiler in KMz36–1,8, NM IIIa (M 20) mindestens haben, wenn die Schlankheit maximal 12 erreichen und der Bemessungswert der einwirkenden Normalkraft 0,45 MN nicht überschreiten soll?

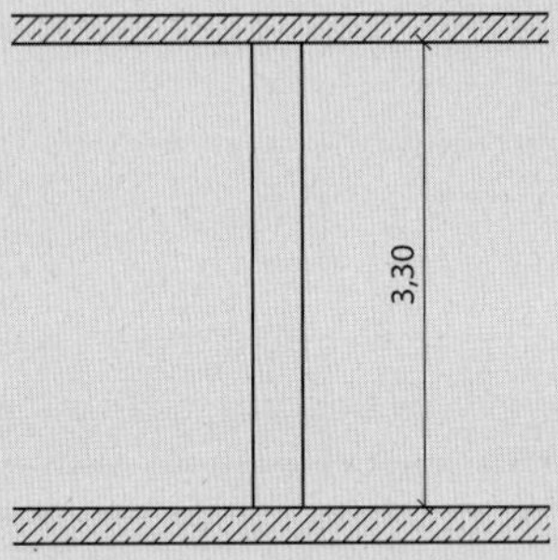

83. Wie hoch darf der Pfeiler in KS28–1,8, NM IIa (M 5) höchstens werden, wenn bei einer Schlankheit von 12 die einwirkende Normalkraft $N_{E,d}$ nur 85 % betragen soll?

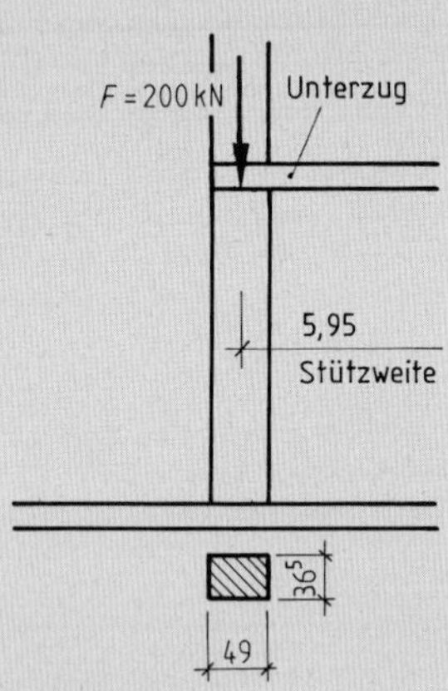

84. a) Vergleichen Sie den Bemessungswert der einwirkenden und aufnehmbaren Normalkraft.
b) Wie groß ist der Sohldruck unter dem Fundament?

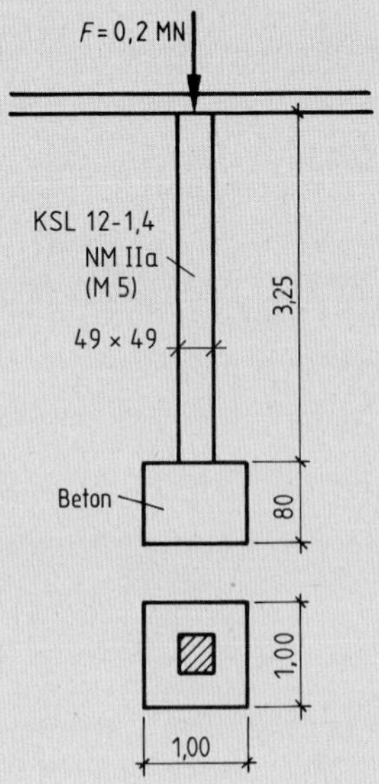

Aufgaben

85. a) Vergleichen Sie den Bemessungswert der einwirkenden und aufnehmbaren Normalkraft.
b) Überprüfen Sie, ob der Sohldruck unter dem Fundament zulässig ist, wenn er höchstens 0,25 MPa (MN/m²) betragen darf.

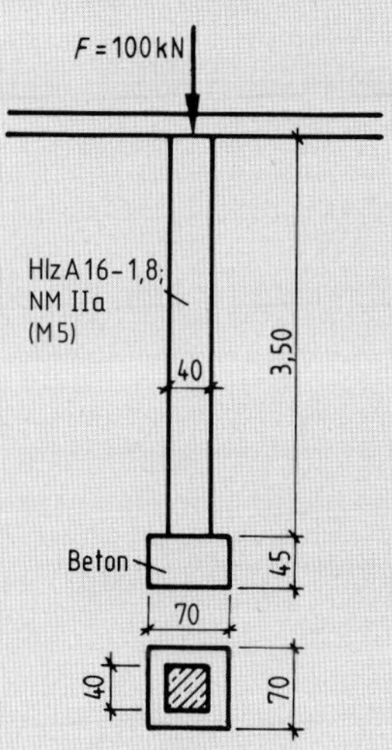

86. Wie groß ist
a) der Bemessungswert der einwirkenden und aufnehmbaren Normalkraft,
b) der Sohldruck?

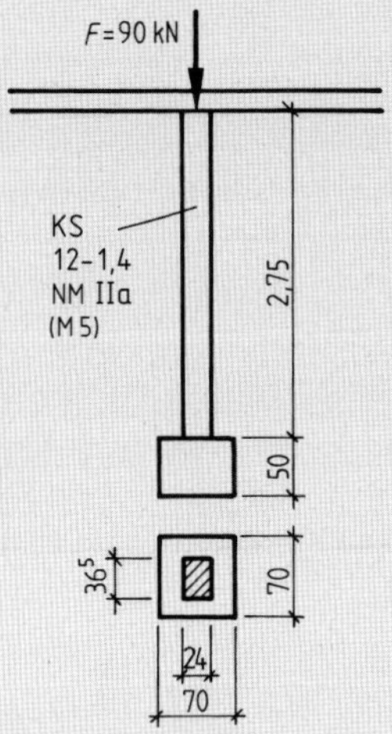

87. a) Ermitteln Sie die einwirkende und die maximal aufnehmbare Normalkraft der Wand, wenn die Decke einen Auflagerdruck von 3,5 kN/m ausübt.
b) Wie breit und hoch muss das Streifenfundament ausgeführt werden, wenn der zulässige Sohldruck $\sigma_{zul} = 0{,}17$ MPa (MN/m²) beträgt?

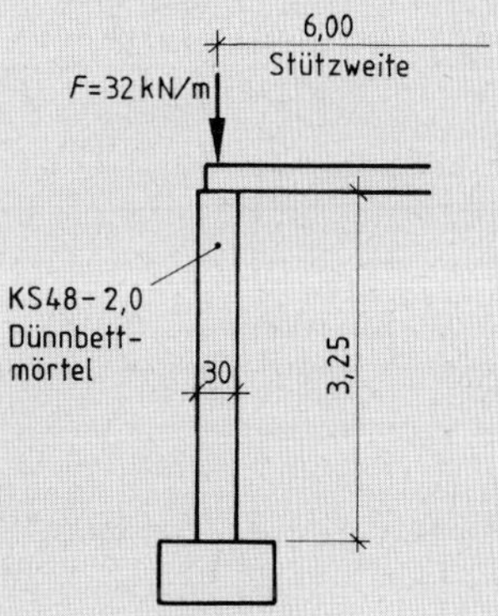

88. Ein quadratischer Mauerwerkspfeiler soll möglichst schlank gestaltet werden.
a) Ermitteln Sie die maximal einwirkende sowie die maximal aufnehmbare Normalkraft.
b) Welche Abmessungen muss der Pfeiler mindestens haben?
c) Welche Abmessungen erhält das Fundament bei einer Einbindetiefe von 80 cm in gemischtkörnigem, steifem Boden?

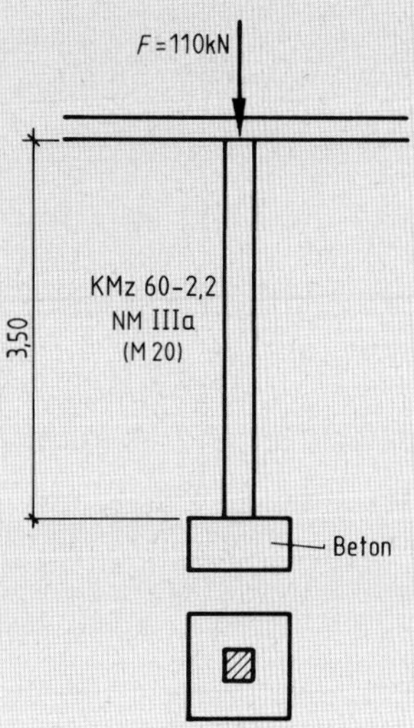

Aufgaben

89. Mauerwerk Mz8, NM II (M 2,5)
Ermitteln Sie die Spannung zwischen Mauerwerk und Träger und vergleichen Sie diese mit der zulässigen Spannung für einen
a) Träger I 200, c) Träger IPB HE 200
b) Träger IPBv HE-M 200, d) Träger IPE 200.

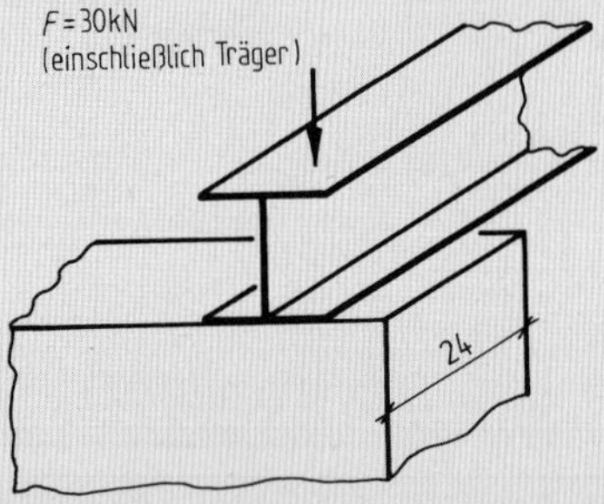

90. Ermitteln Sie
a) die Bemessungswerte der einwirkenden und maximal aufnehmbaren Normalkraft der Außenwand und der Zwischenwand im EG und OG; Auflagertiefe $a = d/2$,
b) die Maße des Fundaments unter der Außen- und Mittelwand bei nichtbindigem Boden; Einbindetiefe 0,50 m,
c) den vorhandenen Sohldruck unter der Außenwand und Mittelwand.

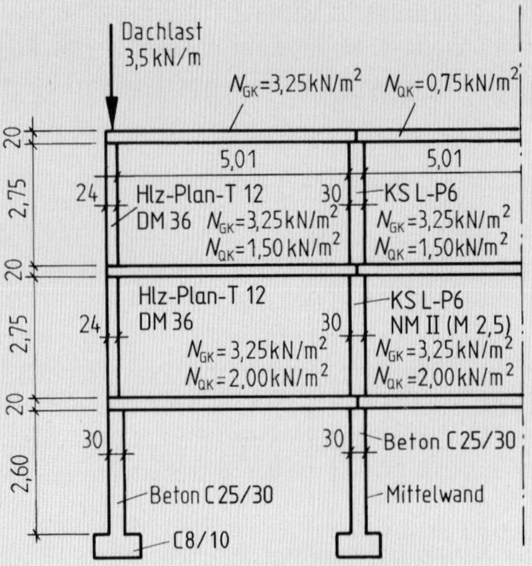

91. Ermitteln Sie
a) die einwirkende und maximal aufnehmbare Normalkraft des Mauerwerks im EG,
b) die Abmessungen des Streifenfundaments,
c) den zulässigen Sohldruck bei einer Einbindetiefe des Fundaments von 60 cm und bindigem Baugrund (Schluff).

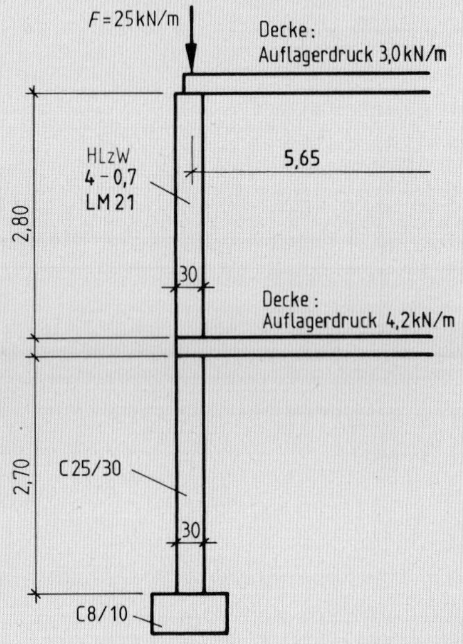

21.8 Berechnung der Schnittgrößen

Die angreifenden Kräfte (Aktionskräfte) und die ihnen widerstehenden Kräfte (Reaktionskräfte) bilden an jedem Bauteil die äußeren Kräfte. Diesen äußeren Kräften setzt ein Körper bis zu seinem Bruch innere Kräfte entgegen, die die Bruchfestigkeit bestimmen.

Beziehung zwischen äußeren und inneren Kräften

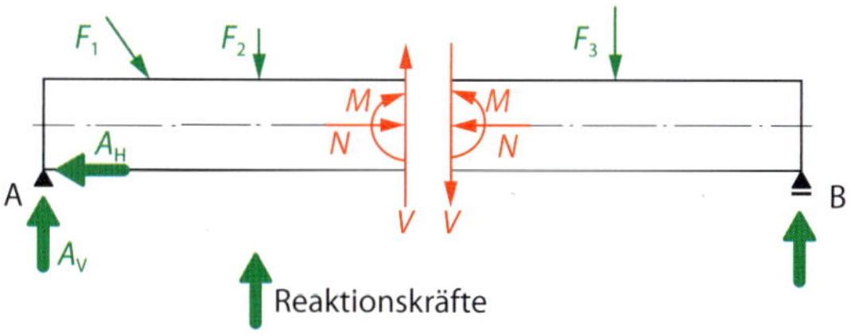

▲ Ein festes Auflager hat einen vertikalen und horizontalen Anteil einer Auflagerkraft.

▲ Ein verschiebliches Auflager hat nur einen vertikalen Anteil einer Auflagerkraft.

Durch den Balken wird gedanklich ein Schnitt geführt und so die inneren Kräfte freigelegt. Soll der durch einen Schnitt abgetrennte Balkenteil im Gleichgewicht bleiben, so müssen in der Schnittebene den äußeren Kräften gleich große innere Kräfte entgegenwirken.

An jedem Schnitt treten im Allgemeinen folgende Kräfte auf:

Die Querkraft *V*

Die Querkraft für eine Schnittstelle ist gleich der Summe aller senkrecht zur Balkenachse wirkenden Kräfte links oder rechts von der Schnittstelle. Sie erzeugt Schubspannungen τ in der Schnittfläche.

Vorzeichen:
Geht *V* links von der Schnittstelle nach oben und rechts nach unten, so ist die Querkraft positiv.

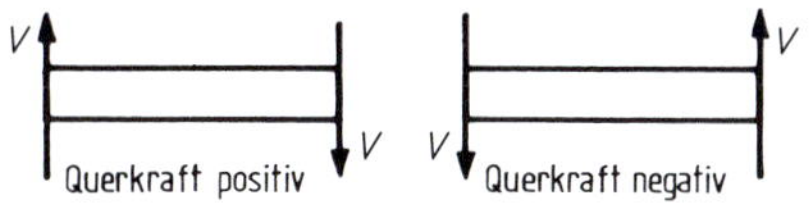

Geht *V* links von der Schnittstelle nach unten und rechts nach oben, so ist die Querkraft negativ.

Die Normalkraft *N*

Die Normalkraft für eine Schnittstelle ist gleich der Summe aller parallel zur Balkenachse wirkenden Kräfte links oder rechts von der Schnittstelle. Zugkräfte werden als positiv, Druckkräfte als negativ bezeichnet. Die Normalkraft erzeugt Druck- bzw. Zugspannungen σ in der Schnittfläche.

Das Biegemoment *M*

Das Biegemoment für eine Schnittstelle ist gleich der Summe der Momente links oder rechts von der Schnittstelle um den Schwerpunkt der Schnittfläche. Wenn die unterste Faser Zug und die oberste Faser Druck bekommt, dreht das Moment rechts von der Schnittstelle im Uhrzeigersinn. In diesem Fall ist das Biegemoment positiv. Erhält die unterste Faser Druck und die oberste Zug, so dreht das Moment rechts von der Schnittstelle gegen den Uhrzeigersinn. Das Biegemoment ist dann negativ.

Zwischen der Querkraft und dem Biegemoment besteht für die Praxis folgender Zusammenhang:

> An der Stelle, an der die Querkraft null ist, ist die Biegebruchgefahr des Bauteils am größten. Das Biegemoment, das Grundlage für die Bemessung des Bauteiles ist, ist dort am größten, wo die Querkraft null ist.

Beispiel 1

Berechnen Sie für das statische System
a) die Auflagerkräfte A und B,
b) den Querkraftverlauf,
c) das maximale Biegemoment.

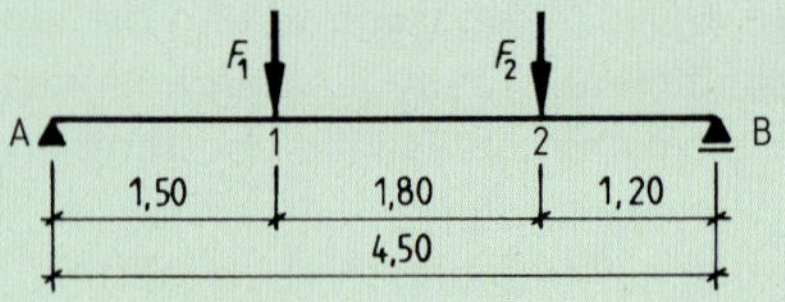

a) Drehpunkt B

$\Sigma M\curvearrowright = \Sigma M\curvearrowleft$

$$A \cdot 4{,}50\ \text{m} = F_1 \cdot 3{,}00\ \text{m} + F_2 \cdot 1{,}20\ \text{m}$$
$$= 43\ \text{kN} \cdot 3{,}00\ \text{m} + 20\ \text{kN} \cdot 1{,}20\ \text{m}$$
$$= 129\ \text{kNm} + 24\ \text{kNm}$$
$$= 153\ \text{kNm}$$
$$A = \frac{153\ \text{kNm}}{4{,}50\ \text{m}}$$
$$A = 34\ \text{kN}$$

Drehpunkt A

$$B \cdot 4{,}50\ \text{m} = F_1 \cdot 1{,}50\ \text{m} + F_2 \cdot 3{,}30\ \text{m}$$
$$= 43\ \text{kN} \cdot 1{,}50\ \text{m} + 20\ \text{kN} \cdot 3{,}30\ \text{m}$$
$$= 64{,}5\ \text{kNm} + 66\ \text{kNm}$$
$$= 130{,}5\ \text{kNm}$$
$$B = \frac{130{,}5\ \text{kNm}}{4{,}50\ \text{m}}$$
$$B = 29\ \text{kN}$$

b)

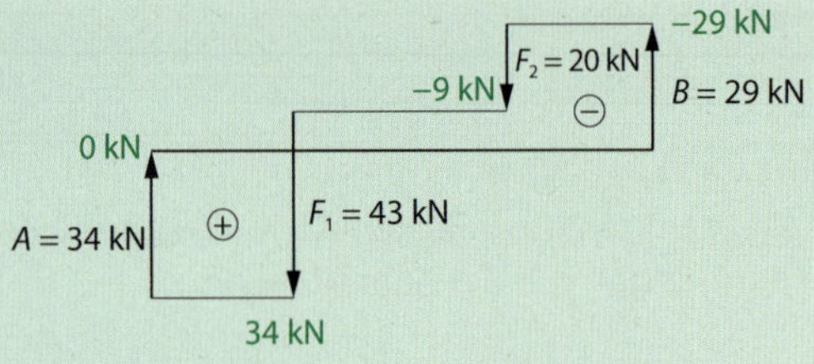

Zur Bestimmung des Querkraftverlaufes wird von rechts nach links vorgegangen, wobei negative Querkräfte oberhalb der Nulllinie (Bezugslinie) liegen, positive Querkräfte unterhalb.

$V_{B,li} = -29\ \text{kN} = V_{2,re}$
$V_{2,li} = -29\ \text{kN} + 20\ \text{kN} = -9\ \text{kN} = V_{1,re}$
$V_{1,li} = -9\ \text{kN} + 43\ \text{kN} = 34\ \text{kN} = V_{A,re}$
$V_{A,li} = 34\ \text{kN} - 34\ \text{kN} = 0\ \text{kN}$

Die positive Auflagerkraft B wird zur negativen Querkraft V_B, da $\Sigma V = 0$. An den Stellen, an denen die einzelnen Kräfte einwirken, hat der Querkraftverlauf einen Sprung.

c)

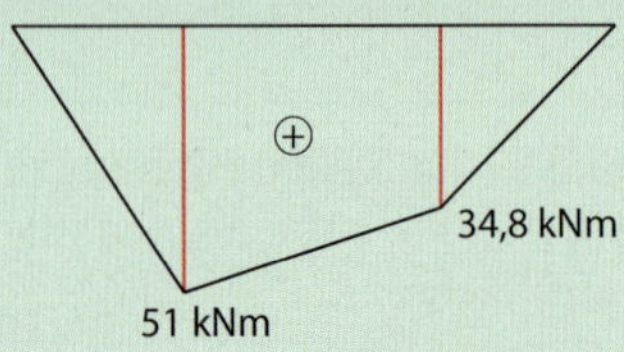

Zur Bestimmung des Momentenverlaufes wird von links nach rechts vorgegangen, wobei negative Momente oberhalb der Nulllinie, positive unterhalb abgetragen werden.

$M_1 = 34\ \text{kN} \cdot 1{,}50\ \text{m} = 51\ \text{kNm}$
$M_2 = 51\ \text{kNm} + (-9\ \text{kN}) \cdot 1{,}80\ \text{m} = 34{,}8\ \text{kNm}$
$M_3 = 34{,}8\ \text{kNm} + (-29\ \text{kN}) \cdot 1{,}20\ \text{m} = 0\ \text{kNm}$

Zur Berechnung der Momente wird der Inhalt der positiven oder negativen Querkraftfläche berechnet, dabei ist das Moment der vorherigen Stelle zu addieren.

$M_{max} = 51\ \text{kNm}$ bei $x = 1{,}50\ \text{m}$

Das maximale Moment befindet sich an der Querkraftnullstelle.

Beispiel 2

Berechnen Sie für das statische System
a) die Auflagerkräfte A und B,
b) den Querkraftverlauf,
c) das maximale Biegemoment.

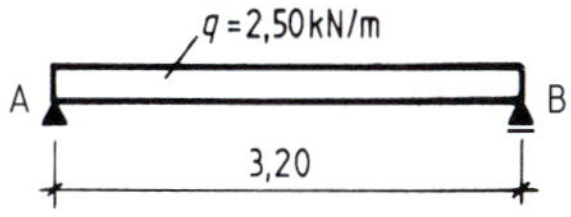

a) Drehpunkt B

$\Sigma M\curvearrowright = \Sigma M\curvearrowleft$

$$A \cdot 3{,}20\ \text{m} = 2{,}50\ \frac{\text{kN}}{\text{m}} \cdot 3{,}20\ \text{m} \cdot \frac{3{,}20\ \text{m}}{2}$$

$$= 12{,}8\ \text{kNm}$$

$$A = 4\ \text{kN}$$

oder $\boldsymbol{A = B = q \cdot \frac{l}{2}}$

Drehpunkt A

$$B \cdot 3{,}20\ \text{m} = 2{,}50\ \frac{\text{kN}}{\text{m}} \cdot 3{,}20\ \text{m} \cdot \frac{3{,}20\ \text{m}}{2}$$

$$= 12{,}8\ \text{kNm}$$

$$B = 4\ \text{kN}$$

$$A = B = 2{,}50\ \frac{\text{kN}}{\text{m}} \cdot \frac{3{,}20\ \text{m}}{2}$$

$$A = B = 4\ \text{kN}$$

b)

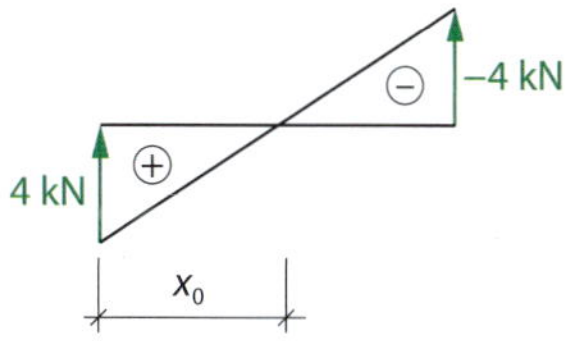

$A = 4$ kN
$B = 4$ kN

$$V_B = -4\ \text{kN}$$

$$V_A = -4\ \text{kN} + 2{,}5\ \frac{\text{kN}}{\text{m}} \cdot 3{,}20\ \text{m} = 4\ \text{kN}$$

$$x_0 = \frac{V}{q} = \frac{4\ \text{kN}}{2{,}5\ \frac{\text{kN}}{\text{m}}} = 1{,}60\ \text{m}$$

Auf jeden Meter Trägerlänge verringert sich die Querkraft um 2,5 kN.

Die Querkraftnullstelle kann durch den Quotienten aus Querkraft und Streckenlast berechnet werden.

c) $$M_{max} = \frac{4\ \text{kN} \cdot 1{,}60\ \text{m}}{2} = 3{,}2\ \text{kNm}$$

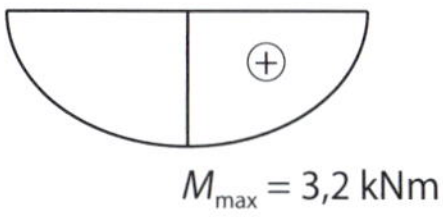

$$M_{max} = \frac{A \cdot \frac{l}{2}}{2} = \frac{A \cdot l}{4}$$

$$= \frac{q \cdot l}{2} \cdot \frac{l}{4} \qquad \left(\text{für } A = \frac{q \cdot l}{2}\right)$$

$\boldsymbol{M_{max} = \frac{q \cdot l^2}{8}}$ Parabelstich

$$M_{max} = 2{,}50\ \frac{\text{kN}}{\text{m}} \cdot \frac{3{,}20^2\ \text{m}^2}{8}$$

$$M_{max} = 3{,}2\ \text{kNm}$$

Um das Moment M_{max} an der Querkraftnullstelle zu bestimmen, wird die Fläche des Dreiecks berechnet.

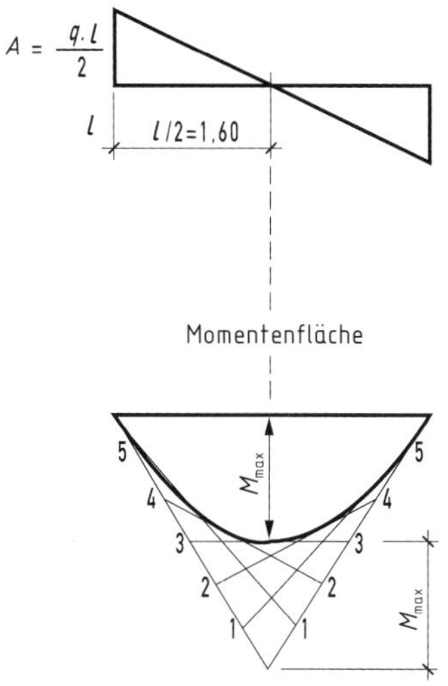

Beispiel 3

Berechnen Sie für das statische System
a) die Auflagerkräfte A und B,
b) den Querkraftverlauf,
c) das maximale Biegemoment.

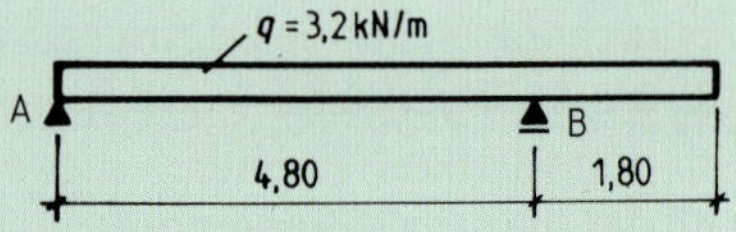

a) Drehpunkt B

$$\Sigma M \curvearrowright = \Sigma M \curvearrowleft$$

$$A \cdot 4{,}80\ \text{m} + 3{,}2\ \frac{\text{kN}}{\text{m}} \cdot \frac{1{,}80\ \text{m}}{2} = 3{,}2\ \frac{\text{kN}}{\text{m}} \cdot \frac{4{,}80\ \text{m}}{2}$$

$$A \cdot 4{,}80\ \text{m} + 5{,}184\ \text{kNm} = 36{,}864\ \text{kNm}$$

$$A \cdot 4{,}80\ \text{m} = 31{,}68\ \text{kNm}$$

$$A = 6{,}60\ \text{kN}$$

Drehpunkt A

$$B \cdot 4{,}80\ \text{m} = 3{,}2\ \frac{\text{kN}}{\text{m}} \cdot 6{,}60\ \text{m} \cdot \frac{6{,}60\ \text{m}}{2}$$

$$= 69{,}696\ \text{kNm}$$

$$B = 14{,}52\ \text{kN}$$

b)

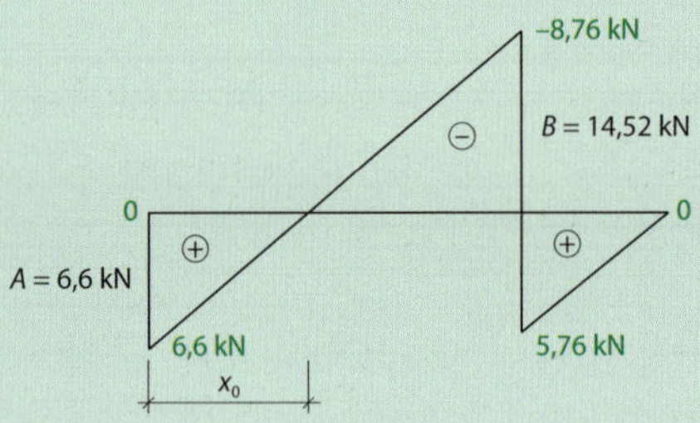

Bei diesem Kragträger bewirkt die Auflagerkraft B einen Sprung im Querkraftverlauf. Aus diesem Grund muss die Querkraft rechts und links vom Auflager B betrachtet werden.

$$V_{\text{B, rechts}} = 3{,}2\ \frac{\text{kN}}{\text{m}} \cdot 1{,}80\ \text{m} = 5{,}76\ \text{kN}$$

$$V_{\text{B, links}} = 5{,}76\ \text{kN} - 14{,}52\ \text{kN} = -8{,}76\ \text{kN}$$

$$V_{\text{A}} = -8{,}76\ \text{kN} + 3{,}2\ \frac{\text{kN}}{\text{m}} \cdot 4{,}80\ \text{m} = 6{,}6\ \text{kN}$$

$$x_{0,1} = \frac{V}{q} = \frac{6{,}6\ \text{kN}}{3{,}2\ \frac{\text{kN}}{\text{m}}} = 2{,}0625\ \text{m}$$

$$x_{0,2} = 4{,}80\ \text{m}$$

Die zweite Querkraftnullstelle liegt am Auflager B.

c)

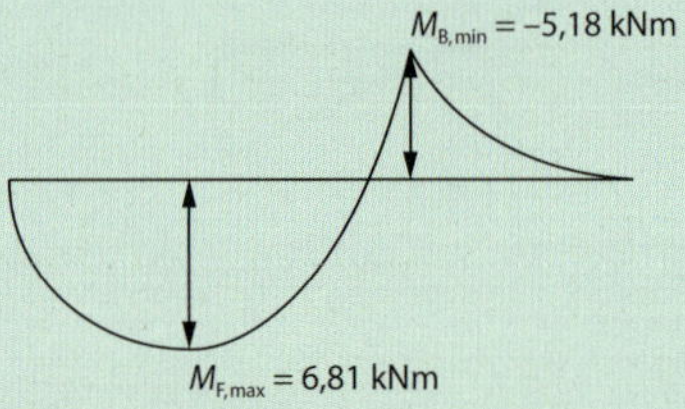

$$M_{\text{F,max}} = \frac{6{,}6\ \text{kN} \cdot 2{,}0625\ \text{m}}{2} = 6{,}81\ \text{kNm}$$

An der ersten Querkraftnullstelle liegt das maximale Feldmoment $M_{\text{F,max}}$.

$$M_{\text{B,min}} = 6{,}81\ \text{kNm} + \frac{-8{,}76\ \text{kN} \cdot (4{,}80\ \text{m} - 2{,}0625\ \text{m})}{2}$$

$$= -5{,}18\ \text{kNm}$$

An der zweiten Querkraftnullstelle liegt das maximale Stützenmoment $M_{\text{B,min}}$.

$$M_{\text{B,min}} = \frac{-3{,}2\ \frac{\text{kN}}{\text{m}} \cdot (1{,}80\ \text{m})^2}{2} = -5{,}18\ \text{kNm}$$

Das Stützenmoment kann auch über $M_{\text{B,min}} = -\frac{q \cdot l^2}{2}$ berechnet werden.

Aufgaben

92. Berechnen Sie für das statische System
a) die Auflagerkräfte A und B,
b) den Querkraftverlauf,
c) das maximale Biegemoment.

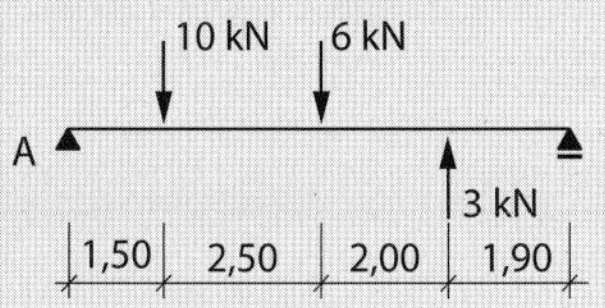

93. Berechnen Sie für das statische System
a) die Auflagerkräfte A und B,
b) den Querkraftverlauf,
c) das maximale Biegemoment.

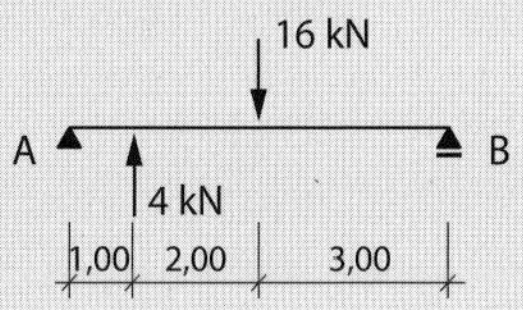

94. Berechnen Sie für das statische System
a) die Auflagerkräfte A und B,
b) den Querkraftverlauf,
c) das maximale Biegemoment.

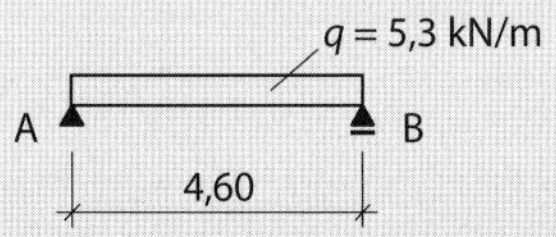

95. Berechnen Sie für das statische System
a) die Auflagerkräfte A und B,
b) den Querkraftverlauf,
c) das maximale Biegemoment.

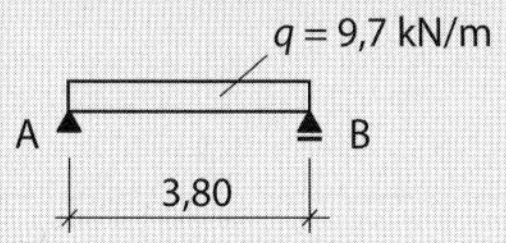

96. Berechnen Sie für das statische System
a) die Auflagerkräfte A und B,
b) den Querkraftverlauf,
c) das maximale Biegemoment.

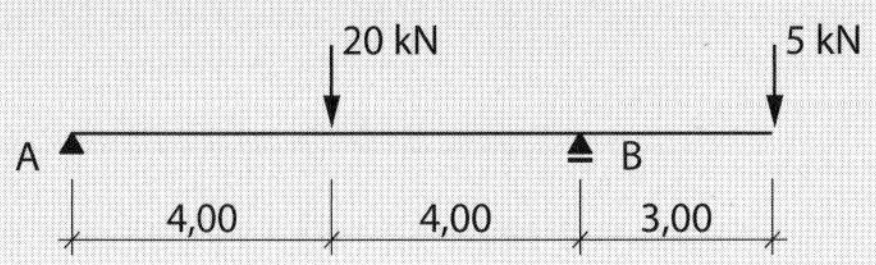

97. Berechnen Sie für das statische System
a) die Auflagerkräfte A und B,
b) den Querkraftverlauf,
c) das maximale Biegemoment.

98. Berechnen Sie für das statische System
a) die Auflagerkräfte A und B,
b) den Querkraftverlauf,
c) das maximale Biegemoment.

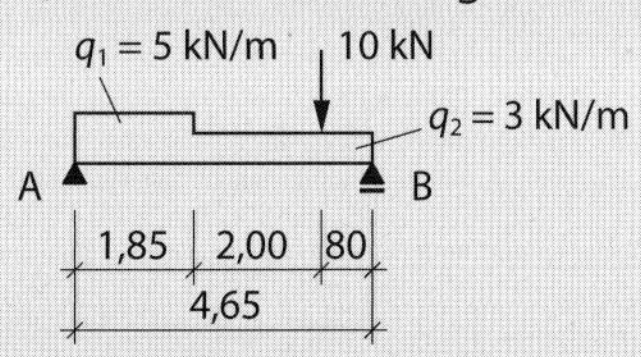

99. Berechnen Sie für das statische System
a) die Auflagerkräfte A und B,
b) den Querkraftverlauf,
c) das maximale Biegemoment.

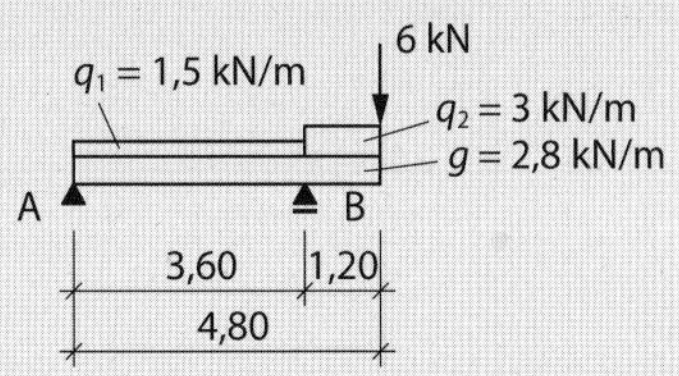

100. Berechnen Sie für das statische System
a) die Auflagerkräfte A und B,
b) den Querkraftverlauf,
c) das maximale Biegemoment.

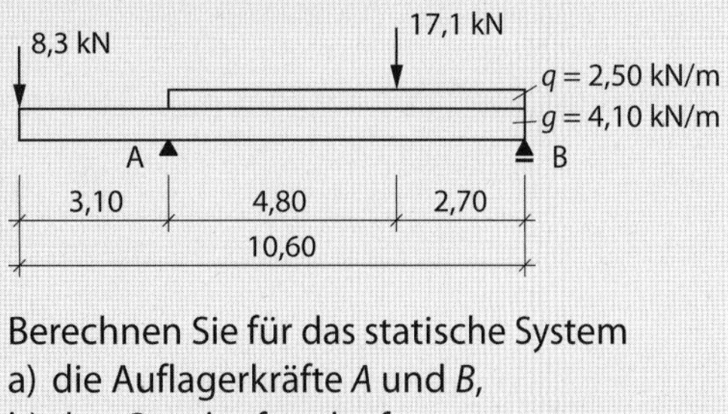

101. Berechnen Sie für das statische System
a) die Auflagerkräfte A und B,
b) den Querkraftverlauf,
c) das maximale Biegemoment.

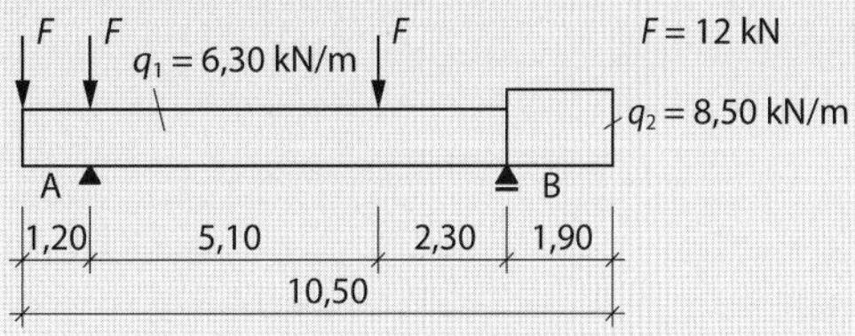

21.9 Dimensionierung eines Balkens

Beispiel 1 Für einen Holzbalken (GL24h) mit der Breite $b = 10$ cm ist die Höhe h gesucht.

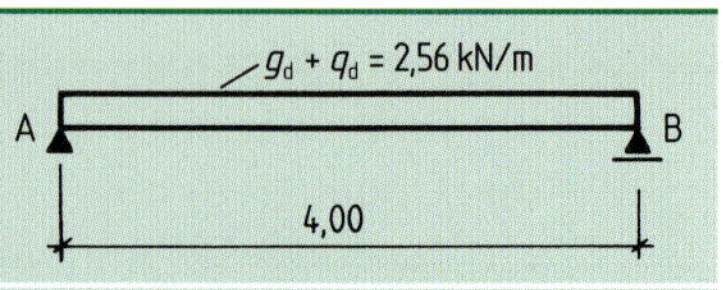

$$M_{max} = \frac{(g_d + q_d) \cdot l^2}{8} = \frac{2{,}56 \,\frac{kN}{m} \cdot (4{,}00\text{ m})^2}{8} = 5{,}12\text{ kNm}$$

Berechnung des maximalen Biegemoments (siehe Abschnitt 21.8)

Biegespannungsnachweis

$$\sigma_{m,d} = \frac{1000 \cdot M_d}{W_n} \leq f_{m,d} \quad \rightarrow \quad W_{n,erf} = \frac{1000 \cdot M_d}{f_{m,d}}$$

mit $\sigma_{m,d}$ MPa (N/mm²), M_d [kNm], W_n [cm³], $f_{m,d}$ MPa (N/mm²)

Das Widerstandsmoment W_n ist der Widerstand, den ein Balken der Biegung entgegensetzt.

$$W_n = \frac{b \cdot h^2}{6} \quad \rightarrow \quad h_{erf} = \sqrt{\frac{6 \cdot W_n}{b}}$$

W_n eingesetzt:

$$h_{erf} = \sqrt{\frac{6000 \cdot M_d}{f_{m,d} \cdot b}}$$

aus Tabelle S. 207:
$f_{m,d} = 14{,}77$ MPa (N/mm²)

$$h_{erf} = \sqrt{\frac{6000 \cdot 5{,}12\text{ kNm}}{14{,}77 \,\frac{N}{mm^2} \cdot 10\text{ cm}}} = 14{,}42\text{ cm}$$

gewählt: $h = 16$ cm

Beispiel 2 Gesucht ist ein Stahlträger aus der IPE-Reihe.

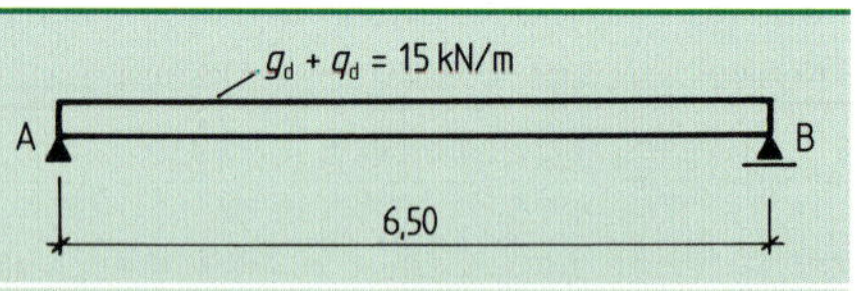

$$M_{max} = \frac{(g_d + q_d) \cdot l^2}{8} = \frac{15{,}0 \,\frac{kN}{m} \cdot (6{,}50\text{ m})^2}{8} = 79{,}22\text{ kNm}$$

Berechnung des maximalen Biegemoments (siehe Abschnitt 21.8)

Biegespannungsnachweis

$$\sigma_{m,d} = \frac{1000 \cdot M_d}{W_n} \leq f_{y,d}$$

mit $\sigma_{m,d}$ MPa (N/mm²), M_d [kNm], W_n [cm³], $f_{y,d}$ MPa (N/mm²)

aufgelöst nach W_n

$$W_n = \frac{1000 \cdot M_d}{f_{y,d}}$$

mit $f_{y,d} = \frac{f_{y,k}}{\gamma_M}$ mit $\gamma_M = 1{,}0$

$$W_n = \frac{1000 \cdot 79{,}22\text{ kNm}}{235 \,\frac{N}{mm^2}} = 337{,}11\text{ cm}^3$$

S235 → $f_{y,k} = 235$ MPa (N/mm²)

$$f_{y,d} = \frac{235\text{ MPa (N/mm}^2)}{1{,}0} = 235\text{ MPa (N/mm}^2)$$

gewählt nach Tabelle: IPE 270 mit $W_y = 429$ cm³

Mittelbreite I-Träger mit parallelen Flanschen – IPE-Reihe

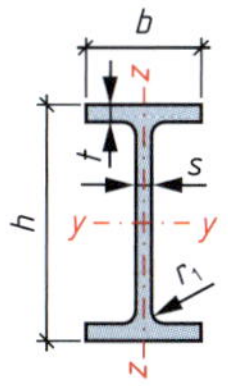

Kurz-zeichen IPE	Abmessungen in mm				Quer-schnitts-fläche S [mm²]	Längen-bezoge-ne Masse [kg/m]	Trägheitsmomente *I* [cm⁴] und Widerstandsmomente *W* [cm³]			
	h	*b*	*s*	*t*			I_y	W_y	I_z	W_z
80	80	46	3,8	5,2	764	6,0	80,1	20,0	8,49	3,69
100	100	55	4,1	5,7	1030	8,1	171	34,2	15,9	5,79
120	120	64	4,4	6,3	1320	10,4	318	53,0	27,7	8,65
140	140	73	4,7	6,9	1640	12,9	541	77,3	44,9	12,3
160	160	82	5,0	7,4	2010	15,8	869	109	68,3	16,7
180	180	91	5,3	8,0	2390	18,8	1320	146	101	22,2
200	200	100	5,6	8,5	2850	22,4	1940	194	142	28,5
220	220	110	5,9	9,2	3340	26,2	2770	252	205	37,3
240	240	120	6,2	9,8	3910	30,7	3890	324	284	47,3
270	270	135	6,6	10,2	4590	36,1	5790	429	420	62,2
300	300	150	7,1	10,7	5380	42,2	8360	557	604	80,5
330	330	160	7,5	11,5	6260	49,1	11770	713	788	98,5
360	360	170	8,0	12,7	7270	57,1	16270	904	1040	123
400	400	180	8,6	13,5	8450	66,3	23130	1160	1320	146
450	450	190	9,4	14,6	9880	77,6	33740	1500	1680	176
500	500	200	10,2	16,0	11600	90,7	48200	1930	2140	214
550	550	210	11,1	17,2	13400	106	67120	2440	2670	254
600	600	220	12,0	19,0	15600	122	92080	3070	3390	308

Breite I-Träger mit parallelen Flanschflächen – IPBl-Reihe

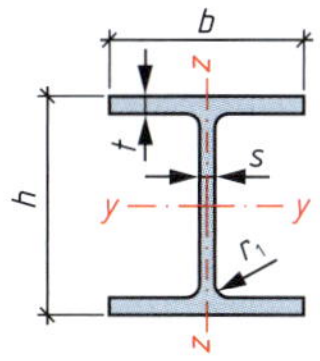

Kurz-zeichen IPBl	Abmessungen in mm				Quer-schnitts-fläche S [mm²]	Längen-bezoge-ne Masse [kg/m]	Trägheitsmomente *I* [cm⁴] und Widerstandsmomente *W* [cm³]			
	h	*b*	*s*	*t*			I_y	W_y	I_z	W_z
100	96	100	5	8	2120	16,7	349	72,8	134	26,8
120	114	120	5	8	2530	19,9	606	106	231	38,5
140	133	140	5,5	8,5	3140	24,7	1030	155	389	55,6
160	152	160	6	9	3880	30,4	1670	220	616	76,9
180	171	180	6	9,5	4530	35,5	2510	294	925	103
200	190	200	6,5	10	5380	42,3	3690	389	1340	134
220	210	220	7	11	6430	50,5	5410	515	1950	178
240	230	240	7,5	12	7680	60,3	7760	675	2770	231
260	250	260	7,5	12,5	8680	68,2	10450	836	3670	282

Kurzzeichen IPBl	Abmessungen in mm				Querschnittsfläche S [mm^2]	Längenbezogene Masse [kg/m]	Trägheitsmomente I [cm^4] und Widerstandsmomente W [cm^3]			
	h	b	s	t			I_y	W_y	I_z	W_z
280	270	280	8	13	9730	76,4	13670	1010	4760	340
300	290	300	8,5	14	11200	88,3	18260	1260	6310	421
320	310	300	9	15,5	12400	97,6	22930	1480	6990	466
340	330	300	9,5	16,5	13300	105	27690	1680	7440	496
360	350	300	10	17,5	14300	112	33090	1890	7890	526
400	390	300	11	19	15900	125	45070	2310	8560	571
450	440	300	11,5	21	17800	140	63720	2900	9470	631
500	490	300	12	23	19800	155	86970	3550	10370	691

U-Profilstahl mit geneigten Flanschflächen

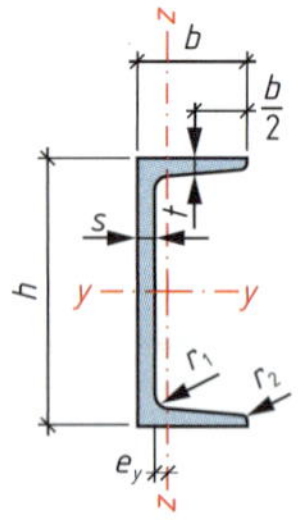

Kurzzeichen [	Abmessungen in mm				Querschnittsfläche S [mm^2]	Längenbezogene Masse [kg/m]	Trägheitsmomente I [cm^4] und Widerstandsmomente W [cm^3]			
	h	b	s	t			I_y	W_y	I_z	W_z
30 × 15	30	15	4	4,5	221	1,74	2,53	1,69	0,38	0,39
30	30	33	5	7	544	4,27	6,39	4,26	5,33	2,68
40 × 20	40	20	5	5,5	366	2,87	7,58	3,79	1,14	0,86
40	40	35	5	7	621	4,87	14,1	7,05	6,68	3,08
50 × 25	50	25	5	6	492	3,86	16,8	6,73	2,49	1,48
50	50	38	5	7	712	5,59	26,4	10,6	9,12	3,75
60	60	30	6	6	646	5,07	31,6	10,5	4,51	2,16
80	80	45	6	8	1100	8,64	106	26,5	19,4	6,36
100	100	50	6	8,5	1350	10,6	206	41,2	29,3	8,49
120	120	55	7	9	1700	13,4	364	60,7	43,2	11,1
140	140	60	7	10	2040	16,0	605	86,4	62,7	14,8
160	160	65	7,5	10,5	2400	18,8	925	116	85,3	18,3
180	180	70	8	11	2800	22,0	1350	150	114	22,4
200	200	75	8,5	11,5	3220	25,3	1910	191	148	27,0
220	220	80	9	12,5	3740	29,4	2690	245	197	33,6
240	240	85	9,5	13	4230	33,2	3600	300	248	39,6
260	260	90	10	14	4830	37,9	4820	371	317	47,7
280	280	95	10	15	5330	41,8	6280	448	399	57,2
300	300	100	10	16	5880	46,2	8030	535	495	67,8
320	320	100	14	17,5	7580	59,5	10870	679	597	80,6
380	380	102	13,5	16	8040	63,1	15760	829	615	78,7
400	400	110	14	18	9150	71,8	20350	1020	846	102

Aufgaben

102. Wie groß sind die Biegespannungen im Deckenbalken bei
a) Hochkantlagerung,
b) Breitkantlagerung des Balkens?

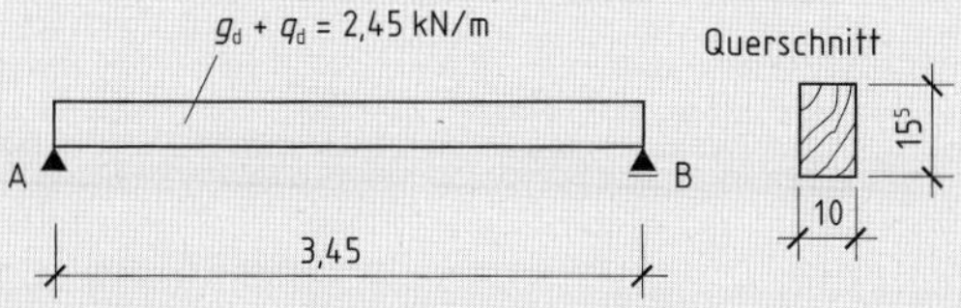

103. Welche Abmessungen ergeben sich für den Balken einer Holzbalkendecke?

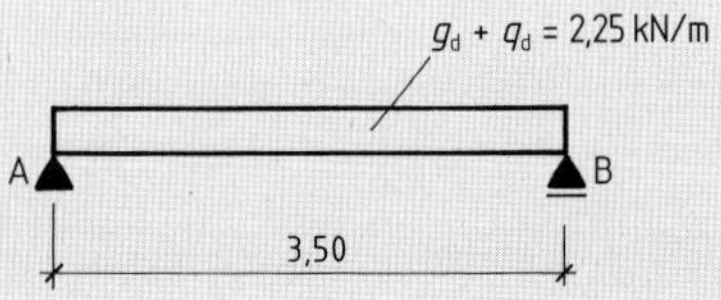

104. a) Skizzieren Sie den Querkraftverlauf.
b) Wie viel m vom Auflager A entfernt liegt die Querkraftnullstelle?
c) Dimensionieren Sie ein U-Profil aus S235JRG2.

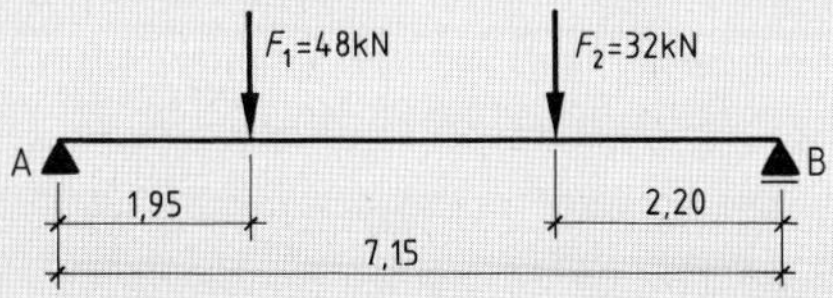

105. a) Ermitteln Sie den Querkraftverlauf.
b) Wie viel m vom Auflager A entfernt ist die Querkraftnullstelle?
c) Zeichnen Sie den Momentenverlauf.
d) Dimensionieren Sie ein I-Profil aus der HE (PB)-Reihe.

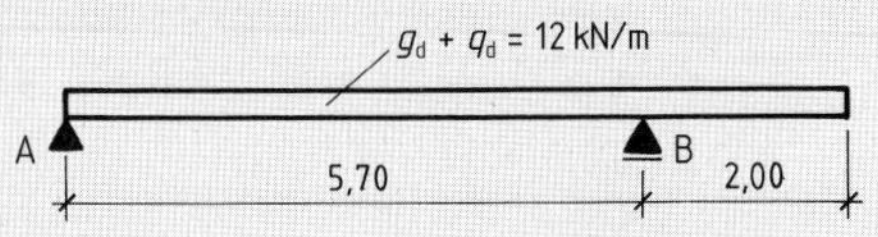

106. Ein Holzbalken C24, der mit einer Gleichstreckenlast von $q_d = 3{,}45$ kN/m belastet wird, hat die Querschnittsabmessung von 12,5 × 19,5 cm.
Ermitteln Sie für den Balken
a) das maximale Trägheitsmoment,
b) das maximale Widerstandsmoment,
c) die maximalen Biegespannungen bei Hochkant- bzw. Breitkantlagerung.

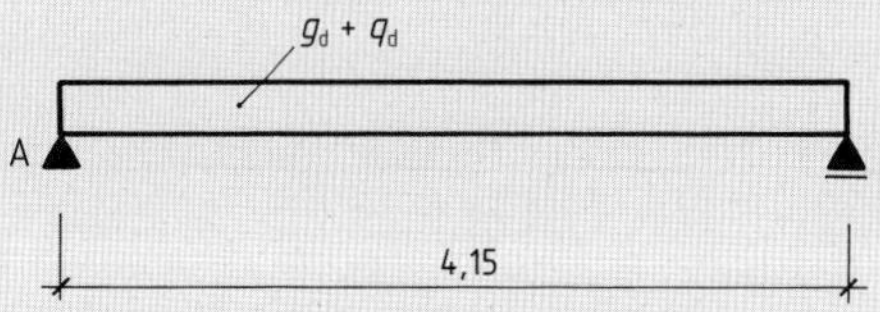

107. Dimensionieren Sie den Holzbalken C24 bei einer Balkenhöhe von $h = 24$ cm.

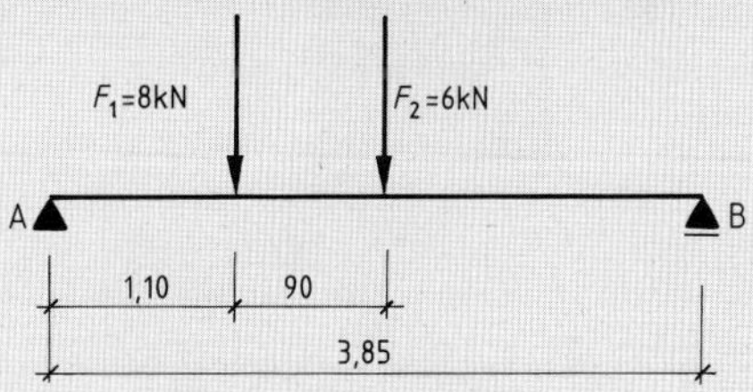

108. Ermitteln Sie die Größe des Querschnittsprofils für das Formstahlprofil IPB.

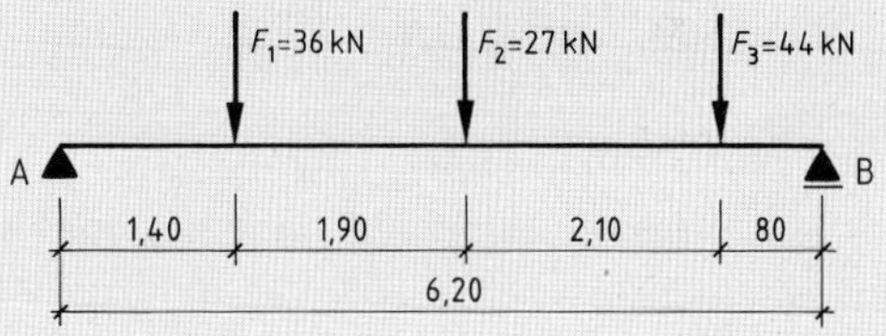

109. Welche Höhe muss der Kragträger in Holz C24 bei einer Breite von 8 cm erhalten?

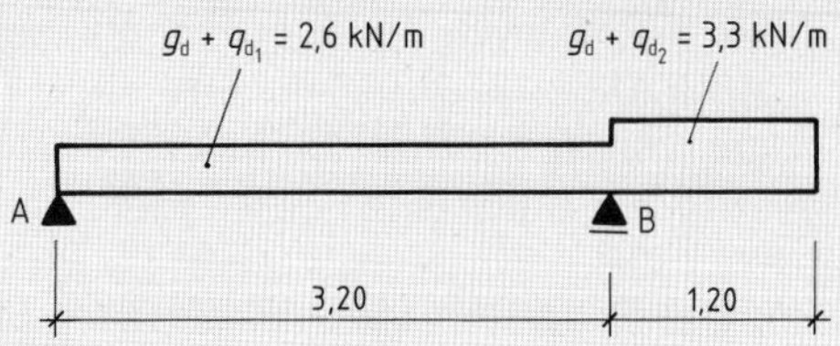

Aufgaben

110. In einem Altbau ist ein Stahlträger einzubauen. Aus konstruktiven Gründen darf der Träger höchstens 200 mm hoch sein. Dimensionieren Sie den Stahlträger.

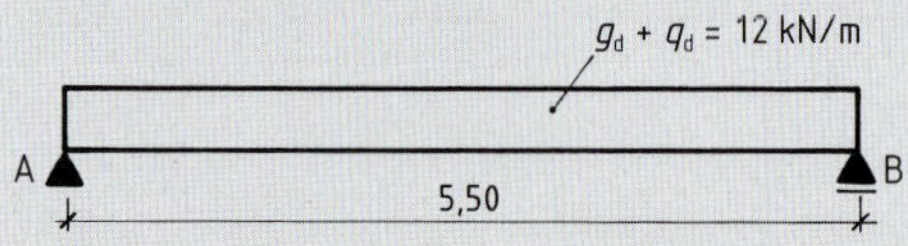

111. Sie haben den Auftrag in einem bestehenden Wohnhaus in einer vorhandenen, tragenden 30 cm dicken Wand einen Durchgang von 2,80 m Breite im Lichten herzustellen.
Sie entscheiden sich, folgende Abfangkonstruktion einzubauen.

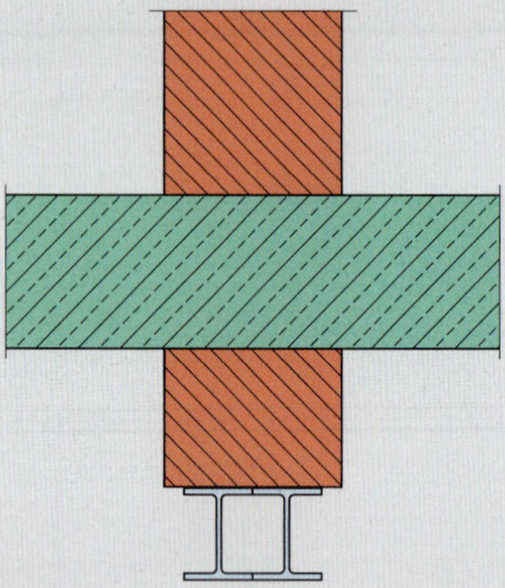

Die abzufangende Last beträgt $g_d + q_d =$ 34 KN/m einschließlich Eigenlast der Stahlträger sowie deren späterer Verkleidung.
Bemessen Sie die zwei nebeneinanderliegenden Stahlträger aus S235JR auf Biegung. Wählen Sie möglichst einen IPBl-Träger aus.

112. Die Mittelwand einer Doppelgarage besteht aus Kalksandlochsteinen. Der neue Garagenbesitzer möchte die halbe Mittelwand $l = 4{,}00$ m durch einen IPBl-Träger ersetzen.
Berechnen Sie, welchen IPBl-Träger er wählen muss, wenn die Auflagerbreite des Trägers jeweils 15 cm betragen soll.
Belastung des Stahlträgers einschließlich Eigenlast = 36,5 KN/m.

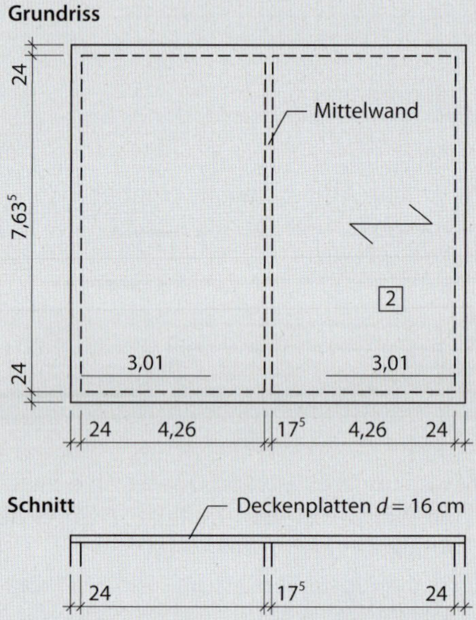

113. Dimensionieren Sie den Holzbalken C30 bei einer Balkenbreite von 16 cm.

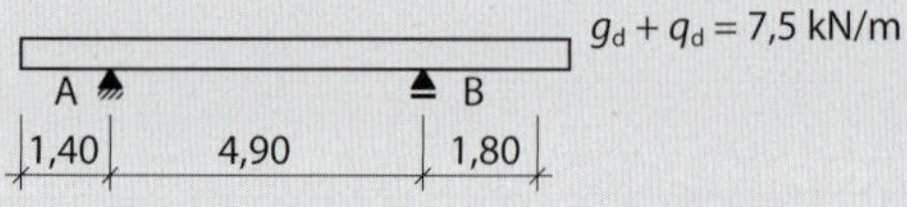

114. Erfüllt der Kragträger C24 den Biegespannungsnachweis, wenn die Querschnittsabmessung 10 × 22 cm beträgt?

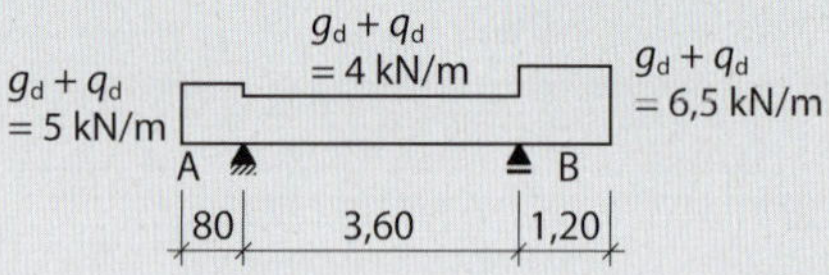

21.10 Knicksicherheitsnachweis (Ersatzstabverfahren)

Schlanke Druckstäbe laufen Gefahr, durch „Ausknicken" zu versagen. Mit dem sogenannten Ersatzstabverfahren wird die Stabilität des Stabes – also seine Knicksicherheit – im Grenzzustand der Tragfähigkeit nachgewiesen. Bei diesem Verfahren dient das Knickverhalten eines beidseitig gelenkig gelagerten Stabes (= Pendelstütze) als Referenz. Auf diesen „Ersatzstab" werden anders gelagerte Fälle zurückgeführt.

Ermittlung der Ersatzstablänge l_0

Allgemein gilt $l_0 = \beta \cdot l_{col}$

Der Knicklängenbeiwert β ist für einfache Fälle angegeben.

einseitig eingespannt mit freiem Ende	Pendelstütze	einseitig voll eingespannt	zweiseitig voll eingespannt

Schlankheit λ, Flächenmoment I und Knickbeiwert k_c

Berechnung des jeweiligen Schlankheitsgrades $\lambda = \frac{l_0}{i}$

mit Trägheitsradius i [cm] $i = \sqrt{\frac{I}{A}} \approx 0,289 \cdot h$ bzw. $i = \sqrt{\frac{I}{A}} \approx 0,289 \cdot b$

für rechteckige Querschnitte (b/h), wobei der kleinere Wert für den Trägheitsradius i maßgebend ist.

Der Trägheitsradius i [cm] ist ein Maß für die Steifigkeit eines Querschnitts gegen Knicken. Er beschreibt das Verhältnis von Flächenmoment I zu Querschnitt A.

$$i = \sqrt{\frac{I}{A}} \approx 0,289 \cdot d \text{ für Kreisquerschnitte}$$

Das Flächenmoment I [cm^4] ist ein Maß für die Eignung eines Querschnitts bei Knickbeanspruchung. Je nachdem, welche Knickrichtung zugrunde gelegt wird, gilt

für den Rechteckquerschnitt

$$I_y = \frac{b \cdot h^3}{12} \qquad I_z = \frac{b^3 \cdot h}{12}$$

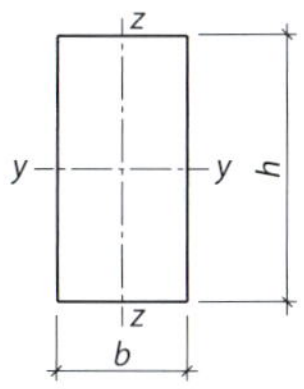

für den Kreisquerschnitt

$$I_y = I_z = \frac{\pi \cdot d^4}{64}$$

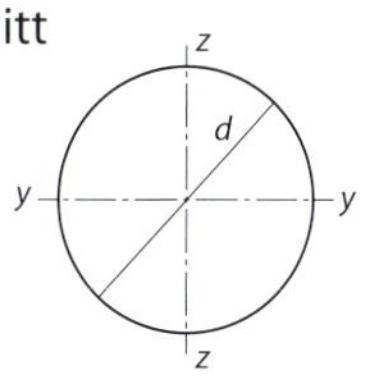

Mithilfe von Tabellen kann über die Schlankheit λ, die Holzart und die Festigkeitsklasse der Knickbeiwert k_c bestimmt werden.

Beiwert k_c für den Knicknachweis bei Holz

λ	C24	C30	GL24		GL28		GL30		GL32	
			c	*h*	*c*	*h*	*c*	*h*	*c*	*h*
0–15	1,0	1,0	1,0		1,0		1,0		1,0	
20	0,991	0,991	0,999	0,998	0,999	0,997	1,000	0,997	1,000	0,997
25	0,970	0,970	0,990	0,988	0,991	0,987	0,991	0,987	0,992	0,986
30	0,947	0,947	0,980	0,978	0,980	0,975	0,981	0,976	0,982	0,975
35	0,919	0,919	0,968	0,965	0,969	0,961	0,969	0,962	0,971	0,960
40	0,885	0,885	0,953	0,948	0,954	0,943	0,955	0,944	0,957	0,942
45	0,844	0,843	0,933	0,926	0,935	0,919	0,937	0,920	0,940	0,917
50	0,794	0,793	0,907	0,897	0,910	0,885	0,913	0,887	0,918	0,882
55	0,736	0,734	0,872	0,856	0,876	0,839	0,880	0,841	0,887	0,835
60	0,673	0,671	0,825	0,803	0,830	0,779	0,836	0,782	0,847	0,774
65	0,610	0,608	0,766	0,739	0,774	0,711	0,781	0,714	0,795	0,704
70	0,550	0,548	0,702	0,671	0,710	0,641	0,718	0,644	0,735	0,634
75	0,495	0,494	0,636	0,605	0,645	0,575	0,654	0,578	0,672	0,568
80	0,446	0,445	0,575	0,544	0,583	0,516	0,592	0,519	0,610	0,510
85	0,403	0,402	0,519	0,490	0,527	0,464	0,535	0,467	0,553	0,458
90	0,365	0,364	0,470	0,443	0,477	0,418	0,485	0,421	0,501	0,413
95	0,332	0,331	0,426	0,401	0,433	0,379	0,440	0,381	0,455	0,374
100	0,303	0,302	0,388	0,365	0,394	0,344	0,401	0,346	0,415	0,340
105	0,277	0,276	0,354	0,333	0,360	0,314	0,366	0,316	0,379	0,310
110	0,254	0,253	0,324	0,305	0,330	0,287	0,336	0,289	0,348	0,283
115	0,234	0,233	0,298	0,280	0,303	0,264	0,309	0,266	0,320	0,260
120	0,216	0,216	0,275	0,258	0,280	0,243	0,285	0,245	0,295	0,240
125	0,200	0,200	0,254	0,239	0,259	0,225	0,263	0,226	0,273	0,222
130	0,186	0,185	0,236	0,221	0,240	0,208	0,244	0,210	0,253	0,206
135	0,173	0,173	0,219	0,206	0,223	0,194	0,227	0,195	0,236	0,191
140	0,162	0,161	0,204	0,192	0,208	0,181	0,212	0,182	0,220	0,178
145	0,151	0,151	0,191	0,179	0,194	0,169	0,198	0,170	0,205	0,166
150	0,142	0,141	0,179	0,168	0,182	0,158	0,185	0,159	0,192	0,156

Empfehlung: Schlankheiten λ von 150 sollten für übliche Bauteile (Pfosten, Stützen) nicht überschritten werden.

Knickspannungsnachweis

Nachweis mit vorgegebenen Einheiten $\sigma_{c,0,d}$ [MPa (N/mm²)], $F_{c,d}$ [kN], A [cm²] und $f_{c,0,d}$ [MPa (N/mm²)]

Spannungsnachweis

$$\sigma_{c,0,d} = \frac{10 \cdot F_{c,d}}{A} \leq k_c \cdot f_{c,0,d}$$

Ausnutzungsgrad

$$\frac{\sigma_{c,0,d}}{k_c \cdot f_{c,0,d}} \leq 1$$

jeweils mit A = Bruttoquerschnittsfläche

Bemessungswerte der Festigkeiten f_d für ausgesuchte Nadelhölzer und Brettschichthölzer

			Nadelholz (NH)		Brettschichtholz (BSH)					
Festigkeitsklasse			**C24**[1]	**C30**	**GL24h**[2]	**GL24c**[2]	**GL28h**	**GL28c**	**GL32h**	**GL32c**
Biegung		$f_{m,d}$	14,77	18,46	14,77	14,77	17,23	17,23	19,69	19,69
Zug	parallel	$f_{t,0,d}$	8,62	11,08	10,15	8,62	12,00	10,15	13,85	12,00
	rechtwinklig	$f_{t,90,d}$	0,25		0,31					
Druck	parallel	$f_{c,0,d}$	12,92	14,15	14,77	12,92	16,31	14,77	17,85	16,31
	rechtwinklig	$f_{c,90,d}$	1,54	1,66	1,66	1,48	1,85	1,66	2,03	1,85
Schub		$f_{v,d}$	1,23		1,54					

1) z. B. C24: Nadelholz (engl. coniferous wood) mit charakteristischer Biegezugfestigkeit von 24 MPa (N/mm²)
2) z. B. GL24: Brettschichtholz (engl. glue laminated timber) mit charakteristischer Biegezugfestigkeit von 24 MPa (N/mm²) (h: homogenes BSH, c: kombiniert symmetrisch aufgebautes BSH)

Beispiel Für eine 2,50 m lange Pendelstütze ist der Knickspannungsnachweis durchzuführen.

Knicklänge

$$l_0 = \beta \cdot l_{col} = 1 \cdot 250\ \text{cm} = 250\ \text{cm}$$

Schlankheit

$$\lambda = \frac{l_0}{0{,}289 \cdot b} = \frac{250\ \text{cm}}{0{,}289 \cdot 12\ \text{cm}} = 72{,}1 \approx 72$$

$$\lambda = \frac{l_0}{0{,}289 \cdot h} = \frac{250\ \text{cm}}{0{,}289 \cdot 18\ \text{cm}} = 48{,}1 \approx 48$$

→ somit $\lambda = 72$ maßgebend

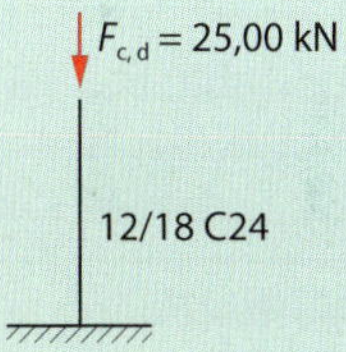

Knickbeiwert

aus Tabelle → $k_c = 0{,}550$ für $\lambda = 70$
$k_c = 0{,}495$ für $\lambda = 75$

$$k_c = 0{,}495 + \frac{(75-72) \cdot (0{,}550 - 0{,}495)}{75-70} = 0{,}528$$

Knickspannungsnachweis

mit $f_{c,0,d} = 12{,}92$ MPa (N/mm²)

$$\sigma_{c,0,d} = \frac{10 \cdot F_{c,d}}{A} = \frac{10 \cdot 25{,}00\ \text{kN}}{12\ \text{cm} \cdot 18\ \text{cm}} = 1{,}157\ \text{MPa (N/mm}^2\text{)}$$

$$k_c \cdot f_{c,0,d} = 0{,}528 \cdot 12{,}92\ \text{MPa (N/mm}^2\text{)} = 6{,}822\ \text{MPa (N/mm}^2\text{)}$$

$\sigma_{c,0,d} < k_c \cdot f_{c,0,d}$ → Nachweis erfüllt

Ausnutzungsgrad

$$\frac{\sigma_{c,0,d}}{k_c \cdot f_{c,0,d}} = \frac{1{,}157\ \text{MPa (N/mm}^2\text{)}}{6{,}822\ \text{MPa (N/mm}^2\text{)}} = 0{,}17 < 1$$

21.11 Holzverbindungen

Im traditionellen Fachwerkbau kommen einfache Stirnversätze zum Einsatz, um beispielsweise einen Sparren oder eine Strebe mit einem Balken bzw. einer Schwelle zu verbinden. Dabei wird die Kontaktfläche auf Druck und das Vorholz der Schwelle auf Abscheren beansprucht. Dementsprechend muss die Versatztiefe groß genug gewählt werden, darf aber den Querschnitt nicht zu sehr schwächen. Weiterhin muss eine ausreichend große Vorholzlänge vorhanden sein.

Beispiel 1

Bestimmen Sie für den einfachen Stirnversatz die Versatztiefe t_v und Vorholzlänge l_v.

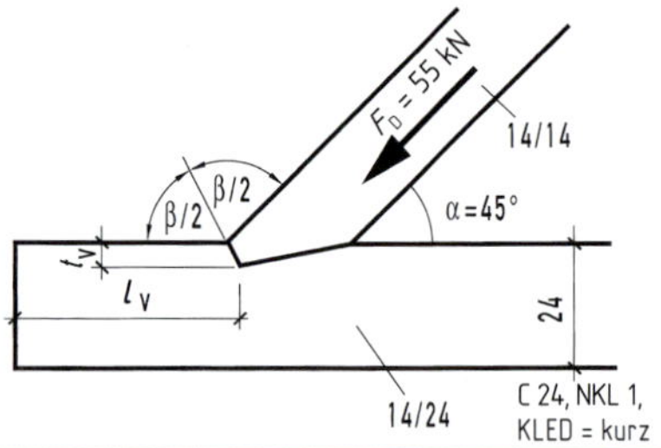

Versatztiefe t_V

aus Tabelle:

$f^*_{SV,d} = 0{,}692 \cdot 17{,}54$ MPa (N/mm²)

$= 12{,}14$ MPa (N/mm²)

$$t_{V,erf} = 10 \cdot \frac{55 \text{ kN}}{14{,}0 \text{ cm} \cdot 12{,}14 \frac{\text{N}}{\text{mm}^2}} = 3{,}236 \text{ cm}$$

$$t_{V,zul} \leq \frac{h}{4} = \frac{24 \text{ cm}}{4} = 6{,}0 \text{ cm}$$

gewählt: $t_V = 3{,}5$ cm

b_D: Breite des Druckstabes

b_S: Breite der Schwelle

$$\boldsymbol{t_{V,erf} = 10 \cdot \frac{F_d}{b_D \cdot f^*_{SV,d}}}$$

$f^*_{SV,d}$ aus Tabelle

für $\alpha \leq 50°$: $t_{V,zul} \leq \frac{h}{4}$

für $50° < \alpha \leq 60°$: $t_{V,zul} \leq \frac{h}{4} \cdot \left(1 - \frac{\alpha - 50°}{30°}\right)$

für $\alpha > 60°$: $t_{V,zul} \leq \frac{h}{6}$

Vorholzlänge l_V

aus Tabelle:

$f^*_{v,d} = 0{,}692 \cdot 2{,}83$ MPa (N/mm²)

$= 1{,}958$ MPa (N/mm²)

$$l_{V,erf} = 10 \cdot \frac{55 \text{ kN}}{14{,}0 \text{ cm} \cdot 1{,}958 \frac{\text{N}}{\text{mm}^2}} = 20{,}06 \text{ cm}$$

$20{,}06 \text{ cm} \leq 8 \cdot t_V = 8 \cdot 3{,}5 \text{ cm} = 28{,}0 \text{ cm}$

gewählt: $l_V = 30{,}0$ cm

$$\boldsymbol{l_{V,erf} = 10 \cdot \frac{F_d}{b_S \cdot f^*_{v,d}} \geq 8 \cdot t_V}$$

konstruktiv: $l_V \geq 20{,}0$ cm

Ersatzfestigkeiten $f^*_{SV,k}$, $f^*_{FV,k}$ und $f^*_{v,k}$ für Versätze (γ = Anschlusswinkel)

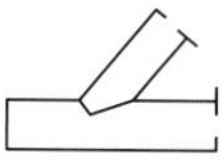

Stirnversatz: $f^*_{SV,k}$										
γ [°]	C24	C30	GL24		GL28		GL30		GL32	
			c	*h*	*c*	*h*	*c*	*h*	*c*	*h*
30	19,16	20,34	18,55	19,68	19,68	21,16	19,88	21,78	19,88	22,32
35	18,61	19,65	17,85	18,74	18,74	19,87	18,90	20,33	18,90	20,73
40	18,07	18,99	17,19	17,89	17,89	18,74	18,01	19,08	18,01	19,37
45	17,54	18,37	16,59	17,14	17,14	17,79	17,23	18,04	17,23	18,25
50	17,05	17,83	16,08	16,50	16,50	17,00	16,58	17,18	16,58	17,34
55	16,63	17,38	15,67	15,99	15,99	16,37	16,05	16,51	16,05	16,62
60	16,28	17,02	15,35	15,60	15,60	15,89	15,64	15,99	15,64	16,08

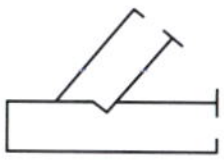

Fersenversatz: $f^*_{FV,k}$										
γ [°]	C24	C30	GL24		GL28		GL30		GL32	
			c	*h*	*c*	*h*	*c*	*h*	*c*	*h*
30	14,10	14,74	13,29	13,51	13,51	13,76	13,55	13,85	13,55	13,93
35	13,01	13,64	12,33	12,45	12,45	12,59	12,47	12,64	12,47	12,68
40	12,23	12,87	11,67	11,73	11,73	11,81	11,75	11,84	11,75	11,86
45	11,76	12,43	11,31	11,35	11,35	11,39	11,35	11,40	11,35	11,42
50	11,61	12,33	11,26	11,28	11,28	11,30	11,28	11,31	11,28	11,32
55	11,83	12,62	11,56	11,57	11,57	11,58	11,57	11,59	11,57	11,59
60	12,51	13,38	12,29	12,30	12,30	12,31	12,30	12,31	12,30	12,31

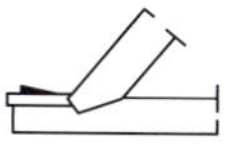

Abscheren im Vorholz: $f^*_{v,k}$										
γ [°]	C24	C30	GL24		GL28		GL30		GL32	
			c	*h*	*c*	*h*	*c*	*h*	*c*	*h*
30	2,31		2,89							
35	2,44		3,05							
40	2,61		3,26							
45	2,83		3,53							
50	3,11		3,89							
55	3,49		4,36							
60	4,00		5,00							

Die Werte für $f^*_{i,k}$ sind in Abhängigkeit von der KLED[1] und der NKL[2] wie folgt zu modifizieren: ($\cdot\, k_{mod}/\gamma_M$)	KLED =	ständig	lang	mittel	kurz	k./sehr k.
	NKL = 1 u. 2	0,462	0,538	0,615	0,692	0,769
	NKL = 3	0,385	0,423	0,500	0,538	0,615

[1] KLED: Klasse der Lasteinwirkungsdauer
[2] NKL: Nutzungsklasse

Im modernen Holzbau kommen häufig Verbindungsmittel, z. B. Nagelverbindungen zum Einsatz, deren Tragfähigkeit nachgewiesen werden muss.

Beispiel 2

Bestimmen Sie den Nenndurchmesser, die Länge und die Anzahl der glattschaftigen vorgebohrten Nägel bei einer Laschendicke von 4,5 cm.

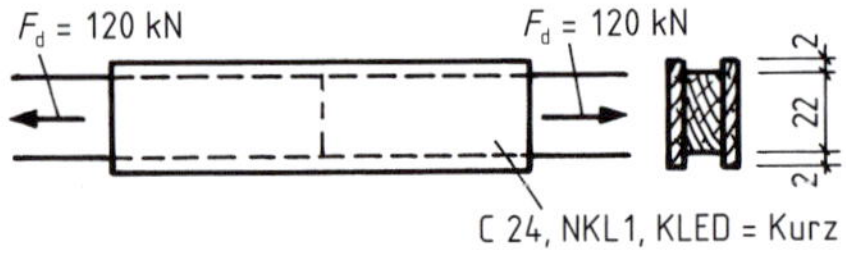

Nenndurchmesser *d*

$$d = \frac{t_{req}}{9} = \frac{45\text{ mm}}{9} = 5{,}0\text{ mm}$$

Mindestholzdicke t_{req}

$$\boldsymbol{t_{req} = 9 \cdot d}$$

Nagellänge l_n

$t_{E,req} = 9 \cdot d = 9 \cdot 5{,}0\text{ mm} = 45\text{ mm}$

$l_n = t_{req} + t_{E,req} = 45\text{ mm} + 45\text{ mm} = 90\text{ mm}$

gewählt aus Tabelle: Nagel 5,0 × 140

Mindesteinschlagtiefe $t_{E,req}$

$$\boldsymbol{t_{E,req} = 9 \cdot d}$$

$$\boldsymbol{l_n = t_{req} + t_{E,req}}$$

Nagelanzahl n_{erf}

aus Tabelle:

$F^0_{v,Rk} = 1795\text{ N}$

$\frac{k_{mod}}{\gamma_M} = 0{,}818$

$F_{v,Rd} = \frac{k_{mod}}{\gamma_M} \cdot F_{v,Rk} = 0{,}818 \cdot 1795\text{ N} = 1468{,}31\text{ N}$

$n_{erf} \geq \frac{F_d}{F_{v,Rd}} = \frac{120\,000\text{ N}}{1468{,}31\text{ N}} = 81{,}73$

gewählt: 82 Nägel je Lasche

$$\boldsymbol{n_{erf} \geq \frac{F_d}{F_{v,Rd}}}$$

$$\boldsymbol{F_{v,Rd} = \frac{k_{mod}}{\gamma_M} \cdot F_{v,Rk}}$$

$$\boldsymbol{F_{v,Rk} = F^0_{v,Rk}}$$

$\boldsymbol{F^0_{v,Rk}}$ **und** $\boldsymbol{\frac{k_{mod}}{\gamma_M}}$ aus Tabelle

Glattschaftige Nägel: d_n = Nageldurchmesser, l_n = Nagellänge, d_h = Kopfdurchmesser

Typ	Glattschaftige Nägel DIN EN 10 230	
d_n [mm]	l_n [mm]	d_h [mm]
2,7	50/60	6,1
2,8	60/65/70	–
3,0	60/70/80	6,8
3,1	65/70/80	–
3,4	80/90	7,7
3,8	100	7,6
4,2	100/110/120	8,4
4,6	120/130	9,2
5,0	140	10,0
5,5	140/160	11,0
6,0	180	12,0
7,0	200/210	14,0
7,6	230/260	–

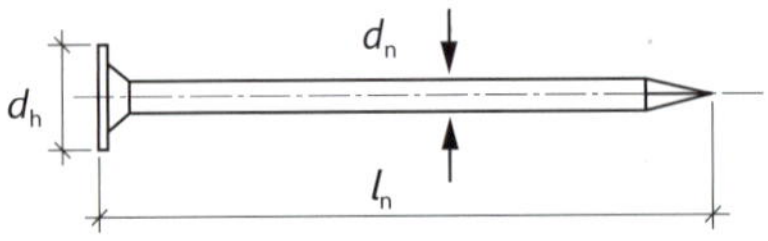

Mindestholzdicken t_{req} [mm], Mindesteinschlagtiefen $t_{E,req}$ [mm] und charakteristische Tragfähigkeiten auf Abscheren pro Scherfuge $F^0_{v,Rk}$ [N] für Holz-Holz- und Stahlblech-Holz-Nagelverbindungen für Nägel mit außen liegenden dünnen Stahlblechen

d [mm]			2,7	3,0	3,4	3,8	4,0	4,2	4,6	5,0	5,1	5,5	6,0	7,0	7,6
t_{req}[1] u. $t_{E,req}$[2]		9*d*	25	27	31	35	36	38	42	45	46	50	54	63	69
min $t_{E,req}$[2]		(4*d*)	(11)	(12)	(14)	(16)	(16)	(17)	(19)	(20)	(21)	(22)	(24)	(28)	(31)
C24	nicht	$t_{Sp,req}$[3]	38	42	48	54	56	59	65	70	72	77	84	107	121
	vb	$F^0_{v,Rk}$	523	623	766	920	1001	1085	1261	1447	1495	1693	1955	2521	2887
	vb	$F^0_{v,Rk}$	599	723	904	1102	1208	1317	1548	1795	1859	2125	2479	3255	3762
GL24c	nicht	$t_{Sp,req}$[3]	38	42	48	54	56	59	65	70	72	77	88	112	126
	vb	$F^0_{v,Rk}$	535	636	782	939	1022	1108	1288	1477	1526	1729	1996	2574	2948
	vb	$F^0_{v,Rk}$	612	739	923	1126	1233	1345	1581	1833	1899	2171	2532	3324	3842
GL24h	nicht	$t_{Sp,req}$[3]	38	47	48	54	56	59	65	70	72	80	93	118	133
	vb	$F^0_{v,Rk}$	549	653	803	965	1050	1138	1322	1517	1568	1776	2050	2644	3028
	vb	$F^0_{v,Rk}$	628	759	948	1156	1267	1381	1624	1883	1950	2229	2600	3414	3945
GL28c GL30c	nicht	$t_{Sp,req}$[3]	38	42	48	54	56	59	65	70	72	81	94	119	135
	vb	$F^0_{v,Rk}$	553	657	808	971	1057	1145	1331	1527	1578	1787	2063	2661	3047
	vb	$F^0_{v,Rk}$	633	763	954	1164	1275	1390	1634	1895	1963	2244	2617	3436	3971
GL28h	nicht	$t_{Sp,req}$[3]	38	42	48	54	56	59	65	75	78	89	102	130	147
	vb	$F^0_{v,Rk}$	577	686	844	1014	1103	1196	1389	1594	1647	1866	2154	2778	3181
	vb	$F^0_{v,Rk}$	660	797	996	1215	1331	1451	1706	1978	2049	2342	2732	3586	4145
GL30h	nicht	$t_{sp,req}$	38	42	48	54	56	59	65	76	79	90	104	132	148
	vb	$F^0_{v,Rk}$	580	690	849	1020	1110	1203	1397	1604	1657	1877	2166	2794	3200
	vb	$F^0_{v,Rk}$	664	802	1002	1222	1339	1460	1716	1990	2061	2356	2748	3608	4170
GL 32c	nicht	$t_{Sp,req}$[3]	38	42	48	54	56	59	65	70	73	83	96	122	138
	vb	$F^0_{v,Rk}$	560	666	819	983	1070	1160	1348	1547	1598	1810	2089	2695	3086
	vb	$F^0_{v,Rk}$	641	773	967	1178	1291	1408	1655	1919	1988	2272	2650	3479	4022
GL32h	nicht	$t_{Sp,req}$[3]	38	42	48	54	56	59	66	77	80	92	106	135	152
	vb	$F^0_{v,Rk}$	587	698	858	1031	1122	1217	1414	1622	1676	1898	2191	2826	3237
	vb	$F^0_{v,Rk}$	672	811	1014	1236	1354	1477	1736	2013	2085	2383	2780	3649	4218

1) Mindestholzdicke für „vollwertige" Scherfuge.
Bei Holzdicken $t < 9d$ ist $F_{v,Rk}$ mit dem Faktor t/t_{req} zu multiplizieren.

2) Mindesteinschlagtiefe für „vollwertige" Scherfuge: 9*d*; in Klammern: absolute Mindestwerte (4*d*)
Bei Einschlagtiefen $4d \leq 9d$ ist $F^0_{v,Rk}$ mit dem Faktor t_E/t_{req} zu multiplizieren.

3) Mindestholzdicke wegen Spaltgefahr.

Die Festigkeitswerte $F_{V,Rk}$ sind in Abhängigkeit von der KLED und der NKL wie folgt zu modifizieren: ($\cdot\ k_{mod}/\gamma_M$)	KLED =	ständig	lang	mittel	kurz	k./sehr k.
	NKL = 1 u. 2	0,545	0,636	0,727	0,818	0,909
	NKL = 3	0,454	0,500	0,591	0,636	0,727

Aufgaben

115. Eine Holzstütze 18/22 cm mit einer Knicklänge von $l_0 = 3{,}45$ m wird mit $F_{c,d} = 180$ kN belastet. Führen Sie den Knickspannungsnachweis.

116. Eine Stahlstütze aus der IPB-Reihe mit einer Knicklänge von $l_0 = 3{,}75$ m wird mit 0,8 MN belastet. Dimensionieren Sie diese Stütze.

117. Berechnen Sie die Versatztiefe t_V und die Vorholzlänge l_V.

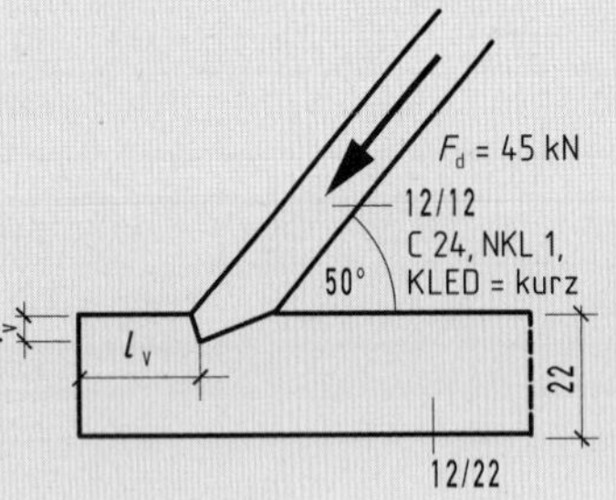

118. Berechnen Sie die Versatztiefe t_V sowie die Vorholzlänge l_V für

a) $\alpha = 30°$,

b) $\alpha = 45°$,

c) $\alpha = 60°$.

Bewerten Sie die Ergebnisse.

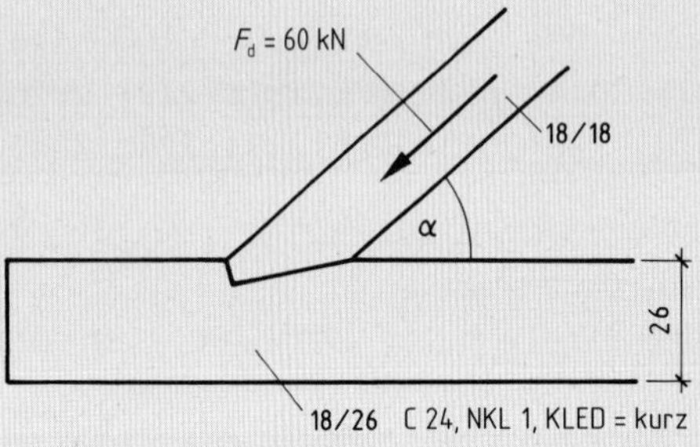

119. Berechnen Sie für den Deckenbalken mit Strebe C24, NKL1, KLED = kurz

a) die maximale Größe der Strebenkraft F_d,

b) die mindestens erforderliche Vorholzlänge l_V.

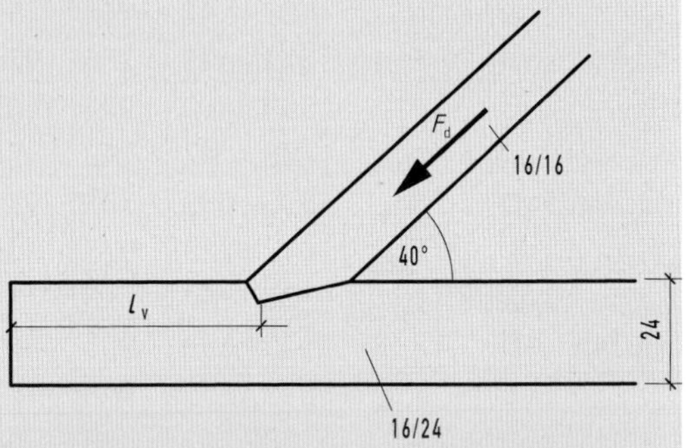

120. Berechnen Sie für C 24, NKL 1, KLED = kurz

a) die Querschnittsfläche der Hängesäule,

b) die Versatztiefe, wenn $t_{V,zul} = h/6$ ist,

c) die Vorholzlänge.

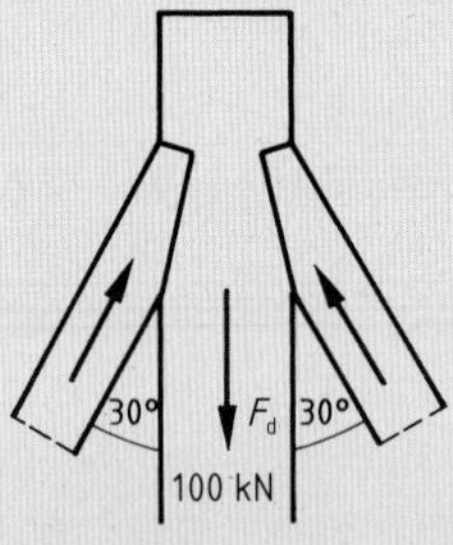

121. Der Zugstoß ist mit einer Nagelverbindung herzustellen. Die Nägel sind vorgebohrt. Die Laschendicke beträgt 4,0 cm. Berechnen Sie

a) den Nagelnenndurchmesser,

b) die Nagellänge,

c) die Nagelanzahl.

22 Mechanik

22.1 Mechanische Arbeit

Arbeit ist das Produkt aus der Kraft, die notwendig ist, die Lage eines Körpers zu verändern, und dem Kraftweg.

Arbeit = Kraft · Kraftweg
$$W = F \cdot s_1$$

W für Work (engl.)
W in Joule (J)
F in Newton (N)
s_1 in Meter (m)

Wird ein Körper mit der Kraft von 1 N um 1,00 m hochgehoben, so wird die Arbeit von 1 Joule verrichtet.

Beispiel

Ein Mörtelkasten wird mit einer Kraft von $F = 200$ N auf ein 1,40 m hohes Gerüst gehoben. Welche Arbeit wurde verrichtet?

$W = 200\ \text{N} \cdot 1{,}40\ \text{m}$
$W = 280\ \text{Nm}$
$W = 280\ \text{J}$

Einheiten

1 Joule = 1 Newtonmeter
1 Kilojoule (kJ) = 1000 Joule (J)
1 Kilonewtonmeter (kNm) = 1000 Newtonmeter (Nm)

22.2 Leistung

Die von einer Maschine oder von Menschen verrichtete Arbeit hängt nur von den beiden Faktoren Kraft und Kraftweg ab. Im täglichen Leben spielt aber ebenso die Zeit eine Rolle, in der die Arbeit verrichtet wird.

Arbeit, die pro Zeiteinheit verrichtet wird, wird Leistung genannt.

$$\textbf{Leistung} = \frac{\textbf{Arbeit}}{\textbf{Zeit}}$$
$$P = \frac{W}{t} = \frac{F \cdot s_1}{t}$$

P für Power (engl.)
P in Watt (W)
W in Joule (J)
t in Sekunden (s)

Einheiten

1 Kilowatt (kW) = 1000 Watt (W)
1 Watt (W) · 1 Stunde (h) = 1 Wattstunde (Wh)
1 Kilowattstunde (kWh) = 1000 Wattstunden (Wh)
1 Wattstunde (Wh) = 3600 Wattsekunden (Ws)

$$1\ \text{W} = 1\ \frac{\text{Nm}}{\text{s}} = 1\ \frac{\text{J}}{\text{s}}$$

Beispiel

Ein Betonfertigteil wird mit einer Kraft von $F = 4000$ N in 2,5 s auf die 1,35 m hohe Ladefläche eines Lkws gehoben. Wie groß ist die Leistung?

$$P = \frac{4000\ \text{N} \cdot 1{,}35\ \text{m}}{2{,}5\ \text{s}} = 2160\ \frac{\text{Nm}}{\text{s}}$$

$P = 2160\ \text{W} = 2{,}16\ \text{kW}$

Um Lasten leichter heben zu können, d.h. weniger Arbeitsaufwand zu haben, werden einfache Geräte wie Rollen, Flaschenzüge u.Ä. eingesetzt.

22.3 Feste Rolle

Bei der festen Rolle ist die aufzuwendende Kraft F gleich der Last.

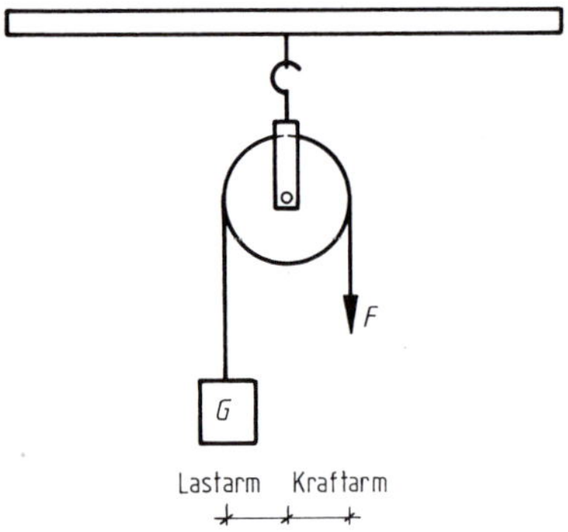

Aufzuwendende Kraft = Last $F = G$	Kraftweg = Lastweg $s_1 = s_2$

Beispiel

Welche Kraft muss aufgewendet werden, um eine Masse von 50 kg anzuheben?	Eine Masse von 50 kg entspricht einer Last von $F = 50\text{ kg} \cdot 10\,\frac{\text{m}}{\text{s}^2}$ $F = 500\text{ kg}\,\frac{\text{m}}{\text{s}^2}$ $F = 500\text{ N}$

22.4 Lose Rolle

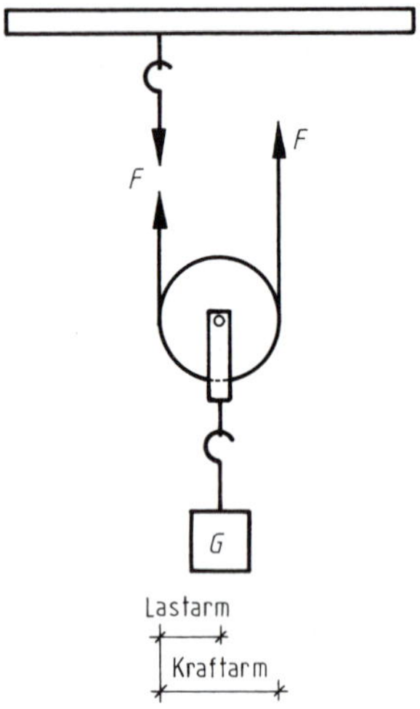

Im Seil wirkt sowohl an der Aufhängestelle als auch an der Zugstelle die gleiche Kraft F. In der Praxis ist die lose Rolle meist mit einer festen verbunden. Die zweite Rolle bringt keine Kraftersparnis, da sie fest ist. Ihr Vorteil liegt in der Änderung der Zugrichtung.

Es gilt $F + F = G$

$$2F = G$$

$$F = \frac{G}{2}$$

Die aufzuwendende Kraft wird halbiert, wenn der Kraftweg verdoppelt wird. Ein Grundsatz der Mechanik lautet: Was an Kraft gewonnen wird, geht an Weg verloren.

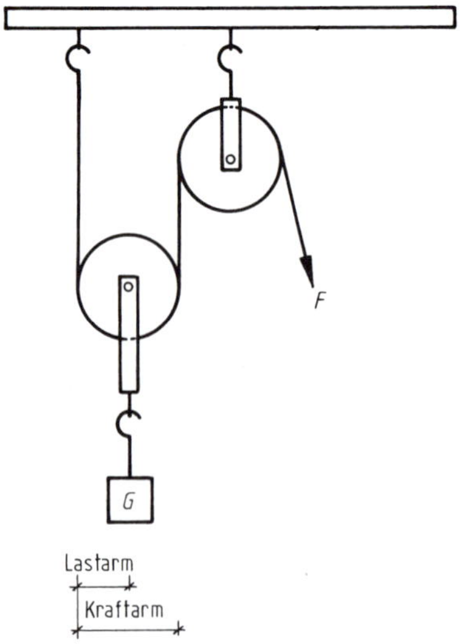

Aufzuwendende Kraft = $\frac{\text{Last}}{2}$ $F = \frac{G}{2}$	Kraftweg = 2 · Lastweg $s_1 = 2 \cdot s_2$

Beispiel

Eine Last von $G = 1{,}2$ kN ist mit einer losen Rolle 2,50 m anzuheben. Bestimmen Sie die aufzuwendende Kraft und den Kraftweg.	$F = \frac{1{,}2\text{ kN}}{2} = 0{,}6\text{ kN}$ $s_1 = 2 \cdot 2{,}50\text{ m} = 5{,}00\text{ m}$

22.5 Flaschenzug

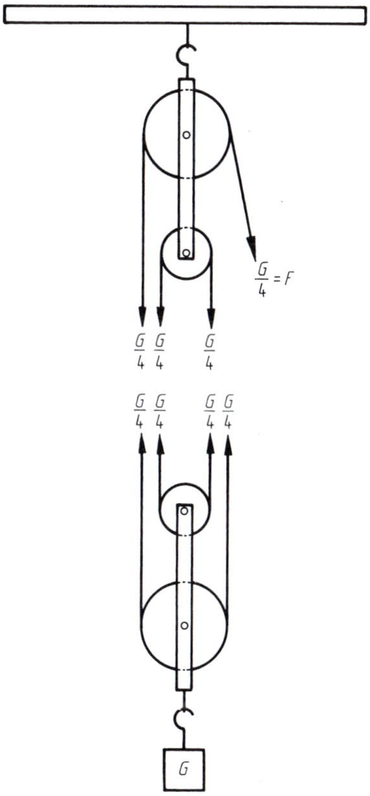

Der Flaschenzug besteht in der Regel aus 2 oder 3 festen und der gleichen Anzahl loser Rollen. Bei *n* Rollen wird die Last von *n* Seilen getragen. Die aufzuwendende Kraft verringert sich entsprechend der Rollenzahl. Gemäß dem oben genannten Grundsatz geht die Kraftersparnis zu Lasten des Kraftweges.

Aufzuwendende Kraft = Last / Anzahl der Rollen

$$F = \frac{G}{n}$$

Kraftweg = Anzahl der Rollen · Lastweg

$$s_1 = n \cdot s_2$$

Beispiel

Eine Last von $G = 160$ kN ist mit einem Flaschenzug mit 4 Rollen 2,75 m hochzuheben. Bestimmen Sie die aufzuwendende Kraft und den Kraftweg.	$F = \frac{160\ \text{kN}}{4} = 40\ \text{kN}$ $s_1 = 4 \cdot 2{,}75\ \text{m} = 11{,}00\ \text{m}$

22.6 Differenzialflaschenzug

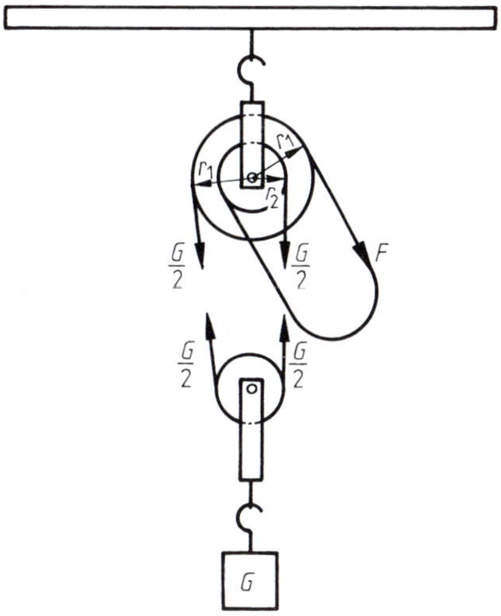

Der Differenzialflaschenzug besteht aus einer festen Doppelrolle mit zwei verschiedenen Durchmessern und einer losen Rolle. Um die Rollen ist eine endlose Kette gelegt. Werden die Momente betrachtet, die an der festen Rolle wirken, so ergibt sich

Summe aller rechtsdrehenden Momente = Summe aller linksdrehenden Momente

$$\Sigma M \curvearrowright = \Sigma M \curvearrowleft$$

$$F \cdot r_1 + \frac{G}{2} \cdot r_2 = \frac{G}{2} \cdot r_1$$

$$F \cdot r_1 = \frac{G}{2} \cdot r_1 - \frac{G}{2} \cdot r_2$$

$$F = \frac{G}{2} \cdot \frac{(r_1 - r_2)}{r_1}$$

$$\boldsymbol{F = \frac{G}{2} \cdot \frac{(r_1 - r_2)}{r_1}}$$

$$\boldsymbol{s_1 = 2 s_2 \cdot \frac{r_1}{r_1 - r_2}}$$

Umformen der Gleichung ergibt

$$F = \frac{G}{2} \cdot \left(1 - \frac{r_2}{r_1}\right)$$

Aus dieser Gleichung ist ersichtlich, dass die aufzuwendende Kraft vom Verhältnis der Rollengrößen abhängig ist.

Beispiel

Eine Last von $G = 3750$ N soll mit einem Differenzialflaschenzug 4,20 m angehoben werden; $r_1 = 15$ cm, $r_2 = 11$ cm.

Berechnen Sie Kraft und Kraftweg.

$$F = \frac{3750\ \text{N}}{2} \cdot \frac{15\ \text{cm} - 11\ \text{cm}}{15\ \text{cm}} \qquad s_1 = 2 \cdot 4{,}20\ \text{m} \cdot \frac{15\ \text{cm}}{15\ \text{cm} - 11\ \text{cm}}$$

$$F = 500\ \text{N} \qquad s_1 = 31{,}50\ \text{m}$$

22.7 Seilwinde

Die Wirkung einer Seilwinde entspricht der eines zweiseitigen Hebels:

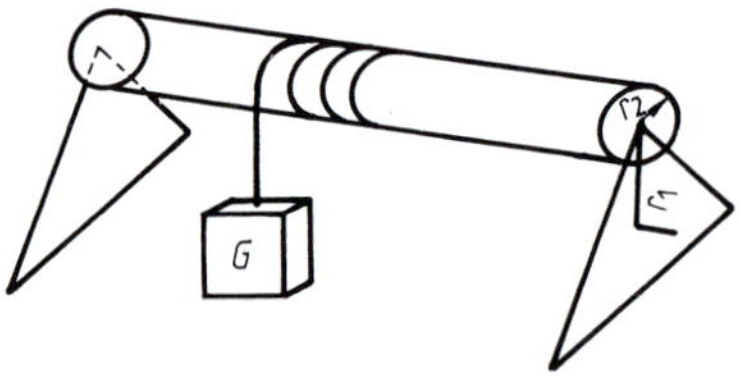

Kraft · Kraftarm = Last · Lastarm

$$F \cdot r_1 = G \cdot r_2$$

$$F = \frac{G \cdot r_2}{r_1} \qquad n = \frac{s_2}{d \cdot \pi}$$

n Anzahl der Umdrehungen
s_2 Lastweg
d Wellendurchmesser

Beispiel

Eine Last von 7500 N ist mit einer Seilwinde 7,35 m anzuheben. Länge der Kurbelstange $r_1 = 39$ cm, Durchmesser der Welle $d = 13$ cm

a) Welche Kraft ist aufzuwenden?
b) Wie viele Umdrehungen sind auszuführen?

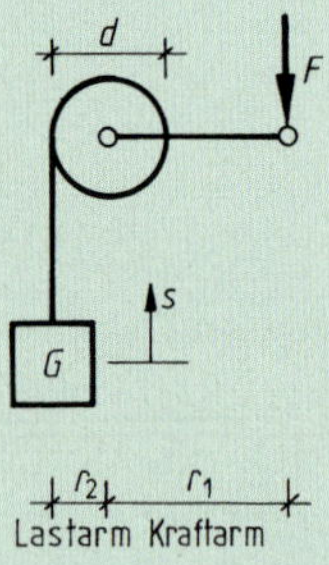

$$F = 7500\ \text{N} \cdot \frac{6{,}5\ \text{cm}}{39\ \text{cm}} = 1250\ \text{N}$$

$$n = \frac{735\ \text{cm}}{13\ \text{cm} \cdot \pi} = 18\ \text{Umdrehungen}$$

Aufgaben

1. Um eine Last von 1460 N 1,25 m hochzuheben, ist eine Leistung von 730 Watt benötigt worden.
a) In welcher Zeit wurde diese Leistung erbracht?
b) Welche Arbeit wurde dabei verrichtet?

2. Eine Palette mit 228 Steinen 2 DF und einer Rohdichte von $\varrho = 1{,}3$ kg/dm³ wird mit einem Autokran in 5,5 Sekunden 4,30 m angehoben.
a) Welche Arbeit hat der Kran verrichtet?
b) Wie groß war seine Leistung?

3. Der Stahlbetonsturz wurde von 8 Personen in 2 Sekunden 1,55 m hochgehoben.

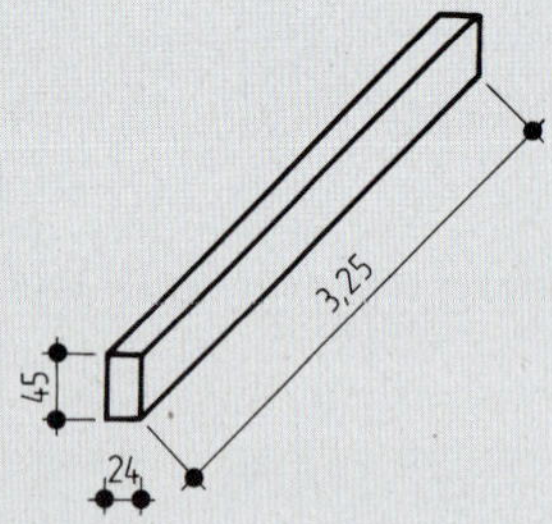

a) Welche Arbeit hat jeder Arbeiter verrichtet?
b) Wie groß war die Leistung jedes Arbeiters?

4. Ein mit Beton gefüllter Kübel wird mit einem Kran in 8 Sekunden 8,30 m angehoben (Eigenlast des Kübels 650 N); Abbildung siehe rechts.
a) Welche Arbeit wurde verrichtet?
b) Wie groß war die Leistung des Krans?

Aufgaben

*zu Aufgabe **4**.*

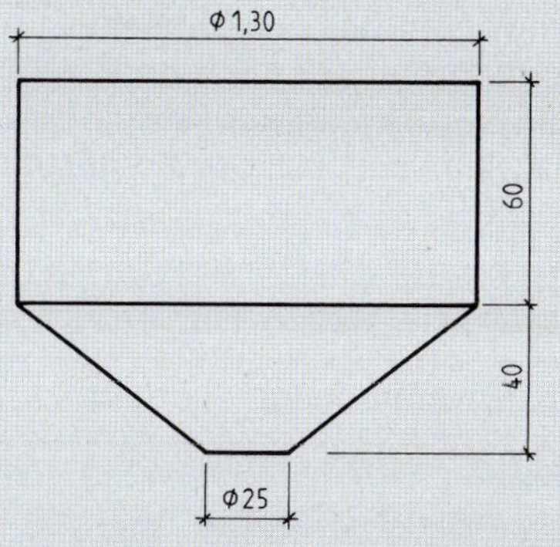

5. Eine Palette mit 240 Steinen KS 3 DF und einer Rohdichte von $\varrho = 1{,}9\ \text{kg/dm}^3$ wird 3,70 m hochgehoben. Ermitteln Sie die erforderliche Kraft sowie den Kraftweg
a) bei einer festen Rolle,
b) bei einer losen Rolle,
c) bei einem Flaschenzug mit 4 Rollen,
d) bei einem Flaschenzug mit 6 Rollen,
e) bei einem Differenzialflaschenzug; $r_1 = 15$ cm, $r_2 = 10$ cm.

6. Wie viel % beträgt die Kraftersparnis, wenn das Betonrohr statt mit einer festen Rolle mit einem Flaschenzug mit 4 Rollen hochgezogen wird?

7. Ein Betonrohr für einen Tiefbrunnen soll mit einem Differenzialflaschenzug abgelassen werden.
Radius der kleinen Rolle $r_2 = 5{,}5$ cm,
Radius der großen Rolle $r_1 = 10{,}5$ cm.
a) Welche Kraft ist erforderlich?
b) Wie lang ist der Kraftweg, um das Rohr 3,10 m abzulassen?

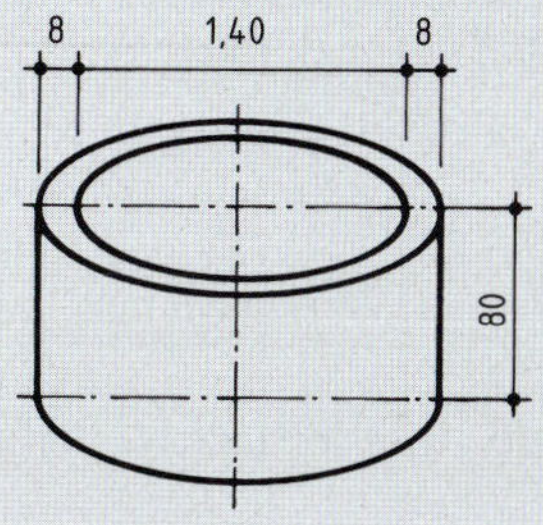

8. Der Aushub aus einem Tiefbrunnen soll mit einer Seilwinde gefördert werden.
Volumen des Eimers 10,5 dm³,
Rohdichte des Bodens 1,90 kg/dm³,
Eigenlast des Eimers 25 N,
Durchmesser der Seilwindrolle $d = 14$ cm,
Länge der Kurbelstange $r_1 = 52$ cm.
a) Welche Kraft ist erforderlich?
b) Wie viele Umdrehungen sind auszuführen, um die Fördermasse aus einer Tiefe von 3,10 m heraufzuholen?

9. Der Mörtel für einen Estrich wird in Eimern mittels einer festen Rolle in das Obergeschoss befördert.
Masse des Eimerinhalts 24 kg,
Eigenlast des Eimers 15 N,
Höhendifferenz vom Boden bis zum Obergeschoss 3,90 m.
a) Welche Kraft ist erforderlich?
b) Welche Arbeit verrichtet der Arbeiter dabei?
c) Wie lange würde der Hubvorgang bei einer losen Rolle im Vergleich zur festen dauern, wenn der Arbeiter das Seil pro Sekunde um 1,20 m nach unten zieht?

10. Ein Grabstein ($\varrho = 2{,}8\ \text{kg/dm}^3$) wird 1,80 m hochgehoben. Ermitteln Sie die erforderliche Kraft für
a) eine feste Rolle bei einem Reibungsverlust von 2 %,
b) eine lose Rolle bei einem Reibungsverlust von 3 %,
c) einen Flaschenzug mit 4 Rollen, Reibungsverlust 5,5 %,
d) einen Differenzialflaschenzug $r_1 = 17$ cm, $r_2 = 12$ cm, Reibungsverlust 3,2 %.

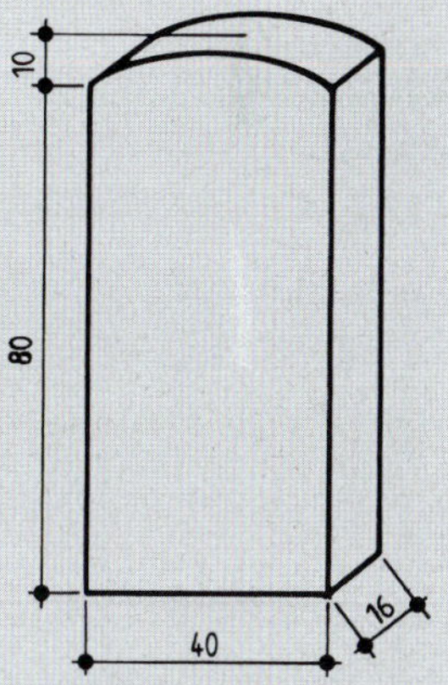

23 Grundlagen der Bauplanung

Die Planung eines Gebäudes unterliegt in Deutschland verschiedenen Vorschriften und Normen.

Planerische Rahmenbedingung	BauNVO (Baunutzungsverordnung) LBO (Landesbauordnung der jeweiligen Länder)
Baukostenermittlung	DIN 276
Ermittlung der Rauminhalte und Grundflächen	DIN 277
Ermittlung der Wohnfläche	WflVO (Wohnflächenverordnung)

23.1 Grundflächenzahl, Geschossflächenzahl, Baumassenzahl, Grundstücksfläche

Grundflächenzahl, Geschossflächenzahl und Baumassenzahl sind im zweiten Abschnitt der BauNVO definiert.

Grundflächenzahl (GRZ)

Die Grundflächenzahl (GRZ) gibt an, wie groß die überbaute Grundfläche des Gebäudes je m^2 Grundstücksfläche höchstens sein darf.

$$\textbf{Grundflächenzahl (GRZ)} = \frac{\textbf{zulässige Grundfläche in } \mathbf{m^2}}{\textbf{maßgebende Grundstücksfläche in } \mathbf{m^2}}$$

Beispiel 1

Gegeben: zulässige Grundflächenzahl 0,4
Grundstücksfläche 1000 m^2

Gesucht: zulässige Grundfläche

zulässige Grundfläche = GRZ · Grundstücksfläche
maximal zu überbauende Grundfläche = 0,4 · 1000 m^2
= 400 m^2

Die Grundfläche ist nach den Außenmaßen einschließlich Putz oder Verkleidung zu ermitteln.

Zur Grundfläche zählen auch

- Garagen, Stellplätze,
- Nebenanlagen, die der Versorgung z. B. mit Strom, Gas und Wasser dienen,
- bauliche Anlagen unterhalb der Geländeoberfläche,
- frei auskragende Vorbauten, Balkone, Dachüberstände, Kellerlichtschächte, Außentreppen.

Geschossflächenzahl (GFZ)

Die Geschossflächenzahl (GFZ) gibt an, wie groß die gesamte Geschossfläche aller Vollgeschosse je m^2 Grundstücksfläche höchstens sein darf.

$$\textbf{Geschossflächenzahl (GFZ)} = \frac{\textbf{zulässige Geschossfläche in } m^2}{\textbf{maßgebende Grundstücksfläche in } m^2}$$

Beispiel 2

Gegeben: Grundstücksfläche 1000 m^2
zweigeschossige Bauweise im allgemeinen Wohngebiet

Gesucht: zulässige Geschossfläche

GFZ aus unten stehender Tabelle: GFZ = 1,2

zulässige Geschossfläche = GFZ · Grundstücksfläche = 1,2 · 1000 m^2 = 1200 m^2

$$\text{Fläche je Geschoss} = \frac{\text{zulässige Geschossfläche}}{\text{Anzahl der Geschosse}} = \frac{1200\ m^2}{2} = 600\ m^2$$

Zulässiges Maß der baulichen Nutzung

Baugebiet	Grundflächenzahl GRZ	Geschossflächenzahl GFZ
in Kleinsiedlungsgebieten (WS)	0,2	0,4
in reinen Wohngebieten (WR) allgemeinen Wohngebieten (WA) Ferienhausgebieten	0,4	1,2
in besonderen Wohngebieten (WB)	0,6	1,6
in Dorfgebieten (MD) Mischgebieten (MI) dörflichen Wohngebieten (MDW)	0,6	1,2
in urbanen Gebieten (MK)	0,8	3,0
in Kerngebieten (MK)	1,0	3,0
in Gewerbegebieten (GE) Industriegebieten (GI) sonstigen Sondergebieten	0,8	2,4
in Wochenendhausgebieten	0,2	0,2

Die Geschossfläche ist nach den Außenmaßen des Gebäudes in allen Vollgeschossen zu ermitteln.

Für die Festlegung, unter welchen Bedingungen ein Geschoss als Vollgeschoss gilt, sind landesrechtliche Vorschriften maßgebend.

Für Baden-Württemberg gilt zum Beispiel:

Als Vollgeschosse zählen Geschosse dann, wenn sie mehr als 1,40 m über die mittlere Geländeoberfläche hinausragen und eine lichte Höhe von mindestens 2,30 m haben.

Bei Dachgeschossen muss diese Höhe über mindestens 3/4 der Grundfläche des darunterliegenden Geschosses vorhanden sein. Als Höhe gilt der Abstand von OK Fußboden zu OK Fußboden.

Bei der Geschossfläche werden **nicht angerechnet:**

1. Flächen von Nebenanlagen wie z. B. für die Kleintierhaltung und Anlagen für die zentrale Strom-, Gas- und Wasserversorgung.
2. Balkone, Terrassen, Loggien sowie vollständig unterirdische Bauanlagen.
3. Vorsprünge von Eingangsüberdachungen, Freitreppen und Dachvorsprünge.
4. Flächen von Geschossen, die nicht als Vollgeschosse gelten.

Angerechnet werden:

5. Bauteile, die auf Stützen ruhen.
6. Vorbauten, Erker.

Sowohl die Geschossflächenzahl **als auch** die Grundflächenzahl müssen eingehalten werden. Wird die Grundflächenzahl voll ausgenutzt, können die oberen Geschosse in ihren Abmessungen reduziert werden, damit die Summe aller Geschosse die Geschossflächenzahl nicht überschreitet.

Baumassenzahl (BMZ)

Die Baumassenzahl (BMZ) gibt an, wie viel m^3 Bauvolumen je m^2 Grundstücksfläche zulässig sind.

Das Bauvolumen ist nach den Außenmaßen des Gebäudes von OK Fußboden des untersten Vollgeschosses bis zur Decke des obersten Vollgeschosses zu ermitteln.

$$\textbf{Baumassenzahl BMZ} = \frac{\textbf{zulässiges Bauvolumen in m}^3}{\textbf{maßgebende Grundstücksfläche in m}^2}$$

Die Baumassenzahl findet nur in Gewerbegebieten und Industriegebieten Anwendung. Dort gilt eine BMZ von 10,0.

Grundstücksfläche

Grundstücke haben oft ganz oder teilweise Hanglage. Dabei ergibt sich die Grundstücksfläche als Projektion auf die waagerechte Ebene. Die schräge Fläche kann nicht als Maßgrundlage herangezogen werden, da die Gebäude senkrecht auf der Projektionsfläche A´B´CD errichtet werden.

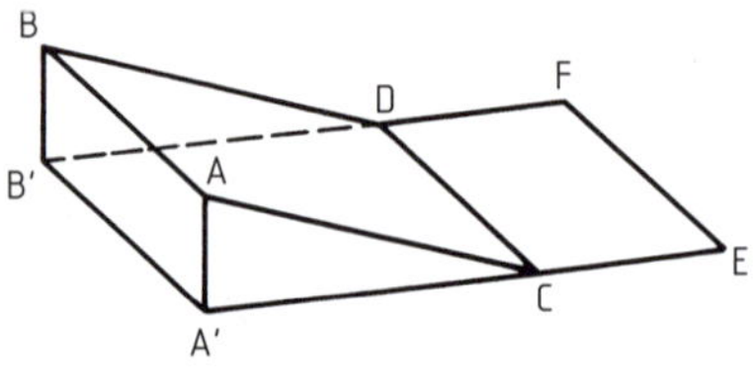

$$\text{Grundstücksfläche} = \overline{A'B'} \cdot \overline{A'C} + \overline{CD} \cdot \overline{CE}$$

Aufgaben

1. Ermitteln Sie für ein zweigeschossiges Wohnhaus in einem allgemeinen Wohngebiet
a) die Grundflächenzahl,
b) die Geschossflächenzahl.

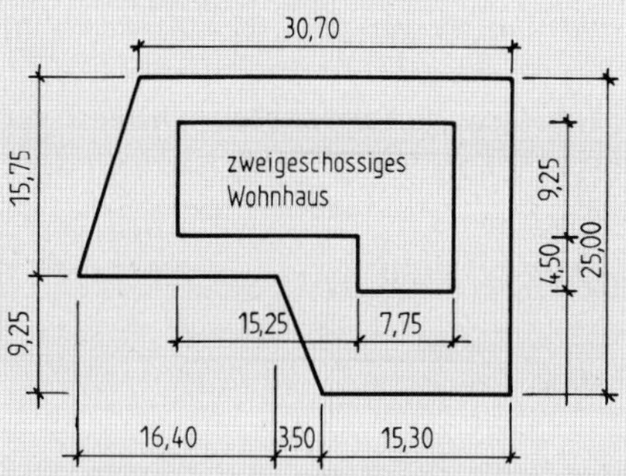

2. Auf einem 300 m² großen Grundstück in einem Kleinsiedlungsgebiet soll ein eingeschossiges Ferienhaus errichtet werden. Welche Grundfläche darf das Ferienhaus höchstens erhalten?

3. Ein Bauherr möchte auf seinem Grundstück ein 4-geschossiges Gebäude mit rechteckigem Grundriss mit den Abmessungen 36,00 × 24,00 m errichten. Das Grundstück befindet sich in einem Mischgebiet. Wie viel m müssen vom Nachbargrundstück erworben werden, damit das Gebäude errichtet werden darf?

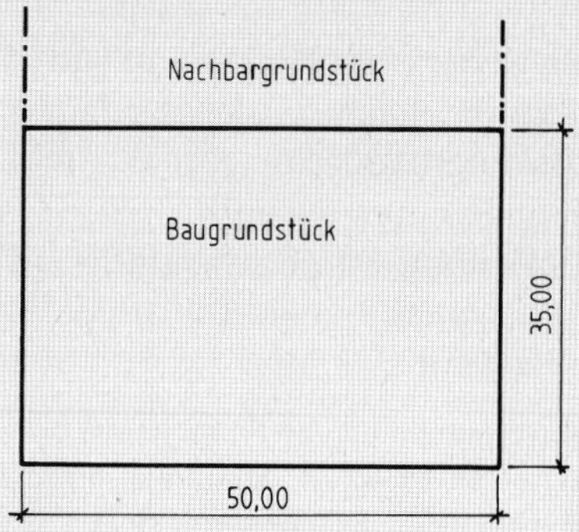

4. In einem Gewerbegebiet soll eine eingeschossige Lagerhalle errichtet werden. Es soll zu einem späteren Zeitpunkt die Möglichkeit bestehen, die Halle zu erweitern.
a) Wie groß ist die Grundflächenzahl?
b) Wie viel m² könnten an die Halle angebaut werden, wenn die zulässige GRZ ausgenützt würde?

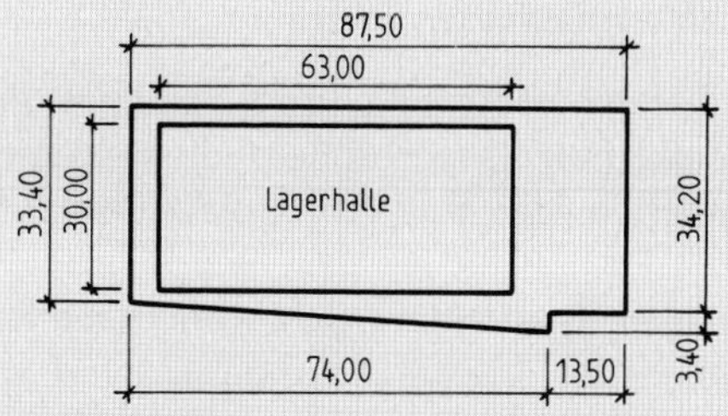

5. Ermitteln Sie die Grundstücksfläche.

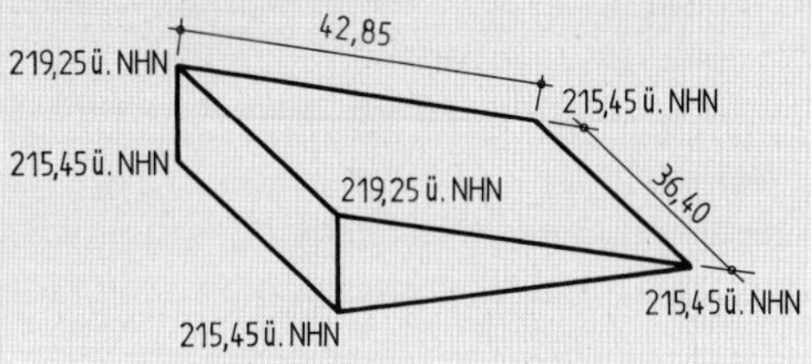

6. Wie groß ist die Grundstücksfläche?

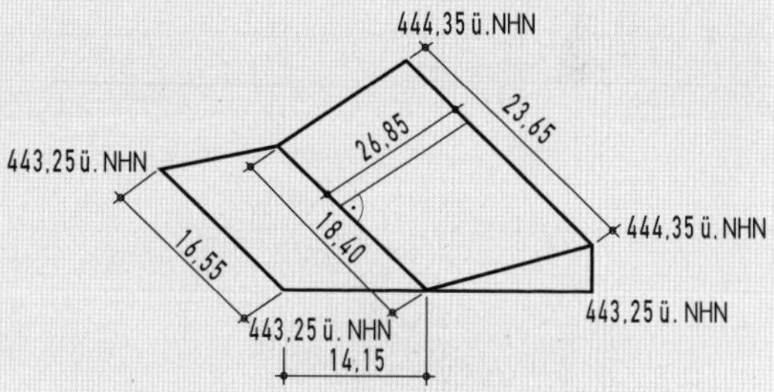

7. Ermitteln Sie die Grundstücksfläche.

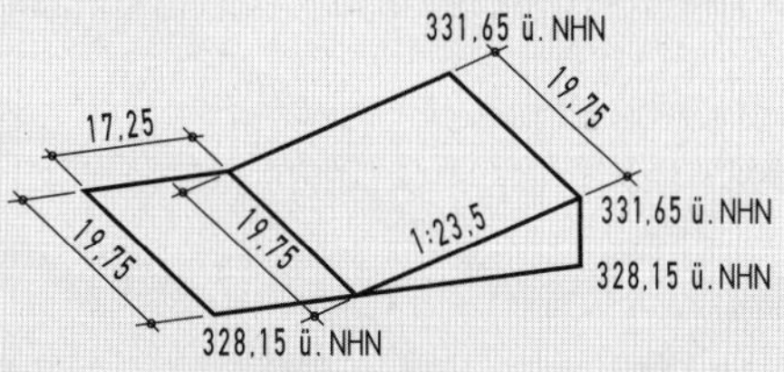

23.2 Rauminhalte, Nettoraumflächen von Gebäuden (DIN 277) und Baukostenermittlung (DIN 276)

Um schon im Vorstadium der Planung eines Bauwerks über die Kostensituation Auskunft zu erhalten, ist eine Kostenschätzung vorzunehmen. Die Kostenschätzung ist eine Unterlage, die im Gegensatz zur Kostenberechnung und zum Kostenanschlag noch als unverbindlich gilt. Während die Kostenschätzung in erster Linie als Grundlage für Finanzierungsüberlegungen oder für die Abgrenzung des Raum- und Ausstattungsprogrammes dient, sind Kostenberechnung und Kostenanschlag notwendige Voraussetzungen für die Baudurchführung. Charakteristisch für die Kostenschätzung ist, dass die Kosten sowohl aus Einzelbeträgen gesondert ermittelt als auch durch Verwendung von Erfahrungswerten, Kostenrichtwerten oder überschlägig ermittelten Pauschalen gefunden werden können (siehe Kap. 25.1). Die Schätzung der Bauwerkskosten kann erfolgen nach

1. **Rauminhalten**, wobei für jede der beiden Arten eine Pauschale eingesetzt wird,
2. **Gebäudeflächen**; Bezugsgröße ist die Nettoraumfläche (NRF),
3. **Nutzeinheiten** wie z. B. je Arbeitsplatz, Bettplatz oder je Stück Vieh.

Der Genauigkeitsgrad erhöht sich, wenn nach Rauminhalten und Gebäudeflächen und, soweit möglich, nach Nutzeinheiten geschätzt und das Ergebnis gemittelt wird.

Die DIN 277 unterscheidet bei den Rauminhalten und Grundflächen zwei Gliederungsebenen.

Gliederungsebenen nach DIN 277

Regelfall der Raumumschließung R: bei allen Begrenzungsflächen des Raums (Boden, Decke, Wand) vollständig umschlossen z. B. normale Räume	**Sonderfall der Raumumschließung S:** nicht bei allen Begrenzungsflächen (Boden, Decke, Wand) vollständig umschlossen, aber konstruktiv mit Bauwerk verbunden z. B. Loggien, Balkone, Terrassen auf Flachdächern, Eingangsbereiche, Außentreppen

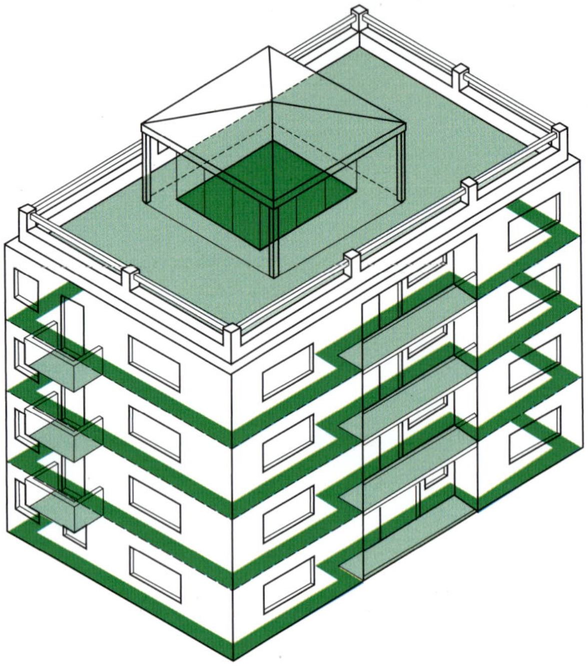

Dargestellt ist der Bruttorauminhalt (BRI). Er ist gekennzeichnet durch die jeweils farbig angelegte Bruttogrundfläche und die den BRI umschließenden, zum Teil gestrichelten Linien. Zur Vereinfachung der Darstellung sind die BGF der Geschosse nur durch farbige Randlinien verdeutlicht.

- R: Bruttorauminhalt von Räumen, die bei allen Begrenzungsflächen vollständig umschlossen sind (EG, 1., 2. und 3. OG, DG)
- S: Bruttorauminhalt von Räumen, die nicht bei allen Begrenzungsflächen vollständig umschlossen sind (Loggien im EG und im 1., 2. und 3. OG, Balkone im 1., 2. und 3. OG, Dachterrasse)

Bruttorauminhalt (BRI)

Der Bruttorauminhalt wird von den äußeren Begrenzungsflächen der konstruktiven Bauwerkssohle, der Außenwände und der Dächer einschließlich Dachgauben und Dachoberlichtern umschlossen.

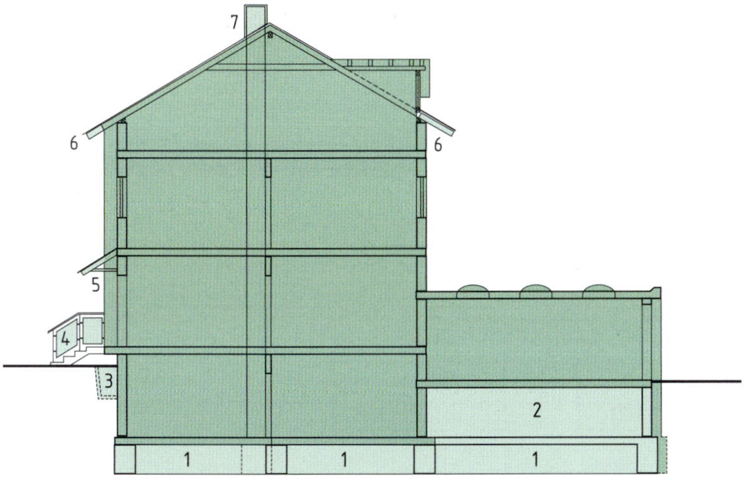

= Querschnittsfläche des Bruttorauminhaltes (BRI)
= Nicht zum BRI gehören die Rauminhalte von

1 – Tief- und Flachgründungen,
2 – evtl. Kriechkeller,
3 – Lichtschächte,
4 – nicht mit dem Bauwerk durch Baukonstruktion verbundene Außentreppen und Außenrampen,
5 – Eingangsüberdachungen,
6 – Dachüberstände und auskragende Sonnenschutzanlagen,
7 – über den Dachbelag aufgehende Schornsteinköpfe, Lüftungsrohre und -schächte

Als Höhe gilt

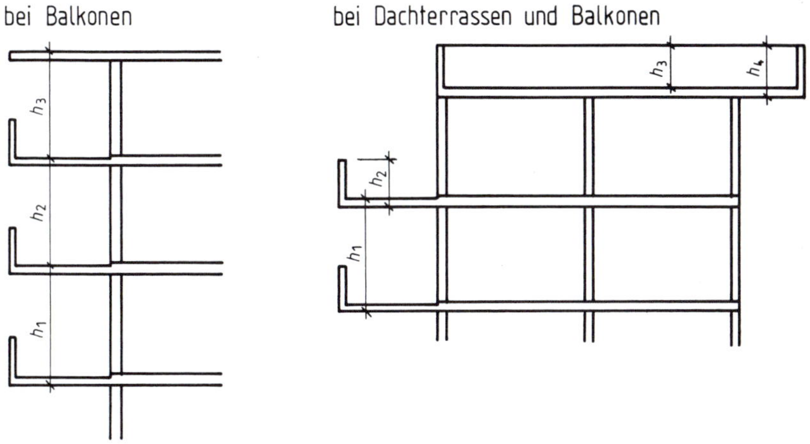

KG: Unterfläche Kellerboden bis Oberfläche Fußboden EG
EG/OG: Oberfläche Fußboden bis Oberfläche Fußboden
Dachgeschoss: Oberfläche Fußboden bis Oberfläche Dachhaut

Bei den Längen- und Breitenmaßen der Gebäude werden zur Ermittlung der Bruttorauminhalte und Bruttogrundflächen Putzdicken, Dämmschichtdicken, konstruktive Luftzwischenräume u. Ä. mit berücksichtigt.

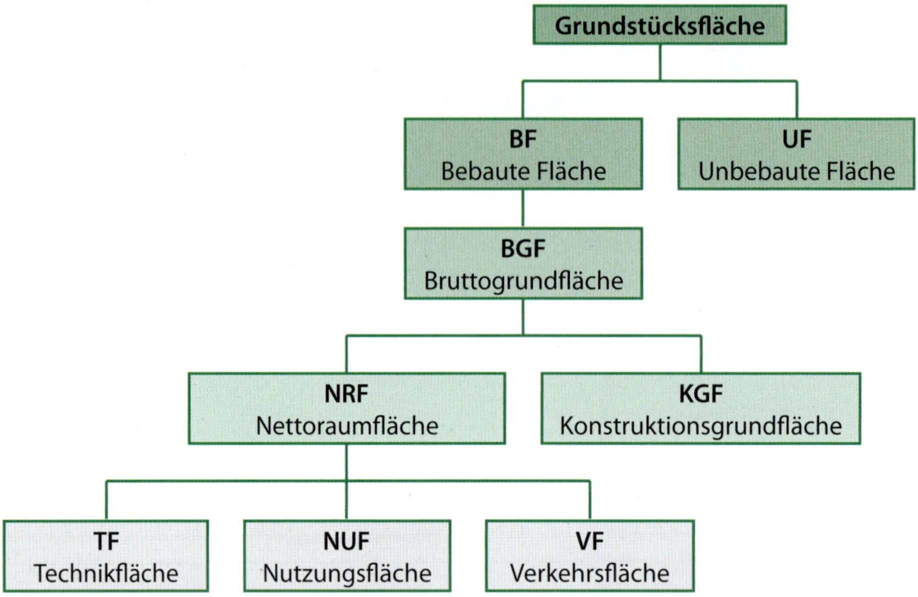

BGF Summe der Grundflächen aller Grundrissebenen eines Bauwerks und deren konstruktiver Umschließung; Ermittlung aufgrund der äußeren Maße einschließlich z. B. Putz

KGF Summe der Grundflächen der aufgehenden Bauteile aller Grundrissebenen eines Bauwerks, z. B. von Wänden; Stützen; Pfeilern; Schornsteinen; raumhohen Vormauerungen und Bekleidungen; Installationshohlräumen, Wandnischen und -schlitzen; Wandöffnungen, z. B. Türen, Fenster, Durchgänge; Installationskanälen und -schächten bis 1,00 m^2 Querschnitt sowie Kriechkellern

NRF NRF = BGF – KGF

TF Teil der NRF, der der Unterbringung zentraler betriebstechnischer Anlagen dient (Heizung, Brauchwassererwärmung, Wasserversorgung, raumlufttechnische Anlagen, Stromversorgung, Aufzugs- und Förderanlagen)

NUF Summe der Grundflächen mit Nutzungen (Wohnen und Aufenthalt; Büroarbeit; Produktion, Hand- und Maschinenarbeit, Forschung und Entwicklung; Lagern, Verteilen, Verkaufen; Bildung, Unterricht und Kultur; Heilen und Pflegen; sonstige Nutzungen)

VF Teil der NRF, die der Verkehrserschließung und -sicherung dient (Flure, Halle, Treppen, Aufzugsschächte, Fahrzeugverkehrsflächen, sonstige Verkehrsflächen)

Baukostenermittlung

Für den Wohnungsbau sieht die DIN 277 vor, dass die Kosten vorwiegend auf der Grundlage der Flächenberechnungen, d. h. der Nettoraumflächen erfolgen und ergänzend oder alternativ auf der Grundlage der Bruttorauminhalte.

Grundflächen und Rauminhalte sind getrennt nach den Gliederungsebenen R und S sowie nach Grundrissebenen, z. B. Geschossen, und getrennt nach unterschiedlichen Höhen zu ermitteln.

23.3 Wohnflächen – Nutzflächen

Grundflächen

Wohnflächen

Wohnflächen müssen getrennt ermittelt werden für
1. Wohn- und Schlafräume,
2. Küchen,
3. Nebenräume (Dielen, Abstellräume, Windfänge, Flure, Treppen, WCs, Bäder, Speisekammern, Besenkammern usw.).

Nutzflächen

Nutzflächen, die mit einer Wohnung in Zusammenhang stehen, sind getrennt auszuweisen nach
1. Wirtschaftsräumen: Arbeitsräumen, Ställen, Scheunen;
2. gewerblichen Räumen: Läden, Gaststätten, Büro- u. Lagerräumen, Werkstätten.

Wohn- und Nutzflächen dürfen nicht addiert werden.

Wohnflächen nach der Wohnflächenverordnung (WoFlV)

Wohnflächen

dazu gehören

- Flächen von Wohnräumen,
- Flächen von Räumen eines Wohnheimes, die zur alleinigen und gemeinschaftlichen Nutzung durch die Bewohner bestimmt sind,
- Wintergärten,
- Schwimmbäder,
- Balkone, Loggien, Dachgärten, Terrassen, wenn sie ausschließlich zu der Wohnung gehören.

dazu gehören nicht

- Garagen,
- Kellerräume,
- Heizungsräume,
- Bodenräume,
- Abstellräume außerhalb der Wohnung,
- Waschküchen,
- Trockenräume,
- Geschäftsräume.

Ermittlung der Grundfläche

Die Ermittlung erfolgt nach den lichten Maßen (bis Putz)

zur Grundfläche gehören

- Tür- und Fensterbekleidungen,
- Fuß- und Sockelleisten,
- fest eingebaute Gegenstände, wie Bade- und Duschwannen, Öfen, Heizgeräte, Klimageräte,
- Einbaumöbel,
- bewegliche Raumteiler.

nicht zur Grundfläche gehören

- Schornsteine, Vormauerungen, Bekleidungen, freistehende Pfeiler und Säulen, wenn sie eine Höhe von mehr als 1,50 m aufweisen und ihre Grundfläche mehr als 0,10 m² beträgt,
- Treppen mit mehr als drei Steigungen,
- Tür- und Fensternischen mit einer Tiefe <13 cm.

Anrechnung der Grundflächen

voll
- Räume und Raumteile mit einer lichten Höhe von mindestens 2,00 m
- beheizte Wintergärten

zur Hälfte
- Räume und Raumteile mit einer lichten Höhe von mindestens 1,00 m und weniger als 2,00 m
- Schwimmbäder
- unbeheizte Wintergärten

zu einem Viertel
- Balkone
- Loggien
- Dachgärten
- Terrassen in besonderen Fällen jedoch zur Hälfte, je nach Gestaltung

nicht
- Räume und Raumteile mit einer lichten Höhe von weniger als 1,00 m
- nicht zu den Grundflächen zählende Bauteile

Aufgaben

8. Ermitteln Sie die überschlägigen Baukosten für den Tankstellenbau bei angenommenen Kosten (Pauschale) von 515 €/m³.

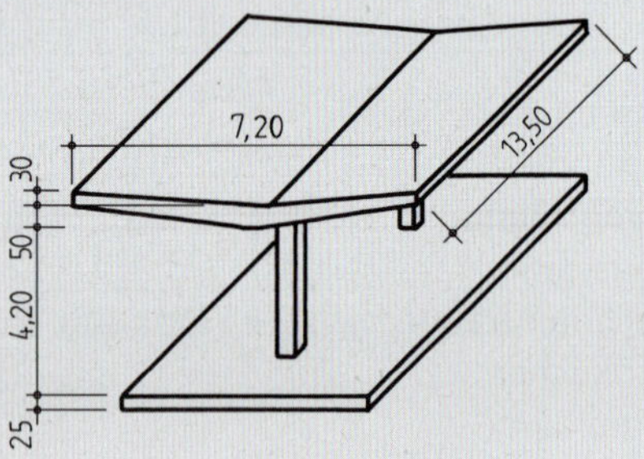

9. a) Berechnen Sie den Bruttorauminhalt.
b) Wie hoch belaufen sich die Baukosten bei angenommenen Kosten von 625 €/m³?

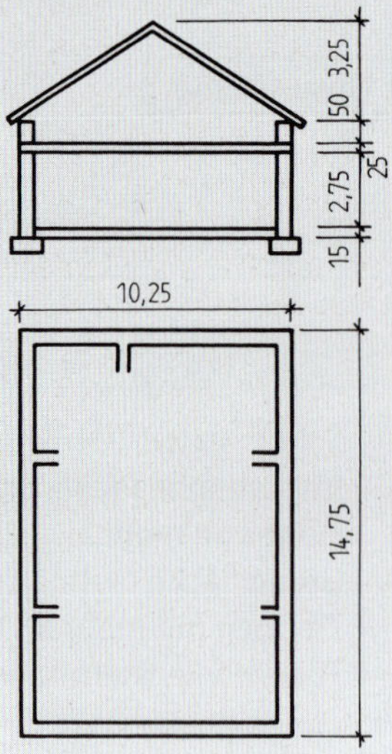

10. Wie hoch belaufen sich die überschlägigen Kosten für die Bushaltestelle? Pauschale 485 €/m³.

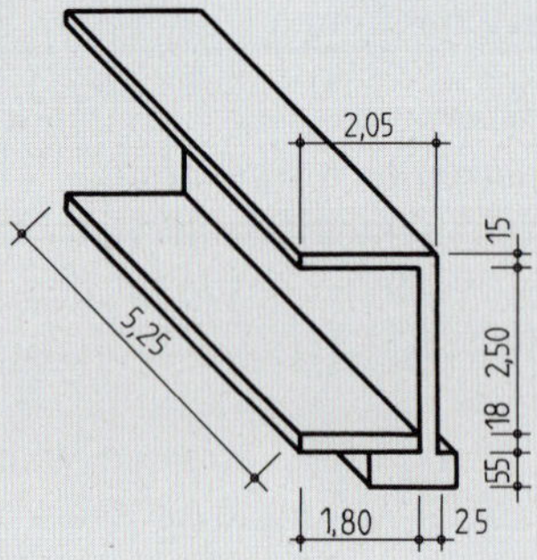

11. Ermitteln Sie die überschlägigen Baukosten für den im Schnitt dargestellten Fahrradunterstellplatz.
Länge 18,00 m,
Pauschale 495 €/m³.

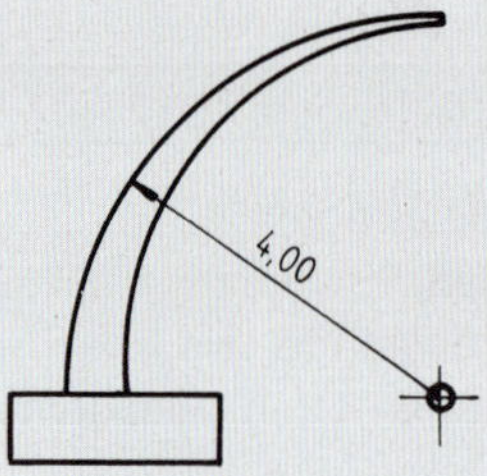

Aufgaben

12. Ermitteln Sie für das nicht unterkellerte eingeschossige Haus
a) die Bruttogrundfläche,
b) die Konstruktionsgrundfläche,
c) die Nettoraumfläche,
d) die überschlägigen Baukosten auf der Grundlage der NRF, Pauschale 2400 €/m², sowie auf der Grundlage des BRI, Pauschale 680 €/m³. Alle Räume sind allseitig umschlossen und überdeckt. Zugehörige Höhe 2,95 m; Außenputz 2,0 cm, Innenputz 1,5 cm,
e) die Wohnfläche.

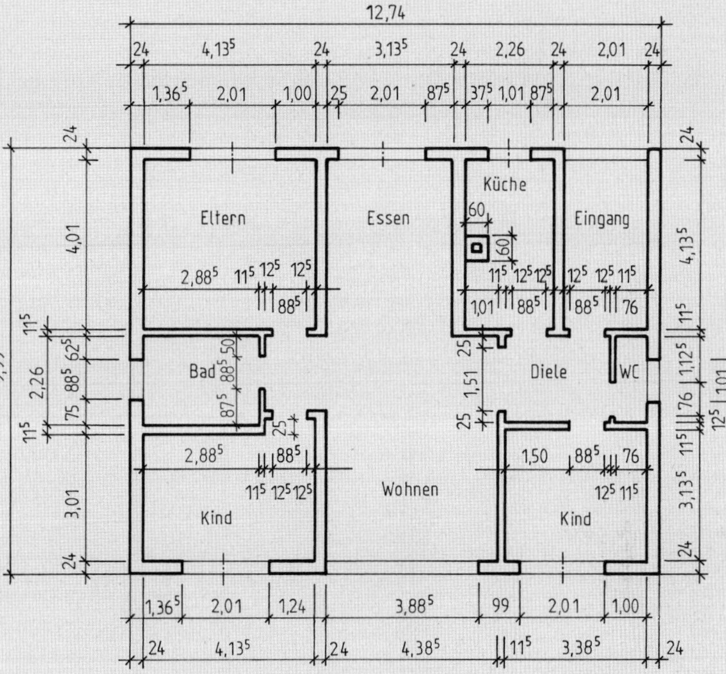

13. Ermitteln Sie
a) die Nettoraumfläche der vollständig umschlossenen Räume,
b) die Konstruktionsfläche,
c) die überschlägigen Baukosten;
Pauschale für vollständig umschlossene Räume 650 €/m³,
Pauschale für nicht vollständig umschlossene Räume 495 €/m³;
Höhe 2,87 m;
Außenputz 1,0 cm, Wärmedämmschicht außen 3,5 cm,
Innenputz 1,5 cm,
d) die Wohnfläche (das Dachgeschoss ist nicht ausgebaut).

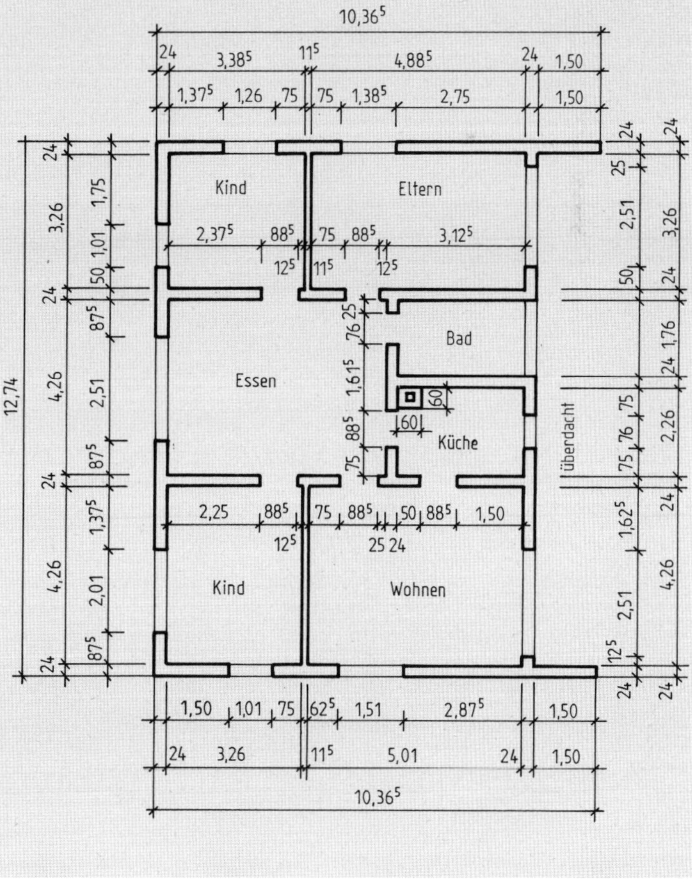

Aufgaben

14. Berechnen Sie
a) den Bruttorauminhalt,
b) die Nettoraumfläche der vollständig umschlossenen Räume,
c) die Wohnfläche (das Dachgeschoss ist nicht ausgebaut).

Grundriss EG

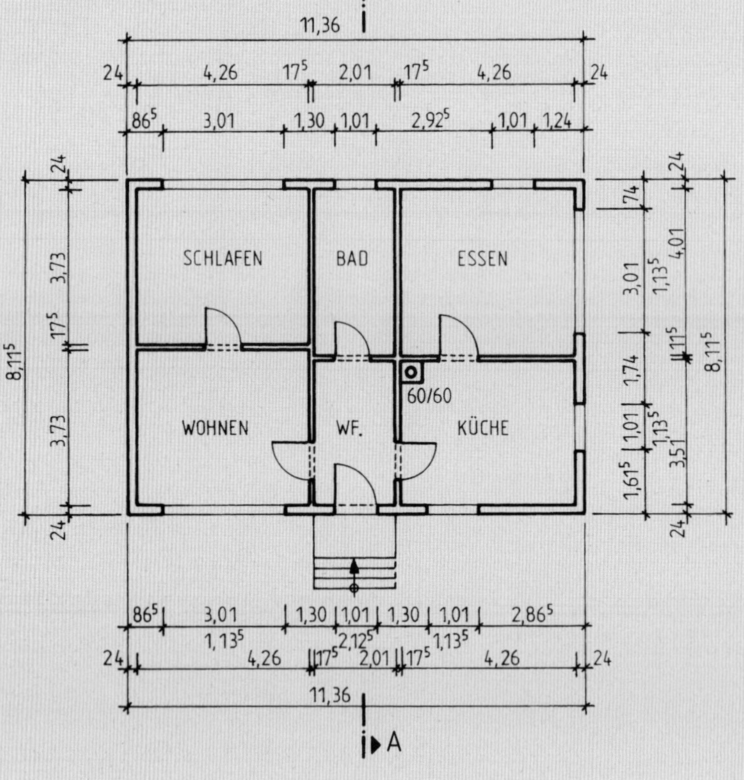

Schnitt A-A

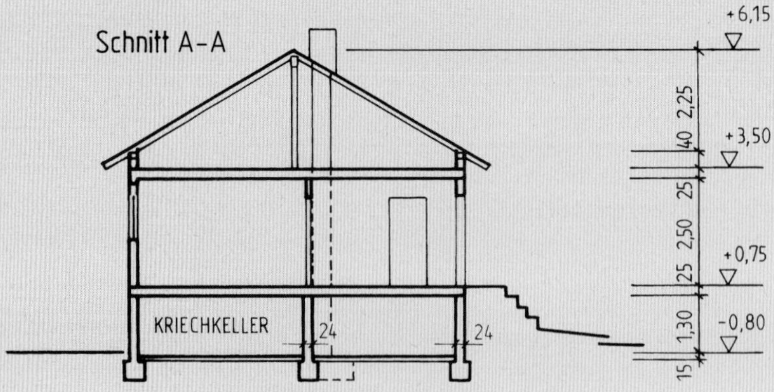

Aufgaben

15. Ermitteln Sie
a) die überschlägigen Baukosten bei den Pauschalen von 680 €/m³ für vollständig umschlossene Räume und von 520 €/m³ für nicht vollständig umschlossene Räume,
Putz: innen 1,5 cm,
außen 2,0 cm,
b) die Nettoraumfläche der vollständig umschlossenen Räume,
c) die Wohnfläche.

Grundriss KG

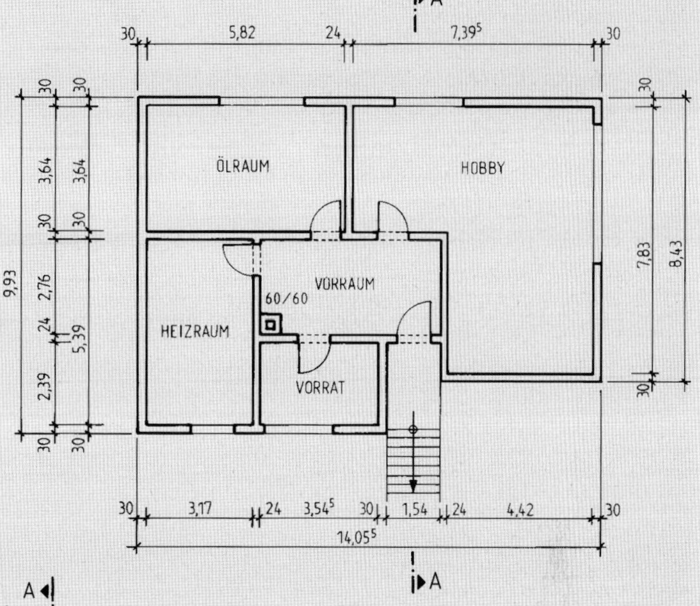

Grundriss EG

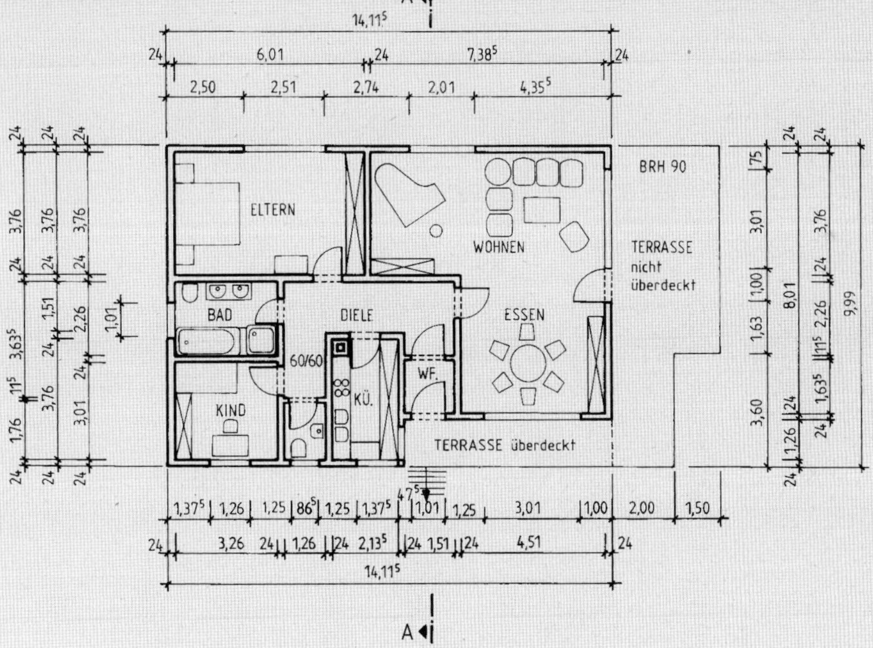

Schnitt A–A

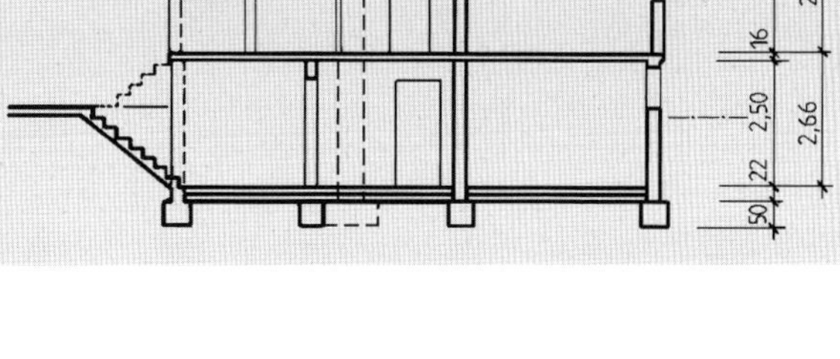

Aufgaben

16. Ermitteln Sie

a) die überschlägigen Baukosten auf der Grundlage der Bruttorauminhalte bei Pauschalen für vollständig umschlossene Räume von 670 €/m³ und von 510 €/m³ für nicht vollständig umschlossene Räume,

b) die überschlägigen Baukosten auf der Grundlage der Nettoraumflächen bei Pauschalen von 2100 €/m² für vollständig umschlossene Räume und von 1400 €/m² für nicht vollständig umschlossene Räume,

c) die gemittelte Baukostensumme auf der Grundlage von a) und b),

d) die Wohnfläche.

Außenputz 2,0 cm, Innenputz 1,5 cm

Grundriss EG

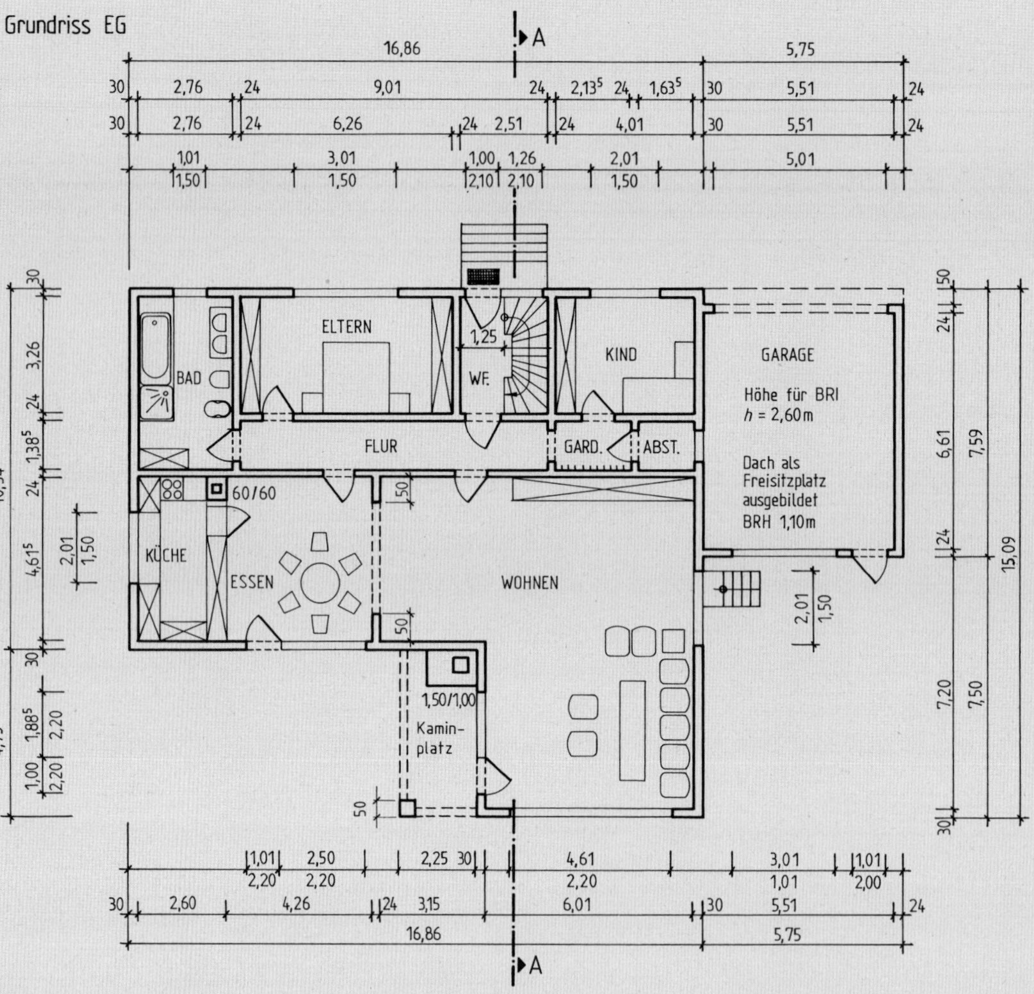

Aufgaben

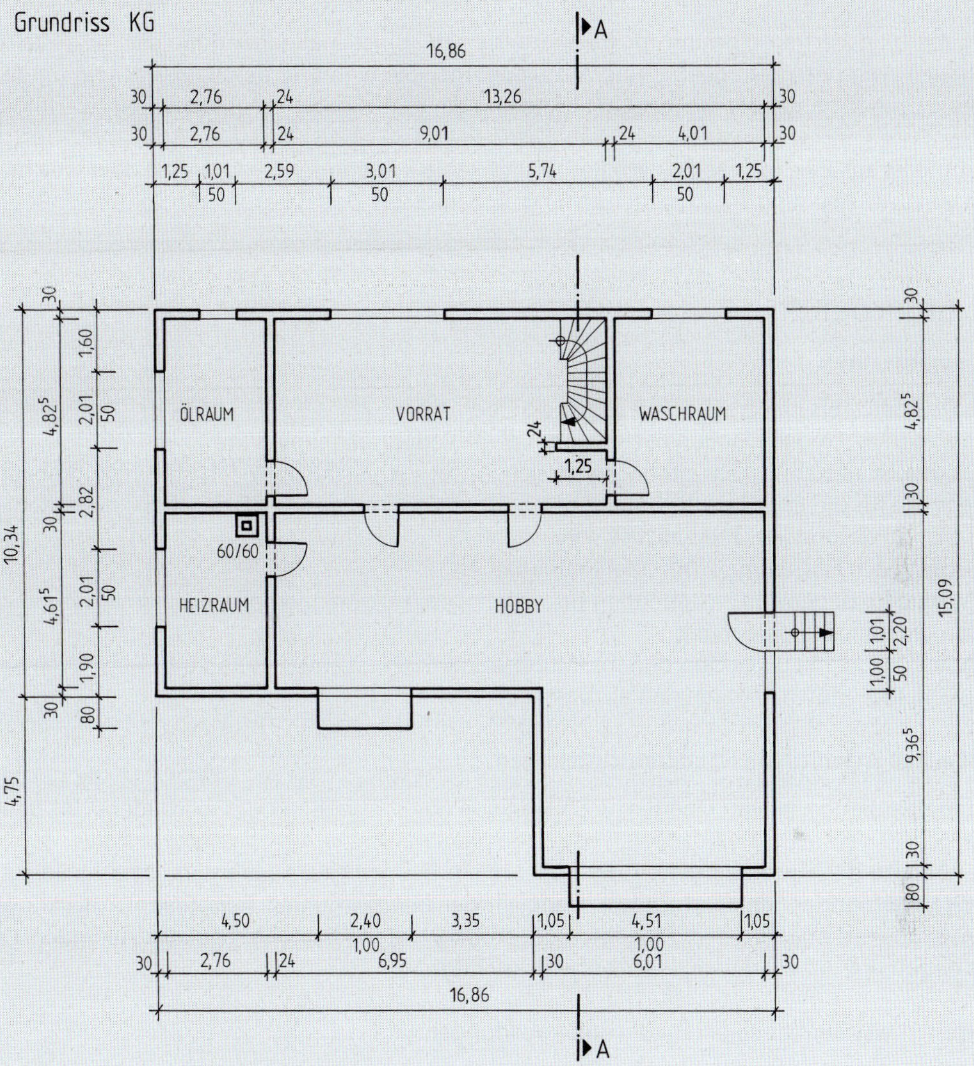
Grundriss KG
A
16,86
30
2,76
24
13,26
9,01
4,01
1,25
1,01
50
2,59
3,01
5,74
2,01
ÖLRAUM
VORRAT
WASCHRAUM
1,25
60/60
HEIZRAUM
HOBBY
10,34
4,82⁵
4,61⁵
4,75
15,09
9,36⁵
2,20
4,50
2,40
3,35
1,05
4,51
1,00
6,95
6,01

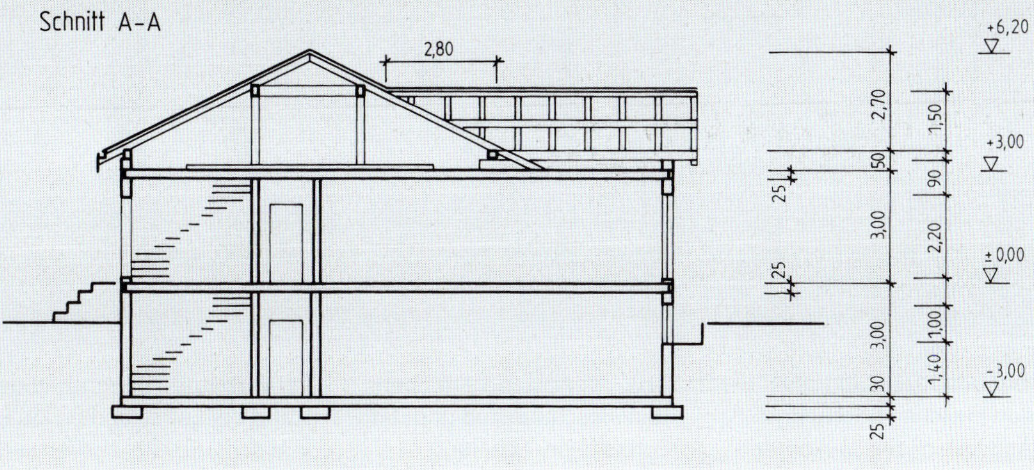
Schnitt A-A
2,80
+6,20
+3,00
±0,00
-3,00
2,70
1,50
3,00
2,20
1,40
1,00
90
50
30
25

24 Aufmaß nach VOB

Die Vergabe- und Vertragsordnung für Bauleistungen (VOB) ist maßgebend für die Ausgestaltung von Bauverträgen zwischen Auftraggeber und Auftragnehmer. Sie bietet für den Bauherrn und für den Unternehmer die Grundlage, auf der die Ausschreibung und die Abrechnung von Bauarbeiten zu erfolgen hat.

Die Leistung ist aus Zeichnungen zu ermitteln. Sind keine Zeichnungen vorhanden oder weicht die Ausführung von der Zeichnung ab, so ist die Leistung aufzumessen. Dabei werden die Rohbaumaße zugrunde gelegt.

24.1 Erdarbeiten

Es wird abgerechnet:

a) Böden werden stets im eingebauten Zustand aufgemessen.
b) Abtrag, Aushub, Fördern, Einbau nach Raummaß (m^3) oder Flächenmaß (m^2).
c) Der Boden ist getrennt nach Homogenbereichen mit vergleichbarem Arbeitsaufwand abzurechnen. Förderwege für die Lagerung des Aushubs bis 50 m sind im Preis des Erdaushubs enthalten, darüber hinaus ist ein gesonderter Preis anzusetzen.
d) Verdichten nach Flächenmaß (m^2) oder Raummaß (m^3).
e) Der Aushub für gegen den anstehenden Grund betonierte (nicht geschalte) Fundamente wird nach den Fundamentmaßen abgerechnet.
f) Der Abtrag und Einbau des Oberbodens (Mutterboden) ist von anderen Bodenbewegungen gesondert auszuschreiben, durchzuführen und abzurechnen.

Bei der Leistungsermittlung ist zu berücksichtigen:

1. Die **Tiefe** der Baugrube von Oberfläche Baugelände (nach Abheben des Oberbodens) bis Baugrubensohle.
2. Für die **Breite** der Baugrube gelten die Außenmaße des fertigen Baukörpers (einschließlich Abdichtungs-, Vorsatz- oder Schutzschichten) zuzüglich der Mindestbreiten betretbarer Arbeitsräume nach DIN 4124 sowie den erforderlichen Abmessungen für Schalungs- und Verbaukonstruktionen. Die Breite nicht betretbarer Arbeitsräume bleibt unberücksichtigt.

Als Mindestarbeitsraumbreite gilt für die drei Abbildungen:

bei **abgeböschten** Baugruben der Abstand zwischen Böschungsfuß und Außenseite des Baukörpers

bzw. der Abstand zwischen dem Böschungsfuß und der Luftseite der Schalung

bei **verbauten** Baugruben der Abstand der Luftseite der Schalung von der Luftseite des Verbaues

Böschungswinkel

Aus Sicherheitsgründen dürfen ohne rechnerischen Nachweis der Standsicherheit folgende Böschungswinkel nach DIN 4124 nicht überschritten werden:

Bodenarten	Böschungswinkel	Böschungsbreite *b*
Nichtbindige oder weiche bindige Böden	**45°**	$1 \cdot h$
mindestens steife bindige Böden	**60°**	$0{,}58 \cdot h$
Fels	**80°**	$0{,}18 \cdot h$

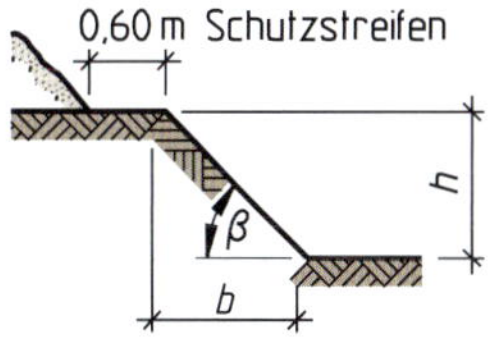

Wenn besondere Einflüsse die Standfestigkeit gefährden, sind flachere Böschungen vorzusehen. Wenn nichts anderes angegeben ist, können die genannten Böschungswinkel nach DIN 18300 auch für die Abrechnung zugrunde gelegt werden.

Gräben

Die Bestimmungen der lichten Mindestbreiten für Gräben nach DIN EN 1610 gelten nur für Gräben, die Abwasserleitungen oder -kanäle aufnehmen sollen.

Für alle anderen Gräben und Baugruben gilt DIN 4124.

Mindestgrabenbreite in Abhängigkeit von der Nennweite DN nach DIN EN 1610

DN	Mindestgrabenbreite (OD + *x*) in m		
	verbauter Graben	unverbauter Graben	
		$\beta > 60°$	$\beta \leq 60°$
≤ 225	OD + 0,40	OD + 0,40	OD + 0,40
> 225 … ≤ 350	OD + 0,50	OD + 0,50	OD + 0,40
> 350 … ≤ 700	OD + 0,70	OD + 0,70	OD + 0,40
> 700 … ≤ 1200	OD + 0,85	OD + 0,85	OD + 0,40
> 1200	OD + 1,00	OD +1,00	OD + 0,40

- OD: Außendurchmesser des Rohres in m. Hier ist jeweils der horizontale Durchmesser gemeint.
- Bei den Angaben OD + *x* entspricht *x*/2 dem Mindestarbeitsraum zwischen Rohr und Grabenwand bzw. Grabenverbau (Pölzung).
- β: Böschungswinkel des unverbauten Grabens, gemessen gegen die Horizontale.

Mindestgrabenbreite in Abhängigkeit von der Grabentiefe nach DIN EN 1610

Grabentiefe in m	Mindestgrabenbreite in m
< 1,00	keine Mindestgrabenbreite
≥ 1,00 … ≤ 1,75	0,80
> 1,75 … ≤ 4,00	0,90
> 4,00	1,00

- Die Mindestgrabenbreite ist jeweils der größere Wert aus dieser und oben stehender Tabelle.
- Von der Mindestgrabenbreite darf abgewichen werden, wenn das Personal den Graben bei der Rohrverlegung nicht betreten muss.

Grabenbreiten für mehrere Rohre

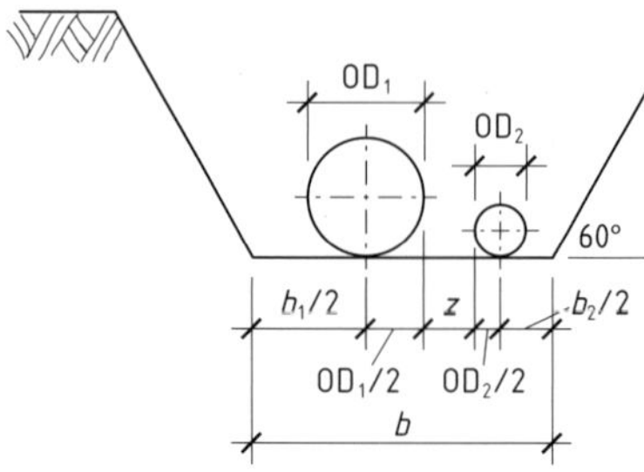

Liegen in einem Rohrleitungsgraben mehrere Rohrleitungen nebeneinander, so gilt für die Bestimmung des Arbeitsraumes jeweils der Durchmesser des Rohres, an deren Grabenseite das Rohr liegt. Außerdem muss der Abstand zwischen den Rohren eingehalten werden:
≤ DN 700 0,35 m
> DN 700 0,50 m

Mindestgrabenbreite in Abhängigkeit von der Grabentiefe nach DIN 4124

Unabhängig vom Durchmesser der Leitung sind nach DIN 4124 bei Gräben mit senkrechten Wänden, die einen betretbaren Arbeitsraum haben müssen, folgende lichte Mindestbreiten *b* einzuhalten:

b = 60 cm: bei geböschten Gräben bis 1,75 m Tiefe
b = 70 cm: bei mindestens teilweise verbauten Gräben bis 1,75 m Tiefe
b = 80 cm: bei Grabentiefen von mehr als 1,75 m Tiefe bis einschließlich 4,00 m
b = 1,00 m: bei Grabentiefen von mehr als 4,00 m

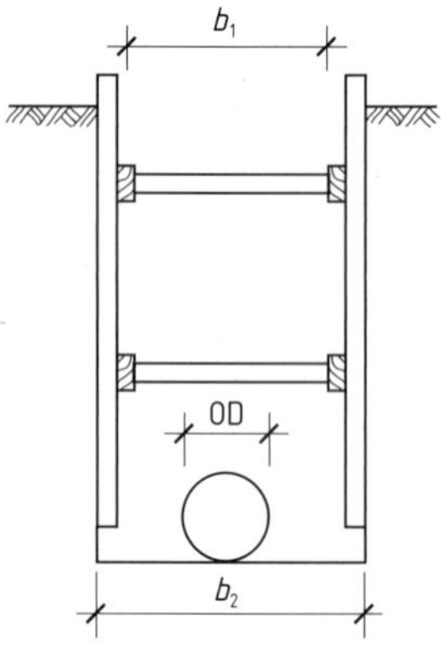

Als Abrechnungsmaß nach VOB gilt das Maß der lichten Grabenbreite b_1, zuzüglich der Abmessungen der Schalungs- und Verbaukonstruktion.

b_1: lichte Mindestbreite nach DIN 4124
b_2: Abrechnungsbreite nach VOB
OD: Rohr- oder Kanaldurchmesser in mm

Als Grabenbreite gilt:

- bei geböschten Gräben die Sohlbreite,
- bei unverkleideten Gräben mit senkrechten Wänden der Abstand der Erdwände,
- bei verbauten Gräben der lichte Abstand *b* der Luftseiten des Verbaues.

24.2 Beton- und Stahlbetonarbeiten

Es wird abgerechnet nach:

a) Raummaß (m^3):
Massige Bauteile wie Stützmauern, Widerlager, Pfeiler, Brücken, Fundamente.

b) Flächenmaß (m^2):
Wände, Decken, Treppenlaufplatten mit oder ohne Stufen, Treppenpodeste, Bodenplatten, Sauberkeitsschichten, Fundamente, Behälterwände, Nischen, Öffnungen, Schlitze, Kanäle, Fertigteile, Dämm-, Trenn- und Schutzschichten.

c) Längenmaß (m):
Stützen, Pfeilervorlagen, Stürze, Unterzüge, Treppenstufen, Fertigteile, Herstellung und Schalung von Schlitzen, Kanälen, Fugen; Fugenbänder, Betonpfähle, Schalung für Plattenränder.

d) Anzahl (Stück):
Stützen, Pfeilervorlagen, Balken, Fenster- und Türstürze, Unterzüge, Fertigteile, Stufen, Öffnungen, Herstellen von Nischen, Schlitzen, Kanälen, Vouten, Konsolen, Dübelleisten, Ankerschienen, Pfähle, Fertigteile.

e) Masse (kg, t):
Bewehrung (Liefern, Schneiden, Biegen, Verlegen), Einbauteile, Verbindungselemente.

Bei der Leistungsermittlung ist zu berücksichtigen:

1. Durch die Bewehrung verdrängte Betonmassen bei Stahlbeton und Spannbeton werden nicht abgezogen.
2. Einbetonierte Walzprofile und Spundwände werden nicht abgezogen.
3. Geneigt liegende oder gekrümmte Decken werden mit ihren tatsächlichen Maßen gerechnet.
4. Decken werden zwischen den äußeren Begrenzungsflächen der Decke oder Auskragung abgerechnet.
5. Bauteile, die durch Fugen oder auf andere Weise voneinander getrennt sind, werden getrennt nach ihren jeweiligen Maßen abgerechnet.
6. Bei kreuzenden Wänden wird nur eine Wand gerechnet, bei unterschiedlicher Dicke die dickere.
7. Bei Unterzügen und Balken wird nur ein Unterzug bzw. Balken durchgerechnet, bei ungleicher Höhe der höhere, bei gleicher Höhe der breitere.
8. Binden Wände, Stützen, Pfeilervorlagen in Decken ein, so wird die Höhe bis Oberkante Rohdecke bzw. von Fundament bis Unterkante Rohdecke gerechnet.
9. Stürze und Unterzüge werden in ihrer Höhe von deren Unterkante bis Unterkante Decke gerechnet.
10. Bei einbindenden Stützen in Unterzüge der Balken werden die Unterzüge oder Balken durchgemessen, wenn sie breiter als die Stützen sind. Die Stützen werden dabei bis Unterkante Unterzug oder Balken gerechnet.

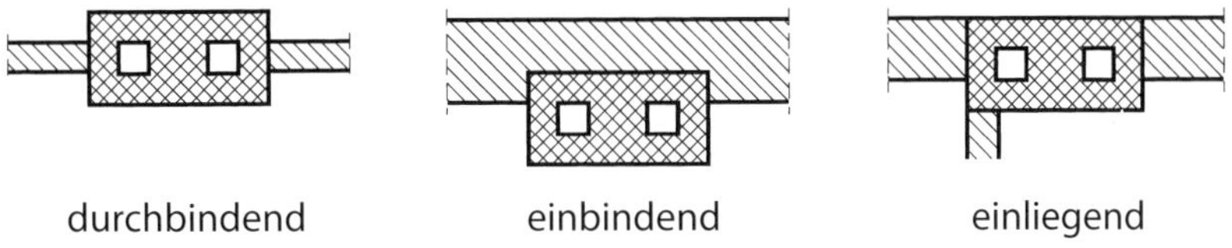

Es werden abgezogen:

Raummaß (m^3):
1. Öffnungen, Nischen, Hohlkörper, Kassetten mit mehr als 0,50 m^3 Einzelgröße.
2. Schlitze, Kanäle, Profilierungen mit mehr als 0,10 m^3/m Länge.
3. Durchdringungen, Einbindungen von Bauteilen wie Balken, Stützen, Betonfertigteilen, Rohren über je 0,50 m^3, wenn sie durch Betonierfugen oder in anderer Weise abgetrennt sind.

Flächenmaß (m^2):
1. Öffnungen, Durchdringungen und Einbindungen mit mehr als 2,50 m^2 Einzelgröße.
2. Nischen, Schlitze, Kanäle, Fugen werden übermessen.

Schalung

1. Die Schalung wird in der Abwicklung der geschalten Flächen gerechnet. Nischen, Schlitze, Kanäle u. Ä. werden übermessen.
2. Die Deckenschalung wird zwischen den sie begrenzenden Bauteilen wie Wänden, Unterzügen oder Balken gerechnet. Die Schalung freiliegender Begrenzungsseiten der Deckenplatten wird gesondert gerechnet.
3. Die Schalung für Aussparungen wie Öffnungen, Nischen, Hohlräume, Schlitze, Kanäle wird bei Abrechnung nach Flächenmaß in der Abwicklung der geschalten Betonfläche gerechnet.

Es werden abgezogen:

Öffnungen, Durchdringungen, Einbindungen mit mehr als 2,50 m^2 Einzelgröße.

Bewehrung

Maßgebend für die Abrechnung der Bewehrung ist die Stahlliste.

Zur Bewehrung gehören auch Abstandhalter, Verspannungen und dergleichen, nicht jedoch das Zubehör zur Spannbewehrung.

24.3 Mauerarbeiten

Es wird abgerechnet nach:

a) Raummaß (m^3):
Dämmstoffe für die Auffüllung von Hohlräumen, Schüttungen.

b) Flächenmaß (m^2):
Mauerwerk, Ausfachungen von Holz-, Stahl- und Betonskeletten, nichttragende Trennwände, Sicht- und Verblendmauerwerk, Bekleidungen, Rückflächen von Nischen, Gewölbe, Bodenbeläge aus Flach- und Rollschichten, Ausfugungen, Dämmstoffschichten, Dampfbremsen, Trenn- und Schutzschichten, Abdichtungen, Fertigteildecken.

c) Längenmaß (m):
Laibungen bei Sicht- und Verblendmauerwerk, Sohlbänke, Gesimse, gemauerte oder vorgefertigte Stürze, Überwölbungen über Öffnungen und Nischen, Pfeiler, Pfeilervorlagen, Deckenabmauerungen, gemauerte Schornsteine (getrennt nach Anzahl und Querschnitt der Züge und Dicke der Wangen), Schornsteine aus Formstücken (getrennt nach Anzahl und Querschnitt der Züge), gemauerte Stufen, Ausmauern, Ummanteln oder Verblenden von Stahlträgern, Unterzügen und Stützen, Ringanker, Herstellen und Schließen von Schlitzen sowie von Bewegungs- und Trennfugen.

d) Anzahl (Stück):
Herstellen von Aussparungen wie z. B. Öffnungen, Nischen, Schlitze und Durchbrüche, vorgefertigte Stürze, Überwölbungen und Entlastungsbögen, Pfeiler, Schornsteinköpfe (getrennt nach Anzahl und Querschnitt der Züge), Kellerlichtschächte, Sinkkästen, Fundamente für Geräte usw., Liefern und Einbauen von Anschluss- und Randprofilen, Ankerschienen, Ankern und Bolzen, Liefern und Einbauen von Tür- und Fensterzargen, Dübeln und Dübelsteinen, Rollladenkästen.

e) Masse (kg):
Betonstahl, Stahlprofile, Anker, Bolzen, Schüttungen.

Bei der Leistungsermittlung ist zu berücksichtigen:

1. Wandmauerwerk wird von Oberkante Rohdecke bis Unterkante Rohdecke gerechnet.
2. Bei Wanddurchdringungen wird nur eine Wand durchgehend berücksichtigt, bei Wänden ungleicher Dicke die dickere Wand.
3. Stürze, Rollladenkästen, Überwölbungen und Entlastungsbögen werden übermessen und mit ihren Maßen gesondert gerechnet.
4. Bei Gewölben werden die Maße der abgewickelten Untersicht zugrunde gelegt.
5. Bei der Abrechnung nach Längenmaß (m) werden Bauteile wie: Laibungen bei Sicht- und Verblendmauerwerk, Sohlbänke, Gesimse, Stürze, Überwölbungen, Bänder, Entlastungsbögen, Auskragungen, gemauerte Stufen in ihrer größten Länge gemessen.
6. Tür- und Fensterpfeiler im Wandmauerwerk werden gesondert gerechnet, wenn sie schmäler als 50 cm sind und beiderseits dieser Pfeiler liegende Öffnungen abgezogen werden.
7. Schornsteine werden in ihrer Achse gemessen.
8. Bewehrungsstahl wird gesondert gerechnet.
   Bei genormten Stählen gelten die Angaben in den Normen, bei anderen Stählen die Angaben des Herstellers.
9. Unmittelbar zusammenhängende, verschiedenartige Aussparungen, z. B. Öffnungen mit angrenzenden Nischen, werden getrennt gerechnet.

Es werden abgezogen:

1. Öffnungen (auch raumhoch) und Durchdringungen, z. B. von Deckenplatten, Kragplatten über 2,50 m^2 Einzelgröße. Dabei gelten die jeweils kleinsten Maße der Öffnung oder Durchdringung.
2. Nischen sowie Aussparungen für einbindende Bauteile, soweit für das dahinterliegende Mauerwerk gesonderte Positionen in der Leistungsbeschreibung vorgesehen sind.
3. Bei Bodenbelägen aus Flach- oder Rollschichten Aussparungen über 0,50 m^2 Einzelgröße.
4. Unterbrechungen der Mauerwerksfläche durch Bauteile, z. B. durch Fachwerkteile, Stützen, Unterzüge, Vorlagen mit einer Einzelbreite über 30 cm.
5. Bei Abrechnung nach Längenmaß (m): Unterbrechungen über 1,00 m Einzellänge.

24.4 Zimmer- und Holzbauarbeiten

Es wird abgerechnet nach:

a) Raummaß (m^3):
Holz für Verzimmerungen. Dabei wird die größte Länge einschließlich Zapfen oder anderer Holzverbindungen gerechnet.

b) Flächenmaß (m^2):
Wände, Böden, Verschläge, Bekleidungen, Beplankungen, Lattungen, Unterkonstruktionen, Vorsatzschalen, Füllungen in Treppengeländern, Trenn- und Schutzschichten, Dampfbremsen, Dämmstoffschichten, Oberflächenbearbeitungen (Hobeln, Schleifen), Holzschutz.

c) Längenmaß (m):
Abbinden und Aufstellen, Einbauen oder Verlegen von Stützen, Balken, Trägern, Schwellen, Schienen, Laibungen, Sohlbänken und Lagerhölzern, Abgraten, Auskehlen und Abschrägen von Hölzern, Fasen und Profilieren von Holzkanten, Schalungen und Bekleidungen, z. B. an Ortgängen, Attiken-Pfeilern und Unterzügen, Treppenbauteile, z. B. Wangen, Geländer und Handläufe, Windverbände, Einfriedungen, Holzschutz.

d) Anzahl (Stück):
Abbinden, Aufstellen und Verlegen von Hölzern bei Verzimmerungen wie z. B. bei Türmen, Kuppeln, Dachgauben, Grat- und Kehlsparren. Auswechselungen an z. B. Treppen, Kaminen, Dachflächenfenstern und Dachausstiegen, Aufschieblinge, Keilhölzer, Gefälleteile, vorgefertigte Bauteile, z. B. genagelte, gedübelte, geleimte Binder, Rahmen, Stützen, Träger und Unterzüge, Treppen und Treppenbauteile, Einsetzen von Einbauteilen, z. B. Dachflächenfenstern, Dachausstiegen, Einschubtreppen, Fenstern, Zargen, Türen, Toren, Rollladenkästen und Sonnenschutzvorrichtungen, statisch nachzuweisende und konstruktiv erforderliche Bauteile, z. B. Dübel, Bolzen, Anker, Abhänger, Abstandhalter und Konsolen, Holzschutz.

e) Masse (kg):
Statisch nachzuweisende und konstruktiv erforderliche Bauteile aus Stahl oder aus anderen Metallen.

24.5 Putz- und Stuckarbeiten

Es wird abgerechnet nach:

a) Flächenmaß (m^2):
Putz, Stuck, Dämmstoff, Trenn- und Schutzschichten, Auffütterungen, Bekleidungen, Dampfbremsen, Vorsatzschalen, Unterkonstruktionen, flächige Bewehrung und Putzträger.

b) Längenmaß (m):
Schürzen, Pfeiler, Lisenen, Stützen, Unterzüge, Anschlüsse an andere Bauteile, Dichtungsbänder, Dichtungsprofile, Putzanschlüsse und Putzabschlüsse, Stuckprofile, Friese, Faschen, Schattenfugen.

c) Anzahl (Stück):
Vorbehandeln und Verputzen von Flächen bis 2,50 m^2 Einzelgröße. Herstellen von Aussparungen für Einzelleuchten, Lichtkuppeln und Revisionsöffnungen, Anarbeiten an Rohren, Installationen, Ecken, Gehrungen, Kreuzungen und Verkröpfungen.

Bei der Leistungsermittlung ist zu berücksichtigen:

1. Bei der Ermittlung der Maße wird jeweils das größte, gegebenenfalls abgewickelte Bauteilmaß zugrunde gelegt.
2. Bei der Flächenermittlung von gewölbten Decken werden diese nach der Fläche der abgewickelten Untersicht gerechnet.
3. Die Wandhöhen überwölbter Räume werden bis zum Gewölbeanschnitt, die Wandhöhe der Schildwände bis zu 2/3 des Gewölbestichs gerechnet.
4. Gehrungen, Kreuzungen, Verkröpfungen und Endungen von Stuckgesimsen werden gesondert gerechnet.
5. Rückflächen von Nischen sowie Laibungen werden unabhängig von ihrer Einzelgröße mit ihren Maßen gesondert gerechnet.
6. Unmittelbar zusammenhängende, verschiedenartige Aussparungen, z. B. Öffnungen mit angrenzender Nische, werden getrennt gerechnet.

Es werden abgezogen:

1. Öffnungen, Nischen usw. über 2,50 m^2 Einzelgröße.
2. Unterbrechungen der zu bearbeitenden Fläche durch Bauteile, z. B. Fachwerkteile, Stützen, Unterzüge, Vorlagen, Gesimse, Balkonplatten, Podeste mit einer Einzelbreite über 30 cm.
3. Bei Längenmaß Unterbrechungen über 1,00 m Einzelgröße.

24.6 Fliesen- und Plattenarbeiten

Es wird abgerechnet nach:

a) Flächenmaß (m^2):
Wände sowie Vorbehandeln des Untergrundes, Ausgleichsschichten, Trenn- und Dämmstoffschichten, Decken-, Wand- und Bodenbeläge und deren Oberflächenbehandlung.

b) Längenmaß (m):
Stufen, Sockel, Schwellen, Kehlen, Gehrungen, Schrägschnitte, Rinnen, Roste, Schienen, Ausbilden und Schließen von Bewegungsfugen.

c) Anzahl (Stück):
Stufen, Schwellen, freie Stufenköpfe, Zwickel, Bekleidungen an Säulen, Pfeilern, Fundamentsockeln, Anarbeiten der Beläge an Waschtische, Spülbecken, Wannen und Brausewannen, Anarbeiten der Beläge an Aussparungen im Belag von mehr als 0,10 m^2 Einzelgröße, Einsetzen von Schaltern, Steckdosen und Sinkkastenaufsätzen, Herstellen von Löchern für Installationen, Türzargen.

Es werden abgezogen:

1. Bei Flächenmaß: Aussparungen, Öffnungen über 0,10 m^2 Einzelgröße.
2. Bei Längenmaß: Unterbrechungen über 1,00 m Einzelgröße.

24.7 Estricharbeiten

Es wird abgerechnet nach:

a) Flächenmaß (m^2):
Vorbehandlung des Untergrundes, Haftbrücken, Ausgleichsschichten, Trennschichten, Gleitschichten, Dämmstoffschichten, Estriche, Terrazzoböden, Nutz- und Schutzschichten.

b) Längenmaß (m):
Randdämmstreifen, Leisten, Profile, Kehlen, Kanten, Ausbilden und Schließen von Fugen, Anarbeiten an Durchdringungen über 0,10 m^2 Einzelgröße.

c) Anzahl (Stück):
Estriche auf Stufen und Schwellen, Schienen, Profile, Rahmen, Anarbeiten an Durchdringungen bis 0,10 m^2 Einzelgröße.

Es werden abgezogen:

1. Bei Flächenmaß: Aussparungen, Durchdringungen über 0,10 m^2 Einzelgröße.
2. Bei Längenmaß: Unterbrechungen über 1,00 m Einzelgröße.

Beispiel

Gartenhäuschen
Fundamente: $b = 30$ cm, C 12/15
Außen- und Zwischenwände in Bimsbeton

Außenputz: 2 cm Kalkzementmörtel
Laibungen geputzt
Laibungstiefe 12 cm

Innenputz: 1,5 cm Kalkputz
Raum ① Laibungen geputzt
Laibungstiefe 6 cm
Raum ② Laibungen ungeputzt

Bodenaufbau: Estrich auf Dämmschicht $d = 7$ cm
Mineralwolle MW $d = 5$ cm
Raum ① und ② Klinkerplatten
mit 6 cm Stehsockel, geklebt,
Eingang Plattenbelag in Mörtelbett

Decke: Holzbalkendecke mit 15 cm Mineralwolle MW
in den Zwischenräumen
Balkenabstand 67 cm
Die Unterseite wird mit Holz verschalt

Dach: lichter Sparrenabstand 62 cm
Dachvorsprung an den Giebelseiten 40 cm
Lattung 24/48 mm
lichter Lattenabstand 28 cm
4 Kopfbänder unter 45° geneigt
Zapfen an Pfosten und Bügen 3 cm

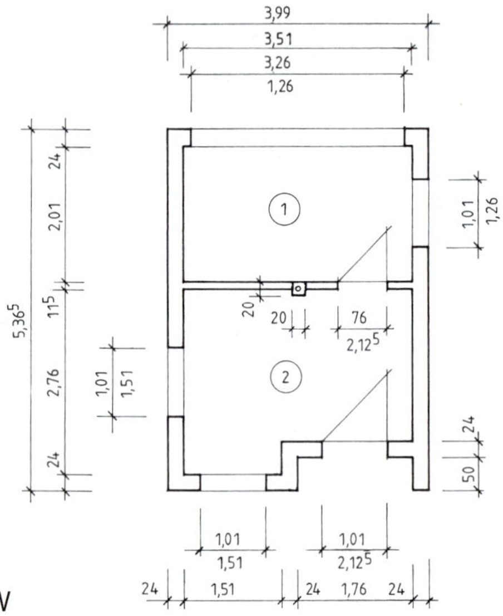

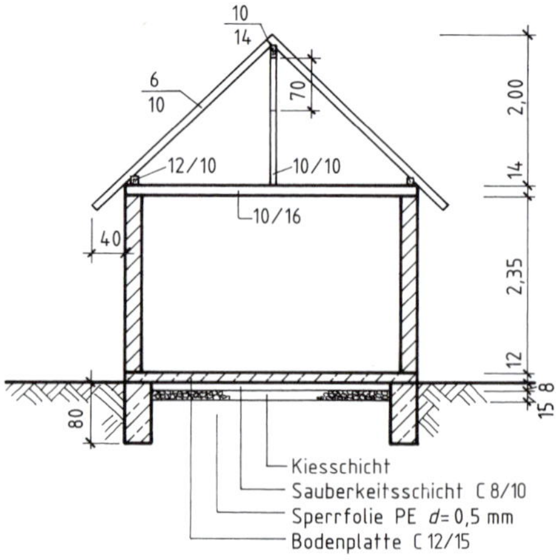

Für Fenster und Türen werden Fertigteilstürze (11,5 × 15 cm) verwendet. Auflagerung 12 cm je Auflager.
Schornstein aus Formstücken, Schornsteinkopf verputzt.

Das Aufmaß nach VOB soll durchgeführt werden für:

1 **Erdarbeiten**

1.1 Abtragen der Oberbodenschicht, $d = 30$ cm
1.2 Aushub für die Fundamente
1.3 Aushub für die Kiesschicht
1.4 Einbringen der Kiesschicht

2 **Betonarbeiten**

2.1 Fundamente C 12/15
2.2 Sauberkeitsschicht C 8/10
2.3 Bodenplatte C 12/15
2.4 Tür- und Fensterstürze

3 **Mauerarbeiten**

3.1 Außenwände 2 K Hbl6–1,2–240 (16 DF)
3.2 Giebelwand 2 K Hbl6–1,2–240 (16 DF)
3.3 Zwischenwand V6–1,2–115
3.4 Schornstein

4 **Zimmerarbeiten**

4.1 Dachsparren Nadelholz C 24 liefern
4.2 Abbund und Verlegen der Sparren
4.3 3 Dachpfosten
4.4 4 Kopfbänder (Mittelpfosten 2, Endpfosten je 1)
4.5 Abbund und Aufstellen von Pfosten und Bügen
4.6 Dachlatten liefern und anbringen
4.7 Holzbalkendecke liefern
4.8 Abbund und Verlegen der Decke

5 **Putz- und Stuckarbeiten**

5.1 Außenputz Kalkzementputz, 2 cm dick
5.2 Innenputz Kalkputz, 1,5 cm dick
Sämtliche Laibungen innen und außen ungeputzt

6 **Estricharbeiten**

6.1 Estrich auf Dämmschicht in den Räumen ① und ②

7 **Fliesen- und Plattenarbeiten**

7.1 Bodenplatten geklebt in den Räumen ① und ②
7.2 Stehsockel in den Räumen ① und ②
7.3 Bodenplatten in Mörtelbett verlegt in der Eingangsnische

Pos.	Gegenstand	Abmessungen			Aufmaß nach				
		Länge [m]	Breite [m]	Höhe [m]	Länge [m]	Fläche [m²]	Vol. [m³]	Anzahl Stück	Abzug ME*
1	**Erdarbeiten**								
1.1	Abtragen des Oberbodens	5,365	3,99			21,41			
1.2	Aushub für die Fundamente	(5,365 + 3,39) · 2	0,30	0,80			4,20		
1.3	Aushub für die Kiesschicht	4,77	3,39			16,17			
1.4	Kiesschicht	4,77	3,39	0,15			2,43		
2	**Betonarbeiten**								
2.1	Fundamente C 12/15	(5,37 + 3,39) · 2	0,30	0,80			4,20		
2.2	Sauberkeits-schicht C 8/10	4,77	3,39	0,08			1,29		
2.3	Bodenplatte C 12/15	5,37	3,99	0,12			2,57		
2.4	Tür- und Fensterstürze	1,25	0,115	0,15				8	
		3,50	0,115	0,15				2	
		1,00	0,115	0,15				1	
3	**Mauerarbeiten**								
3.1	Außenwände	(5,365 + 3,51) · 2 + 0,50	0,24	2,49		45,44			
3.2	Giebelwand	3,99	0,24	2,00		7,98			
	Fenster	3,26	0,24	1,26					4,11
	Fenster	1,01	0,24	1,26					1,27
	2 Fenster	1,01	0,24	1,51					1,53 · 2
	Tür	1,01	0,24	2,125					2,15
						49,31			
3.3	Zwischenwand	3,51	0,115	2,35		8,25			
	Schornstein		0,20	2,35					0,47
	Tür		0,76	2,125					1,62
						8,25			
3.4	Schornstein	0,20	0,20	5,00	5,00				
4	**Zimmerarbeiten**								
4.1	22 Sparren	3,39	0,06	0,10			0,45		
4.2	Sparren ab-binden und verlegen	3,39			74,58				
4.3	3 Dachpfosten einschließlich Zapfen	0,10	0,10	1,72			0,05		
4.4	4 Kopfbänder einschließlich Zapfen	1,05	0,10	0,10			0,04		

Pos.	Gegenstand	Abmessungen			Aufmaß nach				
		Länge [m]	Breite [m]	Höhe [m]	Länge [m]	Fläche $[m^2]$	Vol. $[m^3]$	Anzahl Stück	Abzug ME*
4.5	Pfosten Kopfbänder abbinden und aufstellen	1,72 · 3 1,05 · 4			9,36				
4.6	11 · 2 Dachlatten	6,16	0,048	0,024	135,52				
4.7	8 Balken	3,90	0,10	0,16			0,50		
4.8	Balken abbinden u. verlegen	3,90			31,20				
5	**Putz- und Stuckarbeiten**								
5.1	Außenputz	(5,365 + 3,99) · 2 + 0,50 · 2		2,61		51,44			
	Giebel	3,99		2,00		7,98			
	Laibung	5,78	0,12			0,69			
	Fenster		3,26	1,26		56,00			4,11
5.2	Innenputz Raum 1	(3,51 + 2,01) · 2		2,35		25,94			
	Laibung	5,78	0,06			0,35			
	Fenster		3,26	1,26					4,11
						22,18			
	Raum 2	(3,51 + 2,76) · 2		2,35		29,47			
	Schornstein		0,17	2,35		0,40			
						29,87			
6	**Estricharbeiten**								
6.1	Raum 1	3,51	2,01			7,06			
	Raum 2	3,51	2,26			7,93			
		1,51	0,50			0,76			
	Türnische	0,76	0,115			0,09			
						15,84			
7	**Fliesen- und Plattenarbeiten**								
7.1	Raum 1	3,51	2,01			7,06			
	Raum 2	3,51	2,26			7,93			
		1,51	0,50			0,76			
	Türnische	0,76	0,115			0,09			
						15,84			
7.2	Stehsockel	3,51 · 4 + (2,76 + 2,01) · 2			23,58				
7.3	Eingang	1,76	0,50			0,88			
	Türnische	1,01	0,24			0,24			

* ME = Mengeneinheiten

Aufgaben

1. Ein Graben mit einer Tiefe von 2,25 m ist auf eine Länge von 1200 m auszuheben. Die Grabenbreite ist mit 0,80 m anzusetzen. Über eine Länge von 700 m liegt ein weicher bindiger Boden vor, über die Reststrecke ein steifer bindiger Boden.
Erstellen Sie das Aufmaß nach VOB.

2. Ein Graben ohne betretbaren Arbeitsraum mit einer Tiefe von 95 cm ist über eine Strecke von 2,5 km auszuheben. 1/5 der Strecke ist nichtbindiger, 1/4 steifer bindiger Boden und der Rest ist Fels. Die Grabenbreite ist mit 0,50 m anzusetzen. Erstellen Sie das Aufmaß nach VOB.

3. Ein Kanalrohr mit 50 cm Außendurchmesser ist in einem 350 m langen Rohrgraben zu verlegen. Es handelt sich um einen weichen bindigen Boden.
Ermitteln Sie
a) die nach DIN EN 1610 erforderliche Mindestgrabenbreite,
b) den Aushub nach VOB.

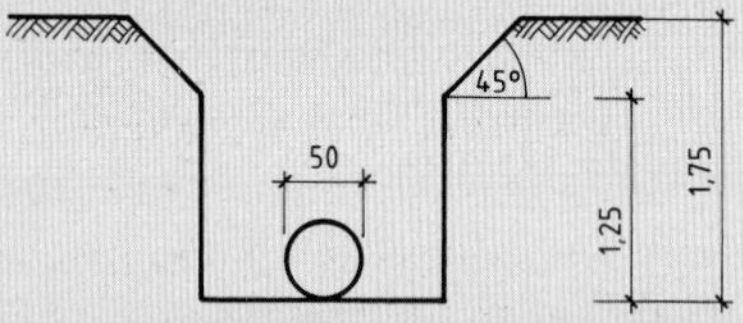

4. Ein Kanalgraben ist 1450 m lang. Der auszuhebende Boden ist ein steifer bindiger Boden.
Ermitteln Sie
a) die lichte Mindestbreite b_1 nach DIN EN 1610,
b) die Abrechnungsbreite b_2 nach VOB,
c) das aufzumessende Bodenvolumen nach VOB.

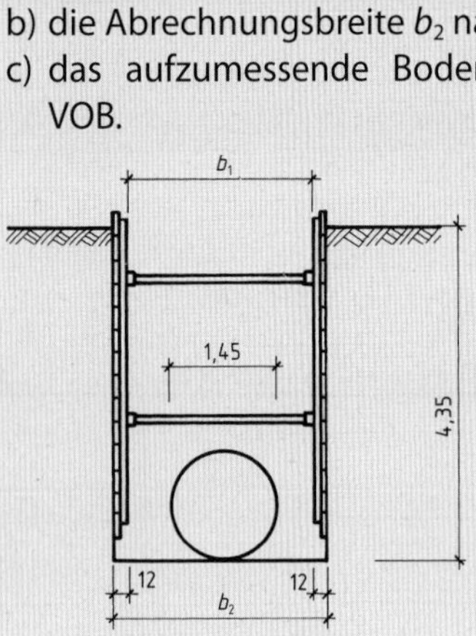

5. Der Graben einer Ortsentwässerung ist 3,5 km lang; der auszuhebende Boden ist ein mindestens steifer Boden.
Ermitteln Sie
a) die Mindestbreite b des Grabens nach DIN EN 1610,
b) den maximalen Böschungswinkel β nach DIN 4124,
c) das Bodenvolumen, das nach VOB aufzumessen ist.

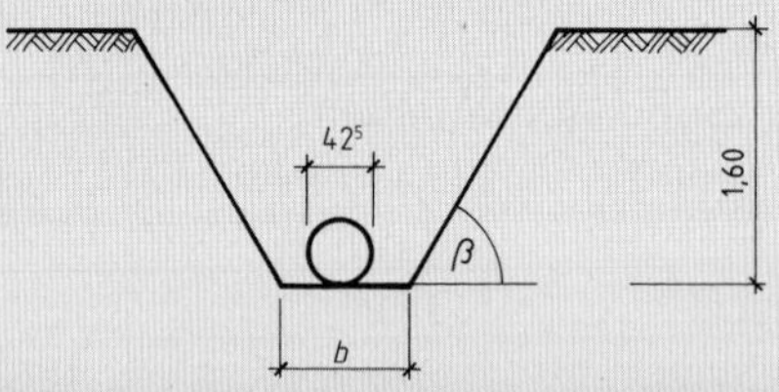

6. Der Graben einer Ortsentwässerung hat die Regenwasser- und Schmutzwasserleitung aufzunehmen. Der Graben hat eine Länge von 1,4 km. Es handelt sich um einen weichen bindigen Boden.
Berechnen Sie
a) die lichte Mindestbreite b_1 nach DIN EN 1610,
b) die Abrechnungsbreite b_2 für den Aushub,
c) das Bodenvolumen, das nach VOB aufzumessen ist.

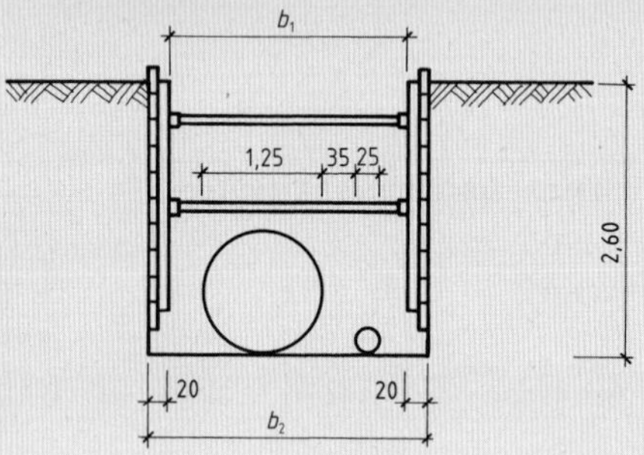

Aufgaben

7. Eine 30 cm dicke Kellerwand wird außen mit 2 cm Zementputz versehen. Das Haus hat die Rohbauaußenmaße 10,49 × 15,24 m. Als Arbeitsraum ist die Mindestbreite nach DIN 4124 vorzusehen. Es liegt steifer bindiger Boden vor. Vor Beginn des Aushubs sind 20 cm Oberboden abzutragen und zu lagern.

a) Wie groß darf der Böschungswinkel β maximal sein?

b) Wie viel m² Oberboden sind abzuheben?

c) Wie groß ist der Aushub nach VOB?

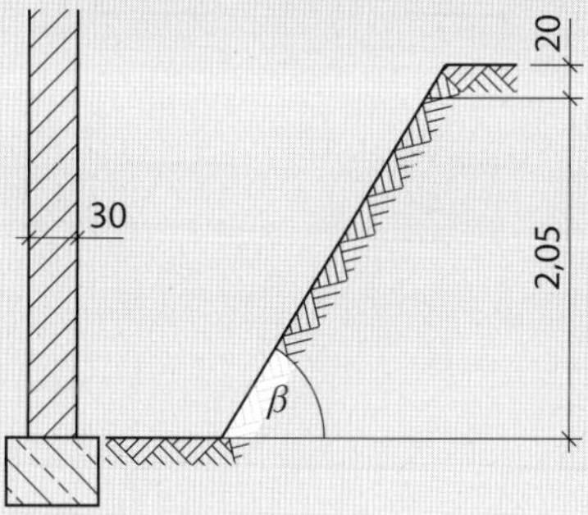

8. Die Kelleraußenwand eines Hauses mit den Abmessungen 12,49 × 16,99 m wird in Beton hergestellt. Die Schalkonstruktion hat eine Dicke von 18 cm. Bei der Bodenart handelt es sich um Fels. Die Arbeitsraumbreite ist nach DIN 4124 festzulegen. Der Oberboden ist abzutragen.

a) Wie groß darf der Böschungswinkel β höchstens sein?

b) Berechnen Sie die Fläche des Oberbodens in m².

c) Berechnen Sie den Aushub nach VOB.

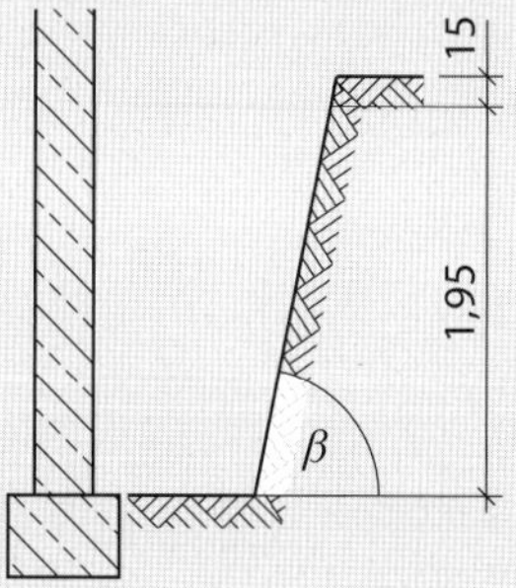

9. Auf die Außenseite der Kellerwand aus Betonsteinen wird eine 5 mm dicke Sperrschicht aufgebracht und davor eine 12,5 cm dicke Vorsatzschale aus Klinkern. Das Haus hat ohne Sperrschicht und Vorsatzschale die Abmessungen 10,49 × 15,24 m. Der Aushub ist weichem bindigem Boden zuzuordnen. Ermitteln Sie

a) die Mindestarbeitsraumbreite nach DIN 4124,

b) den maximal zulässigen Böschungswinkel β,

c) die Fläche des Oberbodens in m²,

d) den Aushub nach VOB.

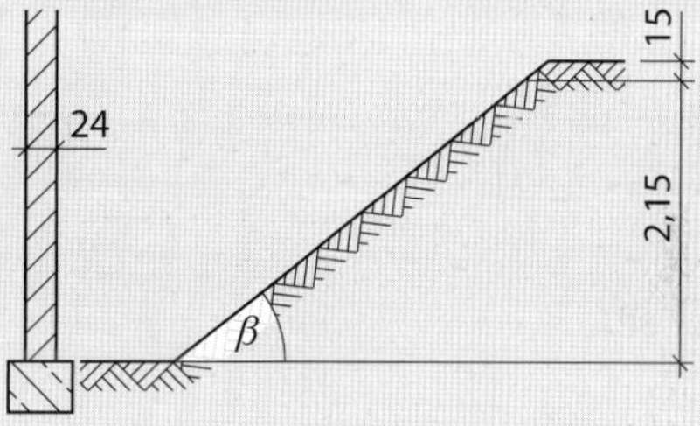

10. Für ein Bürohaus mit den Rohbauabmessungen 66,00 × 24,00 m ist eine 4,25 m tiefe Baugrube auszuheben. Die Außenwände werden geschalt und betoniert; die Baugrube wird verbaut. Die Schalkonstruktion ist 15 cm, die Verbaukonstruktion ebenfalls 15 cm dick. Als Arbeitsraumbreite sind 60 cm vorzusehen. Es liegt weicher bindiger Boden vor.

a) Ermitteln Sie den Aushub nach VOB.

b) Wie viel m³ Oberboden sind abzuheben (Oberbodenschicht 30 cm)?

Aufgaben

11. Berechnen Sie
a) den Böschungswinkel β,
b) den Aushub nach VOB für das Haus mit den Rohbauaußenmaßen 21,50 × 34,75 m.
Für die Schalkonstruktion sind 15 cm anzusetzen; als Arbeitsraum ist eine um 15 cm größere als die Mindestarbeitsraumbreite nach DIN 4124 vorzusehen.

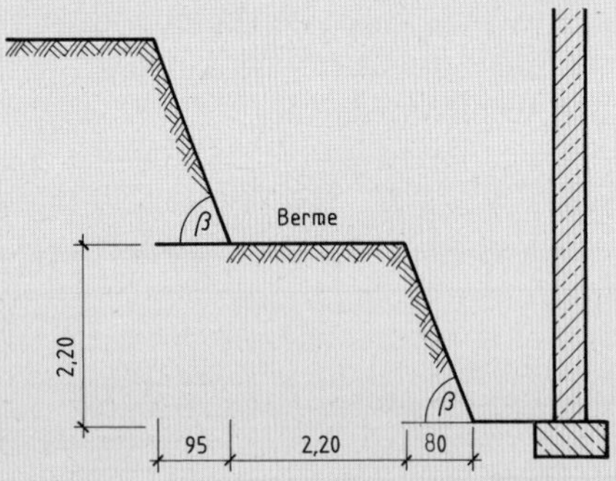

12. Von Oberkante Oberboden bis Unterkante Bodenplatte ist eine Baugrube 3,60 m tief auszuheben. Die 20 cm dicke Schicht Oberboden wird abgeschoben und seitlich gelagert. Die Baugrube wird durch einen Verbau abgesichert. Für die Herstellung der Kellerwände ist eine 15 cm dicke Schalungskonstruktion, für die Absicherung der Baugrube eine 15 cm dicke Verbaukonstruktion erforderlich. Als Arbeitsraumbreite sind 60 cm vorzusehen; der Aushub ist für einen nichtbindigen Boden abzurechnen.
a) Wie viel m² Oberboden sind abzuheben?
b) Wie groß ist der Aushub nach VOB?

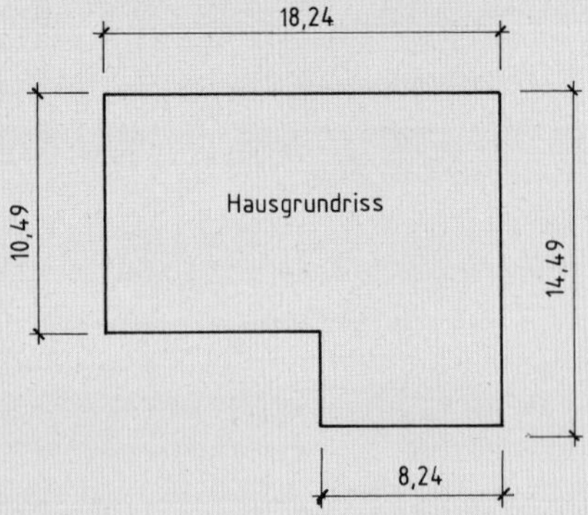

13. Eine Stahlbetondecke wird durch eine Treppenöffnung unterbrochen und von einem dreizügigen Schornstein durchdrungen. Fertigen Sie das Aufmaß nach VOB.

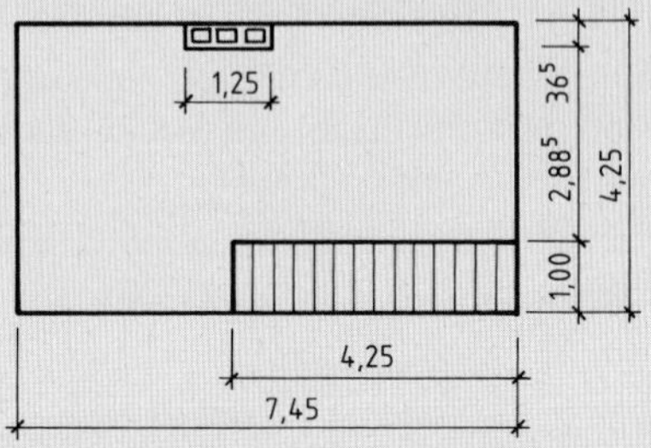

14. Das 15,60 m lange Stahlbetonteil ist nach VOB abzurechnen.

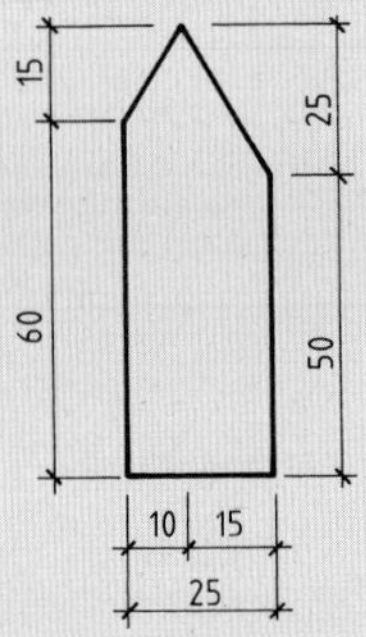

15. Die 20 cm dicke Wand aus Stahlbeton ist mit einer 60 mm dicken Wärmedämmschicht bekleidet.
Erstellen Sie das Aufmaß für Beton und Dämmschicht nach VOB.

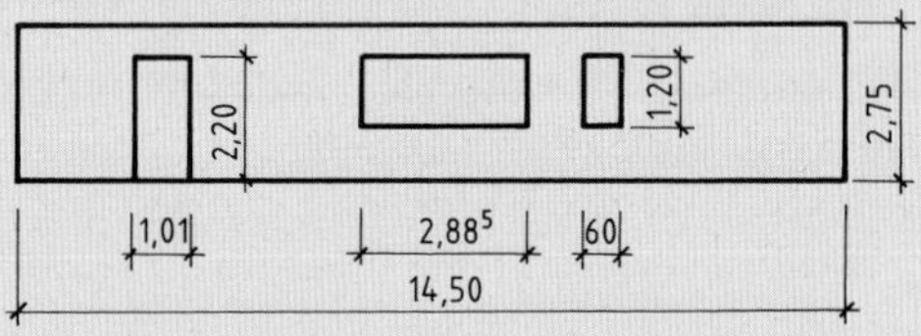

16. Erstellen Sie für jede der beiden Balkonplatten das Aufmaß nach VOB.

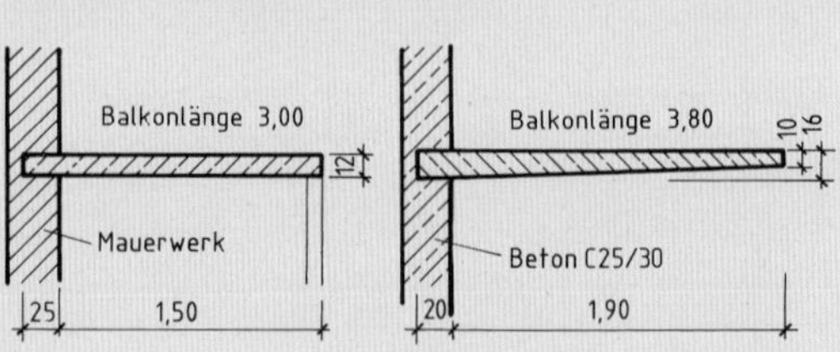

Aufgaben

17. Erstellen Sie das Aufmaß nach VOB
a) für Laufplatte und Stufen nach Raummaß (Platte und Stufen in einem Betoniergang hergestellt),
b) für die Laufplatte nach dem Flächenmaß, aufbetonierte Stufen nach Anzahl.

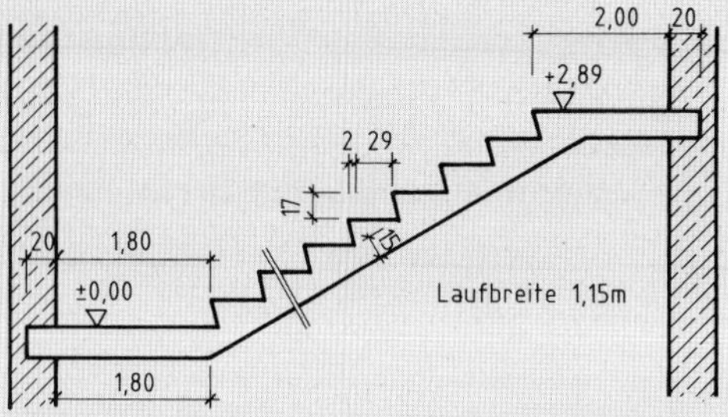

18. Stützen, Schwelle und Unterzug einer Stahlbetonskelettwand werden in Beton C 30/37 hergestellt; die Ausfachung in Beton C 20/25.

- Für die Außenstützen werden je Stütze benötigt:
  Längsbewehrung 6 ϕ 20
  35 Bügel ϕ 8; Schnittlänge 1,45 m
- Für die Innenstütze werden benötigt:
  Längsbewehrung 8 ϕ 22
  40 Bügel ϕ 8; Schnittlänge 1,65 m
- Für die Schwelle werden benötigt:
  Längsbewehrung 4 ϕ 20
  Bügel ϕ 8, $e = 20$ cm; Schnittlänge 80 cm
- Für den Unterzug werden benötigt:
  Längsbewehrung 4 ϕ 25; 2 ϕ 14;
  4 Schubzulagen ϕ 20, Schnittlänge 1,20 m
  Bügel ϕ 8, $e = 10$ cm; Schnittlänge 1,35 m

Bei den Stützen sind die Stähle oben und unten je 50 cm abgewinkelt und laufen in den Unterzug bzw. die Schwelle.
Erstellen Sie das Aufmaß für Beton und Bewehrung nach VOB.

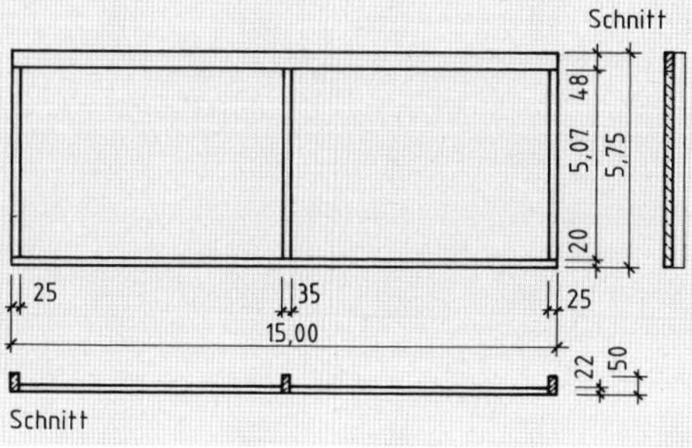

19. Wie viel m² Mauerwerk ergibt das Aufmaß nach VOB?

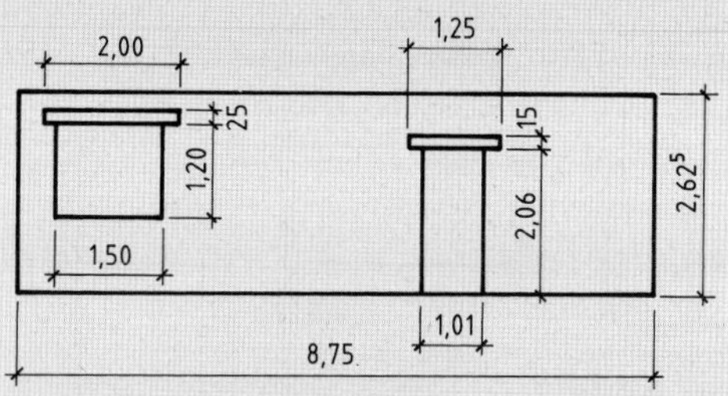

20. Führen Sie für die 2,875 m hohe Wand das Aufmaß nach VOB durch. Die Leistungsbeschreibung enthält für die Nische und die Aussparung keine besonderen Ansätze.

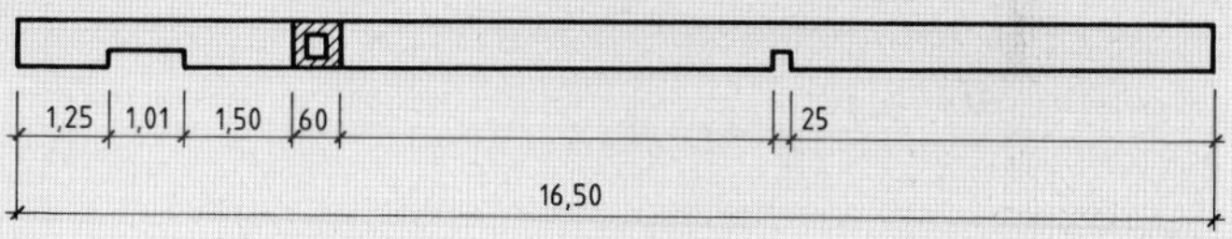

21. Die zwei sich kreuzenden, 2,625 m hohen gemauerten Wände sind nach VOB aufzumessen.

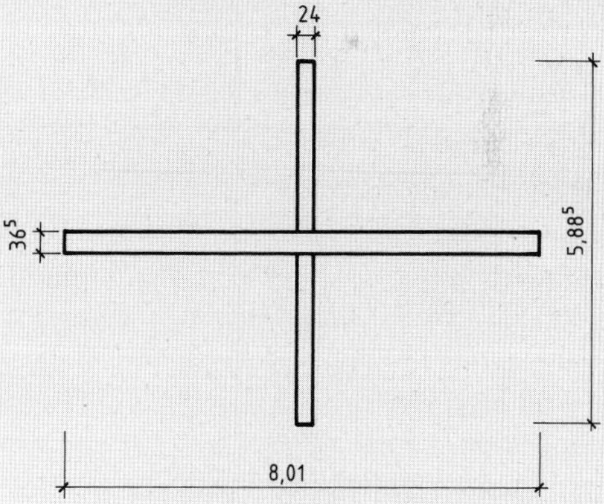

Aufgaben

22. Erstellen Sie das Aufmaß nach VOB
a) für das Mauerwerk,
b) für die Tür- und Fensterstürze.

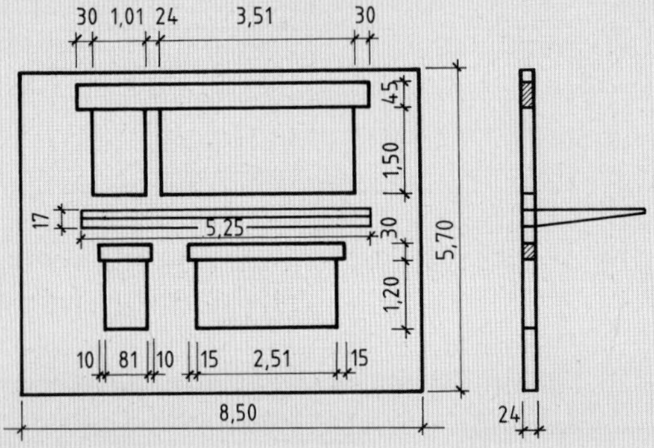

23. Ein Gewölbe mit einer Spannweite von 3,50 m hat eine Stichhöhe von
a) $h = 30$ cm,
b) $h = 65$ cm.
Erstellen Sie das Aufmaß nach VOB für das 12,50 m lange Gewölbe.

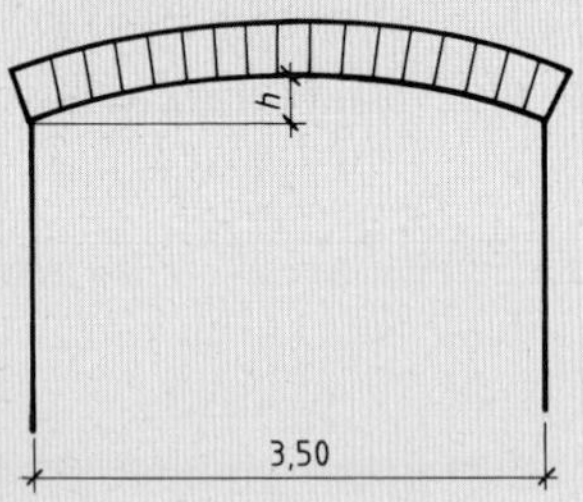

24. Eine 24 cm dicke Wand ist zu mauern und mit Klinkern DF zu verblenden. Türlaibung 17 cm, Fensterlaibung 12,5 cm. Erstellen Sie das Aufmaß nach VOB
a) für die Wand,
b) für das Verblendmauerwerk,
c) für die auszufugende Fläche.

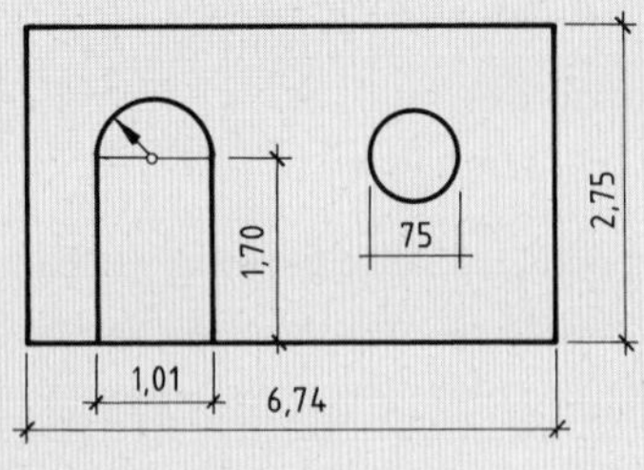

25. Ermitteln Sie nach VOB
a) das Aufmaß der Stahlbetonwände des Kellers:
lichte Rohbauraumhöhe 2,30 m, Dicke der Bodenplatte 16 cm, Kellerdecke 20 cm,
b) das abzurechnende Mauerwerk im EG:
lichte Rohbauraumhöhe 2,60 m, EG-Decke 20 cm, Stürze über den Außenwänden $b = 24$ cm, $h = 40$ cm, Auflagerlänge 20 cm, Stürze über den Zwischenwänden, $h = 12$ cm, Auflagerlänge 15 cm.

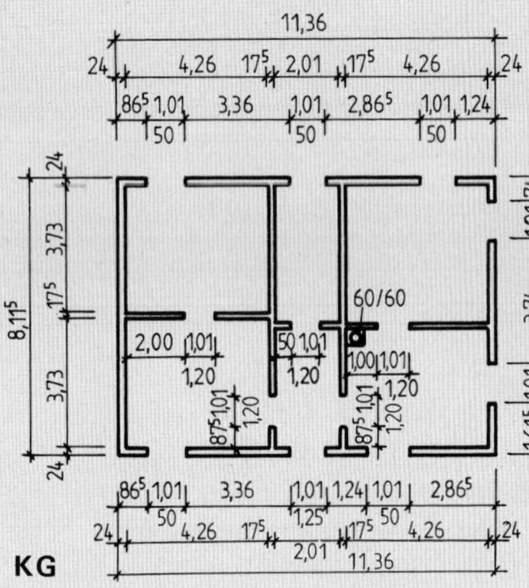

KG

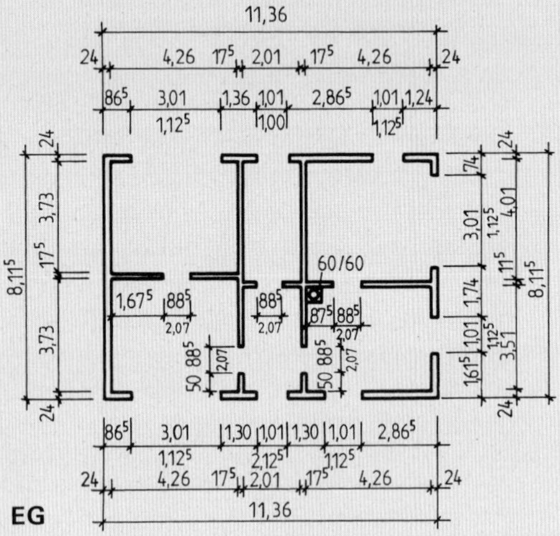

EG

Aufgaben

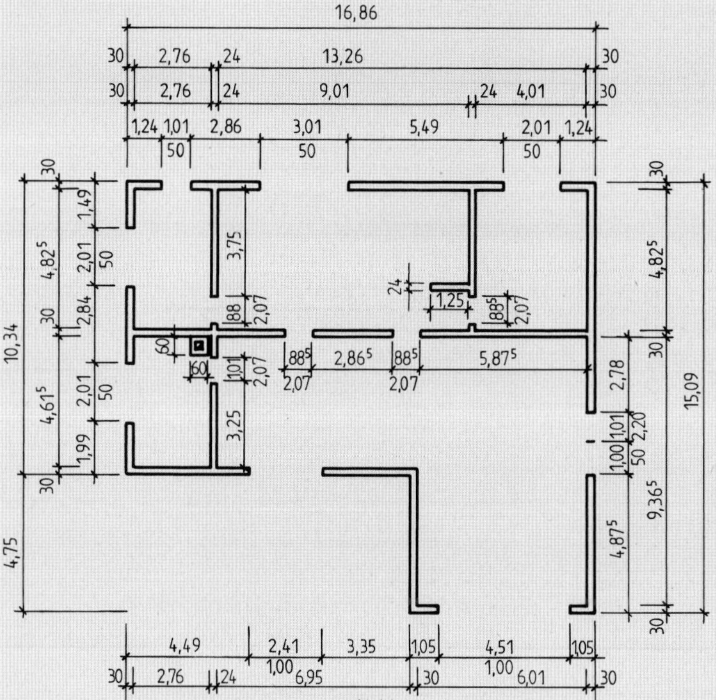

KG

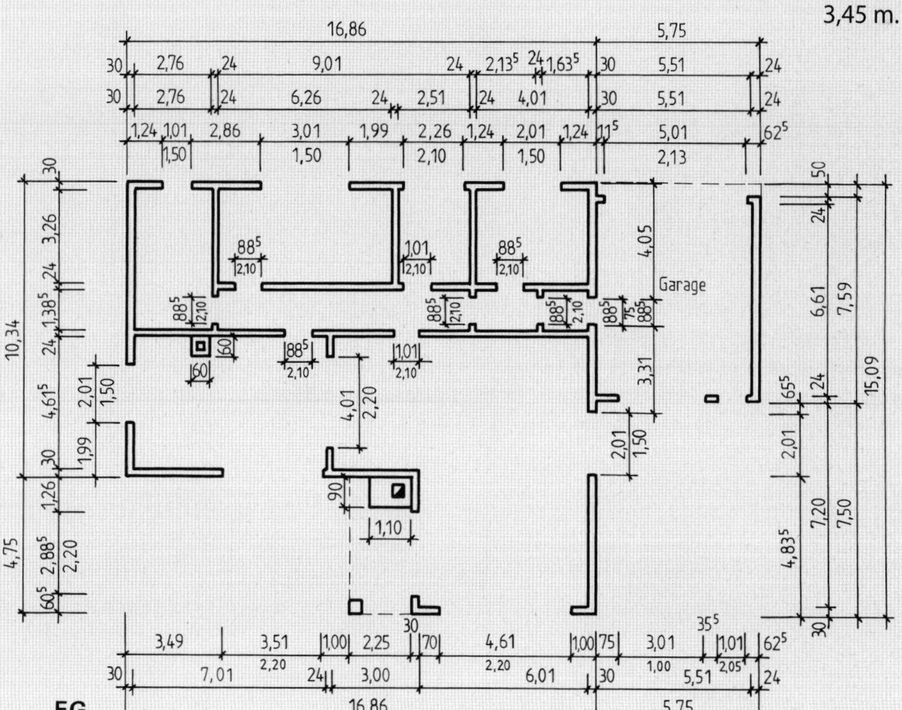

EG

26. Erstellen Sie das Aufmaß für KG und EG nach VOB.

a) Kellerwände in Stahlbeton C25/30, lichte Raumhöhe im Rohbau 2,60 m, Bodenplatte C16/20, *d* = 18 cm, Kellerdecke C30/37, *d* = 22 cm.

b) Wände im EG HLz W 80–0,7–10 DF, lichte Raumhöhe im Rohbau 2,65 m, Flachdach 20 cm. Dicke der EG-Decke 20 cm. Stürze über den Außenwänden und der mittleren Tragwand *h* = 45 cm, Auflagerlänge 22 cm. Stürze über den sonstigen Wänden sind zu vernachlässigen. Garage: lichte Raumhöhe 2,40 m. Dicke der Bodenplatte 12 cm, Decke *d* = 14 cm; Auflagerung 12 cm, Wandhöhe von OK Fundament bis UK Decke 3,45 m.

Aufgaben

27. a) Wie viel m^3 sind nach VOB für das Liefern des Pfostens und der Büge aufzumessen?
b) Erstellen Sie das Aufmaß für Abbund und Aufstellen von Pfosten und Bügen.

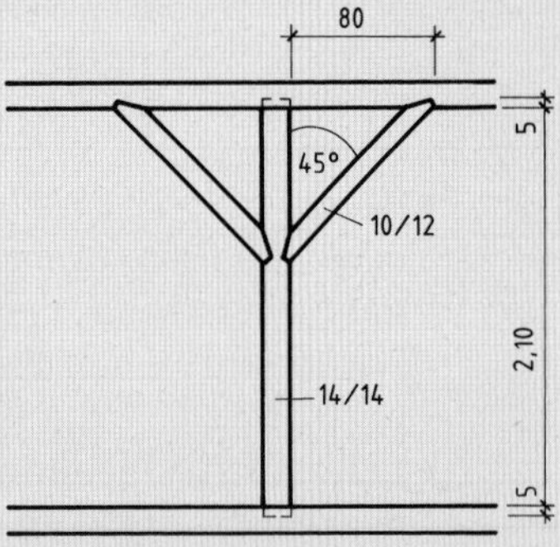

28. Erstellen Sie das Aufmaß nach VOB für Liefern und Abbund des Dachstuhles.

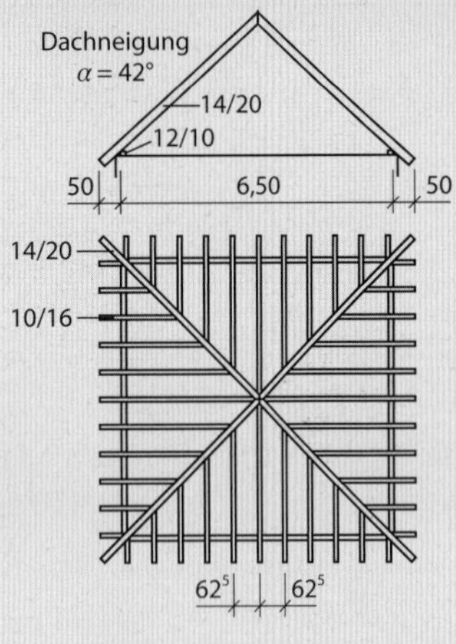

29. Das Sparrendach eines Hauses soll errichtet werden.
Der Achsabstand der Sparren beträgt 75 cm. Zwischen den Sparren sind 150 mm Mineralwolle anzubringen.
a) Wie viel m^3 Holz C 24 sind nach VOB für 15 Sparrenpaare aufzumessen?
b) Erstellen Sie das Aufmaß nach VOB für das Dämmmaterial.

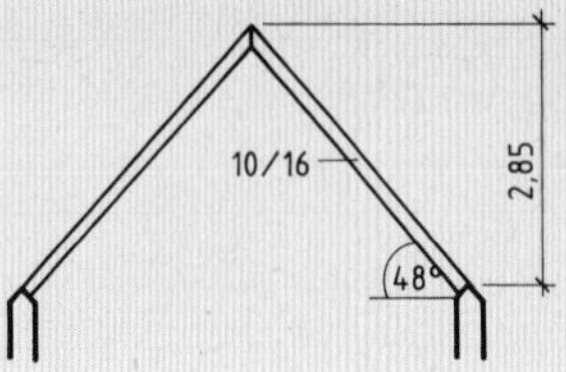

30. Erstellen Sie das Aufmaß nach VOB für
a) die Balken mit geradem Hakenblatt,
b) die Balken mit schrägem Hakenblatt.

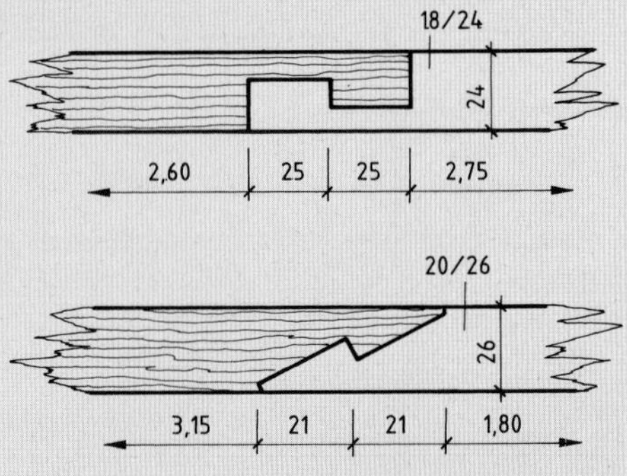

31. Eine Decke sowie die Öffnungen für den Schornstein und die Treppe sind zu schalen, Deckendicke 20 cm.
Erstellen Sie das Aufmaß nach VOB.

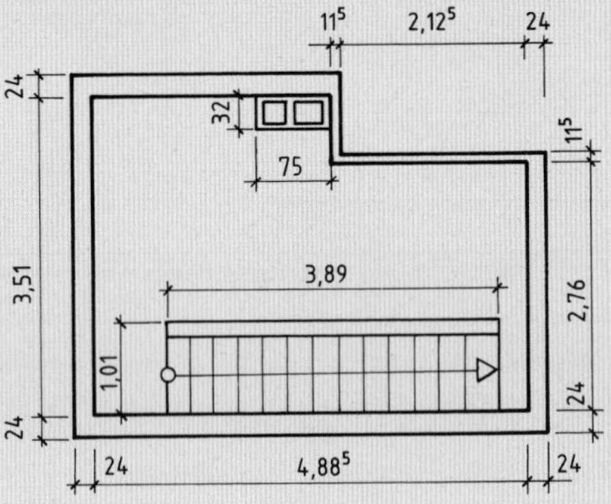

32. Für die 24 cm dicke Wand sind nach VOB zu ermitteln
a) die Putzfläche, Laibung geputzt, Laibungstiefe 13 cm,
b) das Mauerwerk.

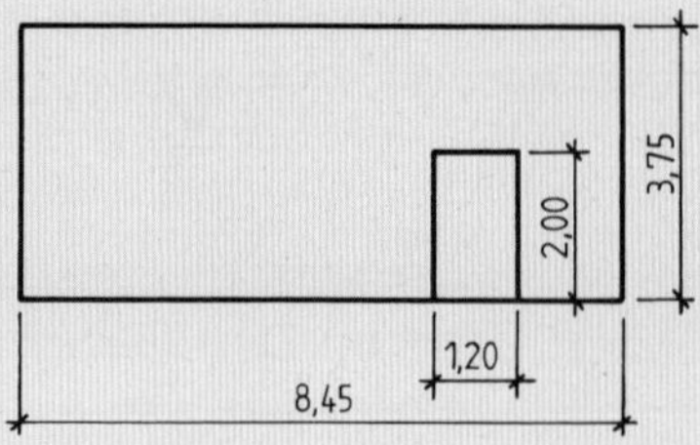

Aufgaben

33. Ermitteln Sie für die 24 cm dicke Wand, deren Laibungen ungeputzt sind,
a) die nach VOB anzurechnenden Putzflächen,
b) das anzurechnende Mauerwerk.

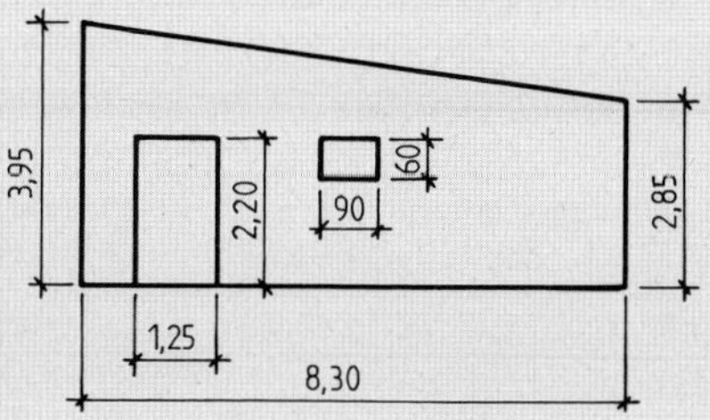

34. Ermitteln Sie die Putzfläche nach VOB: Fensterlaibungen geputzt, Laibungstiefe 12 cm, Türlaibungen ungeputzt.

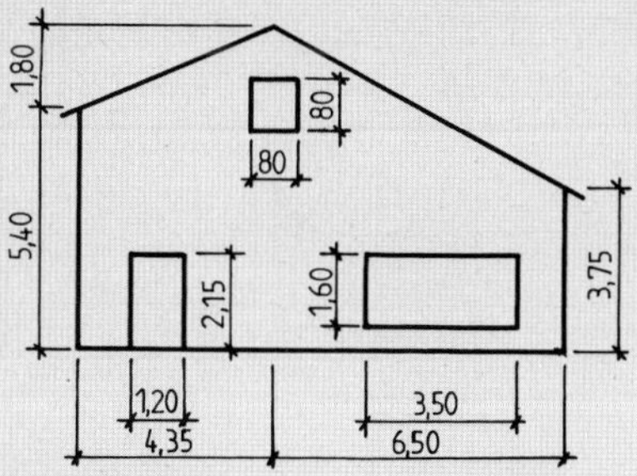

35. Ermitteln Sie
a) die nach VOB anzurechnende Putzfläche,
b) das anzurechnende Mauerwerk.
Fenster- und Türlaibungen geputzt, Laibungstiefen 13 cm, Wanddicke 24 cm.

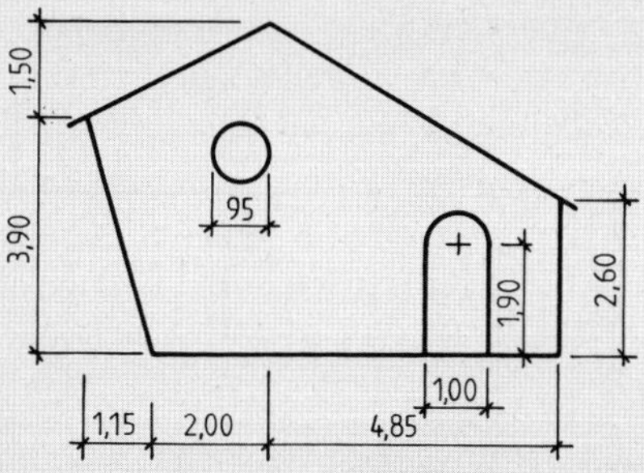

36. Ermitteln Sie die nach VOB anzurechnende Putzfläche:
Fensterlaibungen im Dachgeschoss ungeputzt, Fenster- und Türlaibungen im Erdgeschoss geputzt, Laibungstiefe Fenster 15 cm, Tür 18 cm.

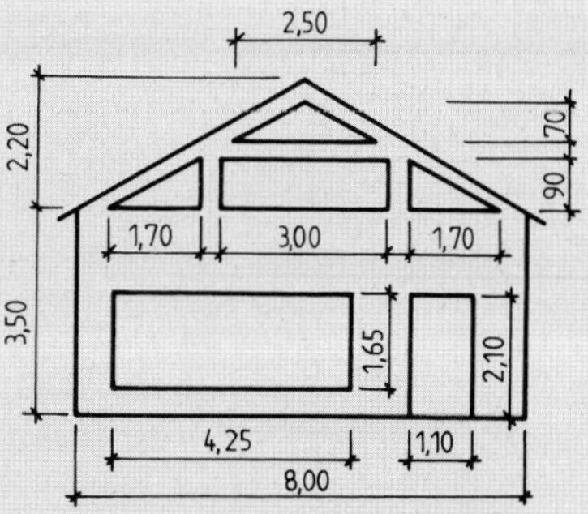

37. Wie viel m² Innenputzfläche sind nach VOB für die Wand mit den Abmessungen 6,25 × 2,65 m aufzumessen?

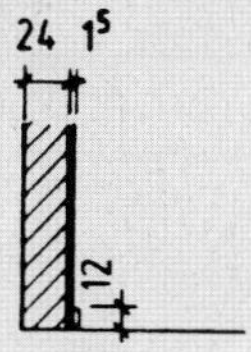

38. Zwei 8,50 m lange Räume, einer mit einem scheitrechten Bogen, der andere mit einem Tonnengewölbe überdeckt, werden an ihren Seitenwänden und an der Gewölbeunterseite verputzt. Wie viel m² Putz sind für jeden Raum nach VOB aufzumessen?

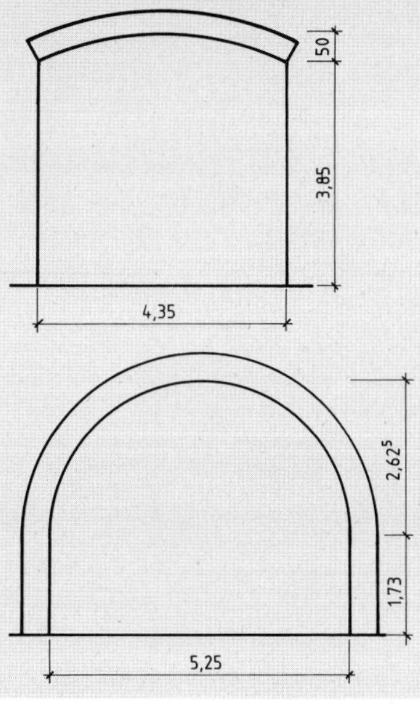

Aufgaben

39. Ein Raum hat nach dem Verputzen die lichten Abmessungen von 8,51 × 5,76 m. Erstellen Sie das Aufmaß der Estricharbeiten nach VOB.

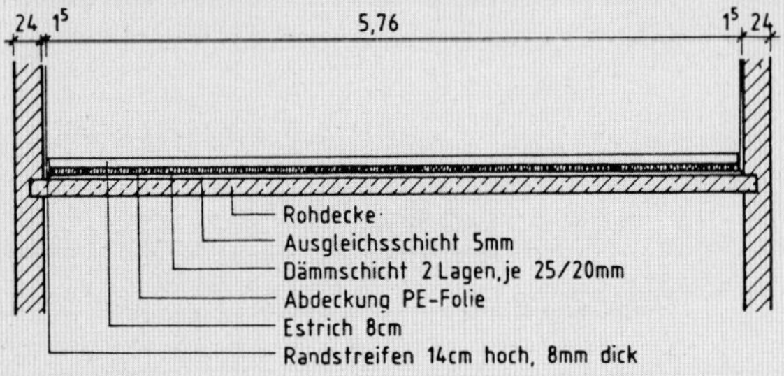

40. In einem Raum ist ein Estrich auf Dämmschicht zu verlegen. Der Estrich ist durch einen Schornstein und ein davor befindliches Ofenfundament sowie durch eine Rohrdurchführung unterbrochen. Es sind zu verlegen:
Dämmschicht 2-lagig, 2 × 25/20 mm
Randstreifen 10 mm dick, 12 cm hoch
Estrichdicke 60 mm
Bewehrung: Baustahlgewebe
Erstellen Sie das Aufmaß nach VOB.

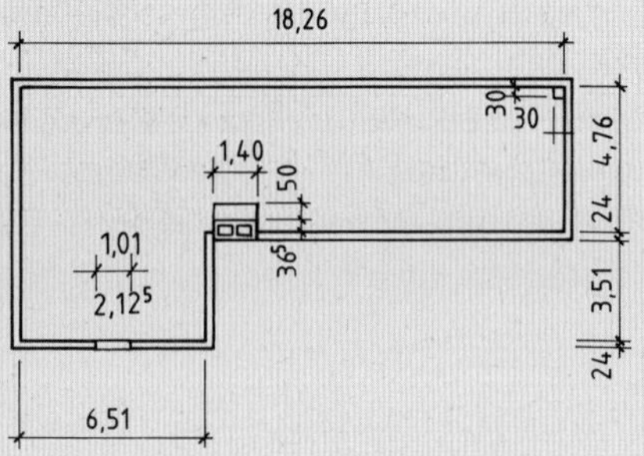

41. Die Küchenwand eines Gasthauses soll gefliest werden. Die Wand ist von einer Tür, einer Durchreiche und einem Fensterchen unterbrochen. Erstellen Sie das Aufmaß nach VOB für den Fliesenbelag.

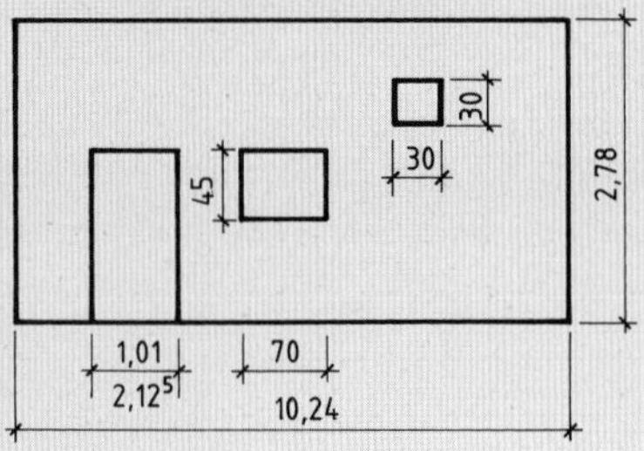

42. In einem Baderaum mit integrierter Dusche ist der Estrich zu verlegen. Er wird im Badezimmerbereich als Heizestrich auf Dämmschicht ausgeführt. Estrichdicke 80 mm, Dämmschicht Schaumglas 50 mm dick. Es sind Aussparungen für die Badewanne, eine Pfeilervorlage und den Schornstein vorzusehen. Für den Duschbereich ist als Vorbereitung für den Fliesenbelag ein Trennestrich zu verlegen, Dicke 90 mm. Zwischen Heizestrich und Trennestrich sind eine Trennschiene und eine Dehnfuge anzubringen. Erstellen Sie das Aufmaß nach VOB.

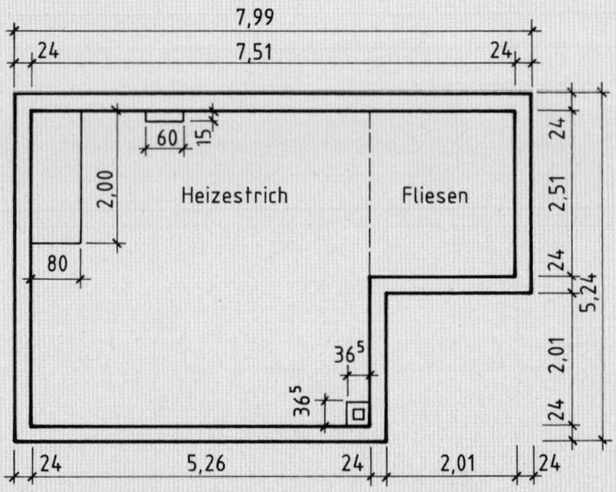

43. Die Wand eines Schlachthauses wird gefliest. Die Leistungsbeschreibung verlangt eine Verfliesung bis unter die Decke.
Am Boden ist ein Stehsockel mit einer Höhe von 65 mm anzubringen. Wie viele m² Wandfliesen und m Stehsockel sind nach VOB aufzumessen?

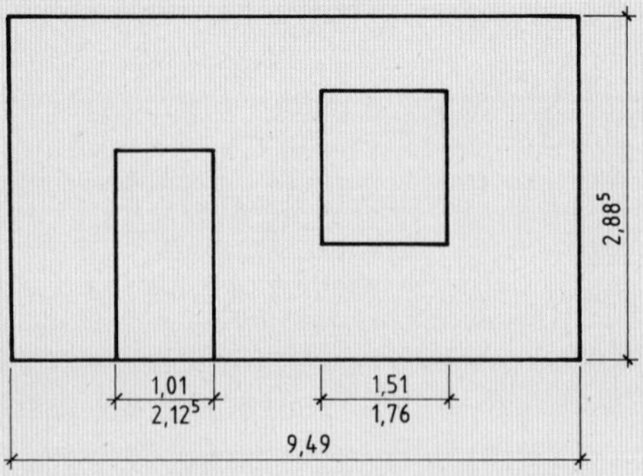

Aufgaben

44. Die im Schnitt dargestellte Wand hat die Abmessungen 5,51 × 2,52 m. Die Wand wird ganzflächig gefliest. Genauere Angaben enthält die Leistungsbeschreibung nicht. Abmessungen der Wandfliesen 150 × 150 mm, Fugen 3 mm, Mörtelbett 15 mm. Unten ist ein Stehsockel anzubringen. Erstellen Sie das Aufmaß für diese Wand.

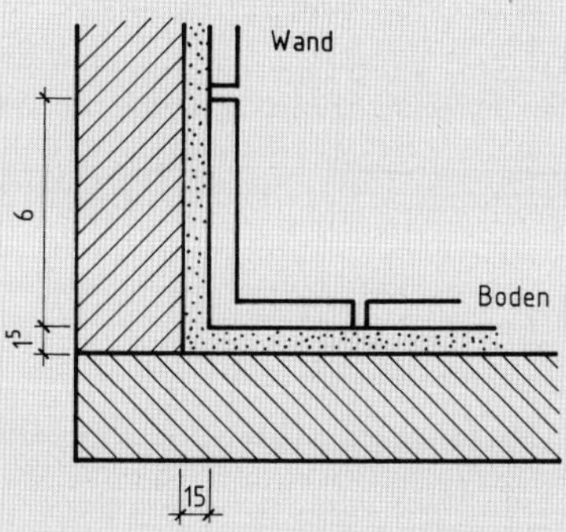

45. Die Terrasse ist mit Fliesen zu belegen, der Belag ist durch 5 Stützen unterbrochen. An der Hausfront entlang sind Sockelplatten, im übrigen Bereich 5 cm breite Randplatten anzubringen. Erstellen Sie das Aufmaß nach VOB für den Fliesenbelag, die Sockelplatten und die Randplatten.

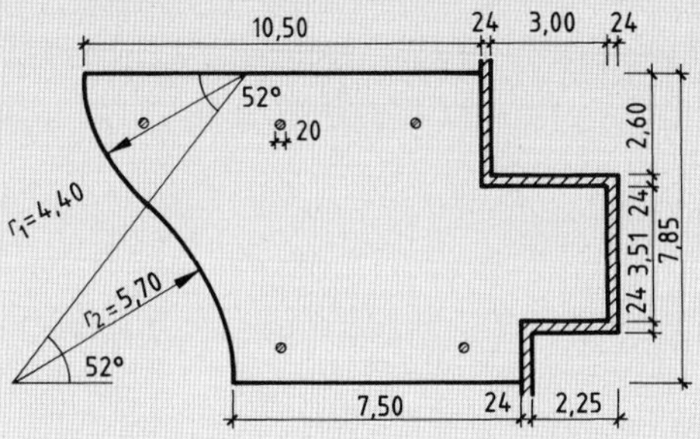

46. Die Wände und Säulen der Halle werden bis auf eine Höhe von 1,57 m gefliest und der Boden mit Klinkerplatten belegt. Die Wände und Säulen werden im Dünnbettverfahren gefliest, die Bodenplatten im Mörtelbett verlegt, Mörteldicke 15 mm.
Die Rundsäulen werden mit Knopfmosaik gefliest. An den Außenwänden einschließlich der Pfeilervorlagen werden Stehsockel mit einer Höhe von 80 mm angebracht, an den Rundsäulen Kunststoffsockel mit 80 mm Höhe. Erstellen Sie das Aufmaß nach VOB für die erbrachte Leistung.

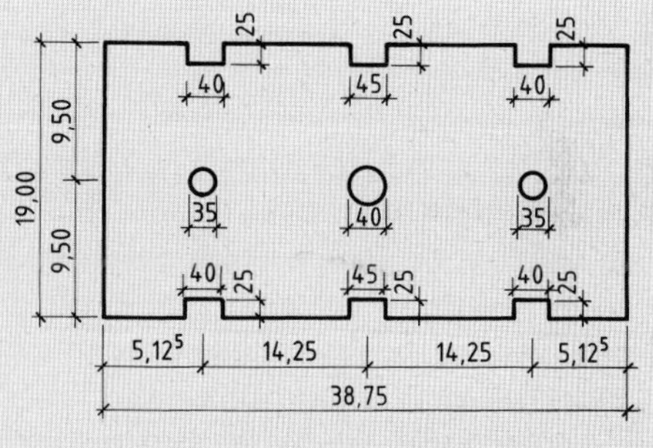

47. Ein Wandstück einschließlich der Treppenschräge ist zu fliesen. Über dem Boden und den Auftritten sind 5 cm hohe Stehsockelplatten anzubringen. Die Schräge des Treppenlaufes ist oben mit 5 cm breiten Randabschlussplatten zu begrenzen. Die Treppe hat 8 Steigungen mit einem Steigungsverhältnis von 17/29 cm.
Erstellen Sie das Aufmaß nach VOB für die gesamte Wandfläche.

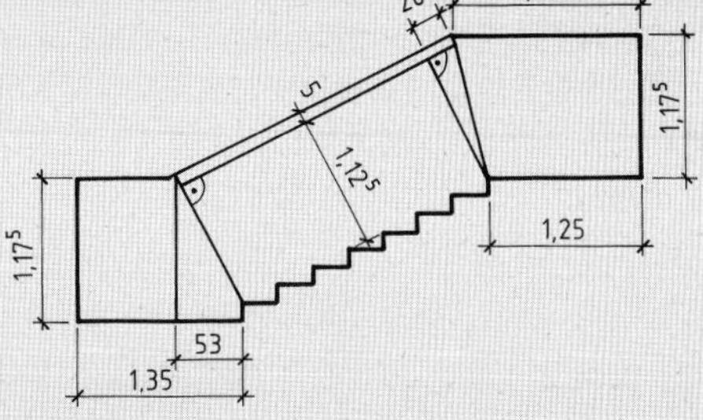

Aufgaben

48. Erstellen Sie für das Ferienhaus das Aufmaß nach VOB.

Baubeschreibung

Fundamente: $b = 45$ m unter den Außenwänden; C 12/15

Kriechkeller: Wände $d = 24$ cm, C 16/20; im Kriechkeller sind keine Zwischenwände. Schornsteinfundament 60 × 60 × 25 cm.
4 Fenster $b \times h = 1{,}20 \times 0{,}40$ m mit Lichtschacht. Laibungen verputzt, Laibungstiefe 12 cm; Wände bewehrt mit Q 335 A, Wandschalung 14 cm dick. Zwischen Sauberkeitsschicht und Bodenplatte wird eine PE-Sperrfolie $d = 0{,}5$ mm verlegt.
Außenputz: 2 cm Zementputz
Decke: Stahlbeton C 25/30, Bewehrung unten R 335 A, Randbewehrung oben Q 335-1, 1,00 m breit
Bodenaufbau: 7 cm Estrichdicke, 5 cm Mineralwolleplatten, in der Dusche 5 cm Schaumglas
Belag in Küche und Dusche: Klinkerplatten in Dünnbett
Treppe: 7 Steigungen, Steigungsverhältnis 18,4/27 cm; Laufplatte $d = 12$ cm

EG: Außen- und Giebelwände HLz W 6–0,8–10 DF (240); die Giebelwände enthalten je ein Fenster 2,01 × 1,26 m.
Außenputz: 2 cm Kalkzementputz; Laibungen verputzt, Laibungstiefe 12 cm
Innenputz: Trockenputz mit Gipsplatten und 2,5 cm Polystyrolbeschichtung.
In der Dusche Wandfliesen raumhoch in Dünnbett, 5 cm Stehsockel;
in der Küche an den Außenwänden ein Streifen von 1,00 m Breite in Fensterhöhe;
Laibungen in Küche und Dusche gefliest, sonst verputzt, Laibungstiefe 12 cm.
Zwischenwände: KS 12–1,6–2 DF (115)
KS 12–1,6–5 DF (240)
beiderseits 1,5 cm Kalkputz

Stürze über den Fenstern und der Tür C 20/25; Auflagerlänge je Seite 7,5 % der lichten Weite. Höhe der Stürze 33 cm, beim kleinen Küchenfenster 24 cm.

Bewehrung: bei Fenstern bis 1,00 m lichte Weite:
unten 3 ϕ 14
oben 2 ϕ 10
Bügel ϕ 8; $e = 15$ cm
bei Fenstern mit mehr als 1,00 m lichte Weite:
unten 4 ϕ 16, oben 2 ϕ 14
Bügel ϕ 8; $e = 12$ cm

Decke: Stahlbeton C 25/30; Bewehrung: unten R 524 A
oben Randstreifen Q 335-1, 1,00 m breit
Kalkputz 2 cm

Treppe: 14 Steigungen 18,1/27 cm

Dachgeschoss: Sparren: Achsabstand 68 cm; über den Giebelwänden und der Tragwand Bundsparrenpaare mit 2 Zangenpaaren $l \times b \times h = 126 \times 5 \times 12$ cm und Kopfbändern unter 45° geneigt.
Zapfenlängen bei Pfosten und Kopfbändern (Bügen) 3,5 cm
Dachvorsprung an den Giebelwänden 50 cm; Lattung 24 × 48 mm,
lichter Lattenabstand 29 cm, Schornstein aus Formstücken
Schornsteinkopf aus Formstücken mit Wärmedämmung und Vormauerung aus Klinkern.

Aufgaben

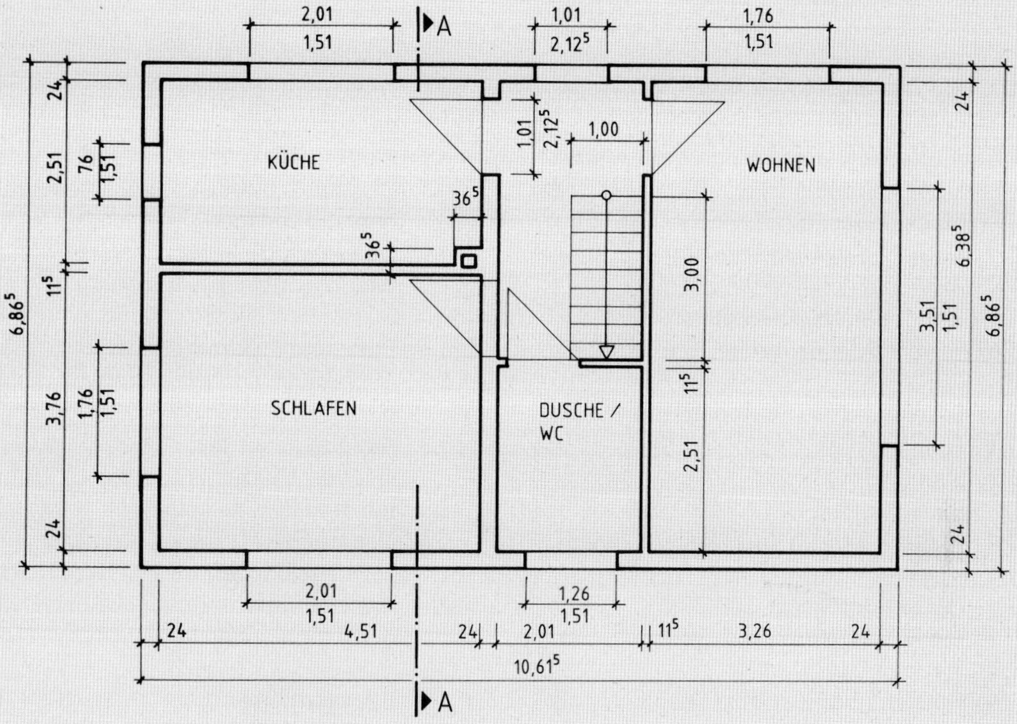

Schnitt A-A

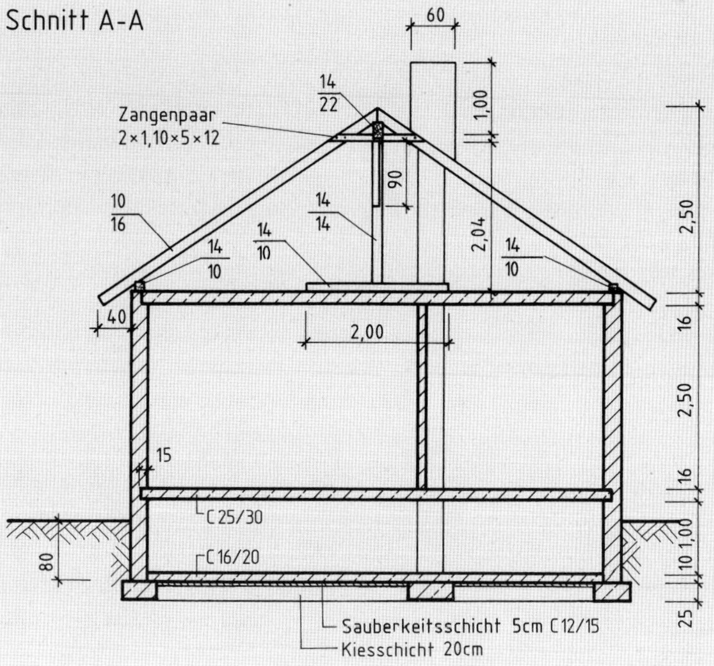

Aufgaben

Folgende Aufmaße nach VOB sind durchzuführen

Erdarbeiten
1.1 Abheben der 30 cm dicken Oberbodenschicht in m^2
1.2 Ausheben der Baugrube; Mindestarbeitsraumbreite nach DIN 4124, steifer bindiger Boden
1.3 Ausheben der Fundamentgräben
1.4 Aushub für die Kiesschicht
1.5 Einbringen der Kiesschicht
1.6 Verfüllen der Baugrube

2 **Beton- und Stahlbetonarbeiten**
2.1 Fundamente C 12/15
2.2 Sauberkeitsschicht C 12/15
2.3 Bodenplatte C 12/15
2.4 Außenwände im Kriechkeller C 20/25
2.5 4 Lichtschächte
2.6 Decke Kriechkeller C 20/25
2.7 Decke EG C 30/37
2.8 Treppen C 30/37
2.9 Fenster- und Türstürze C 20/25
2.10 Bewehrung der Decken
2.11 Bewehrung der Wände im Kriechkeller
2.12 Bewehrung der Stürze
2.13 Schalung der Wände im Kriechkeller
2.14 Schalung der EG-Decke
2.15 Schalung der KG-Decke
2.16 Abdichtung der Bodenplatte

3 **Mauerarbeiten**
3.1 Außenwände im EG und Giebelwände HLzW6–0,8–10 DF (240)
3.2 Zwischenwände im EG
KS12–1,6–2 DF (115)
KS 12–1,6–5 DF (240)
3.3 Schornstein aus Formsteinen

4 **Zimmerarbeiten**
4.1 Dachsparren, Nadelholz C 24 liefern und verlegen
4.2 Pfetten liefern, abbinden und verlegen
4.3 Pfosten, Schwellen, Büge liefern, abbinden und verlegen
4.4 Dachlattung
4.5 Winddielen an den Ortgängen

5 **Putz- und Stuckarbeiten**
5.1 Außenputz an Kellerwänden, Zementputz
5.2 Außenputz an den Außen- und Giebelwänden, Kalkzementputz
5.3 Innenputz als Kalkputz
5.4 Deckenputz EG-Decke, Kalkputz
Fensterlaibungen im Wohn- und Schlafraum geputzt, in der Küche und Dusche gefliest; Laibungstiefe 12 cm

6 **Estricharbeiten**
6.1 Estrich auf Dämmschicht

7 **Fliesen- und Plattenarbeiten**
7.1 Wandfliesen in der Dusche: Dünnbett
7.2 Bodenplatten in der Dusche: Dünnbett
7.3 Stehsockel in der Dusche: Dünnbett
7.4 Wandfliesen in der Küche 1,00 m breit an den Außenwänden: Dünnbett
7.5 Bodenplatten in der Küche
7.6 Stehsockel in der Küche

25 Kosten – Kalkulation

25.1 Kostenermittlung

Mit Beginn der Planung bis zur Nutzung eines Gebäudes werden verschiedene Bauabschnittsphasen durchlaufen. Daraus ergeben sich auch verschiedene Stadien der Kostenermittlung.

Kostenermittlung

Kostenschätzung

Sie dient der überschlägigen Ermittlung der Baukosten. Grundlage ist eine ungefähre Vorüberlegung über Art und Größe des zu erstellenden Bauobjektes.

Kostenberechnung

Bei der Kostenberechnung werden auf der Grundlage von Entwurfszeichnungen die Gesamtkosten näherungsweise ermittelt. Mit der Kostenberechnung sollen außerdem Entscheidungshilfen gegeben werden, ob das Bauvorhaben in der vorgesehenen Weise durchgeführt werden kann.

Kostenanschlag

Grundlage des Kostenanschlags sind die Konstruktionszeichnungen, sowie Auftragnehmerangebote. Dadurch ist es möglich, die tatsächlich zu erwartenden Kosten zu ermitteln.

Kostenfeststellung

Die mit Beendigung des Bauvorhabens tatsächlich angefallenen Kosten auf der Grundlage von Schlussrechnungen und Eigenleistungsanteilen werden Kostenfeststellung genannt.

vor der Ausführung des Auftrags

nach Fertigstellung

Genauigkeitsgrad der Kostensumme (steigend) →

effektiv angefallene Kosten

Kalkulation

Angebote werden auf der Grundlage einer Vorkalkulation erstellt, die Ansätze darin basieren auf der Nachkalkulation früherer Aufträge. In der Kalkulation finden alle Kosten ihren Niederschlag.

25.2 Kostenarten

Kosten können nach ihrer Art sowie nach ihrer Zurechenbarkeit unterschieden werden.

Nach der Zurechenbarkeit wird in Einzelkosten und Gemeinkosten unterschieden.

Einzelkosten können einer Leistung direkt zugerechnet werden. Sie werden deshalb auch als direkte Kosten bezeichnet. Baumaterialien, Lohnkosten, Gerätekosten können für jedes Bauobjekt direkt zugerechnet werden.

Gemeinkosten dagegen können einer Bauleistung nur indirekt zugerechnet werden. Sie werden deshalb auch indirekte Kosten genannt. Die Kosten eines Bauleiters, Mieten, Abschreibungen, Versicherungskosten, Energiekosten, Gehälter, die Kosten der Geschäftsleitung sind nur allgemein zurechenbar und müssen mittels eines Verteilungsschlüssels der Teilleistung zugerechnet werden.

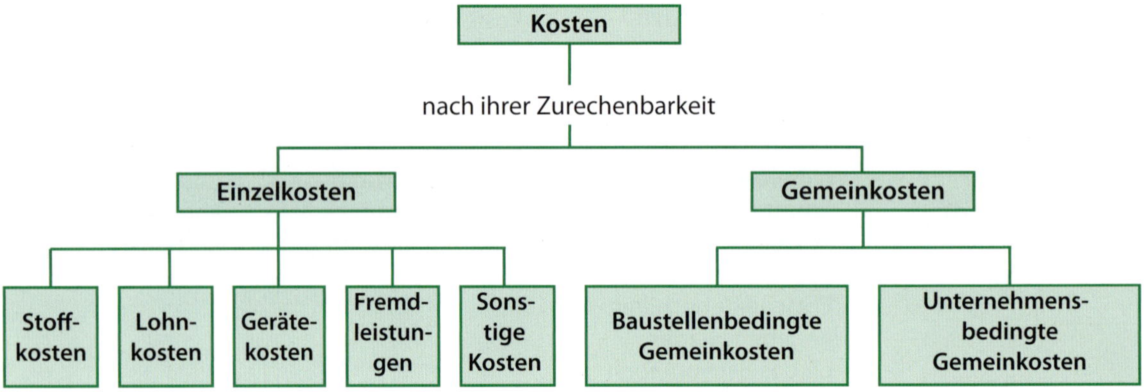

Sonstige Kosten: z. B. Schalungskosten

Baustellenbedingte Gemeinkosten: = Bereitschaftskosten der Baustelle

Sie können zwar keiner Teilleistung unmittelbar zugeordnet werden, wohl aber einer bestimmten Kostenstelle (Baustelle), z. B. Gehalt des Bauleiters, Vorhaltekosten der Baustelleneinrichtung. Insofern sind sie Einzelkosten der Baustelle.

Unternehmensbedingte Gemeinkosten: = Bereitschaftskosten der Unternehmung

Sie sind nur über einen Verrechnungsschlüssel zuordenbar. Es sind dies die allgemeinen Geschäftskosten.

Kostenarten

Kostenarten		
Lohnkosten	**Löhne Gehälter**	
	Lohngebundene Kosten	Sozialaufwendungen wie Kranken-, Renten-, Arbeitslosen-, Pflege-, Unfallversicherung und Zuschläge
	Lohnnebenkosten	Auslösungen, Lohnfortzahlung, Feiertage, Urlaub, Weihnachtsgeld, Betriebsjubiläum
	Unternehmerlohn	Kalkulatorischer Unternehmerlohn
Materialkosten	**Baustoffe**	sind alle Stoffe, die Bestandteile des Bauwerks werden wie Mauerziegel, Beton, Holz.
	Bauhilfsstoffe	werden als Hilfsmittel zur Bauausführung gebraucht und werden in der Regel nicht Bestandteil des Bauwerks wie z. B. Schalung, Gerüste, Absteifungen.
	Baubetriebsstoffe	sind Energiestoffe, die für den Betrieb der Maschinen und Geräte benötigt werden, z.B. Benzin, Diesel, Strom, Heizöl, Schmierstoffe.
Kapitalkosten	**Abschreibungen**	Wertverzehr der Produktionsmittel (z. B. Maschinen) durch Leistungserbringung (Abnutzung).
	Kapitalrisiken	Kapitaleinsatz kann in einer Unternehmung auch Verlust bringen. Deshalb wird ein Wagniszuschlag kalkuliert.
	Zinsen	Kalkulatorische Zinsen für das betriebsnotwendige Kapital. Das Kapital könnte auch angelegt werden.
Kosten der Fremdleistungen	**Fremdarbeitskosten**	Der Fremdunternehmer führt nur die Arbeiten aus, ohne wesentliche Stoffe zu stellen und übernimmt in der Regel keine Gewährleistung gegenüber dem Bauherrn, z. B. Erdarbeiten, Bewehrungsarbeiten, Transportleistungen.
	Kosten der Nachunternehmerleistungen	Der Fremdunternehmer übernimmt Gewährleistungspflichten, z. B. Estricharbeiten, Ausbauarbeiten für schlüsselfertige Bauten.
Allgemeine Steuern		Steuern wie Gewerbesteuer, Kfz-Steuer, Verbrauchssteuern. Einkommensteuer und Körperschaftsteuer stellen keine Kosten dar, da sie nicht betriebsbedingt sind und vom Gewinn abhängen.

25.3 Kalkulatorische Kosten

Außer den Einzelkosten und Gemeinkosten, die auch zu Ausgaben des Unternehmers führen, sind Kosten bekannt, die zwar keine Ausgaben verursachen, aber dennoch kalkuliert werden können – wenn die Auftragslage am Baumarkt dies zulässt. Diese Kosten werden kalkulatorische Kosten genannt.

Kalkulatorische Kosten

Kalkulatorischer Unternehmerlohn

Der Unternehmer, der in seiner Unternehmung tätig ist, kann in der Kalkulation einen ähnlichen Betrag ansetzen, der ihm auch in einer fremden Unternehmung bezahlt werden würde.

Kalkulatorische Miete

Würde der Unternehmer in gemieteten, d. h. gepachteten Räumen arbeiten, so müsste er dafür eine Miete zahlen. Durch die kalkulatorische Miete werden Quasikosten für Miete in Rechnung gestellt.

Kalkulatorische Zinsen

Eine Unternehmung erfordert Kapital. Würde ein Unternehmer dieses Geld anlegen, bekäme er dafür evtl. Erträge. Folglich muss auch die eigene Unternehmung einen solchen Ertrag erbringen.

Kalkulatorische Wagnisse

Entwicklungswagnis: Fehlgeschlagene Entwicklungsarbeiten

Anlagewagnis: Vorzeitige technische Veralterung

Beständewagnis: Bruch, Verderb, Schwund, technische Veralterung

Fertigungswagnis: Fehlerhafte Ausführung, Materialfehler, fehlerhafte Konstruktionsunterlagen

Gewährleistungswagnis: Preisnachlass, Ersatzlieferung, Nachbesserung

Forderungswagnis: Zahlungsausfälle von Kunden

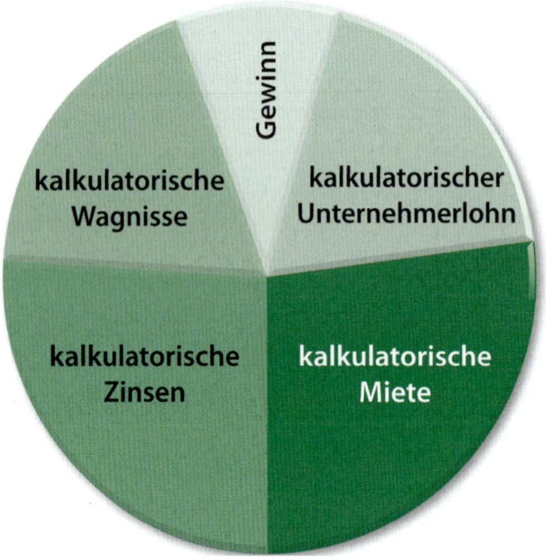

Der Gesamtgewinn ergibt sich aus der Kalkulation der vier kalkulatorischen Kosten und, wenn der Markt es hergibt, noch einem Gewinnanteil.

Je nach Konjunkturlage kann es auch der Fall sein, dass nicht alle kalkulatorischen Kosten gedeckt sind.

25.4 Lohnberechnung

Lohnformen

- **Zeitlohn**
  Die dem Betrieb zur Verfügung gestellte Zeit ist für die Höhe des Bruttolohnes maßgebend.
- **Leistungslohn**
  Die Leistung ist für die Höhe der Entlohnung maßgebend.
  - **Akkordlohn**
    - **Stückgeldakkord**
    - **Stückzeitakkord**
  - **Prämienlohn**
    Zum Bruttolohn kommen Prämien für Material- und Zeitersparnis, wenig Ausschuss u. Ä.

Bruttolohn = Zeit $\cdot \frac{\text{Lohn}}{\text{Zeit}}$

Bruttolohn = Stück $\cdot \frac{\text{Lohn}}{\text{Stück}}$

Bruttolohn = Vorgabezeit · Stückzahl · Minutenfaktor

Bruttolohnberechnung

Zeitlohn

Als Zeiteinheit gilt in der Regel die Arbeitsstunde.

Bruttolohn = Arbeitsstunden · Stundenlohnsatz

Beispiel

Stundenlohn 14,50 €/h Arbeitszeit 8 h	Bruttolohn = 14,50 €/h · 8 h = 116,00 €

Stückgeldakkord

Die erarbeitete Menge kann in Stück, m, m^2, m^3, kg usw. erfasst werden.

Bruttolohn = erarbeitete Menge · Geldakkordsatz

Beispiel

Hergestellte Stück 150, Entlohnung 0,80 €/Stück	Bruttolohn = 150 Stück · 0,80 €/Stück = 120,00 €

Stückzeitakkord

Beim Stückzeitakkord wird für die Herstellung eines Stückes, m^2, m^3 usw. die Zeit vorgegeben, die bei normaler Leistung notwendig ist. Wird die Vorgabezeit unterschritten, so erhöht sich der Stundenverdienst des Arbeitnehmers.

Bruttolohn = erarbeitete Menge · Vorgabezeit · Minutenfaktor

Beispiel

Stundenlohn 15,00 €/h

Hergestellte Stück 1000, Vorgabezeit 8 min/Stück

Minutenfaktor = 15 €/h : 60 min/h = 0,25 €/min

Bruttolohn = 8 min/Stück · 1000 Stück · 0,25 €/min
= 2.000,00 €

Gruppenakkord

Eine Variante des Akkordlohnes ist der Gruppenakkord. Er wird im Baugewerbe oft angewandt. Beim Gruppenakkord arbeiten Facharbeiter, angelernte Arbeiter und Bauhelfer zusammen an einem Projekt.

Beispiel

Eine Gruppe erhält für das Verlegen von Pflastersteinen 37,50 €/m^2. Es sind 185 m^2 zu verlegen. Bestimmen Sie die einzelnen Bruttolöhne der Gruppenmitglieder für das Projekt.

Es arbeiten		Stundenlohn	Lohn bei Normalleistung
Facharbeiter	40 h	16,20 €/h	648,00 €
angelernter Arbeiter	40 h	14,75 €/h	590,00 €
Bauhelfer	40 h	13,50 €/h	540,00 €
			1.778,00 €

$$\textbf{Umrechnungsfaktor} = \frac{\textbf{effektiver Lohn für Gesamtleistung}}{\textbf{Lohn bei Normalleistung}}$$

$$\text{Umrechnungsfaktor} = \frac{185\ \text{m}^2 \cdot 37{,}50\ €/\text{m}^2}{1.778{,}00\ €} = \frac{6.937{,}50\ €}{1.778{,}00\ €} = 3{,}902$$

	Bruttolohn im Akkord
Facharbeiter	648,00 € · 3,902 = 2.528,40 €
angelernter Arbeiter	590,00 € · 3,902 = 2.302,10 €
Bauhelfer	540,00 € · 3,902 = 2.107,00 €

Lohnabrechnung

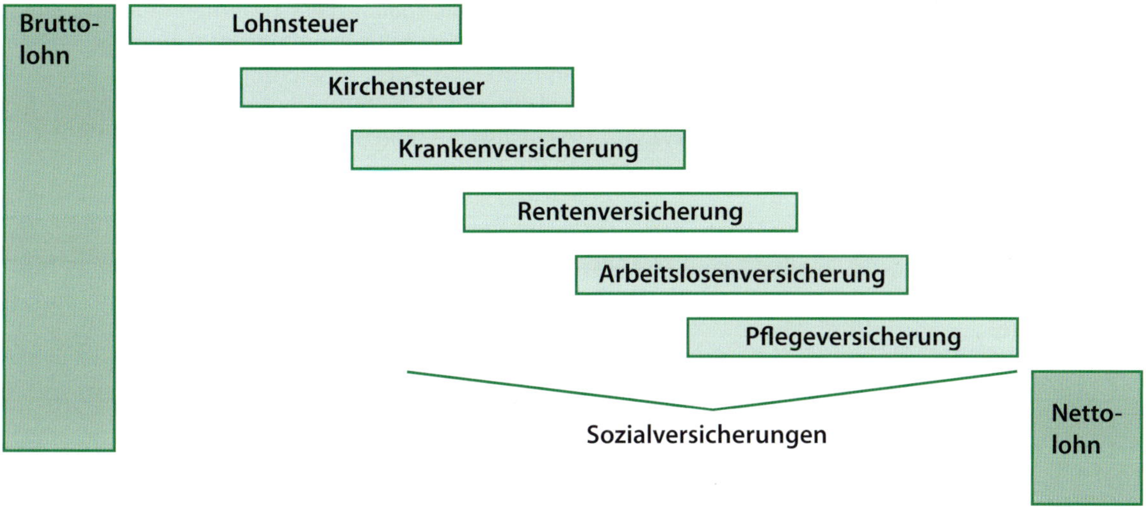

Lohnsteuer:	Satz je nach Höhe der Lohnsumme, der Steuerklasse und sonstigen Steuerermäßigungen.
Kirchensteuer:	Je nach Bundesland 8 … 9 % aus dem Lohnsteuerbetrag.
Krankenversicherung:	14,6 %; davon AG und AN jeweils die Hälfte (ggf. noch Zusatzbeitrag, durchschnittlich 1,3 %)
Rentenversicherung:	18,6 %; davon AG und AN jeweils die Hälfte
Arbeitslosenversicherung:	2,4 %; davon AG und AN jeweils die Hälfte
Pflegeversicherung:	3,05 %; davon AG und AN jeweils die Hälfte (außer Sachsen; Zuschlag von 0,35 % für Kinderlose ab 23 Jahren)

(Stand: 1.1.2022)

Arbeitet ein Arbeitnehmer (AN) über die tarifliche Arbeitszeit (Mehrarbeit) oder nachts, an Sonntagen oder Feiertagen, so erhält er zu seinem Grundlohn einen Zuschlag.

Als gesetzliche Höchstzuschlagsätze, die steuerfrei und auch sozialversicherungsfrei sind, gelten Zuschläge für:

Nachtarbeit	25 %
Sonntagsarbeit	50 %
Feiertagsarbeit	125 %
Arbeit an den Weihnachtsfeiertagen	150 %

Zuschläge für Mehrarbeit (Überstunden) von 25 % sind dagegen steuer- und sozialversicherungspflichtig.

Beispiel

Stundenlohn 16,80 €

Sonntagsarbeit		**Mehrarbeit**	
Grundlohn	16,80 € steuer- und sozialversicherungspflichtig	Grundlohn	16,80 € steuer- und sozialversicherungspflichtig
Zuschlag 50 %	8,40 € steuer- und sozialversicherungsfrei	Zuschlag 25 %	4,20 € steuer- und sozialversicherungspflichtig
Stundenlohn	25,20 €	Stundenlohn	21,00 €

25.5 Mittellohn

Um die Kalkulation zu vereinfachen, werden die Löhne aller Mitarbeiter einer Unternehmung auf einen durchschnittlichen Lohn, den Mittellohn, umgerechnet. Der Mittellohn kann auf der Grundlage der Arbeitsstunden (MA), der Arbeitsstunden + Sozialkosten (MAS), oder der Arbeitsstunden + Sozialkosten + Lohnnebenkosten (MASL) ermittelt werden. Die Sozialkosten belaufen sich in Westdeutschland auf 82,79 % und in Ostdeutschland auf 76,72 bzw. 76,13 % (Sachsen) (Stand 07/2021).

Beispiel

1	Bauvorarbeiter	19,69 €/h	19,69 €/h
5	Baufacharbeiter	16,15 €/h	80,75 €/h
2	Bauhelfer	10,85 €/h	21,70 €/h
8			122,14 €/h
Mittellohn 1	**MA** (122,14 : 8)		15,27 €/h
+ Sozialkosten (angenommen 85 %)			12,98 €/h
Mittellohn 2	**MAS**		28,25 €/h
+ Lohnnebenkosten (angenommen)			3,62 €/h
Mittellohn 3	**MASL**		31,87 €/h

Die Verwendung des Mittellohnes MASL in der Kalkulation ist in der Praxis am häufigsten, da mit ihm alle direkt mit dem Lohn zusammenhängenden Kosten erfasst sind.

25.6 Aufbau der Kalkulation

Einzelkosten der Teilleistungen (EK)	Material, einschließlich Bezugskosten, Lohnkosten (MASL) Gerätekosten, Fremdleistungen
+ Gemeinkosten der Baustelle (GK)	Bauleiterkosten, Vorhaltekosten der Baustelleneinrichtung
= **Herstellkosten (HK)**	Das sind die Kosten, die durch die Erstellung der Teilleistung entstanden sind.
+ Allgemeine Geschäftskosten (AGK)	Kosten der Unternehmensleitung, des Bauhofes, Abschreibungen, Energiekosten, Steuern, Versicherungen, soziale Aufwendungen
= **Selbstkosten (SK)**	Diesen Betrag hat die Erstellung der Teilleistung den Unternehmer selbst gekostet, ohne etwas verdient zu haben.
+ Wagnis und Gewinn	
= **Preis der Teilleistung**	
+ Umsatzsteuer	
Endpreis	

Beispiel

Ein Mauerwerk von 12,50 m Länge, 3,25 m Höhe und 24 cm Dicke ist in Keramik-Hochlochklinkern, Lochung B, KHK B60-1,6-NF, herzustellen.

An Kosten sind angefallen:

Steinkosten:	1,53 €/Stück einschließlich Fracht
Mörtelkosten:	132,30 €/m^3
Lohnkosten:	Mittellohn MASL 53,40 €/h Arbeitszeit 0,94 h/m^2

An Gemeinkosten der Baustelle (GK) sind 5,2 % der Einzelkosten (EK), an allgemeinen Geschäftskosten (AGK) 2,5 % anzusetzen. Für Wagnis und Gewinn werden 6,2 % berechnet.

Zu berechnen sind

a) die Gesamtkosten,
b) der Einheitspreis je m^2.

Fläche des Sichtmauerwerks:	12,50 m · 3,25 m	= 40,625 m^2
Steinbedarf:	100 Stück/m^2 · 40,625 m^2	= 4063 Steine
Mörtelbedarf:	70 l/m^2 · 40,625 m^2	= 2844 l

Kalkulation

Materialkosten	4063 Steine · 1,53 €/Stein	= 6.216,39 €
Mörtelkosten	2,844 m^3 · 132,30 €/m^3	= 376,26 €
Lohnkosten	0,94 h/m^2 · 40,625 m^2 · 53,40 €/h	= 2.039,21 €
Summe der Einzelkosten		= 8.631,86 €
+ Gemeinkosten der Baustelle (GK) 5,2 %		= 448,86 €
Herstellkosten		= 9.080,72 €
+ Allgemeine Geschäftskosten (AGK) 2,5 %		= 227,02 €
Selbstkosten		= 9.307,74 €
+ Wagnis und Gewinn 6,2 %		= 577,08 €
Gesamtkosten ohne Mehrwertsteuer		= 9.884,82 €

$$\text{Einheitspreis (EP)} = \frac{9.884{,}82\ €}{40{,}625\ m^2} = 243{,}32\ €/m^2$$

Aufgaben

1. Ein 22-jähriger Maurer hat einen Stundenlohn von 14,35 €. Er arbeitet im Monat 168 Stunden. Abzüge: Lohnsteuer 14,7 %, Kirchensteuer 8 %, Zusatzbeitrag zur Krankenversicherung 1,3 %. Wie groß ist der Nettolohn unter Berücksichtigung aller Sozialversicherungen?

2. Ein Baugeräteführer (25 Jahre, 1 Kind) arbeitete an 22 Arbeitstagen je 8 1/4 Stunden. Sein Stundenlohn beträgt 14,50 €. Außerdem musste er an einem Wochenende die Baumaschinen warten, damit sie am Montag wieder einsatzfähig waren. Am Samstag arbeitete er 8 Stunden (Mehrarbeit, Zuschlag 25 %) am Sonntag 9 Stunden (Zuschlag 50 %).
   Abzüge: Lohnsteuer 16,2 %, Kirchensteuer 8 %, Zusatzbeitrag zur Krankenversicherung 0,9 %.
   Wie viel € erhält der Baugeräteführer unter Berücksichtigung aller Sozialversicherungen ausbezahlt?

3. Eine 29-jährige Bauzeichnerin mit einem Kind hat einen Stundenlohn von 18,31 €. Sie arbeitet 132 Stunden im Monat.
   Abzüge: Lohnsteuer 247,15 €, Kirchensteuer 9 %, Zusatzbeitrag zur Krankenversicherung 1,2 %.
   Wie groß ist ihr Nettolohn unter Berücksichtigung aller Sozialversicherungen?

4. Zwei Fliesenleger erhalten für das Verlegen von 147 m^2 Wandfliesen 7.114,40 €.
   a) Wie groß ist der Stundenlohn jedes Einzelnen, wenn sie dazu 220 Stunden benötigt haben?
   b) Wie viel % beträgt der Mehrverdienst, wenn sie im Zeitlohn pro Stunde 14,35 € erhalten?

5. Eine Baukolonne, bestehend aus 4 Facharbeitern, erhält für eine Arbeit 4.270,00 €. Nach 8 Arbeitstagen zu je 8 1/4 Stunden ist die Arbeit beendet.
   a) Wie groß ist der Anteil jedes Arbeiters?
   b) Wie hoch ist der Stundenlohn der Arbeiter?

6. Eine Estrichlegerkolonne erhält pro m^2 verlegten Estrichs 10,90 €.
   Zu dieser Kolonne gehören:
   - 2 Estrichleger mit einem Stundenlohn von 14,85 €,
   - 1 Baugeräteführer mit einem Stundenlohn von 13,60 €,
   - 1 Bauhelfer mit einem Stundenlohn von 10,40 €.

   Die Kolonne verlegte 355 m^2 in 21,5 Stunden.
   a) Wie viel erhält jeder, wenn der Mehrverdienst aus der Akkordarbeit entsprechend dem Stundenlohn aufzuteilen ist?
   b) Wie groß ist der Mittellohn (MA)?

7. Eine Baukolonne, bestehend aus 5 Mann, übernimmt eine Arbeit gegen eine Vergütung von 11.650,00 €. Sie benötigt dazu 9 Tage mit je 8 1/2 Stunden.
   Es erhalten:

1 Vorarbeiter	14,30 € pro Stunde
3 Facharbeiter	13,60 € pro Stunde
1 Bauhelfer	11,15 € pro Stunde

   Jeder Arbeiter erhält zunächst eine Entlohnung entsprechend seinem Stundenlohn. Der Rest soll gleichmäßig auf die Kolonnenmitglieder verteilt werden.
   a) Wie viel erhält jeder?
   b) Wie groß ist der Mittellohn einschließlich Sozialkosten und Lohnnebenkosten, wenn für Sozialkosten 83 % und für Lohnnebenkosten 3,50 €/h anzusetzen sind?

8. Eine Gruppe von 6 Mann erhält für das Mauern eines Sichtmauerwerks aus Klinker 19,45 €/m². Es sind 1625 m² zu mauern.

a) In wie vielen Stunden muss die Arbeit ausgeführt sein, wenn jeder Arbeiter einen Stundenlohn von 16,85 € erreichen will?

b) Wie viel € und % beträgt der Mehrverdienst jedes Arbeiters, wenn die Kolonne pro Stunde 9 m² Sichtmauerwerk herstellt?

9. Für die Schalung einer Decke von 25 m² sind für 1.270,00 € Schaltafeln und für 365,00 € Material für die Unterkonstruktion benötigt worden.

Für die Ausführung der Arbeit waren 12,5 h erforderlich. Der Mittellohn (MASL) beträgt 38,65 €/h. An Gemeinkosten (GK) der Baustelle sind 8,5 % der Einzelkosten anzusetzen, für allgemeine Geschäftskosten (AGK) 2,8 %. Wagnis und Gewinn werden mit 8 % vorgesehen.

Ermitteln Sie

a) die Gesamtkosten,

b) den Einheitspreis.

10. Zur Herstellung einer Decke wurden 48,5 m³ Beton und 26 Betonstahlmatten Q 257 A (38,2 kg/Matte) benötigt. Es werden 92 m² geschalt.

Preis pro m³ Beton	80,00 € frei Baustelle
Preis pro t Stahl	800,00 € frei Baustelle
Schalung	19,50 €/m²

Der Rüttler wird für die Verdichtung des Betons 4 min/m³ eingesetzt;

Preis pro Geräteeinsatzstunde 28,00 €.

Der Mittellohn (MASL) beträgt 38,50 €/h.

Für die Arbeit sind insgesamt 165 Stunden verrechnet worden.

Die Gemeinkosten der Baustelle (GK) sind mit 4,5 % der Einzelkosten anzusetzen, für allgemeine Geschäftskosten (AGK) werden 2,2 % berechnet. Für Wagnis und Gewinn werden 5,8 % in Rechnung gestellt.

Ermitteln Sie

a) die Gesamtkosten,

b) den Einheitspreis.

11. Es sollen 8 Pfeiler mit den Abmessungen 36,5 × 36,5 × 275,0 cm in Klinkermauerziegeln NF hergestellt werden.

Stoffkosten:	Steine	1,45 €/Stück
	Mörtel	128,40 €/m³
Lohnkosten:	Mittellohn (MASL)	56,45 €/h
	Arbeitszeit	0,97 h/m²

Für Baustellengemeinkosten (GK) sind 4,8 % der Einzelkosten, für allgemeine Geschäftskosten (AGK) 2,7 % zu berechnen. Wagnis und Gewinn sind mit 6,7 % anzusetzen.

Ermitteln Sie

a) die Gesamtkosten,

b) den Einheitspreis.

26 Wärme- und Feuchteschutz

Baulicher Wärmeschutz ist nicht nur für die wirtschaftliche Nutzung der Gebäude von Bedeutung (geringe Heizkosten), sondern auch für Gesundheit und Wohlbefinden der Bewohner. Außerdem müssen spannungsempfindliche Bauteile geschützt werden, damit Bauschäden infolge von Temperaturspannungen vermieden werden. Maßnahmen zum baulichen Wärmeschutz tragen dazu bei, Energie zu sparen und somit auch die Belastung unserer Umwelt durch Reduktion der CO_2-Emissionen zu verringern.

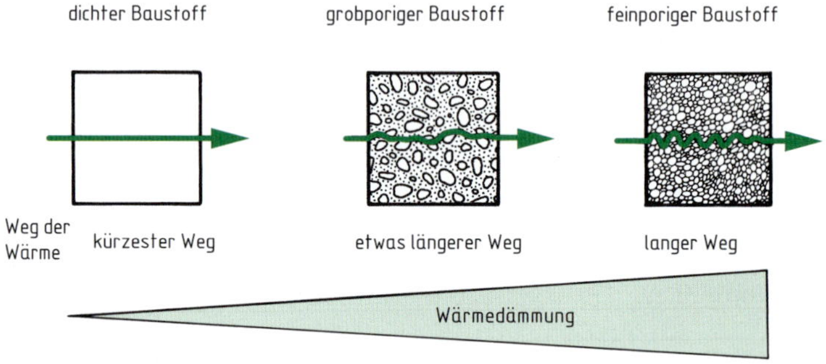

Zur Verbesserung des Wärmeschutzes gibt es eine ganze Anzahl natürlicher, aber auch künstlich hergestellter Dämmstoffe. Alle Dämmstoffe haben Luftporen und sind somit schlechte Wärmeleiter.

26.1 Grundbegriffe der Wärmeschutzberechnung

Wärmeübertragung

Wärmeleitung

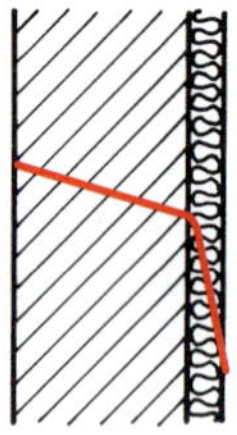

Übertragung der Wärme von Molekül zu Molekül bei festen Stoffen.

Wärmeströmung (Konvektion)

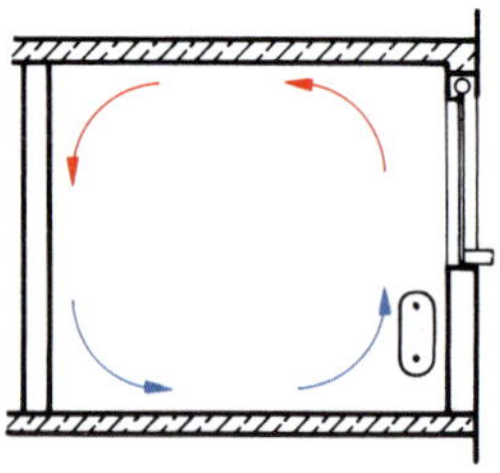

Die Wärme wird dadurch übertragen, dass die Masseteilchen, an welche Wärme gebunden ist, ihre Lage verändern.

Bei Flüssigkeiten wird dies Wärmeströmung, bei Luft (Gasen) Konvektion genannt.

Wärmestrahlung

Die Wärmestrahlen gehen sowohl durch luftleere (Weltall) als auch durch luftgefüllte Räume hindurch. Wärmestrahlen haben verschiedene Wellenlängen und sind zur Übertragung nicht an Materie gebunden, d. h., sie können ohne Verlust auch luftleere Räume durchdringen. Auf einen Körper auftreffende Wärmestrahlen werden teils absorbiert und teils reflektiert.

1. Wärmemenge *Q*

Die Wärmemenge *Q* wird in Joule (J) angegeben. Unter einem Joule wird die Arbeit verstanden, die verrichtet wird, wenn eine Kraft von 1 N in Kraftrichtung um 1 m verschoben wird. Da Arbeit eine Form von Energie ist, dürfen auch die Einheiten Newtonmeter und Wattsekunde verwendet werden (siehe Kapitel 22).

1 J = 1 Ws = 1 Nm

In bauphysikalischen Berechnungen wird anstelle des Joule die Einheit Wattsekunde verwendet.

2. Wärmestrom *Φ*

Der Wärmestrom *Φ* wird in Watt (W) angegeben. Unter einem Watt wird die Leistung eines gleichmäßig ablaufenden Vorganges verstanden, bei dem in einer Sekunde die Arbeit von einem Joule verrichtet wird.

$$1\,\mathrm{W} = 1\,\frac{\mathrm{J}}{\mathrm{s}} = 1\,\frac{\mathrm{Nm}}{\mathrm{s}}$$

3. Wärmeleitfähigkeit *λ*

Sie gibt den Wärmestrom in Watt an, der sich auf einer Fläche von 1 m² bei einer 1 m dicken Schicht einstellt, wenn der Temperaturunterschied an den beiden Schichtoberflächen 1 Kelvin beträgt.

Einheit: $\frac{\mathrm{W \cdot m}}{\mathrm{m^2 \cdot K}} = \frac{\mathrm{W}}{\mathrm{mK}}$

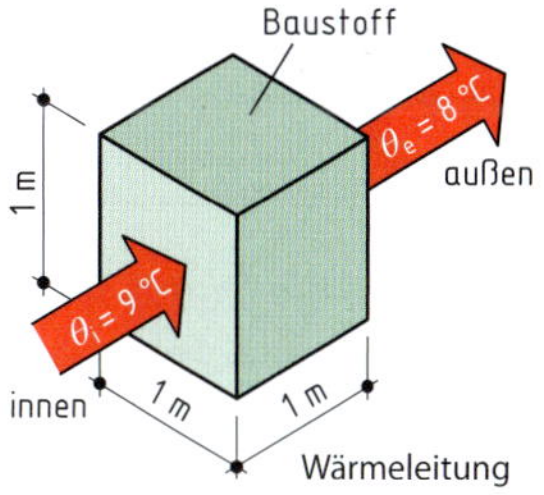

Wärmeleitung

Temperaturdifferenz
$\Delta\theta = \theta_i - \theta_e$
$= 9\,°C - 8\,°C = 1\,°C$
$\hat{=}\ 1\,K$

Die Wärmeleitfähigkeit hängt vom Material sowie von Art, Größe und Verteilung der Poren ab, und damit von der Rohdichte des Stoffes. Des Weiteren spielen die Temperatur und der Feuchtegehalt des Stoffes eine Rolle.

> Je kleiner *λ*, desto besser die Wärmedämmung und desto schlechter die Wärmeleitung.
>
> Je mehr Luftporen und je geringer die Rohdichte des Stoffes, desto kleiner *λ*.
>
> Je feuchter ein Stoff, desto schlechter die Wärmedämmung.
>
> Je niedriger die Stofftemperatur, desto schlechter die Wärmeleitung.

Werte für die Wärmeleitfähigkeit sind in den Tabellen S. 297 … 303 enthalten.

4. Wärmedurchlasswiderstand *R*

Ein Bauteil wird in der Praxis nach dem Wärmedurchlasswiderstand beurteilt. Je größer sein Wärmedurchlasswiderstand ist, desto besser ist die Wärmedämmung. Besteht ein Bauteil aus mehreren Schichten, so können die Wärmedurchlasswiderstände der einzelnen Schichten addiert werden.

Wärmedurchlasswiderstand = Schichtdicke in m / Wärmeleitfähigkeit

$$R = \frac{d}{\lambda}$$

Einheit: $\frac{\mathrm{m}}{\frac{\mathrm{W}}{\mathrm{mK}}} = \frac{\mathrm{m^2K}}{\mathrm{W}}$

$$R = \frac{d_1}{\lambda_1} + \frac{d_2}{\lambda_2} + \frac{d_3}{\lambda_3} + \ldots + \frac{d_n}{\lambda_n}$$ (bei mehreren Schichten)

Beispiel

Berechnen Sie den Wärmedurchlasswiderstand einer 30 cm dicken Wand aus Hochlochziegeln (ϱ = 1,4 kg/dm^3) mit 1,5 cm Kalkgipsputz innen und 2 cm Kalkzementputz außen.

Werte für die Wärmeleitfähigkeit aus Tabelle S. 297 ff.

$$R = \frac{d_1}{\lambda_1} + \frac{d_2}{\lambda_2} + \frac{d_3}{\lambda_3}$$

$$R = \frac{0{,}015\ \text{m}}{0{,}70\ \frac{\text{W}}{\text{mK}}} + \frac{0{,}30\ \text{m}}{0{,}58\ \frac{\text{W}}{\text{mK}}} + \frac{0{,}02\ \text{m}}{1{,}00\ \frac{\text{W}}{\text{mK}}} = 0{,}021\ \frac{\text{m}^2\text{K}}{\text{W}} + 0{,}517\ \frac{\text{m}^2\text{K}}{\text{W}} + 0{,}02\ \frac{\text{m}^2\text{K}}{\text{W}} = 0{,}558\ \frac{\text{m}^2\text{K}}{\text{W}}$$

5. Wärmeübergangswiderstand R_s

Die Wärmeübergangswiderstände innen R_{si}[1)] und außen R_{se}[2)] können durch die Kehrwerte der Wärmeübergangskoeffizienten h_i und h_e errechnet werden.

Unter dem Wärmeübergangskoeffizienten h wird die Wärmemenge verstanden, die je Sekunde zwischen 1 m^2 einer Oberfläche eines festen Stoffes und der ihn berührenden Luft ausgetauscht wird, wenn der Temperaturunterschied zwischen Luft und Stoffoberfläche 1 K beträgt.

Im Winter ist die Wand innen kühler als die Raumluft, während die Wandoberfläche außen wärmer ist als die Außenluft.

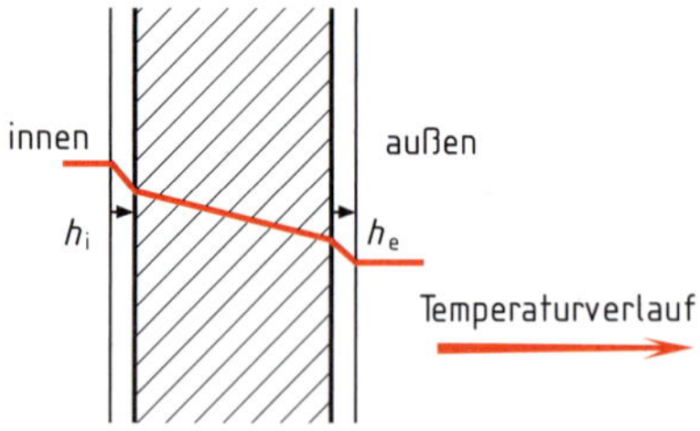

$$\boldsymbol{R_{si} = \frac{1}{h_i}}$$

$$\boldsymbol{R_{se} = \frac{1}{h_e}}$$

Einheit: $\dfrac{1}{\frac{\text{W}}{\text{m}^2\text{K}}} = \dfrac{\text{m}^2\text{K}}{\text{W}}$

In der Praxis werden die Wärmeübergangswiderstände nicht errechnet, sondern Tabellen entnommen.

Wärmeübergangswiderstände R_{si} und R_{se} (DIN EN ISO 6946)

Innen- bzw. Außenwand	**Richtung des Wärmestroms**		
	aufwärts	**horizontal**	**abwärts**
R_{si}[1)]	0,10	0,13	0,17
R_{se}[2)]	0,04	0,04	0,04
Die angegebenen Werte gelten für ebene Oberflächen, sofern keine besonderen Angaben über Randbedingungen vorliegen. Wenn die Richtung des Wärmestroms von den Angaben abweicht, wird empfohlen, die Werte für den horizontalen Wärmestrom zu verwenden.			

1) innere Oberfläche (engl.: **s**urface **i**nterior)

2) äußere Oberfläche (engl.: **s**urface **e**xterior)

Richtung des Wärmestroms

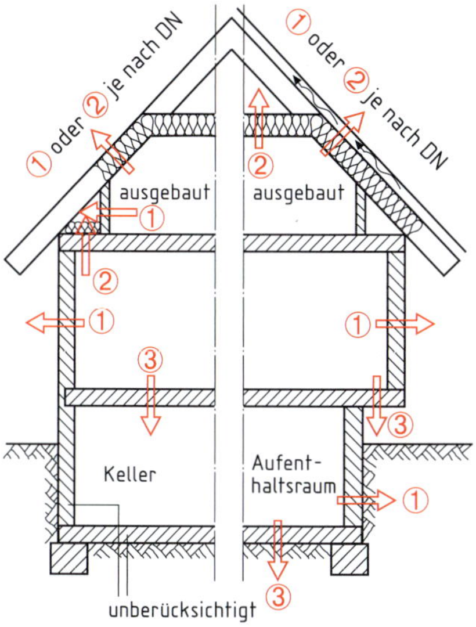

① = Wärmestrom horizontal
② = Wärmestrom aufwärts
③ = Wärmestrom abwärts

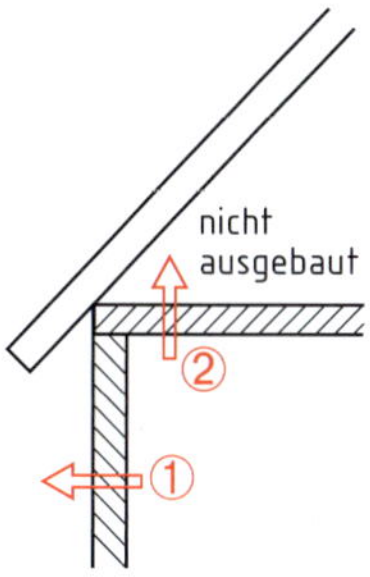

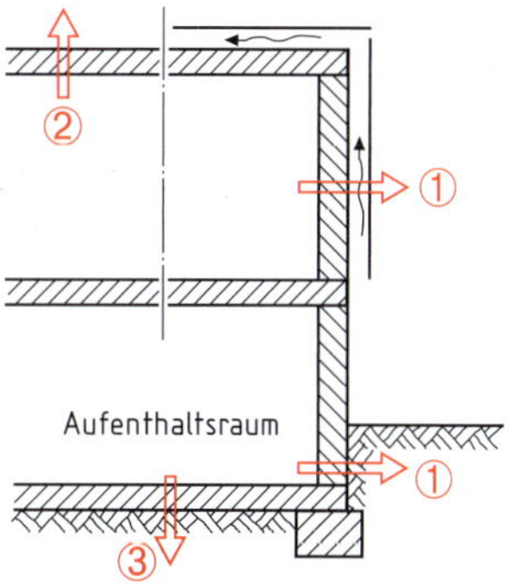

DN = Dachneigung

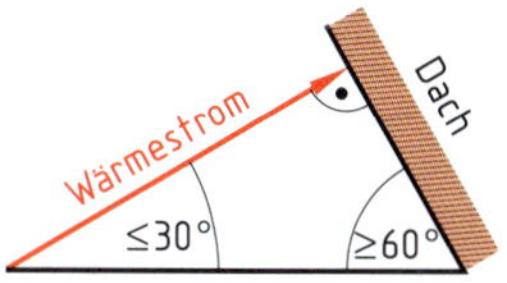

Wärmestrom horizontal bei DN ≥ 60°

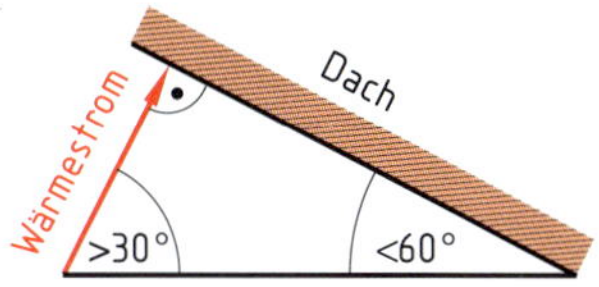

Wärmestrom aufwärts bei DN < 60°

Nach DIN EN 6946 gelten Luftschichten hinter Vorsatzschalen bei zweischaligem Mauerwerk als ruhende Luftschichten, wenn die Vorsatzschale mindestens 90 mm dick ist. Eine Luftschicht gilt als ruhend, wenn der Luftraum von der Umgebung abgeschlossen ist. Hierfür gelten besondere Wärmedurchlasswiderstände.

6. Wärmedurchgangswiderstand R_T

Der Wärmedurchgangswiderstand setzt sich zusammen aus dem Wärmedurchlasswiderstand des Bauteils und den Wärmeübergangswiderständen an den Kontaktflächen mit der Luft.

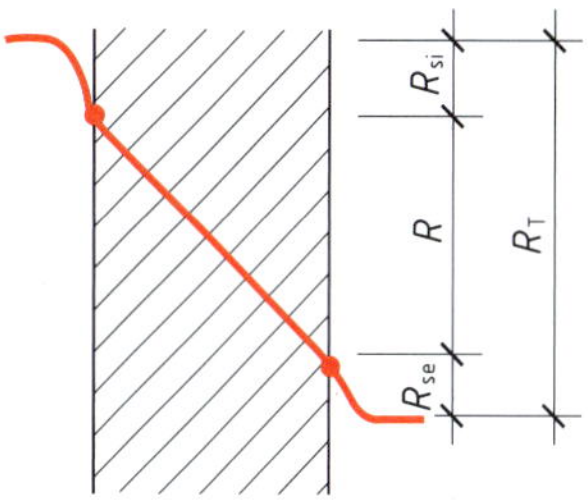

$$R_T = R_{si} + R + R_{se}$$

7. Wärmedurchgangskoeffizient U

Der Wärmedurchgangskoeffizient gibt den Wärmestrom in Watt an, der je Sekunde auf einer Fläche von 1 m² bei einer Temperaturdifferenz zwischen den Schichtoberflächen von 1 Kelvin durch das Bauteil hindurchgeht.

$$U = \frac{1}{R_T}$$

Einheit: $\dfrac{1}{\dfrac{m^2K}{W}} = \dfrac{W}{m^2K}$

Bei Fenstern und Verglasungen werden nicht die Wärmeleitfähigkeitswerte, sondern die Wärmedurchgangswerte angegeben.

8. Wärmestromdichte *q*

Die Wärmestromdichte drückt aus, wie viel Watt pro m^2 Gebäudefläche bei dem zugrunde gelegten Temperaturunterschied tatsächlich zwischen der Raumluft und der Außenluft hindurchgehen. Der Wert ist für die Energiebilanz der Gebäude von Bedeutung.

$$q = U(\vartheta_i - \vartheta_e) \qquad \text{Einheit: } \frac{W}{m^2K}\,K = \frac{W}{m^2}$$

Beispiel 1

a) Ermitteln Sie den Wärmedurchgangskoeffizienten *U* der Wand.

b) Zeichnen Sie den Temperaturverlauf in der Wand für den Winter, wenn mit einer maximalen Außentemperatur von – 5 °C und einer Raumtemperatur von 20 °C (Randbedingungen nach DIN 4108) zu rechnen ist.

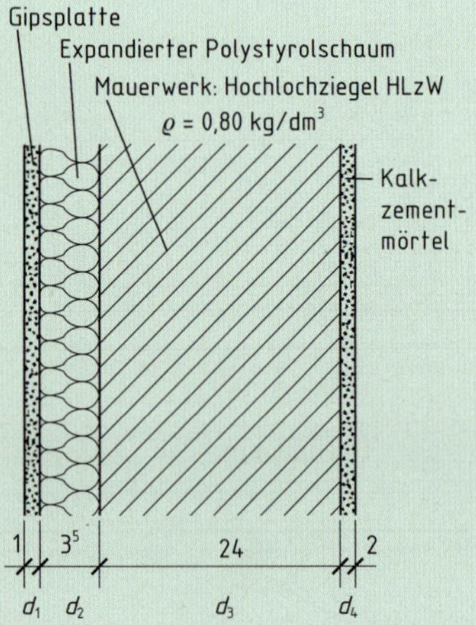

a) $R = \dfrac{0{,}010\ m}{0{,}25\ \frac{W}{mK}} + \dfrac{0{,}035\ m}{0{,}031\ \frac{W}{mK}} + \dfrac{0{,}24\ m}{0{,}26\ \frac{W}{mK}} + \dfrac{0{,}020\ m}{1{,}0\ \frac{W}{mK}}$

$$R = 0{,}040\,\frac{m^2K}{W} + 1{,}129\,\frac{m^2K}{W} + 0{,}923\,\frac{m^2K}{W} + 0{,}020\,\frac{m^2K}{W} = 2{,}112\,\frac{m^2K}{W}$$

$$R_T = R_{si} + R + R_{se} = 0{,}13\,\frac{m^2K}{W} + 2{,}112\,\frac{m^2K}{W} + 0{,}04\,\frac{m^2K}{W} = 2{,}282\,\frac{m^2K}{W}$$

$$U = \frac{1}{R_T} = \frac{1}{2{,}282\,\frac{m^2K}{W}} = 0{,}438\,\frac{W}{m^2K}$$

b) $q = 0{,}438\,\dfrac{W}{m^2K} \cdot (20\ °C - (-5\ °C)) = 10{,}95\,\dfrac{W}{m^2}$

$$\vartheta_1 = 20\ °C$$

$$\vartheta_2 = 20\ °C - 0{,}13\,\frac{m^2K}{W} \cdot 10{,}95\,\frac{W}{m^2} = 18{,}6\ °C$$

$$\vartheta_3 = 18{,}6\ °C - 0{,}04\,\frac{m^2K}{W} \cdot 10{,}95\,\frac{W}{m^2} = 18{,}2\ °C$$

$$\vartheta_4 = 18{,}2\ °C - 1{,}129\,\frac{m^2K}{W} \cdot 10{,}95\,\frac{W}{m^2} = 5{,}8\ °C$$

$$\vartheta_5 = 5{,}8\ °C - 0{,}923\,\frac{m^2K}{W} \cdot 10{,}95\,\frac{W}{m^2} = -4{,}3\ °C$$

$$\vartheta_6 = -4{,}3\ °C - 0{,}020\,\frac{m^2K}{W} \cdot 10{,}95\,\frac{W}{m^2} = -4{,}5\ °C$$

$$\vartheta_7 = -4{,}5\ °C - 0{,}040\,\frac{m^2K}{W} \cdot 10{,}95\,\frac{W}{m^2} = -4{,}9\ °C \sim 5{,}0\ °C$$

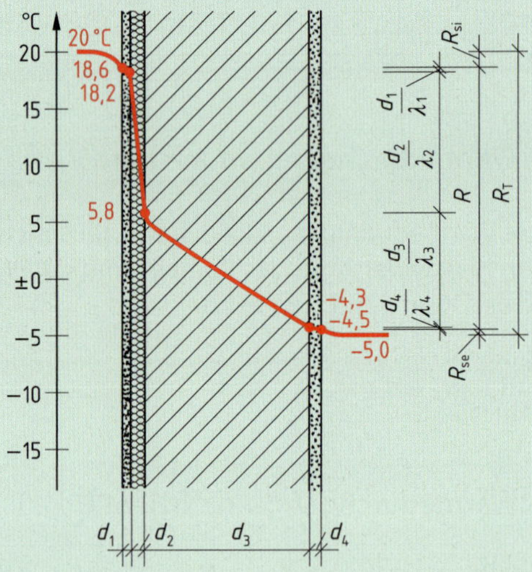

Beispiel 2

Berechnen Sie die Wärmestromdichte einer Wand, mit einem *U*-Wert von 0,62 W/m²K, einer Raumtemperatur von 20 °C und einer Außenlufttemperatur von – 12 °C.

$$q = U(\vartheta_i - \vartheta_e) = 0{,}62\,\frac{W}{m^2K} \cdot (20\ °C - (-12\ °C)) = 0{,}62\,\frac{W}{m^2K} \cdot 32\ K = 19{,}84\,\frac{W}{m^2}$$

9. Spezifische Wärmekapazität *c*

Unter der spezifischen Wärmekapazität wird die Wärmemenge verstanden, die erforderlich ist, um die Temperatur einer Masse von 1 kg eines Stoffes um 1 K zu erhöhen. Sie wird Tabellen entnommen.

Einheit: $\frac{\text{Ws}}{\text{kgK}} = \frac{\text{J}}{\text{kgK}}$

Rechenwerte spezifischer Wärmekapazität *c*

Stoff	*c* [Ws/kgK]
Aluminium	800
Kupfer	400
Stahl: allgemein	400
niedrig legiert	500
hoch legiert	500
Beton	1000
Leichtbeton	1000
Zementestrich	1000
Kalkputz	1000
Kalksandstein	1000
Mauerziegel	1000

Stoff	*c* [Ws/kgK]
Leichthochlochziegel	1000
Hohlblocksteine	1000
Porenbeton	1000
Holz, Holzwerkstoffe	2100
Holzweichfaserplatten	2100
Kork	1700
Schaumkunststoffe EPS	1400
Schaumkunststoffe PUR	1400
Mineralwolle	1000
Luft (ϱ = 1,29 kg/m³)	1000
Wasser	4200

10. Wärmeeindringkoeffizient *b*

Der Wärmeeindringkoeffizient gibt an, welche Wärmemenge pro m² und K und $s^{0,5}$ in einen Stoff eindringen kann.

$$b = \sqrt{\lambda \cdot \varrho \cdot c}$$

Einheit: $\sqrt{\frac{\text{W}}{\text{mK}} \cdot \frac{\text{kg}}{\text{m}^3} \cdot \frac{\text{Ws}}{\text{kg K}}} = \sqrt{\frac{\text{W}^2\text{s}}{\text{m}^4\text{K}^2}} = \frac{\text{Ws}^{0,5}}{\text{m}^2\text{K}} = \frac{\text{Ws}}{\text{m}^2\text{K s}^{0,5}} = \frac{\text{J}}{\text{m}^2\text{K s}^{0,5}}$

Großer Wärmeeindringkoeffizient: Viel Wärme dringt in einer Zeiteinheit in den Stoff ein und nur wenig steht zur Erwärmung der Raumluft zur Verfügung; der Raum erwärmt sich nur langsam.

Kleiner Wärmeeindringkoeffizient: Wenig Wärme dringt in einer Zeiteinheit in den Stoff ein; dafür wird die Raumluft stärker erwärmt.

Beispiel

Berechnen Sie den Wärmeeindringkoeffizienten von Beton (ϱ = 2300 kg/m³) und Holz (ϱ = 500 kg/m³).

Beton: $b = \sqrt{\lambda \cdot \varrho \cdot c} = \sqrt{2{,}3\,\frac{\text{W}}{\text{mK}} \cdot 2300\,\frac{\text{kg}}{\text{m}^3} \cdot 1000\,\frac{\text{Ws}}{\text{kgK}}} = 2300\,\frac{\text{Ws}}{\text{m}^2\text{K s}^{0,5}}$

Holz: $b = \sqrt{\lambda \cdot \varrho \cdot c} = \sqrt{0{,}13\,\frac{\text{W}}{\text{mK}} \cdot 500\,\frac{\text{kg}}{\text{m}^3} \cdot 2100\,\frac{\text{Ws}}{\text{kgK}}} = 369\,\frac{\text{Ws}}{\text{m}^2\text{K s}^{0,5}}$

Betonbauteile entziehen der warmen Raumluft wesentlich mehr Wärme als Holzbauteile, da der Wärmeeindringkoeffizient höher ist. Dies führt zu kühlen Räumen im Sommer. Dagegen fühlt sich das Stehen auf einem Holzboden wesentlich wärmer an als auf einem Betonboden, obwohl beide Böden der gleichen Raumtemperatur ausgesetzt sind.

11. Temperaturleitzahl *a*

Die Temperaturleitzahl ist ein Maß für die Fortpflanzungsgeschwindigkeit einer Temperaturänderung in einem Körper. Je größer die Wärmeleitfähigkeit ist und je kleiner die spezifische Wärmekapazität und die Dichte sind, desto schneller pflanzt sich die Temperaturänderung fort.

$$a = \frac{\lambda}{\varrho \cdot c}$$

Einheit: $\dfrac{\dfrac{\text{W}}{\text{mK}}}{\dfrac{\text{kg}}{\text{m}^3} \cdot \dfrac{\text{Ws}}{\text{kgK}}} = \dfrac{\text{m}^2}{\text{s}}$

Beispiel

Bestimmen Sie die Temperaturleitzahl von Beton ($\varrho = 2300\ \text{kg/m}^3$) und Holz ($\varrho = 500\ \text{kg/m}^3$).

Beton: $a = \dfrac{\lambda}{\varrho \cdot c} = \dfrac{2{,}3\ \dfrac{\text{W}}{\text{mK}}}{2300\ \dfrac{\text{kg}}{\text{m}^3} \cdot 1000\ \dfrac{\text{Ws}}{\text{kgK}}} = 10 \cdot 10^{-7}\ \dfrac{\text{m}^2}{\text{s}}$

Holz: $a = \dfrac{\lambda}{\varrho \cdot c} = \dfrac{0{,}13\ \dfrac{\text{W}}{\text{mK}}}{500\ \dfrac{\text{kg}}{\text{m}^3} \cdot 2100\ \dfrac{\text{Ws}}{\text{kgK}}} = 1{,}24 \cdot 10^{-7}\ \dfrac{\text{m}^2}{\text{s}}$

Damit pflanzt sich die Temperaturänderung bei Beton 8-mal schneller fort als bei Holz.

12. Wärmespeicherfähigkeit *Q*

Die Bedeutung der Wärmespeicherung liegt darin, dass die Bauteile die im Sommer tagsüber von außen aufgenommene Wärme speichern und erst in den späten Abendstunden nach und nach an die kühler werdende Raumluft abgeben.

Im Winter soll erreicht werden, dass das Bauteil aus der Raumluft Wärme aufnimmt und sie bei Absenkung oder Wegfall der Heizung langsam wieder an die Raumluft abgibt. Durch die Wärmespeicherung wird das Behaglichkeitsgefühl in einem Raum und besonders in Wandnähe größer.

Die Wärmespeicherfähigkeit eines Stoffes ist umso größer, je mehr Wärmeenergie er aufnehmen kann. Ein Bauteil kann umso mehr Wärme speichern

- je größer seine flächenbezogene Masse m' ist,
- je größer seine spezifische Wärmekapazität c ist,
- je größer die Temperaturdifferenz $\Delta\vartheta$ zwischen Bauteil und der angrenzenden Luft ist.

$$Q = m' \cdot c \cdot \Delta\vartheta$$

Einheit: $\dfrac{\text{kg}}{\text{m}^2} \cdot \dfrac{\text{J}}{\text{kgK}} \cdot \text{K} = \dfrac{\text{J}}{\text{m}^2} = \dfrac{\text{Ws}}{\text{m}^2}$

$$m' = d \cdot \varrho$$

Nach DIN 4108 dürfen zur Wärmespeicherung nur 10 cm an der Innenseite der Wand herangezogen werden.

Bei der Innendämmung stellt nur der Innenputz Speichermasse dar, während bei der Außendämmung noch ein Teil der Betonwand zusätzlich als Speichermasse zur Verfügung stehen. Baustoffe mit $\lambda < 0{,}1$ W/mK dürfen nicht als Speichermasse angerechnet werden.

Beispiel

Berechnen Sie die Wärmespeicherfähigkeit einer 20 cm dicken Betonwand mit 3 cm Wärmedämmschicht; WLG 040. Bei Innendämmung ist $\Delta\vartheta = 0{,}7$ K, bei Außendämmung ist $\Delta\vartheta = 1{,}8$ K.

Innenputz: 15 mm Kalkgipsmörtel Außenputz: 20 mm Kalkzementmörtel

Hinweis: 1 kWh ≙ 3 600 000 J

Bei Innendämmung:

$$Q = m' \cdot c \cdot \Delta\vartheta$$

$$Q = 0{,}015\ \text{m} \cdot 1400\ \frac{\text{kg}}{\text{m}^3} \cdot 1000\ \frac{\text{J}}{\text{kg}}\ \text{K} \cdot 0{,}7\ \text{K}$$

$$Q = 14\,700\ \frac{\text{J}}{\text{m}^2} \mathrel{\hat{=}} 0{,}0041\ \frac{\text{kWh}}{\text{m}^2}$$

Bei Außendämmung:

$$Q = \left(0{,}015\ \text{m} \cdot 1400\ \frac{\text{kg}}{\text{m}^3} + 0{,}100 - 0{,}015\ \text{m} \cdot 2400\ \frac{\text{kg}}{\text{m}^3}\right) \cdot 1000\ \frac{\text{J}}{\text{kg}}\ \text{K} \cdot 1{,}8\ \text{K}$$

$$Q = 405\,000\ \frac{\text{J}}{\text{m}^2} \mathrel{\hat{=}} 0{,}11\ \frac{\text{kWh}}{\text{m}^2}$$

Bei der Außendämmung ist die Speicherfähigkeit hier etwa 27-mal größer als bei der Innendämmung.

13. Temperaturamplitudenverhältnis TAV

Die Schwankungen der Außenluft im Laufe von 24 Stunden haben Auswirkungen auf den Temperaturverlauf im Bauteil selbst und im Inneren des Gebäudes. Bauteile speichern zunächst einmal die Wärme und geben sie in den späten Abend- und Nachtstunden wieder an die Raumluft ab. Diese zeitliche Verschiebung der Wärmeenergiewelle wird Phasenverschiebung φ genannt. Das Temperaturamplitudenverhältnis ist deshalb besonders während der Sommermonate von Bedeutung. Die Größe der Phasenverschiebung φ ist sowohl von der Temperaturleitzahl a und dem Wärmeeindringkoeffizient b des Bauteils als auch vom Nutzerverhalten – speziell dem Lüftungsverhalten, der Anzahl der Personen und der Wärme abgebenden Geräte – abhängig. Je geringer die Raumtemperaturschwankung gegenüber der Außenluft und je größer die Phasenverschiebung φ ist, desto besser ist das Temperturamplitudenverhältnis TAV.

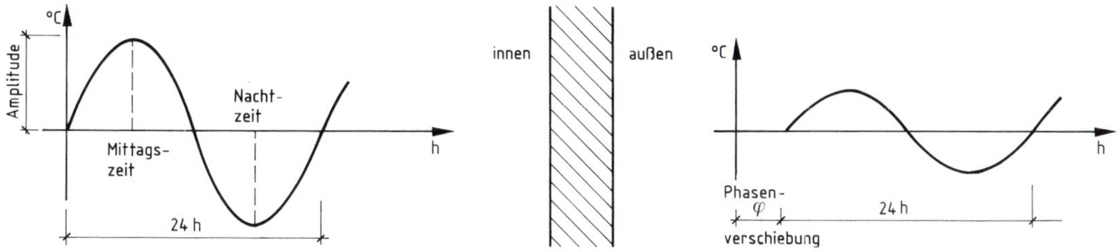

Voraussetzung für ein optimales Außenbauteil:

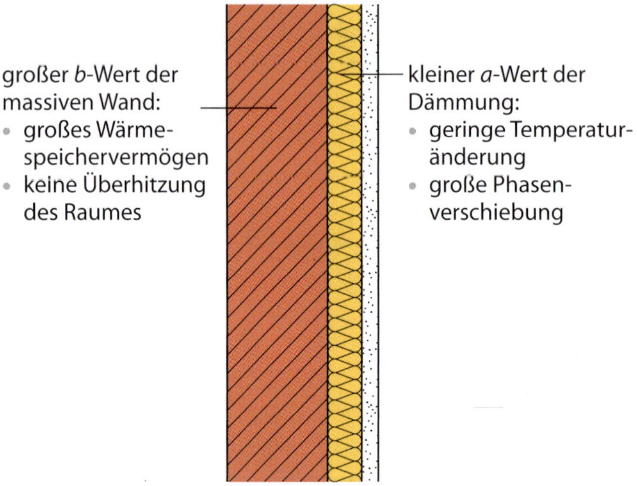

Beispiel

Bestimmen Sie das Temperaturamplitudenverhältnis TAV und die Temperaturamplitudendämpfung TAD eines Bauteils mit den gegebenen Extremwerten auf der Bauteiloberfläche.

außen: Tag: $\vartheta_{se} = 32\ °C$
Nacht: $\vartheta_{se} = 12\ °C$

innen: Tag: $\vartheta_{si} = 22\ °C$
Nacht: $\vartheta_{si} = 21\ °C$

Bestimmung TAV

$$\mathbf{TAV = \frac{\Delta\vartheta_{si}}{\Delta\vartheta_{se}}}$$

$$TAV = \frac{\Delta\vartheta_{si}}{\Delta\vartheta_{se}} = \frac{22\ °C - 21\ °C}{32\ °C - 12\ °C} = \frac{1\ °C}{20\ °C} = 0{,}05$$

TAV = 0,05 bedeutet, dass 5 % der Temperaturschwankung der äußeren Bauteilschicht auf die innere übertragen wird.

Idealerweise sollte die Schwankung der inneren Oberflächentemperatur von Außenbauteilen nicht mehr als 1/15 der Außenoberflächentemperaturschwankung betragen.

Bestimmung TAD

Die TAD wird vom TAV abgeleitet. TAD bedeutet, dass der Höchstwert der Außentemperatur im Raum nicht erreicht wird.

$$TAD = \frac{1}{TAV} = \frac{1}{0{,}05} = 20$$

$$\mathbf{TAD = \frac{1}{TAV}}$$

Die Höchstwerte der inneren Temperaturdifferenz betragen nur den zwanzigsten Teil der äußeren Temperaturdifferenz auf den Bauteiloberflächen.

26.2 Wärmeschutznachweis nach DIN 4108

Die DIN 4108 berücksichtigt bauphysikalische Größen und verlangt Mindestwerte des Wärmedurchlasswiderstandes *R* der verschiedenen Bauteile.

Mindestwerte für Wärmedurchlasswiderstände von Bauteilen

Bauteile	Beschreibung	Wärmedurchlasswiderstand *R* des Bauteils[1] $[m^2K/W]$
Wände beheizter Räume	gegen Außenluft, Erdreich, Tiefgaragen, nicht beheizte Räume (auch nicht beheizte Dachräume oder nicht beheizte Kellerräume außerhalb der wärmeübertragenden Umfassungsfläche)	1,2[2]
Dachschrägen beheizter Räume	gegen Außenluft	1,2
Decken beheizter Räume nach oben und Flachdächer		
• gegen Außenluft		1,2
• zu belüfteten Räumen zwischen Dachschrägen und Abseitenwänden bei ausgebauten Dachräumen		0,90
• zu nicht beheizten Räumen, zu bekriechbaren oder noch niedrigeren Räumen		0,90
• zu Räumen zwischen gedämmten Dachschrägen und Abseitenwänden bei ausgebauten Dachräumen		0,35
Decken beheizter Räume nach unten		
• gegen Außenluft, gegen Tiefgaragen, gegen Garagen (auch beheizte), Durchfahrten (auch verschließbare) und belüftete Kriechkeller		1,75[3]
• gegen nicht beheizten Kellerraum		0,90
• unterer Abschluss (z. B. Sohlplatte) von Aufenthaltsräumen unmittelbar an das Erdreich grenzend bis zu einer Raumtiefe von 5 m		
• über einem nicht belüfteten Hohlraum, z. B. Kriechkeller, an das Erdreich grenzend		
Bauteile an Treppenräumen		
• Wände zwischen beheiztem Raum und direkt beheiztem Treppenraum, Wände zwischen beheiztem Raum und indirekt beheiztem Treppenraum, sofern die anderen Bauteile des Treppenraums die Anforderungen dieser Tabelle erfüllen		0,07
• Wände zwischen beheiztem Raum und indirekt beheiztem Treppenraum, wenn nicht alle anderen Bauteile des Treppenraums die Anforderungen dieser Tabelle erfüllen		0,25
• oberer und unterer Abschluss eines beheizten oder indirekt beheizten Treppenraums		wie Bauteile beheizter Räume
Bauteile zwischen beheizten Räumen		
• Wohnungs- und Gebäudetrennwände zwischen beheizten Räumen		0,07
• Wohnungstrenndecken, Decken zwischen Räumen unterschiedlicher Nutzung		0,35

1) bei erdberührten Bauteilen: konstruktiver Wärmedurchlasswiderstand

2) bei niedrig beheizten Räumen 0,55 m^2K/W

3) Vermeidung von Fußkälte

Anforderungen an die einzelnen Bauteile

Wände	Auch an Nischen, Brüstungen, Fensterstürzen, Rollladenkästen sind die Mindestwerte einzuhalten. Bei zweischaligen Außenwänden mit Luftschicht kann die Dämmung der Luftschicht und der Außenschale (d_{min} = 90 mm) mitgerechnet werden. Dies gilt auch für Holzkonstruktionen mit vorgesetzten hinterlüfteten Mauerwerksschalen. Gebäude mit Innentemperaturen 12 °C < $\vartheta \leq$ 19 °C müssen einen Wärmedurchlasswiderstand von mindestens R = 0,55 m²K/W haben.
Leichte Bauteile	Für Außenwände, Decken unter nicht ausgebauten Dachräumen und Dächern mit einer flächenbezogenen Gesamtmasse von weniger als 100 kg/m² wird ein erhöhter Wärmeschutz gefordert: $R \leq$ 1,75 m²K/W. Bei Rahmen- und Skelettbauarten gelten sie nur für den Gefachbereich. Für das gesamte Bauteil ist im Mittel der Wert R = 1,0 m²K/W einzuhalten.
Bauteile mit Abdichtungen	Bei der Berechnung des Wärmedurchlasswiderstandes R werden nur die Schichten innerhalb der Abdichtung zum Raum hin berechnet. Ausnahme: Umkehrdach. Hier ist der U-Wert um 0,05 W/m²K zu erhöhen. Bei leichten Unterkonstruktionen mit einer flächenbezogenen Masse unter 250 kg/m² muss der Wärmedurchlasswiderstand unterhalb der Abdichtung mindestens 0,15 m²K/W betragen. Bei Perimeterdämmung (= außen liegende Wärmedämmung erdberührender Gebäudeflächen) geht die Wärmedämmschicht außerhalb der Abdichtung in die Berechnung ein.
Decken	Weisen Decken unter nicht ausgebauten Dachräumen einen Wärmedurchlasswiderstand von mindestens R = 0,90 m² K/W auf, ist ein Wärmeschutz der Dächer nicht erforderlich.
Fußböden/ Bodenplatten	Bei Bauteilen, die an das Erdreich grenzen, gehen nur die Schichten innerhalb der Bauwerksabdichtung in die Berechnung ein. Bei einer Perimeterdämmung geht die Dämmung in die Berechnung ein.
Fenster/ Fenstertüren	Außen liegende Fenster und Türen von beheizten Räumen sind mindestens mit Isolier- oder Doppelverglasung auszuführen. Der nicht transparente Teil der Ausfachungen von Fensterwänden und Fenstertüren, die weniger als 50 % der gesamten Ausfachungsfläche betragen, müssen mindestens den Anforderungen der Tabelle entsprechen.
Glasvorbauten	Bei Glasvorbauten müssen die trennenden Bauteile die Bedingungen des Mindestwärmeschutzes erfüllen.
Abseitenwände	Bei ausgebauten Dachräumen mit Abseitenwänden soll die Wärmedämmung in der Dachschräge bis zum Dachfuß hinabgeführt werden.

Mittlerer *U*-Wert

Setzt sich ein Bauteil aus mehreren Einzelflächen zusammen, z. B. eine Wand mit Brüstungsnische, Fenster und Sturz, so wird der mittlere *U*-Wert ermittelt.

$$U_m = \frac{1}{R_T} = \frac{f_1}{R_{T_1}} + \frac{f_2}{R_{T_2}} + \ldots + \frac{f_n}{R_{T_n}}$$

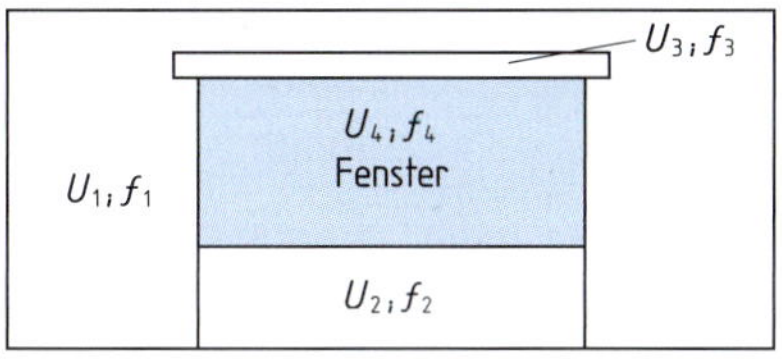

$f_1, f_2 \ldots f_n$: Anteil einer Einzelfläche

$R_{T_1} \ldots R_{T_n}$: Gesamtdurchlasswiderstand einer Teilfläche

R_T: Gesamtdurchlasswiderstand eines Bauteils

Gesamt-Wärmedurchlasswiderstand eines Bauteils aus inhomogenen Schichten

Beispiel

Bestimmen Sie den *U*-Wert einer thermisch inhomogenen Außenwand.

Die Wand kann in 2 Bereiche (Ständer und Dämmung) mit je 4 Schichten zerlegt werden.

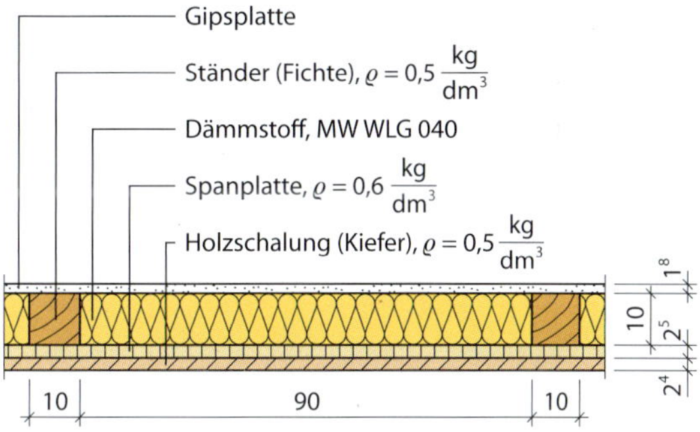

1. Berechnung der Flächenanteile f_n

$$f_{\text{Dämmung}} = \frac{0{,}90\ \text{m}}{1{,}00\ \text{m}} = \frac{0{,}90\ \text{m} \cdot 0{,}167\ \text{m}}{1{,}00\ \text{m} \cdot 0{,}167\ \text{m}} = 0{,}90$$

$$f_{\text{Ständer}} = \frac{0{,}10\ \text{m}}{1{,}00\ \text{m}} = \frac{0{,}10\ \text{m} \cdot 0{,}167\ \text{m}}{1{,}00\ \text{m} \cdot 0{,}167\ \text{m}} = 0{,}10$$

$$f_n = \frac{b_n}{b_n} = \frac{A_n}{A_n}$$

2. Berechnung des oberen Grenzwertes des Wärmedurchlasswiderstandes R'_T der Bereiche

$$R_{T,\text{Dämmung}} = \left[0{,}13 + \frac{0{,}018}{0{,}25} + \frac{0{,}10}{0{,}04} + \frac{0{,}025}{0{,}14} + \frac{0{,}024}{0{,}13} + 0{,}04\right] \frac{\text{m}^2\text{K}}{\text{W}}$$

$$= 3{,}11\ \frac{\text{m}^2\text{K}}{\text{W}}$$

$$R_{T,\text{Ständer}} = \left[0{,}13 + \frac{0{,}018}{0{,}25} + \frac{0{,}10}{0{,}13} + \frac{0{,}025}{0{,}14} + \frac{0{,}024}{0{,}13} + 0{,}04\right] \frac{\text{m}^2\text{K}}{\text{W}}$$

$$= 1{,}37\ \frac{\text{m}^2\text{K}}{\text{W}}$$

$$R'_T = \frac{1}{\dfrac{0{,}9}{3{,}11} + \dfrac{0{,}1}{1{,}37}}\ \frac{\text{m}^2\text{K}}{\text{W}} = 2{,}76\ \frac{\text{m}^2\text{K}}{\text{W}}$$

$$R_T = R_{si} + \frac{d_1}{\lambda_1} + \frac{d_2}{\lambda_2} + \ldots + \frac{d_n}{\lambda_n} + R_{se}$$

$$R'_T = \frac{1}{\dfrac{f_1}{R_{T_1}} + \dfrac{f_2}{R_{T_2}} + \ldots + \dfrac{f_n}{R_{T_n}}}$$

Beispiel

3. Berechnung des unteren Grenzwertes des Wärmedurchlasswiderstandes R_T'' der Schichten $R_{\text{Schicht 1}} = \frac{1}{\frac{\frac{0{,}1}{0{,}018}}{0{,}25} + \frac{\frac{0{,}9}{0{,}018}}{0{,}25}} \frac{m^2K}{W} = \frac{1}{\frac{1}{\frac{0{,}018}{0{,}25}}} \frac{m^2K}{W} = \frac{0{,}018}{0{,}25} \frac{m^2K}{W}$ $= 0{,}07 \frac{m^2K}{W}$ $R_{\text{Schicht 2}} = \frac{1}{\frac{\frac{0{,}1}{0{,}10}}{0{,}13} + \frac{\frac{0{,}9}{0{,}10}}{0{,}04}} \frac{m^2K}{W} = \frac{1}{0{,}13 + 0{,}36} \frac{m^2K}{W}$ $= 2{,}04 \frac{m^2K}{W}$ $R_{\text{Schicht 3}} = \frac{0{,}025}{0{,}14} \frac{m^2K}{W} = 0{,}18 \frac{m^2K}{W}$ $R_{\text{Schicht 4}} = \frac{0{,}024}{0{,}13} \frac{m^2K}{W} = 0{,}19 \frac{m^2K}{W}$ $R''_T = [0{,}13 + 0{,}07 + 2{,}04 + 0{,}18 + 0{,}19 + 0{,}04] \frac{m^2K}{W}$ $= 2{,}65 \frac{m^2K}{W}$	$R_{\text{Schicht 1}} = \frac{1}{\frac{f_1}{R_{\text{Schicht 1}_1}} + \frac{f_2}{R_{\text{Schicht 1}_2}}}$ Bei durchgehenden Schichten kann vereinfacht mit $R = \frac{d}{\lambda}$ gerechnet werden. $R''_T = R_{si} + R_{\text{Schicht 1}} + R_{\text{Schicht 2}} + R_{\text{Schicht 3}} + R_{\text{Schicht 4}} + R_{se}$
4. Berechnung des Gesamt-Wärmedurchlasswiderstandes R_T $R_T = \frac{2{,}76 + 2{,}65}{2} \frac{m^2K}{W} = 2{,}71 \frac{m^2K}{W}$	$R_T = \frac{R'_T + R''_T}{2}$
5. Berechnung des mittleren Wärmedurchgangskoeffizienten U_m $U_m = \frac{1}{2{,}71 \frac{m^2K}{W}} = 0{,}37 \frac{W}{m^2K}$	$U_m = \frac{1}{R_T}$

Der mittlere U-Wert kann in einigen Fällen (nach DIN EN ISO 6946) korrigiert werden. So führen angrenzende unbeheizte Räume zu einer Verbesserung, Luftspalten in der Dämmung oder mechanische Befestigungsmittel, die Dämmschichten durchdringen, zu einer Verschlechterung.

26.3 Wärmeschutznachweis nach dem Gebäudeenergiegesetz

Nachweis des Wärmeschutzes

DIN 4108	**Gebäudeenergiegesetz (GEG)**
• Berücksichtigt bauphysikalische Größen, • verlangt die Einhaltung von Mindestwerten des Wärmedurchlasswiderstandes *R* von Bauteilen, • schützt die Baustoffe und Bauteile vor Durchfeuchtung, zu großen thermischen Spannungen und vermeidet Korrosion, Fäulnis sowie Schimmelpilzbildung.	• Fordert einen energiesparenden Wärmeschutz, • verlangt die Einhaltung eines Jahres-Primärenergiebedarfs, • schützt vor zu großen Umweltbelastungen durch die Reduzierung des Ausstoßes von – Kohlenstoffdioxid (CO_2), – Schwefeldioxid (SO_2) und – Stickoxid (NO_x).

Sowohl die Vorgaben der DIN 4108 als auch die Vorgaben dem GEG müssen eingehalten werden.

Der Nachweis nach dem GEG kann erfolgen nach dem:

Monatsbilanzverfahren (MB-Verfahren)	**Bauteilverfahren (BT-Verfahren)**
Bei diesem Verfahren werden nicht nur die Wärmeverluste, sondern auch die Wärmegewinne monatlich erfasst und einander gegenübergestellt. Sind die Wärmeverluste größer als die Wärmegewinne, beginnt die Heizperiode. Die Größe der Verluste richtet sich nach dem Wärmedämmstandard, der technischen Ausgestaltung (z. B. Anlagentechnik) sowie dem geografischen Standort. Für Neubauten muss das MB-Verfahren angewandt werden. Beim MB-Verfahren können berücksichtigt werden: • Wintergärten, • transparente Wärmedämmung, • Energieeinträge durch – Solarthermie, – Wärmepumpen, • Wärmebrücken, • maschinelle Lüftungssysteme mit und ohne Wärmerückgewinnung.	Bei diesem Verfahren reicht es für den energetischen Nachweis, den Wärmedurchgangskoeffizienten (*U*-Wert) aller Bauteile, die an die Außenluft, an unbeheizte Räume oder an das Erdreich grenzen, zu bestimmen und sie mit den in Tabelle S. 283 ff. aufgeführten maximal zulässigen Werten zu vergleichen. Beim Bauteilverfahren finden keine Berücksichtigung: • Anlagentechnik, • Lüftungswärmeverluste, • interne Wärmegewinne, • solare Wärmegewinne, • Standort und geografische Lage des Gebäudes, • Länge der Heizperiode, • alle sonstigen Tatbestände, die beim MB-Verfahren Berücksichtigung finden. Nur die Bausubstanz geht in die Berechnung ein. Das BT-Verfahren darf nur für die Fälle einer energetischen Sanierung angewandt werden und nicht für Neubauten.

Referenzgebäude

Der Nachweis nach dem Monatsbilanzverfahren sowohl für Nichtwohngebäude als auch für Wohngebäude erfolgt über ein Referenzgebäude. Dieses Referenzgebäude muss in seiner Geometrie, der Gebäudenutzfläche, der Ausrichtung und der technischen Ausstattung dem zu errichtenden Gebäude entsprechen.

Letzteres ist besonders im Nichtwohnungsbau wichtig. An eine Hotelanlage werden ganz andere Anforderungen bezüglich der Ausstattung gestellt als an ein Verwaltungsgebäude, an ein Kongresszentrum wiederum andere als an ein Klinikum oder eine Schule. Da der Nichtwohnungsbau so vielgestaltig ist, soll hier nicht näher darauf eingegangen werden.

Das GEG gibt für das Referenzgebäude Höchst-*U*-Werte verschiedener Bauteile vor, auf deren Grundlage der Primärenergiebedarf q_P und die Transmissionswärmeverluste H'_T ermittelt werden.

Bei der Errichtung des neuen Gebäudes ist der Planer in Materialwahl, Konstruktion und Anlagentechnik frei.

Mit den konkreten Planungswerten werden nun q_P und H'_T ermittelt. Dabei dürfen die Werte des Referenzgebäudes nicht überschritten werden.

Beim MB-Verfahren ist es also durchaus möglich, dass der *U*-Wert der Wände höher liegt als es der Vorgabe des GEG entspricht. Dafür müssen andere Bauteile, wie z. B. das Dach oder die Anlagentechnik effizienter sein, um q_P und H'_T des Referenzgebäudes nicht zu überschreiten.

Unterschied der im GEG geforderten *U*-Werte bei Gebäuden im Bestand und bei neu zu errichtenden Gebäuden

Gebäude im Bestand	Neu zu errichtende Gebäude
BT-Verfahren: Vorgegebene *U*-Werte dürfen nicht überschritten werden (S. 283 ff.)	**MB-Verfahren:** *U*-Werte stellen nur Vorgabewerte dar, um q_P und H'_T zu ermitteln. Die *U*-Werte des zu errichtenden Gebäudes können höher als die Vorgabewerte sein, jedoch dürfen q_P und H'_T die Werte des **Referenzgebäudes** nicht überschreiten.
Wird ein Wohngebäude ausgebaut oder an ein Gebäude angebaut mit $A_{NUF} > 50\ m^2$, so darf außerdem der Wert für $H'_T = 0{,}65$ W/K nach Tab. S. 287 nicht überschritten werden.	

Referenzgebäude

Vorgegebene *U*-Werte für:
- Bodenplatte,
- Außenwände,
- oberste Geschossdecke,
- Dach,
- Fenster,
- Außentüre,
- vorgegebene Heizanlage.

↓

Ermittlung des auf die Nutzfläche bezogenen **Primärenergiebedarfs q_P** sowie des auf die Wärme übertragende Gebäudehüllfläche bezogenen **Transmissionswärmeverlustes H'_T**

Ergebnis: $q_{P,zul}$
$H'_{T,zul}$

Zu errichtendes Gebäude

Gestaltungsfreiheit des Planers:
- freie Wahl der Baustoffe,
- freie Wahl des Aufbaus der einzelnen Bauteile,
- freie Wahl der Baukonstruktion,
- freie Wahl der Anlagentechnik.

Ergebnis: $q_{P,vorh}$
$H'_{T,vorh}$

Fazit:
- $q_{P,vorh}$ darf $q_{P,zul}$ **nicht überschreiten.**
- $H'_{T,vorh}$ darf $H'_{T,zul}$ **nicht überschreiten.**

26.4 Nachweis bei Gebäuden im Bestand

Die Tabelle enthält Höchstwerte der Wärmedurchgangskoeffizienten U nach GEG bei bestehenden, beheizten oder gekühlten Räumen, im Fall von

- erstmaligem Einbau,
- Ersatz,
- Änderungen bei mehr als 10 % der jeweiligen Bauteilfläche,
- Erweiterung und Ausbau, wenn $15\ m^2 < A_{NUF} \leq 50\ m^2$,
  - kein Nachweis des U-Wertes bei $A_{NUF} \leq 15\ m^2$,
  - Nachweis wie neu zu errichtendes Gebäude bei $A_{NUF} > 50\ m^2$,
- Erneuerung von Bauteilen.

Bauteil	**Maßnahme**	**Wohngebäude und Zonen von Nichtwohngebäuden mit Innentemperaturen ≥ 19 °C**	**Zonen von Nichtwohngebäuden mit Innentemperaturen von 12 … < 19 °C**
		U_{max} [1] [W/m²K]	U_{max} [1] [W/m²K]
Außenwände	soweit diese bei beheizten oder gekühlten Räumen: • ersetzt oder erstmals eingebaut werden • erneuert werden durch: – Bekleidungen in Form von Platten – Verschalungen – Mauerwerksvorsatzschalen – Erneuerung des Außenputzes – Dämmschichten[5]	0,24	0,35
Fenster, Fenstertüren	• bei Ersatz oder erstmaligem Einbau • Einbau zusätzlicher Vor- oder Innenfenster • bei Ersatz der Verglasung • bei Ersatz der Flügelrahmen	1,3 [2]	1,9 [2]
Dachflächenfenster		1,4 [3]	1,9 [3]
Verglasungen	• bei Ersatz der Verglasung oder der Flügelrahmen	1,1 [4]	keine Anforderung
Vorhangfassaden	sofern eine Pfosten-Riegelkonstruktion vorliegt: • bei Erneuerung oder erstmaligem Einbau	1,5 [3]	1,9 [3]
Glasdächer	• bei Ersatz oder erstmaligem Einbau • bei Ersatz der Verglasung • bei Ersatz der Flügelrahmen	2,0 [3]	2,7 [3]
Fenstertüren	• bei Maßnahmen an Fenstern mit Klapp-, Falt-, Schiebe-, Hebemechanismus • bei Ersatz oder erstmaligem Einbau	1,6 [2]	1,9 [2]

Bauteil	Maßnahme	Wohngebäude und Zonen von Nichtwohngebäuden mit Innentemperaturen ≥ 19 °C	Zonen von Nichtwohngebäuden mit Innentemperaturen von 12 … < 19 °C
		U_{max} [1)] [W/m²K]	U_{max} [1)] [W/m²K]
Fenstertüren	wenn der vorhandene Rahmen zur Aufnahme der Verglasung ungeeignet ist • bei Ersatz der Verglasung • bei Ersatz der Flügelrahmen Bei Kasten- und Verbundfenstern gilt die Anforderung als erfüllt, wenn eine Glastafel mit einer infrarotreflektierenden Beschichtung mit einem Emissionsgrad $\varepsilon_n \leq 0{,}2$ eingebaut wird. Dies bedeutet, dass von der ankommenden Wärmestrahlung nur 20 % wieder ausgesandt werden.	1,3	1,9 [2)]
Sonderverglasungen bei Fenstern, Fenstertüren, Dachflächenfenstern	• bei Ersatz oder erstmaligem Einbau • bei Einbau zusätzlicher Vor- oder Innenfenster • bei Ersatz der Verglasung • bei Ersatz der Flügelrahmen	2,0 [2)]	2,8 [2)]
Sonderverglasungen	• bei Ersatz der Verglasung • bei Ersatz der verglasten Flügelrahmen	1,6 [3)]	keine Anforderung
Sonderverglasungen bei Vorhangfassaden	• bei Ersatz oder erstmaligem Einbau	2,3 [4)]	3,0 [4)]
• Dachflächen einschließlich Dachgauben • Wände gegen unbeheizten Dachraum einschließlich Abseitenwände • oberste Geschossdecken	• bei Ersatz oder erstmaligem Einbau • bei Erneuerung Ist die Dämmstoffdicke der Zwischensparrendämmung begrenzt, so gilt die Anforderung als erfüllt, wenn ein Material mit WLG 035 eingebaut wird. Bei keilförmiger Dämmschicht ist die Dicke am tiefsten Punkt maßgebend.	0,24	0,35
Dachflächen mit Abdichtung	• Ersatz der alten Dachhaut einschließlich darunterliegender Lattungen beim zweischaligen Dach.	0,20	keine Anforderungen

Bauteil	Maßnahme	Wohngebäude und Zonen von Nichtwohngebäuden mit Innentemperaturen ≥ 19 °C	Zonen von Nichtwohngebäuden mit Innentemperaturen von 12 … < 19 °C
		U_{max} 1) [W/m²K]	U_{max} 1) [W/m²K]
• Wände gegen Erdreich oder unbeheizte Räume (Ausnahme Dachräume) • Decken nach unten gegen Erdreich oder unbeheizte Räume	• bei Ersatz oder erstmaligem Einbau • bei Erneuerung durch: – außenseitige Bekleidungen – Verschalungen – Feuchtigkeitssperren – Dränungen – Deckenbekleidungen auf der Kaltseite	0,30	keine Anforderungen
Fußbodenaufbauten	• Aufbringen von Fußbodenaufbauten auf der beheizten Seite oder Erneuerung	0,50	keine Anforderungen
Decken nach unten an Außenluft	• bei Ersatz, erstmaligem Einbau	0,24	0,35
Außentüren	• bei Erneuerung (gilt nicht für rahmenlose Türen und Karusselltüren)	1,8	
Sonderverglasungen sind: • Schallschutzgläser: mit einem bewerteten Schalldämm-Maß R_W ≥ 40 dB • Sonnenschutzgläser • Sicherheitsgläser: durchschusshemmend, durchbruchhemmend, sprengwirkungshemmend • Brandschutzgläser: Elementdicke d ≥ 18 mm			

1) Wärmedurchgangskoeffizient der vorhandenen und neu hinzugekommenen Bauteilschichten.
2) Bemessungswert des *U*-Wertes des Fensters ist technischen Produkt-Spezifikationen zu entnehmen.
3) Bemessungswert des *U*-Wertes der Verglasung: siehe Fußnote 2.
4) Wärmedurchgangskoeffizient ist nach DIN EN 13947 zu ermitteln.
5) Bei technischer Begrenzung der Dämmstoffdicke gilt die Anforderung als erfüllt, wenn die höchstmögliche Dicke mit λ = 0,035 W/mK eingebaut wird, bei nachwachsenden Rohstoffen oder wenn Dämmmaterialien in Hohlräume eingeblasen werden WLG 045.

Allgemeine Anmerkungen zur Tabelle:
- Bei Wänden mit Innendämmung darf der *U*-Wert maximal 0,35 W/m²K betragen.
- Bei Wänden in Sichtfachwerkbauweise darf der *U*-Wert 0,84 W/m²K nicht überschreiten.
- Bisher ungedämmte, jedoch zugängliche oberste Geschossdecken beheizter Räume dürfen einen *U*-Wert von maximal 0,24 W/m²K haben. Die Anforderung gilt als erfüllt, wenn alternativ das Dach gedämmt wird. Ist die einzubringende Dämmschicht mangels Sparrenhöhe begrenzt, so gilt die Anforderung als erfüllt, wenn die höchstmögliche Dicke eingebaut wird.
- Bei Flachdächern mit Gefälledämmung richtet sich die erforderliche Dämmstoffdicke nach dem tiefsten Punkt.

26.5 Wärmeenergieverluste bei neu zu errichtenden Gebäuden

Neben den Energieverlusten der Heizungsanlage mit ihren Bereichen Erzeugung – Speicherung – Verteilung machen Transmissionswärmeverluste durch die Bauteile Wände, Fenster, Dach, Decken, Böden sowie Lüftungswärmeverluste den Hauptteil der Wärmeverluste aus.

Lüftungswärmeverluste können durch dichtere Fenster, durch den Einbau einer Luftdichtheitsebene sowie durch Vermeidung von undichten Durchdringungen und Anschlüssen weitgehend ausgeschlossen werden.

Transmissionswärmeverluste H_T

Durch den Temperaturunterschied zu beiden Seiten eines Bauteils erfolgt ein Wärmestrom durch die Bauteile hindurch vom wärmeren Raum zum nicht beheizten Raum bzw. zur Außenluft. In die Berechnung des Transmissionswärmeverlustes gehen der Wärmedurchgangskoeffizient *U* sowie die zum *U*-Wert zugehörige Fläche ein.

Der Transmissionswärmeverlust eines Bauteils ermittelt sich zu:

$$\boldsymbol{H_T = (U_i \cdot A_i \cdot F_{xi}) + \Delta U_{WB} \cdot A}$$ i = jeweiliges Bauteil

In Beiblatt 2 von DIN 4108 werden die Ausschlussdetails in zwei wärmetechnische Kategorien eingestuft. Kategorie A beinhaltet die Standardausführung eines Anschlussdetails. Kategorie B beinhaltet eine gegenüber Kategorie A verbesserte Anschlusssituation.

pauschaler Wärmebrückenzuschlag nach DIN 4108 Beiblatt 2

- ohne Nachweisführung: $\Delta U_{WB} = 0{,}10\ \frac{W}{m^2K}$
- neu zu errichtende Gebäude: Kategorie A: $\Delta U_{WB} = 0{,}05\ \frac{W}{m^2K}$

  Kategorie B: $\Delta U_{WB} = 0{,}03\ \frac{W}{m^2K}$
- Bestandsgebäude: Innendämmung größer 50 % der Außenwandfläche:

  $$\Delta U_{WB} = 0{,}15\ \frac{W}{m^2K}$$

Der Temperatur-Korrekturfaktor F_x gibt Auskunft über die Temperatur im angrenzenden Raum eines Bauteils. Grenzt ein Bauteil an die Außenluft, so ist $F_x = 1{,}0$; d. h., der *U*-Wert wird zu 100 % berücksichtigt. Grenzt ein Raum an einen unbeheizten, niedrig beheizten Raum oder an das Erdreich, so ist $F_x < 1{,}0$, d. h. < 100 %, weil dieser Raum nicht so kalt ist wie die Außenluft.

Pauschale Temperatur-Korrekturfaktoren bei Anwendung des Monatsbilanzverfahrens nach DIN V 18599-2

Wärmestrom nach außen über	Kennung	Temperatur-Korrekturfaktor F_x
Außenwand, Fenster/Dach	F_e/F_D	1,0/1,0
Oberste Geschossdecke an unbeheiztem Dachraum/Abseiten-/Drempelwand	F_D/F_u	0,80/0,80
Wände und Decken zu unbeheizten/niedrig beheizten Räumen	F_u/F_{nb}	0,50/0,35
Wand/Fenster zu unbeheiztem Glasvorbau mit: Einfachverglasung/ Zweischeibenverglasung/Wärmeschutzverglasung	F_u	0,80/0,70/0,50
Fußboden des beheizten Kellers	$F_{f,b}$	0,15 … 0,70[1)]
Wand des beheizten Kellers	$F_{w,b}$	0,35 … 0,75[1)]
Fußboden auf dem Erdreich ohne Randdämmung	$F_{f,b}$	0,15 … 0,80[1)]
Fußboden auf dem Erdreich mit Randdämmung ≥ 5 m breit, waagerecht[2)]/≥ 2 m tief, senkrecht[2)]	$F_{f,b}$	0,10 … 0,60[1)]/ 0,15 … 0,65[1)]
Kellerdecke/Innenwand zum unbeheizten Keller: Mit Perimeterdämmung[3)]/ohne Perimeterdämmung	F_G	0,25 … 0,80[1)]/ 0,30 … 0,85[1)]
Aufgeständerter Fußboden	F_G	0,90

[1)] Zahlenwert abhängig vom Wärmedurchlasswiderstand und den Abmessungen des Bauteils.
[2)] Bei ungedämmter Bodenplatte und einer Randdämmung bis 5 m unterhalb der Bodenplatte oder 2 m senkrecht am äußersten Rand der Bodenplatte mit $R > 2\ (m^2 \cdot K)/W$
[3)] Perimeterdämmung der Kellerwände mit $R \geq 1{,}5\ (m^2 \cdot K)/W$

Beispiel

Eine Kellerdecke mit $U = 0{,}75\ W/m^2K$ hat eine Fläche von $80\ m^2$. Berechnen Sie den Transmissionswärmeverlust H_T.

$$H_T = F_x \cdot U \cdot A = 0{,}6 \cdot 0{,}75\ \frac{W}{m^2K} \cdot 80\ m^2 = 0{,}45\ \frac{W}{m^2K} \cdot 80\ m^2 = 36\ \frac{W}{K}$$

Der Wärmetransport verringert sich um 40 %.

Dass das Bauteil rechnerisch nur mit einem U-Wert von $0{,}45\ W/m^2K$ in die Berechnung eingeht, liegt daran, dass im Winter der Wärmestrom zu diesem Raum geringer ist als zur Außenluft.

Je größer der Temperaturunterschied zu beiden Seiten eines Bauteils ist, desto größer ist der Wärmestrom und damit der Wärmeenergieverlust. In Heizkörpernischen (HKN) ist die Wärmestromdichte höher als im übrigen Wandbereich, da zwischen HKN und Nischenwand eine höhere Temperatur herrscht als im übrigen Wandbereich.

Der Transmissionswärmeverlust der einzelnen Bauteile wird meist tabellarisch erfasst. Das hat den Vorteil, dass durch die Erfassung des Ist-Zustandes von H_T der Sanierungsbedarf erkennbar wird. Bei Bauteilen mit hohem U-Wert und großer Fläche kann am wirkungsvollsten saniert werden.

Spezifischer, auf die gesamte Wärme übertragende Fläche bezogener Transmissionswärmeverlust H'_T

Bezieht man die Summe des spezifischen Transmissionswärmeverlustes aller Bauteile auf die gesamte wärmeübertragende Fläche aller dieser Bauteile, so erhält man den spezifischen Transmissionswärmeverlust H'_T. Dies ist der wichtigste auf die Bausubstanz bezogene Kennwert. Er wird auch als mittlerer U-Wert des gesamten beheizten Gebäudes bezeichnet.

$$H'_T = \frac{H_T}{A} \quad \text{Einheit: } \frac{\frac{W}{K}}{m^2} = \frac{W}{m^2K}$$

Nach GEG entfällt für neu zu errichtende Gebäude der je nach Gebäudetyp maximal zulässige Wert für den Transmissionswärmeverlust als Nachweisgröße. Somit werden Wohngebäude mit großen Fensteranteilen nicht mehr benachteiligt.

Höchstwerte des spezifischen, auf die wärmeübertragende Umfassungsfläche bezogenen Transmissionswärmeverlustes H'_T bei Bestandsgebäuden bei A_{NUF}[1] > 50 m².

Gebäudetyp	Höchstwerte von H'_T [W/m²K]
frei stehendes Wohngebäude mit $A_N \leq 350$ m² mit $A_N > 350$ m²	 0,40 0,50
einseitig angebautes Wohngebäude	0,45
alle anderen Wohngebäude	0,65
Erweiterungen und Ausbauten von Wohngebäuden	0,65

[1] A_{NUF} ist die Nutzungsfläche nach DIN 277

A_N: Gebäudenutzfläche

Sie wird wie folgt ermittelt:

$$A_N = 0{,}32 \cdot \frac{1}{m} \cdot V_e$$

V_e: beheiztes Gebäudevolumen auf der Grundlage der Außenmaße

Beispiel

Ermitteln Sie H'_T eines bestehenden Gebäudes, wenn die Außenwände $\left(U = 0{,}26 \frac{W}{m^2K}\right)$ eine Fläche von 156 m² und die Fenster $\left(U = 1{,}20 \frac{W}{m^2K}\right)$ von 45 m² haben. Die oberste Geschossdecke $\left(U = 0{,}20 \frac{W}{m^2K}\right)$ und die Kellerdecke $\left(U = 0{,}18 \frac{W}{m^2K}\right)$ sind jeweils 70 m² groß. Die Gebäudenutzfläche A_N ist kleiner als 350 m².

Außenwände: $H_{T_1} = F_x \cdot U \cdot A = 1{,}0 \cdot 0{,}26 \frac{W}{m^2K} \cdot 156\ m^2 = 40{,}56 \frac{W}{K}$

Fenster: $H_{T_2} = F_x \cdot U \cdot A = 1{,}0 \cdot 1{,}2 \frac{W}{m^2K} \cdot 45\ m^2 = 54{,}00 \frac{W}{K}$

oberste Geschossdecke: $H_{T_3} = F_x \cdot U \cdot A = 0{,}8 \cdot 0{,}20 \frac{W}{m^2K} \cdot 70\ m^2 = 11{,}20 \frac{W}{K}$

Kellerdecke: $H_{T_4} = F_x \cdot U \cdot A = 0{,}6 \cdot 0{,}18 \frac{W}{m^2K} \cdot 70\ m^2 = 7{,}56 \frac{W}{K}$

$$H_T = 113{,}32 \frac{W}{K}$$

Gesamtfläche $A = 341\ m^2$

$$H'_T = \frac{H_T}{A} = \frac{113{,}32 \frac{W}{K}}{341\ m^2} = 0{,}33 \frac{W}{m^2K} < H'_{T,zul} = 0{,}40 \frac{W}{m^2K}$$

26.6 Wärmeschutznachweise

Für ein Gebäude mit Flachdach sind zu führen der Nachweis

a) der U-Werte vor und nach der Sanierung entsprechend dem GEG im Bauteilverfahren.

b) des auf die wärmeübertragende Umfassungsfläche bezogenen Transmissionswärmeverlustes H'_T im Ist-Zustand und im sanierten Zustand (Darstellung tabellarisch sowie als Säulendiagramm).

Daten:

- Die Fenster haben einen Wärmedurchgangskoeffizienten $U_w = 2{,}7\ W/m^2K$.
- Der Gesamtenergiedurchlassgrad der Fenster beträgt $g = 0{,}8$.
- Die Außentür hat einen U-Wert von $3{,}8\ W/m^2K$.
- Die lichte Geschosshöhe im Ist-Zustand beträgt 2,50 m.
- Es kann keine Dichtheitsprüfung vorgenommen werden.
- Die Grundrissmaße sind Rohbaumaße.
- Anschlüsse nicht nach DIN 4108 Beiblatt 2 ausgeführt.
- $A_N < 350\ m^2$; $A_{NUF} > 50\ m^2$

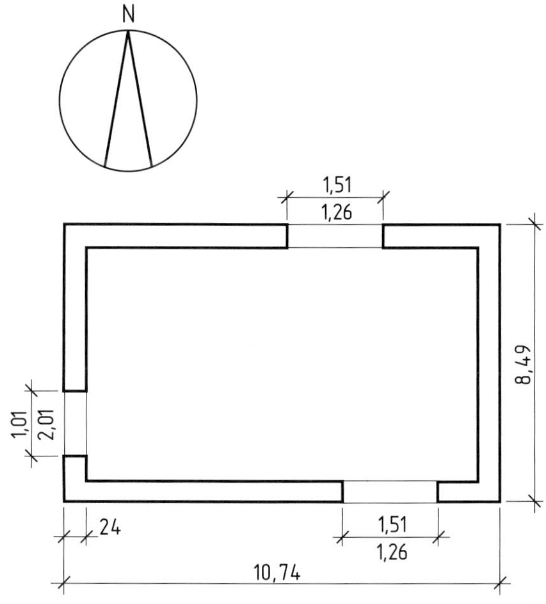

Wandaufbau

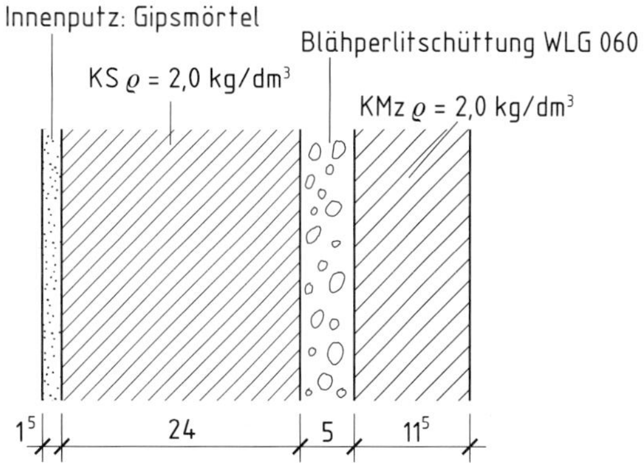

Dachaufbau

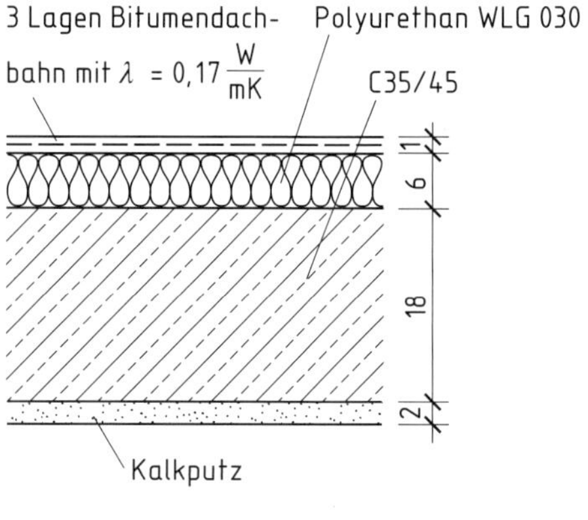

Bodenaufbau

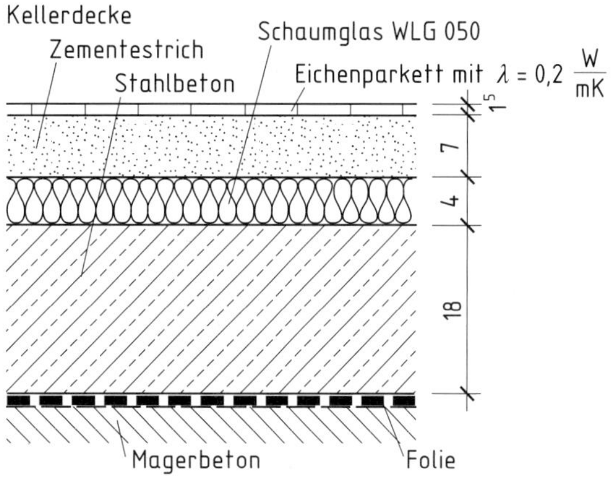

a) **Außenwände**

Ist-Zustand: $R_{T,AW} = 0{,}13\,\frac{m^2K}{W} + \frac{0{,}015\,m}{0{,}70\,\frac{W}{mK}} + \frac{0{,}24\,m}{1{,}1\,\frac{W}{mK}} + \frac{0{,}05\,m}{0{,}06\,\frac{W}{mK}} + \frac{0{,}115\,m}{0{,}96\,\frac{W}{mK}} + 0{,}04\,\frac{m^2K}{W} = 1{,}36\,\frac{m^2K}{W}$

$$U_{AW} = \frac{1}{1{,}36\,\frac{m^2K}{W}} = 0{,}735\,\frac{W}{m^2K} > U_{max} = 0{,}24\,\frac{W}{m^2K}$$

Sanierung: Da das zweischalige Mauerwerk von außen nur schlecht zu dämmen ist, bzw. sich eine völlig andere Fassadengestaltung ergeben würde, ist eine Innendämmung mit Calciumsilicatplatten auf den bestehenden Innenputz vorgesehen.

Bestimmung der Dicke der Calciumsilicatplatten

$$\frac{1}{U} = R_{T,AW} + \frac{d_{Dämmung}}{\lambda_{Dämmung}} + \frac{d_{Innenputz}}{\lambda_{Innenputz}}$$

$$\frac{1}{0{,}24\,\frac{W}{m^2K}} = 1{,}36\,\frac{m^2K}{W} + \frac{d_{Dämmung}}{0{,}06\,\frac{W}{mK}} + \frac{0{,}015\,m}{0{,}7\,\frac{W}{mK}}$$

$d_{Dämmung} = 0{,}167\,m \quad \rightarrow$ gewählt: $d = 18\,cm$

$$R_{T,AW} = 1{,}36\,\frac{m^2K}{W} + \frac{0{,}18\,m}{0{,}06\,\frac{W}{mK}} + \frac{0{,}015\,m}{0{,}7\,\frac{W}{mK}} = 4{,}38\,\frac{m^2K}{W}$$

$$U_{AW} = \frac{1}{4{,}38\,\frac{m^2K}{W}} = 0{,}23\,\frac{W}{m^2K}$$

Bodenplatte

Ist-Zustand: $R_{T,B} = 0{,}17\,\frac{m^2K}{W} + \frac{0{,}015\,m}{0{,}2\,\frac{W}{mK}} + \frac{0{,}07\,m}{1{,}4\,\frac{W}{mK}} + \frac{0{,}04\,m}{0{,}05\,\frac{W}{mK}} + \frac{0{,}18\,m}{2{,}5\,\frac{W}{mK}} + 0{,}04\,\frac{m^2K}{W} = 1{,}21\,\frac{m^2K}{W}$

$$U_B = \frac{1}{1{,}21\,\frac{m^2K}{W}} = 0{,}83\,\frac{W}{m^2K} > U_{max} = 0{,}50\,\frac{W}{m^2K}$$

Sanierung: Da die Dämmung nur auf der Warmseite aufgebracht werden kann $\Rightarrow U_{zul} = 0{,}50\,W/m^2K$

Bestimmung der Dicke des Schaumglases

$$\frac{1}{U} = R_{T,B} + \frac{d_{Dämmung}}{\lambda_{Dämmung}}$$

$$\frac{1}{0{,}50\,\frac{W}{m^2K}} = 1{,}21\,\frac{m^2K}{W} + \frac{d_{Dämmung}}{0{,}05\,\frac{W}{mK}}$$

$d_{Dämmung} = 0{,}040\,m \rightarrow$ gewählt: $d = 4\,cm$

$$R_{T,B} = 1{,}21\,\frac{m^2K}{W} + \frac{0{,}04\,m}{0{,}05\,\frac{W}{mK}} = 2{,}01\,\frac{m^2K}{W}$$

$$U_{AW} = \frac{1}{2{,}01\,\frac{m^2K}{W}} = 0{,}50\,\frac{W}{m^2K}$$

Flachdach

Ist-Zustand: $R_{T,D} = 0{,}10\,\frac{m^2K}{W} + \frac{0{,}02\ m}{1{,}0\,\frac{W}{mK}} + \frac{0{,}18\ m}{2{,}5\,\frac{W}{mK}} + \frac{0{,}06\ m}{0{,}03\,\frac{W}{mK}} + \frac{0{,}01\ m}{0{,}17\,\frac{W}{mK}} + 0{,}04\,\frac{m^2K}{W} = 2{,}291\,\frac{m^2K}{W}$

$$U_D = \frac{1}{2{,}291\,\frac{m^2K}{W}} = 0{,}436\,\frac{W}{m^2K} > U_{max} = 0{,}20\,\frac{W}{m^2K}$$

Sanierung: Zur bestehenden PUR-Dämmung wird auf die bisherige Dachhaut zusätzliches PUR-Material aufgebracht.

Bestimmung der Dicke des PUR

$$\frac{1}{U} = R_{T,D} + \frac{d_{Dämmung}}{\lambda_{Dämmung}} + \frac{d_{Bitumendachbahn}}{\lambda_{Bitumendachbahn}}$$

$$\frac{1}{0{,}20\,\frac{W}{m^2K}} = 2{,}291\,\frac{m^2K}{W} + \frac{d_{Dämmung}}{0{,}06\,\frac{W}{mK}} + \frac{0{,}01\ m}{0{,}17\,\frac{W}{mK}}$$

$d_{Dämmung} = 0{,}16\ m$ $\rightarrow$ gewählt: $d = 16\ cm$

$$R_{T,D} = 2{,}291\,\frac{m^2K}{W} + \frac{0{,}16\ m}{0{,}03\,\frac{W}{mK}} + \frac{0{,}01\ m}{0{,}17\,\frac{W}{mK}} = 7{,}68\,\frac{m^2K}{W}$$

$$U_D = \frac{1}{7{,}68\,\frac{m^2K}{W}} = 0{,}13\,\frac{W}{m^2K}$$

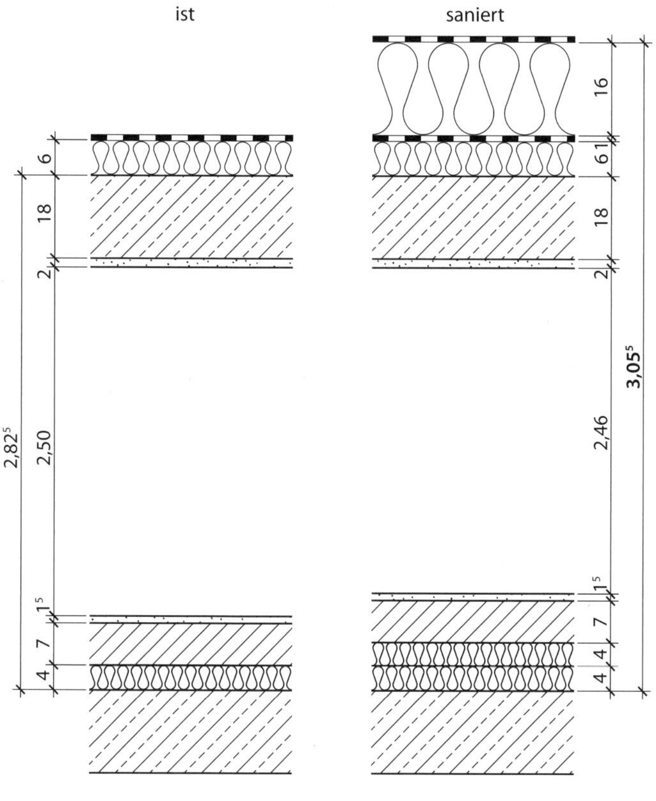

b) **Berechnung der Umfassungsflächen**

$A_{AW} = u_{Wand} \cdot h_{Wand} - A_{Fenster} - A_{Tür}$

$l_{Wand} = 10{,}74\ \text{m} + 2 \cdot d_{Dämmung} + 2 \cdot d_{Vormauerung}$

$l_{Wand} = 10{,}74\ \text{m} + 2 \cdot 0{,}05\ \text{m} + 2 \cdot 0{,}115\ \text{m} = 11{,}07\ \text{m}$

$b_{Wand} = 8{,}49\ \text{m} + 2 \cdot d_{Dämmung} + 2 \cdot d_{Vormauerung}$

$b_{Wand} = 8{,}49\ \text{m} + 2 \cdot 0{,}05\ \text{m} + 2 \cdot 0{,}115\ \text{m} = 8{,}82\ \text{m}$

$A_{AW} = 2 \cdot (11{,}07\ \text{m} + 8{,}82\ \text{m}) \cdot 3{,}055\ \text{m} - 2 \cdot 1{,}51\ \text{m} \cdot 1{,}26\ \text{m} - 1{,}01\ \text{m} \cdot 2{,}01\ \text{m} = 115{,}69\ \text{m}^2$

$A_B = A_D = 11{,}07\ \text{m} \cdot 8{,}82\ \text{m} = 97{,}64\ \text{m}^2$

Spezifische Transmissionswärmeverluste

Bauteil	*U*-Werte Ist-Zustand	*U*-Werte sanierter Zustand	F_x	$H_T = F_{x,i} \cdot U_i \cdot A_i$	H_T Ist-Zustand [W/K]	H_T sanierter Zustand [W/K]
Bodenplatte ①	0,83	0,50	0,6	$H_T = 0{,}6 \cdot 0{,}50 \cdot 97{,}64$	50,38	29,29
Außenwände ②	0,74	0,23	1,0	$H_T = 1{,}0 \cdot 0{,}23 \cdot 115{,}69$	83,25	26,61
Flachdach ③	0,44	0,13	1,0	$H_T = 1{,}0 \cdot 0{,}13 \cdot 97{,}64$	43,94	12,69
Fenster	2,7	1,4[1]	1,0	$H_T = 1{,}0 \cdot 1{,}4 \cdot 3{,}81$	10,29	5,33
Tür	3,8	2,9[1]	1,0	$H_T = 1{,}0 \cdot 2{,}9 \cdot 2{,}03$	7,71	5,89
				$A = 316{,}81\ \text{m}^2$		
					195,55	79,81
				+ Wärmebrückenzuschlag		
				$\Delta U_{WB} \cdot A = 0{,}15 \cdot 316{,}81\ \text{m}^2$	47,52	47,52
					243,07	127,33

[1] Zulässige Maximalwerte nach GEG

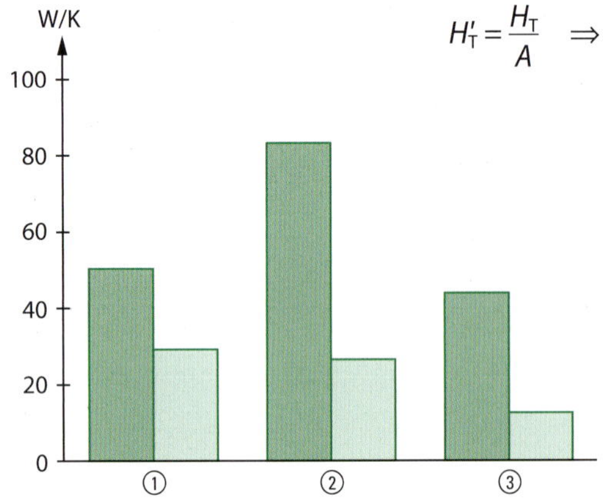

Ist-Zustand

$$H'_T = \frac{H_T}{A} \Rightarrow H'_T = \frac{243{,}07\ \frac{\text{W}}{\text{K}}}{316{,}81\ \text{m}^2}$$

$$H'_T = 0{,}77\ \text{W/m}^2\text{K}$$

saniert

$$H'_T = \frac{H_T}{A} \Rightarrow H'_T = \frac{127{,}33\ \frac{\text{W}}{\text{K}}}{316{,}81\ \text{m}^2}$$

$$H'_T = 0{,}40\ \text{W/m}^2\text{K}$$

$$\leq H'_{T_{zul}} = 0{,}40\ \text{W/m}^2\text{K}$$

Mit der Tabelle über die spezifischen Transmissionswärmeverluste und dem zugehörigen Diagramm kann dem Kunden gezeigt werden, bei welchen Bauteilen sich eine Sanierung besonders lohnt. Hohe *U*-Werte bei großen Flächen wirken sich besonders ungünstig aus.

26.7 Feuchteschutz

26.7.1 Luftfeuchte

Luft kann in Abhängigkeit von ihrer Temperatur unterschiedliche Mengen an Feuchte in Dampfform speichern. Je wärmer die Luft ist, desto mehr Feuchte kann sie speichern.

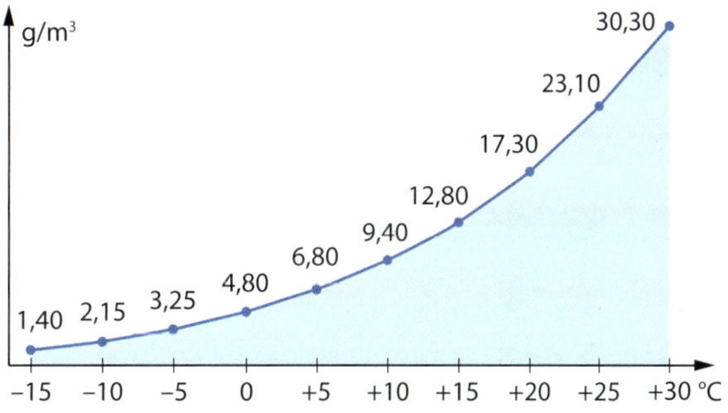

Maximaler Feuchtegehalt der Luft

Absolute Luftfeuchte

Sie gibt an, wie viel g/m³ Wasserdampf tatsächlich in der Luft vorhanden sind, unabhängig von der Lufttemperatur.

Relative Luftfeuchte φ

Sie ist das Verhältnis der absoluten Luftfeuchte zur höchstmöglichen Luftfeuchte in %, abhängig von der Lufttemperatur. Die höchstmögliche Luftfeuchte wird auch als Sättigungsfeuchte bezeichnet, weil die Luft dann mit Wasserdampf gesättigt ist.

$$\textbf{Relative Luftfeuchte } \varphi = \frac{\textbf{absolute Luftfeuchte in g/m}^3}{\textbf{maximale Luftfeuchte in g/m}^3} \cdot 100\,\%$$

Eine relative Luftfeuchte von z. B. 65 % bei 20 °C bedeutet nach Diagramm, dass in der Luft

$17{,}3\,\frac{\text{g}}{\text{m}^3} \cdot \frac{65\,\%}{100\,\%} = 11{,}2$ g Wasserdampf pro m³ Luft enthalten ist.

26.7.2 Taupunkttemperatur

Der Sättigungspunkt der Luft mit Wasserdampf wird als Taupunkt bezeichnet. Wird die Taupunkttemperatur dann unterschritten, so fällt Feuchtigkeit in Form von Wasser aus. Tauwasser wird auch als Kondensat bezeichnet.

Beispiel

Bestimmen Sie die relativen Luftfeuchten für 25 °C, 20 °C, 15 °C und 5 °C, wenn die Luft 12,8 g/m³ Feuchte enthält. Bei welcher Temperatur wird der Taupunkt erreicht?

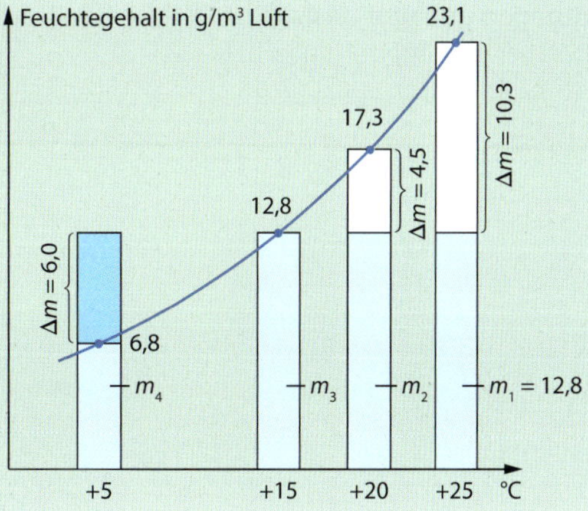

$$\varphi_{25\,°C} = \frac{12{,}8\,\frac{g}{m^3}}{23{,}1\,\frac{g}{m^3}} \cdot 100\,\% = 55{,}4\,\%$$

Die Luft kann noch 10,3 g/m³ Feuchte bis zur Sättigung aufnehmen.

$$\varphi_{20\,°C} = \frac{12{,}8\,\frac{g}{m^3}}{17{,}3\,\frac{g}{m^3}} \cdot 100\,\% = 74{,}0\,\%$$

Kühlt sich die Luft um 5 °C ab, kann sie nur noch 4,5 g/m³ Feuchte bis zur Sättigung aufnehmen.

$$\varphi_{15\,°C} = \frac{12{,}8\,\frac{g}{m^3}}{12{,}8\,\frac{g}{m^3}} \cdot 100\,\% = 100\,\%$$

Die Taupunkttemperatur ist erreicht, denn die Luft kann keine weitere Feuchte aufnehmen.
Der Taupunkt ist also bei 15 °C erreicht.

$$\varphi_{5\,°C} = \frac{12{,}8\,\frac{g}{m^3}}{6{,}8\,\frac{g}{m^3}} \cdot 100\,\% = 188{,}2\,\%$$

Bei weiterer Abkühlung wird die Taupunkttemperatur unterschritten und an der kältesten Stelle fällt Kondensat an.

26.7.3 Grundbegriffe der Feuchteschutzberechnung

1. Wasserdampfdiffusionswiderstandszahl μ

Sie gibt an, um wievielmal größer der Widerstand eines Stoffes ist, Wasserdampf hindurchzulassen als der von Luft. Luft erhält den Wert $\mu = 1$, denn kein Baustoff leistet dem Wasserdampf einen geringeren Widerstand als Luft. Sind in Tabellen zwei Werte angegeben, so ist jeweils der ungünstigere (kleinere) Wert zu wählen (siehe Seite 297 ff.).

Die μ-Werte sind keine konstanten Größen, sondern hängen vom Feuchtegehalt des Baustoffes ab. Zum Beispiel hat ein Mauerziegel, der feucht wird, einen Wert von $\mu = 5$. Er setzt dem Wasserdampf einen geringen Widerstand entgegen und nimmt deshalb schnell Feuchte auf. Trocknet der Mauerziegel dann aus, so wird $\mu = 10$. Er setzt nun dem Wasserdampf einen größeren Widerstand entgegen und gibt deshalb das Wasser langsamer ab, als er es aufgenommen hat.

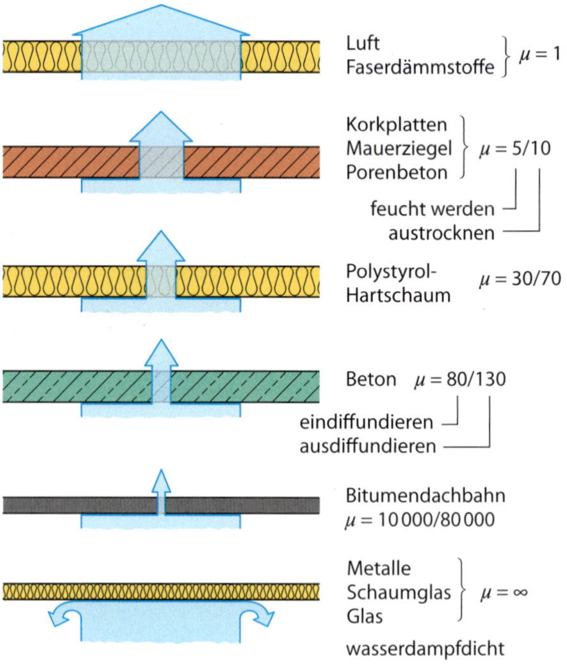

2. Äquivalente Luftschichtdicke s_d

Jedes Bauteil besitzt einen bestimmten Widerstand gegen Feuchte. Der s_d-Wert gibt die Dicke einer Luftschicht an, die den gleichen Widerstand wie das Bauteil besitzt.

$s_d = \mu \cdot d$ Einheit: m

$s_d = \mu_1 \cdot d_1 + \mu_2 \cdot d_2 + \ldots + \mu_n \cdot d_n$ (mehrere Schichten)

Beim Feuchteschutz gilt, dass der s_d-Wert der einzelnen Schichten von innen nach außen abnehmen sollte, damit die Feuchte das Bauteil möglichst schnell verlassen kann.

Empfehlenswerte s_d-Werte bei Dächern

außen $s_{d,e}$	**innen $s_{d,i}$**
Alle Schichten **oberhalb** der Dämmschicht bis zur ersten belüfteten Luftschicht (auch bei Aufsparrendämmung)	Alle Schichten **unterhalb** der Dämmschicht bis zur ersten belüfteten Luftschicht (auch bei Untersparrendämmung)
≤ 0,1 m*	≥ 1,0 m*
≤ 0,3 m	≥ 2,0 m
> 0,3 m	$s_{d,i} \geq 6 \cdot s_{d,e}$

* Das heißt, wenn z. B. $s_{d,e} \leq 0{,}1$ m ist, dann muss $s_{d,i} \geq 1{,}0$ m sein.

Bei kleinen s_d-Werten von höchstens 0,5 m wird von diffusionsoffenen Bauteilschichten, bei höheren s_d-Werten bis 1500 m von diffusionshemmenden Schichten (Dampfbremsen) und von s_d-Werten größer 1500 m von diffusionsdichten Schichten (Dampfsperren) gesprochen.

Befindet sich ein Baustoff mit unterschiedlichen μ-Werten im Taubereich (von innen bis wahrscheinlichste Tauebene), so ist für die s_d-Berechnung der kleinere Wert zu verwenden. Befindet sich ein Baustoff im Verdunstungsbereich (von wahrscheinlichster Tauebene bis außen), so ist der größere μ-Wert zu verwenden.

Beispiel

Berechnen Sie für die Wand die äquivalente Luftschichtdicke.

$s_d = \mu_{Innenputz} \cdot d_{Innenputz} + \mu_{Mineralwolle} \cdot d_{Mineralwolle} + \mu_{HLzA} \cdot d_{HLzA} + \mu_{Außenputz} \cdot d_{Außenputz}$

$s_d = 15 \cdot 0{,}015\text{ m} + 1 \cdot 0{,}035\text{ m} + 10 \cdot 0{,}24\text{ m} + 35 \cdot 0{,}02\text{ m}$

$s_d = 3{,}36$ m

Das bedeutet, dass diese Wand den gleichen Widerstand gegen Feuchte besitzt, wie eine 3,36 m dicke Luftschicht.

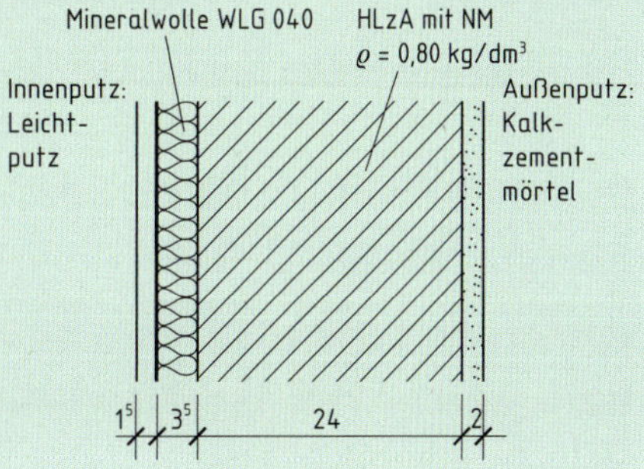

26.8 Schimmelpilzgefahr

Die Ursachen für die Schimmelpilzbildung liegen einerseits im Nutzerverhalten und damit der relativen Raumluftfeuchte und andererseits in der Baukonstruktion und somit dem Temperaturfaktor.

Temperaturfaktor f_{Rsi}: $$f_{Rsi} = \frac{\vartheta_{si} - \vartheta_e}{\vartheta_i - \vartheta_e} \geq 0{,}7$$ → keine Schimmelpilzgefahr

Dem Temperaturfaktor liegen nach DIN 4108-2 folgende Randbedingungen zugrunde:

- Raumtemperatur $\vartheta_i = 20$ °C
- Außenluft $\vartheta_e = -5$ °C
- Wärmeübergangskoeffizient innen $h_i = 4$ W/m²K

- Als Oberflächentemperatur ϑ_{si} wird die Temperatur an der kältesten Stelle, in der Regel die Raumecke, angenommen. Sie sollte mindestens 12,6 °C betragen, damit der Taupunkt nicht unterschritten wird.

Temperatur in der Raumecke $\vartheta_{Rs,E}$: $$\vartheta_{Rs,E} = \vartheta_i - (\vartheta_i - \vartheta_e) \cdot \frac{1{,}5}{h_i \cdot R_{AW} + 1{,}5}$$ R_{AW}: Wärmedurchlasswiderstand der Außenwand

Beispiel

Berechnen Sie den Temperaturfaktor einer Wand mit dem Aufbau:

Kalkgipsputz: $d = 1{,}5$ cm; $\lambda = 0{,}70 \frac{W}{mK}$

Mauerwerk: $d = 36{,}5$ cm; $\lambda = 0{,}20 \frac{W}{mK}$

Kalkzementputz: $d = 2{,}0$ cm; $\lambda = 1{,}00 \frac{W}{mK}$

Wärmedurchlasswiderstand der Außenwand

$$R_{AW} = \frac{d_1}{\lambda_1} + \frac{d_2}{\lambda_2} + \frac{d_3}{\lambda_3} = \frac{0{,}015\ m}{0{,}70 \frac{W}{mK}} + \frac{0{,}365\ m}{0{,}20 \frac{W}{mK}} + \frac{0{,}020\ m}{1{,}00 \frac{W}{mK}} = 1{,}866 \frac{m^2K}{W}$$

Temperatur in der Raumecke

$$\vartheta_{Rs,E} = \vartheta_i - (\vartheta_i - \vartheta_e) \cdot \frac{1{,}5}{h_i \cdot R_{AW} + 1{,}5} = 20\ °C - [20\ °C - (-5\ °C)] \cdot \frac{1{,}5}{4 \frac{W}{m^2K} \cdot 1{,}866 \frac{m^2K}{W} + 1{,}5} = 15{,}8\ °C$$

Temperaturfaktor

$$f_{Rsi} = \frac{\vartheta_{si} - \vartheta_e}{\vartheta_i - \vartheta_e} = \frac{15{,}8\ °C - (-5\ °C)}{20\ °C - (-5\ °C)} = 0{,}832 > 0{,}7$$ → keine Schimmelpilzgefahr

Der Temperaturfaktor drückt auch den Temperaturanstieg von der Außenluft zur inneren Wandoberfläche aus.

Der Temperaturanstieg beträgt hier 83,2 %, das sind 83,2 % von 25 °C [20 °C – (– 5 °C)].

Anstieg = 0,832 · 25 °C = 20,8 °C

$\vartheta_{si} = -5\ °C + 20{,}8\ °C = 15{,}8\ °C$

Die raumseitige Oberflächentemperatur kann auch durch Umstellen der Formel für den Temperaturfaktor berechnet werden.

$\vartheta_{si} = f_{Rsi} \cdot (\vartheta_i - \vartheta_e) + \vartheta_e$

$\vartheta_{si} = 0{,}832 \cdot [20\ °C - (-5\ °C)] + (-5\ °C) = 15{,}8\ °C$

Wärme- und feuchteschutztechnische Bemessungswerte für Baustoffe (DIN 4108-4)

Baustoffe	**Rohdichte**[1,2)] ϱ [kg/m³]	**Bemessungswert der Wärmeleitfähigkeit** λ [W/(mK)]	**Richtwert der Wasserdampfdiffusionswiderstandszahl** μ[3)]
Putze und Mörtel			
Putzmörtel aus Kalk, Kalkzement und hydraulischem Kalk	(1800)	1,00	15/35
Gipsputzmörtel nach DIN EN 13279-1	900	0,30	4/10
	1000	0,34	
	1100	0,39	
	1200	0,43	
	1300	0,47	
	1400	0,51	
	1500	0,56	
Leichtputz	< 1300	0,56	15/20
Leichtputz	≤ 1000	0,38	
Leichtputz	≤ 700	0,25	
Kunstharzputz	(1100)	0,70	50/200
Mauermörtel			
• Zementmörtel	(2000)	1,60	15/35
• Normalmauermörtel NM	(1800)	1,20	
• Dünnbettmörtel DM	(1600)	1,00	
• Leichtmauermörtel LM36	≤ 1000	0,36	
• Leichtmauermörtel LM21	≤ 700	0,21	
• Leichtmauermörtel LM	250	0,10	5/20
	400	0,14	
	700	0,25	
	1000	0,38	
	1500	0,69	
Estriche			
• Zementestrich	(2000)	1,40	15/35
• Calciumsulfatestrich	(2100)	1,20	
• Magnesiaestrich	1400	0,47	
	2300	0,70	
• Gussasphaltestrich	(2300)	0,90	dampfdicht
Normalbeton			
• mittlere Rohdichte	1800	1,15	60/100
	2000	1,35	
	2200	1,65	70/100
• hohe Rohdichte	2400	2,00	80/130
– bewehrt (mit 1 % Stahl)	2300	2,30	
– bewehrt (mit 2 % Stahl)	2400	2,50	

Wärme- und feuchteschutztechnische Bemessungswerte für Baustoffe (Fortsetzung)

Baustoffe	Rohdichte[1,2] ϱ [kg/m³]	Bemessungswert der Wärmeleitfähigkeit λ [W/(mK)]			Richtwert der Wasserdampfdiffusionswiderstandszahl μ[3]
Leichtbeton und Stahlleichtbeton					
• mit geschlossenem Gefüge, hergestellt unter Verwendung von Gesteinskörnungen mit porigem Gefüge, ohne Quarzsandzusatz	800	0,39			70/150
	1000	0,49			
	1200	0,62			
	1400	0,79			
	1600	1,00			
	1800	1,30			
	2000	1,60			
Dampfgehärteter Porenbeton nach DIN EN 12602	400	0,12			5/10
	600	0,18			
	800	0,23			
	1000	0,29			
Leichtbeton mit haufwerksporigem Gefüge					
• aus nichtporigen Gesteinskörnungen nach DIN EN 12620	1600	0,81			3/10
	1800	1,10			
	2000	1,30			5/10
• aus porigen Gesteinskörnungen nach DIN EN 12620, bei Quarzsand erhöhen sich die Bemessungswerte der Wärmeleitfähigkeit um 20 % (bezogen auf die angegebenen Werte)	800	0,28			5/15
	1200	0,46			
	1600	0,75			
	2000	1,20			
• aus Naturbims	600	0,18			5/15
	800	0,24			
	1000	0,32			
	1200	0,41			
• aus Blähton	600	0,19			
	800	0,26			
	1000	0,35			
	1400	0,55			
	1600	0,68			
Porenbeton-Bauplatten und Porenbeton-Planbauplatten					
• Bauplatten (Ppl) mit normaler Fugendicke und Mauermörtel verlegt	600	0,24			5/10
	800	0,29			
• Planbauplatten (Pppl) dünnfugig verlegt	400	0,13			
	600	0,19			
	700	0,22			
Gipsplatten	800	0,25			4/10

Wärme- und feuchteschutztechnische Bemessungswerte für Baustoffe (Fortsetzung)

Baustoffe	**Rohdichte**[1,2] ϱ [kg/m^3]	**Bemessungswert der Wärmeleitfähigkeit** λ [W/(mK)]			**Richtwert der Wasserdampfdiffusionswiderstandszahl** μ[3]
Mauerwerk aus Mauerziegeln		NM/DM	LM		
• Vollklinker, Hochlochklinker, Keramikklinker, Ausführung mit Normalmauermörtel (NM) bzw. Dünnbettmörtel (DM)	1800 2000 2200 2400	0,81 0,96 1,20 1,40			50/100
• Vollziegel, Hochlochziegel, Füllziegel, Ausführung mit Normalmauermörtel (NM) bzw. Dünnbettmörtel (DM)	1400 1800 2000 2200 2400	0,58 0,81 0,96 1,20 1,40			5/10
• Hochlochziegel mit Lochung A und B, Ausführung mit Normalmauer- bzw. Dünnbettmörtel und Leichtmauermörtel (LM21 bzw. LM36)	600 800 1000	0,33 0,39 0,45	0,28 0,34 0,40		5/10
• Hochlochziegel HLzW und Wärmedämmziegel WDz nach DIN EN 771-1, Ausführung mit NM und mit LM21/LM36	600 800 900 1000	0,23 0,26 0,27 0,29	0,20 0,23 0,24 0,26		
Mauerwerk aus Kalksandsteinen, Ausführung mit NM/DM					
• nach DIN EN 771-2: Voll-, Loch-, Hohlblock-, Plansteine, Planelemente, Fasensteine, Bauplatten, Formsteine	1000 1200 1400	0,50 0,56 0,70			5/10
	1600 1800 2000 2200	0,79 0,99 1,10 1,30			15/25
Mauerwerk aus Porenbeton-Plansteinen (PP)					
• Ausführung mit DM	400 500 600 700 800	0,13 0,16 0,19 0,22 0,25			5/10
Mauerwerk aus Betonsteinen		NM	LM21 /DM[4]	LM36[4]	
• Hohlblöcke (Hbl) Gruppe 1 Die Bemessungswerte der Wärmeleitfähigkeit sind bei Hohlblöcken mit Quarzsandzusatz für 2 KHbl um 20 % und für 3 KHbl bis 6 KHbl um 15 % zu erhöhen (bezogen auf die angegebenen Werte).	600 800 1000 1200 1400	0,29 0,35 0,45 0,53 0,65	0,24 0,31	0,25 0,32	5/10

Wärme- und feuchteschutztechnische Bemessungswerte für Baustoffe (Fortsetzung)

Baustoffe	Rohdichte[1,2] ϱ [kg/m³]	Bemessungswert der Wärmeleitfähigkeit λ [W/(mK)]			Richtwert der Wasserdampfdiffusionswiderstandszahl μ[3]
Mauerwerk aus Betonsteinen (Fortsetzung)		NM	LM21 DM[4]	LM36[4]	
• Hohlblöcke (Hbl) nach DIN 20000 und Hohlwandplatten, Gruppe 2	600 800 1000 1200 1400	0,32 0,41 ≤0,50 ≤0,56 ≤0,70	0,27 0,34	0,28 0,36	5/10
• Vollblöcke (Vbl, S-W) nach DIN 20000	600 800 1000	0,31 0,36 0,42	0,25 0,29 0,34	0,26 0,30 0,35	5/10
• Vollsteine (V) nach DIN 20000	600 800 1000 1400	0,34 0,40 0,46 0,63	0,24 0,30 0,36	0,26 0,32 0,38	
Fußbodenbeläge					
• Gummi	1200	0,17			10000
• Kunststoff	1700	0,25			
• Unterlagen, poröser Gummi oder	270	0,10			
– Kunststoff	120	0,05			15/20
– Filzunterlage	200	0,06			
– Wollunterlage	< 200	0,05			10/20
– Korkunterlage	> 400	0,065			20/40
• Korkfliesen	200	0,06			5
• Teppich/Teppichböden	1200	0,17			800/1000
• Linoleum	1000	0,20			10000
Holz und Holzwerkstoffe					
• Konstruktionsholz (Fichte, Tanne, Kiefer)	500 700	0,13 0,18			20/50 50/200
• Sperrholz	500 700 1000	0,13 0,17 0,24			70/200 90/220 110/250
• zementgebundene Spanplatten	1200	0,23			30/50
• Spanplatten	300 600 900	0,10 0,14 0,18			10/50 15/50 20/50
• OSB-Platten	650	0,13			30/50
• Holzfaserplatten, einschließlich MDF	400 600 800	0,10 0,14 0,18			5/10 12/10 20/10
Dachziegelsteine					
• Ton	2000	1,00			30/40
• Beton	2100	1,50			60/100

Wärme- und feuchteschutztechnische Bemessungswerte für Baustoffe (Fortsetzung)

Baustoffe	Roh-dichte[1,2] ϱ [kg/m³]	Bemessungswert der Wärmeleitfähigkeit λ [W/(mK)]			Richtwert der Wasserdampf-diffusionswider-standszahl μ[3]
Metalle					
• Aluminiumlegierungen	2800	160			∞
• Kupfer	8900	380			
• Zink	7200	110			
• Gusseisen	7500	50			
• Blei	11 300	35			
• Stahl	7800	50			
• nichtrostender Stahl	7900	17			
Gase					
• trockene Luft	1,23	0,025			1
• Kohlendioxid	1,95	0,014			1
Gestein					
• Lava	1600	0,55			15/20
• Basalt	2700 … 3000	3,50			10 000
• Gneis	2400 … 2700	3,50			
• Granit	2500 … 2700	2,80			
• Marmor	2800	3,50			
• Schiefer	2000 … 2800	2,20			800/1000
• Kalkstein, weich	1800	1,10			25/40
• Kalkstein, hart	2200	1,70			150/200
• Naturbims	400	0,12			6/8

[1] Die bei den Steinen angegebenen Rohdichtewerte entsprechen den Rohdichteklassen der zitierten Stoffnormen.
[2] Die in Klammern angegebenen Rohdichtewerte dienen nur zur Ermittlung der flächenbezogenen Masse.
[3] Es ist jeweils der für die Baukonstruktion ungünstigere Wert einzusetzen.
[4] Wenn keine Werte angegeben sind, gelten die Werte der Spalte „NM".

Wärme- und feuchteschutztechnische Bemessungswerte für Wärmedämmstoffe (DIN 4108-4)

Dämmstoff	Nennwert λ_D [W/mK]	Bemessungs-wert λ [W/(mK)]	Richtwert der Wasserdampf-diffusionswider-standszahl μ[4]
Mineralwolle (MW) nach DIN EN 13162[1]	0,030 0,031 … 0,050	0,031 0,032 … 0,052	1

Wärme- und feuchteschutztechnische Bemessungswerte für Wärmedämmstoffe (Fortsetzung)

Dämmstoff	**Nennwert λ_D** [W/mK]	**Bemessungswert λ** [W/(mK)]	**Richtwert der Wasserdampfdiffusionswiderstandszahl μ**[4]
Expandierter Polystyrolschaum (EPS) nach DIN EN 13163[1]	0,030 0,031 … 0,050	0,031 0,032 … 0,052	20/100
Extrudierter Polystyrolschaum (XPS) nach DIN EN 13164[1]	0,022 0,023 … 0,045	0,023 0,024 … 0,046	80/250
Polyurethan-Hartschaum (PUR) nach DIN EN 13165[1]	0,020 0,021 … 0,040	0,021 0,022 … 0,041	40/200
Phenolharz-Hartschaum (PF) nach DIN EN 13166[1]	0,020 0,021 … 0,035	0,021 0,022 … 0,036	10/60
Schaumglas (CG) nach DIN EN 13167[1]	0,037 0,038 … 0,055	0,038 0,039 … 0,057	praktisch dampfdicht
Holzwolleplatten (WW) nach DIN EN 13168[2]	0,060 0,061 … 0,10	0,063 0,064 … 0,105	2/5
Holzwolle-Mehrschichtplatten (WWC) mit expandiertem Polystyrolschaum (EPS) nach DIN EN 13163[1]	0,030 0,031 … 0,049 0,050	0,031 0,032 … 0,050 0,052	20/50
Holzwolle-Mehrschichtplatten mit Mineralwolle (MW) nach DIN EN 13162[1]	0,030 0,031 … 0,049 0,050	0,031 0,032 … 0,049 0,052	1
Blähperlit (EPB) nach DIN EN 13169[1]	0,045 0,046 … 0,070	0,046 0,047 … 0,072	5

Wärme- und feuchteschutztechnische Bemessungswerte für Wärmedämmstoffe (Fortsetzung)

Dämmstoff	Nennwert λ_D [W/mK]	Bemessungswert λ [W/(mK)]	Richtwert der Wasserdampfdiffusionswiderstandszahl μ[4]
Expandierter Kork (ICB) nach DIN EN 13170[3]	0,040 0,041 … 0,055	0,049 0,050 … 0,068	5/10
Holzfaserdämmstoff (WF) nach DIN EN 13171[2]	0,032 0,033 … 0,060	0,034 0,035 … 0,063	3/5

1) $\lambda = \lambda_D \cdot 1{,}03$, aber mindestens ein Zuschlag von 1 mW/mK
2) $\lambda = \lambda_D \cdot 1{,}05$, aber mindestens ein Zuschlag von 2 mW/mK
3) $\lambda = \lambda_D \cdot 1{,}23$
4) Es ist jeweils der für die Baukonstruktion ungünstigere Wert einzusetzen.

Aufgaben

1. a) Wie groß ist der Wärmedurchlasswiderstand einer 24 cm dicken Wand aus KS ($\varrho = 2{,}0$ kg/dm^3) mit einem Außenputz von 2,0 cm in Kalkzementmörtel und einem Innenputz von 1,5 cm in Kalkgipsmörtel?
b) Erfüllt die Außenwand die Vorgabe des GEG, wenn die Wand erneuert werden soll?
c) Welche Dämmstoffdicke mit WLG 040 müsste mindestens aufgebracht werden, um die Vorgaben des GEG zu erfüllen?

2. a) Berechnen Sie den Wärmedurchlasswiderstand für eine 36,5 cm dicke Wand aus HLz mit einer Rohdichte von $\varrho = 1{,}4$ kg/dm^3, Außenputz (hydraulischer Kalk) von 2,0 cm, Innenputz (Kalkgipsmörtel) von 1,5 cm.
b) Ermitteln Sie die Temperatur in der Raumecke, wenn die Bedingungen nach DIN 4108, um Schimmelpilz zu vermeiden, eingehalten sind.

3. Vergleichen Sie den Wärmedurchlasswiderstand der drei folgenden 24 cm dicken Wände ohne Putz:
a) Porenbeton-Vollsteine $\varrho = 0{,}6$ kg/dm^3,
b) Vollziegel Mz $\varrho = 1{,}8$ kg/dm^3,
c) Beton C 30/37 $\varrho = 2{,}2$ kg/dm^3.
d) Wie dick müsste eine außen angebrachte Dämmschicht aus WLG 035 sein, damit der Wärmedurchlasswiderstand der beiden schlechter gedämmten Wände dem der am besten gedämmten Wand entspricht?

4. a) Wie groß ist der Wärmedurchlasswiderstand der Wand im Ist-Zustand (ohne Wärmedämmung)?
b) Erfüllt die Wand nach der Sanierung mit Wärmedämmung die Vorschriften des GEG?
c) Weisen Sie nach, dass nach der Sanierung in der Raumecke keine Schimmelpilzgefahr besteht.

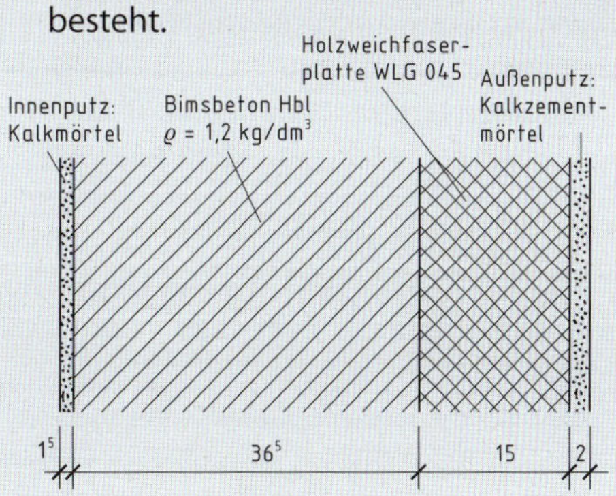

Aufgaben

5. a) Wie dick muss die Schüttung aus Blähperlit ausgeführt werden, wenn der Mindestwärmedurchlasswiderstand nach DIN 4108 verdoppelt werden soll?
b) Erfüllt die Außenwand die Vorgabe des GEG im Sanierungsfall?

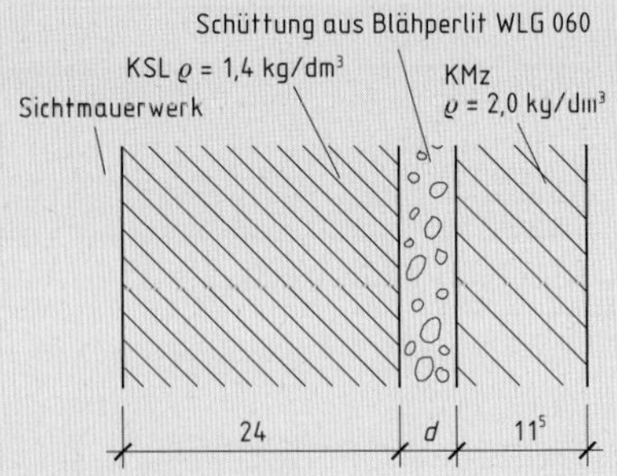

6. Wie dick muss die Wärmedämmschicht der Heizkörpernische gewählt werden, wenn
a) der Wärmedurchlasswiderstand 30 % über dem der Außenwand liegen soll,
b) der Wärmedurchlasswiderstand genauso groß wie bei der Außenwand sein soll?

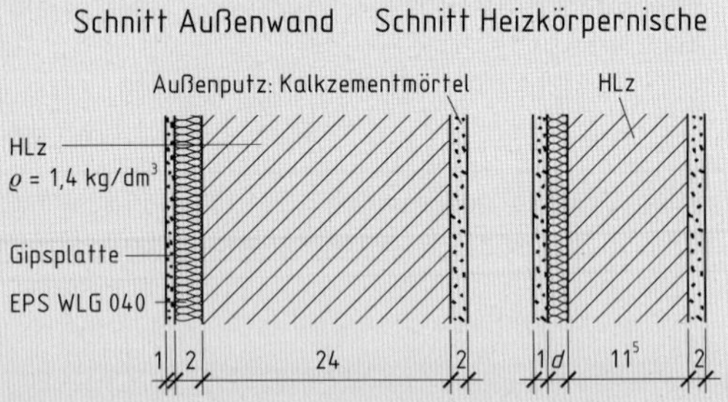

7. a) Ermitteln Sie den Wärmedurchlasswiderstand der Außenwand im Schnitt A–A und vergleichen Sie dann diesen mit dem Mindestwert nach DIN 4108.
b) Prüfen Sie nach, zu wie viel % der Mindestwert des Wärmedurchlasswiderstandes im Bereich des Sturzes nach DIN 4108 erreicht wird.
c) Prüfen Sie, ob im Sturzbereich Schimmelpilzgefahr besteht.
d) Berechnen Sie die Wärmestromdichte im Sturzbereich und im übrigen Wandbereich.

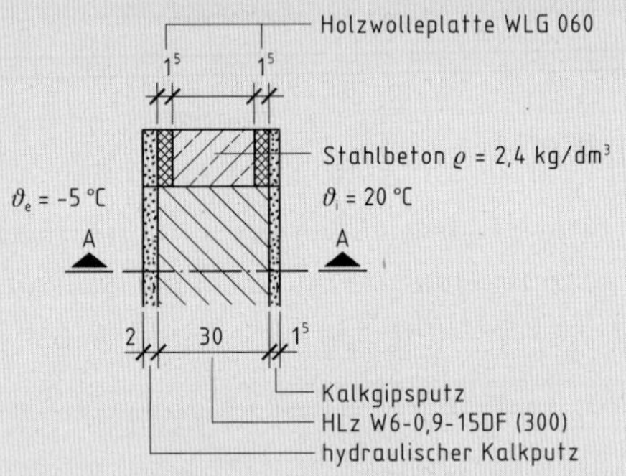

8. a) Um wie viel % weichen die Außenwand und die Decke von den Mindestwerten der Wärmedurchlasswiderstände nach DIN 4108 ab, wenn die Raumtemperatur 20 °C und die Außentemperatur –5 °C beträgt?
b) Bestimmen Sie die Temperaturen an der Oberfläche der Wand innen sowie an der Fußbodenoberfläche.
c) Welche Dämmstoffdicke WLG 040 müsste gegebenenfalls zusätzlich auf Wand und Decke aufgebracht werden, damit sowohl die Wand als auch die Decke des GEG genügen?

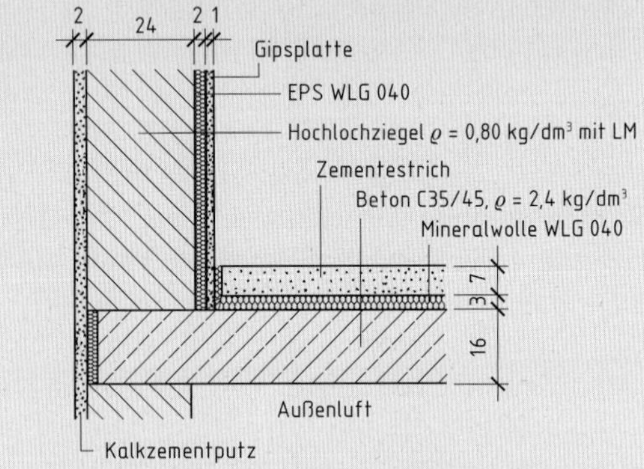

9. a) Wie dick muss die Wärmedämmschicht (WLG 035) im Bereich der Heizkörpernische sein, wenn die Vorgabe nach DIN 4108 erfüllt sein soll?
b) Wie dick müsste die Dämmschicht sein, wenn der Wärmedurchlasswiderstand der Nische genauso groß wie der der Wand sein soll?

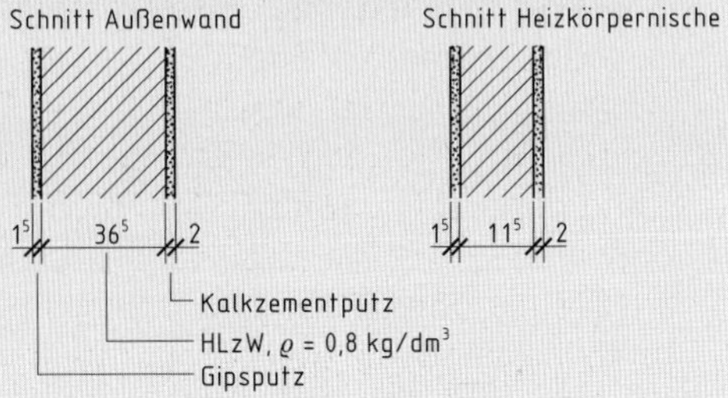

Aufgaben

10. a) Um wie viel % ist der Mindestwärmedurchlasswiderstand nach DIN 4108 überschritten?

b) Würde die Außenwand bei einer Sanierung die Vorgaben des GEG erfüllen?

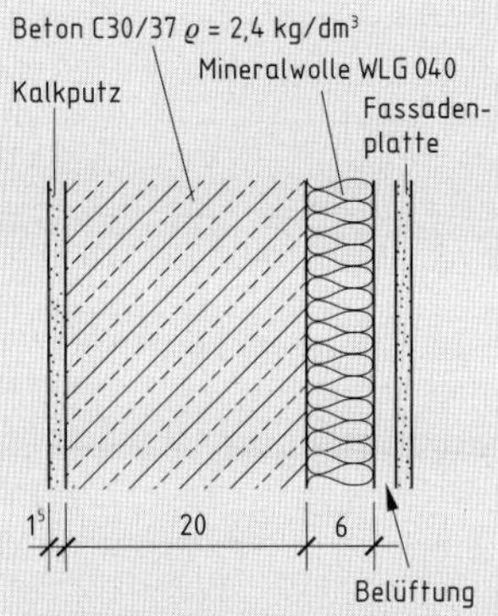

11. a) Berechnen Sie den Wärmedurchlasswiderstand der Außenwand und vergleichen Sie ihn mit dem Mindestwert nach DIN 4108.

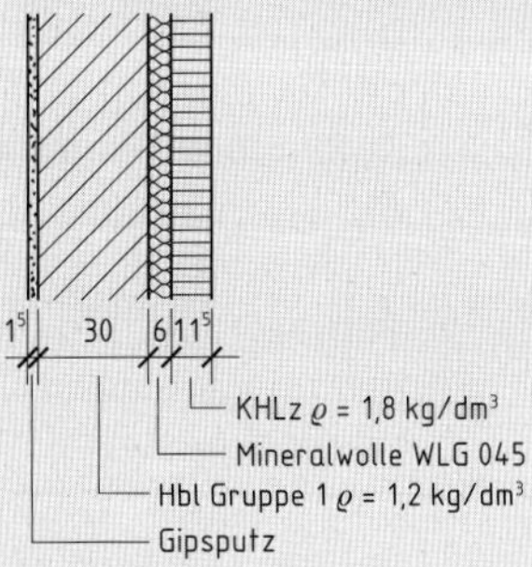

b) Wie dick muss die Kerndämmung sein, um das GEG zu erfüllen?

c) Zeichnen Sie den Temperaturverlauf in der Wand.
Bedingungen:
Raumtemperatur $\vartheta_i = +20$ °C
Außenlufttemperatur $\vartheta_e = -5$ °C

12. a) Ermitteln Sie den Wärmedurchlasswiderstand *R* und vergleichen Sie ihn mit dem Mindestwert nach DIN 4108.

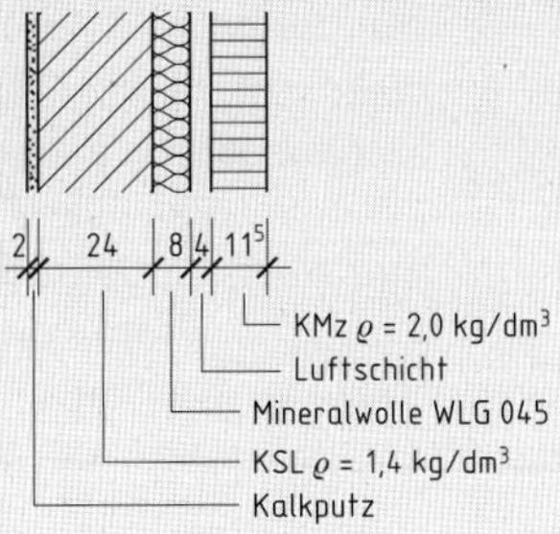

b) Zeichnen Sie den Temperaturverlauf in der Wand bei einer Außenlufttemperatur von −5 °C und +20 °C Raumtemperatur.
Anm.: Die Vorsatzschale ist mit 4 Stahlankern pro m² mit dem Mauerwerk verbunden. In solchen Fällen wird empfohlen, die Wirkung der Dämmschicht um 15 % geringer zu veranschlagen.

c) Erfüllt die Wand die Vorgaben des GEG?

13. a) Vergleichen Sie den Wärmedurchlasswiderstand beider Wände.

b) Vergleichen Sie die Oberflächentemperaturen beider Wände an der Innenseite.
Raumtemperatur +20 °C
Außentemperatur −5 °C.

c) Beurteilen Sie beide Wandkonstruktionen hinsichtlich ihrer Wärmespeichermöglichkeit und der Wärmeabgabe nach Abschalten der Heizung.

d) Vergleichen Sie die Lage des Taupunkts beider Wände bei einer relativen Luftfeuchtigkeit von 60 %.

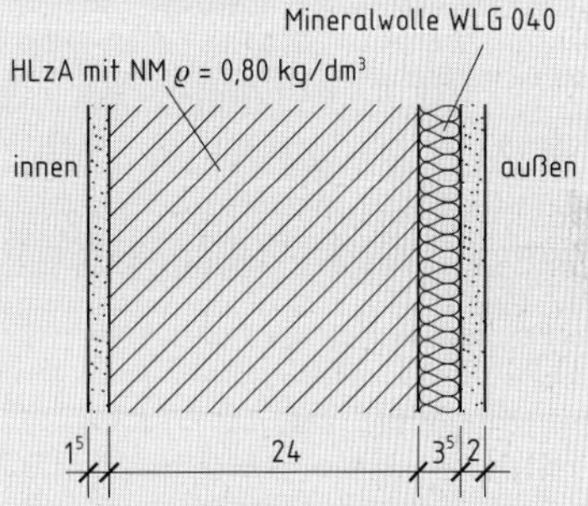

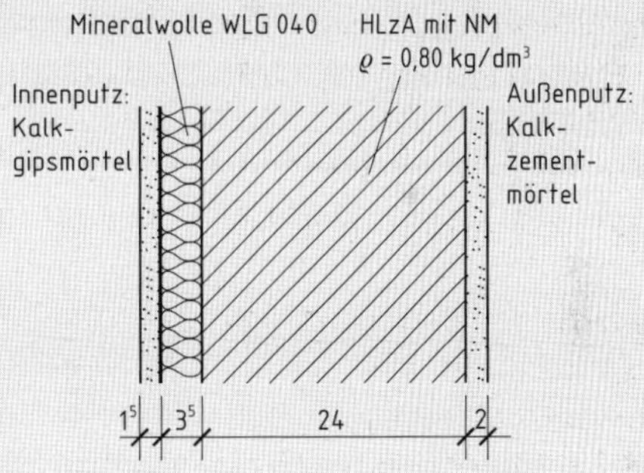

Aufgaben

14. Das Erdgeschoss eines Hauses hat im Süden eine Außenwandfläche einschließlich Fenster von 152,50 m^2.
Fensterflächenanteil: 32 m^2,
Wärmedurchgangszahl der Fenster: 1,8 W/m^{2}K,
Gesamtenergiedurchlassgrad: 0,8.

a) Entspricht der Wärmedurchlasswiderstand der Wand den Anforderungen der DIN 4108?

b) Zeichnen Sie den Temperaturverlauf in der Außenwand.
Bedingungen: $\vartheta_i = +20$ °C
$\vartheta_e = -5$ °C

c) Wie dick müsste bei einer Umbaumaßnahme eine Schüttung aus Perlit (WLG 060) zwischen der hinterlüfteten Vorsatzschale und der Tragwand nach GEG sein?

d) Wie groß ist die Temperatur in der Ecke im Ist-Zustand im Hinblick auf Schimmelpilzgefahr?

e) Besteht Schimmelpilzgefahr?

f) Wie groß ist der Temperaturfaktor im sanierten Zustand bei $U = 0{,}24$ W/m^{2}K?

g) Ermitteln Sie den spezifischen Transmissionswärmeverlust H_T sowie H'_T für den Ist- und den sanierten Zustand.
Anm.: Bei zweischaligem Mauerwerk dürfen Luftschicht und Vorsatzschale mit eingerechnet werden, wenn die Vorsatzschale >90 mm dick ist.

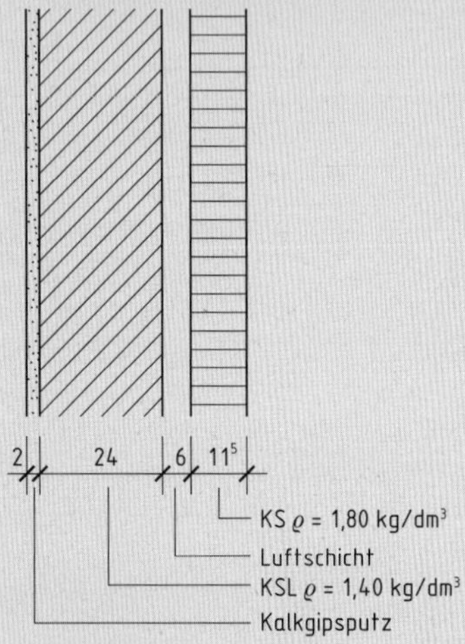

15. Ermitteln Sie
- für den Ist-Zustand

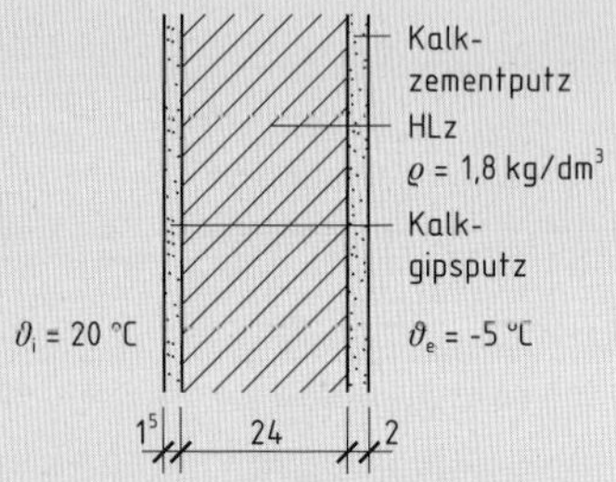

a) den U-Wert,

b) den F_{Rsi}-Wert in der Raumecke unter der Maßgabe der Schimmelpilzvermeidung;

- für den sanierten Zustand,

c) die erforderliche Dämmstoffdicke eines Wärmedämm-Verbundsystems (WDVS) mit Mineralwolle WLG 040 zur Erfüllung des GEG; der alte Putz ist noch gut erhalten,

d) die Temperatur in der schimmelpilzgefährdeten Zone (Raumecke),

e) die Wärmestromdichte im Vergleich zum Ist-Zustand,

f) den spezifischen Transmissionswärmeverlust im Vergleich zum Ist-Zustand bei einer Wandfläche von 67,50 m^2,

g) die s_d-Werte von innen nach außen und nehmen Sie Stellung dazu.

16. An der Außenwand soll der Putz erneuert werden, wobei die Vorgaben der DIN 4108 und des GEG zu erfüllen sind.

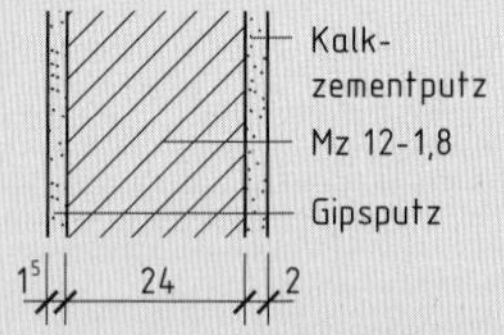

a) Wie viel mm Dämmstoff (WLG 035) müssen auf den bestehenden Außenputz aufgebracht werden, um obige Forderungen mit diesem Wärmedämm-Verbundsystem (WDVS) zu erfüllen?
Der neue Außenputz wird als zweilagiger Putz aus hydraulischem Kalk mit 10 mm Dicke ausgeführt.

b) Ermitteln Sie die Wärmestromdichte für den Ist- und den sanierten Zustand.

c) Stellen Sie die spezifischen Transmissionswärmeverluste im Ist- und sanierten Zustand gegenüber, wenn die Wandfläche 47,50 m^2 beträgt.

d) Ermitteln Sie TAV und TAD, wenn folgende Oberflächentemperaturen gemessen wurden:
Tag: $\vartheta_{si} = 19{,}7$ °C $\vartheta_{se} = 30{,}6$ °C
Nacht: $\vartheta_{si} = 14{,}2$ °C $\vartheta_{se} = 12{,}4$ °C

Aufgaben

17. Ermitteln Sie
a) die Temperatur in der Raumecke,
b) den Temperaturfaktor in der Ecke unter dem Aspekt der Schimmelpilzvermeidung.
c) Wie ändern sich a) und b) bei Anbringung eines WDVS mit EPS $d = 120$ mm, WLG 035. Der alte Putz ist noch gut erhalten.
d) Wie verlaufen die s_d-Werte im Bauteil bei Verwendung von EPS?
e) Um wie viel W/m²K ändert sich der U-Wert, wenn statt 120 mm EPS 400 mm angebracht werden?

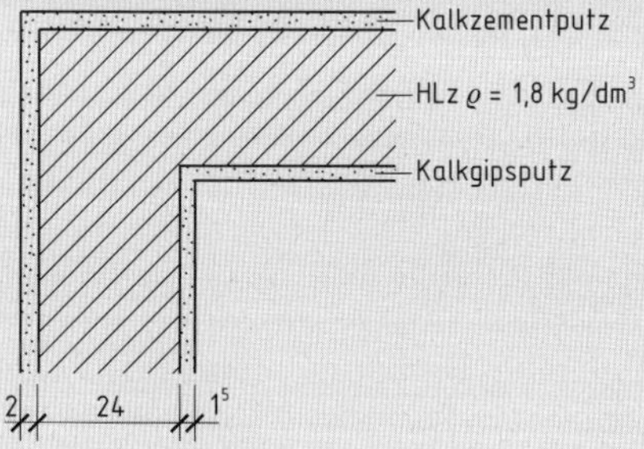

18. Überprüfen Sie, ob der Wärmedurchlasswiderstand der Treppenhauswand den doppelten Wert der Mindestvorgabe nach DIN 4108 erreicht.

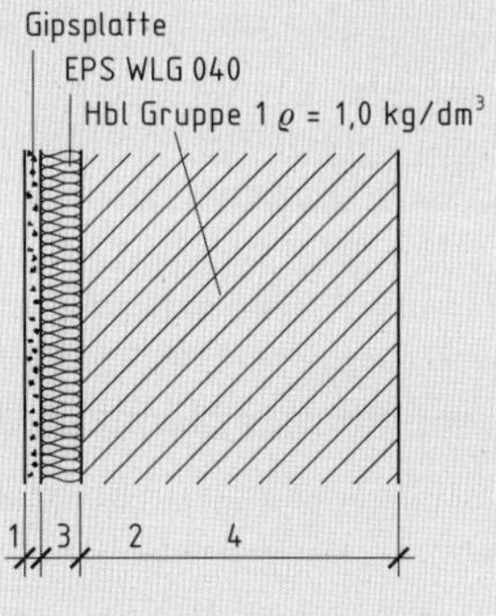

19. Die Wand wird in Beton hergestellt. Ermitteln Sie den Wärmedurchlasswiderstand sowie den Wärmedurchgangskoeffizienten.

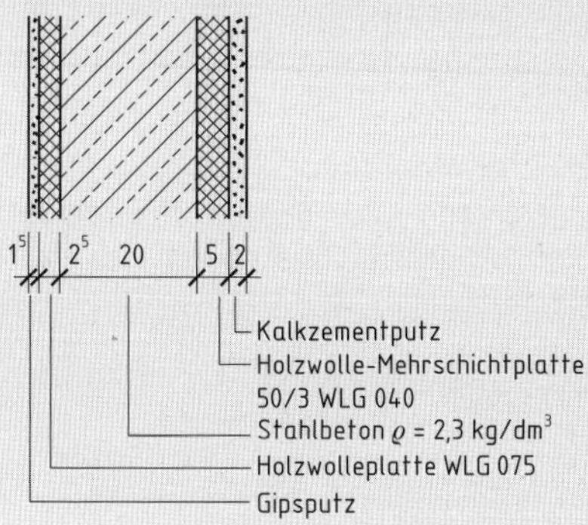

20. a) Wie groß ist der Wärmedurchlasswiderstand der Wohnungstrenndecke?
b) Vergleichen Sie den Wärmedurchlasswiderstand mit dem in DIN 4108 geforderten.

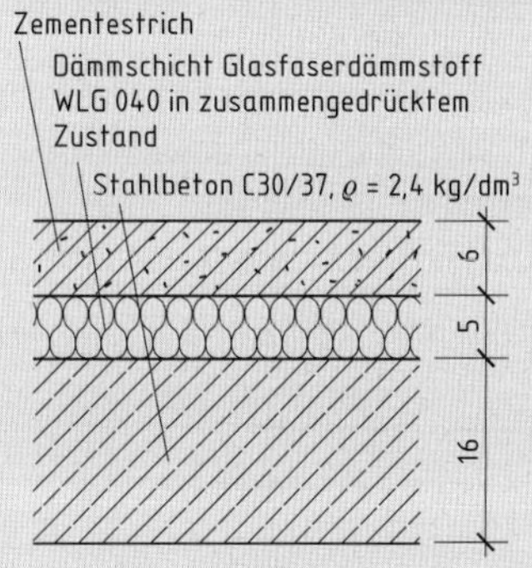

21. a) Um wie viel % ist der Mindestwert des Wärmedurchlasswiderstandes der Kellerdecke nach DIN 4108 überschritten?
b) Erfüllt die Kellerdecke als unterer Abschluss die Vorgabe des GEG?

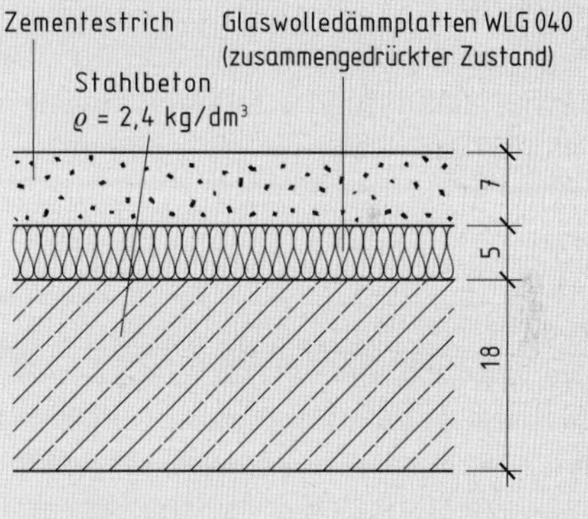

22. a) Berechnen Sie den Wärmedurchlasswiderstand der Wohnungstrenndecke und vergleichen Sie diesen mit dem DIN-Wert. Der Heizestrich wird bei der Berechnung nicht berücksichtigt.
b) Ermitteln Sie den U-Wert.

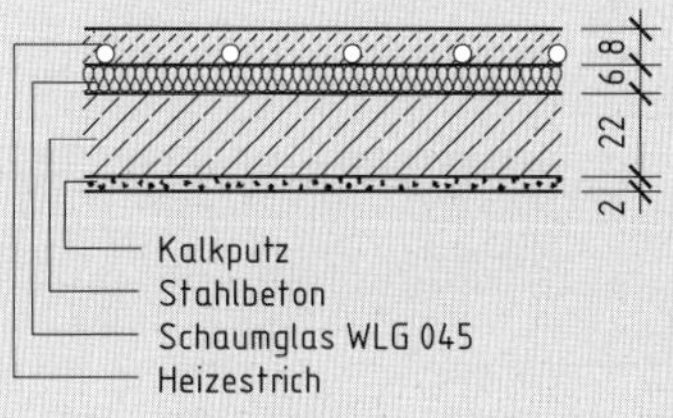

Aufgaben

23. Auf eine 18 cm dicke Stahlbetondecke unter einem nicht ausgebauten Dachgeschoss werden zwei Schichten Mineralwolleplatten (WLG 045) mit der Schichtdicke 25 mm aufgebracht. Der Zementestrich hat eine Dicke von 6 cm, das Eichenparkett von 1 cm.

a) Berechnen Sie den Wärmedurchlasswiderstand und vergleichen Sie ihn mit dem Mindestwert nach DIN 4108.

b) Entspricht die Decke der Vorgabe des GEG?

24. a) Berechnen Sie den Wärmedurchlasswiderstand der Wohnungstrennwand in einem zentralbeheizten Gebäude und vergleichen Sie diesen mit dem in der DIN 4108 vorgegebenen Mindestwert (Lattung und Konterlattung werden vernachlässigt und als ruhende Luftschicht angesehen. Für eine 15 … 300 mm dicke ruhende Luftschicht ist $R = 0{,}16\ m^2K/W$ anzusetzen).

b) Wie dick müsste eine zusätzliche Dämmschicht aus Mineralwolle (WLG 035) sein, die unterhalb der Rohdecke aus schalltechnischen Gründen angebracht werden soll, wenn dadurch ein Wärmedurchgangskoeffizient von $0{,}38\ W/m^2K$ erreicht werden soll?

25. Ermitteln Sie den mittleren Wert der Wärmedurchgangszahl U_m.

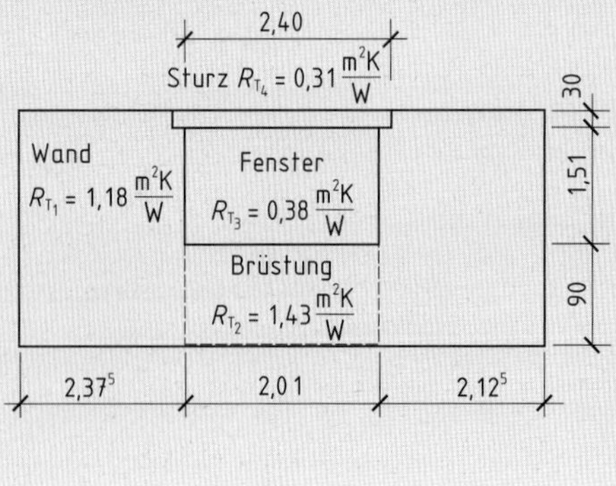

26. Wie dick (ohne Putz) müsste

a) eine Wand aus Mz $\varrho = 1{,}8\ kg/dm^3$,

b) eine Wand aus Beton C 30/37

ausgeführt werden, wenn der Wärmedurchlasswiderstand der beiden Wände dem der zweischaligen Wand im Schnitt A–A entsprechen soll?

c) Ermitteln Sie den mittleren U-Wert der Leichtbauständerwand (Gefachmaß 50 cm; Holzständer 5/8 cm).

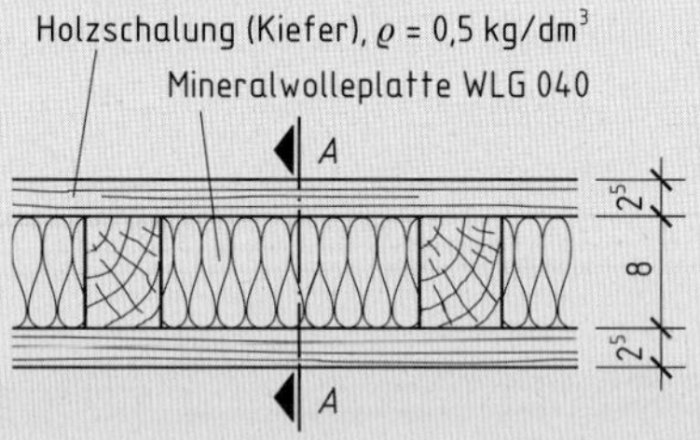

27. Im Zuge eines Umbaues wurde eine Wand erneuert.

Berechnen Sie

a) den mittleren U-Wert der Außenwand,

b) die in der Heizkörpernische erforderliche Dämmschichtdicke (WLG 040), wenn die Vorgabe der DIN 4108 erfüllt werden soll, die verlangt, dass Wände im Bereich der Heizkörper keinen kleineren R-Wert haben dürfen als im übrigen Wandbereich.

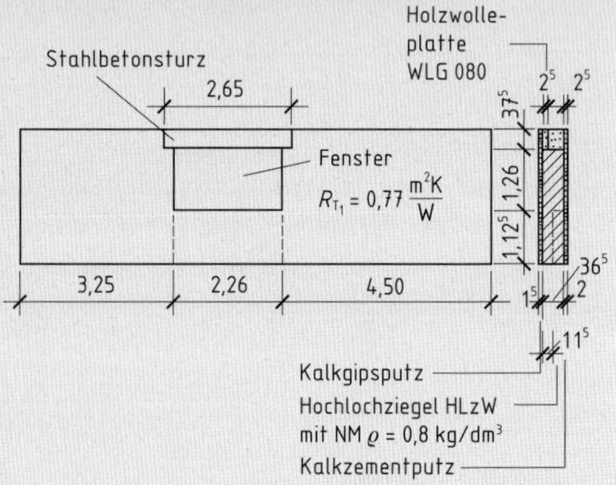

Aufgaben

28. Bei einer 17,5 cm dicken Fachwerkwand sind die Gefache mit Strohlehm ($\lambda = 0{,}6$ W/mK) ausgefüllt.
Fachwerk Nadelholz, $\varrho = 0{,}5$ kg/dm^3; Flächenanteil der Fachwerkwand 0,355

a) Berechnen Sie den mittleren *U*-Wert.

b) Zu wie viel % sind die Forderungen der DIN 4108 und des GEG erfüllt, wenn diese Fachwerkwand erneuert werden müsste?

c) Oft werden hierfür als Innendämmung Calciumsilicatplatten WLG 060 empfohlen. Wie dick müsste die Dämmschicht sein, um die Forderungen des GEG zu erfüllen, wenn sich die Wärmeleitfähigkeit wegen Feuchtespeicherung um 25 % verschlechtern würde?

29. Es ist eine 13,5 cm dicke Fachwerkwand zu erneuern. Ihre Holzfläche ($\varrho = 0{,}5$ kg/dm^3) beträgt 3,95 m^2, die Gefachfläche (ausgefüllt mit Lehmwickel mit $\lambda = 0{,}50$ W/mK) 12,55 m^2.

a) Berechnen Sie den mittleren *U*-Wert der Wand.

b) Wie viel mm Dämmstoff (WLG 035) muss auf der Innenseite aufgebracht werden, wenn sowohl die DIN 4108 als auch das GEG für Bestandsgebäude erfüllt werden müssen?

30. Bei einer Fachwerkwand besteht das Fachwerk aus Eichenholz ($\lambda = 0{,}13$ W/mK) und die Ausfachung aus Lehmwickel mit Stroh auf Holzstaken ($\lambda = 0{,}50$ W/mK).
Berechnen Sie den mittleren *U*-Wert.

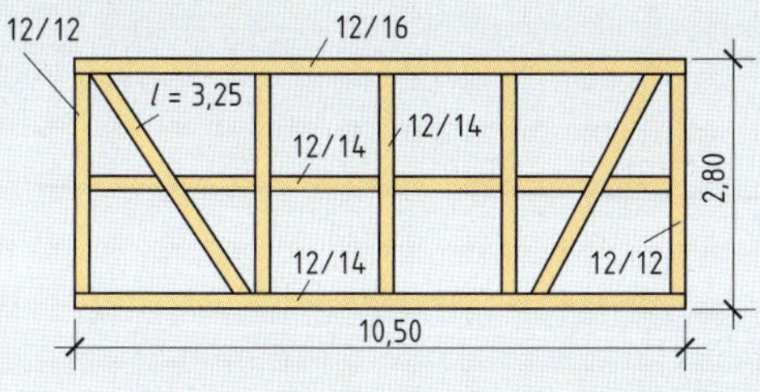

31. a) Ermitteln Sie den mittleren *U*-Wert des Pultdaches.

b) Erfüllt der Dachaufbau die Forderung des GEG?

c) An welchen Stellen werden die Folien angebracht? (Mit s_d-Wert und Begründung)
Alle Hölzer sind Nadelhölzer ($\varrho = 0{,}5$ kg/dm^3).
Lattung und Konterlattung werden vernachlässigt und als ruhende Luftschicht angesehen. Für eine 15 … 300 mm dicke ruhende Luftschicht ist $R = 0{,}16$ m^{2}K/W anzusetzen.

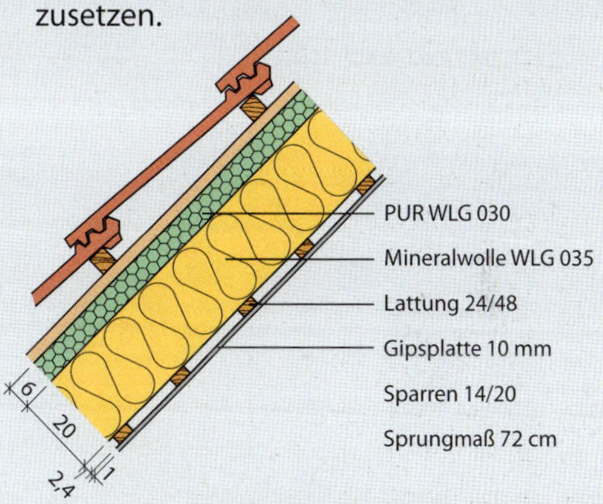

32. a) Wie groß ist der mittlere Wärmedurchgangskoeffizient der Dachfläche des ausgebauten Dachgeschosses?

b) Berechnen Sie die Temperaturleitzahl und den Wärmeeindringkoeffizienten der Auf-, Zwischen- und Untersparrendämmung.

Lattung und Konterlattung werden vernachlässigt und als ruhende Luftschicht angesehen. Für eine 15 … 300 mm dicke ruhende Luftschicht ist $R = 0{,}16$ m^{2}K/W anzusetzen.

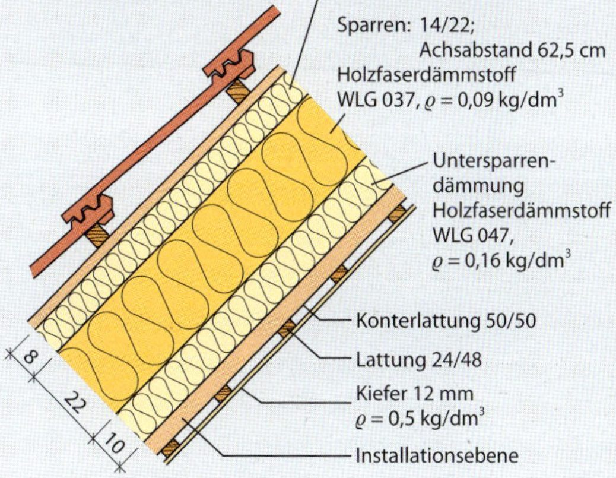

Aufgaben

33. Die Dachhaut eines Flachdaches über einem Wohnraum soll erneuert werden.

a) Berechnen Sie den Wärmedurchlasswiderstand *R* und vergleichen Sie diesen mit dem Mindestwert nach DIN 4108.

b) Wie dick müsste die Dämmschicht sein, um die Vorgaben der DIN 4108 zu erfüllen?

c) Welche Dicke müsste die Dämmschicht haben, wenn neben den Vorgaben der DIN 4108 auch die des GEG für ein Gebäude im Bestand eingehalten werden sollen?

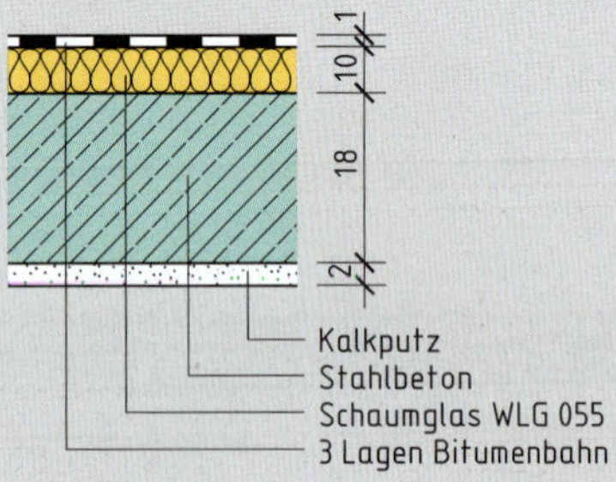

34. Vier Wände mit Innendämmung haben den gleichen Aufbau, jedoch unterschiedliches Dämmmaterial.

a) Berechnen Sie den *U*-Wert der Wände für
- Mineralwolle WLG 040,
- Expandiertes Polystyrol EPS WLG 050,
- Extrudiertes Polystyrol XPS WLG 045,
- Calciumsilicatplatten WLG 060.

b) Listen Sie die äquivalenten Luftschichtdicken s_d der einzelnen Schichten von innen nach außen auf und bewerten Sie deren Verlauf.

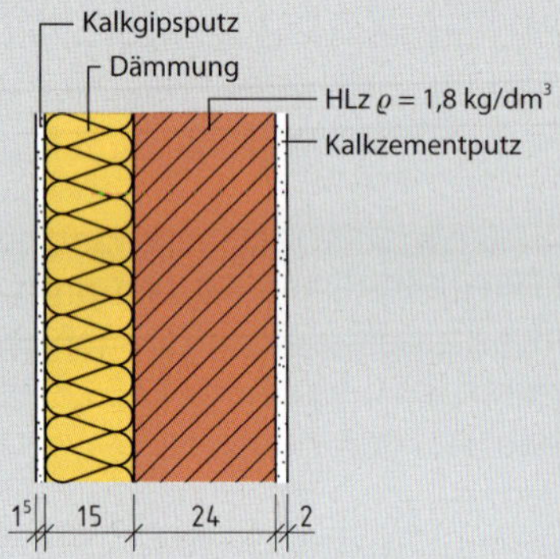

Aufgaben

35. Das Gebäude soll saniert werden. Der U-Wert der Fenster ist $U_W = 3{,}2\ W/m^2K$, der der Haustür $U_T = 4{,}2\ W/m^2K$.
Der alte Putz ist noch gut erhalten. Es wird eine Dichtheitsprüfung vorgenommen.
Im Rahmen der Sanierung soll ein Heizestrich (Fußbodenheizung) mit gleicher Dicke wie bisher eingebaut werden, der ebenfalls mit einem Fliesenbelag belegt wird.

a) Führen Sie den Nachweis gemäß GEG nach dem Bauteilverfahren durch.

b) Ermitteln Sie die Transmissionswärmeverluste H_T der einzelnen Bauteile im Ist-Zustand und im sanierten Zustand und tragen Sie diese in ein Balkendiagramm ein. Die Anschlüsse sind nach DIN 4108 Beiblatt 2 ausgeführt.

c) Ermitteln Sie sowohl für den Ist-Zustand als auch für den sanierten Zustand die spezifischen Transmissionswärmeverluste H'_T auf die gesamte wärmeübertragende Fläche.
Anm.: Für die Ermittlung der Transmissionswärmeverluste können für den Ist-Zustand die Maße des sanierten Zustandes verwendet werden.
Für die Berechnung der Wandflächen sind in beiden Richtungen jeweils die Außenmaße zu verwenden; $A_N < 350\ m^2$, $A_{NUF} > 50\ m^2$.

d) Ermitteln Sie die Temperatur in der Raumecke im Ist- und sanierten Zustand.

e) Führen Sie den Nachweis auf Schimmelpilzfreiheit nach der Sanierungsmaßnahme.

f) Wie ändert sich der U-Wert, wenn Sie die nach GEG berechnete Dämmstoffdicke um 250 mm vergrößern. Nehmen Sie Stellung dazu.

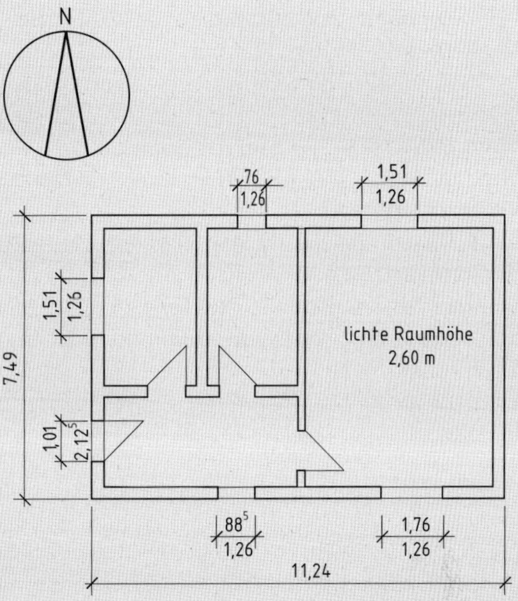

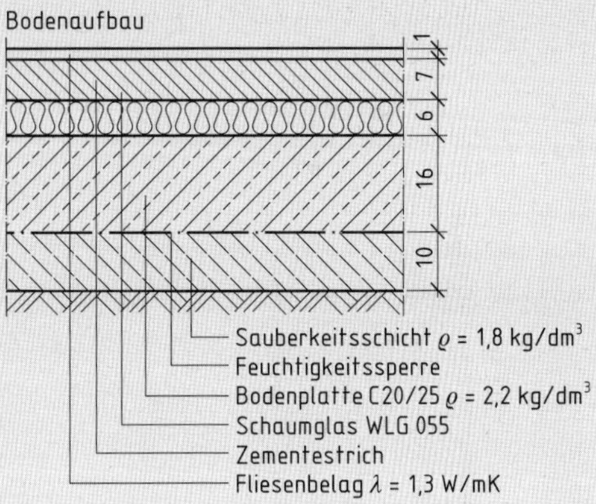

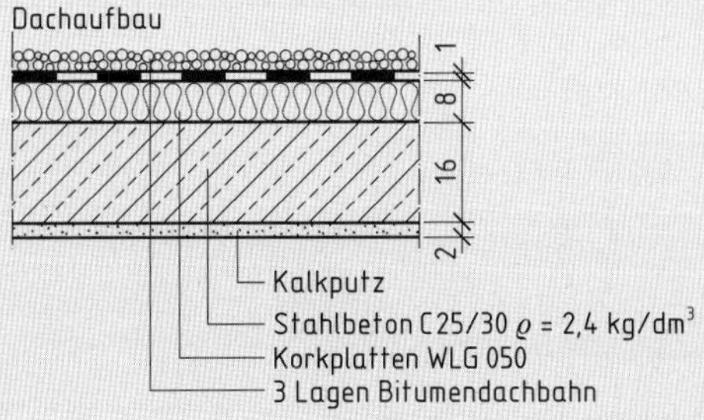

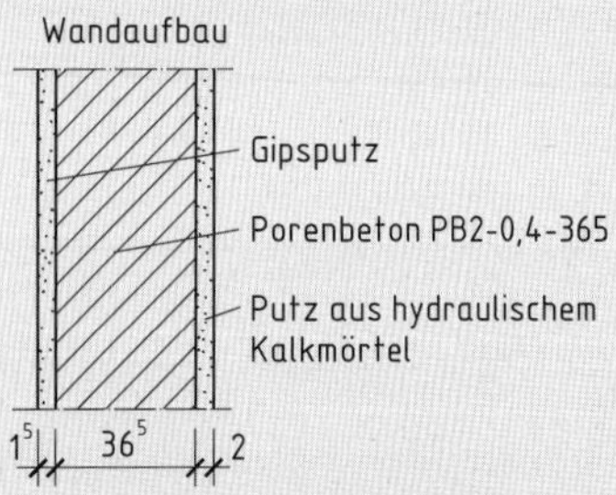

Aufgaben

36. Ein Wohnhaus soll saniert werden. Auf die Außenwand ist ein Wärmedämm-Verbundsystem anzubringen. Der alte Putz kann erhalten werden.

Der *U*-Wert der Fenster ist $U_W = 2{,}8\ W/m^2K$ und der Haustür $U_T = 3{,}7\ W/m^2K$; $A_N < 350\ m^2$, $A_{NUF} > 50\ m^2$.

a) Ermitteln Sie die Dämmstoffdicke, die erforderlich ist, um das GEG für die infrage kommenden Bauteile zu erfüllen.

b) Nennen Sie geeignete Dämmmaterialien für die zu sanierenden Bauteile. Die jeweilige WLG der Dämmstoffe ist selbst festzulegen.

c) Zeichnen Sie den Temperaturverlauf in der Außenwand vor und nach der Sanierung.

d) Ermitteln Sie die spezifischen Transmissionswärmeverluste aller Bauteile im Ist- und sanierten Zustand und stellen Sie diese in einem Balkendiagramm dar. Die Anschlüsse sind nach DIN 4108 Beiblatt 2 ausgeführt.

e) Wie groß ist H_T'?

f) Zeigen Sie, dass durch die Sanierungsmaßnahme keine Schimmelpilzgefahr entsteht.

g) Durch welche Maßnahme könnte auf die Dämmung der oberen Geschossdecke verzichtet werden?

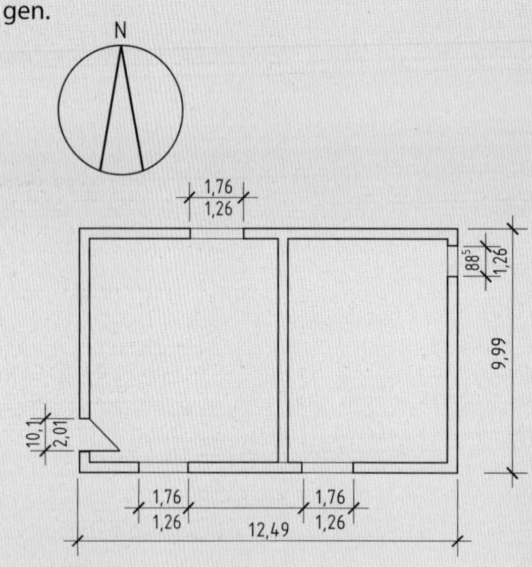

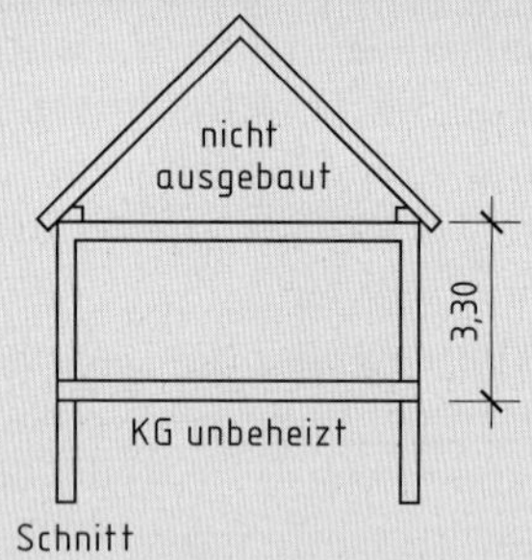

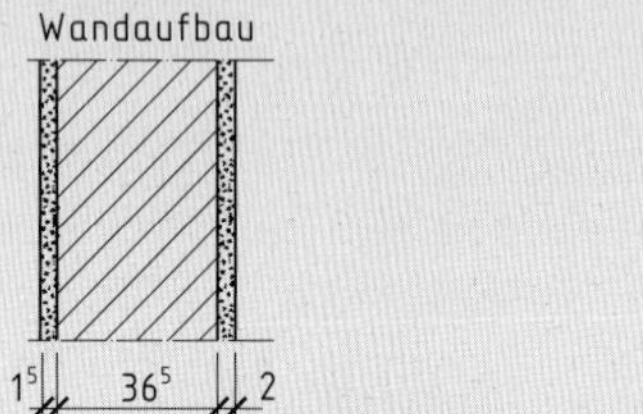

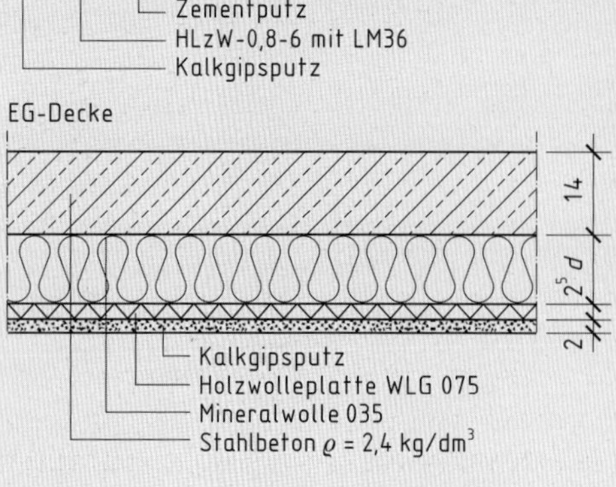

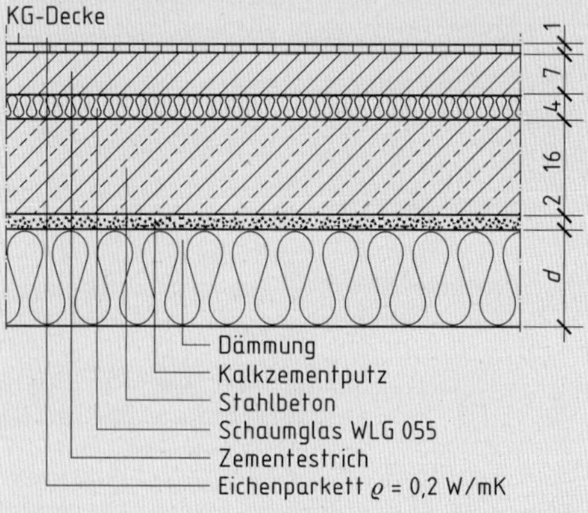

Aufgaben

37. Das Wohngebäude soll von Grund auf saniert werden.

- Gebäudemaße ≙ Rohbaumaße
- Außenmaße KG ≙ Außenmaße EG
  $U_W = U_T = 2{,}8\ \text{W/m}^2\text{K};\ g = 0{,}8$
- 2 Kellerfenster je Himmelsrichtung (0,80 × 0,50 m)
- 4 Dachflächenfenster nach Süden (1,20 × 1,50 m)
- 2 Dachflächenfenster nach Norden (1,20 × 1,50 m)
- 2 Giebelfenster (1,26 × 1,51 m)
- alter Putz muss ersetzt werden
- Dichtheitsprüfung vor und nach Fertigstellung
- Anschlüsse nach DIN 4108 Beiblatt 2 ausgeführt.
- $A_N < 350\ \text{m}^2$, $A_{NUF} > 50\ \text{m}^2$

a) Führen Sie den Nachweis nach dem Bauteilverfahren. Machen Sie bei der Materialauswahl Alternativvorschläge bezüglich der bauphysikalischen Eignung.

b) Ermitteln Sie die Transmissionswärmeverluste vor und nach der Sanierung und stellen Sie diese in einem Diagramm dar. (Der Einfachheit halber können für den Ist-Zustand die Flächenmaße des sanierten Zustandes verwendet werden.)

c) Ermitteln Sie den spezifischen, auf die Wärme übertragende Gebäudehüllfläche bezogenen Transmissionswärmeverlust H'_T (mittlerer U-Wert) vor und nach der Sanierung.

d) Weisen Sie nach, dass die Außenwand nach der Sanierung keine Schimmelpilzgefahr mehr aufweist.

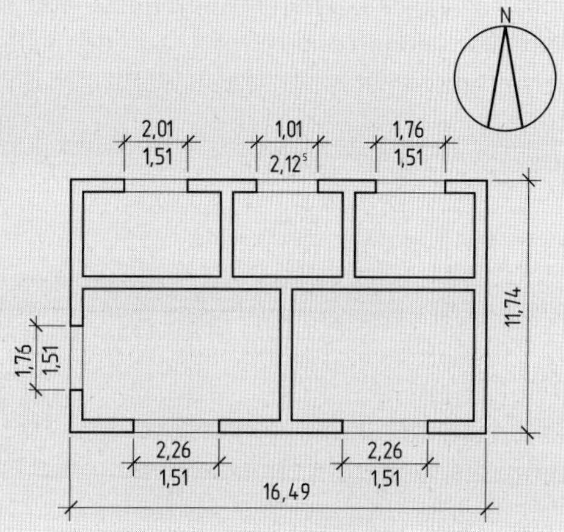

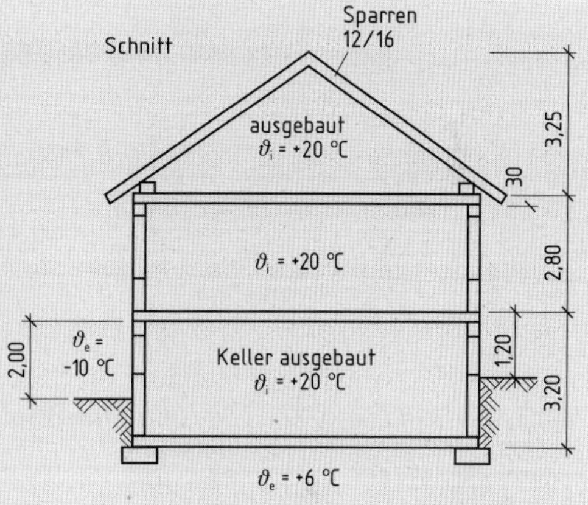

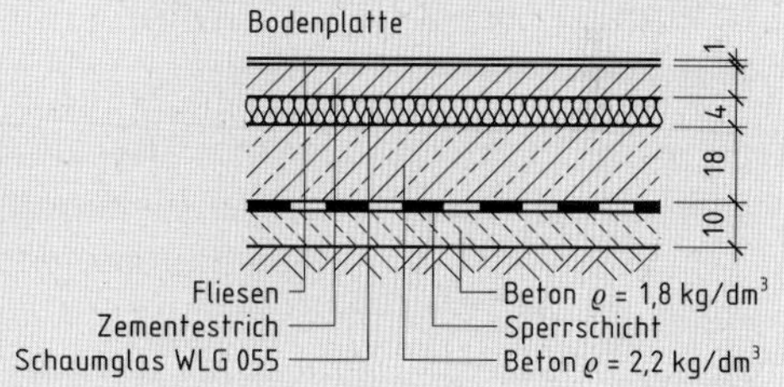

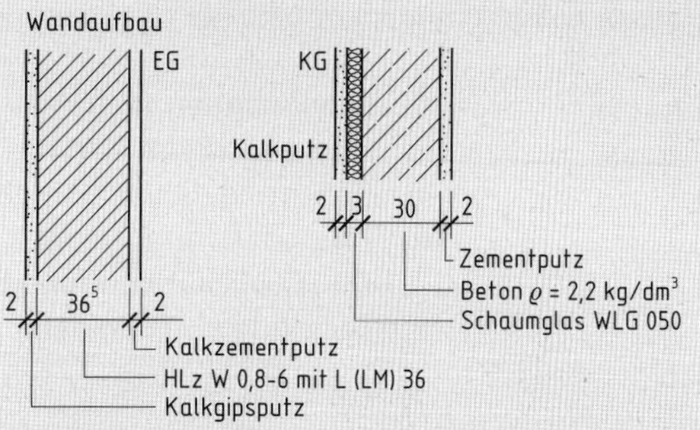

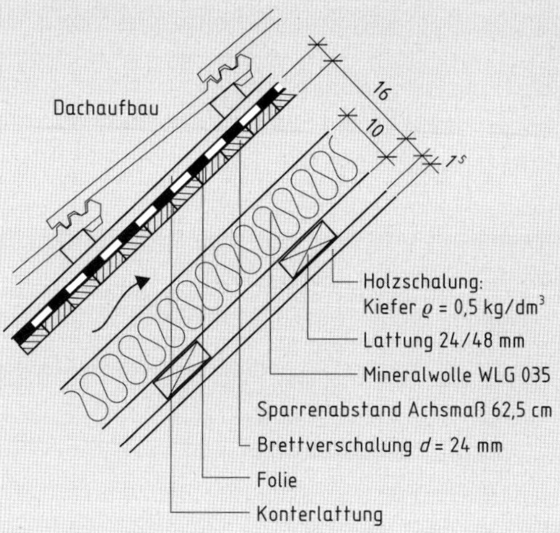

Lattung und Konterlattung werden vernachlässigt und als ruhende Luftschicht angesehen. Für eine 15 … 300 mm dicke ruhende Luftschicht ist $R = 0{,}16\ \text{m}^2\text{K/W}$ anzusetzen.

26.9 Spannungen und Längenänderungen durch Temperatureinflüsse

Unterschiedliche Temperatureinflüsse auf die beiden Oberflächen eines Bauteils rufen auf der wärmeren Seite Volumenerweiterungen, auf der kälteren Seite dagegen Schrumpfungen oder geringere Dehnbewegungen hervor. Dadurch wölbt sich das Bauteil.

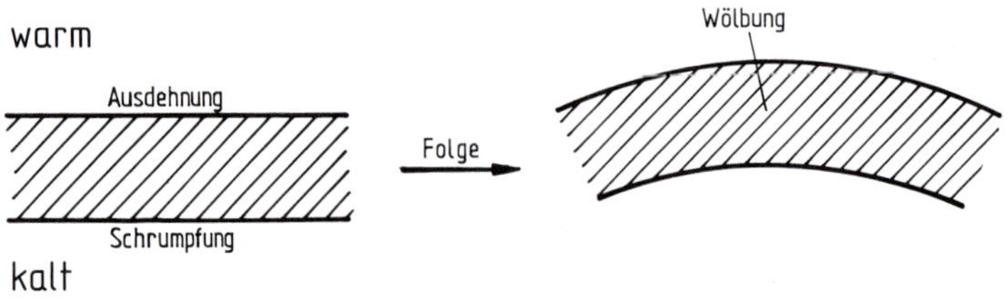

Volumenänderungen gegenüber dem Einbauzustand durch Temperaturänderungen bewirken Rissbildung mit der Gefahr der Übertragung auf Dachhaut, darunterliegendes Mauerwerk, Verkleidungsplatten, Putz usw.

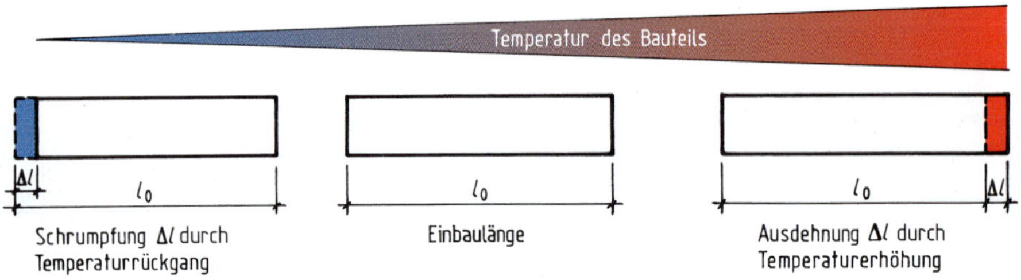

In der Praxis werden die Berechnungen der Volumenänderungen auf die Längenänderungen beschränkt. Die Längenänderung eines Bauteils errechnet sich nach der Formel

$$\Delta l = l_0 \cdot \alpha_T \cdot \Delta\vartheta$$

Einheit: $\mathrm{m} \cdot \frac{\mathrm{mm}}{\mathrm{mK}} \cdot \mathrm{K} = \mathrm{mm}$

Δl: Längenänderung in m
l_0: Ausgangslänge des Bauteils (oder Dehnfugenabstands) in m
α_T: Wärmeausdehnungszahl in mm/mK
$\Delta\vartheta$: Temperaturdifferenz in K

Jede Längenänderung verursacht in einem Bauteil Spannungen, die bei Nichtbeachtung zu beträchtlichen Bauwerkschäden führen können. Für die Spannungsermittlung gilt folgende Verhältnisgleichung:

$$\frac{\Delta l}{l_0} = \frac{\sigma}{E}$$

Δl: Längenänderung in m
l_0: Ausgangslänge in m
σ: Spannung (Druck oder Zug) in MPa (N/mm^2)
E: Elastizitätsmodul in MPa (N/mm^2)
Der Elastizitätsmodul gibt das Verhältnis von Spannung zu spannungsbedingter Dehnung an. Er ist damit ein Maß für die Elastizität der Stoffe.

Nach σ umgeformt:

$$\sigma = \frac{\Delta l}{l_0} \cdot E$$

Beispiel 1

a) Wie groß ist die Längenänderung einer 16 cm dicken Betonplatte C35/45, bei der nach jeweils 10 m eine Dehnfuge angebracht ist und bei der in der statisch neutralen Zone (Spannung = 0) eine Temperaturdifferenz von 77,5 K auftritt ($\alpha_T = 0{,}012$ mm/mK)?

b) Ermitteln Sie die Schrumpfung im Winter und die Dehnung im Sommer, wenn von einer Betoniertemperatur von 10 °C, einer Außentemperatur von – 10 °C im Winter und einer maximalen Oberflächentemperatur von 67,5 °C ausgegangen wird.

c) Berechnen Sie die Druck- und Zugspannungen, die durch die Längenänderung verursacht wurden ($E = 34\,000$ MPa [(N/mm²]).

d) Bestimmen Sie die Druck- und Zugkräfte, die sich pro m Breite in der 16 cm dicken Betonplatte ergeben.

a) $\Delta l = l_0 \cdot \alpha_T \cdot \Delta\vartheta$

$\Delta l = 10\ \text{m} \cdot 0{,}012\ \dfrac{\text{mm}}{\text{mK}} \cdot 77{,}5\ \text{K} = 9{,}3\ \text{mm}$

b)

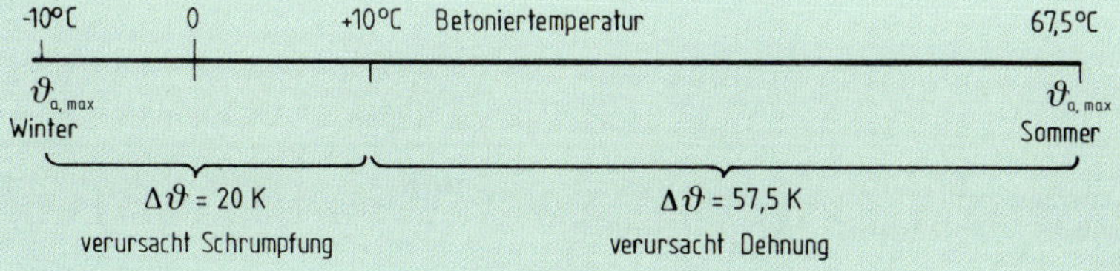

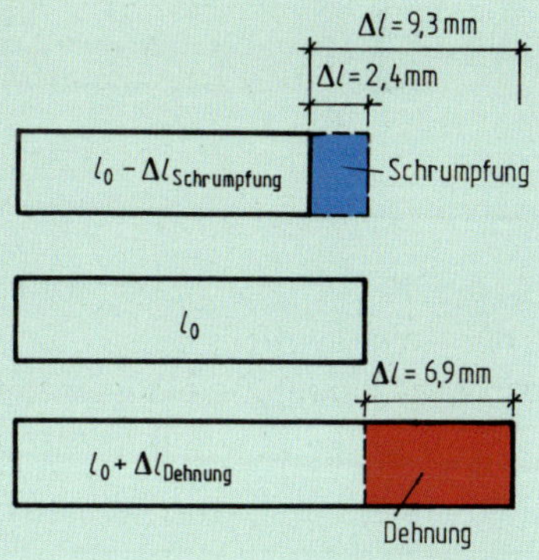

Schrumpfung: $\Delta l = 10\ \text{m} \cdot 0{,}012\ \dfrac{\text{mm}}{\text{mK}} \cdot 20\ \text{K} = 2{,}4\ \text{mm}$

Dehnung: $\Delta l = 10\ \text{m} \cdot 0{,}012\ \dfrac{\text{mm}}{\text{mK}} \cdot 57{,}5\ \text{K} = 6{,}9\ \text{mm}$

c) **Zugspannung:** $\sigma_t = \dfrac{0{,}0069\ \text{m} \cdot 34\,000\ \text{N/mm}^2}{10\ \text{m}}$

$\sigma_t = 23{,}46\ \text{N/mm}^2 = 23{,}46\ \text{MPa}$

Druckspannung: $\sigma_c = \dfrac{0{,}0024\ \text{m} \cdot 34\,000\ \text{N/mm}^2}{10\ \text{m}}$

$\sigma_c = 8{,}16\ \text{N/mm}^2 = 8{,}16\ \text{MPa}$

d) $\sigma = \dfrac{F}{A} \quad \rightarrow \quad F = \sigma \cdot A$

Zugkraft

$F_t = \sigma \cdot A$
$= 23{,}46\ \text{N/mm}^2 \cdot 1000\ \text{mm} \cdot 160\ \text{mm}$
$= 3\,753\,600\ \text{N}$
$F_t = 3{,}7536\ \text{MN}$

Druckkraft

$F_c = \sigma \cdot A$
$= 8{,}16\ \text{N/mm}^2 \cdot 1000\ \text{mm} \cdot 160\ \text{mm}$
$= 1\,305\,600\ \text{N}$
$F_c = 1{,}3056\ \text{MN}$

Beispiel 2

Für ein Flachdach mit außen liegender Wärmedämmschicht sind zu ermitteln
a) der Wärmedurchlasswiderstand (Bitumendachbahn kann vernachlässigt werden),
b) der Wärmedurchgangswiderstand,
c) der Temperaturverlauf im Dach im Sommer und im Winter (in der statisch neutralen Zone betragen die Spannungen 0).
d) die Ausdehnung und Schrumpfung der Platte pro 10 m Länge,
e) die Druck- bzw. Zugspannung ($E = 34\,000$ MPa [N/mm^2]),
f) die Druck- bzw. Zugkräfte pro m Plattenbreite,
g) die Lage des Taupunkts.

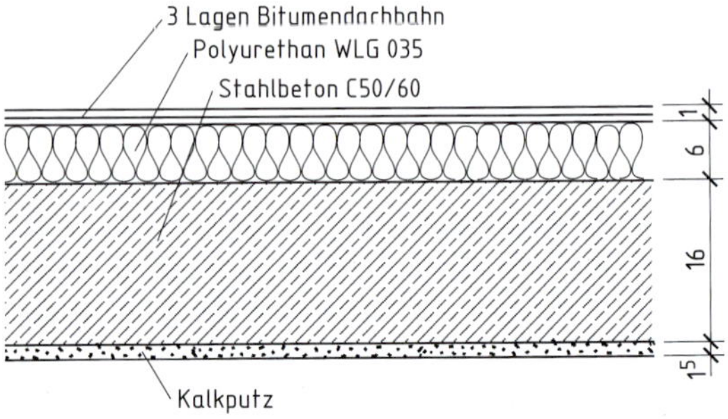

- Außentemperatur im Winter – 20 °C
- Temperatur auf dem Dach im Sommer 80 °C
- Raumtemperatur 20 °C
- Betoniertemperatur 18 °C
- relative Luftfeuchtigkeit 55 %

a) $R = \Sigma \dfrac{d}{\lambda}$ $\quad R = \dfrac{0{,}015\text{ m}}{1{,}0\text{ W/mK}} + \dfrac{0{,}16\text{ m}}{2{,}5\text{ W/mK}} + \dfrac{0{,}06\text{ m}}{0{,}035\text{ W/mK}} = 0{,}015\,\dfrac{\text{m}^2\text{K}}{\text{W}} + 0{,}064\,\dfrac{\text{m}^2\text{K}}{\text{W}} + 1{,}714\,\dfrac{\text{m}^2\text{K}}{\text{W}}$

$$R = 1{,}793\,\frac{\text{m}^2\text{K}}{\text{W}}$$

b) $R_T = R_{si} + R + R_{se}$ $\quad R_T = 0{,}10\,\dfrac{\text{m}^2\text{K}}{\text{W}} + 1{,}793\,\dfrac{\text{m}^2\text{K}}{\text{W}} + 0{,}04\,\dfrac{\text{m}^2\text{K}}{\text{W}} = 1{,}933\,\dfrac{\text{m}^2\text{K}}{\text{W}}$

c) $R_T = 1{,}933\,\dfrac{\text{m}^2\text{K}}{\text{W}}$ $\quad \widehat{=}\ \Delta\vartheta = 60$ K (Sommer)
$\widehat{=}\ \Delta\vartheta = 40$ K (Winter)

Mithilfe des Dreisatzes können die $\Delta\vartheta$-Werte der einzelnen Schichten berechnet werden.

	$R_{si} = 0{,}10\,\frac{\text{m}^2\text{K}}{\text{W}}$	$R = 0{,}015\,\frac{\text{m}^2\text{K}}{\text{W}}$	$R = 0{,}064\,\frac{\text{m}^2\text{K}}{\text{W}}$	$R = 1{,}714\,\frac{\text{m}^2\text{K}}{\text{W}}$	$R_{se} = 0{,}04\,\frac{\text{m}^2\text{K}}{\text{W}}$
Sommer	3,1 K	0,5 K	2,0 K	53,1 K	1,3 K
Winter	2,1 K	0,3 K	1,3 K	35,4 K	0,9 K

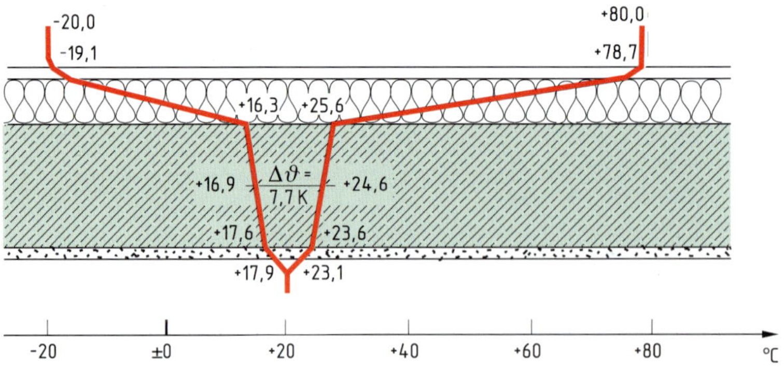

Temperaturdifferenz in der statisch neutralen Zone $\Delta\vartheta = 7{,}7$ K

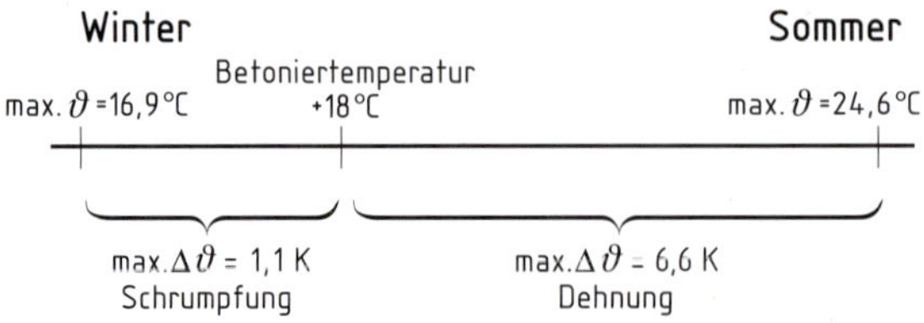

d) **Schrumpfung:** $\Delta l = l_0 \cdot \alpha_T \cdot \Delta\vartheta = 10\ \text{m} \cdot 0{,}012\ \frac{\text{mm}}{\text{mK}} \cdot 1{,}1\ \text{K} = 0{,}13\ \text{mm}$

Dehnung: $\Delta l = l_0 \cdot \alpha_T \cdot \Delta\vartheta = 10\ \text{m} \cdot 0{,}012\ \frac{\text{mm}}{\text{mK}} \cdot 6{,}6\ \text{K} = 0{,}79\ \text{mm}$

e) **Zugspannung**

$$\frac{\Delta l}{l_0} = \frac{\sigma}{E}$$

$$\sigma_t = \frac{\Delta l}{l_0} \cdot E$$

$$= \frac{0{,}000132\ \text{m}}{10\ \text{m}} \cdot 34\,000\ \frac{\text{N}}{\text{mm}^2}$$

$$\sigma_t = 0{,}45\ \frac{\text{N}}{\text{mm}^2}$$

Druckspannung

$$\frac{\Delta l}{l_0} = \frac{\sigma}{E}$$

$$\sigma_c = \frac{\Delta l}{l_0} \cdot E$$

$$= \frac{0{,}000792\ \text{m}}{10\ \text{m}} \cdot 34\,000\ \frac{\text{N}}{\text{mm}^2}$$

$$\sigma_c = 2{,}69\ \frac{\text{N}}{\text{mm}^2}$$

f) **Zugkraft je m Plattenbreite**

$$F_t = \sigma_t \cdot A$$

$$= 0{,}45\ \frac{\text{N}}{\text{mm}^2} \cdot 1000\ \text{mm} \cdot 160\ \text{mm}$$

$$= 72\,000\ \frac{\text{N}}{\text{m}}$$

$$F_t = 72\ \frac{\text{kN}}{\text{m}}$$

Druckkraft je m Plattenbreite

$$F_c = \sigma_c \cdot A$$

$$= 2{,}69\ \frac{\text{N}}{\text{mm}^2} \cdot 1000\ \text{mm} \cdot 160\ \text{mm}$$

$$= 430\,400\ \frac{\text{N}}{\text{m}}$$

$$F_c = 430{,}40\ \frac{\text{kN}}{\text{m}}$$

g) **Lage des Taupunkts**

Raumtemperatur 20 °C, relative Luftfeuchtigkeit 55 % } nach Tabelle (folgende Seite) Taupunkttemperatur $\vartheta_T = 10{,}7$ °C

Temperatur am Übergang Dämmung/Betonplatte = 16,3 °C
16,3 °C – 10,7 °C = 5,6 K

Temperaturunterschied durch Dämmung = 35,4 K

$$\frac{35{,}4\ \text{K}}{5{,}6\ \text{K}} = \frac{60\ \text{mm}}{x} \qquad x = 9{,}5\ \text{mm}$$

Der Taupunkt liegt 9,5 mm oberhalb der Betonplatte in der Dämmschicht.

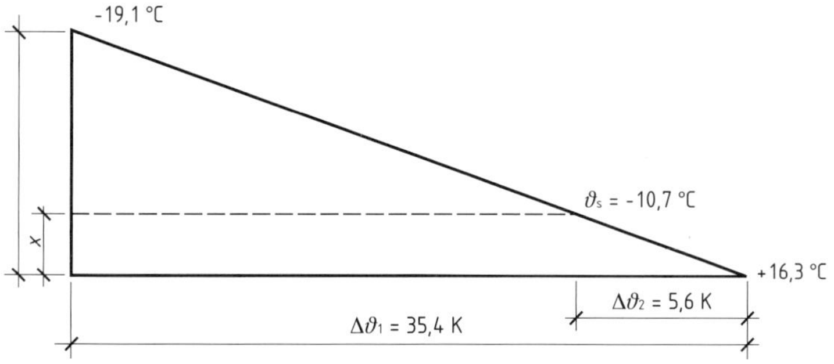

Taupunkttemperatur ϑ_s der Luft in Abhängigkeit von Temperatur und relativer Feuchte der Luft

Lufttemperatur ϑ °C	Taupunkttemperatur ϑ_s in °C bei einer relativen Luftfeuchte von														
	30 %	35 %	40 %	45 %	50 %	55 %	60 %	65 %	70 %	75 %	80 %	85 %	90 %	95 %	100 %
30	10,5	12,9	14,9	16,8	18,4	20,0	21,4	22,7	23,9	25,1	26,2	27,2	28,2	29,1	30,0
29	9,7	12,0	14,0	15,9	17,5	19,0	20,4	21,7	23,0	24,1	25,2	26,2	27,2	28,1	29,0
28	8,8	11,1	13,1	15,0	16,6	18,1	19,5	20,8	22,0	23,2	24,2	25,2	26,2	27,1	28,0
27	8,0	10,2	12,2	14,1	15,7	17,2	18,6	19,9	21,1	22,2	23,3	24,3	25,2	26,1	27,0
26	7,1	9,4	11,4	13,2	14,8	16,3	17,6	18,9	20,1	21,2	22,3	23,3	24,2	25,1	26,0
25	6,2	8,5	10,5	12,2	13,9	15,3	16,7	18,0	19,1	20,3	21,3	22,3	23,2	24,1	25,0
24	5,4	7,6	9,6	11,3	12,9	14,4	15,8	17,0	18,2	19,3	20,3	21,3	22,3	23,1	24,0
23	4,5	6,7	8,7	10,4	12,0	13,5	14,8	16,1	17,2	18,3	19,4	20,3	21,3	22,2	23,0
22	3,6	5,9	7,8	9,5	11,1	12,5	13,9	15,1	16,3	17,4	18,4	19,4	20,3	21,2	22,0
21	2,8	5,0	6,9	8,6	10,2	11,6	12,9	14,2	15,3	16,4	17,4	18,4	19,3	20,2	21,0
20	1,9	4,1	6,0	7,7	9,3	10,7	12,0	13,2	14,4	15,4	16,4	17,4	18,3	19,2	20,0
19	1,0	3,2	5,1	6,8	8,3	9,8	11,1	12,3	13,4	14,5	15,5	16,4	17,3	18,2	19,0
18	0,2	2,3	4,2	5,9	7,4	8,8	10,1	11,3	12,5	13,5	14,5	15,4	16,3	17,2	18,0
17	−0,6	1,4	3,3	5,0	6,5	7,9	9,2	10,4	11,5	12,5	13,5	14,5	15,3	16,2	17,0
16	−1,4	0,5	2,4	4,1	5,6	7,0	8,2	9,4	10,5	11,6	12,6	13,5	14,4	15,2	16,0
15	−2,2	−0,3	1,5	3,2	4,7	6,1	7,3	8,5	9,6	10,6	11,6	12,5	13,4	14,2	15,0
14	−2,9	−1,0	0,6	2,3	3,7	5,1	6,4	7,5	8,6	9,6	10,6	11,5	12,4	13,2	14,0
13	−3,7	−1,9	−0,1	1,3	2,8	4,2	5,5	6,6	7,7	8,7	9,6	10,5	11,4	12,2	13,0
12	−4,5	−2,6	−1,0	0,4	1,9	3,2	4,5	5,7	6,7	7,7	8,7	9,6	10,4	11,2	12,0
11	−5,2	−3,4	−1,8	−0,4	1,0	2,3	3,5	4,7	5,8	6,7	7,7	8,6	9,4	10,2	11,0
10	−6,0	−4,2	−2,6	−1,2	0,1	1,4	2,6	3,7	4,8	5,8	6,7	7,6	8,4	9,2	10,0
Raumzustand	zu trocken	trocken		normal feucht			feucht			zu feucht		zu nass			
Behaglichkeit	unbehaglich	noch behaglich		besonders behaglich			noch behaglich			unbehaglich					

Aufgaben

38. Führen Sie die Berechnungen nach Beispiel 2 a) … g) für folgende Ausführungen durch und vergleichen Sie:

a) ohne Wärmedämmschicht,

b) die außen liegende Dämmschicht wird innen angebracht,

c) zu der außen liegenden Dämmschicht wird innen eine weitere von 4 cm Dicke angebracht.

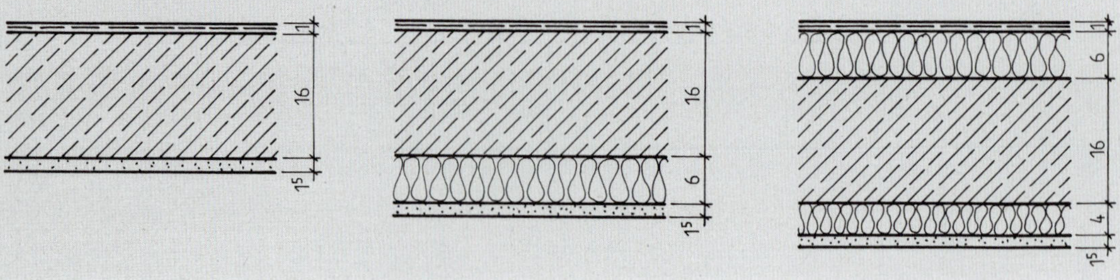

Aufgaben

39. Für ein Flachdach mit außen liegender Wärmedämmschicht sind zu ermitteln:

a) der Wärmedurchlasswiderstand,
b) der Wärmedurchgangswiderstand,
c) der Temperaturverlauf in diesem Bauteil im Sommer und im Winter,
d) die Ausdehnung und Schrumpfung der Platte bei 8,50 m Länge,
e) die Druck- bzw. Zugspannung ($E = 34\,000$ MPa [N/mm^2]),
f) die Druck- bzw. Zugkräfte pro m Plattenbreite,
g) die Lage des Taupunkts.

- Außentemperatur im Winter – 15 °C
- Höchste Temperatur auf dem Dach im Sommer 75 °C
- Raumtemperatur 18 °C
- Betoniertemperatur 12 °C
- relative Luftfeuchtigkeit 65 %

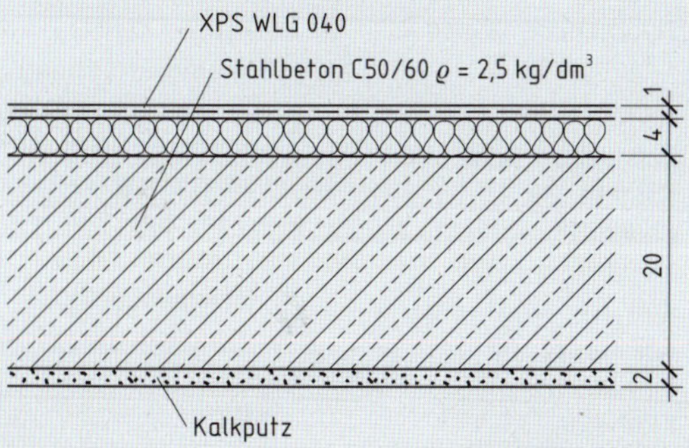

40. Wie dick muss die Wärmedämmschicht aus Korkplatten WLG 050 des Flachdaches ausgeführt werden, wenn eine maximale Gesamtlängenänderung von 1,5 mm nicht überschritten werden und der Taupunkt in der Dämmschicht liegen soll?

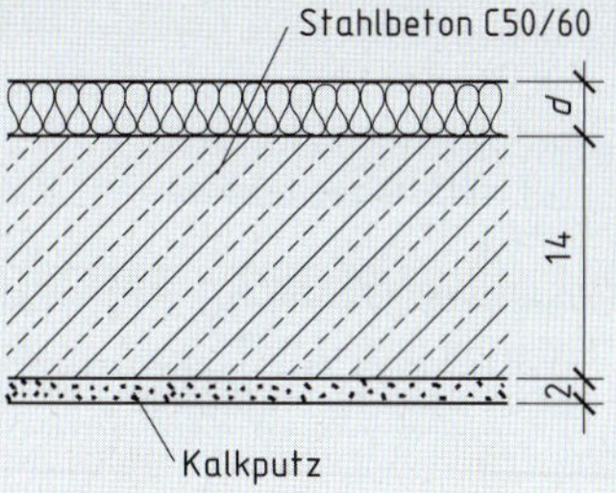

- Außentemperatur im Winter – 15 °C
- Höchste Temperatur auf dem Dach im Sommer 75 °C
- Raumtemperatur 20 °C
- relative Luftfeuchtigkeit 60 %
- Länge der Stahlbetonplatte 8,70 m

41. a) Berechnen Sie die Längenänderungen der 11,80 m langen Flachdachkonstruktion.
b) Wie dick müsste die Wärmedämmschicht werden, wenn die nach a) ermittelten Längenänderungen nur halb so groß sein dürfen?
c) Wo liegt der Taupunkt nach a) und b)?

- Außentemperatur im Winter – 20 °C
- Höchste Temperatur auf dem Dach im Sommer 85 °C
- Raumtemperatur 20 °C
- Betoniertemperatur 8 °C
- relative Luftfeuchtigkeit 80 %
- Bitumendachbahn kann vernachlässigt werden

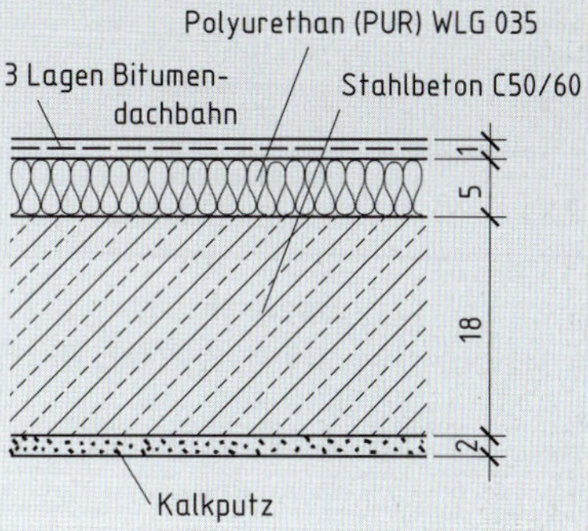

Sachwortverzeichnis